大学语文

（第3版）

主　编　尹少荣　李应洪

副主编　罗欣蓉　裴昌胜　毛晓倩

中南大学出版社
www.csupress.com.cn

总　序

    作为中国高等教育制度创新产物的独立学院，自产生以来已走过了九年历程。在短短九年时间里，普通高校采用民办机制吸收社会力量参与办学的独立学院，快速崛起，成为我国高等教育重要的新的增长点，据 2007 年教育事业统计，全国共有独立学院 318 所，在校生 186.6 万人，占全国民办高等教育在校生总数的 53.4%；其中，独立学院本科在校生 165.7 万人，占全国民办本科高等教育在校生总数的 88.7%。独立学院对实现高等教育大众化、深化高等教育改革发挥了重要作用。

    根据教育部关于独立学院培养适应地方、区域经济和社会发展需要的"本科应用型高级专门人才"的指示精神，相对而言，独立学院培养的学生既要有较系统的学科基础理论，具有一定的创新与技术革新的理论能力，又要有较强的动手能力、应用技术的能力。亚里士多德曾经将人类的知识分作三大类，纯粹理性、实践理性和技艺，作为中国高等教育制度创新产物，独立学院的人才培养目标正要求将这三者完美地融合在一起。

    教材，是体现教学内容和教学要求的知识载体及进行教学的基本工具，是高等学校学科建设成果的凝结与体现，也是深化教育教学改革、保障和提高教学质量的重要基础。教材对高等学校的存在与发展具有举足轻重的作用。今天，绝大多数独立学院的教材还是选用"一本"和"二本"教材，也有部分学校或专业选用高职高专的教材。相对于独立学院来说，前者内容深、理论性强，既不适合学生学习，也导致任课教师在教学上陷入困境；后者则理论过简，脱离了"本科"培养层次的要求。这显然有悖于独立学院培养目标的要求及其生源特点。组织教学改革，开发独立学院特色教材，是提高独立学院竞争力，实现其人才培养目标的迫在眉睫的工作。

    2007 年 9 月 30 日，湖南省教育厅相关部门负责人、在湘 15 所独立学院院长和中南大学出版社负责人齐聚中南大学铁道校区举行了"湖南省独立学院教材研讨会"，拉开了合力打造"湖南省独立学院教学改革专用教材"的序幕。此后，历经梯次开发湖南省独立学院特色教材规划制定、主参编人员甄选、书稿评审等，湖南省教育厅高等教育处和民办教育处负责人、在湘独立学院母体学校领导和湖南 15 所独立学院负责人都对之予以了高度关注、认真督察和最大支持。

    今天，由湖南省独立学院联席会组织编写、中南大学出版社出版的"湖南省独立学院教学改革专用教材"终于陆续正式出版并投入使用，这既是湖南省教育厅教学教改立项课题"独立学院人才培养与配套教材建设与研究"的标志性成果之一，又是推动广大独立学院师生教学相长、教学相得，提高独立学院毕业生就业核心竞争力的一项基础性工作，很有意义。

    湖南省独立学院教学改革专用教材的建设符合在新机制、新模式下探索和创新高层次应用型人才培养的要求。编写工作围绕"够用""实用""与全面素质教育相结合"三个原则进行，以独立学院的办学性质、专业设点、培养目标、教学要求为依据，深入浅出，着力引导广大独立学院师生实现社会需要和学校教育的准确对接。

遵循"够用"原则，教材编写打破传统理论体系，通过行业分析和任务分析方法确定课程内容。即将某一行业的总要求分解为若干工作任务，然后按实际需要确定每一任务的具体能力要求及相应的知识与技能要求，然后将任务所需知识和技能按难易程度、逻辑关系以及这些任务在今后实际工作中的重要性加以系统地组织编排，使之成为以形成某方面能力为目标的教学单元。采用这种完全根据实际需要确定教学内容的方法，使这套应用型本科教材要求的"够用"原则有了实实在在的根据。

秉持"实用"原则，强调新技术、新工艺，突出技能训练，注重可操作性。教材编写人员充分了解本课程在实际应用中的情况后，将用人单位的需求正确地反映到教学活动中和教材编写中，通过典型案例的综合应用，增加学生在实际工作中解决问题的能力，引导学生从"认识、实践、再认识、再实践"的过程中对知识进行系统理解。在教材的编排上，打破了研究性教材的编写套路，先易后难，确保基础知识的有效教学。

坚持"与全面素质教育相结合"原则，教材的编写服务于应用型、外向型、复合型人才的培养模式，适合应用型本科院校的办学特色，注重对独立学院学生人格魅力培养、社会生存能力培养和创新能力培养。根据完善知识结构、提高综合素质的要求，加强科学知识、科学精神、科学方法的培训，开展文学、艺术、历史等人文知识的学习，着力提高广大独立学院学生的科学素养和文化素养，以有效提升独立学院毕业生的就业核心竞争力。

"湖南省独立学院教学改革专用教材"贯彻了为培养"应用型高级专门人才"的教学和科研服务的基本原则。主参编人员选用有多年独立学院教学经验、治学严谨的优秀教师。在教学上各有所长、来自不同独立学院的教师以高度的社会责任感，协同配合，相互启发，相互砥砺，一起讨论写作提纲、体例和书稿，并在部分高校试用，根据教学效果修订书稿。民办教育将对我国整个教育体制改革产生深刻的影响，对于正在迅速发展中的独立学院来说，抓住教材建设这一重要环节，加强各科教材、特别是适应独立学院专业特点和教学要求的应用型教材的建设，是实现长期稳步发展的基本保障，也是体现独立学院办学特色的基本要求。我们要适应新形势新任务的要求，针对独立学发展的实际需要，统一规划，总结经验，加以完善，努力把教材的编写工作做得更好，将之打磨成在全国有一定影响的高质量的独立学院经典教材。

前　言

　　近几年来,大学语文教育取得了令人振奋的发展。许多大学越来越重视"大学语文"课程教育,一些专家、学者也日益关注本课程的发展,新闻媒体对大学语文教育有关问题的争鸣亦时有报道。作为中国高等教育制度创新产物的独立学院,自产生以来就特别重视"大学语文"课程教育,从选修课到必修课,"大学语文"课程地位不断提高。湖南农业大学东方科技学院已面向全体学生开设"大学语文"课程,将"大学语文"列入必修课,反映了学院领导的开阔视野和远见卓识。实践证明,开设"大学语文"课程,对于提高当代大学生的人文素质,增进文化修养,起到了极其重要的作用。

　　众所周知,应用型、复合型人才的培养,是中国高等教育进入大众化阶段后高等教育调整和改革的重要举措。教育部高教司《大学语文教学大纲》(征求意见稿)指出:"在全日制高校设置大学语文课程,其根本目的在于:充分发挥语文学科的人文性和基础性特点,适应当代人文科学与自然科学日益交叉渗透的发展趋势,为我国的社会主义现代化建设培养具有全面素质的高质量人才"。依据教育部高教司《大学语文教学大纲》(征求意见稿)的指示精神,根据独立学院办学特色和独立学院学生特点,我们编写了这本面向独立学院学生、立足于应用型人才培养需要的大学语文通用教材。在编写过程中,我们主要突出了以下特点:

　　一、强调人文性

　　"大学语文"课程是在中学语文教育的基础上,进一步提高大学生人文素质,增进文化修养的主要课程之一,这是由这门课程具有的显著的人文色彩所决定的。大学生是我国未来各种事业的接班人和建设者,责任重大,需要具有较高的文化素质,要学习和掌握各种专业新知,有实践和创业的能力,同时又必须懂得"以人为本"的道理,尊重人,同情人,有远大理想和高尚品德。只有这样,才能承担起时代赋予的使命。基于这样的认识,我们认为,"大学语文"课程教育的重心,仍须放在对大学生进行人文精神和文化修养的培养上。

　　围绕这个重心,在"阅读鉴赏"部分,我们安排了八个内容:第一章"源头活水",选取了传统文化较为密集的文学作品,体现中国传统文化的基本要旨和主导精神,使学生在欣赏美文精品的同时,能领悟中国文化个性之一斑,以期达到传承和弘扬中华民族文化的功效。第二章"心系家国"到第七章"青春岁月",主要选取了中外文学史上有影响的文学名篇,通过作品超拔高妙的艺术品性和蕴藉深邃的思想情感,让学生在对文学的审美感悟中陶冶情操,培养积极向上的精神,塑造完美人格,提高鉴赏和领悟文学艺术作品的能力。第八章"语文常谈"主要选取的是现当代著名作家、语言学家和语文教育家关于语文学习的作品。这些文章表达方式各异,却深入浅出地传达出学习和掌握语言技能的要领,不仅他们所述的要旨是语文知识学习和语文能力掌握的重要材料,同时,这些文章本身也是值得认真玩味和欣赏的。

二、突出实用性

现今,不少教育专家对当代大学生写作现状深感忧虑,直言不讳地称:提笔就写错字,论文多靠网上摘,毕业论文不会设计,申论观点无法表达,这几乎成了对大学生写作能力的最真实的写照。大学生应用写作能力差,不知道该如何表达自己的观点,这非常不利于学生的未来发展,同时也说明高校培养出来的学生与社会的需要出现一定程度的脱节。为在一定程度上改善大学生应用写作现状,提高应用写作水平,在"应用写作"部分,我们选取了大学生在大学阶段和毕业后迫切需要的应用写作文体。

公文不仅是从事行政工作必需掌握的文体,也是现代人应有的基本修养。一个现代人,如果不具备基本的公文写作知识,就会显得落伍。当代大学生应形成公文写作意识,懂得公文写作基本规范,并通过训练掌握几种基本文体的写作。

机关常用的事务文书,有计划、总结、调查报告、简报、讲话稿、演讲稿等。事务文书与行政公文都属于文秘人员写作的基本文体。对一名当代大学生来说,无论是否从事文秘工作都应当认真掌握这些事务文书的写法,以适应现实生活和工作的需要。

求职是大学生毕业之后面临的现实问题,掌握求职信与个人简历的写作技巧和方法,有助于大学生毕业后成功求职。

学术论文是检验和提高大学生学识的一种重要文体,大学生了解学术论文写作的基本常识,学习撰写学术论文,会为自己的科研与写作打下良好的基础。

对联,是颇具民族文化特点的一种文体,是中华传统文化的一朵奇葩,学习对联的写作并把它运用于工作和生活,具有重要意义。

至于申论,则是考虑近年来报考国家公务员的同学越来越多,为这些同学提供一定的帮助。

三、体现创新性

首先是编写体例的新颖性。本教材没有沿用一些大学语文教材按文体编排或按文学史编排的模式,也没有仅从纯功利的角度把大学语文编成一本应用写作。我们依据语文课程的基本性质及其语文学习基本规律,遵循"以学生为本"的基本原则,立足于独立学院应用型人才培养的需要确定本教材的编写体例,试图建构一种比较符合学生需要和教学实际的较为合理的体系,有效地实现教学目的。

全书编排总体上分为两大板块。

"阅读鉴赏"部分。精选精美文章,先按主题分为八章,再大致根据文学史线索、古今中外的顺序,纵横交错,诗词、戏曲、散文、小说,兼而有之,内容丰富,文体齐全。每篇选文设计了作者简介、注释、简析和思考练习题,以帮助学生全面理解、把握作品。

"应用写作"部分。应用文种类繁多,根据学生实际,重点安排了公文、计划与总结、调查报告、求职信与个人简历、学术论文、演讲稿、对联、申论八章。每章有写作知识概述、案例简析与思考练习题，突出了应用写作知识的传授和基本写作能力的训练，以期学生通过学习，能够举一反三，不断提高应用文写作能力，为现在的学业及将来的工作需要打下坚实的基础。

其次是选文例文的时代性。本教材无论是"阅读鉴赏"部分的选文，还是"应用写作"部分的例文，都体现了鲜明的时代性。阅读鉴赏篇的选文，充分考虑不同专业大学生的知识结构和心理需求，着眼于当代性，因而其中既有传统名篇，又有较多新的发掘。应用写作篇的例文，紧扣时代脉搏，选择时文，体现了应用写作在现实生活中的广泛运用。

本书由湖南农业大学东方科技学院尹少荣老师、中南林业大学涉外学院李应洪老师担任主编，由湖南农业大学东方科技学院罗欣蓉老师、裴昌胜老师、中南林业科技大学涉外学院的毛晓倩老师担任副主编，参加编撰的老师为湖南农业大学东方科技学院的尹少荣老师、罗欣蓉老师、裴昌胜老师、常琳老师、彭莹老师，中南林业科技大学涉外学院的李桂芳老师、戴丽莎老师、王成老师。

在本书出版之际，我们感谢我国知名文艺学专家、湖南师范大学文学院博士生导师赵炎秋教授，湖南写作学会会长、湖南师范大学文学院博士生导师陈果安教授，他们为本书的编写提出了宝贵的建议！感谢湖南农业大学东方科技学院领导、专家的大力支持！感谢中南大学出版社的何彩章老师、孙如枫老师为本书的出版付出了辛勤的劳动！在本书的编辑过程中，我们参考、借鉴、引用了一些专著、同类教材或网站资料，在此一并表示诚挚的谢意！

由于学识有限，编写时间仓促，本书难免存在疏漏不足之处，欢迎读者批评指正。

编者

2013 年 8 月

目　录

上编　文学鉴赏

下编　应用写作

文学鉴赏

上编

第一章　源头活水

孔子论孝悌

《论语》

　　孔子（前551—前479），春秋末期鲁国陬邑（今山东省曲阜市）人，名丘，字仲尼，儒家学派的创始人。其政治思想的核心是"仁"，对后世影响深远。鲁定公时，曾为司寇。后去鲁，周游宋、卫、陈、蔡、齐等国，宣传自己的政治主张，都不被信用。归鲁从事著述和讲学，编订了《诗》《书》等重要的古典文献，并根据鲁史修《春秋》。相传有弟子三千人，其中有名字可考的七十余人。

　　《论语》主要记载孔子及其弟子的言论、思想和行事，由孔子弟子和再传弟子辑录，凡二十篇。《论语》文字简约含蓄，思想博大精深，是研究孔子及先秦儒家思想最直接的资料。南宋朱熹将之与《孟子》《大学》《中庸》合为"四书"，此后长期成为封建政府科举取士的考试用书。

　　本文选自《论语》，文题为编者所加。

　　子曰："事父母几①谏。见志不从，又敬不违，劳②而不怨。"（《论语·里仁》）

　　子曰："父母在，不远游③，游必有方④。"（《论语·里仁》）

　　子曰："父母之年，不可不知也。一则以喜，一则以惧⑤。"（《论语·里仁》）

　　子曰："父在，观其志；父没，观其行。三年⑥无改于父之道，可谓孝矣。"（《论语·学而》）

　　子曰："弟子入则孝，出则弟⑦，谨而信，泛爱众，而亲仁。行有馀力，则以学文。"（《论语·学而》）

　　子游问孝。子曰："今之孝者，是谓能养。至于犬马，皆能有养。不敬，何以别乎?"（《论语·为政》）

　　子夏问孝。子曰："色⑧难。有事，弟子服其劳；有酒食，先生馔⑨，曾是以为孝乎⑩?"

---

① 几(jī)：委婉，轻微，隐微。
② 劳：操劳，辛劳。一说，忧愁。
③ 游：离家出游。如"游学""游宦"。
④ 游必有方：指让父母知道所游的确定地方，而不要无固定地方地随处漂泊，致使父母挂念担心。"方"，方位，方向。
⑤ 惧：父母年纪大了就必然日益衰老、接近死亡，故忧惧担心。
⑥ 三年：按照周礼的规定，父亲死后，儿子要守孝三年。这里也可指一段较长的时间，或多年以后。
⑦ 出：外出，出门。一说，离开自己住的房屋。弟：同"悌"，尊敬兄长。
⑧ 色：脸色。指和颜悦色。心里敬爱父母，脸面上好看。
⑨ 先生：长辈。指父母。馔(zhuàn)：吃喝。
⑩ 曾：副词。难道。是：代词。此，这个。

（《论语·为政》）

宰我问："三年之丧，期①已久矣。君子三年不为礼，礼必坏；三年不为乐，乐必崩。旧谷既没，新谷既升，钻燧改火②，期③可已矣。"子曰："食夫稻④，衣夫锦，于女⑤安乎？"曰："安。""女安，则为之！夫君子之居丧，食旨⑥不甘，闻乐不乐⑦，居处⑧不安，故不为也。今女安，则为之！"宰我出，子曰："予之不仁也！子生三年，然后免于父母之怀。夫三年之丧，天下之通丧也。予也有三年之爱于⑨其父母乎？"（《论语·阳货》）

【简析】在孔子创立的儒家学说中，"仁"是人生所应追求的最高道德境界，它包涵多方面的伦理道德原则，是各种优秀品德的总和与概括。而在"仁"的诸多道德要求中，"孝"与"悌"被看作既是人之所以为人（即做人）的一种天经地义的纲纪要求，又是一个人"修身养性"，追求"仁"、实践"仁"的根本。

"孝"即孝敬父母，"弟"同"悌"，指尊敬兄长。"孝悌"作为孔子学说中的一个伦理道德观念，规定了一个人对父母、兄长应具有的态度和行为要求。在孔子看来，"孝悌"的本质要求是"敬"。如何才能做到"孝悌"呢？孔子认为：要以"礼"对待父兄尊长；要做到"顺"，即尊重父兄尊长，并按照其意愿办事；要理解父母，不给父母添忧愁等。可见，孔子的孝悌观，既注重"养"，更注重"情"，是要求人们通过道德的自律（即礼的规范要求）达到道德的自觉，以实现对父兄尊长的"孝"与"悌"。这种从物质到精神的孝悌观，对中国传统思想文化及民族道德精神的形成产生了极其深远的影响，时至今日，对我们构建和谐社会，仍具有一定的现实意义。

【思考与练习】

一、谈谈你对孔子的孝悌观的理解。

二、孔子的孝悌观对当今社会有何现实意义？

---

① 期：时间，期限。

② 钻燧改火："燧（suì）"，木燧，古代钻木取火的工具。古人钻木取火，所用的木料四季不同。春天用榆柳，孟夏与仲夏用枣杏，季夏用桑柘，秋天用柞楢，冬天用槐檀。各种木料一年轮用一遍，第二年按上年的次序依次取用，叫"改火"。钻燧改火，即指过了一年。

③ 期：指一周年。

④ 食夫稻："夫"，指示代词。这，那。古代水稻的种植面积很小，大米是很珍贵的粮食，居丧者更不宜食。

⑤ 女：同"汝"。你。

⑥ 旨：美味，好吃的食物。

⑦ 乐：第一个"乐"，指音乐。第二个"乐"，指快乐。

⑧ 居处：指住在平时所住的好房子里。古代守孝，应在父母坟墓附近搭一个临时性的草棚子或住茅草房，睡在地面草苫子上，以表示不忍心住在安适的屋子里。

⑨ "于"：给，与。一说，"于"：自，从。

上善若水

《老子》

老子,姓李,名耳,字聃,又称老聃。春秋末年楚国苦县厉乡曲仁里(今河南鹿邑县)人,中国古代哲学家和思想家,道家学派创始人,生平不详。《史记·老子韩非列传》说:"盖老子百有六十余岁,或言二百余岁,以其修道而养寿也。"

《老子》又称《道德经》,是老子思想的集大成者,是一部重要的哲学著作。东汉后,又成为道教的最重要典籍之一。《老子》仅五千余言,但文约义丰,博大精深,涵盖天地,历来被人们称为"哲理诗"。它不仅深刻地影响着一代又一代的中国人,也深刻地影响着世界人民。

本文选自《老子》,文题为编者所加。

第八章

上善若水①。水善②利万物而不争,处众人之所恶③,故几于道④。居善地,心善渊,与善仁,言善信,政善治,事善能,动善时⑤。夫唯不争,故无尤⑥。

第六十六章

江海之所以能为百谷王者⑦,以其善下之⑧,故能为百谷王。是以圣人欲上⑨民,必以言下之;欲先⑩民,必以身后之。是以圣人处上而民不重⑪,处前而民不害。是以天下乐推而不厌。以其不争,故天下莫能与之争。

第七十八章

天下莫柔弱于水,而攻坚强者莫之能胜,以其无以易⑫之。弱之胜强,柔之胜刚,天下莫不知,莫能行。是以圣人云:"受国之垢⑬,是谓社稷主;受国不祥⑭,是为天下王。"正言

---

① 上善若水:上,最的意思。上善即最善,这里指得道的圣人。这里老子以水的形象来说明圣人是道的体现者,因为圣人的言行有类于水,而水德是近于道的。

② 善:在这里是副词,意思是善于、长于。

③ 处众人之所恶:即居处于众人所不愿去的地方。

④ 几于道:几,接近。几于道,接近于道。

⑤ "心善渊"六句:渊:深沉。与:同别人交往。信:守信。政:为政,治理国家。事:动词,处事。时:动词,把握时机。

⑥ 尤:怨咎、过失、罪过。

⑦ 为百谷王者:成为百川峡谷所归附的地方的原因。

⑧ 善下之:善于处在低下的地位。

⑨ 上:(地位)……之上,即统治。

⑩ 先:在……之前,即领导。

⑪ 重:累、重负。

⑫ 易:替代、取代。

⑬ 受国之垢:垢,屈辱。意为承担全国的屈辱。

⑭ 不祥:灾难,祸害。

若反①。

【简析】水，是生命之源。哪里有水的滋润濡养，哪里就会生机盎然；犹如哪里有圣人相承，哪里就有繁荣昌盛一样。水有许多美好的品格：善于滋润万物而不与万物争利；处世俗之人不愿处的低位，甘做人梯而谦居下位；与万物接触采取友好慈善的准则；海纳百川，涵深孕大；能以弱胜强，以柔克刚，以退为进，持之以恒，直达目的。水的这些品格最接近"道"。本文以自然界"水"的无私品质来喻道义，以此歌颂"道"的功用。老子认为道德高尚的人们，应该像水一样，具有水的品格。也提示统治者应处下退让，尽量避免带给人民负担与累害，对国家和人民实行"无为而治"。

本文用具体可感的形而下的普通平凡的大自然形象"水"来比拟抽象的形而上的"道"，是更高层次的象征。老子弘扬水的精神，其实是在宣扬一种处世哲学：游走于社会的我们，应如水一般，利万物而不争，心存包容，与己与人都是无比快乐。

【思考与练习】

一、联系课文题旨，请以"上善若水"为题写一篇读后感。
二、联系实际，谈谈"正言若反"的道理。

---

① 正言若反：正面的话好像反话一样。

公孙丑上
《孟子》

孟子（约前372—前289），名轲，字子舆，战国中期邹（今山东邹县）人。先秦著名思想家，儒家主要代表人物之一。在政治上主张法先王、行仁政；在学说上推崇孔子，攻击杨朱、墨翟。曾周游列国，不为诸侯所用，退而与弟子万章等发扬孔子的学说，作《孟子》七篇。《孟子》是儒家重要的学术著作，由于其文章巧于辩论，语言流畅，富有文采和感染力，对于后代的散文有很大的影响。

公孙丑问曰："夫子当路①于齐，管仲、晏子之功，可复许乎？"

孟子曰："子诚齐人也，知管仲、晏子而已矣。或问乎曾西曰：'吾子与子路孰贤？'曾西蹴然②曰：'吾先子之所畏也。'曰：'然则吾子与管仲孰贤？'曾西艴然③不悦，曰：'尔何曾比予于管仲！管仲得君，如彼其专也；行乎国政，如彼其久也；功烈，如彼其卑也。尔何曾比予于是？'"曰："管仲，曾西之所不为也，而子为我愿之乎？"

曰："管仲以其君霸，晏子以其君显。管仲、晏子，犹不足为与？"

曰："以齐王，由反手④也。"

曰："若是，则弟子之惑滋甚。且以文王之德，百年而后崩，犹未洽⑤于天下；武王、周公继之，然后大行。今言王若易然，则文王不足法与？"

曰："文王何可当也！由汤至于武丁，贤圣之君六七作，天下归殷久矣，久则难变也。武丁朝诸侯，有天下，犹运之掌也。纣之去武丁未久也，其故家遗俗，流风善政，犹有存者；又有微子、微仲、王子比干、箕子、胶鬲——皆贤人也，相与辅相之，故久而后失之也。尺地，莫非其有也；一民，莫非其臣也；然而文王犹方百里起，是以难也。齐人有言曰：'虽有智慧，不如乘势；虽有镃基，不如待时。'今时则易然也：夏后、殷、周之盛，地未有过千里者也，而齐有其地矣；鸡鸣狗吠相闻，而达乎四境，而齐有其民矣。地不改辟矣，民不改聚矣，行仁政而王，莫之能御也。且王者之不作，未有疏于此时者也；民之憔悴于虐政，未有甚于此时者也。饥者易为食，渴者易为饮。孔子曰：'德之流行，速于置邮⑥而传命。'当今之时，万乘之国行仁政，民之悦之，犹解倒悬也。故事半古之人，功必倍之，惟此时为然。"

公孙丑问曰："夫子加齐之卿相，得行道焉，虽由此霸王，不异矣。如此，则动心否乎？"

孟子曰："否，我四十不动心。"

曰："若是，则夫子过孟贲远矣。"

曰："是不难，告子先我不动心。"

曰："不动心有道乎？"

---

① 当路：当权掌权。
② 蹴然：不安的样子。
③ 艴（fú）然：恼怒的样子。
④ 反手：翻转手掌，喻指非常容易。
⑤ 洽：统一。
⑥ 置邮：古代用马递送公文叫置，步行递送公文叫邮。

曰："有。北宫黝之养勇也：不肤挠，不目逃，思以一豪挫于人，若挞之于市朝；不受于褐宽博①，亦不受于万乘之君；视刺万乘之君，若刺褐夫；无严诸侯，恶声至，必反之。孟施舍之所养勇也，曰：'视不胜犹胜也。量敌而后进，虑胜而后会，是畏三军者也。舍岂能为必胜哉？能无惧而已矣。'孟施舍似曾子，北宫黝似子夏。夫二子之勇，未知其孰贤，然而孟施舍守约也。昔者曾子谓子襄曰：'子好勇乎？吾尝闻大勇于夫子矣：自反而不缩，虽褐宽博，吾不惴焉；自反而缩，虽千万人，吾往矣。'孟施舍之守气，又不如曾子之守约也。"

曰："敢问夫子之不动心与告子之不动心，可得闻与？"

"告子曰：'不得于言，勿求于心；不得于心，勿求于气。'不得于心，勿求于气，可；不得于言，勿求于心，不可。夫志，气之帅也；气，体之充也。夫志至焉，气次焉；故曰：'持其志，无暴其气。'"

"既曰'志至焉，气次焉'，又曰'持其志，无暴其气'者，何也？"

曰："志壹则动气，气壹则动志也。今夫蹶者②趋者，是气也，而反动其心。"

"敢问夫子恶乎长？"

曰："我知言，我善养吾浩然之气。"

"敢问何谓浩然之气？"

曰："难言也。其为气也，至大至刚，以直养而无害，则塞于天地之间。其为气也，配义与道；无是，馁也。是集义所生者，非义袭而取之也。行有不慊于心，则馁③矣。我故曰，告子未尝知义，以其外之也。必有事焉而勿正，心勿忘，勿助长也。无若宋人然：宋人有闵其苗之不长而揠之者，芒芒然④归，谓其人曰：'今日病矣！予助苗长矣！'其子趋而往视之，苗则槁矣。天下之不助苗长者寡矣。以为无益而舍之者，不耘苗者也；助之长者，揠苗者也——非徒无益，而又害之。"

"何谓知言？"

曰："诐⑤辞知其所蔽，淫⑥辞知其所陷，邪辞知其所离，遁⑦辞知其所穷。生于其心，害于其政；发于其政，害于其事。圣人复起，必从吾言矣。"

"宰我、子贡善为说辞，冉牛、闵子、颜渊善言德行。孔子兼之，曰：'我于辞命，则不能也。'然则夫子既圣矣乎？"

曰："恶！是何言也？昔者子贡问于孔子曰：'夫子圣矣乎？'孔子曰：'圣则吾不能，我学不厌而教不倦也。'子贡曰：'学不厌，智也；教不倦，仁也。仁且智，夫子既圣矣。'夫圣，孔子不居，是何言也？"

"昔者窃闻之：子夏、子游、子张皆有圣人之一体，冉牛、闵子、颜渊则具体而微，敢问所安。"

曰："姑舍是。"

曰："伯夷、伊尹何如？"

---

① 褐宽博：指穿粗布制的宽大衣服的人，实指卑贱之人。
② 蹶者：指失足摔倒的人。
③ 馁：缺乏力量。
④ 芒芒然：劳累的样子。
⑤ 诐（bì）：偏颇。
⑥ 淫：夸张。
⑦ 遁：逃避，躲闪。

曰："不同道。非其君不事，非其民不使；治则进，乱则退，伯夷也。何事非君，何使非民；治亦进，乱亦进，伊尹也。可以仕则仕，可以止则止，可以久则久，可以速则速，孔子也。皆古圣人也，吾未能有行焉。乃所愿，则学孔子也。"

"伯夷、伊尹于孔子，若是班乎？"

曰："否。自有生民以来，未有孔子也。"

曰："然则有同与？"

曰："有。得百里之地而君之，皆能以朝诸侯，有天下；行一不义，杀一不辜，而得天下，皆不为也。是则同。"

曰："敢问其所以异？"

曰："宰我、子贡、有若，智足以知圣人，污不至阿其所好。宰我曰：'以予观于夫子，贤于尧舜远矣。'子贡曰：'见其礼而知其政，闻其乐而知其德，由百世之后，等百世之王，莫之能违也。自生民以来，未有夫子也。'有若曰：'岂惟民哉？麒麟之于走兽，凤凰之于飞鸟，太山之于丘垤，河海之于行潦，类也。圣人之于民，亦类也。出于其类，拔乎其萃，自生民以来，未有盛于孔子也。'"

孟子曰："以力假仁者霸，霸必有大国；以德行仁者王，王不待大。汤以七十里，文王以百里。以力服人者，非心服也，力不赡①也；以德服人者，中心悦而诚服也，如七十子之服孔子也。《诗》云：'自西自东，自南自北，无思不服。'此之谓也。"

孟子曰："仁则荣，不仁则辱；今恶辱而居不仁，是犹恶湿而居下也。如恶之，莫如贵德而尊士，贤者在位，能者在职。国家闲暇，及是时，明其政刑，虽大国，必畏之矣。《诗》云：'迨②天之未阴雨，彻彼桑土，绸缪③牖户。今此下民，或敢侮予？'孔子曰：'为此诗者，其知道乎！能治其国家，谁敢侮之？'今国家闲暇，及是时，般乐怠敖，是自求祸也。祸福无不自己求之者。《诗》云：'永言配命，自求多福。'《太甲》曰：'天作孽，犹可违④；自作孽，不可活。'此之谓也。"

孟子曰："尊贤使能，俊杰在位，则天下之士皆悦，而愿立于其朝矣；市，廛而不征，法而不廛⑤，则天下之商皆悦，而愿藏于其市矣；关，讥⑥而不征，则天下之旅皆悦，而愿出于其路矣；耕者，助而不税，则天下之农皆悦，而愿耕于其野矣；廛，无夫里之布，则天下之民皆悦，而愿为之氓矣。信能行此五者，则邻国之民，仰之若父母矣，率其子弟，攻其父母，自生民以来，未有能济者也。如此，则无敌于天下。无敌于天下者，天吏也。然而不王者，未之有也。"

孟子曰："人皆有不忍⑦人之心。先王有不忍人之心，斯有不忍人之政矣。以不忍人之心，行不忍人之政，治天下可运之掌上。所以谓人皆有不忍人之心者，今人乍见孺子将入于

---

① 赡：足够。
② 迨：趁着。
③ 绸缪：修缮。
④ 违：设法躲避。
⑤ 廛（chán）：积压。
⑥ 讥：稽查。
⑦ 忍：怜悯体恤。

井，皆有怵惕恻隐①之心——非所以内交于孺子之父母也，非所以要誉②于乡党朋友也，非恶其声而然也。由是观之，无恻隐之心，非人也；无羞恶之心，非人也；无辞让之心，非人也；无是非之心，非人也。恻隐之心，仁之端也；羞恶之心，义之端也；辞让之心，礼之端也；是非之心，智之端也。人之有是四端也，犹其有四体也。有是四端而自谓不能者，自贼③者也；谓其君不能者，贼其君者也。凡有四端于我者，知皆扩而充之矣，若火之始然，泉之始达。苟能充之，足以保四海；苟不充之，不足以事父母。"

孟子曰："矢人岂不仁于函人④哉？矢人唯恐不伤人，函人唯恐伤人。巫匠亦然。故术⑤不可不慎也。孔子曰：'里仁为美。择不处仁，焉得智？'夫仁，天之尊爵也，人之安宅也。莫之御而不仁，是不智也。不仁不智，无礼无义，人役也。人役而耻为役，由弓人而耻为弓，矢人而耻为矢也。如耻之，莫如为仁。仁者如射：射者正己而后发，发而不中，不怨胜己者，反求诸己而已矣。"

孟子曰："子路，人告之以有过，则喜。禹闻善言，则拜。大舜有大焉，善与人同⑥，舍己从人，乐取于人以为善。自耕、稼、陶、渔以至为帝，无非取于人者。取诸人以为善，是与人为善者也。故君子莫大乎与人为善⑦。"

孟子曰："伯夷，非其君不事；非其友不友；不立于恶人之朝，不与恶人言；立于恶人之朝，与恶人言，如以朝衣朝冠坐于涂炭⑧。推恶恶⑨之心，思与乡人立，其冠不正，望望然去之，若将浼⑩焉。是故诸侯虽有善其辞命而至者，不受也。不受也者，是亦不屑就已。"

"柳下惠不羞污君，不卑小官；进不隐贤，必以其道；遗佚而不怨，厄穷而不悯。故曰：'尔为尔，我为我，虽袒裼⑪裸裎⑫于我侧，尔焉能浼我哉？'故由由⑬然与之偕而不自失焉，援而止之而止。援而止之而止者，是亦不屑去已。"

孟子曰："伯夷隘，柳下惠不恭。隘与不恭，君子不由也。"

【简析】《孟子》是记述儒学大师孟轲的言行以及他与时人或弟子相互问答的一部典籍，内容包括孟子的政治活动、政治学说、哲学思想和个性修养等。本文围绕实行仁政、养浩然之气、以德服人、人皆有不忍之心、谨慎择业、与人为善等具体问题展开论述，除了引用孔子、曾子和《诗经》中名人名言作为论述依据，更多地是用事实材料来说话，使文章极具说服力。

孟子善于论辩，行文纵横捭阖，气势磅礴，感情激昂，援譬说理，笔带锋芒，雄辩有力。

---

① 恻隐：伤痛不忍。

② 要誉：指求得好名声。

③ 贼：自暴自弃。

④ 函人：制造铠甲的人。

⑤ 术：选择职业。

⑥ 善与人同：与别人一起行善。

⑦ 与人为善：赞许、帮助别人行善。

⑧ 涂炭：比喻污秽不堪的地方。涂，污泥。炭，炭灰。

⑨ 恶恶：前一个恶，厌恶；后一个恶，恶人。

⑩ 浼(měi)：沾污。

⑪ 袒裼：露臂。

⑫ 裸裎：露身。

⑬ 由由：自得的样子。

孟子常用譬喻来陈说事理，是一个擅长譬喻的思想家，这一点在本篇中有很好的体现。如文章以"揠苗助长"比喻养气应该是自发的、日积月累的，而不能急于求成，通俗而生动。当然，孟子思想的力量更多地来自道德的力量，如他的"养浩然之气"就极大地影响了中国一代代志士仁人。

【思考与练习】

一、本文提出了哪些主要观点？
二、结合课文，分析孟子善用譬喻的写作特点。

湘　君

屈　原

屈原(约前339—约前278)，名平，字原，战国楚人，先秦时期的伟大诗人。屈原出身贵族，学识渊博，德行高尚，善于辞令，曾得到楚怀王的信任，任左徒、三闾大夫等职。致力于楚国的强大和美政理想，殚精竭虑，积极奔走，外主联齐抗秦，内求举贤革新，结果触动了旧贵族集团的利益，遭到打击和谗害。后被楚怀王疏远，复遭楚顷襄王放逐。最终因痛心国势日益危殆，理想无法实现，悲愤忧郁，自投汨罗江而死。

屈原留下来的作品，研究者多认为有《离骚》《九歌》《天问》和《九章》等。这些诗篇揭露了统治集团的腐朽、污浊，表现了作者进步的政治理想、高尚的人格情操、热爱祖国的真挚情感和坚强不屈的抗争精神。作品中运用了大量神话传说和奇妙的比喻，想象丰富，文辞绚烂，充满了积极的浪漫主义精神。屈原在学习民歌的基础上，创造发展了"楚辞"这一新的文学样式，丰富了诗歌的表现手法，对古代诗歌的发展做出了巨大的贡献。

君不行兮夷犹①，蹇谁留兮中洲②？美要眇兮宜修③，沛吾乘兮桂舟④。令沅湘兮无波⑤，使江水兮安流。望夫君兮未来⑥，吹参差兮谁思⑦！

驾飞龙兮北征⑧，邅吾道兮洞庭⑨。薜荔柏兮蕙绸⑩，荪桡兮兰旌⑪。望涔阳兮极浦⑫，横大江兮扬灵⑬。扬灵兮未极⑭，女婵媛兮为余太息⑮。横流涕兮潺湲⑯，隐思君兮陫侧⑰。

桂櫂兮兰枻⑱，斫冰兮积雪⑲。采薜荔兮水中，搴芙蓉兮木末⑳。心不同兮媒劳㉑，恩不甚

---

① 君：指湘君，湘水之神。夷犹：犹豫不决。
② 蹇(jiǎn)：发语词。中洲：犹洲中。
③ 要眇(miǎo)：美好的样子。宜修：修饰得恰到好处。
④ 沛：行貌，这里形容船行迅速。桂舟：桂木造的船。这句写待湘君不来，自乘舟去迎候。
⑤ 沅湘：沅水和湘水，均在湖南省。无波：不生波浪。
⑥ 夫：发语词。
⑦ 参差：排箫，相传为舜所造，其形参差，故名；一说为洞箫。谁思：思谁，意谓所思者唯湘君。
⑧ 飞龙：舟名。北征：北行。
⑨ 邅(zhān)：转，指改变行程。洞庭：洞庭湖。
⑩ 薜荔：蔓生香草。柏：附着。蕙：香草名。绸：缚束。
⑪ 荪：香草，即石菖蒲。桡(ráo)：短桨。兰：兰草。旌：旗杆顶端的饰物。
⑫ 涔(cén)阳：在涔水北岸，洞庭湖西北。极浦：遥远的水边。
⑬ 横：横渡。扬灵：显扬精诚；一说即扬舲，扬帆前进。
⑭ 未极：未至，未到达。
⑮ 女：指侍女。婵媛：眷念多情的样子。
⑯ 横：横溢。潺湲：水流的样子。
⑰ 隐：痛。陫侧：即"悱恻"，悲伤忧郁。
⑱ 櫂(zhào)：同"棹"，长桨。枻(yì)：短桨；一说为船舷。
⑲ 斫(zhuó)：砍。
⑳ 搴(qiān)：拔取。芙蓉：莲花。木末：树梢。薜荔本缘木而生，莲花则生在水中，这两句以涉水求薜荔、缘木采莲花，比喻用力虽勤而不可得。
㉑ 媒：媒人。劳：徒劳。

兮轻绝①！石濑兮浅浅②，飞龙兮翩翩③。交不忠兮怨长④，期不信兮告余以不闲⑤。

　　鼂骋骛兮江皋⑥，夕弭节兮北渚⑦。鸟次兮屋上⑧，水周兮堂下⑨。捐余玦兮江中⑩，遗余佩兮醴浦⑪；采芳洲兮杜若⑫，将以遗兮下女⑬。时不可兮再得，聊逍遥兮容与⑭！

　　【简析】《湘君》选自《九歌》。本篇和其姊妹篇《湘夫人》一起塑造了一对优美感人的恋人形象。作品中的湘君和湘夫人是一对配偶神。《湘君》以湘夫人的口气，表达了对湘君深切思慕的哀怨之情，刻画了湘夫人因久候湘君不至而产生的期盼、疑虑、埋怨、哀伤、失望以至绝望、绝望中又不能忘怀的复杂心理，表现了她对爱情的执着追求和对幸福美好生活的向往，给我们展现了一个敢于大胆追求爱情生活的女性的内心世界。写的虽然是神，却充满人间情味。全诗激情浪漫，文采华美，感情丰富，想象奇特，具有《楚辞》鲜明的特点。

【思考与练习】

　　一、试析《湘君》的浪漫主义色彩。
　　二、你在中学读过屈原哪些作品，试联系这些作品，对其创作进行整体描述。

---

①　甚：深厚。轻绝：轻易断绝。
②　石濑：石上急流。浅(jiān)浅：水流湍急的样子。
③　翩翩：轻快的样子。
④　交不忠：相交不忠诚。怨长：怨恨深长。
⑤　期：相约。不信：不践约。不闲：没有空闲。
⑥　鼂(zhāo)：同"朝"，早晨。骋骛(wù)：急行。皋：水旁高地。
⑦　弭(mǐ)：停止。节：与策同义，马鞭。弭节：指停止鞭马使车缓行，此处有止息的意思。
⑧　次：止宿。
⑨　周：围绕。
⑩　捐：舍弃。玦：玉佩名，似环而有缺，示有决断、决绝的意思。
⑪　遗(yí)：留下。佩：佩饰。醴(lǐ)：同澧，即澧水，在今湖南省，流入洞庭湖。
⑫　芳洲：香草丛生之洲。杜若：香草名。
⑬　遗(wèi)：赠予。下女：指身边侍女。
⑭　聊：暂且。逍遥：游玩。容与：舒缓放松的样子。

单刀会（第四折）

关汉卿

　　关汉卿（约生于金末，卒于宋亡之后），号已斋叟，大都（今北京）人，我国古代杰出的戏曲家，元杂剧的代表作家。一生写了六十多种杂剧，今存十八种，代表作有《窦娥冤》《救风尘》《单刀会》等。他的杂剧代表了我国古典戏剧的最高成就，在中国戏剧史上有过深远的影响。

　　《单刀会》原名《关大王独赴单刀会》，它是《三国演义》成书之前有关三国戏的优秀作品。

　　（鲁肃上，云）欢来不似今朝，喜来那逢今日。小官鲁子敬是也。我使黄文持书去请关公，欣喜许今日赴会，荆襄地合归还俺江东。英雄甲士已暗藏壁衣之后，令人江上相候，见船到便来报我知道。

　　（正末关公引周仓上，云）周仓，将到那里也？（周云）来到大江中流也。（正云）看了这大江，是一派好水也呵！（唱）

　　【双调新水令】大江东去浪千叠①，引着这数十人驾着这小舟一叶。又不比九重龙凤阙，可正是千丈虎狼穴。大丈夫心别，我觑这单刀会似赛村社②。

　　（云）好一派江景也呵！（唱）

　　【驻马听】③水涌山叠，年少周郎何处也？不觉的灰飞烟灭，可怜黄盖转伤嗟。破曹的樯橹一时绝，鏖兵的江水犹然热，好教我情惨切！（云）这也不是江水，（唱）二十年流不尽的英雄血！

　　（云）却早来到也，报复去。（卒报科）（做相见科）（鲁云）江下小会，酒非洞里之长春，乐乃尘中之菲艺，猥劳君侯屈高就下，降尊临卑，实乃鲁肃之万幸也④！（正云）量某有何德能，着大夫置酒张筵？既请必至。（鲁云）黄文，将酒来。二公子满饮一杯。（正云）大夫饮此杯。（把盏科）（正云）想古今咱这人过日月好疾也呵！（鲁云）过日月是好疾也。光阴似骏马加鞭，浮世似落花流水。

　　【胡十八】想古今立勋业，那里也舜五人⑤、汉三杰？两朝相隔数年别，不付能⑥见者，却又早老也。开怀的饮数杯，（云）将酒来。（唱）尽心儿待醉一夜。

　　（把盏科）（正云）你知"以德报德，以直报怨"么⑦？（鲁云）既然将军言"以德报德，以直报怨"，借物不还者谓之怨。想君侯文武全材，通练兵书，习《春秋》《左传》，济拔颠危，匡扶社稷，可不谓之仁乎？待玄德如骨肉，觑曹操若仇雠，可不谓之义乎？辞曹归汉，弃印封金，

---

①　大江东去浪千叠：苏轼《念奴娇·赤壁怀古》词有"大江东去，浪淘尽，千古风流人物"及"樯橹灰飞烟灭"等句。

②　赛村社：农村社日的迎神赛会。

③　驻马听：这支曲子历来最为人所欣赏，比起苏轼的《念奴娇》词来，更觉声情激越。

④　长春：酒名。菲艺：菲薄的技艺。猥劳君侯：有劳于您。猥，表示谦卑、卑下。

⑤　舜五人：指舜的五个贤臣：禹、弃、契、皋陶、垂。

⑥　不付能：也作"不甫能"，好不容易的意思。

⑦　以德报德，以直报怨：语见《论语·宪问》，意为应用恩德报答别人的恩情，用公正的态度对待别人的怨恨。

可不谓之礼乎？坐服于禁，水淹七军①，可不谓之智乎？且将军仁义礼智俱足，惜乎止少个信字，欠缺未完。再若得全个信字，无出君侯之右也。（正云）我怎生失信？（鲁云）非将军失信，皆因令兄玄德失信。（正云）我哥哥怎生失信来？（鲁云）想昔日玄德公败于当阳之上，身无所归，因鲁肃之故，屯军三江夏口。鲁肃又与孔明同见我主公，即日兴师拜将，破曹兵于赤壁之间。江东所费巨万，又折了首将黄盖②。因将军贤昆玉③无尺寸地，暂借荆州以为养军之资；数年不还。今日鲁肃低情曲意，暂取荆州，以为救民之急；待仓廪丰盈，然后再献与将军掌领。鲁肃不敢自专，君侯台鉴不错④。（正云）你请我吃筵席来那，是索荆州来？（鲁云）没，没，没，我则这般道。孙、刘结亲，以为唇齿，两国正好和谐。（正唱）

【庆东原】你把我真心儿待，将筵宴设，你这般攀今览古，分甚枝叶？我根前使不着你"之乎者也""诗云子曰"，早该豁口截舌⑤！有意说孙刘，你休目下番成吴越⑥！

（鲁云）将军原来傲物轻信！（正云）我怎傲物轻信？（鲁云）当日孔明亲言：破曹之后，荆州即还江东。鲁肃亲为代保。不思旧日之恩，今日恩变为仇，犹自说"以德报德，以直报怨"。圣人道："信近于义，言可复也。"⑦去食去兵，不可去信。⑧"大车无輗，小车无軏，其何以行之哉⑨？"今将军全无仁义之心，枉作英雄之辈。荆州久借不还，却不道"人无信不立"⑩！（正云）鲁子敬，你听的这剑戞⑪么？（鲁云）剑戞怎么？（正云）我这剑戞，头一遭诛了文丑，第二遭斩了蔡阳，鲁肃呵，莫不第三遭到你也？（鲁云）没、没，我则这般道来。（正云）这荆州是谁的？（鲁云）这荆州是俺的。（正云）你不知，听我说。（唱）

【沉醉东风】想着俺汉高皇图王霸业，汉光武秉正除邪，汉献帝将董卓诛，汉皇叔把温侯⑫灭，俺哥哥合情受汉家基业。则你这东吴国的孙权，和俺刘家却是甚枝叶⑬？请你个不克己先生自说！（鲁云）那里甚么响？（正云）这剑戞二次也。（鲁云）却怎么说？（正云）这剑按天地之灵，金火之精，阴阳之气，日月之形；藏之则鬼神遁迹，出之则魑魅潜踪；喜则恋鞘沉沉而不动，怒则跃匣铮铮而有声。今朝席上，倘有争锋，恐君不信，拔剑施呈。吾当摄剑，鲁肃休惊。这剑果有神威不可当，庙堂之器岂寻常；今朝索取荆州事，一剑先交鲁肃亡。（唱）

【雁儿落】则为你三寸不烂舌，恼犯我三尺无情铁。这剑饥餐上将头，渴饮仇人血。

【得胜令】则是条龙向鞘中蛰，唬得人向坐间呆，今日故友每才相见，休着俺弟兄每相间

---

① 坐服于禁，水淹七军：曹操派于禁统领七支部队攻打樊城，庞德为先锋。后关羽决襄江之水淹了七军，生擒庞德。
② 折了首将黄盖：赤壁之战时，东吴黄盖用苦肉计，派阚泽到曹营下诈降书。此句所指的事疑与后来小说有异。
③ 贤昆玉：是对别人弟兄的敬称。昆玉：指弟兄。
④ 台：尊敬对方的称呼。鉴：观察。
⑤ 豁口截舌：豁开口把舌头割掉，意为怪他不该多嘴。
⑥ 吴越：吴国和越国，春秋时的两个敌对国家。
⑦ 信近于义，言可复也：语见《论语·学而》，意为守信用和"义"相近，守信用的人说出来的话可以用行动来印证。
⑧ 去食去兵，不可去信：见《论语·颜渊》。意为宁可不吃饭，不要武装，也不可没有信用。
⑨ 大车无輗，小车无軏，其何以行之哉：语见《论语·为政》。古代的牛车叫大车，马车叫小车，车前均有驾牲口的横木，横木上有活塞，大车叫輗，小车叫軏，没有它们，就不能套牲口，车就不会转动。
⑩ 人无信不立：语见《论语·颜渊》。
⑪ 剑戞：剑响。戞，原作"界"。
⑫ 温侯：指吕布，原为董卓部将，后为曹操、刘备所擒杀。
⑬ 枝叶：瓜葛，意指亲属关系。

别①。鲁子敬听者，你内心休乔怯，畅好是随邪，休怪我十分酒醉也②。

（鲁云）藏宫动乐。（藏宫上，云）天有五星，地攒③五岳，人有五德，乐按五音。五星者：金、木、水、火、土。五岳者：常、恒、泰、华、嵩。五德者：温、良、恭、俭、让。五音者：宫、商、角、徵、羽。（甲士拥上科）（鲁云）埋伏了者。（正击案，怒云）有埋伏也无埋伏？（鲁云）并无埋伏。（正云）若有埋伏，一剑挥之两段！（做击案科）（鲁云）你击碎菱花④。（正云）我特来破镜！（唱）

【搅筝琶】却怎生闹炒炒军兵到，休把我当拦者！（云）当着我的，呵呵！（唱）我着他剑下身亡，目前流血。便有那张仪口，蒯通舌，休那里躲闪藏遮⑤。好生的送我到船上者，我和你慢慢的相别。

（鲁云）你去了倒是一场伶俐。（黄文云）将军，有埋伏哩。（鲁云）迟了我的也。（关平领众将上，云）请父亲上船，孩儿每来迎接哩。（正云）鲁肃，休惜殿后⑥。（唱）

【离亭宴带歇指煞】我则见紫袍银带公人列，晚天凉风冷芦花谢，我心中喜悦。昏惨惨晚霞收，冷飕飕江风起，急飑飑⑦云帆扯。承管待、承管待，多承谢、多承谢。唤梢公慢者，缆解开岸边龙，船分开波中浪，棹搅碎江心月。正欢娱有甚进退，且谈笑不分明夜⑧。说与你两件事先生记者：百忙里趁不了老兄心，急切里倒不了俺汉家节⑨。

【简析】《单刀会》是关汉卿一部著名的历史剧。该剧一共四折，写鲁肃为讨还荆州约请关羽过江赴会，想在席间暗害他。事前，鲁肃曾与司马徽、乔国老商议，遭到他们的反对，但他仍然一意孤行。于是就有了关羽单刀赴会的情景。第一折借乔国老之口叙述关羽的英雄事迹。第二折则从司马徽的角度来渲染关羽的武艺高强。这都是从侧面烘托关羽的英雄形象。第三折写关羽接到鲁肃赴宴的邀请，就和关平安排停当，从容赴会。第四折着重描写关羽单刀赴会的情景，是全剧的高潮。

这折戏一共组织了十支曲子，按照杂剧的惯例使用双调。前两支曲子【新水令】和【驻马听】气势磅礴，激越悲壮，表现出关羽无所畏惧的英雄气概，历来为人称赏。

关汉卿虽是本色派作家，在这里却尽情地驱词遣句，塑造出一个伟大的英雄人物——关羽。作者笔下的关羽，在连年征战不绝、与东吴即将决裂的情况下，面对着波涛滚滚的江水，不禁感慨万千。前两段唱词，既有对英雄人物的感叹，也有勇于为蜀国的大业牺牲的气魄。关汉卿把长江的壮美景象融入到历史的描绘之中，烘托了关羽的悲壮之情，使得人物形象更加丰满。在会上，关羽一方面表现出珍惜蜀吴长期以来的友好关系以及他与鲁肃的友谊，另一方面也表现出全力维护蜀国利益的决心。按说，刘备借荆州有借无还，于理有亏，所以鲁肃责备关羽失信是理所当然的。但是关羽运用有礼、有利、有节的外交策略，首先在气势上

---

① 蛰：藏匿。间别：离间，分别。
② 乔怯：伪装害怕。随邪：不正经。
③ 攒：积聚。
④ 菱花：原是镜子上的图饰，借指镜子。下文关羽说"我特来破镜"，"镜"与"子敬"的"敬"同音，语带双关。
⑤ 张仪：战国时魏人，曾游说六国以连横事秦。蒯通：谋士，韩信用其计平定齐地。两人都是著名的说客和辩士。
⑥ 殿后：指埋伏殿后的甲兵。
⑦ 急飑飑：风吹船帆急速抖动的样子。云帆扯：原为"帆招惹"，据元刊本改。
⑧ 明夜：白天夜晚。
⑨ 趁：同"称"。急切里：急迫之间。

压倒对方，其次在正统问题上当仁不让，最后在激烈的言辞交锋中据理力争，毫不让步，终于说服了鲁肃，全身而退。至此，关羽智勇双全、大义凛然的英雄形象跃然纸上。最后，又以景物的描写衬托关羽胜利地踏上归途时内心的喜悦之情。

【思考与练习】

一、作为叙事文学作品，《单刀会》在刻画人物形象上有何特点？

二、历史剧《单刀会》一共四折，这一本四折戏中竟然只有两折戏是主角关羽登场，且是在第三、第四折戏中出场；而这两折戏中亦只有第四折才是矛盾的双方——鲁肃和关羽直接交锋，展开斗争，解决冲突。在第一、第二折戏中，该剧的主角关羽根本就未出场。你认为这样写好不好，为什么？

婴　宁

蒲松龄

　　蒲松龄(1640—1715)，字留仙，一字剑臣，别号柳泉居士，室名聊斋，山东淄川(今属淄博市)蒲家庄人。他出身于半农半商的家庭，后来逐渐贫困，薄产不足自给，又屡次失意于科场。为维持生计，除四十岁时在江苏宝应作一年县幕，大半生在本县缙绅人家作塾师。他身处明清易代的乱世，贫困和黑暗的社会现实造就了他"孤愤""狂痴"的人生态度，并表现在他创作的《聊斋志异》中。近人将其诗、词、文、俚曲等作品汇编成为《蒲松龄集》。

　　《聊斋志异》将近500篇，综合六朝志怪与唐传奇之长，借谈鬼说狐，曲折地批判社会，表达理想，是中国古代短篇文言小说的顶峰之作。

　　王子服，莒①之罗店人。早孤②，绝惠③，十四入泮④。母最爱之，寻常不令游郊野。聘⑤萧氏，未嫁而夭⑥，故求凰⑦未就也。

　　会上元⑧，有舅氏子吴生邀同眺瞩⑨。方至村外，舅家有仆来招吴去。生见游女如云，乘兴独遨⑩。有女郎携婢，拈⑪梅花一枝，容华绝代，笑容可掬⑫。生注目不移，竟忘顾忌。女过去数武⑬，顾⑭婢子笑曰："个儿郎⑮目灼灼似贼！"遗花地上，笑语自去。生拾花怅然，神魂丧失，怏怏遂返。至家，藏花枕底，垂头而睡，不语亦不食。母忧之。醮禳⑯益剧，肌革锐减⑰。医师诊视，投剂发表⑱，忽忽若迷。母抚问所由⑲，默然不答。适吴生来，嘱秘诘之。吴至榻前，生见之泪下，吴就榻慰解，渐致研诘⑳，生具吐其实，且求谋画。吴笑曰："君意亦

---

① 莒(jǔ)：古国名，后置为州县，今山东省莒县一带。
② 孤：死去父亲或父母双亡的孩子。这里指死去父亲。
③ 绝惠：非常聪明。惠，通"慧"。
④ 入泮(pàn)：入县学为生员。
⑤ 聘(pìn)：订婚。旧时订婚，男方须向女方行纳聘礼，称"行聘"或"文定"。后来就以"聘"代指订婚。
⑥ 夭：早死。
⑦ 求凰：求妻。凤凰为神话传说中鸟中之王，雄性为凤，雌性为凰。
⑧ 上元：上元节，旧历正月十五。
⑨ 眺瞩：居高望远。此指观赏景物。
⑩ 遨：游玩。
⑪ 拈：轻巧地拿着、捏着。
⑫ 笑容可掬：掬，两手捧着。形容满脸的笑，好像可以用手捧着一样。
⑬ 数武：几步。武，半步叫做"武"。
⑭ 顾：回头看。
⑮ 个儿郎：这个小伙子。个，这个。儿郎，指青年男子。
⑯ 醮禳(jiào ráng)：祈祷消灾。醮，祭神。禳，消除灾祸。
⑰ 肌革锐减：消瘦得极快。肌革，肌肤。
⑱ 投剂发表：中医认为，有些病潜伏在人体里面，要用药把它发散表托出来，这种治病的方法叫做"发表"。剂，药剂。
⑲ 抚问所由：爱抚地问其得病的原因。
⑳ 研诘：细细追问。

复痴！此愿有何难遂？当代访之，徒步于野，必非世家①。如其未字②，事固谐矣；不然，拚③以重赂，计必允遂。但得痊瘳④，成事在我。"生闻之，不觉解颐⑤。吴出告母，物色女子居里，而探访既穷，并无踪绪。母大忧，无所为计。然自吴去后，颜顿开，食亦略进。数日，吴复来。生问所谋，吴绐之曰："已得之矣。我以为谁何⑥人，乃我姑之女，即君姨妹，今尚待聘。虽内戚有婚姻之嫌⑦，实告之，无不谐者。"生喜溢眉宇，问："居何里？"吴诡⑧曰："西南山中，去此可三十余里。"生又咐嘱⑨再四，吴锐身自任而去。

生由是饮食渐加，日就平复。探视枕底，花虽枯，未便⑩凋落。凝思把玩，如见其人。怪吴不至，折柬⑪招之。吴支托⑫不肯赴招。生恚怒，悒悒⑬不欢。母虑其复病，急为议姻。略与商榷，辄摇首不愿，惟日盼吴。吴迄无耗，益怨恨之。转思三十里非遥，何必仰息他人⑭？怀梅袖中，负气自往，而家人不知也。伶仃独步，无可问程，但望南山行去。约三十余里，乱山合沓⑮，空翠爽肌，寂无人行，止有鸟道⑯。遥望谷底丛花乱树中，隐隐有小里落。下山入村，见舍宇无多，皆茅屋，而意甚修雅⑰。北向一家，门前皆丝柳，墙内桃杏尤繁，间以修竹⑱，野鸟格磔⑲其中。意其园亭，不敢遽入。回顾对户，有巨石滑洁，因据坐少憩。俄闻墙内有女子长呼"小荣"，其声娇细。方伫听间，一女郎由东而西，执杏花一朵，俯首自簪。举头见生，遂不复簪，含笑拈花而入。审视之，即上元途中所遇也。心骤喜，但念无以阶进⑳；欲呼姨氏，顾从无还往，惧有讹误。门内无人可问，坐卧俳徊，自朝至于日昃㉑，盈盈望断㉒，并忘饥渴。时见女子露半面来窥，似讶其不去者。忽一老媪扶杖出，顾生曰："何处郎君，闻自辰刻便来，以至于今。意将何为？得勿㉓饥耶？"生急起揖之，答云："将以盼亲。"媪聋聩不闻。又大言之。乃问："贵戚何姓？"生不能答。媪笑曰："奇哉！姓名尚自不知，何亲可探？

---

① 世家：世代显贵的家族。
② 字：女子许嫁。
③ 拚(pīn)：不顾惜，豁出去。
④ 痊瘳(chōu)：病愈。
⑤ 解颐：露出笑容。颐，面颊。
⑥ 谁何：什么。
⑦ 内戚有婚姻之嫌：意谓姨表亲戚因血缘相近，通婚有所禁忌。内戚，内亲，母系的亲戚。王子服与婴宁为姨兄妹行，故云内戚。
⑧ 诡曰：与上文"绐之曰"意同，谎称，假说。
⑨ 咐嘱：嘱咐。
⑩ 未便：还没有。
⑪ 折柬：裁纸写信。柬，通"简"。
⑫ 支托：支吾推托。支，支吾，以含混之词搪塞。
⑬ 悒悒：忧闷不乐的样子。
⑭ 仰息他人：仰，仰仗。息，鼻息，指鼻腔呼吸的气息。人呼出的气息是温暖的，指靠别人呼出的气息来温暖自己，喻依赖他人。
⑮ 合沓(tà)：重迭。
⑯ 鸟道：喻山路险峻狭窄，只有飞鸟可过。
⑰ 意甚修雅：意，这里指房屋建筑及其自然环境所表现出来的意境风格。修雅，整齐优雅。
⑱ 修竹：细长的竹子。修：长，高。
⑲ 格磔(zhé)：鸟鸣声。
⑳ 阶进：阶，原是一层层阶梯的意思。阶进，就是通过一层层关系，找出一层层理由而进去的意思。
㉑ 日昃(zè)：太阳偏西。
㉒ 盈盈望断：犹言望穿秋水，形容盼望殷切。盈盈，形容眼波流动，明澈如秋水。
㉓ 得勿：莫不是，莫非。

19

我视郎君，亦书痴耳。不如从我来，啖以粗粝①，家有短榻可卧。待明朝归，询知姓氏，再来探访不晚也。"生方腹馁思啖，又从此渐近丽人，大喜。从媪入，见门内白石砌路，夹道红花，片片堕阶上；曲折而西，又启一关，豆棚花架满庭中。肃客②入舍，粉壁光明如镜；窗外海棠枝朵，探入室中；裀藉③几榻，罔不洁泽。甫坐，即有人自窗外隐约相窥。媪唤："小荣！可速作黍④。"外有婢子嘤声而应⑤。坐次⑥，具展宗阀⑦。媪曰："郎君外祖，莫姓吴否？"曰："然。"媪惊曰："是吾甥也！尊堂⑧，我妹子。年来以家窭贫⑨，又无三尺男⑩，遂至音问梗塞。甥长成如许，尚不相识。"生曰："此来即为姨也，匆遽遂忘姓氏。"媪曰："老身秦姓，并无诞育；弱息⑪仅存，亦为庶产⑫。渠母改醮⑬，遗我鞠养⑭。颇亦不钝，但少教训，嬉不知愁。少顷，使来拜识。"

未几，婢子具饭，雏尾盈握⑮。媪劝餐。已，婢来敛具⑯。媪曰："唤宁姑来。"婢应去。良久，闻户外隐有笑声。媪又唤曰："婴宁，汝姨兄在此。"户外嗤嗤笑不已。婢推之以入，犹掩其口，笑不可遏。媪嗔目⑰曰："有客在，咤咤叱叱⑱，是何景象？"女忍笑而立，生揖之。媪曰："此王郎，汝姨子。一家尚不相识，可笑人也⑲。"生问："妹子年几何矣？"媪未能解，生又言之。女复笑，不可仰视。媪谓生曰："我言少教诲，此可见矣。年已十六，呆痴如婴儿。"生曰："小于甥一岁。"曰："阿甥已十七矣，得非庚午属马⑳者耶？"生首应之。又问："甥妇阿谁？"答云："无之。"曰："如甥才貌，何十七岁犹未聘？婴宁亦无姑家㉑，极相匹敌㉒；惜有内亲之嫌。"生无语，目注婴宁，不遑他瞬。婢向女小语云："目灼灼，贼腔未改！"女又大笑，顾婢曰："视碧桃开未？"遽起，以袖掩口，细碎连步而出。至门外，笑声始纵。媪亦起，唤婢襆

---

① 粗粝(lì)：糙米。喻粗茶淡饭。
② 肃客：请客人进入。《礼记·曲礼》："主人肃客而入。"
③ 裀(yīn)藉：垫席。
④ 作黍：做饭。
⑤ 嘤(yīng)声而应：高声答应。
⑥ 坐次：相对而坐的时候。次，指事件正在进行的时候。
⑦ 展：陈述。宗阀：宗族门第。
⑧ 尊堂：对别人母亲的敬称。
⑨ 窭(jù)贫：贫穷。
⑩ 无三尺男：谓家无一男性。三尺男，指身高三尺的男童。
⑪ 弱息：本指幼弱的子女，后多指女儿。
⑫ 庶产：妾生。封建家族中，侧室称庶，所生子女称"庶出"。
⑬ 改醮：改嫁。醮，古婚礼的一种简单仪式，后多指女子嫁人。
⑭ 鞠养：抚养。
⑮ 雏尾盈握：指肥嫩的雏鸡。《礼记·内则》："雏尾不盈握，弗食。"雏，此指小鸡。盈握：满一把。尾部抓着还不满一手的鸡，是属于不应该吃的东西。
⑯ 敛具：收拾餐具。
⑰ 嗔目：怒目，瞪着眼睛。
⑱ 咤咤叱叱：形容笑声。
⑲ 可笑人也：令人可笑。
⑳ 庚午属马：庚午年生人，属马。古时以鼠、牛、虎、兔、龙、蛇、马、羊、猴、鸡、犬、猪十二种动物，来配十二地支子、丑、寅、卯、辰、巳、午、未、申、酉、戌、亥，称为"十二属"或"十二生肖"。午年生人应属马。
㉑ 姑家：婆家。
㉒ 匹敌：般配。敌，相当。

20

被①，为生安置。曰："阿甥来不易，宜留三五日，迟迟②送汝归。如嫌幽闷，舍后有小园，可供消遣，有书可读。"

次日，舍后，果有园半亩，细草铺毡，杨花糁径③；有草舍三楹④，花木四合其所。穿花小步，闻树头苏苏有声，仰视，则婴宁在上。见生来，狂笑欲堕。生曰："勿尔，堕矣!"女且下且笑，不能自止。方将及地，失手而堕，笑乃止。生扶之，阴捘⑤其腕。女笑又作，倚树不能行，良久乃罢。生俟其笑歇，乃出袖中花示之。女接之，曰："枯矣。何留之?"曰："此上元妹子所遗，故存之。"问："存之何意?"曰："以示相爱不忘也。自上元相遇，凝思成病，自分化为异物⑥，不图得见颜色，幸垂怜悯。"女曰："此大细事⑦。至戚何所靳惜⑧? 待郎行时，园中花，当唤老奴来，折一巨捆负送之。"生曰："妹子痴耶?"女曰："何便是痴?"生曰："我非爱花，爱拈花之人耳。"女曰："葭莩之情⑨，爱何待言。"生曰："我所谓爱，非瓜葛⑩之爱，乃夫妻之爱。"女曰："有以异乎?"曰："夜共枕席耳。"女俯思良久，曰："我不惯与生人睡。"语未已，婢潜至，生惶恐遁去。少时，会母所。母问："何往?"女答以园中共话。媪曰："饭熟已久，有何长言，周遮⑪乃尔。"女曰："大哥欲我共寝。"言未已，生大窘，急目瞬之。女微笑而止。幸媪不闻，犹絮絮⑫究诘。生急以他词掩之，因小语责女。女曰："适此语不应说耶?"生曰："此背人语。"女曰："背他人，岂得背老母？且寝处亦常事，何讳之?"生恨其痴，无术可以悟之。食方竟，家中人捉双卫⑬来寻生。

先是，母待生久不归，始疑。村中搜觅几遍，竟无踪兆。因往询吴。吴忆曩言，因教于西南山村行觅。凡历数村，始至于此。生出门，适相值，便入告媪，且请偕女同归。媪喜曰："我有志，匪伊朝夕⑭。但残躯不能远涉，得甥携妹子去，识认阿姨，大好!"呼婴宁，宁笑至。媪曰："有何喜，笑辄不辍? 若不笑，当为全人。"因怒之以目。乃曰："大哥欲同汝去，可便装束。"又饷家人酒食，始送之出，曰："姨家田产丰裕，能养冗人。到彼且勿归，小学诗礼，亦好事翁姑。即烦阿姨，为汝择一良匹⑮。"二人遂发，至山坳，回顾，犹依稀见媪倚门北望也。

抵家，母睹妹丽，惊问为谁。生以姨妹对。母曰："前吴郎与儿言者，诈也。我未有姊，何以得甥?"问女，女曰："我非母出。父为秦氏，没时，儿在襁中⑯，不能记忆。"母曰："我一

---

① 襆被：包着被子。
② 迟迟：慢慢地，指过些时候。
③ 杨花糁(sǎn)径：杨花粉粒，星星点点散落在小路上。糁，碎米屑，泛指散乱的粒状细物，此谓撒落。
④ 楹：量词，屋一间为一楹。
⑤ 捘(zùn)：捏。
⑥ 化为异物：指人死亡。异物，指死亡的人，"鬼"的讳词。
⑦ 大细事：极小的事。
⑧ 靳惜：吝惜。
⑨ 葭莩(jiāfú)之情：亲戚情谊。葭莩，芦苇内壁的薄膜，喻指疏远的亲戚，亦泛指亲戚。
⑩ 瓜葛：指亲戚。瓜和葛都是牵连很长的蔓生植物，因此喻互相牵连的亲戚。
⑪ 周遮：言语烦琐。
⑫ 絮絮：形容接连不断的说话，含有唠叨、噜苏的意思。
⑬ 捉双卫：牵着两头驴子。捉，牵。卫，驴的别称，出自《尔雅·翼》。晋国卫玠喜欢骑驴，后以其姓为驴的代称。
⑭ 匪伊朝夕：不止一日。匪，通"非"。伊，语助词。
⑮ 良匹：好配偶，好对象。
⑯ 襁：包裹婴孩的衣被。"在襁中"，指婴儿时代。

姊适秦氏，良确，然殂谢①已久，那得复存？"因审诘面庞、志赘②，一一符合。又疑曰："是矣。然亡已多年，何得复存？"疑虑间，吴生至，女避入室。吴询得故，惘然久之。忽曰："此女名婴宁耶？"生然之。吴亟称怪事。问所自知，吴曰："秦家姑去世后，姑丈鳏居③，崇于狐，病瘵死。狐生女名婴宁，绷卧床上，家人皆见之。姑丈没，狐犹时来。后求天师符④粘壁上，狐遂携女去。将勿此耶？"彼此疑参⑤。但闻室中吃吃⑥皆婴宁笑声。母曰："此女亦太憨生⑦。"吴请面之。母入室，女犹浓笑不顾。母促令出，始极力忍笑，又面壁移时方出。才一展拜，翻然遽入，放声大笑。满室妇女为之粲然⑧。吴请往觇其异，就便执柯⑨。寻至村所，庐舍全无，山花零落而已。吴忆姑葬处，仿佛不远，然坟垄湮没⑩，莫可辨识，诧叹而返。母疑其为鬼。入告吴言，女略无骇意；又吊⑪其无家，亦殊无悲意，孜孜⑫憨笑而已。众莫之测。母令与少女同寝止。昧爽即来省问⑬，操女红⑭精巧绝伦。但善笑，禁之亦不可止；然笑处嫣然，狂而不损其媚，人皆乐之。邻女少妇，争承迎之。母择吉将为合卺⑮，而终恐为鬼物。窃于日中窥之，形影殊无少异⑯。至日，使华装行新妇礼，女笑极不能俯仰，遂罢。生以其憨痴，恐泄漏房中隐事；而女殊密秘，不肯道一语。每值母忧怒，女至，一笑即解。奴婢小过，恐遭鞭楚，辄求诣母共话；罪婢投见，恒得免。而爱花成癖，物色遍戚党⑰，窃典金钗，购佳种，数月，阶砌藩溷，无非花者。

庭后有木香一架，故邻西家。女每攀登其上，摘供簪玩⑱。母时遇见，辄诃之。女卒不改。一日，西人子⑲见之，凝注倾倒。女不避而笑。西人子谓女意已属⑳，心益荡。女指墙底笑而下，西人子谓示约处，大悦。及昏而往，女果在焉。就而淫之，则阴如锥刺，痛彻于心，大号而踣。细视非女，则一枯木卧墙边，所接乃水淋窍也。邻父闻声，急奔研问，呻而不言。妻来，始以实告。爇火㉑烛窥，见中有巨蝎，如小蟹然。翁碎木捉杀之。负子至家，半夜寻

---

① 殂谢：死亡。
② 面庞：面部轮廓。志赘：指身体上的特征或标记。志，通"痣"。赘，赘疣，俗称瘊子。
③ 鳏（guān）居：无妻独居。
④ 天师符：张天师的神符。天师，道教指东汉张道陵及其后裔。
⑤ 疑参：疑惑参详，研讨可疑之处。
⑥ 吃吃：笑声。
⑦ 憨（hān）生：娇痴。憨，傻。生，语助词。
⑧ 粲然：形容笑的样子。
⑨ 执柯：做媒。语出《诗·豳风·伐柯》，"伐柯如何？匪斧不克。取妻如何？匪媒不得。"
⑩ 垄：坟。湮（yān）：没，埋没。
⑪ 吊：怜悯。
⑫ 孜孜（zīzī）：不停地。
⑬ 昧爽：黎明。省（xǐng）问：问候，问安。
⑭ 女红（gōng）：旧时指妇女所做的纺织、刺绣、缝纫等事。红，同"工"。
⑮ 择吉：选择吉日良辰。合卺（jǐn）：举行婚礼。一瓠剖为两瓢，叫"卺"。新婚夫妇各执其一对饮，叫"合卺"，为古时结婚礼仪之一。
⑯ "窃于日中窥之"两句：传说鬼在日光下无影，因而以此检验婴宁是否为鬼物。
⑰ 党：指亲戚。
⑱ 簪玩：妇女折花，或插戴在发髻之上，或插养于瓶中赏玩，因合称。
⑲ 西人子：西邻人家的儿子。
⑳ 谓女意已属：以为女子对他有意。
㉑ 爇（ruò）火：点燃灯火，烛照。

卒。邻人讼生，讦①发婴宁妖异。邑宰素仰生才，稔知其笃行士②，谓邻翁讼诬，将杖③责之。生为乞免，遂释而出。母谓女曰："憨狂尔尔，早知过喜而伏忧也。邑令神明，幸不牵累；设鹘突④官宰，必逮妇女质公堂，我儿何颜见戚里？"女正色，矢不复笑。母曰："人罔不笑，但须有时。"而女由是竟不复笑，虽故逗之，亦终不笑；然竟日未尝有戚容。

一夕，对生零涕。异之，女哽咽曰："曩以相从日浅，言之恐致骇怪。今日察姑及郎，皆过爱无有异心，直告或无妨乎？妾本狐产。母临去，以妾托鬼母，相依十余年，始有今日。妾又无兄弟，所恃者惟君。老母岑寂山阿⑤，无人怜而合厝⑥之，九泉辄为悼恨。君倘不惜烦费，使地下人消此怨恫，庶养女者不忍溺弃⑦。"生诺之，然虑坟冢迷于荒草。女但言无虑。刻日，夫妻舁榇⑧而往。女于荒烟错楚⑨中，指示墓处，果得媪尸，肤革犹存。女抚哭哀痛。舁⑩归，寻秦氏墓合葬焉。是夜，生梦媪来称谢，寤而述之。女曰："妾夜见之，嘱勿惊郎君耳。"生恨不邀留。女曰："彼鬼也。生人多，阳气胜，何能久居？"生问小荣，曰："是亦狐，最黠。狐母留以视⑪妾，每摄饵⑫相哺，故德之常不去心。昨问母，云已嫁之。"由是岁值寒食⑬，夫妻登秦墓，拜扫无缺。女逾年，生一子。在怀抱中，不畏生人，见人辄笑，亦大有母风云。

异史氏曰："观其孜孜憨笑，似全无心肝者；而墙下恶作剧，其黠孰甚焉！至凄恋鬼母，反笑为哭，我婴宁殆隐于笑⑭者矣。窃闻山中有草，名'笑矣乎'。嗅之，则笑不可止。房中植此一种，则合欢、忘忧⑮，并无颜色矣。若解语花⑯，正嫌其作态⑰耳。"

【简析】如果说《聊斋志异》是中国古典文言短篇小说的巅峰的话，那么《婴宁》则是这座巅峰之上的一颗璀璨的明珠。小说用一波三折的笔法写出了婴宁同王子服浪漫的爱情故事，描写了婴宁从"孜孜憨笑"到"矢不复笑"，最后"反笑为哭"的变化，成功地塑造了婴宁这个卓尔不群、光彩夺目的女性形象。在这个特殊女性形象中，贯注着作者对人生世态的深切感受，也寄寓着他美好的社会理想。

在对婴宁这个人物形象的刻画上，小说抓住她爱花、爱笑以及"呆痴如婴儿"的性格特征

---

① 讦(jié)：揭发。
② 笃行士：品行忠厚的读书人。
③ 杖：击，打。
④ 鹘(hú)突：糊涂。
⑤ 岑寂山阿：孤寂地居处山阿。陶渊明《挽歌》诗："死去何所道，托体同山阿。"山阿，山中曲坳处。
⑥ 合厝(cuò)：合葬。厝，安葬。
⑦ 溺弃：淹死抛弃。
⑧ 舁榇：以车载棺。榇，棺材。
⑨ 错楚：丛杂的树丛。
⑩ 舁(yú)：抬。
⑪ 视：看待，照顾。
⑫ 摄饵：摄取食物。
⑬ 寒食：农历清明节前两天为寒食。古时在这一天不举火，据说是为了纪念春秋时介子推焚死绵山之事。习惯每年寒食到清明间为扫墓之期。
⑭ 隐于笑：用笑来隐藏自己的真相。
⑮ 合欢：花名，俗称夜合花、马缨花。忘忧：忘忧草，萱草的别名。
⑯ 解语花：《开元天宝遗事·解语花》，唐明皇与杨贵妃在太液池赏花，左右极赞池花之美，而帝指贵妃示于左右曰："争如我解语花？"后因以"解语花"比喻善于迎合人意的美女。
⑰ 作态：装模作样；指矫饰而有失自然。

23

进行反复渲染，突出其形象美、心灵美以及未经尘世浸染的天真个性。小说将婴宁这些性格特征糅合在一起进行表现，有花必有笑，笑中常带痴，塑造了一个纯真可爱的"我婴宁"形象。

【思考与练习】

一、作品描写婴宁由"孜孜憨笑"到"矢志不笑"，再到"反笑为哭"，有着怎样的深刻含义？

二、作品虽多次描写婴宁的笑，但所写并不雷同，而是各具特点，请在作品中找出几例试加以说明。

中国书法

林语堂

林语堂(1895—1976)，福建龙溪(现福建漳州)人。原名和乐，后改玉堂，又改语堂。他是一位以英文写作而扬名海外的中国作家，也是集语言学家、哲学家、文学家、旅游家、发明家于一身的知名学者。著有《吾国与吾民》《生活的艺术》《京华烟云》《风声鹤唳》《朱门》《老子的智慧》《苏东坡传》等作品。林语堂是东西文化结合的产儿，一向以"两脚踏东西文化，一心评宇宙文章"为写作的座右铭。《中国人》是林语堂在西方文坛的成名作与代表作，也是一部有关中国社会、历史和文化的著作。它以中国文化为出发点，对中西文化作了广泛而深入的比较，旨在向西方介绍中国文化，使西方人能够比较确切而客观地了解中国。

本文选自《中国人》，学林出版社1994年版。

一切艺术的问题都是韵律问题。所以，要弄懂中国的艺术，我们必须从中国人的韵律和艺术灵感的来源谈起。我们承认韵律是普遍存在的，并非中国人的专利，但这并不妨碍我们去探索一个不同的侧重点。在讨论理想的中国妇女时，笔者已经指出，西方艺术总是到女性人体那里寻求最理想、最完美的韵律，把女性当作灵感的来源。而中国的艺术家和艺术爱好者则通常满足于高兴地赏玩一只蜻蜓、一只青蛙、一只蚱蜢或一块嶙峋的怪石。由此看来，西方艺术的精神较为耽于声色，较为热情，较为充满艺术家的自我；而中国艺术的精神则较为高雅，较为含蓄，较为和谐自然。我们可以借用尼采的话来说明它们的不同，中国的艺术是太阳神的艺术，而西方艺术是酒神的艺术。这一巨大差别只有具备对韵律不同的理解与欣赏才能形成。无论在哪个国度，艺术问题总是韵律问题，这一点毫无疑问。但直到晚近，韵律才在西方艺术中起到决定性的作用。而在中国，韵律一直占有举足轻重的地位——这一点也是毫无疑问的。

很奇怪，这种对韵律理想的崇拜首先是在中国书法艺术中发展起来的。一副寥寥几笔画出的顽石图，挂在墙上，供人日夜观赏。人们面对它沉思冥想，并得到一种奇异的快感。西方人士要想懂得此种快感，就非懂得中国书法艺术的原则不可。学习书法艺术，实则学习形式与韵律的理论，由此可见书法在中国艺术中的重要地位。我们甚至可以说，书法提供给了中国人民以基本的美学，中国人民就是通过书法才学会线条和形体的基本概念的。因此，如果不懂得中国书法及其艺术灵感，就无法谈论中国的艺术。比方说，中国的建筑，不管是牌楼、亭子还是庙宇，没有任何一种建筑的和谐感与形式美，不是导源于某种中国书法的风格。

这样，中国书法在世界艺术史上的地位实在是十分独特的。毛笔使用起来比钢笔更为精妙，更为敏感。由于毛笔的使用，书法便获得了与绘画平起平坐的真正的艺术地位。中国人已经充分认识到这一点，他们把绘画和书法视为姐妹艺术，合称为"书画"，几乎构成一个单独的概念，总是被人们相提并论。假如要问二者之中哪一个得到了更多人的喜爱，回答毫无疑问是书法。于是，书法成了一门艺术。人们对之投以的满腔热忱和献身精神，以及它丰富的传统，人们对它的尊崇，这些都丝毫不亚于绘画。书法标准与绘画标准一样严格，书法家高深的艺术造诣远非凡夫俗子所能企及，如同其他领域的情形一样。中国的大画家，像董其昌、赵孟頫等人，通常也都是大书法家。赵孟頫(1254—1322)是最著名的中国画家之一。他在谈到自己的绘画时说："石如飞白木如籀，写竹还应八法通，若也有人能会此，须知书画本来同。"

在我看来，书法代表了韵律和构造最为抽象的原则，它与绘画的关系，恰如纯数学与工程学或天文学的关系。欣赏中国书法，是全然不顾其字面含义的，人们仅仅欣赏它的线条和构造。于是，在研习和欣赏这种线条的魅力和构造的优美之时，中国人就获得了一种完全的自由，全神贯注于具体的形式，内容则撇开不管。绘画总有一个客体要传达，但一个写得很好的字却只传达其本身线条和结构的美。在这绝对自由的天地里，各种各样的韵律都得到了尝试，各种各样的结构都得到了探索。正是中国的毛笔使每一种韵律的表达成为可能。而中国字，尽管在理论上是方方正正的，实际上却是由最为奇特的笔画构成的，这就使得书法家不得不去设法解决那些千变万化的结构问题。于是通过书法，中国的学者训练了自己对各种美质的欣赏力，如线条上的刚劲、流畅、蕴蓄、精微、迅捷、优雅、雄壮、粗犷、谨严或洒脱，形式上的和谐、匀称、对比、平衡、长短、紧密，有时甚至是懒懒散散或参差不齐的美。这样，书法艺术给美学欣赏提供了一整套术语，我们可以把这些术语所代表的观念看做中华民族美学观念的基础。

由于这门艺术具有近2000年的历史，且每位书法家都力图用一种不同的韵律和结构来标新立异，这样，在书法上，也许只有在书法上，我们才能够看到中国人艺术心灵的极致。某些美学鉴赏范畴，如对参差不齐之美的尊崇，对那些乍看摇摇欲坠，细看则安如磐石的结构的尊崇，这些美学范畴会使西方人大为吃惊。如果他们知道这些范畴在中国艺术的其他领域中并不容易看到，他们就更会惊叹不已。

对西方来说，更有意义的事实是，书法不仅为中国艺术提供了美学鉴赏的基础，而且代表了一种万物有灵的原则。这种原则一经正确地领悟和运用，将硕果累累。如上所说，中国书法探索了每一种可能出现的韵律和形式，这是从大自然中捕捉艺术灵感的结果，尤其来自动物、植物——梅花的枝丫、摇曳着几片残叶的枯藤、斑豹的跳跃、猛虎的利爪、麋鹿的捷足、骏马的遒劲、熊罴的丛毛、白鹤的纤细，或者苍老多皱的松枝，于是，凡自然界的种种韵律，无一不被中国书法家所模仿，并直接地或间接地形成了某种灵感，以造就某些特殊的"书体"。如果一位中国学者在一棵枯藤之上看到了某种美，它那不经意的雅致，可伸可缩的韧性，枝头弯弯曲曲，几片叶儿悬挂其上，漫不经心，却又恰到好处，他就会把这种种的美融于自己的书法之中。如果另一位学者看到一棵松树树干弯曲、树枝下垂而不直立，表现出一种惊人的坚韧和力量，他也会将这种美融入自己的书法风格。于是，我们就有了"枯藤"和"劲松"的笔法。

曾经有一位名僧兼书法家先前习书多年却无长进。一天，他闲步于山径之间，偶见两条大蛇在争斗，各自伸长脖颈，颇有一股外柔内刚之势。他猛然有所感悟，顿生灵感，回去后便练就了一种极有个性的书体，称作"斗蛇"体，表现了蛇颈的伸展和弯曲。中国的"书圣"王羲之在谈书法艺术时，也使用了自然界的意象：

每作一横画，如列阵之排云；每作一戈，如百钧之弩发；每作一点，如高峰坠石；每作一折，如屈折刚钩；每作一牵，如万岁枯藤；每作一放纵，如足行之趋骤。

如欲通晓中国书法，必先仔细观察蕴藏在每个动物体内的形态和韵律。每种动物都有其和谐优美之处，这是一种直接出自其生理机能，尤其是运动机能的和谐。一匹腿部多毛，躯干高大的负重拉车之马，有其独特的美，正如一匹光滑灵巧的赛马有其独特的美一样。这种和谐还存在于身体细长、蹦蹦跳跳、快速灵活的灵犬身上，也存在于长毛的爱尔兰狗身上：它的头和四肢在一起几乎构成了一个方形物，极似中国书法中的"隶书"（流行于汉代，后由清代邓石如发展成为一种艺术）。

有一点很重要，需要注意。这些动植物的外形之所以美，是因为它们蕴藏着一种动势。试想一枝盛开的梅花，具有多么不经意的美丽和充满艺术感的不规则变化！彻底而艺术化地领悟这种美，就等于领会了万物有灵的内在原则，领悟了中国艺术。这枝梅花，即使花朵凋谢或被拨落，仍然美丽无比，因为它还活着，因为它表达了一种生的冲动。每一棵树的外形都显示了一种韵律，它源自某种生命的冲动，它要生长，要拥抱阳光，要保持自己生命的平衡；它也源自抵御风暴的必要。每一棵树都是美的，因为它暗示了这些冲动，尤其是因为它暗示了一种朝某个方向的运动，一种向某个地方的延伸。它并没有想美；它只是想生存，结果却是极端的和谐与令人十分满意的美。

大自然给予灵犬以高度弯曲的身躯和一条连接身体与后腿的曲线，以使它跑起来迅捷无比。除此之外，大自然并没有人为地赐给它什么抽象的美。这些器官之所以美，是因为它们代表了某种速度，从这些和谐的器官中产生了一种和谐的形式。猫儿轻柔的举动，导致了其柔软的外形。即使是一只固执地蹲伏在那里的叭喇狗的线条，也能反映出它本身力大性猛的美。这样，我们就解释了自然界无穷无尽的形态，这些形态总是那么的和谐、那么富有韵律，变化万端，无以穷尽。换言之，自然界的美是动态的美，而非静态的美。

这种运动的美正是理解中国书法的钥匙。中国书法的美在动不在静，由于它表达了一种动态的美，它生存了下来，并且也同样是千变万化，不可胜数的。迅捷稳重的一笔之所以是完美的，是因为它是速度和力量的象征。不能摹仿，不能更改，因为任何更改都会带来不和谐。这也就是为什么书法作为一门艺术非常难学的原因。

把中国书法的美归结为万物有灵原则，并非著者的独创。汉语中的不少说法可资证明和参考，比如笔画的"肉""骨""筋"等等。其哲理性内涵从未被有意识地揭示出来过。只有当我们想方设法使西方人理解中国书法时，我们才开始探索。王羲之曾从师的东晋女书法家卫夫人说道：

善笔力者多骨，不善笔力者多肉。多骨微肉者，谓之筋书；多肉微骨者，谓之墨猪。多力丰筋者圣；无力无筋者病。

运动的动态原理生发出一种结构原理，这是理解中国书法的要旨。单纯的平衡匀称之美，绝不是美的最高形式。中国书法的原则之一，即方块字绝不应该是真正的方块，而应是一面高一面低，两个对称部分的大小和位置也不应该绝对相同。这条原则叫作"势"，代表着一种冲力的美。结果，在这种艺术的范型中，我们有了不少看似不平衡，实际却十分平衡的结构形态。这种冲力之美与纯静态之美的区别，有如一个人站立或静坐之图景，与挥舞高尔夫球棒或把足球猛一脚踢上天时的图景的区别。又如一位女士把头往后一仰的照片，要比她正视前方的照片动态感更强。所以中国字笔画起端总是侧向一方，就比平平地画过去要艺术得多。这种结构的范例可见于《张猛龙碑》，其中字体似有倒塌之势，却又能很好地保持平衡。

现代艺术正在探索各种韵律，试验各种新的结构形式，但至今尚无所获。它唯一的成功是给予我们一种逃避现实的印象。它最为明显的特征，不是努力抚慰我们的心灵，而是竭力刺激我们的感官，由于这一原因，对中国书法及其万物有灵原则的研究，归根结底也就是在万物有灵或韵律活力的原则指导下，对自然界韵律所进行的再研究，它会为现代艺术开辟广阔的前景。直线、平面和锥体的相互交错和反复运用，可以使我们激动不已，却不具备生动活泼的美。正是这些平面、锥体、直线和曲线，看来已经使现代艺术家的才智衰竭了。何不回归自然，向自然求救呢？看来有待于一些西方艺术家不畏艰险，开始用毛笔练习写英语。练上十年之后，如果他天资聪慧，真正弄懂万物有灵原则的话，他将可以用真正称得上一门艺术的线条和形式在泰晤士广场上书写招牌和广告牌。

中国书法作为中国美学的基础，其中的全部含义将在研究中国绘画和建筑时进一步看到。在中国绘画的线条和构思上，在中国建筑的形式和结构上，我们将可以分辨出那些从中国书法发展起来的原则。正是这些韵律、形态、范围等基本概念给予了中国艺术的各种门类，比如诗歌、绘画、建筑、瓷器和房屋修饰，以基本的精神体系。

【简析】在中国艺术史上，中国书法的艺术性足以并肩于绘画，中国书法由于其所使用的工具为毛笔，加上汉语言文字的结构，在世界艺术史上堪称独一无二。

在本文中，作者凭着对艺术、对中国文化的深刻见解，重点介绍了中国书法艺术独特的美学特点、书法与其他艺术的关系、以及书法的内在精神特征。文章首先溯源艺术的韵律问题，强调了书法在中国艺术韵律美中的独特地位，然后结合对书法艺术历史的回顾，指出中国书法美的最基本精神——万物有灵原则，既凸显了中国传统艺术的美学精神，又使得书法艺术与现代艺术建立了精神上的深刻联系。

在语言上，本文吸收了印欧语言的逻辑性和古汉语的写意性，开拓了汉语写作的新空间，达到了理性与优雅并存，思想与感情同在的境界。另外，作者善于在不同事物间寻找相同的道理，比如书法意蕴和两蛇缠绕、梅花开放等情境的共通之处的对比等，从而完成了对中国艺术美一次全方位的审视。

【思考与练习】

一、作者在文中所谈到的中西艺术的区别是什么？
二、课外阅读林语堂的《中国人》并交流读后感。

秦 腔

贾平凹

贾平凹(1952—)，当代著名作家，原名贾平娃。陕西丹凤人。1975年毕业于西北大学中文系，后任陕西人民出版社文艺编辑、《长安》文学月刊编辑。1982年后从事专业创作，先后任中国作协理事、中国作协陕西分会副主席等职。著有小说集《山地笔记》《腊月·正月》《天狗》《晚唱》等，还有长篇小说《商州》《浮躁》《废都》及自传体长篇《我是农民》等，并著有散文集《月迹》《心迹》《爱的踪迹》及诗集《空白》等。作品获多项国内外大奖，并被翻译成多种外文。贾平凹的作品多以商州地区的地理和风情为背景，描写新时期西北农村的变革，视野开阔，具有丰富的文化心理内蕴和乡土气息。

山川不同，便风俗区别，风俗区别，便戏剧存异；普天之下人不同貌，剧不同腔；京，豫，晋，越，黄梅，二簧，四川高腔，几十种品类；或问：历史最悠久者，文武最正经者，是非最汹汹者？曰：秦腔也。正如长处和短处一样突出便见其风格，对待秦腔，爱者便爱得要死，恶者便恶得要命。外地人——尤其是自夸于长江流域的纤秀之士——最害怕秦腔的震撼；评论说得婉转的是：唱得有劲；说得直率的是：大喊大叫。于是，便有柔弱女子，常在戏台下以绒堵耳，又或在平日教训某人：你要不怎么怎么样，今晚让你去看秦腔！秦腔成了惩罚的代名词。所以，别的剧种可以各省走动，唯秦腔则如秦人一样，死不离窝；严重的乡土观念，也使其离不了窝：可能还在西北几个地方变腔走调地有些市场，却绝对冲不出往东南而去的潼关呢。

但是，几百年来，秦腔却没有被淘汰，被沉沦，这使多少人大惑而不得其解。其解是有的，就在陕西这块土地上。如果是一个南方人，坐车轰轰隆隆往北走，渡过黄河，进入西岸，八百里秦川大地，原来竟是：一抹黄褐的平原；辽阔的地平线上，一处一处用木椽夹打成一尺多宽墙的土屋，粗笨而庄重；冲天而起的白杨，苦楝，紫槐，枝杆粗壮如桶，叶却小似铜钱，迎风正反翻覆……你立即就会明白了：这里的地理构造竟与秦腔的旋律维妙维肖的一统！再去接触一下秦人吧，活脱脱的一群秦始皇兵马俑的复出：高个，浓眉，眼和眼间隔略远，手和脚一样粗大，上身又稍稍见长于下身。当他们背着沉重的三角形状的犁铧，赶着山包一样团块组合式的秦川公牛，端着脑袋般大小的耀州瓷碗，蹲在立的卧的石磙子碌碡上吃着牛肉泡馍，你不禁又要改变起世界观了：啊，这是块多么空旷而实在的土地，在这块土地摸爬滚打的人群是多么"二愣"的民众！那晚霞烧起的黄昏里，落日在地平线上欲去不去的痛苦的妊娠，五里一村，十里一镇，高音喇叭里传播的秦腔互相交织，冲撞，这秦腔原来是秦川的天籁，地籁，人籁的共鸣啊！于此，你不渐渐感觉到了南方戏剧的秀而无骨吗？不深深地懂得秦腔为什么形成和存在而占却时间、空间的位置吗？八百里秦川，以西安为界，咸阳，兴平，武功，周至，凤翔，长武，岐山，宝鸡，两个专区几十个县为西府；三原，泾阳，高陵，户县，合阳，大荔，韩城，白水，一个专区十几个县为东府。秦腔，就源于西府。在西府，民性敦厚，说话多用去声，一律咬字沉重，对话如吵架一样，哭丧又一呼三叹。呼喊远人更是特殊：前声拖十二分的长，末了方极快地道出内容。声韵的发展，使会远道喊人的人都从此有了唱秦腔的天才。老一辈的能唱，小一辈的能唱，男的能唱，女的能唱；唱秦腔成了做人

29

最体面的事，任何一个乡下男女，只有唱秦腔，才有出人头地的可能。大凡有出息的，是个人才的，哪一个何曾未登过台，起码不能吼一阵乱弹呢！

农民是世上最劳苦的人，尤其是在这块平原上，生时落草在黄土坑上，死了被埋在黄土堆下。秦腔是他们大苦中的大乐，当老牛木犁疙瘩绳，在田野已经累得筋疲力尽，立在犁沟里大喊大叫来一段秦腔，那心胸肺腑，关关节节的困乏便一尽儿涤荡净了。秦腔与他们，要和"西凤"白酒，长线辣子，大叶卷烟，牛肉泡馍一样成为生命的五大要素。若与那些年长的农民聊起来，他们想象的伟大的共产主义生活，首先便是这五大要素。他们有的是吃不完的粮食，他们缺的是高超的艺术享受，他们教育自己的子女，不会是那些文豪们讲的，幼年不是祖母讲着动人的迷丽的童话，而是一字一板传授着秦腔。他们大都不识字，但却出奇地能一本一本整套背诵出剧本，虽然那常常是之乎者也的字眼从那一圈胡子的嘴里吐出来十分别扭。有了秦腔，生活便有了乐趣，高兴了，唱"快板"，高兴得像被烈性炸药爆炸了一样，要把整个身心粉碎在天空！痛苦了，唱"慢板"，揪心裂肠的唱腔却表现了多么有情有味的美来，美给了别人的享受，美也熨平了自己心中愁苦的皱纹。当他们在收获时节的土场上，在月在中天的庄院里大吼大叫唱起来的时候，那种难以想象的狂喜，激动，雄壮，与那些献身于诗歌的文人，与那些有吃有穿却总感空虚的都市人相比，常说的什么伟大的永恒的爱情是多么渺小、有限和虚弱啊！

我曾经在西府走动了两个秋冬，所到之处，村村都有戏班，人人都会清唱。在黎明或者黄昏的时分，一个人独独地到田野里去，远远看着天幕下一个一个山包一样隆起的十三个朝代帝王的陵墓，细细辨认着田埂上，荒草中那一截一截汉唐时期石碑上的残字，高高的土屋上的窗口里就飘出一阵冗长的二胡声，几声雄壮的秦腔叫板，我就痴呆了，感觉到那村口的尘土里，一头叫驴的的打滚是那么有力，猛然发现了自己心胸中一股强硬的气魄随同着胳膊上的肌肉疙瘩一起产生了。

每到农闲的夜里，村里就常听到几声锣响：戏班排演开始了。演员们都集合起来，到那古寺庙里去。吹，拉，弹，奏，翻，打，念，唱，提袍甩袖，吹胡瞪眼，古寺庙成了古今真乐府，天地大梨园。导演是老一辈演员，享有绝对权威，演员是一家几口，夫妻同台，父子同台，公公儿媳也同台。按秦川的风俗：父和子不能不有其序，爷和孙却可以无道，弟与哥嫂可以嬉闹无常，兄与弟媳则无正事不能多言。但是，一到台上，秦腔面前人人平等，兄可以拜弟媳为帅为将，子可以将老父绳绑索捆。寺庙里有窗无扇，屋梁上蛛丝结网，夏天蚊虫飞来，成团成团在头上旋转，薰蚊草就墙角燃起，一声唱腔一声咳嗽。冬天里四面透风，柳木疙瘩火当中架起，一出场一脸正经，一下场凑近火堆，热了前怀，凉了后背。排演到什么时候，什么时候都有观众，有抱着二尺长的烟袋的老者，有凳子高、桌子高趴满窗台的孩子。庙里一个跟斗未翻起，窗外就哇地一声叫倒好，演员出来骂一声：谁说不好的滚蛋！他们抓住窗台死不滚去，倒要连声讨好：翻得好！翻得好！更有殷勤的，跑回来偷拿了红薯、土豆，在火堆里煨熟给演员作夜餐，赚得进屋里有一个安全位置。排演到三更鸡叫，月儿偏西，演员们散了，孩子们还围了火堆弯腰踢腿，学那一招一式。

一出戏排成了，一人传出，全村振奋，扳着指头盼那上演日期。一年十二个月，正月元宵日，二月龙抬头，三月三，四月四，五月五日过端午，六月六日晒丝绸，七月过半，八月中秋，九月初九，十月一日，再是那腊月五豆，腊八，二十三……月月有节，三月一会，那戏必是上演的。戏台是全村人的共同的事业，宁肯少吃少穿也要筹资集款，买上好的木石，请高强的工匠来修筑。村子富不富，就比这戏台阔不阔。一演出，半下午人就找凳子去占地位了，未等戏开，台下坐的、站的人头攒拥，台两边阶上立的卧的是一群顽童。那锣鼓就叮叮咣咣地闹台，似乎整个世界要天翻地覆了。各类小吃趁机摆开，一个食摊上一盏马灯，花生，瓜子，糖果，烟卷，油茶，麻花，烧鸡，煎饼，长一声短一声叫卖不绝。锣鼓还在一声儿敲打，大幕只是不拉，演员偶尔从幕边往下望望，下边就喊：开演呀，场子都满了！幕布放下，只说就要出场了，却又叮叮咣咣不停。台下就乱了，后边的喊前边的坐下，前边的喊后边的为什么不说最前边的立着；场外的大声叫着亲朋子女名字，问有坐处没有，场内的锐声回应快进来；有要吃煎饼的喊熟人去买一个，熟人买了站在场外一扬手，"日"地一声隔人头甩去，不偏不倚目标正好；左边的喊右边的踩了他的脚，右边的叫左边的挤了他的腰，一个说：狗年快完了，你还叫啥哩？一个说：猪年还没到，你便拱开了！言语伤人，动了手脚；外边的趁机而入，一时四边向里挤，里边向外扛，人的旋涡涌起，如四月的麦田起风，根儿不动，头身一会儿倒西，一会儿倒东，喊声、骂声、哭声一片；有拼命挤将出来的，一出来方觉世界偌大，身体胖胖，但差不多却光了脚，乱了头发。大幕又一挑，站出戏班头儿，大声叫喊要维持秩序；立即就跳出一个两个所谓"二干子"人物来。这类人物多是头脑简单，四肢发达，却十二分忠诚于秦腔，此时便拿了枝条儿，哪里人挤，哪里打去，如凶神恶煞一般。人人恨骂这些人，人人又都盼有这些人，叫他们是秦腔宪兵，宪兵者越发忠于职责，虽然彻夜不得看戏，但大家一夜满足了，他们也就满足了一夜。

终于台上锣鼓停了，大幕拉开，角色出场。但不管男的女的，出来偏不面对观众，一律背身掩面，女的就碎步后移，水上漂一样，台下就叫：瞧那腰身，那肩头，一身的戏哟！是男的就摇那帽翎，一会双摇，一会单摇，一边上下飞闪，一边纹丝不动，台下便叫：绝了，绝了！等到那角色儿猛一转身，头一高扬，一声高叫，声如炸雷豁啷啷直从人们头顶碾过，全场一个冷颤，从头到脚，每一个手指尖儿，每一根头发梢儿都麻酥酥的了。如果是演《救裴生》，那慧娘站在台中往下蹲，慢慢地，慢慢地，慧娘蹲下去了，全场人头也矮下去了半尺，等那慧娘往起站，慢慢地，慢慢地，慧娘站起来了，全场人的脖子也全拉长了起来。他们不喜欢看生戏，最欢迎看熟戏，那一腔一调都晓得，哪个演员唱得好，就摇头晃脑跟着唱，哪个演员走了调，台下就有人要纠正。说穿了，看秦腔不为求新鲜，他们只图过过瘾。

在这样的地方，这样的环境，这样的气氛，面对着这样的观众，秦腔是最逞能的，它的艺术的享受，是和拥挤而存在，是有力气而获得的。如果是冬天，那风在刮着，像刀子一样，如果是夏天，人窝里热得如蒸笼一般，但只要不是大雪、冰雹、暴雨，台下的人是不肯撤场的。最可贵的是那些老一辈的秦腔迷，他们没有力气挤在台下，也没有好眼力看清演员，却一溜一排地蹲在戏台两侧的墙根，吸着草烟，慢慢将唱腔品赏。一声叫板，便可以使他们坠入艺术之宫，"听了秦腔，肉酒不香"，他们是体会得最深。那些大一点的，脾性野一点的孩子，却占领了戏场周围所有的高空，杨树上，柳树上，槐树上，一个枝杈一个人。他们常常乐而忘了险境，双手鼓掌时竟从树杈上掉下来，掉下来自不会损伤，因为树下是无数的人头，只是招致一顿臭骂罢了。更有一些爬在了场边的麦秸积上，夏天四面来风，好不凉快，冬日就趴个草洞，将身子缩进去，露一个脑袋，也正是有闲阶级享受不了秦腔吧，他们常就瞌睡了，一觉醒来，月在西天，戏毕人散，只好苦笑一声悄然没声儿地溜下来回家敲门去了。

当然，一次秦腔演出，是一次演员亮相，也是一次演员受村人评论的考场。每每角色一出场，台下就一片喊喊喳喳：这是谁的儿子，谁的女子，谁家的媳妇，娘家何处？于是乎，谁有出息，谁没能耐，一下子就有了定论。有好多外村的人来提亲说媒，总是就在这个时候进行。据说有一媒人将一女子引到台下，相亲台上一个男演员，事先夸口这男的如何俊样，如何能干，但戏演了过半，那男的还未出场，后来终于出来，是个国民党的伪兵，还持枪未走到中台，扮游击队长的演员挥枪一指，"叭"的一声，那伪兵就倒地而死，爬着钻进了后幕。那女子当下哼了一声，闭了嘴，一场亲事自然了了。这是喜中之悲一例。据说还有一例，一个老头在脖子上架了孙孙去看戏，孙孙吵着要回家，老头好说好劝只是不忍半场而去，便破费买了半斤花生，他眼盯着台上，手在下边剥花生，然后一颗一颗扬手喂到孙孙嘴里，但喂着喂着，竟将一颗塞进孙孙鼻孔，吐不出，咽不下，口鼻出血，连夜送到医院动手术，花去了七十元钱。

但是，以秦腔引喜的事却不计其数。每个村里，总会有那么个老汉，夜里看戏，第二天必是头一个起床往戏台下跑。戏台下一片石头、砖头、一堆瓜子皮，糖果纸，烟屁股，他掀掀这块石头，踢踢那堆尘土，少不了要捡到一角两角甚至三元四元钱币来，或者一只鞋，或者一条手帕。这是村里钻刁人干的营生，而馋嘴的孩子们有的则夜里趁各家锁门之机，去地里摘那香瓜来吃，去谁家院里将桃杏装在背心兜里回来分红。自然少不了有那些青春妙龄的少男少女，则往往在台下混乱中眼送秋波，或者就悄悄退出，相依相偎到黑黑的渠畔树林子里去了……

秦腔在这块土地上，有着神圣的不可动摇的基础。凡是到这些村庄去下乡，到这些人家去做客，他们最高级的接待是陪着看一场秦腔，实在不逢年过节，他们就会要合家唱一会乱弹，你只能点头称好，不能耻笑，甚至不能有一点不入神的表示。他们一生最崇敬的只有两种人：一是国家领导人，一是当地的秦腔名角。即使在任何地方，这些名角没有在场，只要发现了名角的父母，去商店买油是不必排队的，进饭馆吃饭是会有座位的，就是在半路上挡车，只要喊一声：我是某某的什么，司机也便要"嘎"地停车。但是，谁要侮辱一下秦腔，他们要争死争活地和你论理，甚至大打出手，永远使你记住教训。每每村里过红白丧喜之事，那必是要包一台秦腔的，生儿以秦腔迎接，送葬以秦腔致哀，似乎这人生的世界，就是秦腔的舞台。人只要在舞台上，生，旦，净，丑，才各显了真性，恶的夸张其丑，善的凸现其美，善的使他们获得美的教育，恶的也使丑化作了美的艺术。

广漠旷远的八百里秦川，只有这秦腔，也只能有这秦腔，八百里秦川的劳作农民只有，也只能有这秦腔使他们喜怒哀乐。秦人自古是大苦大乐之民众，他们的家乡交响乐除了大喊大叫的秦腔还能有别的吗？

一九八三年五月二日草于五味村

【简析】贾平凹的散文多属描写西北农村的风情散文，本文是其中的代表作之一。全文不仅描写了秦腔这一剧种的特色和影响，也深情地描绘了哺育它的八百里秦川地理风貌和文化风俗，既有恢宏的场面、广泛的概括，也有典型细节上点的深入。本文艺术内涵丰厚，将文化的思考、剧艺的品鉴、乡土的气息、生活的情趣等有机融合，并给予了浓墨重彩的渲染，给人以丰富多彩的艺术享受。

文章交错使用厚重、整饬而又风趣的语言。厚重的语言蕴含了深厚的文化底蕴，不经意间介绍着各种知识；尽管较多地使用了对仗和排比的整句，但并不显得呆板与刻意，相反，比一般口语更加活泼。至于风趣，更是体现了本文语言艺术的境界。

【思考与练习】

一、你听过秦腔吗？本文的描写和你的欣赏感受一样吗？为什么？

二、细读全文，说说秦腔有怎样的魅力？

三、试分析文章的语言特色。

给后花园点灯

董桥

董桥（1942—），福建晋江人。台湾成功大学外文系毕业，曾在英国伦敦大学亚非学院研究多年。历任《今日世界》丛书部编辑、英国国家广播公司制作人及时事评论员、《明报月刊》总编辑、香港中文大学出版组主任、《读者文摘》总编辑等职，现任《苹果日报》社长。

董桥擅写思想评论及文学散文，其文笔雄深雅健，兼有英国散文之渊博隽永与明清小品之情趣灵动，为当代散文的写作另辟蹊径，作品深受海峡两岸三地读者喜爱。出版文集有《双城杂笔》《另外一种心情》《这一代的事》《跟中国的梦赛跑》《辩证法的黄昏》《英华沉浮录》（10 卷本）等，并翻译书籍多种。

其 一

香港阴雨，台北晴朗。飞到台北，公事包上的水渍还没有全干。心中有点感伤，也有点文绉绉。公事包不重，记忆的背囊却越背越重，沉甸甸的：二十多年前的波萝面包、绿豆汤、西瓜、排骨菜饭、牛肉干、长寿牌香烟、大一国文、英文散文选、三民主义、篮球、乌梅酒、文星杂志、《在春风里》①、黑领带、咔叽裤原来都给二十多年烈阳风霜又晒又吹又烤的，全成了干巴巴的标本了，现在竟纷纷科幻起来，眨眼间复活的复活，还原的还原，再版的再版，把中年风湿的背脊压得隐隐酸痛：止痛片止不住这样舒服的酸痛。

其 二

感伤的文学。文绉绉的乡愁。薄暮中漫步敦化南路附近的长街短巷，深深庭院变成摘星的高楼，但是，琼瑶的窗外依稀辨认出琼瑶的窗里：于右任②的行草舞出"为万世开太平"的线装文化；金里描红的风铃摇晃出唐诗宋词元曲；仿古红木书桌上的一盆幽兰错错落落勾出墨色太新的笺谱；墙上木架花格里摆着拙朴的陶土茶罐花瓶："心中有茶即有道""和气致祥喜神多瑞"。大厦一扇铁门一开，走出两位小说里的少女：扁扁的黑鞋，扁扁的胸部，扁扁的国语，扁扁的《爱眉小札》③，扁扁的初恋，像夹在书里的一片扁扁的枯叶。台北是中国文学的后花园：商业大厦里电脑键盘的劈啪声掩不住中文系荷塘残叶丛中的蛙鸣；裕隆汽车的废气喷不死满树痴情的知了。这里是望乡人的故乡：

> 松涛涌满八加拉谷
> 苍苔爬上小筑　　黄昏
> 如一袭僧衣那么披着
> 醒时　　一灯一卷一茶盏
> 睡时　　枕下芬芳的泥土

---

① 《在春风里》：陈之藩先生的散文集，共有 19 篇小文。
② 于右任（1879—1964）：陕西三原人，原名伯循，晚年号太平老人，为国民党元老。著名的教育家、诗人、书法家。
③ 《爱眉小札》：徐志摩著，主要是他和陆小曼恋爱过程的情感记录。

其 三

郑愁予①诗中的诗人于右任死了，郑愁予却在武昌街化做童话里的老人：

> 武昌街斜斜斜上夕阳的山冈
> 一街胭脂的流水可得小心，莫把
> 火艳的木棉灌溉成
> 清粉的茉萸了

就在这样古典的气氛里，林文月②的十六岁儿子问妈妈说："这个暑假，我想读唐诗三百首好不好？"妈妈打着哈欠说："当然好啊，但是千万别存心读完。""哦？""因为那样子会把兴致变成了负担。"那个深夜，儿子还问妈妈说："你觉得进入理工的世界再兼修人文，跟从事人文研究再兼修理工，哪一种可能性较大？"妈妈说："研究理工而兼及人文的可能性比较大。""那种心情应该是感伤的"，读来"却反而觉得非常非常温暖"，像林文月到温州街巷子里薄暮的书房中看台静农③先生那样温馨："那时，台先生也刚失去了一位多年知交。我没有多说话，静静听他回忆他和亡友在大陆及台北的一些琐细往事。仿佛还记得他把桌面的花生皮拨开，画出北平故居的图形给我看。冬阳齐喜，天很快就暗下来。台先生把桌灯点亮，又同我谈了一些话。后来，我说要回家，他也没有留我，却走下玄关送我到门口，并看我发动引擎开车子走。我慢速开出温州街巷口，右转弯到和平东路与新生南路的交叉处，正赶上红灯，便煞车等候信号指示，一时无所事事，泪水竟控制不住地突然沿着双颊流下来。"

其 四

不会怀旧的社会注定沉闷、堕落。没有文化乡愁的心井注定是一口枯井。经济起飞科技发达纵然不是皇帝的新衣，到底只能御寒。"天寒翠袖薄，日暮倚修竹"的境界还是应该试试去领会的。聪明人太多，世间自然没有"信"之可言了。方瑜说：有小偷光顾台大教授宿舍，教授们灯下开会商量对策，议论半天，最后达成协议。不久，宿舍大门口挂起书法秀丽的一块告示："闲人莫进！"多么无奈的讽刺。多么有力的抗议。经济、科技的大堂固然是中国人必须努力建造的圣殿，可是，在这座大堂的后面，还应该经营出一处后花园：让台静农先生抽烟、喝酒、写字、著述、聊天的后花园。

其 五

鬼节那天，计程车司机说："该到基隆去看。那儿最热闹，善男信女在水上放纸屑，有好多灯！"灯是传下来了，暖暖的，最相思，最怀旧，像红豆，点在后花园里也好看。

【简析】董桥的散文，有两晋六朝的风流绮丽，又不失潇洒古澹的意趣，并糅合了现代文化人的复杂心境，从而造设出复合的意境，收放自如，富于张力。

本文字里行间激荡着浓郁的文化乡愁，流露出深厚的文化气息和独到的思想认识，渗透着对于民族文化的深深眷恋。作者以精巧细致的文笔游走于传统与现代之间，简约的文字更加凸显了丰富的文化内涵，作者的博学、幽默使文章具有很强的亲和力和感染力。前尘往

---

① 郑愁予：1933 年生于山东济南，1949 年赴台，本名郑文韬，诗人，著作有《郑愁予诗集》。
② 林文月：1933 年生于上海，台湾彰化县人，女作家。
③ 台静农：1903 年生，安徽霍丘人。现代作家，未名社的主要成员。1927 年出版第一本小说集《地之子》。早年写了一些散文，散见于《莽原》杂志。抗战胜利后赴台北市，担任台湾大学中文系教授兼系主任。

事、旧日时光都在怀旧的灯光照射下显得富有情调。因为怀旧，他对现代文明也有着更为清醒的思索，他格外怀恋现代化进程中被忽略甚至被轻视的民族文化，希望在高楼、汽车、电脑、霓红灯之外，仍能保持一块文化的"后花园"，而且给这"后花园"点上暖暖的灯。

本文行文讲究，引用、象征、比喻等修辞手法灵活运用。全文古朴典雅，有着令人神迷的精致之美，通篇由"感伤的文学，文绉绉的乡愁"二句发生，轶闻、隽语与时事有机穿插，旁征博引，思路开阔而又严密。全文和煦温婉，散发出雅而不矫、美而不腻、野而不俗的魅力。

【思考与练习】

一、文中的"后花园"有怎样的象征意蕴？

二、试分析文中抒发的"文化乡愁"的内涵。

三、作者对现代文明的发展有着清醒的思索，请结合本文和现实谈谈你的理解。

第二章 心系家国

梁甫吟
李白

李白(701—762)，字太白，号青莲居士，唐代伟大诗人。祖籍陇西成纪(今甘肃省秦安东)，隋末其先人流寓碎叶(今巴尔喀什湖南面的楚河流域)，他即出生于此。幼时随父迁居绵州昌隆(今四川江油)青莲乡。二十五岁离蜀，长期在各地漫游。天宝初供奉翰林，但不久遭权贵馋毁离开长安。安史之乱中，曾为永王李璘幕僚，后因李璘兵败受牵连，流放夜郎，途中遇赦。晚年漂泊困苦，卒于当涂。

李白的诗作以古体与绝句见长，内容大多抒发对理想的追求和豪情壮志，表现对大自然的热爱、对国事的关心和对人民的同情。其诗风雄奇豪放，想象丰富，语言流转自然，音律和谐多变。善于从民间文学汲取营养，构成其特有的瑰玮绚烂的色彩，对当时和后世影响巨大。有《李太白集》。

长啸梁甫吟①，何时见阳春？君不见朝歌屠叟辞棘津②，八十西来钓渭滨！宁羞白发照清水，逢时壮气思经纶③。广张三千六百钓，风期暗与文王亲④。大贤虎变愚不测⑤，当年颇似寻常人。君不见高阳酒徒起草中，长揖山东隆准公⑥！入门不拜骋雄辩，两女辍洗来趋风。东下齐城七十二，指挥楚汉如旋蓬⑦。狂客落魄尚如此，何况壮士当群雄！我欲攀龙见明主，雷公砰訇震天鼓⑧。帝旁投壶多玉女⑨，三时大笑开电光，倏烁晦冥起风雨。阊阖九门不可

① 梁甫吟：又作"梁父吟"，乐府古曲。梁甫：泰山下的小山名。张衡《四愁诗》："我所思兮在泰山，欲往从之梁甫艰。"李善注："泰山以喻时君，梁甫以喻小人也。"

② 朝歌：殷都，在今河南淇县。屠叟：指吕望，即姜子牙。传说吕望五十岁卖浆棘津(今河南延津县)，七十岁屠牛朝歌，八十岁垂钓渭水，九十岁遇文王，才被重用。

③ 经纶：整理丝缕，此处引申为治国。

④ 三千六百钓：太公八十垂钓渭滨十年，共三千六百日，故云。风期：风度，品格志气。亲：近。

⑤ 大贤虎变：《易经》有"大人虎变"语，意谓伟人如虎之毛皮，秋后更新，文采斑斓。此处是说贤者终能得志，非愚者所能测度。

⑥ 高阳酒徒：指郦食其(yì jī)。郦食其是汉初陈留高阳(今河南杞县)人，自称"高阳酒徒"。刘邦起兵过陈留时，郦求见，刘邦"方倨坐，使两女子洗足"。郦长揖不拜，批评刘邦"不宜倨见长者"。刘邦于是辍洗，以礼相待。郦生后为刘邦游说齐王田广，使以七十二城降汉。事见《史记》。草中：草丛中，意谓民间。山东：太行山以东。隆准：高鼻。隆准公，指刘邦。《史记》云："高祖为人隆准而龙颜"。

⑦ 旋蓬：在空中飘旋的蓬草。这里形容轻而易举。

⑧ 砰訇(pēng hōng)：形容声音洪大。震天鼓：指打雷。《初学记·天部》引《抱朴子》："雷，天之鼓也。"

⑨ 投壶：古代的一种游戏，向壶中投箭，以投中多少定胜负。《神异经》说，东王公与玉女投壶，投不中时，天就发笑。因此古人把不下雨时的闪电叫做"天笑"。玉女即仙女，此处喻小人。

通，以额扣关阍者怒①。白日不照吾精诚，杞国无事忧天倾。猰貐磨牙竞人肉②，驺虞不折生草茎③。手接飞猱搏雕虎，侧足焦原未言苦④。智者可卷愚者豪，世人见我轻鸿毛⑤。力排南山三壮士，齐相杀之费二桃⑥。吴楚弄兵无剧孟，亚夫咍尔为徒劳⑦。梁甫吟，声正悲。张公两龙剑，神物合有时⑧。风云感会起屠钓，大人岏屼当安之⑨。

【简析】 本诗大概写在李白"赐金放还"、离开长安之后。诗歌抒写诗人遭受挫折以后的痛苦和对理想的期待，气势奔放，感情炽热，是李白的代表作之一。

在这首诗中，诗人开篇以姜太公与郦食其自比，表达对前途的坚定信念。又通过想象在天国的遭遇，倾诉了胸中的忿懑与不平。继而诗人通过各种典故或明或暗地抒写了内心的忧虑和痛苦，并激烈地抨击了现实生活中的不合理现象，最后又照应开头，表达了对理想的不懈追求。内容丰富，将人间天上、史实传说错杂交融，显示了诗人立足历史高峰俯视人寰的眼界与气派。

这首诗最大的特色在于布局奇特，变化莫测。通篇用典，表现手法却不时变换。诗的意境显得奇幻多姿，错落有致：时而和风丽日，春意盎然；时而浊浪翻滚，险象纷呈；时而语浅意深，明白如话；时而杳冥惝恍，深不可测。加上语言节奏的不断变化起伏，诗人强烈而又复杂的思想感情表现得淋漓尽致。

【思考与练习】

一、对比阅读李白和诸葛亮的《梁甫吟》，试比较分析李白与诸葛亮的《梁甫吟》在作品情感基调及表现方式等方面的异同。

---

① 阊阖(chāng hé)：天门。关：指天门。阍(hūn)者：看守天门的人。这里指小人。

② 猰貐(yà yǔ)：神话中一种吃人的野兽。喻坏人或暴政。

③ 驺(zōu)虞：神话中一种黑纹白虎，不吃生物，不踩生草。喻好人或仁政。

④ 猱(náo)：猴的一种。雕虎：斑斓猛虎。《尸子》记载，古代勇士黄伯能左手执太行之猱，右手搏雕虎。侧足：恐惧而不敢站立的样子。焦原：《尸子》记载，春秋莒(jǔ)国有一巨石叫焦原，宽八尺，长五十步，下临百仞深溪，莒国无人敢侧足其上，有位勇者在上面行走，称颂一时。

⑤ "智者"二句：智者遇乱世就将自己的才智藏起来，愚者因此自豪了，世人不明真相，反而轻视智者。卷：收藏，收敛。豪：放纵。《论语·卫灵公》："邦有道则仕，邦无道则可卷而怀之。"

⑥ "力排"二句：用"二桃杀三士"典故，喻自己被谗言所害。据《晏子春秋》载：齐景公有三壮士，即公孙接、田开疆、古冶子。因遇齐相晏婴未行礼，为晏婴所忌恨，晏婴于是进谗景公，出谋赐两个桃子，让三人论功取桃。公孙接、田开疆抢先论功并拿走了桃子，古冶子说出自己的功劳后，二人承认功劳不如古冶子，不该先拿桃，于是羞愧自杀，古冶子感到对不起他们，也自杀了。据说诸葛亮曾作《梁甫吟》咏此事，说三人"力能排南山，文能绝地纪。一朝被谗言，二桃杀三士"。

⑦ 剧孟：西汉洛阳著名的侠士。亚夫：周亚夫，汉景帝时名将。吴楚七国之乱时，汉景帝派周亚夫领兵前往镇压。周亚夫到河南得剧孟，嘲笑道："吴楚举大事而不求剧孟，吾知其无能为已。"咍(hāi)：讥笑。

⑧ 张公：指西晋大臣张华。张华任雷焕为丰城(今江西丰城市)令，雷从丰城狱中掘出两把宝剑，一名龙泉，一名太阿。雷自留一把，将另一把赠张。张说："详观剑文，乃干将也，莫邪何复不至？虽然，天生神物，终当合耳。"后张华被诛，宝剑不知去向，而雷焕手中的一把由其子雷华佩带。雷华从延平津渡河，剑从腰间跃入水中，派人打捞，不见宝剑，但见两龙，各长数丈，身有美丽文章，在水底盘旋游动，"光彩照水，波浪惊沸"。典出《晋书》。诗人用典故表示相信自己的才能终会得以施展。

⑨ 感会：感应，会合。风云感会指君臣会合。大人：伟人。岏屼(nǐ wù)：崎岖不平。谓危难处境。

梁甫吟
诸葛亮

步出齐城门，遥望荡阴里。里中有三坟，累累正相似。问是谁家墓？田疆古冶子。力能排南山，文能绝地纪。一朝被谗言，二桃杀三士。谁能为此谋？国相齐晏子。

二、诗中运用了大量典故，试举例说明这些典故在诗中的含义和作用。

关山月①

陆 游

陆游(1125—1210)，字务观，号放翁，山阴(今浙江绍兴)人，南宋诗人。省试名列第一，因秦桧嫉恨而被黜落第，后赐进士出身，在朝中任过职，在四川等地做过地方官，终被劾去职，归老故乡。陆游是南宋伟大的爱国诗人，诗歌近万首，表现民族意识之作沉郁悲壮，描写自然景物和自然生活的作品则简淡古朴。佳作以七言居多，七律最受好评。有《渭南文集》《剑南诗稿》。

> 和戎诏下十五年②，将军不战空临边。
> 朱门沉沉按歌舞③，厩④马肥死弓断弦。
> 戍楼刁斗催落月⑤，三十从军今白发。
> 笛里⑥谁知壮士心？沙头空照征人骨。
> 中原干戈古亦闻，岂有逆胡⑦传子孙！
> 遗民⑧忍死望恢复，几处今宵垂泪痕！

【简析】 陆游的诗歌多具有强烈的爱国情感和民族意识，是一面光辉的爱国主义旗帜。其爱国诗歌，或吐露"一生报国有万死""为国平胡羌"的豪情；或抒发报国无门、壮志难酬的苦闷情怀；或批判统治者腐败昏庸、只图苟安，投降派卑鄙无耻、权奸误国；或关心、苦吟民生疾苦；或表露无奈归隐山林之心。

本诗抚事伤时，借守边老士兵的口吻，痛斥统治者对敌屈辱投降的政策，指出他们必须为山河不能统一负责，揭示出将帅们放弃守土复国职责沉湎于声色享乐的堕落现实，表现了广大士兵恢复中原的壮志、报国无路的怨愤和沦陷区人民渴望恢复的殷切期望，也传达出诗人壮志难酬、英雄迟暮的悲愤。

全诗围绕一个背景、三个场面、三种心情来展开。首句交待现实背景，接下来写对金议和所带来的恶果。面对恶果，在三个不同的地方，三种不同的人有着不同的感受：在朱门里，将帅们不顾社稷安危，过着歌舞升平的享乐生活；在戍楼里，守边的士兵在等待中熬白了头发，他们的许多同伴早已白白地失去了生命；在沦陷区，遗民南望王师，结果惟有伤心落泪。

---

① 关山月：汉乐府《鼓角横吹曲》十五曲之一，这里取其字面而借古题写时事。此诗是宋孝宗淳熙四年(1177)诗人在成都时所作。

② 和戎：本指与少数民族政权和平相处，宋人特指对金屈膝投降。十五年：宋孝宗于隆兴元年(1164)下诏与金议和，次年订立和约，至陆游作此诗时已历时十五年。

③ 朱门：指富豪之家。沉沉：形容房屋深邃。按歌舞：依照乐曲歌舞。

④ 厩(jiù)：马房。

⑤ 戍楼：守望军情的岗楼。刁斗：军中巡更、煮饭两用的铜器。

⑥ 笛里：《关山月》本是用笛子吹奏的乐曲，故云。

⑦ 逆胡：对金人的蔑称。这句说岂能容忍金人长期占领中原故土，金自金太祖完颜阿骨打建国，其后进占中原，灭北宋，至此(当时金世宗朝)已到五世，故云。

⑧ 遗民：指金占领区的中原百姓。

全篇贯穿着一股浓烈深沉的感情和意气，浑然一体，不可句摘。

【思考与练习】

一、在《关山月》这首诗中，陆游选取了哪些场景和哪些人物、采用了什么艺术手法来凸现作品的主题。

二、陆游诗歌爱国主义精神常常表现为壮志未酬的愤懑。在《关山月》这首诗中，虽然不像《书愤》等诗那样直接表现这一点，但也隐含着壮志难酬的悲愤。结合诗句，谈谈你对此的理解。

水龙吟

甲辰岁寿韩南涧尚书①

辛弃疾

辛弃疾(1140—1207)，字幼安，号稼轩，历城(今山东济南)人，南宋词人。出生前13年，中原已被金人占领。他亲眼目睹了中原人们在女真人统治下所受的屈辱与痛苦，在青少年时代就立下了报仇雪耻的志向。二十一岁参加抗金义军，不久归南宋，历任湖北、江西、湖南、福建、浙东安抚使等职，一生坚决主张抗金。在《美芹十论》《九议》等奏疏中，强烈反对妥协投降，力主恢复中原。但他所提出的抗金建议，均未被采纳，并遭到主和派的打击。晚年曾一度被起用，不久病卒。其词抒写力图恢复国家统一的爱国热情，倾诉壮志难酬的悲愤，对南宋上层统治集团的屈辱投降进行揭露和批判；也有不少吟咏祖国河山的作品。艺术风格多样，而以豪放为主。著有《稼轩长短句》。

渡江天马南来②，几人真是经纶③手？长安父老，新亭④风景，可怜依旧！夷甫诸人⑤，神州沉陆，几曾回首？算平戎万里，功名本是，真儒事⑥，公知否？

况有文章山斗⑦，对桐阴⑧满庭清昼。当年堕地⑨，而今试看，风云奔走⑩。绿野风烟，平泉草木，东山歌酒⑪。待他年，整顿乾坤事了，为先生寿。

【简析】这首词虽为祝韩南涧的大寿而作，而所言却大半是政治问题，写得不落俗套。其写作特点是议论多，感慨深，感情曲折回荡，终不离恢复中原之志，上片几乎全部是对国事的议论，又多用设问来表现，气势逼人，矛头直指偏安江南的小朝廷。下片上半段，对韩元吉作了一些揄扬，因为它是寿词，不足为怪。难能可贵的是最后几句，又回到"整顿乾坤"上来，仍然不落常格。这首词用典较多，且用得贴切恰当，使激烈的感情变得婉转含蓄，但总的风格仍是豪放率直。

---

① 韩南涧即韩元吉，曾任礼部尚书，主张抗金，曾寓居上饶，住所前有涧水，故号南涧。
② 指宋高宗南渡。天马：本为西边来的骏马，这里指宋高宗。
③ 经纶：本义为整理丝缕，后指处理国事。
④ 新亭：故址在今南京市南面。东晋时从中原渡江来的名士常在新亭赏花饮酒。
⑤ 夷甫诸人：西晋王衍字夷甫，曾任宰相，言谈不论世事，以清淡亡国。
⑥ 这两句是说，建功立业本来就是真正有学问的人的大事。
⑦ 山斗：泰山、北斗。这句是称赞韩元吉的文章闻名于世，学者尊之如泰山北斗。
⑧ 桐阴：韩元吉宅第门前多种桐木，这里是称颂韩元吉尊贵的家世门第。
⑨ 堕地：落地，指出生。
⑩ 风云奔走：指风云际会，奋发有为。
⑪ 绿野：唐朝宰相裴度退居洛阳，其别墅名绿野堂。平泉：唐朝宰相李德裕在洛阳城外三十里筑有平泉庄。东山：东晋谢安曾隐居东山。这三句是将韩元吉比作前代名相。

【思考与练习】

一、你在中学读过辛弃疾哪些词作？试联系这些作品，谈谈你对辛弃疾词作的理解。

二、试分析本词中典故的运用。

狱中题壁

谭嗣同

谭嗣同(1865—1898)，字复生，号壮飞，湖南浏阳人。著名维新派人物。曾游历直隶、甘肃、新疆、陕西、河南、湖北、湖南、江西、江苏等省，察视风土，结交名士。甲午战争后，愤中国积弱不堪，积极从事维新变法活动，猛然批判君主专制制度和封建伦理道德。1898年创建南学会，办《湘报》，宣传变法，成为维新运动的激进派。同年，得翰林院侍读学士徐致靖推荐，被征入京，任四品衔军机章京，参与戊戌变法。九月政变发生，与康广仁、林旭、杨深秀、杨锐、刘光第同时遇害，史称"戊戌六君子"。著作编入《谭嗣同全集》。

望门投止①思张俭②，忍死须臾待杜根③。
我自横刀向天笑，去留肝胆两昆仑④。

【简析】1898年6月11日，光绪皇帝颁布"明定国是"诏书，宣布变法。1898年9月21日，慈禧太后发动政变，囚禁光绪皇帝并开始大肆搜捕和屠杀维新派人物。谭嗣同拒绝了别人请他逃走的劝告(康有为经上海逃往香港，梁启超经天津逃往日本)，决心一死来唤醒和警策国人。他说："各国变法，无不从流血而成，今中国未闻有因变法而流血者，此国之所以不昌也。有之，请自嗣同始。"该诗是谭嗣同就义前题狱中壁上的绝命诗。诗的前两句巧用典故，对流亡的战友寄予厚望，表达变法事业终会成功的信念。后二句则抒发笑对死亡的满腔豪情以及为维新人士的崇高志向深感骄傲的情怀，可谓惊天地、泣鬼神。

【思考与练习】

一、作者在诗中提到张俭、杜根，有何用意？
二、阅读谭嗣同的这首绝命诗，你有何感想？

---

① 望门投止：看到人家就去投宿，形容在逃亡途中的惶急情状。
② 张俭：东汉末年高平人，因弹劾宦官侯览，被反诬结党营私，被迫逃亡。人们看重他的声望品行，都冒着危险接纳他。
③ 杜根：东汉安帝时郎中，因要求临朝听政的邓太后还政于皇帝，触怒太后，被命摔死。因执行人手下留情，未死，隐身酒肆。邓太后死后，复官为侍御史。
④ 去留肝胆两昆仑：比喻去者和留者都是光明磊落、肝胆相照，像昆仑山一样巍峨高大。去：出奔。指康、梁；留：指自己。

少年中国说

梁启超

梁启超(1873—1929），中国近代思想家、文学家、学者，戊戌维新运动领袖之一。字卓如，号任公，别号饮冰室主人、饮冰子、哀时客、中国之新民等。广东新会人。

梁启超系清末举人出身，自1890年起追随康有为，由此接受维新变法思想。赴京参加会试时，随康有为发动"公车上书"运动，后又参与百日维新运动。戊戌政变后，流亡日本，先后创办《清议报》和《新民丛报》，大量介绍西方近代思想学说，批判封建专制主义。1913年归国，晚年任清华大学研究院教授。

梁启超学识渊博，著述丰富，涉及多种学科领域。他是晚清"诗界革命""文界革命""小说界革命"的倡导者。经他改造定型的"新文体"，以"平易畅达""纵笔所至不检束""条理明晰、笔锋常带感情"等特点，一时风靡天下，对中国近代散文的变革产生了重大影响，著有《饮冰室合集》。

日本人之称我中国也，一则曰老大帝国，再则曰老大帝国。是语也，盖袭译欧西人之言也①。呜呼！我中国其果老大矣乎？任公曰：恶②是何言！是何言！吾心目中有一少年中国在！

欲言国之老少，请先言人之老少。老年人常思既往，少年人常思将来。惟思既往也，故生留恋心；惟思将来也，故生希望心。惟留恋也，故保守；惟希望也，故进取。惟保守也，故永旧；惟进取也，故日新。惟思既往也，事事皆其所已经者，故惟知照例；惟思将来也，事事皆其所未经者，故常敢破格。老年人常多忧虑，少年人常好行乐。惟多忧也，故灰心；惟行乐也，故盛气。惟灰心也，故怯懦；惟盛气也，故豪壮。惟怯懦也，故苟且；惟豪壮也，故冒险。惟苟且也，故能灭世界；惟冒险也，故能造世界。老年人常厌事，少年人常喜事。惟厌事也，故常觉一切事无可为者；惟好事也，故常觉一切事无不可为者。老年人如夕照，少年人如朝阳；老年人如瘠牛，少年人如乳虎；老年人如僧，少年人如侠；老年人如字典，少年人如戏文；老年人如鸦片烟，少年人如泼兰地酒；老年人如别行星之陨石，少年人如大洋海之珊瑚岛；老年人如埃及沙漠之金字塔③，少年人如西伯利亚之铁路；老年人如秋后之柳，少年人如春前之草；老年人如死海之潴为泽④，少年人如长江之初发源。此老年与少年性格不同之大略也。梁启超曰：人固有之，国亦宜然。

任公曰：伤哉，老大也。浔阳江头琵琶妇，当明月绕船，枫叶瑟瑟，袭寒于铁，似梦非梦

---

① 盖：原来，原本。袭译：因袭翻译。欧西：指欧美西方世界。

② 恶(wū)：叹词，犹"唉"，含有否定的意思。

③ 金字塔：古代埃及王墓，以石筑成，底面为四方形，侧面作三角形之方尖塔，望之状如"金"字，故译名"金字塔"。金字塔与下句"西伯利亚铁路"对举，取其古雅而无实用意。

④ 死海：湖名，一名咸海。因水中含盐量高，鱼类不生，故名。在约旦、以色列和巴基斯坦间。潴(zhū)：聚积的水流。

之时，追想洛阳尘中春花秋月之佳趣①。西宫南内，白发宫娥，一灯如穗，三五对坐，谈开元、天宝间遗事，谱霓裳羽衣曲②。青门种瓜人，左对孺人，顾弄孺子，忆侯门似海，珠履杂遝之盛事③。拿破仑之流于厄蔑④，阿剌飞之幽于锡兰⑤，与三两监守吏，或过访之好事者，道当年短刀匹马，驰骋中原，席卷欧洲，血战海楼，一声叱咤，万国震恐之丰功伟烈⑥，初而拍案，继而抚髀⑦，终而揽镜。呜呼，面皴齿尽，白头盈把，颓然老矣！若是者，舍幽郁⑧之外无心事，舍悲惨之外无天地，舍颓唐之外无日月，舍叹息之外无音声，舍待死之外无事业。美人豪杰且然，而况于寻常碌碌者耶？生平亲友，皆在墟墓，起居饮食，待命于人，今日且过，遑知他日，今年且过，遑恤明年。普天下灰心短气之事，未有甚于老大者。于此人也，而欲望以拏云⑨之手段，回天⑩之事功，挟山超海⑪之意气，能乎不能？

　　呜呼，我中国其果老大矣乎？立乎今日，以指畴昔，唐虞三代⑫，若何之郅治⑬；秦皇汉武，若何之雄杰；汉唐来之文学，若何之隆盛；康乾间之武功，若何之烜赫！历史家所铺叙，词章家所讴歌，何一非我国民少年时代、良辰美景、赏心乐事之陈迹哉！而今颓然老矣，昨日割五城，明日割十城；处处雀鼠尽，夜夜鸡犬惊；十八省⑭之土地财产，已为人怀中之肉；四百兆⑮之父兄子弟，已为人注籍之奴⑯。岂所谓"老大嫁作商人妇"者耶⑰？呜呼！凭君莫话

---

　　①　"浔阳"六句：用白居易《琵琶行》诗所写的故事。琵琶妇原是长安歌女（此处误为洛阳歌女），老大嫁作商人妇，商人离她经商而去。在浔阳江头的夜晚，枫叶瑟瑟，她回想往事，有不胜零落之感。浔阳江，在今九江市北，长江流经九江市的一段。

　　②　"西宫"六句：就白居易《长恨歌》所咏唐玄宗与杨贵妃事，用元稹《行宫》"白头宫女在，闲坐说玄宗"诗意，谓安史之乱后，白头宫人忆及当年事，倍感凄凉。西宫，唐太极宫；南内，唐兴庆宫。李隆基自四川返京后，先居兴庆宫，后迁西宫。霓裳羽衣曲，本名《婆罗门》，源出印度，开元中传入中国。传说李隆基梦游月宫，听诸仙奏曲，默记其调，醒后令乐工谱成。

　　③　"青门"四句：用汉初邵平故事。邵平在秦末为东陵侯。秦亡后，在长安东门外种瓜为生（见《三辅黄图》）。此句谓邵平回想当年的繁华，颇为感伤。青门，汉长安东门。孺人，古代大夫之妻称孺人，明、清两代七品官的妻子封孺人。珠履，用珠子装饰的鞋。杂遝(tà)，杂乱。

　　④　拿破仑：即拿破仑一世，法国资产阶级政治家、军事家。他于1804年为法国皇帝，曾称霸欧洲。1814年各国联军攻破巴黎，拿破仑被流放于厄尔巴岛。厄蔑：即厄尔巴岛，在意大利半岛和法国科西嘉岛之间。

　　⑤　阿剌飞：指埃及民族解放运动领袖阿拉比，曾率众推翻英、法殖民统治。1882年，英国侵略军进攻埃及，阿拉比领导军队抗击，战败被流放于锡兰。

　　⑥　丰功伟烈：丰功伟绩。烈，功绩。贾谊《过秦论》："及至始皇，奋六世之余烈，振长策而御宇内。"

　　⑦　抚髀(bì)：《三国志·蜀志·先主传》裴注引《九州春秋》："备住荆州数年，尝于（刘）表坐起至厕，见髀里肉生，慨然流涕。还坐，表怪问备，备曰：'吾常身不离鞍，髀肉皆消；今不复骑，髀里肉生。日月若驰，老将至矣，而功业不建，是以悲耳！'"髀，大腿。

　　⑧　幽郁：深沉的忧郁。

　　⑨　拏云：上干云霄之意。李贺《致酒行》诗："少年心事当拏云。"

　　⑩　回天：使天地倒转，喻改变局势。

　　⑪　挟山超海：喻英雄壮举。《孟子·梁惠王上》："挟泰山以超北海。"

　　⑫　唐虞三代：指唐尧、虞舜和夏、商、周三代。

　　⑬　郅(zhì)治：至治，把国家治理得太平强盛。郅：极，至。

　　⑭　十八省：清初全国共分十八个省。光绪末年增至二十三省，但人们习惯上仍称十八省。

　　⑮　四百兆：即四亿，当时中国有四亿人口。

　　⑯　注籍之奴：注入户籍的奴隶，这里指失去自由的人。

　　⑰　老大嫁作商人妇：白居易《琵琶行》中的诗句。

当年事，憔悴韶光不忍看！楚囚相对①，岌岌顾影；人命危浅，朝不虑夕。国为待死之国，一国之民为待死之民，万事付之奈何，一切凭人作弄，亦何足怪！

任公曰：我中国其果老大矣乎？是今日全地球之一大问题也。如其老大也，则是中国为过去之国，即地球上昔本有此国，而今渐渐灭②，他日之命运殆将尽也。如其非老大也，则是中国为未来之国，即地球上昔未现此国，而今渐发达，他日之前程且方长也。欲断今日之中国为老大耶？为少年耶？则不可不先明"国"字之意义。夫国也者，何物也？有土地，有人民，以居于其土地之人民，而治其所居之土地之事，自制法律而自守之；有主权，有服从，人人皆主权者，人人皆服从者。夫如是，斯谓之完全成立之国。地球上之有完全成立之国也，自百年以来也。完全成立者，壮年之事也；未能完全成立而渐进于完全成立者，少年之事也。故吾得一言以断之曰：欧洲列邦在今日为壮年国，而我中国在今日为少年国。

夫古昔之中国者，虽有国之名，而未成国之形也，或为家族之国，或为酋长之国，或为诸侯封建之国，或为一王专制之国。虽种类不一，要之，其于国家之体质也，有其一部而缺其一部，正如婴儿自胚胎以迄成童，其身体之一二官支③，先行长成，此外则全体虽粗具，然未能得其用也。故唐虞以前为胚胎时代，殷商之际为乳哺时代，由孔子而来至于今为童子时代，逐渐发达，而今乃始将入成童以上少年之界焉。其长成所以若是之迟者，则历代之民贼有窒其生机者也。譬犹童年多病，转类老态，或且疑其死期之将至焉，而不知皆由未完全、未成立也，非过去之谓，而未来之谓也。

且我中国畴昔，岂尝有国家哉？不过有朝廷耳。我黄帝子孙，聚族而居，立于此地球之上者既数千年，而问其国之为何名，则无有也。夫所谓唐、虞、夏、商、周、秦、汉、魏、晋、宋、齐、梁、陈、隋、唐、宋、元、明、清者，则皆朝名耳。朝也者，一家之私产也；国也者，人民之公产也。朝有朝之老少，国有国之老少，朝与国既异物，则不能以朝之老少而指为国之老少明矣。文、武、成、康④，周朝之少年时代也。幽、厉、桓、赧⑤，则其老年时代也。高、文、景、武⑥，汉朝之少年时代也。元、平、桓、灵⑦，则其老年时代也。自余历朝，莫不有之。凡此者，谓为一朝廷之老也则可，谓为一国之老也则不可。一朝廷之老且死，犹一人之老且死也，于吾所谓中国者何与焉？然则吾中国者，前此尚未出现于世界，而今乃始萌芽云尔。天地大矣，前途辽矣，美哉，我少年中国乎！

---

① 楚囚相对：喻遇到强敌，窘迫无计。《晋书·王导传》载，晋元帝时，国家动乱，中州人士纷纷避乱江左。"过江人士，每至暇日，相要出新亭饮宴。周𫖮中坐而叹曰：'风景不殊，举目有江河之异。'皆相视流涕。惟（王）导愀然变色曰：'当共戮力王室，克复神州，何至作楚囚相对泣邪？'"

② 渐灭：消亡，消失。

③ 官支：五官、四肢。

④ 文、武、成、康：周朝初年的几代帝王。周文王奠定了灭商的基础；周武王灭商建立周朝；成王、康王把国家治理得非常强盛，史称"成康之治"。所以下句将其作比周朝的少年时代。

⑤ 幽、厉、桓、赧（nǎn）：指周幽王、厉王、桓王、赧王。幽王宠褒姒，废申后，申后联合犬戎攻周，幽王被杀，西周灭亡。周厉王暴虐，被流放于彘（今山西霍县）。周桓王时，东周王室衰落。周赧王死后不久，东周灭亡。

⑥ 高、文、景、武：指汉初四代皇帝。汉高祖灭秦、楚，建立汉王朝；文帝、景帝发展生产，国家强盛，史称"文景之治"；武帝重武功，国力强盛。

⑦ 元、平、桓、灵：汉元帝、平帝、桓帝、灵帝。汉元帝时，西汉开始衰落；汉平帝死后不久，王莽篡国，西汉灭亡；桓帝、灵帝是东汉末年的两代帝王，其执政期间外戚、宦官专权，政治黑暗，为东汉灭亡种下了祸根。

玛志尼者①，意大利三杰之魁也。以国事被罪，逃窜异邦，乃创立一会，名曰"少年意大利"。举国志士，云涌雾集以应之。卒乃光复旧物，使意大利为欧洲之一雄邦。夫意大利者，欧洲第一之老大国也。自罗马亡后②，土地隶于教皇，政权归于奥国，殆所谓老而濒于死者矣。而得一玛志尼，且能举全国而少年之，况我中国之实为少年时代者耶？堂堂四百余州之国土，凛凛四百余兆之国民，岂遂无一玛志尼其人者！

　　龚自珍氏之集有诗一章，题曰《能令公少年行》③。吾尝爱读之，而有味乎其用意之所存。我国民而自谓其国之老大也，斯果老大矣；我国民而自知其国之少年也，斯乃少年矣。西谚有之曰：有三岁之翁，有百岁之童。然则国之老少，又无定形，而实随国民之心力以为消长者也。吾见乎玛志尼之能令国少年也，吾又见乎我国之官吏士民能令国老大也，吾为此惧。夫以如此壮丽浓郁、翩翩绝世之少年中国，而使欧西、日本人谓我为老大者何也？则以握国权者皆老朽之人也。非哦几十年八股，非写几十年白折④，非当几十年差，非捱几十年俸，非递几十年手本⑤，非唱几十年诺⑥，非磕几十年头，非请几十年安，则必不能得一官，进一职。其内任卿贰⑦以上、外任监司⑧以上者，百人之中，其五官不备者⑨，殆九十六七人也，非眼盲，则耳聋，非手颤，则足跛，否则半身不遂也。彼其一身饮食、步履、视听、言语，尚且不能自了，须三四人在左右扶之捉之，乃能度日，于此而乃欲责之以国事，是何异立无数木偶而使之治天下也。且彼辈者，自其少壮之时，既已不知亚细、欧罗为何处地方，汉祖、唐宗是那朝皇帝，犹嫌其顽钝腐败之未臻其极，又必搓磨⑩之、陶冶之，待其脑髓已涸，血管已塞，气息奄奄，与鬼为邻之时，然后将我二万里山河，四万万人命，一举而畀⑪于其手。呜呼！老大帝国，诚哉其老大也！而彼辈者，积其数十年之八股、白折、当差、捱俸、手本、唱诺、磕头、请安，千辛万苦，千苦万辛，乃始得此红顶花翎之服色⑫，中堂⑬大人之名号，乃出其全副精神，竭其毕生力量，以保持之。如彼乞儿，拾金一锭，虽轰雷盘旋其顶上，而两手犹紧抱其

---

① 玛志尼（1805—1872）：意大利爱国者。罗马帝国灭亡后，意大利受奥地利帝国奴役，玛志尼创立"少年意大利党"，创办《少年意大利报》，发动和组织资产阶级革命，完成意大利的独立统一事业。他与同时的加里波的、喀富尔并称"意大利三杰"。下文"旧物"，指国家原有的基业。

② 罗马亡后：罗马帝国曾跨欧亚两洲，后分裂为二。西罗马亡于476年，东罗马亡于1453年。下文"土地隶于教皇，政权归于奥国"，是指1815年后，意大利分为几个邦国，其中罗马教皇国势力甚大，都受奥地利的控制。

③ 《能令公少年行》：龚自珍抒怀之诗，收入《定庵全集》，原意是说一个人不追求名利，放宽胸怀，就能长葆青春。这里取其长葆青春意。

④ 白折：清代科举应试的试卷之一。殿试取中进士后，还要进行朝考，以分别授予官职。朝考用白折，即用工整的楷书写在白纸制的折子上。

⑤ 手本：明清官场中下级晋见上级时用的名帖。

⑥ 唱诺（rě）：古代的一种礼节。对人打恭作揖，口中出声，叫唱诺。诺，当作"喏"。下文"请安"，系清代问候的礼节，男子打千，即右膝微跪，隆重时，双膝跪地，呼"请某某安"。

⑦ 卿贰：卿是朝廷各部的长官，贰指副职。

⑧ 监司：清代通称各省布政使、按察使及各道道员为监司。

⑨ 五官不备：指五官功能不全。

⑩ 搓磨：磋磨，切磋琢磨。原是精益求精意，这里指磨去棱角、锋芒。

⑪ 畀（bì）：给予。

⑫ 红顶花翎：大官的帽饰。清代官员帽顶上顶珠的颜色、质料，标志着官阶的品级，一品官用红宝石顶珠。花翎，用孔雀翎做的帽饰，以翎眼多者为贵，五品以上用花翎，六品以下用蓝翎。

⑬ 中堂：明清时对大学士的称呼。明代大学士实际掌握宰相的权力，在内阁办公，中书居东、西两房，大学士居中，故称"中堂"。清代包括协办大学士在内均用此称。

荷包，他事非所顾也，非所知也，非所闻也。于此而告之以亡国也，瓜分也，彼乌①从而听之？乌从而信之？即使果亡矣，果分矣，而吾今年既七十矣八十矣，但求其一两年内，洋人过不来，强盗不起，我已快活了一世矣。若不得已，则割三头两省之土地②奉申贺敬，以换我几个衙门；卖三几百万之人民作仆为奴，以赎我一条老命，有何不可？有何难办？呜呼，今之所谓老后、老臣、老将、老吏者，其修身、齐家、治国、平天下之手段，皆具于是矣。西风一夜催人老，凋尽朱颜白尽头。使走无常③当医生，携催命符以祝寿。嗟乎痛哉！以此为国，是安得不老且死，且吾恐其未及岁而殇也。

任公曰：造成今日之老大中国者，则中国老朽之冤业也；制出将来之少年中国者，则中国少年之责任也。彼老朽者何足道，彼与此世界作别之日不远矣，而我少年乃新来而与世界为缘。如僦屋④者然，彼明日将迁居他方，而我今日始入此室处。将迁居者，不爱护其窗栊，不洁治其庭庑⑤，俗人恒情，亦何足怪？若我少年者前程浩浩，后顾茫茫，中国而为牛、为马、为奴、为隶，则烹脔鞭箠之惨酷⑥，惟我少年当之。中国如称霸宇内、主盟地球，则指挥顾盼之尊荣，惟我少年享之。于彼气息奄奄与鬼为邻者何与焉？彼而漠然置之，犹可言也；我而漠然置之，不可言也。使举国之少年而果为少年也，则吾中国为未来之国，其进步未可量也；使举国之少年而亦为老大也，则吾中国为过去之国，其渐亡可翘足而待也。故今日之责任，不在他人，而全在我少年。少年智则国智，少年富则国富，少年强则国强，少年独立则国独立，少年自由则国自由，少年进步则国进步，少年胜于欧洲，则国胜于欧洲，少年雄于地球，则国雄于地球。红日初升，其道大光⑦；河出伏流⑧，一泻汪洋；潜龙腾渊，鳞爪飞扬；乳虎啸谷，百兽震惶；鹰隼试翼⑨，风尘吸张；奇花初胎，矞矞皇皇⑩；干将发硎⑪，有作其芒⑫；天戴其苍，地履其黄⑬；纵有千古，横有八荒⑭；前途似海，来日方长。美哉，我少年中国，与天不老！壮哉，我中国少年，与国无疆！

"三十功名尘与土，八千里路云和月。莫等闲，白了少年头，空悲切！"此岳武穆⑮《满江红》词句也，作者自六岁时即口授记忆，至今喜诵之不衰。自今以往，弃"哀时客"之名，更自名曰"少年中国之少年"。

作者附识。

---

① 乌：何，哪里。
② 三头两省：闽奥方言，三两个省。
③ 走无常：迷信说法，阴司用活人为鬼役，摄取后死者的魂。充当这种鬼差者，称走无常。
④ 僦(jiù)屋：租赁房屋。
⑤ 庭庑(wǔ)：庭院走廊。
⑥ 脔(luán)：切成小块的肉，这里用作动词，宰割之意。箠(chuí)：棍杖，这里用作动词，捶打之意。
⑦ 其道大光：语出《周易·益》："自上下下，其道大光。"光，广大，发扬。
⑧ 伏流：水流地下。《水经注·河水》："河出昆仑，伏流地中万三千里。"
⑨ 鹰隼(sǔn)：指鹰类猛禽。
⑩ 矞(yù)矞皇皇：形容艳丽。《太玄经·交》："物登明堂，矞矞皇皇。"司马光集注引陆绩曰："矞皇，休美貌。"
⑪ 干将：古剑名，后泛指宝剑。发硎(xíng)：刀刃新磨。硎，磨刀石。
⑫ 有作其芒：发出光芒。
⑬ "天戴"二句：是说少年中国如苍天之大，如地之广阔。
⑭ 八荒：八方荒远之地。《说苑·辨物》："八荒之内有四海，四海之内有九州。"
⑮ 岳武穆：岳飞，死后谥武穆。

【简析】《少年中国说》被公认为梁启超著作中思想意义最积极、情感色彩最激越的篇章，作者本人也把它视为自己"开文章之新体，激民气之暗潮"的代表作。

作者知耻于当时中国之"老大"，对封建专制的黑暗腐败和满清统治者的老朽昏庸深恶痛绝，对国家的落后和国民的愚昧十分痛心，因而从内心爆发出一种不可遏止的激情，猛烈抨击这一切令人厌恶的东西，并热情呼唤一个充满生机的"少年中国"尽快到来。这种昂扬的改革精神和深切的爱国情怀令人钦佩。

用老年人来类比"老大"的中国，用少年人来类比"少年"的中国，并从少年人必将取代老年人，认识到少年中国必将取代老年中国，这是进化论的观点。这种进化论的社会发展观，使梁启超在极其黑暗、衰败的时代，看到了一个腐朽王朝的必将灭亡，并充满希望和信心地迎接新时代的到来，其积极因素不能抹煞。但进化论有待于发展为历史唯物主义，否则，它就只能是社会改良主义的思想武器。梁启超一生的政治思想多有变化，这恐怕正是进化论观点和改良主义思想在其社会改革实践中得失消长的体现。对此，我们应当有一个比较全面的认识。另外，与进化论相联系，他认为老年人一切都不好，青年人一切都好，这虽多半出于对社会改革宣传鼓动的需要，但思维方法毕竟简单化、绝对化，对此，我们也应当用辩证的眼光去看待。

【思考与练习】

一、体会、分析本文"条理明晰，笔锋常带感情"的特点。

二、根据你自己的阅读体会，你认为这篇文章有什么"魔力"？

复仇

鲁迅

鲁迅（1881—1936），原名周树人，字豫才。浙江绍兴人。中国现化著名文学家、思想家、革命家，中国现代文学的奠基人。1902 年赴日留学，其间弃医从文，开始翻译与创作活动。1912 年起任职于教育部，并先后在北京大学、北京女子师范大学、厦门大学、中山大学任教。1927 年 10 月后定居上海，成为职业作家。1930 年，参加左联的领导工作，从事革命文学活动。1936 年 10 月 19 日在上海病逝。

鲁迅的文学成就是多方面的，以小说成就最高。小说集《呐喊》《彷徨》堪称现实主义小说的典范。另有历史小说集《故事新编》，散文集《朝花夕拾》，散文诗集《野草》。鲁迅在杂文方面的成就更是无出其右，一生共有 16 本杂文集，这些杂文无论在思想的深邃还是艺术的精湛方面都堪称典范。目前有多种版本的《鲁迅全集》行世，较通行的为 1981 年十六卷本。

人的皮肤之厚，大概不到半分，鲜红的热血，就循着那后面，在比密密层层地爬在墙壁的槐蚕更其密的血管里奔流，散出温热。于是各以这温热互相蛊惑、煽动、牵引，拼命地希求偎倚、接吻、拥抱，以得生命的沉酣的大欢喜。

但倘若用一柄尖锐的利刃，只一击，穿透这桃红色的、菲薄的皮肤，将见那鲜红的热血激箭似的以所有温热直接灌溉杀戮者；其次，则给以冰冷的呼吸，示以淡白的嘴唇，使之人性茫然，得到生命的飞扬的极致的大欢喜；而其自身，则永远沉浸于生命的飞扬的极致的大欢喜中。

这样，所以，有他们俩裸着全身，捏着利刃，对立于广漠的旷野之上。

他们俩将要拥抱，将要杀戮……

路人们从四面奔来，密密层层地，如槐蚕爬上墙壁，如马蚁要扛鲞头。衣服都漂亮，手倒空的。然而从四面奔来，而且拼命地伸长颈子，要赏鉴这拥抱或杀戮。他们已经豫觉着事后的自己的舌上的汗或血的鲜味。

然而他们俩对立着，在广漠的旷野之上，裸着全身，捏着利刃，然而也不拥抱，也不杀戮，而且也不见有拥抱或杀戮之意。

他们俩这样地至于永久，圆活的身体，已将干枯，然而毫不见有拥抱或杀戮之意。

路人们于是乎无聊；觉得有无聊钻进他们的毛孔，觉得有无聊从他们自己的心中由毛孔钻出，爬满旷野，又钻进别人的毛孔中。他们于是觉得喉舌干燥，脖子也乏了；终至于面面相觑，慢慢走散；甚而至于居然觉得干枯到失了生趣。

于是只剩下广漠的旷野，而他们俩在其间裸着全身，捏着利刃，干枯地立着；以死人似的眼光，赏鉴这路人们的干枯，无血的大戮，而永远沉浸于生命的飞扬的极致的大欢喜中。

一九二四年十二月二十日

【简析】看鲁迅的文章总有一种刺痛的感觉，就像一把刀，刺进身体。《复仇》就是给人这种感觉的典范，文中的复仇方式如此决绝：两男女，裸着全身，捏着利刃，对立于广漠的旷野上，一群无聊之人纷涌而至，希望能满足他们的无聊之欲。而这两人就这样的站着，毫无动作，这使无聊之人更加无聊，这就是复仇。他们到底是在复什么仇，向谁复仇？起初看不明白，随着时间的延续，才渐渐明了：鲁迅是用如此决绝的方式向冷漠无聊的看客在复仇。

【思考与练习】

一、篇中两次写到"永远沉浸于生命的飞扬的极致的大欢喜中"，其用意有何不同？

二、依你所见，文中二人有此处境，应"毫无动作"呢，还是或相爱、或相杀？"照所欲而行的为是"呢？

祖国高于一切

陈祖芬

陈祖芬(1943——),生于上海,是新时期一位具有独特魅力的女报告文学作家。1964年毕业于上海戏剧学院,现为北京作家协会专业作家,北京作协副主席,北京文联副主席,全国政协委员。曾连续五次获全国优秀报告文学奖,已出版个人作品集二十多种。著有《陈祖芬报告文学选》《陈祖芬报告文学二集》《青春的证明》《挑战与机令》《中国牌知识分子》《挂满问号的世界》等。

柏林妻子

30年前。德国柏林。

俗话说:人非草木,岂能无情。即使像王运丰这样豁达的人,现在也屡屡跌进感情的深渊。他陷在厚实的沙发里,望着正在地毯上嬉戏的三个儿女:孩子们和她长得太像了!那凹陷的棕色眼睛,那举手投足之间,无一不渗透着她的音容笑貌。说来也怪,只有在她出走之后,他这做丈夫和父亲的人,才充分地领略了这一切遗传上的惟妙惟肖之处。于是孩子们那欢快的笑声,只能引起他悲凉的情思。人对于失去了的东西,总是感到分外的宝贵。她出走了,却较之她在家的时候,愈发地使他感觉着她的存在和他视之比生命更宝贵的她的爱情。

这些日子发生的事情,像旋转木马似的把他搞得晕头转向。一切都是从那个邮件开始的。那是一张祖国寄来的《人民日报》——报道了新中国成立的消息。他简直不是看报,而是吞!他一口气把那条喜讯吞了下去,然后才久久地品味着、陶醉着……当然喽,回国去!1938年他出国留学时,坐的是德国海轮。这样先进的海轮,这样超乎他想象的内燃机!世界上一见钟情的故事不少,他和内燃机的姻缘就由此产生了。海轮途经新加坡,几个洋人向海里扔下几枚钱币,对中国人说:谁下海捞着,钱就归谁。洋人笑着,笑得白脸变成血红;下海的中国人也笑着,笑得黄脸变成惨白。这种愚昧痴呆的笑,都是因为他们心里没有一架燃烧起自豪和力量的内燃机!

柏林到了。啊,这么多的汽车!一辆、两辆、三、四、五、六……唉,数不过来!来自人力车和马车的国土的王运丰呵,这些飞驰的汽车无疑是给他来了个下马威:你们中国造不了汽车,你们连一个内燃机厂都没有!

唉唉,中国在德国的四百多留学生,几乎谁都不学内燃机专业——回国没饭碗呵!可是难道中国就永远没有内燃机、永远没有自己制造的汽车、轮船?!不!……

现在,王运丰是西德内燃机专业的国授(国家授予)工程师,拥有一吨多重的书。正是这些书,浓缩成他生命的精髓;而他的生命,也分解在这些书里了。书本是他生命的影子,当然要跟随他回国的。影子是不会和他自身分开的。妻子再好,也可能分开……前几天国民党在西德的便衣跟踪他、审问他。昨天半夜又有人打电话来威吓:"小心点,否则我们要用手枪来对付你。"妻子吓得睡不着了。她痴愣愣地瞪着他,那棕色的大眼睛更加凹陷了。一夜之间,她变得像一朵萎缩了的花。他的心也萎缩了起来:他干了什么对不起她的事?他召集了留德同学和侨民开会,呼吁响应周总理对海外知识分子的号召,回国参加社会主义建设,而且立刻给周总理发了电报:"留德同学会全体会议通过决议,表示忠于中华人民共和国毛泽东主席，并响应周恩来总理的回国参加建设的号召，请速派遣外交代表和安排留德学生回国事宜。"祖国解放前几年，国民党驻西德的机构先后三次动员他回国，他拒绝了。可这次，他偏要回！"你别走吧……"棕色眼睛的妻子哭了，泪水莹莹地望着那六间一套的家。每间房里都有大幅的地毯和贵重的家具。于是，他看见爱情在讲究的咖啡壶上闪耀，在雕花木上微笑，在地毯上伸展，在她的泪水里流淌……只有他和她才知道，他的事业加上她的爱情，才能经营起这个美妙的家庭。他们是一体的。他和她之不能分开，犹如他们那三个孩子不可能再分解成他和她的细胞一样。

但是，当她知道他回国的决心已不可动摇时，她赌气回到东柏林的娘家去了。这位柏林妻子和他竟是同样地把祖国看得高于一切。唉，人们往往津津乐道：一个共性如何使有情人终成眷属。但人们可知道，往往同一个共性，又能使眷属终成无情人？

无情？当法官宣读了离婚的判决后，她在法庭上当众就哭了起来。他真想一把搂住她说：别哭了，和我一道去中国吧，就像结婚时他拥着她走向他们的家……

家被无理查封了。家具、地毯、车库，一切都贴上了封条。根据当地法律，私自撕毁封条的，要加倍从严地法办。但是封条可封不了王运丰那急于回国建设的心，那颗像内燃机一样产生巨大能量的心。一切可能发生的凶险，都在"祖国"这个古今中外最有魅力的名词面前，变得不值一顾了。王运丰撕下了汽车上的封条。在德国司机的帮助下，他带走了三个孩子和跟随他的影子——一吨书。而财产，全丢下了。"生活中最没有用的东西是财产，最有用的东西是才智。"这话是谁说的？对了，莱辛！是呵，只要有书，有才，就可以为祖国服务。他怀着赤子之心奔向理想的境地。呵，解放区的天，是明朗的天，解放区的人民好喜欢。50年代的知识分子是天真的。第一个从西德回国的工程师王运丰，和他那三个七岁、五岁、两岁的孩子一起稚气地笑着……

"德国特务"

有人靠回忆度日，有人靠想象生活。有人因独具精神而力量过人，有人因敏于思想而陷于痛苦。人之所以成为人，就是因为有了思想。王运丰被作为专政对象，独个儿在河北蔚县的崎岖山路上担煤。他的思想却因抵抗专政而变得毫无规则。如果他能未卜先知地预料他这个留德的内燃机专业工程师在60年代中期将以担煤为生（虽然煤也是燃料），真不知当初他还能不能拼命攻读了？不过他当然还是要攻读的，否则他就不叫王运丰了！"王运丰，你老实交代，你是不是德国特务？"特务？他在德国倒是有特殊的任务。他在内燃机专业毕业后，本来满可以每两年准备一篇博士论文，到1945年，两个博士学位也到手了。但他不去考。他给自己规定的特殊的学习任务，是尽可能多学会几门技术——祖国什么都欠缺呵！于是他又去学焊接、电工、管理、铸造。铸造是冶金不可缺少的部门，但在旧中国被看成下贱活：打铁翻砂么！西德教授惊讶地打量着站在他面前的王运丰："我没见过中国留学生学我这个铸造系的。"王运丰在铸造厂实习，每隔三四分钟就得把一只七十斤的砂箱搬上机台。搬几下还凑合，一会儿就对这七十斤的宝贝儿望而生畏了。那也得搬！默默地喊个号子吧："一、二——为了祖国！""一、二——为了祖国！"十个月后，他的臂力使他在留德侨民中成了划船冠军。二十多年后，他的臂力使他还能在蔚县山区担煤、运煤……

黑煤上闪烁着白雪。漫天又飞扬起雪片。1945年，炮弹皮和断砖碎瓦像雪片似的飞着。苏军进攻柏林了。柏林当局规定，居民听到空袭警报，全下防空洞。"王先生，整个楼的人都下防空洞了，你快走吧！"邻居劝他。"我就不信炸弹正好掉到我的头上。"炸弹尖叫着，偏偏来到了他的头上。他万念俱灰，只等着人生最后的刹那。一声巨响，楼晃悠着，土直往他头上掉。还有知觉？那就是说还没死？他活脱脱地蹦了起来，跑出去一看，五十米远的一幢楼成了瓦砾堆。他又回到楼里攻读。他不是不怕死。天生不怕死的人是没有的。他只是想，每次轰炸几小时，他要是往防空洞一钻，这几小时岂不是浪费了？对于一个学习癖，最痛苦的莫过于时间的浪费了：几个小时又可以吸收多少人类文明的精华！顾不上危险不危险了。一个人只有忘却自我，才能真正地发现自我。正是在忘却的时刻，他会焕发出他全部的智慧和力量，他将惊讶地看到他拥有着什么样的才能！

"王先生是我们的安慰，王先生不怕轰炸我们也不怕了。"德国邻居们信任地望着他，差点没把他当成了上帝。但是炸弹像下最后通牒似的把他的门、窗都震落了。搬家。又震落了门、窗。再搬。他终于把一叠十几张设计图交给了德国老师考核。"王先生真不是一般的学生！"他快活地在弹坑间疾步走着，好像在生与死的边界线上穿行。"王先生来了！"书店老板亲热地招呼他："我给你留出了一捆书，准是你需要的。"他和书店老板之间已经达成了这样的默契：不用他挑书，老板知道该给他留下一些什么样的书了。他又把一份咖啡送给了好心的老板。咖啡在战时因缺货配给而变得身价百倍。但是咖啡再贵重也就是咖啡。而书籍却能变出内燃机，变出坦克，变出祖国所需要的无穷尽的宝物。

天安门前的阅兵行列里，开来了一辆辆中国制造的轻坦克、水陆两用坦克和装甲车。王运丰坐在观礼台上，像父亲欣赏儿子那样，向坦克倾注着全部的情和爱。真不知是坦克因他的注视而变得威武雄壮，还是他因坦克的出现而变得这样不能自已。他回国后就担任了坦克专业局的技术领导职务。可是厂呢？只有农机修理厂，机车修理厂。衣衫褴褛的祖国母亲呵，让我们来装扮你吧！先把这几个修理厂改建成发动机厂和坦克制造厂。唉唉，师傅们还是在山沟里制造步枪的半手工业做法，没有工艺规程，做出的零件一会儿一个样。必须把坦克几千个零件的每一个工艺规程都写下来，一切纳入现代化生产的轨道！规程写了3年，以后进程就快了。原先坦克的大部件都得向苏联订货，以后订货单上开的项目一年比一年少了，最后终于全部取消了订货单，而代之以中国制造的坦克。

不过他跟坦克的缘分并不长，反而跟卡车很有缘。一辆卡车载着造反派抄了他的家，抄走了毛主席、周总理接见他这个全国先进生产者的相片，抄走了好几箱书。书是他的影子。人一旦连影子都给剥夺了，将是怎样的凄苦！另一辆卡车拉他游街、批斗："无产阶级革命造反派的战友们，他，是一个彻头彻尾的德国特务！他的柏林老婆还到中国来串连过！"唉，柏林妻子！他离开柏林时，把本想留给她的小女儿也带走了——愿思念女儿的心情使她回到他的身边来吧。他给她邮去了路费，一年年地等着，终于把她等来了。他怎么也没想到这期待中的会见又这样地激动着他。在匆匆的一瞥中，他就把对于他是那么熟悉的她的身影、她的一切都看清楚了。"亲爱的，我们再也不分开了！"她笑了。她又伤心了：孩子们的德语说不利落。因为前不久他出差了七个月，孩子们没人管了，就把德语忘了一半。可是他总得下去开展工作呵。他吻别了妻子，又走了。妻子回来一年多，他走了倒有八个月。他怎不想想，这个数字对一个不懂中国话、又对德国有着深深的眷恋的妻子来说，意味着什么！何况当时又正逢困难时期。"你看人家全家去德国了，我们一起走吧！"妻子痴愣愣地瞪着棕色眼睛，作着最后的努力。火车门关上了。妻子的泪水一行行挂在车厢玻璃上。他追着启动的车厢想说，想说什么？唉唉，全忘了，忘了。他只是用内疚的、失神的眼睛看着她，眼睁睁地看着火车载走了他的爱、他的心。他的胸膛一下空虚了，只有火车的隆隆声在他那空荡荡的胸膛里撞击着、回响着……

卡车的隆隆声在野地里显得孤单单的——又是一辆卡车把他送往蔚县监督劳动。押送"德国特务"的人戒备森严地拿着枪。其实，为确保安全起见，他们不妨先枪决他领导下设计的坦克。卡车途经八达岭。雪把他的胡子、眉毛都染白了。黑夜里他只见野狼闪着碧绿的眼睛。他柏林家的地毯就是这种绿色。现在要是能把这地毯裹在身上就好了。在这大冬天里坐卡车，身上冷得就像穿了皇帝的新装——什么也没穿！也许今晚就冻死，连同他的知识一起消亡。培根说知识就是力量。但是知识碰到暴力，毫无招架之功；知识分子碰到秦始皇，也只有束手待坑……

雪，纷纷扬扬地下着。漫天大雪使天地之间成了个大雪坑。王运丰在蔚县的山路上挑着一担煤，一步一停地向山上爬着。爬了半天好像还只是停留在雪坑的坑底。好大的坑呵……

中国母亲

一个人在平静的时代生活、工作，他也许永远也不会懂得什么叫解放。当王运丰重新获得工作的权力时，他的感觉犹如一个刚走出监狱的人，来到充满阳光的天地里，感到了令人目眩的光明、自由和解放。他的知识和才能，原先就像是一群拥挤着给关进笼子的小鸟，现在要把它们统统放出来，让它们冲天而起，展翅飞翔了。唉唉，要干的事情太多了。六十多岁的人啦，他是恨不得把每一分钟的时间拉长。有些人受了委屈，或是疯狂地对社会挥着拳头，或是颓废地失掉了自信。一个人要是对自己都不信任，还会信任什么真理呢？——王运丰摇着头。他自信他的才能，他的价值，所以他这个"德国特务"偏要给周总理写信——给我工作！可惜总理已病了。他又给邓副总理写信，不料"批邓"开始了。1977年他再给党中央写信，于是应邀出席了国宴，获得了工作的权力。

是呵，只要能为祖国工作，他什么都可以不计较——贫困、委屈、凶险、一切。1960年苏联撤退专家，某柴油机厂陷于困难境地。"领导同志，让我去支援这个厂吧。""老王啊，那是重灾区，你知道吗？""怎么不知道？我刚从那儿出差回京么。那儿，已经有人吃树叶了。""你能受得了？""那儿的上万职工都受得了，我为什么受不了？我还要把三个孩子都带去。整个家迁去！"

"厂长同志，你们厂哪个部门最吃紧？"王运丰问。"铸造。不过铸造车间最脏、最累——""我来主管铸造车间。"王运丰毫不怀疑当年他在德国铸造厂搬那七十斤重的砂箱时，就预感到有一天会在中国的铸造车间里大显身手了。他和职工们改善了车间管理，稳定了产品质量。

人们往往以为，一场战斗胜利结束了，就可以痛快一下。但是王运丰是这样疲乏，以至没有精神来享受曾经那么期望着的胜利的日子。是的，只是在任务完成了之后，他才一下感到精力衰竭，难以支付生命的需要。生活是苦呵。"李师傅，你怎么没吃饭去？""王总，是，是这样，我粮票没了。""李师傅，拿着，快买饭去！""三斤？！""快去！"他回家了。孩子们饿得用自来水把生高粱面冲得稀稀的，当饭吃呢。可怜的孩子呵，爸爸怎么忍心看着你们挨饿呵！他晕倒了。营养不良性关节炎，脊椎硬化，等等。他近乎瘫痪地卧床了。一般的人，谁不愿意生活得好一些，活得长一些，留给子女的钱多一些。老年得病难免会想这想那。但是他最揪心的，是他的才能没有得到预期的、真正的发挥。就说在柴油机厂吧，书记很好，带头吃苦。可工厂是多头领导，总工程师制又没建立。他这个党外人士又只能担任副职。他的职权范围就相当有限。想作一些重大的改革，无职无权，无法推广，才能施展不出来呵！医治这种制度上的弊病，比医治营养不良性关节炎要难多了。

当他干活的时候，他只有一个要求：不要把他的手脚束缚起来。但是难呵，总有一些绳索从他的前后左右伸将过来……1975年，他靠边站时，有一位老上级请他到南京帮助筹建电子计算机站。他是个给剥夺了工作权力的"德国特务"，到南京去当临时工，政治上可是担风险的事。但他说去就去了，就像当年走向重灾区。他从大量的技术资料中，发现外国某公司提供的电子计算机，和合同中规定的型号不一样。这是一套拼凑的旧设备，连正规的出厂合格证都没有。可我们的干部说，"我们已经验收了，而且支付了货款的百分之九十五。""不能听任外商欺骗！""客人是我们请来的，别谈电子计算机的问题。"王运丰震惊了：这么奴颜婢膝！是呵，往往愈是真心实意地学习外国先进技术的人，愈是有自力和奋发的精神；而排外的人，往往走向媚外。科学使人格高尚，而无知使人格萎缩。

"我要上国际法庭控告你们！"外商想先发制人。

真闹出事儿来，王运丰当然是罪加一等。那么又会有一辆卡车把他带走。也许是囚车。不过他这时倒冷静了：其实死也是生活的一部分，不值得大惊小怪的一部分。当初轰炸柏林时，年轻轻的都不怕死，何况现在？人要是能死在他所爱的事业上，那也就找到了最好的归宿。可是孩子们怎么办？这些年他们插队、掏粪，而且因为那显而易见的外国血统而给人围观！活着，还能送去一片父爱……唉，人老了，更重感情了。这三个孩子从小离开了妈……当初在柏林法庭上离婚的劲头哪去了？我是个科学家，一个热爱祖国母亲的科学家。母亲可以一时错怪她的孩子，但我不能不爱母亲。让我们感谢祖先传给我们的这种默默的献身精神吧！我已经和计算机站的领导和同志们研究了一切材料和数据，我们决不能花钱买一架废物，更不能让外国人把中国人当作废物。"科学是使人的精神变得勇敢的最好途径。"布鲁诺又在给我以启示了……

勇敢战胜了欺骗。外商同意交换一套新产品："你们中国还是有人才的。"

还是有人才的？仅仅"还是"？不，我们有的是人才！但是在我们这块充满着人才的土地上，还延续着一种扼杀人才的习惯：有些掌握科学而不掌权的，得服从本单位掌权而不掌握科学的；有些想干且知道怎么干的，得服从不想干且不知道怎么干的。在两种对立的精神品质的阴错阳差、东拉西扯中，人才还在给消耗着，但是人们往往不震惊，不愤怒，因为这一切都已习惯了。而习惯是一种何等不可思议的力量！它能把一切可笑的和可泣的、可怜的和可叹的、可鄙的和可赞的、可恶的和可爱的统一起来，维系着一个伟大而落后的国家。

"王院长，您来了！"是的，在五机部党组、国防工办和王震副总理的一次次关心下，王运丰副院长沐浴着党的政策的春雨，来到了五机部科学研究院。"王院长，您来了！"是的，他又来到了以人相待的社会里，重新感到在人和动物的千差万别中，还有礼貌这一说。而礼貌，正是对人的价值的肯定。他回国三十年，实际工作时间只十五年。其他时间除了挨斗、靠边，还有让他干坐办公室。他本来可以创造多少价值？他自己无法估计，更无暇估计。他又忙于筹建电子计算中心。"如果说，机械化是19世纪进入20世纪的一个象征，那么，电子计算机科学将是从本世纪过渡到21世纪的重大标志。"——他什么时候成了电子计算机的义务宣传员了！他什么时候变得这么交游广阔！他几次去西德寻找三十年前的同学、老师。在国际合作中，有时私人友谊比官方谈判更起作用。他联系派遣了一批中国实习生去西德学机械制造业，又几次请来西德的专家、教授来我国讲学，进行造船、建工等方面的合作。"王先生，"柏林大学的老校长望着他三十多年前的学生："在我有生之年，能为中德教育合作建立关系，是最大的愉快。"而王运丰也感受到一种意识到自己的价值的愉快。可是我们的行政效率……直到他第三次赴德找老校长时，教育合作才刚有所进展，而这时，老校长已过世了……我们有些当领导的，往往把精力花在如何转动官僚主义的机器上，而不去转动生产机器，去提高生产力。当我们很多人恨不得把每一分钟拉长的时候，偏有一些人在把每一分钟掏空。制造冤案的时代过去了，但是那种因循的习惯，却像幽灵似的戏弄着勤勤恳恳的人才。母亲老了，往往有些怪癖。好在祖国母亲现在是又古老又年轻：既有老人的涵养和怪癖，又有年轻人的朝气和冲动。我们作子女的，应该关心的不是母亲给我们什么或给了我们多少，而是我们是否帮助了母亲！说起来，王运丰被抄走的书至今没退还。他在"牛棚"被迫写的材料，也没退还。"造反派"为了给他强加罪名，硬把他这中农出身改成"富农"，也至今不更正。他的住房还是那么紧，他那些没被抄走的书，也只能继续封存在板箱里——没有地方摆出来。一位西德专家来他家做客时，他很怕有伤国体："我这间房又是卧室，又是书房，又是饭厅，又是会客室。""不，王先生，这已经不错了。你记得吗？战后我那间屋连窗玻璃都没有，只好用 X 光胶片贴在窗框上。"

好了，伤感使人衰老，牢骚使人不思进取。王运丰毕竟找到了他的幸福。他从 1938 年出国留学时就希冀着的幸福：为祖国奉献才能。人是要有信念的。在古今中外人类发展史上，信念始终是动力。王运丰在科学的道路上探索了一辈子，他确认的最伟大而又最平凡的真理，始终只有一条：祖国高于一切！

【简析】《祖国高于一切》是陈祖芬的代表作，发表于 1980 年，以强烈的时代精神和新颖的艺术表现手法引起文坛瞩目。作品通过对普通劳动者内燃机工程师王运丰在 20 世纪 50 年代初毅然抛弃优裕的生活和工作条件，别妻携子从德国回国参加社会主义建设的叙述，表现了把祖国的利益看得高于一切、"九死其犹未悔"的知识分子的崇高品格。

作品以思想开阔、深沉而锋利见长。在结构上，作家用意识流的手法，通过时间和空间上的跌宕和跳跃，把看似零散的内容巧妙地构为一体，用笔经济、干净利落、脉络分明而又较为全面地写出人物的一生，不仅宏观地描绘了王运丰时代的生活脚步、世态变化，而且清楚地反映了他思想的脉络和崇高的精神。而在每一个大的生活场景中，又将不属于这一人生场面的无数生活片断穿插其中，以便将个体人物置身于惊涛骇浪的社会激变中，产生尖锐对比的效果，从而真实有力地展示出主人公所特有的富于悲剧色彩的命运和他的万死不变对祖国忠诚的品格，既扩大了作品的时空跨度，也增加了作品的思想深度，使作品的面貌焕然一新。作品具有形象美、情感美以及哲理性与思辩性兼具的深邃美。

【思考与练习】

一、陈祖芬的报告文学作品富于政论色彩，带有深刻独到的哲理性，一般不追求情节的连续和人物形象的完整，常以独白式的自叙和旁白式的议论来表达观点和思想，结合本文，分析上述特点。

二、本文内容看似比较繁复，作者是运用什么结构方法来组织的？

故园春

柯 灵

柯灵（1909—2000），原名高隆任，字季琳，原籍浙江绍兴，生于广州。中国散文家、剧作家、编辑家。1926 年发表叙事诗《织布的妇人》而步入文坛。1931 年冬到上海参加左翼文艺活动。此后除了上世纪 40 年代末一度被迫避居香港外，一直在上海从事创作和编辑工作。他始终关注现实人生，以杂文针砭时弊、以散文体察世味、以剧作缩写世态。他精心锤炼语言，以创作态度谨严见称。著有散文集《望春草》《晦明》《香雪海》《长相思》，杂文集《市楼独唱》《柯灵杂文集》，剧本《为了和平》《不夜城》等。

故乡的三月，是田园诗中最美的段落。

桃花笑靥迎人，在溪边山脚，屋前篱落，浓淡得宜，疏密有致，尽你自在流连，尽情欣赏，不必像上海的摩登才子，老远地跑到香烟缭绕的龙华寺畔，向卖花孩子手中购取，装点风雅。

冬眠的草木好梦初醒，抽芽，生叶，嫩绿新翠，妩媚得像初熟的少女，不似夏天的蓊蓊郁郁，少妇式的丰容盛鬋。油菜花给遍野铺满黄金，紫云英染得满地妍红，软风里吹送着青草和豌豆花的香气，燕子和黄莺忘忧的歌声……

这大好的阳春景色，对大地的主人却只有一个意义："一年之计在于春。"春天对乡下人不代表诗情画意，却孕育着梦想和希望。

天寒地裂的严冬过去了。忍饥挨冻总算又捱过一年。自春徂秋，辛苦经营的粮食——那汗水淘洗出来的粒粒珍珠，让"收租老相公"开着大船下乡，升较斗量，满载而去。咬紧牙齿，勒紧裤带，度过了缴租的难关，结帐还债的年关，好容易春天姗姗地来了。

谢谢天！现在总算难得让人缓过一口气，脱下破棉袄，赤了膊到暖洋洋的太阳下做活去。

手把锄头，翻泥锄草，一锄一个美梦，巴望来个难得的好年景。虽说惨淡的光景几乎年不如年，春暖总会给人带来一阵欢悦和松爽。

在三月里，日子也会照例显得好过些。"春花"起了：春笋正好上市，豌豆蚕豆开始结荚，有钱人爱的就是尝新；收过油菜子，小麦开割也就不远。春江水暖，鲜鱼鲜虾正在当令，只要你有功夫下水捕捞。……干瘪的口袋活络些了，但一过春天，就得准备端阳节还债，准备租牛买肥料，在大毒日头底下去耘田种稻。挖肉补疮，只好顾了眼前再说。

家里有孩子的，便整天被打发到垄头坡上，带一把小剪刀，一只蔑青小篮子，三五结伴，坐在绿茸茸的草场上，细心地从野草中间剪荠菜、马兰头、黄花麦果，或者是到山上去摘松花，一边劳动，一边唱着顽皮的歌子消遣：

> 荠菜马兰头，
>
> 姐姐嫁亨（在）后门头；
>
> 后门春破我来修，
>
> 修得两只奶奶头。

女孩子就唱那有情有义的山歌：

油菜开花黄似金，
萝卜开花白如银，
草紫开花满天星，
芝麻开花九莲灯，
蚕豆开花当中一点黑良心，
怪不得我家爹爹要赖婚。

故乡有句民谣："正月灯，二月鹞，三月上坟船里看姣姣。"三月正是扫墓的季节，挑野菜的孩子，遇见城市人家来上坟的，算是春天的一件大乐事，大家高高兴兴，一哄而上，看那些打扮得齐齐整整的哥儿姐儿奶奶太太们，摆开祭祀三牲，在风灯里点起红烛，一个个在坟前欠身下拜。要遇见新郎新娘头年祭祖，阔人家还有乐队吹奏。祭扫完毕，上坟人家便照例把那些"上坟果"——发芽豆、烧饼、馒头、甘蔗、荸荠分给看热闹的孩子，算是结缘施福。上坟还有放炮仗的，从天上掉到地下的炮仗头，也有孩子们宝贝似的拾了放在篮子里。说说笑笑，重新去挑野菜。

等得满篮翠碧，便赶着新鲜拿到镇上叫卖，换得一把叮当作响的铜板，拿回家里交给父母。

因为大自然的慷慨，这时候田事虽忙，不算太紧，日子也过得比较舒心。——在我们乡间，种田人的耐苦胜过老牛，无论你苦到什么地步，只要有口苦饭，便已经心满意足了。"收租老相公"的生活跟他们差得有多远，他们永远想不到，也不敢想。——他们认定一切都命中注定，只好逆来顺受，把指望托付祖宗和神灵。

在三月里，乡间敬神的社戏特别多。

按照历年的例规，到时候自会有热心的乡人为首，挨家着户募钱。农民哪怕再穷，也不会吝惜这份捐献。

演戏那天，村子里便忙忙碌碌，热火朝天。家家户户置办酒肴香烛，乘便祭祖上坟，朝山进香。午后社戏开场，少不更事的姑娘嫂子们，便要趁这一年难得的机会，换上红红绿绿的土布新衣，端端正正坐到预先用门板搭成的看台上去看戏。但家里的主人主妇，却很少有能闲适去看一会戏的，因为他们得小心张罗，迎接客人光降。

镇上的佃主也许会趁扫墓的方便，把上坟船停下来看一看戏。这时候就得赶紧泡好一壶茶，送上瓜子花生，乡间土做的黄花果糕、松花饼；傍晚时再摆开请过祖宗的酒肴，殷勤地留客款待。

夜戏开锣，戏场上照例要比白天热闹得多。来看戏的，大半是附近村庄的闲人，镇上那些米店、油烛店、杂货店里的伙计。看过一出开场的"夺头"（全武行），各家的主人便到戏台下去找寻一些熟识的店伙先生，热心地拉到自己家里，在门前早用小桌子摆好菜肴点心，刚坐下，主妇就送出大壶"三年陈"，在锣鼓声里把客人灌得大醉。

他们用最大的诚心邀客，客人半推半就："啊哎，老八斤，别拉呵，背心袖子也给拉掉了！"到后却总是大声笑着领了情。这殷勤有点用处，端午下乡收帐时可以略略通融，或者在交易中沾上一点小便宜。

在从前，演戏以外还有迎神赛会。

迎起会来，当然更热闹非凡。我们家乡，三月里的张神会最出名，初五初六，接连两天的日会夜会，演戏，走浮桥，放焰火，那狂欢的景象，至今梦里依稀。可是这种会至少有七八年烟消火灭，现在连社戏也听说演得很少。农民的生计一年不如一年，他们虽然还信神佞佛，但也无力顾及这些了。——今年各处都在举行"新生活运动"提灯会，起先我想，故乡的张神会也许会借此出迎一次罢？可是没有。只是大地春回，一年一度，依然多情地到茅檐草庐访问。

春天是使人多幻想，多做梦的。那些忠厚的农民，一年一年地挣扎下来，这时候又像遍野的姹紫嫣红，编织他们可怜的美梦了。

在三月里，他们是兴奋的，乐观的；一过了三月，他们便要在现实的灾难当中，和生活作艰辛的搏斗了。

一九三四年春

【简析】《故园春》写于1934年，是柯灵反映解放前故乡农民生活境况的散文。文章扣住自己所熟悉的家乡的"春"的特点，描绘了当时人们艰辛、坚韧而平淡如故的生活。

本文写作上具有柯灵散文的典型特征，一是精选诗歌常用的意象，二是独特的散文语言。特别是其散文语言，鲜明地折射出中国古典文学的影响，并同时能与现代汉语和谐融合，自成一格。正如著名作家赵丽宏评论的那样："他对汉字的运用，可以说是独树一帜，既有对古文字的恰当继承和使用，也有对现代汉语的革新和创造，千百年古典陈词，在他的笔下锈斑剥落，推陈出新，显现出现代的光华。"柯灵的散文将文言、白话以及口语、书面语巧妙自然地熔于一炉，和谐天成。

【思考与练习】

一、本文选取了什么样的景物来描述故乡的春色？景物描写对文章主题有什么作用？

二、文章的语言具有什么特点？结合具体的语句进行说明。

愁乡石

张晓风

张晓风(1941—),江苏铜山人,生于浙江金华,台湾当代著名女作家,笔名晓风。8岁随父母迁往台湾,17岁在报刊上发表文学作品。毕业于台湾东吴大学中文系并留校任教,现为台湾阳明医学院教授。

张晓风勤于笔耕,创作丰富,尤以散文成就饮誉海内外。1977年其作品被列入《台湾十大散文家选集》,有人称其文"笔如太阳之热,霜雪之贞,篇篇有塞梅之香,字字若璎珞敲冰"。余光中更称她是"亦秀亦豪,腕挟风雷"的"淋漓健笔",突破了中国现代女性散文狭隘的"闺秀天地"。其创作富含人道主义精神和爱国主义情怀,同时因笃信基督教,流露出浓厚的宗教情结。主要作品有《晓风散文集》《晓风戏剧集》《晓风小说集》等共40余种,其中散文集包括《地毯的那一端》《愁乡石》《步下红毯之后》《我在》《玉想》《这杯咖啡的温度刚好》等十几部。

到"鹅库玛"度假去的那一天,海水蓝得很特别。

每次看到海,总有一种瘫痪的感觉,尤其是看到这种碧入波心的、急速涨潮的海。这种向正前方望去直对着上海的海。

"只有四百五十海里。"他们说。

我不知道四百五十海里有多远,也许比银河还要迢遥吧?每次想到上海,总觉得像历史上的镐京或是洛邑那么幽渺,那样让人牵起一种又凄凉又悲惨的心境。我们面海而立,在浪花与浪花之间追想多柳的长安与多荷的金陵,我的乡愁遂变得又剧烈又模糊。

可惜那一片江山,每年春来时,全交付给了千林啼鴂①。

明孝陵的松涛在海浪中来回穿梭,那种声音、那种色泽,恍惚间竟有那么相像。记忆里那一片乱映的苍绿已经好虚幻好缥缈了,但不知为什么,老忍不住要用一种固执的热情去念诵它。

有两三个人影徘徊在柔软的沙滩上,拣着五彩的贝壳。那些炫人的小东西像繁花一样地开在白沙滩上,给发现的人一种难言的惊喜。而我站在那里,无法让悲情的心怀去适应一地的色彩。

蓦然间,沁凉的浪打在我的脚上,我没有料到那一下冲撞竟有那么裂人心魄。想着海水所来的方向,想着上海某一个不知名的滩头,我便有一种嚎哭的冲动。而哪里是我们可以恸哭的秦庭?哪里是申包胥②可以流七日泪水的地方?此处是异国,异国寂凉的海滩。

他们叫这一片海为中国海,世上再没有另一个海有这样美丽沉郁的名字了。小时候曾经多么神往于爱琴海,多么迷醉于想象中那么灿烂的晚霞,而现在,在这个无奈的多风下午,我只剩下一个爱情,爱我自己国家的名字,爱这个蓝得近乎哀愁的中国海。

而一个中国人站在中国海的沙滩上遥望中国,这是一个怎样咸涩的下午!

---

① 啼鴂(jué):杜鹃鸟,阮籍诗句有"鸣雁飞南征,鶗鴂发哀音"。

② 申包胥:生卒不详,春秋时楚国大夫。他为请秦王发兵救楚,在秦廷痛哭七昼夜,终于感动秦王。楚昭王回郢后,对他进行赏赐,他不肯接受,旋隐于民间。

遂想起那些在金门的日子，想起在马山看对岸的角屿，在湖井头看对岸的何厝。望着那一带山峦，望着那曾使东方人骄傲了几千年的故土，心灵便脆薄得不堪一声海涛。那时候忍不住想到自己为什么不是一只候鸟，犹记得在每个江南草长的春天回到旧日的梁前，又恨自己不是鱼，可以绕着故国的沙滩岩岸而流泪。

海水在远处澎湃，海水在近处澎湃，海水徒然地冲刷着这个古老民族的羞耻。

我木然地坐在许多石块之间，那些灰色的，轮流着被海水和阳光煎熬的小圆石。

那些岛上的人很幸福地过着他们的日子，他们在历史上从来不曾辉煌过，所以他们不必痛心。他们没有骄傲过，所以无须悲哀。他们那样坦然地说着日本话，给小孩子起日本名字，在国民学校的旗杆上竖着别人的太阳旗，他们那样怡然地顶着东西、唱着歌，走在美国人为他们铺的柏油路上。

他们有他们的快乐。那种快乐是我们永远不曾有也不屑有的。我们所有的只是超载的乡愁，只是世家子弟的那份茕独①。

海浪冲逼而来，在阳光下亮着残忍的光芒。海雨天风，不放过旅人的悲思。我们向哪里去躲避？我们向哪里去遗忘？

小圆石在不绝的浪涛中颠簸着，灰白的色调让人想起流浪的霜鬓。我拣了几个，包在手绢里，我的臂膀遂有着十分沉重的感觉。

忽然间，就那样不可避免地忆起了雨花台，忆起那闪亮了我整个童年的璀璨景象。那时候，那些彩色的小石曾怎样地令我迷惑。有阳光的假日，满山的拣石者挑剔地品评着每一块小石子。那段日子为什么那么短呢？那时候我们为什么不能预见自己的命运？在去国离乡的岁月里，我们的箧箧②里没有一撮故国的泥土。更不能想象一块雨花台石子的奢侈了。

灰色的小圆石一共是七块，它们停留在海滩上想必已经很久了，每一次海浪的冲撞便使它们更浑圆一些。

雕琢它们的是中国海的浪头，是来自上海的潮汐，日日夜夜，它们听着遥远的消息。

把七块小石转动着，它们便发出琅然③的声音，那声音里有着一种神秘的回响，呢喃着这个世纪最大的悲剧。

"你拣的就是这个？"

游伴们从远远近近的沙滩上走了回来，展示着他们彩色缤纷的贝壳。

而我什么也没有，除了那七颗黯淡的灰色石子。

"可是，我爱它们。"我独自走开去，把七颗小石压在胸口上，直压到我疼痛得淌出眼泪来。在流浪的岁月里我们一无所有，而今，我却有了它们。我们的命运多少有些类似，我们都生活在岛上，都曾日夜凝望着一个方向。

"愁乡石！"我说，我知道这必是它的名字，它绝不会再有其他的名字。

我慢慢地走回去，鹅库玛的海水在我背后蓝得叫人崩溃，我一步一步艰难地摆脱它。而手绢里的愁乡石响着，响着久远的乡音。

---

① 茕（qióng）独：孤独忧愁。

② 箧（qiè）：小箱子。

③ 琅（láng）然：形容金石相击声。琅，一种玉石。

无端的，无端的，又想起姜白石①，想起他的那首八归②。

最可惜那一片江山，每年春来时，全交付给了千林啼鴂。

愁乡石响着，响一片久违的乡音。

后记：鹅库玛系冲绳③岛极北端之海滩，多有异石悲风。西人设基督教华语电台于斯，以其面对上海及广大的内陆地域。余今秋曾往一游，去国十八年。虽望乡亦情怯矣。是日徘徊低吟，黯然久之。

一九六八年

【简析】《愁乡石》是张晓风同名散文集中的代表作，文章自始至终充满着悲剧美感的情韵。作者在冲绳岛的北海滩"鹅库玛"度假，听说这里的海滩直对着上海的海，于是引发了剧烈又模糊的乡愁情怀，这份情感与"蓝得近乎哀愁""蓝得叫人崩溃"的大海相结合，就越发地荡气回肠、动人心魄。一个已去国十八年的游子在异乡站在一片名叫中国海的岸边，遥望着中国，不禁牵起一种凄凉悲苦的心境。文章又借七颗小小的"愁乡石"再次展开思绪，抒写了去国离乡岁月的迷惑和无奈，体现了博大的爱心、深刻的爱国情怀和女性学者的睿智优雅。

作为抒发故园情结的代表作，本文在艺术上颇见用心。首先是借景抒怀及象征手法的运用。"海"的幽蓝和"愁乡石"的神秘，都是作者情感的外化体现。如果说大海、愁乡石的映衬渲染，使作者的乡愁表现得更为淋漓生动，那么，大海、愁乡石的象征则使文章的主旨在更为广阔的层面上得以升华。正是这种升华，使得作者笔下的"乡愁"带有一种特殊的时代色彩、民族色彩和深刻的历史意义。其次，想象丰富瑰丽，作者的思绪感怀常常在历史与现实间穿梭，如"每次想到上海，总觉得像历史上的镐京或是洛邑那么幽眇"等，用时间上的遥远间隔来说明心里感觉上的巨大距离，这不仅拓展了艺术想象空间，而且给读者留下了回味思考的余地。第三，语言诗化隽永。晓风散文的魅力常常得益于运用比喻、通感、排比、对偶、复沓等修辞手法来增强语言的节奏和张力，表现出制新出奇的艺术创造力。如文章前后两次说到"最可惜那一片江山，每年春来时，全交付给了千林啼鴂"，就是化用了姜白石的词句，在内容上强化了作者对故国深切思念的情感，饱含着愿望不能实现的遗憾、怅惘和无奈；在形式上运用了反复手法，使文章前后照应，文气连贯。

【思考与练习】

一、文中提到"那声音里有着一种神秘的回响，呢喃着这个世纪最大的悲剧"，这个世纪最大的悲剧是什么悲剧？

二、请找出《愁乡石》中化用古典诗词或涉及文学典故的语句，说说它们在文中的意义。

三、瑰丽的想象和诗化的语言是张晓风散文的突出特点，请结合作品加以分析。

---

① 姜白石（约1155—1221）：姜夔，字尧章，别号白石道人。南宋著名的诗词作家、音乐家。

② 八归：是姜夔客游长沙时与友人告别的一首送别词。词中最为人称道的"最可惜，一片江山，总付与啼鴂"一句，借啼鴂的鸣声表现了众芳芜秽、山河改容的衰飒景象，隐微地寄托了词人的身世之感、家国之痛。

③ 冲绳：史称"琉球"，明清时为中国的属邦。甲午战争后为日本人占有，二战后美军在此建立军事基地。

住多久才算是家

刘亮程

刘亮程，1962年出生在新疆古尔班通古特沙漠边缘沙湾县的一个小村庄里，长大后种过地、放过羊，当过十几年乡农机管理员。劳动之余写点文字，其作品大多写自己生活多年的一个村子。在这个人畜共居的村庄里，房子被风吹旧，太阳将人和牲畜晒老，所有事物都按自然的意志伸叶展枝。作者在不慌不忙中叙述着一种人类久违的自然生存。

著有散文集《一个人的村庄》和《风中的院门》，图文集《库车行》。散文集《一个人的村庄》出版后，引起了新疆文坛的热切关注，多位评论家先后撰文对其创作进行研讨。2001年4月获"第二届冯牧文学奖"文学新人奖，被誉为20世纪最后的文学景观。

我喜欢在一个地方长久地生活下去——具体点说，是在一个村庄的一间房子里。如果这间房子结实，我就不挪窝地住一辈子。一辈子进一扇门，睡一张床，在一个屋顶下御寒和纳凉。如果房子坏了，在我四十岁或五十岁的时候，房梁朽了，墙壁出现了裂缝，我会很高兴地把房子拆掉，在老地方盖一幢新房子。

我庆幸自己竟然活得比一幢房子更长久。只要在一个地方久住下去，你迟早会有这种感觉。你会发现周围的许多东西没有你耐活。树上的麻雀有一天突然掉下一只来，你不知道它是老死的还是病死的；树有一天被砍掉一棵，做了家具或当了柴烧；陪伴你多年的一头牛，在一个秋天终于老得走不动。算一算，它远没有你的年龄大，只跟你的小儿子岁数差不多，你只好动手宰掉或卖掉它。

一般情况，我都会选择前者。我舍不得也不忍心把一头使唤老的牲口再卖给别人使唤。我把牛皮钉在墙上，晾干后做成皮鞭和皮具；把骨头和肉炖在锅里，一顿一顿吃掉。这样我才会觉得舒服些，我没有完全失去一头牛，牛的某些部分还在我的生活中起着作用，我还继续使唤着它们。尽管皮具有一天也会磨断，拧得很紧的皮鞭也会被抽散，扔到一边。这都是很正常的。

甚至有些我认为是永世不变的东西，在我活过几十年后，发现它们已几经变故，面目全非。而我，仍旧活生生的，虽有一点衰老迹象，却远不会老死。

早年我修房后面那条路的时候，曾想这是件千秋功业，我的子子孙孙都会走在这条路上。路比什么都永恒，它平躺在大地上，折不断、刮不走，再重的东西它都能经得住。

有一年一辆大卡车开到村里，拉着一满车铁，可能是走错路了，想掉头回去。村中间的马路太窄，转不过弯。开车的师傅找到我，很客气地说要借我们家房后的路倒一倒车，问我行不行。我说没事，你放心倒吧。其实我是想考验一下我修的这段路到底有多结实。卡车开走后我发现，路上只留下浅浅的两道车辙辘印。这下我更放心了，暗想，以后即使有一卡车黄金，我也能通过这条路运到家里。

可是，在一年后的一场雨中，路却被冲断了一大截，其余的路面也泡得软软的，几乎连人都走不过去。雨停后我再修补这段路面时，已经不觉得道路永恒了，只感到自己会生存得更长久些。以前我总以为一生短暂无比，赶紧干几件长久的事业留传于世。现在倒觉得自己可以久留世间，其他一切皆如过眼烟云。

我在调教一头小牲口时，偶尔会脱口骂一句：畜生，你爷爷在我手里时多乖多卖力。骂完之后忽然意识到，又是多年过去。陪伴过我的牲口、农具已经消失了好几茬，而我还这样年轻有力、信心十足地干着多少年前的一件旧事。多少年前的村庄又浮现在脑海里。

　　如今谁还能像我一样幸福地回忆多少年前的事呢。那匹三岁的儿马，一岁半的母猪，以及路旁林带里只长了三个夏天的白杨树，它们怎么会知道几十年前发生在村里的那些事情呢。它们来得太晚了，只好遗憾地生活在村里，用那双没见过世面的稚嫩眼睛，看看眼前能够看到的，听听耳边能够听到的。对村庄的历史却一无所知，永远也不知道这堵墙是谁垒的，那条渠是谁挖的。谁最早趟过河开了那一大片荒地，谁曾经乘着夜色把一大群马赶出村子，谁总是在天亮前提着裤子翻院墙溜回自己家里……这一切，连同完整的一大段岁月，被我珍藏了。成了我一个人的。除非我说出来，谁也别想再走进去。

　　当然，一个人活得久了，麻烦事也会多一些。就像人们喜欢在千年老墙万年石壁上刻字留名以求共享永生，村里的许多东西也都喜欢在我身上留印迹。它们认定我是不朽之物，咋整也整不死。我的腰上至今还留着一头母牛的半只蹄印。它把我从牛背上掀下来，朝着我的光腰杆就是一蹄子。踩上了还不赶忙挪开，直到它认为这只蹄印已经深刻在我身上了，才慢腾腾移动蹄子。我的腿上深印着好几条狗的紫黑牙印，有的是公狗咬的，有的是母狗咬的。它们和那些好在文物古迹上留名的人一样，出手隐蔽敏捷，防不胜防。我的脸上身上几乎处处有蚊虫叮咬的痕迹，有的深，有的浅，有的过不了几天便消失了，更多的伤痕永远留在身上。一些隐秘处还留有女人的牙印和指甲印儿，而留在我心中的东西就更多了。

　　我背负着曾经与我一同生活过的众多事物的珍贵印迹，感到自己活得深远而厚实，却一点不觉得累。有时在半夜腰疼时，想起踩过我的已离世多年的那头母牛，它的毛色和花纹，硕大无比的乳房和发情季节亮汪汪的水门；有时走路腿困时，记起咬伤我的一条黑狗的皮，还展展地铺在我的炕上，当了多年的褥子。我成了记载村庄历史的活载体，随便触到哪儿，都有一段活生生的故事。

　　在一个村庄活得久了，就会感到时间在你身上慢了下来，而在其他事物身上飞快地流逝着。这说明，你已经跟一个地方的时光混熟了。水土、阳光和空气都熟悉了你，知道你是个老实安分的人，多活几十年也没多大害处。不像有些人，有些东西，满世界乱跑，让光阴满世界追他们。可能有时他们也偶尔躲过时间，活得年轻而滋润。光阴一旦追上他们就会狠狠报复一顿，一下从他们身上减去几十岁。事实证明，许多离开村庄去跑世界的人，最终都没有跑回来，死在外面了。他们没有赶回来的时间。

　　平常我也会自问：我是不是在一个地方生活得太久，土地是不是已经烦我了？道路是否早就厌倦了我的脚印，虽然它还不至于拒绝我走路。事实上我有很多年不在路上走了，我去一个地方，照直就去了，水里草里。一个人走过一些年月后就会发现，所谓的道路不过是一种摆设，供那些在大地上瞎兜圈子的人们玩耍的游戏。它从来都偏离真正的目的。不信去问问那些永远匆匆忙忙走在路上的人，他们走到自己的归宿了吗，没有。否则他们不会没完没了地在路上转悠。

　　而我呢，是不是过早地找到了归宿，多少年住在一间房子里，开一个门，关一扇窗，跟一个女人睡觉。是不是还有另一种活法，另一番滋味。我是否该挪挪身，面朝一生的另一些事情活一活。就像这幢房子，面南背北多少年，前墙都让太阳晒得发白脱皮了。我是不是把它掉个个，让一向阴潮的后墙根也晒几年太阳。

这样想着就会情不自禁在村里转一圈，果真看上一块地方，地势也高，地盘也宽敞。于是动起手来，花几个月时间盖起一院新房子。至于旧房子嘛，最好拆掉，尽管拆不到一根好檩子，一块整土块。毕竟是住了多年的旧窝，有感情，再贵卖给别人也会有种被人占有的不快感。墙最好也推倒，留下一个破墙圈，别人会把它当成天然的茅厕，或者用来喂羊圈猪，甚至会有人躲在里面干坏事。这样会损害我的名誉。

当然，旧家具会一件不剩地搬进新房子，柴禾和草也一根不剩拉到新院子。大树砍掉，小树连根移过去。路无法搬走，但不能白留给别人走。在路上挖两个大坑。有些人在别人修好的路上走顺了，老想占别人的便宜，自己不愿出一点力。我不能让那些自私的人变得更加自私。

我只是把房子从村西头搬到了村南头。我想稍稍试验一下我能不能挪动。人们都说：树挪死，人挪活。树也是老树一挪就死，小树要挪到好地方会长得更旺呢。我在这块地方住了那么多年，已经是一棵老树，根根脉脉都扎在了这里，我担心挪不好把自己挪死。先试着在本村里动一下，要能行，我再往更远处挪动。

可这一挪麻烦事跟着就来了。在搬进新房子的好几年间，我收工回来经常不由自主地回到旧房子，看到一地的烂土块才恍然回过神；牲口几乎每天下午都回到已经拆掉的旧圈棚，在那里挤成一堆；我的所有的梦也都是在旧房子。有时半夜醒来，还当是门在南墙上；出去解手，还以为茅厕在西边的墙角。

不知道住多少年才能把一个新地方认成家。认定一个地方时或许人已经老了，或许到老也无法把一个新地方真正认成家。一个人心中的家，并不仅仅是一间属于自己的房子，而是你长年累月在这间房子里度过的生活。尽管这房子低矮陈旧，清贫如洗，但堆满房子角角落落的那些黄金般珍贵的生活情节，只有你和你的家人共拥共享，别人是无法看到的。走进这间房子，你就会马上意识到：到家了。即使离乡多年，再次转世回来，你也不会忘记回这个家的路。

我时常看到一些老人，在一些晴朗的天气里，背着手，在村外的田野里转悠。他们不仅仅是看庄稼的长势，也在瞅一块墓地。他们都是些幸福的人，在一个村庄的一间房子里，生活到老，知道自己快死了，在离家不远的地方，择一块墓地。虽说是离世，也离得不远。坟头和房顶日夜相望，儿女们的脚步声在周围的田地间走动，说话声、鸡鸣狗吠时时传来。这样的死没有一丝悲哀，只像是搬一次家。离开喧闹的村子，找个清静处呆呆。地方是自己选好的，棺木是早几年便吩咐儿女们做好的。从木料、样式到颜色，都是照自己的意愿去做的，没有一丝让你不顺心不满意。

唯一舍不得的便是这间老房子，你觉得还没住够，亲人们也这么说：你不该早早离去。其实你已经住得太久太久，连脚下的地都住老了，连头顶的天都活旧了。但你一点没觉得自己有多么"不自觉"。要不是命三番五次地催你，你还会装糊涂生活下去，还会住在这间房子里，还进这个门，睡这个炕。

我一直庆幸自己没有离开这个村庄，没有把时间和精力白白耗费在另一片土地上。在我年轻的时候、年壮的时候，曾有许多诱惑让我险些远走他乡，但我留住了自己。没让自己从这片天空下消失。我还住在老地方，所谓盖新房搬家，不过是一个没有付诸行动的梦想。我怎么会轻易搬家呢？我们家屋顶上面的天空，经过多少年的炊烟熏染，已经跟别处的天空大不一样。当我在远处，还看不到村庄，望不见家园的时候，便能一眼认出我们家屋顶上面的那片天空，它像一块补丁，一幅图画，不管别处的天空怎样风云变幻，它总是晴朗祥和地贴在高处，家安安稳稳坐落在下面；家园周围的这一窝子空气，多少年被我吸进呼出，也已经完全成了我自己的气息，带着我的气味和温度；我在院子里挖井时，曾潜到三米多深的地下，看见厚厚的土层下面褐黄色的沙子，水就从细沙中缓缓渗出；而在西边的一个墙角上，我的尿水年复一年已经渗透到地壳深处，那里的一块岩石已被我含碱的尿水腐蚀得变了颜色。看看，我的生命上抵高天，下达深地。这都是我在一个地方地久天长生活的结果。我怎么会离开它呢。

【简析】刘亮程的写作赓续着中国悠久灿烂的散文传统。他单纯而丰饶的生命体验来自村庄和田野，以中国农民在苍茫大地上的生死荣衰，庄严地揭示了民族生活中素朴的真理，在对日常岁月的诗意感悟中通向"人的本来"。他的语言素淡、明澈，充满欣悦感，展现了汉语所独具的纯真和瑰丽。

【思考与练习】

一、谈谈这篇文章文笔运用的巧妙之处。作者多次用自嘲的方式写到了对家的认识，你认为这样的方式有什么好处。

二、学习这篇文章后你对自己的故乡和家是否有新的认识？

第三章　人物风神

项羽本纪①（节选）
司马迁

　　司马迁生于公元前145年，卒年不详。字子长，夏阳（今陕西韩城）人，西汉伟大的史学家、文学家。生于史官世家，曾任太史令，后为李陵降匈奴辩护而获罪，下狱，受腐刑。出狱后任中书令，发奋著书，完成了不朽的历史巨著《史记》。

　　《史记》是我国第一部纪传体史书，分为十二"本纪"、三十"世家"、七十"列传"、十"表"、八"书"，记载了上自黄帝下至汉武帝约三千年的历史，堪称中国古代史学领域的一座丰碑，且有极高的文学价值，鲁迅称其为"史家之绝唱，无韵之离骚"。

　　项籍者，下相②人也，字羽。初起③时，年二十四。其季父④项梁，梁父即楚将项燕，为秦将王翦⑤所戮者也。项氏世世为楚将，封于项⑥，故姓项氏。

　　项籍少时，学书不成，去⑦，学剑，又不成。项梁怒之。籍曰："书，足以记名姓而已。剑，一人敌，不足学。学万人敌！"于是项梁乃教籍兵法，籍大喜。略知其意，又不肯竟学。⑧……

　　秦始皇帝游会稽⑨，渡浙江⑩，梁与籍俱观⑪。籍曰："彼可取而代也。"梁掩其口，曰："毋妄言，族⑫矣！"梁以此奇籍⑬。籍长八尺⑭余，力能扛⑮鼎，才气过人，虽吴中子弟，皆已惮籍矣⑯。

　　……

---

① 本纪：《史记》体例之一，通常为帝王的传记。
② 下相：地名，在今江苏宿迁县西。
③ 初起：指项羽在吴起兵反秦。
④ 季父：叔父。
⑤ 王翦：战国末秦将，曾攻赵、燕，灭楚。
⑥ 项：春秋国名，后属楚，治所在今河南境内。
⑦ 去：离开，此指不再学书。
⑧ 竟学：学到底。
⑨ 会(kuài)稽：山名，在今浙江省绍兴县东南境。
⑩ 浙江：水名，即钱塘江。
⑪ "梁与籍"句：当时项梁杀了人，与项羽同在吴避难。
⑫ 族：灭族。
⑬ 奇籍：以籍为奇。
⑭ 八尺：当时一尺约当今23厘米多一点，八尺约为当今1.84－1.85米。
⑮ 扛(gāng)：用手举。
⑯ 惮：害怕，敬畏。以下省略部分写项梁、项羽在会稽起义反秦，并立原楚怀王之孙熊心为楚怀王。起义军一度大破秦军，但后来被秦将章邯打败，项梁战死。

章邯①已破项梁军，则以为楚地兵不足忧，乃渡河击赵，大破之。当此时，赵歇为王②，陈余为将，张耳为相，皆走入钜鹿城③。章邯令王离、涉间④围钜鹿，章邯军⑤其南，筑甬道而输之粟⑥。陈余为将，将卒⑦数万人而军钜鹿之北，此所谓河北之军也。

　　楚兵已破于定陶⑧，怀王恐，从盱台之彭城⑨，并项羽、吕臣军自将之⑩。以吕臣为司徒⑪，以其父吕青为令尹⑫。以沛公为砀郡长⑬，封为武安侯，将砀郡兵。

　　初，宋义所遇齐使者高陵君显在楚军⑭，见楚王曰："宋义论武信君⑮之军必败，居数日，军果败。兵未战而先见败征，此可谓知兵⑯矣。"王召宋义与计事而大说之⑰，因置以为上将军⑱，项羽为鲁公，为次将⑲，范增⑳为末将，救赵。诸别将皆属宋义，号为卿子冠军㉑。行至安阳㉒，留四十六日不进。项羽曰："吾闻秦军围赵王钜鹿，疾引兵渡河㉓，楚击其外，赵应其内，破秦军必矣。"宋义曰："不然。夫搏牛之虻不可以破虮虱㉔。今秦攻赵，战胜则兵罢㉕，我承其敝㉖；不胜，则我引兵鼓行㉗而西，必举㉘秦矣。故不如先斗秦赵㉙。夫被坚执锐，义不如公；坐而运策㉚，公不如义。"因下令军中曰："猛如虎，很如羊，贪如狼，彊不可使者㉛，皆

---

① 章邯：人名，为秦军将领。

② 赵歇：六国赵王的后代，被张耳、陈余立为赵王。张耳、陈余事迹见《史记·张耳陈余列传》。

③ 走入：逃入。钜鹿：今河北省平乡县。

④ 王离、涉间：章邯手下的将领。

⑤ 军：用作动词，指驻扎。

⑥ 甬道：两旁有墙或其他障蔽物的弛道或通道。输之粟：把粮食运送给王、涉军。

⑦ 将卒：率领士卒。

⑧ 定陶：在今山东定陶县西北。

⑨ 盱台(xū yí)：在今江苏盱眙县东北。之：到。彭城：今江苏徐州市。

⑩ 吕臣：原是陈胜的将军，陈胜失败后，组织苍头军继续反秦。

⑪ 司徒：指主管军队财政的军需官。

⑫ 令尹：楚国掌管军政大权的最高官职。

⑬ 沛公：即刘邦，在沛县起兵，称沛公。砀(dàng)郡：在今安徽砀山县南。

⑭ "宋义"句：当初宋义出使齐国，在路上所遇到的齐国使者高陵君显这个人现在正在楚国军队中。宋义，曾任楚令尹，楚灭后从项梁伐秦。高陵君显，高陵君是封号，显是名字。

⑮ 武信君：项梁自封的号。

⑯ 知兵：懂得用兵之道。

⑰ 计事：商量政事。大说(yuè)之：非常喜欢。

⑱ 置：任命。

⑲ 次将：副将。

⑳ 范增：居巢(今安徽桐城)人，初随项梁，后跟随项羽，为主要谋士。

㉑ 卿子冠军：宋义的称号。卿子，尊称，犹"公子"。冠军，全军之首，宋义时为上将军，故称。

㉒ 安阳：在今山东曹县东南。

㉓ 河：黄河。

㉔ "夫搏"句：意为用大力可以拍死牛虻，而不能杀死牛身上的虮虱。喻指出兵意在灭秦，而不在救赵。搏，打击。虮，虱子的卵。

㉕ 罢：通"疲"。

㉖ 承其敝：趁其疲惫(攻击他)。敝，疲惫。

㉗ 鼓行：击鼓行军。

㉘ 举：攻下，此指战胜。

㉙ 斗秦赵：使秦赵相斗。

㉚ 坐而运策：指在军营中谋划指挥。

㉛ "猛如"四句：暗指项羽。很，通"狠"。彊，通"强"。

斩之。"乃遣其子宋襄相齐①，身送之至无盐②，饮酒高会③。天寒大雨，士卒冻饥。项羽曰："将戮力④而攻秦，久留不行。今岁饥民贫，士卒食芋菽⑤，军无见粮⑥，乃饮酒高会，不引兵渡河因赵食⑦，与赵并力攻秦，乃曰承其敝。夫以秦之强，攻新造⑧之赵，其势必举赵。赵举而秦强，何敝之承！且国兵新破⑨，王坐不安席，埽境内而专属于将军⑩，国家安危，在此一举。今不恤士卒而徇其私，非社稷之臣。"项羽晨朝上将军宋义，即其帐中斩宋义头，出，令军中曰："宋义与齐谋反楚，楚王阴⑪令羽诛之。"当是时，诸将皆慑⑫服，莫敢枝梧⑬。皆曰："首立楚者，将军家也。今将军诛乱。"乃相与共立羽为假⑭上将军。使人追宋义子，及之齐，杀之。使桓楚⑮报命于怀王。怀王因使项羽为上将军，当阳君、蒲将军皆属项羽⑯。

项羽已杀卿子冠军，威震楚国，名闻诸侯。乃遣当阳君、蒲将军将卒二万，渡河救钜鹿。战少利，陈余⑰复请兵。项羽乃悉引兵渡河，皆沈⑱船，破釜⑲甑，烧庐舍，持三日粮，以示士卒必死，无一还心。于是至则围王离，与秦军遇，九战，绝其甬道，大破之，杀苏角⑳，虏王离。涉间不降楚，自烧杀。

当是时，楚兵冠诸侯㉑。诸侯军救钜鹿下者十余壁㉒，莫敢纵兵。及楚击秦，诸将皆从壁上观。楚战士无不一以当十，楚兵呼声动天，诸侯军无不人人惴恐。于是已破秦军，项羽召见诸侯将。诸侯将入辕门㉓，无不膝行而前，莫敢仰视。项羽由是㉔始为诸侯上将军，诸侯皆属焉。

……

项王军壁垓下㉕，兵少食尽，汉军及诸侯兵围之数重。夜闻汉军四面皆楚歌，项王乃大

---

① 相齐：做齐相。
② 身：亲自。无盐：在今山东东平县东。
③ 高会：盛大宴会。
④ 戮力：并力，合力。
⑤ 芋：芋头。菽：豆类。
⑥ 见(xiàn)粮：现有的粮食。见，同"现"。
⑦ 因赵食：就食于赵。因，凭，靠。
⑧ 新造：新建，新成立。
⑨ 国兵新破：指楚军刚在定陶被章邯打败。
⑩ 埽境句：把境内的一切力量都交给你管辖。埽，即"扫"，尽括，全部。属，托付。
⑪ 阴：暗中。
⑫ 慑：恐惧。
⑬ 枝梧：斜而相抵的支柱。引为抵抗。
⑭ 假：代理。
⑮ 桓楚：楚人，随项梁起兵，后随项羽。
⑯ 当阳君：姓英名布，受过黥刑，故又称黥布。先跟随项梁、项羽，后归刘邦。蒲将军：名字无考。
⑰ 陈余：当时为赵将。
⑱ 沈："沉"的古字。
⑲ 釜：锅。甑(zèng)：一种做饭用的陶器。
⑳ 苏角：秦将。
㉑ 冠诸侯：指实力在众诸侯之上。
㉒ "诸侯"句：各诸侯的军队来钜鹿城下救援的有十几个壁垒。壁，军垒。
㉓ 辕门：军营门。古时军队扎营，竖两车辕相对为门，故称。
㉔ 由是：从此。
㉕ 壁：此指驻扎。垓下：在今安徽灵璧南沱河北岸。秦灭后，项羽主持分封诸侯，自封为西楚霸王。后汉王刘邦趁项羽击齐，攻占关中，继续东进。经过四年战争，公元前202年，项羽败退至垓下，刘邦率韩信、彭越等对楚军形成包围。

惊，曰："汉皆已得楚乎？是何楚人之多也！"项王则夜起，饮帐中。有美人名虞，常幸从；骏马名骓，常骑之。于是项王乃悲歌慷慨①，自为诗曰："力拔山兮气盖世，时不利兮骓不逝②。骓不逝兮可奈何，虞兮虞兮奈若何③！"歌数阕④，美人和之。项王泣数行下，左右皆泣，莫能仰视。

于是项王乃上马骑，麾下⑤壮士骑从者八百余人，值夜溃围南出⑥，驰走。平明⑦，汉军乃觉之，令骑将灌婴以五千骑追之⑧。项王渡淮，骑能属⑨者百余人耳。项王至阴陵⑩，迷失道，问一田父，田父绐⑪曰："左"。左，乃陷大泽中，以故汉追及之。项王乃复引兵而东，至东城⑫，乃有二十八骑。汉骑追者数千人。项王自度不得脱，谓其骑曰："吾起兵至今八岁矣，身七十余战，所当者破，所击者服，未尝败北，遂霸有天下。然今卒困于此，此天之亡我，非战之罪也。今日固决死，愿为诸君快战⑬，必三胜之⑭，为诸君溃围，斩将，刈旗⑮，令诸君知天亡我，非战之罪也。"乃分其骑以为四队，四向⑯。汉军围之数重。项王谓其骑曰："吾为公取彼一将。"令四面骑驰下，期山东为三处⑰。于是项王大呼驰下，汉军皆披靡⑱，遂斩汉一将。是时，赤泉侯⑲为骑将，追项王，项王瞋⑳目而叱之，赤泉侯人马俱惊，辟易㉑数里。与其骑会为三处。汉军不知项王所在，乃分军为三，复围之。项王乃驰，复斩汉一都尉，杀数十百人，复聚其骑，亡其两骑耳。乃谓其骑曰："何如？"骑皆伏㉒曰："如大王言。"

于是项王乃欲东渡乌江㉓。乌江亭长檥船待㉔，谓项王曰："江东虽小，地方千里，众数十万人，亦足王也。愿大王急渡！今独臣有船，汉军至，无以渡。"项王笑曰："天之亡我，我何渡为！且籍与江东子弟八千人渡江而西，今无一人还，纵江东父兄怜而王我㉕，我何面目见之？纵彼不言，籍独不愧于心乎！"乃谓亭长曰："吾知公长者。吾骑此马五岁，所当无敌，尝

---

① 慷慨：感慨。
② 逝：奔跑。
③ 奈若何：等于说拿你怎么办。若，你。
④ 阕：量词，乐曲每一次终止为一阕。
⑤ 麾下：犹部下。麾，将帅大旗。
⑥ 值：当。溃围：突围。
⑦ 平明：犹黎明，天刚亮时。
⑧ 灌婴：睢阳（今河南商丘南）人，汉将。骑（jì）：骑马的将士。
⑨ 属（zhǔ）：跟随。
⑩ 阴陵：在今安徽定远西北。
⑪ 绐（dài）：哄骗。
⑫ 东城：在今安徽定远东南。
⑬ 快战：指迅速决出胜负。
⑭ 三胜之：多次打败他们。
⑮ 刈（yì）：砍断。
⑯ 四向：朝着四个方向。
⑰ 期山东句：约定冲过山的东面，分三处地方会合。山，指四溃山，在今安徽和县北。
⑱ 披靡：喻军队溃散。
⑲ 赤泉侯：汉将杨喜，攻杀项羽后被封为赤泉侯。
⑳ 瞋（chēn）：发怒时瞪大眼睛。
㉑ 辟易：退避。辟，同"避"。易，挪动地方。
㉒ 伏：通"服"，佩服，信服。
㉓ 乌江：渡口名，即今安徽和县乌江浦。
㉔ 亭长：秦汉时十里一亭，设亭长一人。檥（yǐ）：通"舣"，船靠岸。
㉕ 王我：拥我为王。

一日行千里，不忍杀之，以赐公。"乃令骑皆下马步行，持短兵接战。独籍所杀汉军数百人。项王身亦被十余创。顾见汉骑司马吕马童①，曰："若非吾故人乎？"马童面之②，指王翳③曰："此项王也。"项王乃曰："吾闻汉购④我头千金，邑万户，吾为若德⑤。"乃自刎而死。王翳取其头，余骑相蹂践争项王，相杀者数十人。最其后，郎中骑杨喜，骑司马吕马童，郎中吕胜、杨武各得其一体⑥。五人共会其体，皆是。故分其地为五：封吕马童为中水侯⑦，封王翳为杜衍侯⑧，封杨喜为赤泉侯，封杨武为吴防侯⑨，封吕胜为涅阳侯⑩。

【简析】《项羽本纪》是《史记》的名篇，通过秦末农民大起义和楚汉之争的宏阔的历史场面，生动而又深刻地描述了项羽的一生。项羽既是一个力拔山、气盖世、"近古以来未尝有"的英雄，又是一个性情暴戾、优柔寡断、有勇无谋的匹夫。司马迁以描绘项羽这一人物形象、刻画这一人物性格为主，巧妙地把项羽性格中矛盾的各个侧面，有机地统一于这一鸿篇巨制之中，同时也生动地叙写了战争。在广阔的历史背景下写人，在写人的过程中写战争，战争因人物而生动、壮观，人物因战争而更显丰满、奇伟，二者相得益彰、交相辉映。

《项羽本纪》在思想和艺术上达到了高度统一。它犹如一幅逼真传神的英雄肖像画，色彩鲜明；又像一张秦汉之际的政治军事形势图，错综有序。文章通篇气势磅礴、情节起伏、场面壮阔、脉络清楚、疏密相间、语言生动，是我国文学史上的一篇不朽佳作。文中破釜沉舟、鸿门宴、四面楚歌、乌江自刎等故事，早已家喻户晓，历代传诵。

【思考与练习】

一、举例说明《项羽本纪》在刻画人物性格方面运用了哪些艺术手法？

二、对照历史名人对项羽的评价，谈谈你对项羽性格及其命运的看法。

三、阅读《史记·项羽本纪》和《史记·高祖本纪》，对比分析司马迁对刘邦和项羽的评价。

---

① 顾：回头。骑司马：骑将衔名。吕马童：可能是项羽的故交。
② 面：通"偭"，作"背"解。面之，背对着他。王翳在旁，故转身背项王，告诉王翳。
③ 指王翳：指给王翳看。王翳，汉将。
④ 购：悬赏购求。
⑤ 为若德：替你做件好事，意即使你得到我的头去封侯受赏。德，恩惠。
⑥ 体：身体的部分，肢体。
⑦ 中水：县名，在今河北献县西北。
⑧ 杜衍：县名，在今河南南阳西南。
⑨ 吴防：县名，本称吴房，在今河南遂平。
⑩ 涅阳：县名，在今河南镇平南。

段太尉逸事状①

柳宗元

柳宗元(773－819)，字子厚，河东(今山西永济)人。唐代著名政治家、文学家。唐德宗贞元九年(793)进士，后又中博学宏辞科，曾任蓝田尉、监察御史里行等职。唐顺宗永贞元年(805)，他和刘禹锡等人参加了王叔文为首的政治革新运动，力主改革弊政，反对宦官专权和藩镇割据。革新失败后，贬官永州司马，十年后迁柳州刺史，卒于任所。世称柳柳州或柳河东。

柳宗元与韩愈齐名，同为唐代古文运动的倡导者。他的文学主张与韩愈相近，诗文创作注重针砭时弊，反映民瘼。他的政论、传记、寓言均有特色，山水游记以刻画细致、寄慨深远在文学史上享有崇高声誉。诗歌也风貌独特，在作手如林的中唐诗坛自成一家。著有《柳河东集》。

太尉始为泾州刺史时②，汾阳王以副元帅居蒲③。王子晞为尚书④，领行营节度使⑤，寓军邠州⑥，纵士卒无赖⑦。邠人偷嗜暴恶者⑧，率以货窜名军伍中⑨，则肆志⑩，吏不得问。日群行丐取于市⑪，不嗛⑫，辄奋击折人手足，椎釜鬲瓮盎盈道上⑬，袒臂徐去⑭，至撞杀孕妇人。邠宁节度使白孝德以王故⑮，戚不敢言⑯。

---

① 段太尉(719—783)：名秀实，字成公，汧阳(今陕西千阳)人，官至泾州刺史兼泾原郑颍节度使。唐德宗建中四年(783)，朱泚作乱称帝，段秀实斥之以狂贼，以朝笏击朱之面额，被害，追赠太尉。状：旧时详记死者世系、名字、爵里、行实、寿年的文体。

② "太尉"句：唐代宗广德二年(764)，因邠宁节度使白孝德的推荐，段秀实任泾州(治所在今甘肃省泾川县北)刺史。这里以段秀实死后追赠的官名称呼他，以示尊敬。

③ 汾阳王：即郭子仪。郭子仪平定安史之乱有功，于肃宗宝应元年(762)进封汾阳王。唐代宗大历十二年二月，郭子仪兼任关内、河东副元帅，河中节度、观察使，出镇河中。蒲：州名，唐为河中府(治所在今山西永济)。

④ "王子晞"句：郭晞，汾阳王郭子仪的第三子，随父征战，屡建战功。代宗广德二年(764)，吐蕃侵边，郭晞奉命率朔方军支援邠州。郭晞曾任御史中丞，转御史大夫，卒后于大历中追赠兵部尚书。

⑤ 领：兼任。节度使：总揽一区军民财政的地方长官。

⑥ 寓军：在辖区之外驻军。寓：寄居。军：驻扎。邠(bīn)州：治所在今陕西省彬县。

⑦ 无赖：横行不法。

⑧ 偷：懒惰。嗜：贪心。暴：强暴。恶：凶恶。

⑨ "率以"句：大都用贿赂手段在军中营册上列上自己的名字。率：大都。以：用。货：财物，这里指贿赂。窜：指不正当地混入。

⑩ 肆志：为所欲为。

⑪ "日群行"句：天天成群结队地在街市上强索财物。日：每天。丐：乞求，这里是强讨的意思。

⑫ 嗛(qiè)：通"慊"，满足。

⑬ "椎釜鬲(lì)"句：把各种瓦器都砸碎，狼藉满地。椎：指用棍棒敲击。釜：锅。鬲：三个脚的容器。瓮(wèng)：盛酒的陶器。盎(àng)：腹大口小的瓦盆。

⑭ 袒臂徐去：裸露着臂膀扬长而去。徐：缓慢。

⑮ 白孝德：安西(治所在今新疆维吾尔自治区库车县)人，李光弼部将，广德二年(764)任邠宁节度使。以王故：因为汾阳王郭子仪的缘故。

⑯ 戚不敢言：心中忧伤却不敢明说。

太尉自州以状白府①，愿计事②。至则曰："天子以生人付公理③，公见人被暴害，因恬然④。且大乱，若何？"孝德曰："愿奉教。"太尉曰："某为泾州⑤，甚适⑥，少事；今不忍人无寇暴死，以乱天子边事。公诚以都虞候命某者⑦，能为公已乱⑧，使公之人不得害。"孝德曰："幸甚！"如太尉请⑨。

既署⑩一月，晞军士十七人入市取酒，又以刃刺酒翁，坏酿器，酒流沟中。太尉列卒⑪取十七人，皆断头注槊上⑫，植⑬市门外。晞一营大噪，尽甲⑭。孝德震恐，召太尉曰："将奈何？"太尉曰："无伤⑮也！请辞于军⑯。"孝德使数十人从太尉，太尉尽辞去。解佩刀，选老躄者⑰一人持马，至晞门下。甲者⑱出，太尉笑且入曰："杀一老卒，何甲也⑲？吾戴吾头来矣！"甲者愕。因谕曰："尚书固负若属耶⑳？副元帅㉑固负若属耶？奈何欲以乱败郭氏？为白尚书㉒，出听我言。"

晞出见太尉。太尉曰："副元帅勋塞天地，当务始终㉓。今尚书恣卒为暴，暴且乱，乱天子边，欲谁归罪？罪且及副元帅。今邠人恶子弟以货窜名军籍中，杀害人，如是不止，几日不大乱㉔？大乱由尚书出，人皆曰尚书倚副元帅，不戢㉕士。然则郭氏功名，其与存者几何㉖？"言未毕，晞再拜曰："公幸教晞以道㉗，恩甚大，愿奉军以从㉘。"顾叱左右㉙曰："皆解甲

---

① "太尉"句：段秀实从泾州用文书报告邠宁节度使府。状：一种陈述事实的文书。白：禀告。府：此指节度使衙门。
② 计事：商量此事。
③ "天子"句：天子把百姓交给您治理。生人：生民；百姓。付：交托。理：治。
④ 因恬然：仍然安然无动于衷。因：仍旧。
⑤ 某为泾州：我担任泾州刺史。某：段秀实自称。
⑥ 甚适：很闲适。
⑦ "公诚"句：您如果任命我担任都虞候的话。都虞候：军队中的执法官。
⑧ 已：止。
⑨ 如太尉请：同意了段秀实的请求。
⑩ 署：代理（职务）。
⑪ 列卒：布置士兵。取：捕捉。
⑫ 注槊(shuò)上：（把人头）插在长矛上。注：附着。
⑬ 植：竖立。
⑭ 尽甲：全都披上盔甲。
⑮ 无伤：无妨。
⑯ 请辞于军：请让我到郭晞军营里去说理。辞：说理。
⑰ 老躄(bì)者：年老腿跛的人。
⑱ 甲者：全副武装的士兵。
⑲ 何甲也：何必要全副武装呢？
⑳ "尚书"句：尚书(指郭晞)难道对不起你们吗？固：岂；难道。负：辜负；对不起。若属：汝辈；你们。
㉑ 副元帅：指郭子仪。
㉒ 为白尚书：替我告诉郭晞。
㉓ 当务始终：应当力求全始全终。务：致力于。
㉔ 几日不大乱：大乱不久就会发生。几日：言不要多久。
㉕ 戢(jí)：管束；制止。
㉖ "其与"句：还将能保存多少呢。其：副词，表估量语气。与：无义。
㉗ "公幸"句：承蒙您用大道理开导我。幸：幸蒙；承蒙。
㉘ 奉军以从：带领全军听从您(的命令)。
㉙ 顾叱左右：回头呵斥手下的士兵。

散还火伍①中，敢哗者死！"太尉曰："吾未哺食②，请假设草具③。"既食，曰："吾疾作，愿留宿门下。"命持马者去，旦日④来。遂卧军中。晞不解衣，戒候卒击柝卫太尉⑤。旦，俱至孝德所，谢不能⑥，请改过⑦。邠州由是无祸。

先是⑧，太尉在泾州为营田官⑨。泾大将焦令谌取人田，自占数十顷，给与农⑩，曰："且熟，归我半。"是岁大旱，野无草，农以告谌。谌曰："我知入数⑪而已，不知旱也。"督责益急，农且饥死，无以偿，即告太尉。

太尉判状辞甚巽⑫，使人求谕谌。谌盛怒，召农者曰："我畏段某耶？何敢言我！"取判铺背上，以大杖击二十，垂死，舆⑬来庭中。太尉大泣曰："乃我困汝！"即自取水洗去血，裂裳衣疮⑭，手注善药，旦夕自哺农者，然后食。取骑马卖，市谷代偿，使勿知。

淮西寓军帅尹少荣⑮，刚直士也。入见谌，大骂曰："汝诚人耶？泾州野如赭⑯，人且饥死；而必得谷，又用大杖击无罪者。段公，仁信大人也，而汝不知敬。今段公唯一马，贱卖市谷入汝⑰，汝又取不耻。凡为人傲天灾、犯大人、击无罪者⑱，又取仁者谷，使主人出无马，汝将何以视天地，尚不愧奴隶耶⑲！"谌虽暴抗⑳，然闻言则大愧流汗，不能食，曰："吾终不可以见段公！"一夕，自恨死㉑。

及太尉自泾州以司农征㉒，戒其族㉓："过岐㉔，朱泚幸致货币㉕，慎勿纳。"及过，泚固致

_____

① 火伍：队伍。古代军队编制十人为火，五人为伍。
② 哺（bū）食：晚餐。哺：申时，下午三时至五时。
③ 假设：代办。草具：粗劣的餐具，这里指粗茶淡饭。
④ 旦日：第二天。
⑤ 戒：告谕。候卒：警卫。柝（tuò）：古代巡夜打更用的梆子。
⑥ 谢不能：道歉说自己没有才能。不：无。
⑦ 请改过：请允许改正错误。过：过失。
⑧ 先是：在此以前。
⑨ 为营田官：白孝德初任邠宁节度使时，以段秀实署置营田副使。唐制，诸军万人以上置营田副使一人，掌管军队屯垦。
⑩ 给与农：佃给农者。
⑪ 入数：收入（谷子）的数量。
⑫ 判状：判决书。巽（xùn）：通"逊"，委婉；柔顺。
⑬ 舆：扛抬。
⑭ 裂裳衣疮：撕破（自己的）衣服，包扎（农者的）伤口。衣（yì）：包扎。
⑮ 淮西寓军：临时驻扎在泾州的淮西军。淮西：今河南省许昌、信阳一带。
⑯ 野如赭（zhě）：田野像赤土。意指干旱严重，草木不生。
⑰ 入汝：入于汝；交给你。入：纳。
⑱ 傲天灾：不顾天灾。犯大人：冒犯长者。
⑲ "尚不愧"句：还不愧对奴隶吗？意谓人格连下贱的奴隶还不如。
⑳ 暴抗：强暴高傲。抗：通"伉"，高傲。
㉑ 自恨死：这记载与事实不符。焦令谌大历八年（773）尚在泾原兵马使任上。作者可能是得之于传闻而误记。
㉒ "太尉"句：德宗建中元年（780）二月，段秀实自泾原节度使被召为司农卿，故云。司农：即司农卿，为司农寺长官，掌国家储粮用粮之事。征：征召。
㉓ 戒其族：告诫他的家属。
㉔ 岐：州名，治所在今陕西省凤翔县。
㉕ 朱泚：昌平（今北京昌平）人，原任卢龙节度使，时为凤翔府尹。幸：幸或、或许。致：赠送。货币：物品或钱币。

76

大绫三百匹①。太尉婿韦晤坚拒，不得命②。至都③，太尉怒曰："果不用吾言④!"晤谢曰⑤："处贱无以拒也⑥。"太尉曰："然终不以在吾第⑦。"以如司农治事堂⑧，栖之梁木上。泚反，太尉终⑨，吏以告泚，泚取视，其故封识具存。

太尉逸事如右⑩。

元和九年月日⑪，永州司马员外置同正员柳宗元谨上史馆⑫。今之称太尉大节者出入⑬，以为武人一时奋不虑死，以取名天下，不知太尉之所立⑭如是。宗元尝出入岐周邠斄间⑮，过真定⑯，北上马岭⑰，历亭障堡戍⑱，窃好问老校退卒⑲，能言其事。太尉为人姁姁⑳，常低首拱手行步，言气卑弱㉑，未尝以色待物㉒；人视之，儒者也。遇不可㉓，必达其志㉔，决非偶然者。会州刺史崔公来㉕，言信行直，备㉖得太尉遗事，覆校㉗无疑，或恐尚逸坠㉘，未集太史氏㉙，敢以状私于执事㉚。谨状㉛。

【简析】本文取材于真人真事，通过"勇服郭晞""仁愧焦令谌""节显治事堂"三件逸事，

---

① 固致：坚持要赠送。
② 不得命：得不到同意，意指推辞不掉。
③ 都：指唐代京城长安。
④ "果不"句：竟然不听我的话。果：竟。用：采纳。
⑤ 谢：谢罪。
⑥ "处贱"句：居于卑下的地位，没有办法拒绝。
⑦ "然终"句：但终究不能（把它）放在我的家里。以：以之（指三百匹绫）。第：住宅。
⑧ 如：送往。治事堂：办公厅。
⑨ "泚反"两句：德宗建中四年(783)十月，泾原节度使姚令言的部队在京师哗变，德宗出奔，朱泚被叛军拥立为帝，召段秀实议事。段秀实以所执朝笏击朱泚额，朱泚逃脱，段秀实被杀。终：去世。
⑩ "太尉"句：这是表示正文结束的话。
⑪ 元和：唐宪宗李纯年号(806—820)。
⑫ "永州"句：当时柳宗元任永州（治所在今湖南零陵）司马，这里是他官职地位的全称。上：呈给，表敬词。史馆：国家修史机构。
⑬ 出入：不一致。此尤其侧重于指对段太尉为人行事的歪曲、误解。与下文的"出入"含义不同。
⑭ 所立：指品德、为人。
⑮ "宗元"句：柳宗元曾于贞元十年(794)时游历邠州一带。周：在岐山下，今陕西省郿县一带。斄(tái)：同"邰"，今陕西省武功县西。
⑯ 真定：不可考，或是"真宁"之误。真宁：今甘肃省正宁县。
⑰ 马岭：山名，在今甘肃省庆阳县西北。
⑱ 亭障堡戍：古代在边地修建的岗楼、碉堡一类建筑物，供瞭望、防御之用。
⑲ 校：中下级军官。退卒：退役士兵。
⑳ 姁(xǔ)姁：温和的样子。
㉑ 言气卑弱：说话的口气谦恭温和。
㉒ 色：脸色，这里指不好的脸色。物：人。
㉓ 不可：不能赞同（的事情）。
㉔ 必达其志：一定要实现自己的主张。
㉕ 会：适逢。州刺史：指永州刺史崔能。
㉖ 备：详尽。
㉗ 校：核对。
㉘ 逸坠：散失。
㉙ 太史氏：史官。
㉚ 敢：表敬词。私：私下送达。执事：对对方的敬称，这里指史官韩愈。
㉛ 谨状：郑重地写下这篇逸事状。

塑造了一个不畏强暴、关心人民、临财而不苟取的封建时代正直廉洁官吏的形象，同时对当时社会现实的丑恶现象也有所揭露，具有一定的认识意义和史料价值，是柳宗元人物传记中的代表作。

全文不着一句议论，纯用冷静的笔调作客观的记叙，繁处不避细琐，简处不失要害，而作者的揄扬褒贬则暗寓其中，很好地体现了"以备史乘"的写作意图。

本文所记三件逸事，以"勇服郭晞"最为丰赡生动，矛盾冲突尖锐、曲折，人物形象鲜明、丰满，情节发展富于戏剧性。作者打破事件原有的时间顺序，采用倒叙的方式，将它提至"仁愧焦令谌"之前，以先声夺人，强化了文章的艺术效果。

【思考与练习】

一、有人认为，柳宗元写作本文，不仅仅是为段太尉立传正名，还与中唐时藩镇割据的政治局面有所关联，请谈谈你的理解与认识。

二、在"勇服郭晞"一事中，作者从多个侧面进行映衬，刻画段太尉外柔内刚、勇毅见于平实之中的个性特征。请联系课文，作具体的说明。

登西台恸哭记①

谢 翱

谢翱（1249—1295），字皋羽，晚号晞发子，福安（今属福建）人。宋末爱国志士、文学家。南宋端宗景炎元年（1276），元兵南下，文天祥在福建起兵抗元，谢翱尽捐家财，以布衣从军，任谘事参军。宋亡后，隐匿不仕。卒于杭州，葬桐庐严子陵钓台附近。能诗文，有《晞发集》。

始，故人唐宰相鲁公②，开府南服③，予以布衣④从戎。明年，别公漳水湄⑤。后明年⑥，公以事过张睢阳及颜杲卿所尝往来处⑦，悲歌慷慨⑧，卒不负其言而从之游⑨，今其诗具在，可考也。

予恨死无以藉手⑩见公，而独记别时语，每一动念，即于梦中寻之。或山水池榭，云岚草木，与所别之处，及其时适相类，则徘徊顾盼，悲不敢泣。又后三年⑪，过姑苏。姑苏，公初开府旧治⑫也，望夫差之台⑬，而始哭公焉。又后四年⑭，而哭之于越台⑮。又后五年⑯，及今，而哭于子陵之台⑰。

---

① 本文作于元世祖至元二十八年（1291）。西台：在今浙江桐庐富春山，与东台对峙，相传为东汉隐士严光（字子陵）垂钓之处。又名钓台。

② 唐宰相鲁公：唐人颜真卿。此实借指文天祥。颜真卿（709—785），京兆万年（今陕西西安）人，官至吏部尚书、太子太师。因劝谕叛将被害，封鲁郡公，他的地位和忠烈表现与文天祥相似。

③ 开府南服：景炎元年（1276）七月，文天祥在南剑州（治所在今福建南平）建立府署，聚兵抗元。南服：南方。

④ 布衣：普通老百姓。

⑤ "别公"句：景炎二年春正月，文天祥率军入江西，攻赣州，战失利，妻儿被俘，自己幸免于难。谢翱于此时与文天祥诀别。漳水：即漳江，在今江西赣州南。湄：水边。

⑥ 后明年：指帝昺祥兴元年（1278）。这年十二月，文天祥在海丰（今属广东）被元将张弘范所俘，次年被押送至燕京（今北京）。

⑦ "公以事"句：这句说文天祥被俘北行途中曾经过睢阳和常山。以事：因事。这是被俘北行的隐晦说法。张睢阳：张巡（708—757），唐邓州南阳（今属河南）人。安史之乱中，与许远合守睢阳（今河南商丘），因援乏粮绝，城陷被杀。后人在睢阳建庙祭祀。颜杲卿（692—756）：颜真卿族兄，唐玄宗时为常山（今河北正定）太守。起兵讨安禄山，后被史思明所擒，骂贼不屈，终遭杀害。

⑧ 悲歌慷慨：指文天祥所作诗歌。其《许远》诗云："起师哭玄元，义气震天地。"《颜杲卿》诗云："人世谁不死，公死千万年。"《正气歌》云："为张睢阳齿，为颜常山舌。"见《文山集·指南录后录》。

⑨ 卒：终于。不负其言：没有违背自己的诺言。从之游：追随张巡、颜杲卿等忠魂，游于黄泉，指文天祥壮烈殉国。

⑩ 无以藉手：手中没有东西可奉献，指抗元失败。藉手：手中的凭借。

⑪ 又后三年：指元世祖至元二十年（1283），是文天祥殉国的次年。

⑫ 公初开府旧治：宋恭帝德祐元年（1275），文天祥知平江府，驻于府治姑苏。

⑬ 夫差之台：即姑苏台，又名胥台，相传为春秋时吴王夫差所建。

⑭ 又后四年：指至元二十三年（1286），为文天祥殉国后四年。

⑮ 越台：即禹陵，在今浙江绍兴会稽山上。

⑯ 又后五年：指至元二十七年（1290）。

⑰ 子陵之台：即西台。子陵为严光字。

先是一日①，与友人甲、乙若丙约②，越宿③而集。午，雨未止，买榜江涘④。登岸谒子陵祠⑤；憩祠旁僧舍，毁垣枯甃⑥，如入墟墓。还与榜人治祭具⑦。须臾雨止，登西台，设主于荒亭隅⑧，再拜跪伏，祝⑨毕，号而恸者三⑩，复再拜，起。又念予弱冠时，往来必谒拜祠下，其始至也，侍先君⑪焉。今予且老，江山人物，眷⑫焉若失。复东望，泣拜不已。有云从西南来，滃泱浡郁⑬，气薄⑭林木，若相助以悲者。乃以竹如意⑮击石，作楚歌⑯招之曰："魂朝往兮何极⑰！暮归来兮关水黑⑱，化为朱鸟兮有咮焉食⑲？"歌阕，竹石俱碎，于是相向感喟⑳。复登东台，抚苍石，还憩于榜中。榜人始惊予哭，云："适有逻舟之过也㉑，盍移诸㉒？"遂移榜中流，举酒相属㉓，各为诗以寄所思。薄暮，雪作风凛，不可留。登岸宿乙家。夜复赋诗怀古。明日，益风雪，别甲于江，予与丙独归。行三十里，又越宿乃至。其后，甲以书及别诗来，言："是日风帆怒驶，逾久而后济。既济，疑有神阴相㉔，以著兹游之伟㉕。"予曰："呜呼！阮步兵死，空山无哭声且千年矣㉖！若神之助，固不可知；然兹游亦良㉗伟。其为文词，因以达意，亦诚可悲已。"

---

① 先是一日：早一天，昨天。是：此。

② "与友人"句：这里作者为避元统治者迫害，有意隐去了友人真实姓名。据清人黄宗羲考证，甲为吴思齐，字子善，宋末流寓桐庐。乙为严侣，字君友，严子陵后裔。丙为冯桂芳，家在睦州(今浙江建德)。见《南雷文定前集·谢翱年谱游录注序》。若：和。

③ 越宿：过一夜，第二天。按：这天是阴历二月初九，为文天祥忌辰。

④ 买榜：雇船。榜：船只。江涘(sì)：江边。

⑤ 子陵祠：在西台下，北宋范仲淹所建。

⑥ 甃(zhòu)：砖砌的井壁，这里代井。

⑦ 榜人：船夫。治：准备。

⑧ 主：神主，牌位。隅：角落。

⑨ 祝：敬悼。

⑩ 号而恸者三：这是古代祭祀死者的全礼。《礼记·丧大礼》："北面(面朝北)三号。"

⑪ 先君：亡父，指谢钥。

⑫ 眷：怀念。

⑬ 滃泱(yǎn yì)浡(bó)郁：云气浓郁而蒸腾的样子。

⑭ 薄：靠近，笼罩。

⑮ 如意：古代器物，长一二尺，柄微曲，头部作云彩或灵芝状，以竹、玉或金属制作，用来供指划或玩赏。

⑯ 楚歌：楚辞中有《招魂》，此指招魂歌。

⑰ 何极：到哪儿去。极：止。

⑱ "暮归来"句：杜甫《梦李白》："魂来枫林青，魂返关塞黑。"

⑲ "化为朱鸟"句：意谓死者魂魄化为朱鸟归来，已无处可得食。这是暗示宋朝已亡，不能为文天祥立祠奉祀。朱鸟：或称朱雀，鸟名，也作火星名，为南方七宿的总称。古代迷信说法，宋以火德王，故以朱鸟配宋。咮(zhòu)：鸟嘴。焉食：吃什么。

⑳ 感喟(jiè)：感叹。

㉑ 逻舟：元军巡逻船。

㉒ 盍(hé)移诸：何不移船呢。盍："何不"的合音。诸："之乎"的合音。

㉓ 属(zhǔ)：劝酒。

㉔ 阴相(xiàng)：暗中帮助。相：助。

㉕ 著：显示。兹游：指吊祭。

㉖ "阮步兵"二句：西晋名士阮籍，字嗣宗，曾任步兵校尉，世称阮步兵。《晋书·阮籍传》："籍本有济世志，属魏晋之际，天下多故，名士少有全者，籍由是不与世事，遂酣饮为常……时率意独驾，不由径路，车迹所穷，辄恸哭而反(返)。"且：将近。

㉗ 良：诚然，的确。

余尝欲仿太史公①，著《季汉月表》②，如《秦汉之际》③。今人不有知予心，后之人必有知予者。于此宜得书④，故纪⑤之，以附《季汉》事后。时，先君登台后二十六年也。先君讳某⑥，字某。登台之岁在乙丑⑦云。

【简析】这篇文章为悼念文天祥壮烈殉国而写，曲折地表达了作者满腔沉痛和悲愤之情，感人至深。

作者在祭奠过程中时时回忆起与文天祥的交往和情谊，为文天祥恸哭，实则为三百年宋朝一旦覆亡而恸哭，抒发了强烈的爱国民族感情。文中细致真切地记述祭奠文天祥的经过，对"哭"的时间、地点、场景、心理活动一一交代，表现出祭奠者感情的凝重深挚和祭奠气氛的庄严肃穆。其中，对"以竹如意击石""竹石俱碎"的细节描绘，直接呈现了祭奠人心中难抑的悲愤；而风惨、云黯、雪凛的苍凉阴惨景色，也间接烘托了祭奠时的悲剧气氛。

为躲避文祸，作者在行文方面隐约其词，颇有言外之意。以唐朝忠臣颜真卿代称文天祥，隐去同祭者姓名而以甲、乙、丙代之，以著《季汉月表》暗示不忘南宋亡国，不书元朝年号而唯记甲子，都是别有深意的"春秋笔法"。这些与全文恸哭祭奠的情调气氛相互配合，欲哭还休，呜咽满纸，使文章呈现出沉郁悲怆的艺术风格。

【思考与练习】

一、文章是怎样以"哭"字贯穿全文的？
二、请举例说明文中的细节刻画和景物描写的艺术表现功能。
三、找出文中写得隐约其词的地方，说明其言外之意。

---

① 太史公：指司马迁。
② 《季汉月表》：实际指《季宋月表》，详细记述宋末史事。季：一个朝代的末期。
③ 《秦汉之际》：指司马迁《史记》中的《秦汉之际年表》。
④ 宜得书：应该写下来。书：写。
⑤ 纪：通"记"，记载。
⑥ 讳某：名某。古人避直称尊长之名，叫"讳"。
⑦ 乙丑：即宋度宗咸淳元年(1265)，这是作者过去随父登西台的年份。

徐文长传

袁宏道

袁宏道(1568—1610)，字中郎，号石公，公安(今湖北公安)人，明代文学家。万历二十年(1592)进士，曾任江苏吴县(今江苏省苏州市)知县，官至吏部郎中。与其兄宗道、弟中道同为晚明反复古主义运动的"公安派"代表人物，时称"三袁"。他们力矫前、后七子所倡导的"文必秦汉，诗必盛唐"的流弊，主张文学作品要"独抒性灵，不拘格套"。其作品语言清新明快，内容多描写士大夫的闲适生活，部分作品反映了民间疾苦，对当时政治现实有所批判。作品编为《袁中郎全集》。

余一夕坐陶太史①楼，随意抽架上书，得《阙编》诗一帙②，恶楮③毛书，烟煤败黑④，微有字形，稍就灯间读之。读未数首，不觉惊跃，急呼周望："《阙编》何人作者？今耶？古耶？"周望曰："此余乡徐文长先生书也。"两人跃起，灯影下，读复叫，叫复读，童仆睡者皆惊起。盖不佞⑤生三十年，而始知海内有文长先生。噫，是何相识之晚也！因以所闻于越人士者，略为次第，为徐文长传。

徐渭，字文长，为山阴⑥诸生⑦，声名藉甚⑧。薛公蕙校越时⑨，奇其才，有国士之目⑩。然数奇⑪，屡试辄蹶⑫。中丞胡公宗宪闻之，客诸幕⑬。文长每见，则葛衣乌巾⑭，纵谭⑮天下事，胡公大喜。是时，公督数边兵⑯，威镇东南，介胄之士⑰，膝语蛇行⑱，不敢举头，而文长

---

① 陶太史：指作者之友陶望龄，字周望，号石篑，会稽(今浙江绍兴)人。万历进士，授翰林编修，官至国子监祭酒。太史，翰林编修的别称。作者访陶望龄而见《阙编》诗的事，在万历二十五年(1597)三月。本文作于明万历二十七年(1599)，其时作者寓居北京。

② 帙(zhì)：用布帛制作的包书套，后即称一套书为一帙。

③ 恶楮(chǔ)：坏纸。楮，纸的代称。

④ 烟煤败黑：形容印刷质量很差。烟煤，指墨迹。谢肇《五谷俎》论墨云："古人书之用墨，不过欲其黑而已，故凡烟煤，皆可为也。"败黑：指墨质低劣。

⑤ 不佞：不才，自称的谦词。

⑥ 山阴：今浙江绍兴。

⑦ 诸生：明清两代经考试录取而进入府、州、县各级学校学习的生员。

⑧ 声名藉甚：名声很大。

⑨ 薛公蕙：薛蕙，字君采，亳州(今安徽亳县)人。正德九年(1514)进士，授刑部主事，嘉靖中为给事中。曾任绍兴府乡试官，所以称"校越"。校越：掌管越中的考试。

⑩ 国士之目：对杰出人物的评价。国士，国中才能出众的人。目：用作动词，对待，看待。

⑪ 数奇(jī)：命运坎坷，遭遇不顺。

⑫ 蹶(jué)：受挫折，失败。

⑬ "中丞"句：中丞，明代以副都御史或佥都御史任巡抚，故称巡抚为中丞。胡公宗宪：指浙江巡抚胡宗宪。客诸幕：即"客之于幕"。客：用作动词，做幕僚，即任参谋、秘书之类的职务。幕：幕府。本指将帅在外的营帐，因军队无固定住所，在营帐中处理公务，所以称将帅的衙署为幕府。

⑭ 葛衣乌巾：葛布衣服，黑色头巾。穿戴不是正式官服，形容其不拘礼节。

⑮ 谭：同"谈"。

⑯ 公督数边兵：意谓胡宗宪统率着几方面的军队。当时朝廷因倭寇猖獗，设总督大臣，总督江南、江北、浙江、山东、福建、湖广诸军。嘉靖三十五年(1556)此职由胡宗宪继任，所以说"督数边兵"。督：督率，统领。边：方面。

⑰ 介胄之士：军人。介：通"甲"，铠甲。胄：头盔。

⑱ 膝语蛇行：跪着说话，像蛇一样匍匐前行，形容十分敬畏。

以部下一诸生傲之，议者方之刘真长、杜少陵云①。会②得白鹿，属文长作表③。表上，永陵喜④。公以是益奇之，一切疏记，皆出其手。

文长自负才略，好奇计，谈兵多中⑤，视一世士，无可当意者⑥。然竟不偶⑦。文长既已不得志于有司⑧，遂乃放浪曲蘖⑨，恣情山水，走齐、鲁、燕、赵之地，穷览朔漠。其所见山崩海立，沙起云行，雨鸣树偃，幽谷大都，人物鱼鸟，一切可惊可愕之状，一一皆达之于诗。其胸中又有勃然不可磨灭之气，英雄失路、托足无门⑩之悲，故其为诗，如嗔如笑，如水鸣峡，如种出土，如寡妇之夜哭，羁人之寒起⑪。虽其体格时有卑者，然匠心独出，有王者气，非彼巾帼⑫而事人⑬者所敢望⑭也。文有卓识，气沉而法严，不以模拟损才，不以议论伤格，韩、曾之流亚⑮也，文长既雅不与时调⑯合，当时所谓骚坛⑰主盟者，文长皆叱而奴之⑱，故其名不出于越。悲夫！喜作书，笔意奔放如其诗，苍劲中姿媚跃出，欧阳公所谓"妖韶女，老自有余态"者也⑲。间以其余⑳，旁溢为花鸟，皆超逸有致。卒㉑以疑，杀其继室，下狱论死。张太史元汴㉒力解㉓，乃得出。晚年，愤益深，佯狂益甚，显者至门，或拒不纳；时携钱至酒肆，呼下隶㉔与饮；或自持斧，击破其头，血流被㉕面，头骨皆折，揉之有声；或以利锥锥其两耳㉖，深入寸余，竟不得死。

---

① "议者"句：私下议论的人，把他比作刘惔和杜甫。方：比。刘真长：名惔，东晋人，有名的清谈家，简文帝待为上宾。杜少陵：即诗人杜甫，严武为剑南节度使时，杜甫为参谋，严武待杜甫甚善，亲至其家，杜甫见时不戴头巾。二人均不屈于权位，故以相比。

② 会：恰巧，正好。

③ 属文长作表：属，嘱咐，委托。表：呈给皇帝的章表。

④ 永陵：明世宗嘉靖皇帝的陵墓，宋、元、明三代多以陵名称呼已故的皇帝。

⑤ 中：中肯，得要领。

⑥ 无可当意者：没有能够合他心意的。

⑦ 不偶：偶，同"遇"，遇合。不偶：不遇合，不得志。

⑧ 有司：官吏，这里指考试官。古代设官分司，所以称官吏为有司。

⑨ 曲蘖(niè)：酿酒用的发酵剂，这里指酒。

⑩ 托足无门：无处安身。托：寄。

⑪ 羁人之寒起：羁旅之人冒寒早起。

⑫ 巾帼：古代妇女用的头巾和发饰，后用作妇女的代称。

⑬ 事人：侍奉人。

⑭ 望：企及。

⑮ 韩、曾之流亚：像韩愈、曾巩一类的杰出文学家。流亚：同一类的人物。

⑯ 时调：当时流行的风气、世俗、格调。

⑰ 骚坛：文坛。

⑱ 奴之：把他们当奴隶看待。

⑲ "欧阳公"句：欧阳修《水谷夜行寄子美圣俞》诗云："作诗三十年，视我犹后辈。文词愈清新，心意虽老大，譬如妖韶女，老自有余态。"妖韶：妖娆美好。余态：犹言风韵犹存也。

⑳ 间以其余：间，间或，有时。其余：他的余力。

㉑ 卒：后来。

㉒ 张太史元汴：张元汴，字子荩，号阳和，山阴(今浙江绍兴)人，曾任翰林侍读，故称太史。

㉓ 解：解救。

㉔ 下隶：仆役一类地位低贱的人。

㉕ 被：同"披"。

㉖ "或以"句：前一个"锥"是名词，后一个"锥"用作动词，刺。

周望言："晚岁诗文益奇，无刻本，集藏于家。"余同年①有官越②者，托以抄录，今未至。余所见者，《徐文长集》《阙编》二种而已。然文长竟以不得志于时，抱愤而卒。

石公曰："先生数奇不已，遂为狂疾，狂疾不已，遂为圄圉③。古今文人，牢骚困苦，未有若先生者也。虽然，胡公间世④豪杰，永陵英主；幕中礼数异等⑤，是胡公知有先生矣；表⑥上，人主悦，是人主知有先生矣。独身未贵耳。先生诗文崛起，一扫近代芜秽之习，百世而下，自有定论。胡为不遇哉？梅客生⑦尝寄予书曰：'文长吾老友，病奇于人，人奇于诗。'余谓文长，无之而不奇者也。无之而不奇⑧，斯无之而不奇也哉，悲夫！"

【简析】 徐文长的生平事迹颇有传奇色彩。他吞吐山河、指论天下的气概和胆识，多方涉猎、无施不可的艺术创作才能，及清高傲岸、狂放不羁的个性，皆独立一时，卓尔不群；而他潦倒终生乃至忧愤成疾、癫狂到用斧锥自戕以求速死的悲惨命运，在当时也可谓绝无仅有。本文以简明的笔调，叙述了徐文长的生平遭际和艺术成就，从多个方面展现了徐文长杰出才能与坎坷遭际之间的矛盾，揭露了明代政治的腐朽，痛惜优秀人才被扼杀。

这篇人物传记在写法上吸取《史记》等史书"以事传人"的优点，但又不拘泥于故事叙述的完整，而是以简短的三言两语粗陈梗概、事为意止；而且所记各事，均围绕徐文长"才能奇异""性情奇怪""遭遇奇特"来写，因此，尽管所记事例纷杂，文笔疏宕，但文章却显得神气凝聚，浑然一体。另外，造句新奇也是本文一大特色，如介绍徐文长的诗歌风格，连用"如嗔如笑，如水鸣峡，如种出土，如寡妇之夜哭，羁人之寒起"等六个比喻，出人意表，生动传神。

【思考与练习】

一、封建社会往往压抑、埋没、扼杀人才，就徐渭其人其事来看，你有何感想与认识？

二、你读过哪些著名的传记？试联系本篇进行比较。

---

① 同年：明、清时乡试同榜登科者，称为同年。

② 官越：在越地做官。

③ 圄圉：同"囹圄"，牢狱。

④ 间世：间隔，意为难得。

⑤ 礼数异等：礼数：礼节。异等：不同于别人，特别优待。胡宗宪延聘徐文长时，徐文长再三推辞，最后提出要保持宾客地位，得到胡宗宪的同意，故在胡幕中，文长始终受到特殊优待。

⑥ 表：指前文所说的《献白鹿表》。

⑦ 梅客生：梅国桢，字客生，作者朋友。

⑧ 奇：此句中的"奇"作"奇异""不寻常"解，下句中的"奇"作"数奇(jī)""不顺利"解。

从雕花匠到画匠

齐白石

齐白石(1864—1957),湖南湘潭人,原名齐纯芝,著名国画大师。家境贫寒,只读过短暂的私塾,师从木匠学习雕花,手艺闻名乡里。后转学画像和诗文书画,主张艺术"妙在似与不似之间",绘画师从徐渭、朱耷、石涛等,形成独特的大写意图画风格,尤工花鸟虫鱼,兼及人物、山水,开创了国画刚健活泼的风格。1953年被文化部授予"人民艺术家"的称号。

光绪四年(戊寅·1878),我十六岁。祖母因为大器作木匠,非但要用很大力气,有时还要爬高上房,怕我干不了。母亲也顾虑到,万一手艺没曾学成,先弄出了一身的病来。她们跟父亲商量,想叫我换一行别的手艺,照顾我的身体,能够轻松点才好。我把愿意去学小器作的意思,说了出来,他们都认为可以,就由父亲打听得有位雕花木匠,名叫周之美的,要领个徒弟。这是好机会,托人去说,一说就成功了。我辞了齐师傅,到周师傅那边去学手艺。

这位周师傅,住在周家洞,离我们家,也不太远,那年他三十八岁。他的雕花手艺,在白石铺一带,是很出名的,用平刀法,雕刻人物,尤其是他的绝技。我跟着他学,他肯耐心地教。说也奇怪,我们师徒二人,真是有缘,处得非常之好。我很佩服他的本领,又喜欢这门手艺,学得很有兴味。他说我聪明,肯用心,觉得我这个徒弟,比任何人都可爱。他没有儿子,简直把我当做亲生儿子一样地看待。他又常常对人说:"我这个徒弟,学成了手艺,一定是我们这一行的能手,我做了一辈子的工,将来面子上沾着些光彩,就靠在他的身上啦!"人家听了他的话,都说周师傅名下有个有出息的好徒弟,后来我出师后,人家都很看得起,这是我师傅提拔我的一番好意,我一辈子都忘不了他的。

光绪五年(己卯·1879),我十七岁。六年(庚辰·1880),我十八岁。七年(辛巳·1881),我十九岁。照我们小器作的行规,学徒期是三年零一节,我因为在学徒期中,生了一场大病,耽误了不少日子,所以到十九岁的下半年,才满期出师。我生这场大病,是在十七岁那年的秋天,病得非常危险,又吐过几口血,只剩得一口气了。祖母和我父亲,急得没了主意直打转。我母亲恰巧生了我五弟纯隽,号叫佑五,正在产期,也急得东西都咽不下口。我妻陈春君,嘴里不好意思说,背地里淌了不少的眼泪。后来请到了一位姓张的大夫,一剂"以寒伏火"的药,吃了下去,立刻就见了效,连服几剂调理药,病就好了。病好之后,仍到周师傅处学手艺,经过一段较长时间,学会了师傅的平刀法,又琢磨着改进了圆刀法,师傅看我手艺学得很不错,许我出师了。出师是一桩喜事,家里的人都很高兴,祖母跟我父亲母亲商量好,拣了一个好日子,请几桌客,我和陈春君"圆房"了,从此,我和她才是正式的夫妻。那年我是十九岁,春君是二十岁。

我出师后,仍是跟着周师傅出外做活。雕花工是计件论工的,必须完成了这一件,才能去做那一件。周师傅的好手艺,白石铺附近一百来里的范围内,是没有人不知道的,因此,我的名字,也跟着他,人人都知道了。人家都称我"芝木匠",当着面,客气些,叫我"芝师傅"。我因家里光景不好,挣到的钱,一个都不敢用掉,完工回了家,就全部交给我母亲。母亲常常笑着说:"阿芝能挣钱了,钱虽不多,总比空手好得多。"

那时,我们师徒常去的地方,是陈家垅胡家和竹冲黎家。胡黎两姓,都是有钱的财主人家，他们家里有了婚嫁的事情，男家做床橱，女家做妆奁，件数做得很多，都是由我们师徒去做。有时师傅不去，就由我一人单独去了。还有我的本家齐伯常的家里，我也是常去的。伯常名叫敦元，是湘潭的一位绅士，我到他家，总在他们稻谷仓前做活，和伯常的儿子公甫相识。论岁数，公甫比我小得多，可是我们很谈得来，成了知己朋友。后来我给他画了一张秋姜馆填词图，题了三首诗，其中一首道：

> 稻粮仓外见君小，草莽声中并我衰，
> 放下斧斤做知己，前身应做蠹鱼来。

就是记的这件事。

那时雕花匠所雕的花样，差不多都是千篇一律。祖师传下来的一种花篮形式，更是陈陈相因，人家看得很熟。雕的人物，也无非是些麒麟送子、状元及第等一类东西。我认为这些老一辈的玩意儿，雕来雕去，雕个没完，终究人要看得腻烦的。我就想法换个样子，在花篮上面，加些葡萄石榴桃梅李杏等果子，或牡丹芍药梅兰竹菊等花木。人物从绣像小说的插图里，勾摹出来，都是些历史故事。还搬用平日常画的飞禽走兽，草木虫鱼，加些布景，构成图稿。我运用脑子里所想得到的，造出许多新的花样，雕成之后，果然人都夸奖说好。我高兴极了，益发地大胆创造起来。

那时，我刚出师不久，跟着师傅东跑西转，倒也一天没有闲过。只因年纪还轻，名声不大，挣的钱也就不会太多。家里的光景，比较头二年，略微好些，但因历年积叠的亏空，短时间还弥补不上，仍显得很不宽裕。我妻陈春君一面在家料理家务，一面又在屋边空地，亲手种了许多蔬菜，天天提了木桶，到井边汲水。有时肚子饿得难受，没有东西可吃，就喝点水，算是搪搪饥肠。娘家来人问她："生活得怎样？"她总是说："很好。"不肯露出丝毫穷相。她真是一个挺得起脊梁顾得住面子的人！可是我们家的实情，瞒不过隔壁的邻居们，有一个惯于挑拨是非的邻居女人，曾对春君说过："何必在此吃辛吃苦，凭你这样一个人，还找不到有钱的丈夫！"春君笑着说："有钱的人，会要有夫之妇？我只知命该如此，你也不必为我妄想！"春君就是这样甘熬穷受苦，没有一点怨言的。

光绪八年（壬午·1882），我二十岁。仍是肩上背了个木箱，箱里装着雕花匠应用的全套工具，跟着师傅，出去做活。在一个主顾家中，无意间见到一部乾隆年间翻刻的《芥子园画谱》，五彩套印，初二三集，可惜中间短了一本。虽是残缺不全，但从第一笔画起，直到画成全幅，逐步指说，非常切合实用。我仔细看了一遍，才觉着我以前画的东西，实在要不得，画人物，不是头大了，就是脚长了；画花草，不是花肥了，就是叶瘦了，较起真来，似乎都有点小毛病。有了这部画谱，好像是捡到了一件宝贝，就想从头学起，临它个几十遍。转念又想：书是别人的，不能久借不还，买新的，湘潭没处买，长沙也许有，价码可不知道，怕有也买不起。只有先借到手，用早年勾影雷公像的方法，先勾影下来，再仔细琢磨。

想准了主意，就向主顾家借了来，跟母亲商量，在我挣来的工资里，匀出些钱，买了点薄竹纸和颜料毛笔，在晚上收工回家的时候，用松油柴火为灯，一幅一幅地勾影。足足画了半年，把一部《芥子园画谱》，除了残缺的一本以外，都勾影完了，钉成了十六本。从此，我做雕花木活，就用《芥子园画谱》做根据，花样既推陈出新，不是死板板的老一套，画也合乎规格，没有不相匀称的毛病了。

我雕花得来的工资，贴补家用，还是微薄得很。家里缺米少柴的，时常闹着穷。我母亲为了开门七件事，整天地愁眉不展。祖母宁可自己饿着肚子，留了东西给我吃。我是个长子，又是出了师学过手艺的人，不另想想办法，实在看不下去。只得在晚上闲暇之时，匀出工夫，凭我一双手，做些小巧玲珑的玩意儿，第二天一清早，送到白石铺街上的杂货店里，许了他们一点利益，托他们替我代卖。我常做的，是一种能装旱烟也能装水烟的烟盒子，用牛角磨光了，配着能活动开关的盖子，用起来很方便，买的人倒也不少。大概两三个晚上，我能做成一个，除了给杂货店掌柜二成的经手费以外，每个我还能得到一斗多米的钱。那时，乡里流行的，旱烟吸叶子烟，水烟吸条丝烟。我旱烟水烟，都学会吸了，而且吸得有了瘾。我卖掉了自己做的牛角烟盒子，吸烟的钱，就有了着落啦，连烧料烟嘴的旱烟管和吸水烟用的铜烟袋，都赚了出来。剩余的钱，给了我母亲，多少济一些急，但是还救不了根本的穷，不过聊胜于无而已。

光绪九年（癸未·1883），我二十一岁。那年，春君怀了孕，怀的是头一胎。恰巧家里缺柴烧，我们星斗塘老屋，后面是靠着紫云山，她拿了把厨刀，跑到山上去砍松枝。她这时，快要生产了，拖着笨重的身子，上山很费力，就用两手在地上爬着走，总算把柴砍得了，拿回来烧。到了九月，生了个女孩，这是我们的长女，取名菊如，后来嫁给了姓邓的女婿。

我在早先上山砍柴的时候，交上一个朋友，名叫左仁满，是白石铺胡家冲的人，离我们家很近。他岁数跟我差不多，我学做木匠那年，他也从师学做篾匠手艺，他出师比我早几个月，现在我们都长大了，他也娶了个老婆，有了孩子，我们歇工回来，仍是常常见面，交情倒越交越深。他学成了一手编竹器的好手艺，家庭负担比较轻，生活上比我略微好一些。他是喜欢吹吹弹弹的，能拉胡琴，能吹笛子，能弹琵琶，能打板鼓，还会唱几句花鼓戏，几段小曲儿。我们常在一起玩，他吹弹拉唱，我就画画写字，有时他叫我教他画画，他也教我弹唱。乡里有钱的人，常往城里跑，去找玩儿的，我们是穷孩子出身，闲暇时候，只能做这样不花钱的消遣。我后来喜欢听戏，也会唱几支小曲，都是那时候受了左仁满的影响。

光绪十年（甲申·1884），我二十二岁。十一年（乙酉·1885），我二十三岁。十二年（丙戌·1886），我二十四岁。十三年（丁亥·1887），我二十五岁。十四年（戊子·1888），我二十六岁。这五年，我仍是做着雕花活为生，有时也还做些烟盒子一类的东西。我自从有了一部自己勾影出来的《芥子园画谱》，翻来覆去地临摹了好几遍，画稿积存了不少。乡里熟识的人知道我会画，常常拿了纸，到我家来请我画。在雕花的主顾家里，雕花活做完以后，也有留着我不放我走，请我画的。凡是请我画的，多少都有点报酬，送钱的也有，送礼物的也有。我画画的名声，跟做雕花活的名声，一样地在白石铺传开了去。人家提到了芝木匠，都说是画得挺不错。

我平日常说："说话要说人家听得懂的话，画画要画人家看见过的东西。"我早先画过雷公像，那是小孩子的淘气，闹着玩的，知道了雷公是虚造出来的，就此不画了。但是我画人物，却喜欢画古装，这是《芥子园画谱》里有的，古人确是穿着过这样的衣服，看了戏台上唱戏的打扮，我就照它画了出来。

我的画在乡里出了点名，来请我画的，大部分是神像功对，每一堂功对，少则四幅，多的有到二十幅的。画的是玉皇、老君、财神、火神、灶君、阎王、龙王、灵官、雷公、电母、雨师、风伯、牛头、马面和四大金刚、哼哈二将之类。这些位神仙圣佛，谁都没见过他们的本来面目，我原是不喜欢画的，因为画成了一幅，他们送我一千来个钱，合银元块把钱，在那时的价码，不算少了，我为了挣钱吃饭，又却不过乡亲们的面子，只好答应下来，以意为之。有的画成一团和气，有的画成满脸煞气。和气好画，可以采用《芥子园》的笔法；煞气可麻烦了，决不能都画成雷公似的，只得在熟识的人中间，挑选几位生有异相的人，作为蓝本，画成以后，自己看着，也觉可笑。我在枫林亭上学的时候，有几个同学，生得怪头怪脑的，现在虽说都已长大了，面貌究竟改变不了多少，我就不问他们同意不同意，偷偷地都把他们画上去了。

在我二十六岁那年的正月，我母亲生了我六弟纯楚，号叫宝林。我们家乡，把最小的叫做"满"，纯楚是我最小的兄弟，我就叫他满弟。我母亲一共生了我弟兄六人，又生了我三个妹妹，我们家，连同我祖母，我父亲母亲、春君，我的长女菊如，老老小小，十四口人了。父亲同我二弟纯松下田耕作，我在外边做工，三弟纯藻在一所道士观里给人家烧煮茶饭，别的弟妹，大一些的，也牧牛的牧牛，砍柴的砍柴，倒是没有一个闲着。祖母已是七十七岁的人，只能在家里看看孩子，做些轻微的事情。春君整天忙着家务，忙里偷闲，养了一群鸡鸭，又种了许多瓜豆蔬菜，有时还帮着我母亲纺纱织布。她夏天纺纱，总是在葡萄架下阴凉的地方，我有时回家，也喜欢在那里写字画画，听了她纺纱的声音，觉得聒耳可厌，后来我常常远游他乡，老来回忆，想听这种声音，已是不可再得。因此我前几年写过一首诗道：

> 山妻笑我负平生，世乱身衰重远行，
> 年少厌闻难再得，葡萄阴下纺纱声。

我母亲纺纱织布，向来是一刻不闲。尤其使她为难的，是全家的生活重担，都由她双肩挑着，天天移东补西，调排用度，把这点微薄的收入，糊住十四张嘴，真够她累心累力的。

三弟纯藻，也是为了糊住自己的嘴，多少还想挣些钱来，贴补家用，急于出外做工。他托了一位远房本家，名叫齐铁珊的，荐到一所道士观中，给他们煮饭打杂。齐铁珊是齐伯常的弟弟，我的好朋友齐公甫的叔叔，他那时正同几个朋友，在道士观内读书。我因为三弟的缘故，常到道士观去闲聊，和铁珊谈得很投机。

我画神像功对，铁珊是知道的，每次见了我面，总是先问我："最近又画了多少？画的是什么？"我做雕花活，他倒不十分关心，他好像专门关心我的画。有一次，他对我说："萧芗陔快到我哥哥伯常家里来画像了，我看你何不拜他为师！画人像，总比画神像好一些。"

我也素知这位萧芗陔的大名，只是没有会见过，听了铁珊这么一说，我倒动了心啦。不多几天，萧芗陔果然到了齐伯常家里来了，我画了一幅李铁拐像，送给他看，并托铁珊、公甫叔侄俩，代我去说，愿意拜他为师。居然一说就合，等他完工回去，我就到他家去，正式拜师。这位萧师傅，名叫传鑫，芗陔是他的号，住在朱亭花钿，离我们家有一百来里地，相当地远。他是纸扎匠出身，自己发奋用功，经书读得烂熟，也会作诗，画像是湘潭第一名手，又会画山水人物。他把拿手本领，都教给了我，我得他的益处不少。他又介绍他的朋友文少可和我相识，也是个画像名手，家住在小花石。这位文少可也很热心，他的得意手法，都端给我看，指点得很明白。我对于文少可，也很佩服，只是没有拜他为师。我认识了他们二位，画像这一项，就算有了门径了。

那年冬天，我到赖家坥衕里去做雕花活。赖家坥离我们家，有四十多里地，路程不算近，晚上就住在主顾家里。赖家坥在佛祖岭的山脚下，那边住的人家，都是姓赖的。衕里是我们家乡的土话，就是聚族而居的意思。我每到晚上，照例要画画的，赖家的灯火，比我家里的松油柴火，光亮得多，我就着灯盏画了几幅花鸟，给赖家的人看见了，都说："芝师傅不是光会画神像功对的，花鸟也画得生动得很。"于是就有人来请我给他女人画鞋头上的花样，预备画好了去绣的。又有人说："我们请寿三爷画个帐檐，往往等了一年半载，还没曾画出来，何不把我们的竹布取回来，就请芝师傅画呢？"我光知道我们杏子坞有个绅士，名叫马迪轩，号叫少开，他的连襟姓胡，人家都称他寿三爷，听说是竹冲韶塘的人，离赖家坳不过两里多地，他们所说的，大概就是此人。我听了他们的话，当时却并未在意。到了年底，雕花活没有做完，留着明年再做，我就辞别了赖家，回家过年。

光绪十五年（己丑·1889），我二十七岁。过了年，我仍到赖家坳去做活。有一天，我正在雕花，赖家的人来叫我，说："寿三爷来了，要见见你！"我想"这有什么事呢？"但又不能不去。见了寿三爷，我照家乡规矩，叫了他一声"三相公"。寿三爷倒也挺客气，对我说："我是常到你们杏子坞去的，你的邻居马家，是我的亲戚，常说起你：'人很聪明，又能用功'。只因你常在外边做活，从没有见到过，今天在这里遇上了，我也看到你的画了，很可以造就！"又问我："家里有什么人？读过书没有？"还问我："愿不愿再读读书，学学画？"我一一地回答，最后说："读书学画，我是很愿意，只是家里穷，书也读不起，画也学不起。"寿三爷："那怕什么？你要有志气，可以一面读书学画，一面靠卖画养家，也能对付得过去。你如愿意的话，等这里的活做完了，就到我家来谈谈！"我看他对我很诚恳，也就答应了。

这位寿三爷，名叫胡自倬，号叫沁园，又号汉槎。性情很慷慨，喜欢交朋友，收藏了不少名人字画，他自己能写汉隶，会画工笔花鸟草虫，作诗也作得很清丽。他家附近，有个藕花池，他的书房就取名"藕花吟馆"，时常邀集朋友，在内举行诗会，人家把他比做孔北海，说是："座上客常满，樽中酒不空。"他们韶塘胡姓，原是有名的财主，但是寿三爷这一房，因为他提倡风雅，素广交游，景况并不太富裕，可见他的人品，确是很高的。我在赖家坳完工之后，回家说了情形，就到韶塘胡家。那天正是他们诗会的日子，到的人很多。寿三爷听说我到了，很高兴，当天就留我同诗会的朋友们一起吃午饭，并介绍我见了他家延聘的教读老夫子。这位老夫子，名叫陈作埙，号叫少蕃，是上田冲的人，学问很好，湘潭的名士。吃饭的时候，寿三爷又问我："你如愿意读书的话，就拜陈老夫子的门吧！不过你父母知道不知道？"我说："父母倒也愿意叫我听三相公的话，就是穷……"话还没说完，寿三爷拦住了我，说："我不是跟你说过，你就卖画养家！你的画，可以卖出钱来，别担忧！"我说："只怕我岁数大了，来不及。"寿三爷又说："你是读过《三字经》的！苏老泉，二十七，始发愤，读书籍。你今年二十七岁，何不学学苏老泉呢？"陈老夫子也接着说："你如果愿意读书，我不收你的学俸钱。"同席的人都说："读书拜陈老夫子，学画拜寿三爷，拜了这两位老师，还怕不能成名！"我说："三相公栽培我的厚意，我是感激不尽。"寿三爷说："别三相公了！以后就叫我老师吧！"当下，就决定了。吃过了午饭，按照老规矩，先拜了孔夫子，我就拜了胡陈二位，做我的老师。

我拜师之后，就在胡家住下，两位老师商量了一下，给我取了一个名字，单名叫做"璜"，又取了一个号，叫做"濒生"，因为我住家与白石铺相近，又取了个别号，叫做"白石山人"，预备题画所用。少蕃师对我说："你来读书，不比小孩子上蒙馆了，也不是考秀才赶科举的，画画总要会题诗才好，你就去读《唐诗三百首》吧！这部书，雅俗共赏，从浅的说，入门很容易，从深的说，也可以钻研下去，俗话常说，熟读唐诗三百首，不会作诗也会作，这话不是完全没有道理的。诗的一道，本是易学难工，你能专心用功，一定很有成就。常言道，有志者，事竟成。又道，天下无难事，只怕有心人，天下事的难不难，就看你的有心没心了！"

从那天起，我就读《唐诗三百首》了。我小时候读过《千家诗》，几乎全部都能背出来，读了《唐诗三百首》，上口就好像见到了老朋友，读得很有味。只是我识字不多，有很多生字，不容易记熟，我想起一个笨法子，用同音的字，注在书页下端的后面，温习的时候，一看就认得了。这种法子，我们家乡叫做"白眼字"，初上学的人，常有这么用的。过了两个来月，少蕃师问我："读熟几首了？"我说："差不多都读熟了。"他有些不信，随意抽问了几首，我都一字不遗地背了出来。他说："你的天分，真了不起！"实在说来，是他的教法好，讲了读，读了背，背了写，循序而进，所以读熟一首，就明白一首的意思，这样既不会忘掉，又懂得好处在哪里。《唐诗三百首》读完之后，接着读了《孟子》。少蕃师又叫我在闲暇时，看看《聊斋志异》一类的小说，还时常给我讲讲唐宋八家的古文。我觉得这样的读书，真是人生最大的乐趣了。

我跟陈少蕃老师读书的同时，又跟胡沁园老师学画，学的是工笔花鸟草虫。沁园师常对我说："石要瘦，树要曲，鸟要活，手要熟。立意、布局、用笔、设色，式式要有法度，处处要合规矩，才能画成一幅好画。"他把珍藏的古今名人字画，叫我仔细观摩。又介绍了一位谭荔生，叫我跟他学画山水。这位谭先生，单名一个"溥"字，别号瓮塘居士，是他的朋友。我常常画了画，拿给沁园师看，他都给我题上了诗。他还对我说："你学学作诗吧！光会画，不会作诗，总是美中不足。"那时正是三月天气，藕花吟馆前面，牡丹盛开。沁园师约集诗会同人，赏花赋诗，他也叫我加入。我放大了胆子，作了一首七绝，交了上去，恐怕作得太不像样，给人笑话，心里有些跳动。沁园师看了，却面带笑容，点着头说："作得还不错！有寄托。"说着，又念道："莫羡牡丹称富贵，却输梨橘有馀甘。这两句不但意思好，十三谭的甘字韵，也押得很稳。"说得很多诗友都围拢上来，大家看了，都说："濒生是有聪明笔路的，别看他根基差，却有性灵。诗有别才，一点儿不错！"

这一炮，居然放响，是我料想不到的。从此，我摸索得了作诗的诀窍，常常作了，向两位老师请教。当时常在一起的，除了姓胡的几个人，其余都是胡家的亲戚，一共有十几个人，只有我一人，不是胡家的亲故，他们倒都跟我处得很好。他们大部分是财主人家的子弟，至不济的也是小康之家，比我的家景，总要强上十倍，他们并不嫌我出身寒微，一点没有看不起我的意思，后来都成了我的好朋友。

那年7月11日，春君生了个男孩，这是我们的长子，取名良元，号叫伯邦，又号子贞。我在胡家，读书学画，有吃有住，心境安适得很，眼界也广阔多了，只是想起了家里的光景决不能像在胡家认识的一般朋友的胸无牵挂。干雕花手艺，本是很费事的，每一件总得雕上好多日子，把身子困住了，别的事就不能再做。画画却不一定有什么限制，可以自由自在地，有闲暇就画，没闲暇就罢，画起来，也比雕花省事得多，就觉得沁园师所说的"卖画养家"这句话，确实是既方便，又实惠。

那时照相还没盛行，画像这一行手艺，生意是很好的。画像，我们家乡叫做描容，是描画人的容貌的意思。有钱的人，在生前总要面几幅小照玩玩，死了也要画一幅遗容，留作纪念。我从萧芗陔师傅和文少可那里，学会了这行手艺，还没有给人画过，听说画像的收入，比画别的来得多，就想开始干这一行了。沁园师知道我这个意思，到处给我吹嘘，韶塘附近一带的人，都来请我去画，一开始，生意就很不错。每画一个像，他们送我二两银子，价码不算太少，但是有些爱贪小便宜的人，往往在画像之外，叫我给他们女眷画些帐檐、袖套、鞋样之类。甚至叫我画幅中堂，画堂屏条，算是白饶。好在这些东西，我随便画上几笔，倒也并不十分费事。我们湘潭风俗，新丧之家，妇女们穿的孝衣，都把袖头翻起，画上些花样，算做装饰。这种零碎玩意儿，更是画遗容时必须附带着画的，我也总是照办了。后来我又琢磨出一种精细画法，能够在画像的纱衣里面，透现出袍褂上的团龙花纹，人家都说，这是我的一项绝技。人家叫我画细的，送我四两银子，从此就作为定例。我觉得画像挣的钱，比雕花多，而且还省事，因此，我就扔掉了斧锯钻凿一类家伙，改了行，专做画匠了。

【简析】齐白石的自述，把人生的转折处说得十分清楚。齐白石从雕花匠到专业画师，这是他成为一代画家关键的一步。先是有对《芥子园画谱》的反复临摹，用于雕花和画神像；接着拜萧芗陔为师，由画神像转向学画山水人物；再次就是拜寿三爷为师学工笔花鸟草虫，拜陈少蕃为师学诗；最后从雕花木匠跳了出来。自述立体交织着事业、交友、婚姻家庭的发展，渗透着浓厚的人情味，同时也写出了一个人成功往往需要具备的三个要素：天赋、勤奋和机缘。

自述文字最忌缠杂不清，左弯右拐。白石老人的文字清俊通脱，干净利落。作者以时间为线索叙述，但时间又只是"草蛇灰线"，若有若无，具体事情的过程倒是清晰可辨，成为人生轨迹的风景。具体场景，如叙述妻子春君安于贫穷，挺起脊梁做人，叙述寿三爷劝他拜师学诗的慷慨言语，都能看出人物的血肉。叙述陈少蕃师教授唐诗、寿三爷师教授绘画诀窍，都简洁有力。整篇自述清俊而有温情，避免了简历的枯瘦、苍白；讲述故事、穿插诗歌，生动而有情韵，但无文学传记的夸饰。

【思考与练习】

一、齐白石只上过短暂的私塾却在后来取得了成功，从本文中，你认为作者成功秘诀是什么？

二、课余翻阅齐白石的画集，体会他的画的风格与他的语言风格是否有相似的地方。

三、以《我的自传》为题，写一篇1000字左右的文章。

蔡元培先生

余 毅

余毅，即著名历史学家、民俗学家顾颉刚。顾颉刚(1893—1980)，江苏苏州人。中国"古史辨"学派的创始人，中国现代文坛的著名领袖之一。曾任北京大学、中山大学、中央研究院历史语言研究所教授。建国后，历任中国科学院、中国社会科学院历史研究所研究员。中国民主促进会会员，第三、四届全国政协委员。致力于中国上古史的考辨，主编《古史辨》，提出"层累地造成中国古史"的学说。曾主持"二十四史"和《资治通鉴》的标点工作。著有《三皇考》《秦汉的方士与儒生》《中国疆域沿革史》《吴歌甲集》等。

蔡先生的传记将来自有人做，这里为材料所限也不能做，只就我所记得的几件事说一下。

蔡先生的一生在中国史上有重大关系的，有三个阶段：一是民元任教育总长，二是民六任北京大学校长，三是民十八任中央研究院院长。无论在教育上，在学术研究上，都是开风气奠基础的工作。先生站在崇高的地位，怀着热烈的情感和真实的见解，指导青年向前走，可以说这二十九年来的知识分子没有不受着他的影响的。

我是北大学生，在他没有当校长的时候已在那边了。那时的北大实在陈旧得很，一切保存着前清"大学堂"的形式。教员和学生，校长和教员，都不发生什么关系。学生有钱的尽可以天天逛妓院，打牌，听戏，校中虽有舍监也从不干涉。学生有事和学校接洽，须写呈文，校长批了揭在牌上，仿佛一座衙门。蔡先生受任校长之后，立即出一布告，说"此后学生对校长应用公函，不得再用呈文。"这一下真使我们摸不着头脑，不知这位校长为什么要这样地谦虚。稍后他又出版《日刊》，除了发表校中消息之外，又收登教员学生的论文，于是渐渐有讨论驳难的文字出来，增高了学术研究的空气，学生对于学校改进有所建议时，他也就把这议案送登《日刊》，择其可行的立即督促职员实行。这样干去，学生对于学校就一点不觉得隔膜，而向来喜欢对学生摆架子的职员也摆不成架子了。

北大学生本来毫无组织，蔡先生来后就把每班的班长招来，劝他们每一系成立一个学会。许多班长退下来踌躇道："这件事怎么办呢？"因为同学间实在太散漫了。但靠了蔡先生的敦促和指导，以及学校在经费上的帮助，许多会居然组织起来了。不但每系有会，而且书法研究会、画法研究会、音乐会、辩论会、武术会、静坐会……一个个成立起来，谁高兴组织什么会就组织什么会，谁有什么技艺就会被拉进什么技艺的会。平时一个人表现自己能力时很有出风头的嫌疑，可是到了这个时候，虽欲不出风头而不可得了。校中尽有消遣的地方，打牌听戏的兴致也就减少许多了。一校之内，无论教职员、学生、仆役，都觉得很亲密的，很平等的。记得蔡先生每天出入校门，校警向他行礼，他也脱帽鞠躬，使得这班"小"惯了的仆人看了吐出舌头来。

《北大日刊》的稿件拥挤了，他就添出《月刊》。《月刊》的发刊词是他自己做的。他说："《中庸》里说的'万物并育而不相害，道并行而不相悖，此天地之所以为大也。'我们应当实践这句话。"那时正在洪宪帝制和张勋复辟之后，我们看他把帝制派的刘申叔先生(师培)请到国文系来教中古文学史，又把复辟派的辜鸿铭先生(汤生)请到英文系来教英国文学，刘先生的样子还不特别，辜先生却是大辫子，乌靴，腰带上眼镜袋，扇袋，鼻烟袋，历历落落地挂了许多，真觉得有点不顺眼。但想《月刊》的发刊词，就知道他是有一番用意的，他不问人的政治意见，只问人的真实知识。哲学系的"经学通论"课，他既请今文家崔适担任，又请古文家陈汉章担任，由得他们堂上的话互相冲突，让学生两头听了相反的议论之后，自己去选择一条路。

国史馆自馆长王闿运死后，归并北大，蔡先生就兼任了馆长。为了编史，他请了许多专家，如张相文、屠寄、叶翰等等，于是在大学中也添设了史学系，请这班先生兼一些课。国史馆中除了搜集民国史料之外，还编中国通史和分类史，定有很周密的计划。

那时国立大学只有这一个，许多人眼光里已觉得这是最高学府，不能再高了。但蔡先生还要在大学之上办研究所，请了许多专家来作导师，劝毕业生再入校作研究生，三四年级学生有志深造的亦得入所，常常开会讨论学问上的问题。这样一来，又使大学生们感觉得在课本之外还有需要自己研究的学问。清朝大学堂时代，图书馆中曾有许多词曲书，给监督刘廷琛看作淫词艳曲，有伤风化，一把火都烧了。到这时，蔡先生请了剧曲专家吴梅来作国文系教授，国文研究所中又大买其词曲书籍。岂但搜罗歌曲而已，连民间的歌曲也登报征集起来了，天天在《北大日刊》上选载一两首，绝不怕这些市井猥鄙的东西玷污了最高学府的尊严。那时我们都是二十余岁的青年，自以为思想很新的了，哪知一看学校当局公布的文件，竟新得出乎我们的意想之外！

从前女子只能进女学堂，她们的最高学府是女子师范学校，大学是她们无缘的。北大既然这般新，当下就有女学生妄觊非分，请求旁听。这使得校中办事人为难了，究竟答应不答应呢？蔡先生说："北大的章程上并没有说只收男生，不收女生的话，我们把她们收进来就是了。"于是就有胸挂北大徽章的女子出现于学校中，给男生一个强烈的刺激。到了暑假招生，有女子来报名应考，这一年录取了三个，校中始有正式的女生。学生定《日刊》是归号房办的，有一天我去取报，哪知已被同学强买了去，原来这天报上登着这三位女同学的姓名，大家要先睹为快呢。到现在，哪一个大学不收女生？试到华西坝一看，女同学竟比男同学还多了。

北大一天一天地发皇，学生一天一天地活泼，真可以说进步像飞一般快，一座旧衙门经蔡先生一手改造，竟成为新文化的中心。于是五四运动一试其锋，文化的锋头掉转到政治，就像狂飙怒涛那样不可抵御。那时北洋军阀和顽固学者恨蔡先生刺骨，必欲置之死地，徐树铮竟想架炮在景山顶上轰击北大。蔡先生在法国时留了长长的须，那时逼得没法，就剃了胡子逃回老家去。虽然风潮过后又请回来，毕竟做不长了。记得民国十二年彭允彝任教育部长时，就很不客气地下了"北京大学校长蔡元培应免本职"的命令。十五年国民革命军北伐，蔡先生在江浙预备响应，被革命目标五省联军总司令孙传芳下令通缉，他从浙江坐木船浮海到厦门。那时我在厦门大学任教，校中招待他，我也作陪。席上有人骂当时学生不守本分读书，专喜欢政治活动的，蔡先生就正色说道："只有青年有信仰，也只有青年不怕死，革命工作不让他们担任该什么人担任！"他这般疾言厉色，我还是第一次见呢。翌日他应厦大浙江同乡会之招，报告浙江革命工作，说到工作不顺利处，他竟失声哭了。那时他已经六十岁，就在这般凄风苦雨之中度过了他的诞辰。

北伐胜利，他任了国民政府的几个要职。但他是生活简单惯了的人，听说他在法国时只穿工人的衣服，这时他虽任了监察院长，到他家里去还只看见客堂里沿墙放着四张靠背椅子，当中放着一张方桌，四个凳子，没有什么别的陈设。他的家在上海也只住在普通的"里"里，直到民国二十年后始迁入一所破旧的洋房。八·一三后，上海沦陷，他避居九龙，今天看到报上的唁电，依然是某某路某某号的"楼下二号"。他是绍兴人，绍兴是出酒的地方，所以他从小就能喝酒。记得民国二十三四年间，他到北平，北大同人在欧美同学会替他洗尘，一共五桌，差不多每人敬他一杯，他都喝干了。有人说"蔡先生今天回来，看看他手创的北大，觉得高兴，所以多喝了些。"可怜这已是他最末一次到北大了！

蔡先生今年七十四岁，在他自己，辛苦一生，已经到了该休息的时候，可是我们如何舍得他呢！他在法国巴黎大学、德国来比锡大学研究哲学、美学、人类学、文明史等等，虽然归国后因为人事繁忙，自己没有写出多少东西（记得四五年前，他因身体不好，辞去兼职和名誉职，报上说有七十余个之多，可想见其忙），但他已把所学的一起用到实际上来了。他希望人家发展个性，他鼓励人家自由思想，他惟恐别人不知天地之大，他又惟恐别人成见之深。他要人多看，多想，多讨论，多工作，使得社会一天比一天进步，人生一天比一天快乐。这一个他的中心主张，虽则他自己没有明白说出，但是知道他的人一定感觉到的。这就是他在中国史上最大的贡献，也是将来的青年们永远不能忘记的人生指导。

【简析】本文作于1942年蔡元培先生74岁时。作者通过几件具体的事例，概述了蔡元培先生自1917年任北大校长后，整顿旧北大平庸涣散沉闷的"衙门"校风、倡导自由民主平等的现代学术的实绩，从而证明文章的主要观点：无论在教育还是在学术上，蔡元培先生都是开风气者和奠基者；他以崇高的地位、热烈的情感、真实的见解影响了整整一代青年知识分子。文章收束处，点出蔡元培先生看似平常却堪称改写了现代中国历史的"中心主张"，一则总结了蔡元培先生一生最大的贡献，二则文气贯通、首尾呼应，饱含了一个亲炙其教的学生对恩师的深切理解和醇厚情感。文章语言质朴，感情真挚，是一篇寓深情于平淡叙事之中的佳作。

【思考与练习】

一、谈谈你所知道的蔡元培先生。

二、本文语言质朴，感情真挚。阅读课文，体会本文寓深情于平淡叙事之中的写作特色。

记张自忠将军

梁实秋

梁实秋(1903—1987),名治华,字实秋,原籍浙江杭县(今杭州市),生于北京。青年时代就读于清华大学。1920年前后,受"五四"新文学影响,发表了一些新诗与诗评,与闻一多等组织"清华文学社"。1923年赴美留学,研读英美文学批评。1926年回国,先后在南京、上海、北京各大学任教,同时经常发表文章。其间参加《新月》杂志的编辑出版工作。作为新月社的主要成员,主张文学要写亘古不变的人性,反对文学的阶级性,曾与鲁迅和其他左翼作家进行论争。1934年应聘任北京大学外文系主任,先后出版了《文学的纪律》《浪漫的与古典的》《文艺批评论》等论文集。抗日战争爆发后,辗转入川。抗战胜利后回北平任教,并继续写作,与在四川之作结集为《雅舍小品》。1948年移居香港,1949年去台湾。

梁实秋一生致力于英国文学的翻译和研究工作,以个人之力译出《莎士比亚戏剧全集》三十七卷。创作上以散文著称,除《雅舍小品》外,还著有《雅舍小品续集》《雅舍杂文》《清华八年》《槐园梦记》《秋室杂文》等近二十本散文集。

我与张自忠将军仅有一面之雅①,但印象甚深,较之许多常常谋面的人更难令我忘怀。读《传记文学》秦绍文先生的大文,勾起我的回忆,谨为文补充以志景仰。

1940年1月我奉命参加国民参政会之华北视察慰劳团,由重庆出发经西安洛阳郑州南阳宜昌等地,访问了五个战区七个集团军司令部,其中之一便是张自忠将军的防地,他的司令部设在襄樊与当阳之间的小镇上,名快活铺。我们到达快活铺的时候大概是在二月中,天气很冷,还降着蒙蒙的冰霰②。我们旅途劳顿,一下车便被招待到司令部。这司令部是一栋民房,真正的茅茨土屋③,一明一暗,外间放着一张长方形的木桌,环列木头板凳,像是会议室,别无长物④,里间是寝室,内有一架大木板床,床上放着薄薄的一条棉被,床前一张木桌,桌上放着一架电话和两三叠镇尺压着的公文,四壁萧然,简单到令人不能相信其中有人居住的程度。但是整洁干净,一尘不染。我们访问过多少个司令部,无论是后方的或是临近前线的,没有一个在简单朴素上能比得过这一个。孙蔚如将军在中条山上的司令部,也很简单,但是也还有几把带靠背的椅子,孙仿鲁将军在唐河的司令部也极朴素,但是他也还有设备相当齐全的浴室。至于那些雄霸一方的骄兵悍将就不必提了。

张将军的司令部固然简单,张将军本人却更简单。他有一个高高大大的身躯,不愧为北方之强,微胖,推光头,脸上刮得光净,颜色略带苍白,穿普通的灰布棉军服,没有任何官阶标识。他不健谈,更不善应酬,可是眉宇之间自有一股沉着坚毅之气,不是英才勃发,是温恭蕴藉⑤的那一类型。他见了我们只是闲道家常,对于政治军事一字不提。他招待我们一餐永不能忘的饮食,四碗菜,一只火锅。四碗菜是以青菜豆腐为主,一只火锅是以豆腐青菜为

---

① 一面之雅:只见过一面的交情。雅,交情。
② 冰霰(xiàn):自空中降下的白色不透明的细小冰粒。
③ 茅茨(cí)土屋:用茅草、土坯盖成的简陋的房屋。
④ 别无长(cháng)物:没有别的像样儿的东西,形容俭朴。
⑤ 蕴藉:含蓄而不显露。

主。其中也有肉片肉丸之类点缀其间。每人还加一只鸡蛋放在锅子里煮。虽然他直说简慢抱歉的话，我看得出这是他在司令部里最大的排场。这一顿饭吃得我们满头冒汗，宾主尽欢。自从我们出发视察以来，至此已将近尾声，名为慰劳将士，实则受将士慰劳，到处大嚼，直到了快活铺这才心安理得地享受了一餐在战地里应该享受的伙食。珍馐非我之所不欲，设非其时非其地，则顺着脊骨咽下去，不是滋味。

晚间很早的就被打发去睡觉了。我被引到附近一栋民房，一盏油灯照耀之下看不清楚什么，只见屋角有一大堆稻草，我知道那是我的睡铺。在前方，稻草堆是最舒适的卧处，我是早有过经验的，既暖和又松软。我把随身带的铺盖打开，放在稻草堆上倒头便睡。一路辛劳，头一沾枕便呼呼入梦。俄而轰隆轰隆之声盈耳，惊慌中起来凭窗外视，月明星稀，一片死寂，上刺刀的卫兵在门外踱来踱去，态度很是安详，于是我又回到被窝里，但是断断续续的炮声使我无法再睡了。第二天早晨起来，参谋人员告诉我，这炮声是天天夜里都有的，敌人和我军只隔着一条河，到了黑夜敌人怕我们过河偷袭，所以不时的放炮吓吓我们，表示他们有备，实际上是他们自己壮胆。我军听惯了，根本不理会他们，他们没有胆量开过河来。那么，我们是不是有时也要过河去袭击敌人呢？据说是的，我们经常有部队过河作战，并且有后继部队随时准备出发支援，张将军也常亲自过河督师。这条河，就是襄河。

早晨天仍未晴，冰霰不停，朔风刺骨。司令部前一广场，是扩大了的打谷场，就在那地方召集了千把名士兵，举行赠旗礼，我们奉上一面锦旗，上面的字样不是"我武维扬"①便是"国之干城"②之类，我还奉命说了几句话，在露天讲话很难，没讲几句就力竭声嘶了。没有乐队，只有四把喇叭，简单而肃穆。行完礼张将军率领部队肃立道边，送我们登车而去。

回到重庆，大家争来问讯，问我们在前方有何见闻。平时足不出户，哪里知道前方的实况？真是一言难尽。军民疾苦，惨不忍言，大家只知道"前方吃紧后方紧吃"，其实亦不尽然，后方亦有不紧吃者，前方亦有紧吃者，大概高级将领之能刻苦自律如张自忠将军者实不可多觏③。我尝以为，自奉俭朴的人方能成大事，讷涩④寡言笑的人方能立大功。果然五月七日夜张自忠将军率部队渡河解救友军，所向皆捷，不幸陷敌重围，于十六日壮烈殉国！大将陨落，举国震悼。

张将军灵榇⑤由重庆运至北碚⑥江干，余适寓北碚，亲见民众感情激动，群集江滨，遗榇厝⑦于北碚附近小镇天生桥之梅花山。山以梅花名，并无梅花，仅一土丘蜿蜒公路之南侧，此为由青木关至北碚必经之在，行旅往还辄⑧相顾指点："此张自忠将军忠骨长埋之处也。"

将军之生平与为人，余初不甚了了，惟七七事变前后余适在北平，对于二十九军诸将甚

---

① 我武维扬：语出《尚书·秦誓》，这里的意思是显示、高扬我们的军威。
② 国之干城：国家的捍卫者。干，盾牌。城，城墙。干和城都比喻捍卫者。
③ 觏（gòu）：遇见。
④ 讷（nè）涩：说话迟钝，不善言谈。
⑤ 灵榇（chèn）：灵柩。
⑥ 北碚（bèi）：地名，在今重庆市区北部。
⑦ 厝（cuò）：把灵柩暂放待葬或浅埋以待改葬。
⑧ 辄（zhé）：总是，就。

为敬佩与同情，其谋国①之忠与作战之勇，视任何侪辈②皆无逊色，谓予不信③，请看张自忠将军之事迹。

【简析】晚年的梁实秋身在台湾，遥念大陆，写了不少回忆追思、怀旧谈故的文章，本文就是其中的一篇佳作。

张自忠将军是著名的爱国将领，作者"与张自忠将军仅有一面之雅"，但这仅有的一次见面却留下了终身难忘的印象，这印象就是张将军的"谋国之忠"与"作战之勇"。

文章除正面记叙外，更注重侧面描写。全文用了许多笔墨详细介绍了张自忠将军司令部陈设的简朴和他招待慰问团的那餐以青菜豆腐为主的饮食，又与慰问团一路访问过的不少司令部和所到之处每每受到的款待进行对比，从而衬托出张将军的可贵品质。对于张将军的治军之严、作战之勇和以身殉国之壮烈，也从侧面加以表述。这种写法既合事实，又意味深长，留下大量艺术空间让读者想象品味。

【思考与练习】

一、你觉得张自忠将军有哪些可敬佩之处？
二、本文是怎样运用侧面描写和衬托手法的？

---

① 谋国：为国家的前途命运谋划、考虑。
② 侪(chái)辈：同辈，同类的人。
③ 谓予不信：(如果)认为我说的不确切。谓，以为。予，我。信，确实。

纪念傅雷①

施蛰存

施蛰存(1905—2003),原名施德普,字蛰存,生于浙江杭州。30年代在上海主编《现代》月刊,并从事小说创作,是中国"新感觉派"的代表。曾相继在云南大学、厦门大学、沪江大学等校任教。解放后任华东师范大学教授。他博学多才,兼通古今中外,在古典文学研究、碑帖研究、外国文学翻译等方面均有很大成绩。有《施蛰存文集》。

一九六六年九月三日,这是傅雷和夫人朱梅馥离开这个世界的日子,今年今天,正是二十周年纪念。这二十年过得好快,我还没有时间写一篇文章纪念他们。俗话说:"秀才人情纸半张。"我连这半张纸也没有献在老朋友灵前,人情之薄,可想而知。不过,真要纪念傅雷夫妇,半张纸毕竟不够,而洋洋大文却也写不出,于是拖延到今天。

现在,我书架上有十五卷的《傅雷译文集》和两个版本的《傅雷家书》,都是傅敏②寄赠的,还有两本旧版的《高老头》和《欧也妮·葛朗台》③,是傅雷送给我的,有他的亲笔题字。我的照相册中有一张我的照片,是一九七九年四月十六日在傅雷追悼会上,在赵超构④送的花圈底下,沈仲章给我照的,衣襟上还有一朵黄花。这几年来,我就是默对这些东西,悼念傅雷。

一九三九年,我在昆明⑤。在江小鹣⑥的新居中,遇到滕固⑦和傅雷。这是我和傅雷定交的开始。可是我和他见面聊天的机会,只有两次,不知怎么一回事,他和滕固吵翻了,一怒之下,回上海去了。这是我第一次领略到傅雷的"怒"。后来知道他的别号就叫"怒庵",也就不以为奇。从此,和他谈话时,不能不提高警惕。

一九四三年,我从福建回沪省亲⑧,在上海住了五个月,曾和周煦良⑨一同到吕班路(今重庆南路)巴黎新村去看过傅雷,知道他息影孤岛⑩,专心于翻译罗曼·罗兰⑪。这一次认识了朱梅馥,也看见客堂里有一架钢琴,他的儿子傅聪⑫坐在高凳上练琴。

我和傅雷的友谊,只能说开始于解放以后。那时他已迁居江苏路安定坊,住的是宋春

---

① 本文选自施蛰存的散文集《沙上的足迹》,辽宁教育出版社1995年版。傅雷(1908—1966):字怒安,号怒庵,上海市南汇县人。早年留学法国,专攻艺术,并游览了欧洲各国。回国后致力于法国文学艺术的翻译介绍,"文革"中遭迫害而死。译著有罗曼·罗兰《约翰·克利斯朵夫》、巴尔扎克《高老头》《欧也妮·葛朗台》、丹纳《艺术哲学》等30多部。

② 傅敏:傅雷的次子。《傅雷家书》是他所编。

③ 《高老头》和《欧也妮·葛朗台》:法国作家巴尔扎克的著名长篇小说,由傅雷译成中文。

④ 赵超构:笔名林放,我国著名杂文家,解放后担任上海《新民晚报》社社长多年。

⑤ 1937年9月,施蛰存应云南大学校长熊庆来聘请,曾到该校中文系任教。

⑥ 江小鹣(jiān):中国现代画家,30年代曾任上海新华艺术学校雕塑系主任。

⑦ 滕固:中国现代小说家,文学研究会成员。

⑧ 1940年3月施蛰存到福建,在厦门大学中文系任教。

⑨ 周煦良:翻译家,生前任上海华东师范大学外文系主任,曾译过英国作家毛姆的《刀锋》等。

⑩ 孤岛:指第二次世界大战中太平洋战争爆发前的上海租界。

⑪ 罗曼·罗兰:法国现代作家、社会活动家,著有长篇小说《约翰·克里斯朵夫》等。

⑫ 傅聪:旅英钢琴家,傅雷的长子。

舫①家的屋子。我住在邻近，转一个弯就到他家。五十年代初，他在译巴尔扎克，我在译伐佐夫、显克微支和尼克索②。这样，我们就成为翻译外国文学的同道，因此，在这几年中，我常去他家里聊天，有时也借用他的各种辞典查几个字。

可是，我不敢同他谈翻译技术，因为我们两人的翻译方法不很相同。一则因为他译的是法文著作，从原文译，我译的都是英文转译本，使用的译法根本不同。二则我主张翻译只要达意，我从英文本译，只能做到达英译本的意。英译本对原文本负责，我对英译本负责。傅雷则主张非但要达意，还要求传神。他屡次举过一个例。他说：莎士比亚的《哈姆雷特》③第一场有一句"静得连一个老鼠的声音都没有"。但纪德④的法文译本，这一句却是"静得连一只猫的声音都没有"。他说"这不是译错，这是达意，这也就是传神。"我说，依照你的观念，中文译本就应该译作"鸦雀无声"。他说"对"。我说："不行，因为莎士比亚时代的英国话中不用猫或鸦雀来形容静。"

傅雷有一本《国语大辞典》，书中有许多北方的成语。傅雷译到法文成语或俗话的时候，常常向这本辞典中去找合适的中国成语俗话。有时我去看他，他也会举出一句法文成语，问我有没有相当的中国成语。他这个办法，我也不以为然。我主张照原文原意译，宁可加个注，说明这个成语的意义相当于中国的某一句成语。当然，他也不以为然。

一九五八年，我们都成为第五类分子⑤，不便来往，彼此就不相闻问。不过，有一段时候，朱梅馥和我老伴都被居委会动员出去办托儿所，她们俩倒是每天在一起，我因此便间接知道一些傅雷的情况。

一九六一年，大家都蒙恩摘除了"帽子"，可以有较多的行动自由，于是我又常去看他。他还在译书，而我已不干这一行了，那几年，我在热衷于碑版文物，到他那里去，就谈字画古董。他给我看许多黄宾虹⑥的画，极其赞赏，而我却又有不同意见。我以为黄宾虹晚年的画越来越像个"墨猪"⑦了。这句话又使他"怒"起来，他批评我不懂中国画里的水墨笔法。

一九六六年八月下旬，我已经在里弄里被"示众"⑧过了。想到傅雷，不知他这一次如何"怒"法，就在一个傍晚，踱到他门口去看看。只见他家门口贴满了大字报，门窗紧闭，真是"鸦雀无声"。我就踱了回家。大约在九月十日左右，才知道他们两夫妇已撒手西归，这是怒庵的最后一"怒"。

我知道傅雷的性情刚直，如一团干柴烈火，他因不堪凌辱，一怒而死，这是可以理解的，我和他虽然几乎处处不同，但我还是尊敬他。在那一年，朋友中像傅雷那样的毅然决然不自惜其生命的，还有好几个，我也都一律尊敬。不过，朱梅馥的能同归于尽，这却是我想象不

---

① 宋春舫：中国现代戏剧家，著有喜剧《五里雾中》等。
② 伐左夫：保加利亚现代作家，其代表作长篇小说《轭下》由施蛰存译成中文。显克微支：波兰近代作家，施蛰存与人合译过他的《显克微支短篇小说集》。尼克索：丹麦近代作家，施蛰存译过他的长篇小说《征服者贝莱》，与人合译过《尼克索短篇小说》。
③ 《哈姆雷特》：英国剧作家莎士比亚的著名悲剧。
④ 纪德：法国近代作家，第二次世界大战时沦为亲法西斯分子。
⑤ 第五类分子：在"以阶级斗争为纲"的时代，把"地主、富农、反革命分子、坏分子、右派分子"五类人列为无产阶级专政的对象。第五类分子即指右派分子。施蛰存在1957年反右运动中被错划为右派。
⑥ 黄宾虹：中国现代画家，曾在多家美术院校任教。
⑦ 墨猪：比喻书画的点划痴肥而无骨力。
⑧ 示众：指"文革"初期的当众批斗与羞辱。

到的，伉俪①之情，深到如此，恐怕是傅雷的感应。

　　傅雷逝世，其实我还没有了解傅雷。直到他的家书集出版，我才能更深一步地了解傅雷。他的家教如此之严，望子成龙的心情如此之热烈。他要把他的儿子塑造成符合于他的理想的人物。这种家庭教育是相当危险的，没有几个人能成功，然而傅雷成功了。

　　傅雷的性格，最突出的是他的刚直。在青年时候，他的刚直还近于狂妄。所以孔子说："好刚不好学，其蔽也狂②。"傅雷从昆明回来以后，在艺术的涵养，知识学问的累积之后，他才成为具有浩然之气的儒家之刚者③，这种刚直的品德，在任何社会中，都是难得见到的，连孔子也说过："吾未见刚者。④"

　　傅雷之死，完成了他的崇高品德，今天我也不必说"愿你安息吧"，只愿他的刚劲，永远弥漫于知识分子中间。

一九八六年九月三日

　　【简析】本文以客观冷静的笔触，以"怒"为线索，叙述了作者与傅雷生前交往的情谊，撷取了傅雷生活的典型片段，展现了傅雷严谨、认真、为人坦荡、禀性刚毅等个性，赞颂了像傅雷一样的中国知识分子纯洁、真诚、坚持真理、刚直不屈的优秀品格。作者在回忆与傅雷的交往时，着重刻画傅雷的三次发怒。文章从悼念日期的情思下笔，然后按事件发生的时间先后顺序记叙，层次井然，人物描写鲜明生动。本文语言朴实无华，却饱含深情，也不乏一些机趣和幽默。

【思考与练习】

　　一、本文写出了傅雷怎样的个性特征？表现了怎样的主题？

　　二、本文作者将傅雷称为"刚者"，并在文章的结尾说："只愿他的刚劲，永远弥漫于知识分子中间"，这表达了作者怎样的思想感情？

　　三、阅读《傅雷家书》，进一步了解傅雷。

---

　　① 伉俪(kàng lì)：夫妻。
　　② "好刚"二句：出自《论语·阳货》。
　　③ 浩然之气：见《孟子·公孙丑上》，指一种至大至刚、充塞天地的正气。
　　④ 吾未见刚者：出自《论语·公冶长》。

100

金岳霖先生

汪曾祺

汪曾祺(1920—1997)，江苏高邮人，著名作家。毕业于西南联合大学中国文学系，做过中学教师、编辑，1962年起任北京京剧团编剧，写过《沙家浜》等剧本。20世纪40年代即开始发表作品，20世纪80年代以小说《受戒》《大淖记事》享誉文坛，其散文亦富特色。晚年的创作集为《晚饭花集》《蒲桥集》等。著有《汪曾祺文集》五卷。

西南联大①有许多很有趣的教授，金岳霖②先生是其中的一位。金先生是我的老师沈从文先生的好朋友。沈先生当面和背后都称他为"老金"。大概时常来往的熟朋友都这样称呼他。关于金先生的事，有一些是沈先生告诉我的。我在《沈从文先生在西南联大》一文中提到过金先生。有些事情在那篇文章里没有写进去，觉得还应该写一写。

金先生的样子有点怪。他常年戴着一顶呢帽，进教室也不脱下。每一学年开始，给新的一班学生上课，他的第一句话总是："我的眼睛有毛病，不能摘帽子，并不是对你们不尊重，请原谅。"他的眼睛有什么病，我不知道，只知道怕阳光。因此他的呢帽的前檐压得比较低，脑袋总是微微地仰着。他后来配了一副眼镜，这副眼镜一只的镜片是白的，一只是黑的。这就更怪了。后来在美国讲学期间把眼睛治好了——好一些了，眼镜也换了，但那微微仰着脑袋的姿态一直还没有改变。他身材相当高大，经常穿一件烟草黄色的麂皮夹克，天冷了就在里面围一条很长的驼色的羊绒围巾。联大的教授穿衣服是各色各样的。闻一多先生有一阵穿一件式样过时的灰色旧夹袍，是一个亲戚送给他的，领子很高，袖口极窄。联大有一次在龙云③的长子、蒋介石的干儿子龙绳武家里开校友会——龙云的长媳是清华校友，闻先生在会上大骂"蒋介石，王八蛋！混蛋！"那天穿的就是这件高领窄袖的旧夹袍。朱自清先生有一阵披着一件云南赶马人穿的蓝色毡子的一口钟。除了体育教员，教授里穿夹克的，好像只有金先生一个人。他的眼神即使是到美国治了后也还是不大好，走起路来有点深一脚浅一脚。他就这样穿着黄夹克，微仰着脑袋，深一脚浅一脚地在联大新校舍的一条土路上走着。

金先生教逻辑。逻辑是西南联大规定文学院一年级学生的必修课，班上学生很多，上课在大教室，坐得满满的。在中学里没有听说有逻辑这门学问，大一的学生对这课很有兴趣。金先生上课有时要提问，那么多的学生，他不能都叫得上名字来——联大是没有点名册的，他有时一上课就宣布："今天，穿红毛衣的女同学回答问题。"于是所有穿红衣的女同学就都有点紧张，又有点兴奋。那时联大女生在蓝阴丹士林旗袍外面套一件红毛衣成了一种风气。——穿蓝毛衣、黄毛衣的极少。问题回答得流利清楚，也是件出风头的事。金先生很注意地听着，完了，说："Yes！请坐！"

学生也可以提出问题，请金先生解答。学生提的问题深浅不一，金先生有问必答，很耐

---

① 西南联大：中国抗日战争期间设于昆明的一所综合性大学，由北京大学、清华大学和南开大学联合而成。

② 金岳霖(1895—1984)：著名哲学家、逻辑学家。湖南长沙人。美国哥伦比亚大学硕士、博士，曾游历美、德、法、意诸国。1925年回国后，历任清华大学、西南联合大学哲学系教授、系主任、文学院长。1952年起任北京大学哲学系教授、系主任。1955年后任中国科学院学部委员，哲学研究所研究员、副所长。有《知识论》《论道》等著作。

③ 龙云(1887—1962)：时任国民党云南省政府主席。

心。有一个华侨同学叫林国达，操广东普通话，最爱提问题，问题大都奇奇怪怪。他大概觉得逻辑这门学问是挺"玄"的，应该提点怪问题。有一次他又站起来提了一个怪问题，金先生想了一想，说："林国达同学，我问你一个问题：'Mr. 林国达 is perpendicular to the blackboard（林国达君垂直于黑板）'这是什么意思？"林国达傻了。林国达当然无法垂直于黑板，但这句话在逻辑上没有错误。

林国达游泳淹死了。金先生上课，说："林国达死了，很不幸。"这一堂课，金先生一直没有笑容。

有一个同学，大概是陈蕴珍，即萧珊，曾问过金先生："您为什么要搞逻辑？"逻辑课的前一半讲三段论、大前提、小前提、结论、周延、不周延、归纳、演绎……还比较有意思。后半部全是符号，简直像高等数学。她的意思是：这种学问多么枯燥！金先生的回答是："我觉得它很好玩。"

除了文学院大一学生必修课逻辑，金先生还开了一门"符号逻辑"，是选修课。这门学问对我来说简直是天书。选这门课的人很少，教室里只有几个人。学生里最突出的是王浩。金先生讲着讲着，有时会停下来，问："王浩，你以为如何？"这堂课就成了他们师生二人的对话。王浩现在在美国，前些年写了一篇关于金先生的较长的文章，大概是论金先生之学的，我没有见到。

王浩和我是相当熟的。他有个要好的朋友王景鹤，和我同在昆明黄土坡一个中学教书，王浩常来玩。来了，常打篮球。大都是吃了午饭就打。王浩管吃了饭就打球叫"练盲肠"。王浩的相貌颇"土"，脑袋很大，剪了一个光头，——联大同学剪光头的很少，说话带山东口音。他现在成了洋人——美籍华人，国际知名的学者，我实在想象不出他现在是什么样子。前年他回国讲学，托一个同学要我给他画一张画。我给他画了几个青头菌、牛肝菌、一根大葱、两头蒜，还有一块很大的宣威火腿。——火腿是很少入画的。我在画上题了几句话，有一句是"以慰王浩异国乡情"。王浩的学问，原来是师承金先生的。一个人一生哪怕只教出一个好学生，也值得了。当然，金先生的好学生不止一个人。

金先生是研究哲学的，但是他看了很多小说，从普鲁斯特到福尔摩斯，都看。听说他很爱看平江不肖生的《江湖奇侠传》。有几个联大同学住在金鸡巷，陈蕴珍、王树藏、刘北汜、施载宣（肖荻）。楼上有一间小客厅。沈先生有时拉一个熟人去给少数爱好文学写写东西的同学讲一点什么。金先生有一次也被拉了去。他讲的题目是《小说和哲学》。题目是沈先生给他出的。大家以为金先生一定会讲出一番道理。不料金先生讲了半天，结论却是：小说和哲学没有关系。有人问：那么《红楼梦》呢？金先生说："红楼梦里的哲学不是哲学。"他讲着讲着，忽然停下来："对不起，我这里有个小动物。"他把右手伸进后脖领，捉出了一个跳蚤，捏在手指里看看，甚为得意。

金先生是个单身汉（联大教授里不少光棍，杨振声先生曾写过一篇游戏文章《释鳏》，在教授间传阅），无儿无女，但是过得自得其乐。他养了一只很大的斗鸡（云南出斗鸡）。这只斗鸡能把脖子伸上来，和金先生一个桌子吃饭。他到处搜罗大梨、大石榴，拿去和别的教授的孩子比赛。比输了，就把梨或石榴送给他的小朋友，他再去买。

金先生朋友很多，除了哲学家的教授外，时常来往的，据我所知，有梁思成林徽因夫妇、沈从文、张奚若……君子之交淡如水，坐定之后，清茶一杯，闲话片刻而已。金先生对林徽因的谈吐才华，十分欣赏。现在的年轻人多不知道林徽因。她是学建筑的，但是对文学的趣味极高，精于鉴赏，所写的诗和小说如《窗子以外》《九十九度中》风格清新，一时无二。林徽因死后，有一年，金先生在北京饭店请了一次客，老朋友收到通知，都纳闷：老金为什么请客？到了之后，金先生才宣布："今天是徽因的生日。"

金先生晚年深居简出。毛主席曾经对他说："你要接触接触社会。"金先生已经八十岁了，怎么接触社会呢？他就和一个蹬平板三轮车的约好，每天蹬着他到王府井一带转一大圈。我想象金先生坐在平板三轮上东张西望，那情景一定非常有趣。王府井人挤人，熙熙攘攘，谁也不会知道这位东张西望的老人是一位一肚子学问、为人天真、热爱生活的大哲学家。

金先生治学精深，而著作不多。除了一本大学丛书里的《逻辑》，我所知道的，还有一本《论道》。其余还有什么，我不清楚，须问王浩。

我对金先生所知甚少。希望熟知金先生的人把金先生好好写一写。

联大的许多教授都应该有人好好地写一写。

1987 年 2 月 23 日

【简析】这是一篇怀人散文。作者以自然率真的笔致，生动地描绘了一位著名学者极富魅力的风貌。作者曾是西南联大的学生，对沈从文、金岳霖等联大教授十分熟悉，也很有感情，这就为本文的写作提供了很有利的基础。作者有着一种难得的放松的心态，既不忘所记述的人是自己尊敬的师长，有着常人难以企及的成就和境界，又不忘他是有血有肉的平常人，而且是很有个性特征的人；只要忠实记录他的言行，就能写出有性格的形象，不必有什么避忌，不必去刻意拔高、雕琢。文章于是写得很随便，很轻松，很平淡，然而一读之下，即可感觉到蕴藏在其中的对于所追忆者的景仰与赞叹。

【思考与练习】

一、请根据本文的描写，概括一下金岳霖先生的性格特征。

二、本文中间叉出一笔，写金岳霖的一位学生王浩，你认为这种写法好吗？是否成功？

三、本文在口语和文言词语的使用上有怎样的特点？试加分析。

四、试着用这种笔法写一位你身边"有趣"的师长。

啊，船长，我的船长！

惠特曼

沃尔特·惠特曼(1819—1892)，美国诗人，是美国现代诗歌的鼻祖，首创无韵诗，和后来的波德莱尔齐名，为世界诗坛两怪杰。1848年西欧各国爆发了革命，对惠特曼影响很大。他在报纸上发表文章讴歌欧洲革命，并写了不少诗来表达自己的心境，其中包括《欧洲》《法兰西》《近代的岁月》等。1855年，惠特曼创作了他的代表作诗集《草叶集》。1861年美国南北战争爆发。内战结束后他自费发表了反映内战的诗篇《桴鼓集》(1865)。几个月后他又出版了一本续集，其中有悼念林肯的名篇《最近紫丁香在庭院里开放的时候》《啊，船长，我的船长》。

一

啊，船长，我的船长！我们的艰苦航程已经终结；

这只船渡过了一切风险，我们争取的胜利已经获得；

港口在望，我只听见钟声在响，人们都在欢呼，

千万只眼都在望这只稳定的船，它显得威严而英武；

但是，呵，心呀！心呀！心呀！

啊，鲜红的血液长淌；

甲板上躺着我们的船长，

倒下来了，冷了，死了。

二

呵，船长，我们的船长！起来听听这钟声；

起来，旗帜正为你飘扬，军号正为你发出颤音；

为你，送来了这些花束和花环，为你，岸上的人们在拥挤；

这熙熙攘攘的人群，他们为你欢呼，他们的热情的脸转朝着你；

这里，船长！亲爱的父亲！

我这只手臂把你的头支起；

在甲板上像是在一场梦里，

你倒下来，冷了，死了。

三

我的船长不回答，他的嘴唇苍白而静寂；

我的父亲感觉不到我的手臂，他已经没有知觉，也没有脉息；

这只船安安稳稳下了锚，已经结束了它的航程；

这只胜利的船从艰苦的旅程归来，大功已经告成；

欢呼吧，呵，海岸！响吧，啊，钟！
可是，我踏着悲哀的步子，
在我的船长躺着的甲板上走来走去，
他倒下了，冷了，死了。

【简析】这首诗是《草叶集》中罕见的格律诗，也是惠特曼最脍炙人口的一首诗。它生动地写出林肯总统遇刺杀后，举国哀痛、催人泪下的情景，被卡尔·桑德堡在其著名的《林肯传》中称为"最奇幻、最富象征性"的一首国殇，百余年来一直拥有最广大的读者。到1992年惠特曼逝世百周年的纪念活动中它还被庄重地朗诵过，被无数次地选入各种选集中，还配上了种种曲谱。

这首诗与我们以往看到的"伟人颂歌"不同，它充分反映了美国人的"伟人观"。我们传统的伟人颂歌大都是歌颂他们的丰功伟绩，伟人的形象一定是高大威武、气势不凡的；他们无不是十全十美、神圣不可侵犯的。而这首诗中，林肯的形象却不是那么高大完美，而更像一个普通人——他本来就是普通人，"他已倒下，已死去，已冷却""双唇惨白""没有脉搏，没有生命"，他的头靠在了"我"的手臂上，这多么像一个可怜的受害者！原来伟人的死也与凡人没有什么不同。但是，林肯的形象在我们心中一点都没有受损，我们反而更爱他了。

【思考与练习】

一、仔细阅读全诗并结合历史谈谈你对林肯的印象。
二、从语言角度分析这篇文章打动人心的原因。

第四章　万水千山

芜　城　赋
登广陵城作①
鲍照

鲍照(约414—466)，字明远，东海(今江苏省涟水县北)人。出身贫寒，曾任临海王萧子顼的前军参军，故世称鲍参军。后萧子顼作乱，鲍照为乱兵所杀。鲍照在当时受到门阀制度的压抑，一生很不得意，其作品中充满了怀才不遇的愤懑不平之感，表现了寒门对世族大地主政治的不满。有的作品还揭示了当时社会中的不合理现象，对底层人民表示同情。他擅长写作七言歌行，能够吸收民歌的精华，感情充沛，语言劲健，形象鲜明。七言诗到他手里有显著的发展，对唐代李白、高适、岑参等人的创作也有一定的影响。有《鲍参军集》。

泻迤平原②，南驰苍梧涨海，北走紫塞雁门③。柂以漕渠，轴以昆岗④。重关复江之奥，四会五达之庄⑤。当昔全盛之时，车挂辖，人驾肩⑥；廛闬扑地，歌吹沸天⑦。孳货盐田，铲利铜山⑧，才力雄富，士马精妍⑨。故能侈秦法，佚周令，划崇墉，刳浚洫，图修世以休命⑩。是

---

① 广陵城：广陵故城在江苏江都县东北。
② 泻迤(mǐ yǐ)：地势平坦辽阔的样子。平原：指广陵一带平坦的地势。
③ 苍梧：汉代郡名，在今广西梧州市一带。涨海：南海。紫塞：指长城。秦所筑长城，土色皆紫，故称紫塞。雁门：郡名，三国时治所在今山西省代县西北。
④ 柂(duò)：引。漕渠：漕河，即邗(hán)沟，春秋时吴国开凿的运河，东北通射阳湖，西北至京口入淮，流经广陵。轴以昆岗：指广陵以昆冈为轴心。昆冈：又名阜岗、广陵冈，广陵城筑于其上。
⑤ "重关"二句：广陵城为重重叠叠的江关环绕，处于幽深隐蔽之处，但交通方便，四通八达。奥：深隐之处。庄：大道。
⑥ 全盛之时：指西汉吴王刘濞在广陵建都之时。车挂辖：车轴相互碰撞。辖(wèi)：车轴的顶端。人驾肩：指行人稠密拥挤，肩膀相互摩擦。
⑦ 廛闬(chán hàn)扑地：指住宅密密地排列在一起。廛：居民区。闬：里门。扑地：遍地。歌吹：歌唱吹奏。
⑧ 孳(zī)：繁殖。货：财货。铲利：取利。《史记·吴王濞列传》："吴有豫章郡铜山，濞则招致天下亡命者盗铸钱，煮海水为盐。"这两句是说广陵有盐田和铜山之利。
⑨ 妍：美好。
⑩ 侈、佚：均指超越。以上两句说，因为当时国力富强，所以一切规模体制超过周、秦两代。划：区割，开，此意为建筑。崇墉(yōng)：高峻的城墙。刳(kū)：挖凿。浚洫(jùn xù)：深池，此指护城河。修世：永世。休命：美好的命运。以上五句是说刘濞凭借广陵优越的条件，僭越旧制大兴土木，图谋长远统治。

106

以板筑雉堞之殷，井幹烽橹之勤①，格高五岳，袤广三坟②，峻若断岸③，矗似长云，制磁石以御冲，糊赪壤以飞文④。观基扃之固护，将万祀而一君⑤。出入三代，五百余载，竟瓜剖而豆分⑥！

泽葵依井，荒葛罥涂⑦。坛罗虺蜮，阶斗麕鼯⑧。木魅山鬼，野鼠城狐，风嗥雨啸，昏见晨趋⑨。饥鹰砺吻，寒鸱吓雏⑩。伏暴藏虎，乳血飡肤⑪。崩榛塞路，峥嵘古馗⑫。白杨早落，塞草前衰。棱棱霜气，蓰蓰风威⑬。孤蓬自振，惊沙坐飞⑭。灌莽杳而无际，丛薄纷其相依⑮。通池既已夷，峻隅又已颓⑯。直视千里外，唯见起黄埃。凝思寂听，心伤已摧。

若夫藻扃黼帐⑰，歌堂舞阁之基；璇渊碧树，弋林钓渚之馆⑱；吴蔡齐秦之声，鱼龙爵马之玩⑲，皆薰歇烬灭，光沉响绝⑳！东都妙姬，南国佳人，蕙心纨质，玉貌绛唇㉑，莫不埋魂幽石，委骨穷尘㉒，岂忆同辇之愉乐，离宫之苦辛哉㉓！

天道如何？吞恨者多㉔。抽琴命操㉕，为芜城之歌。歌曰：

---

① 板筑：指修建城墙。板：筑墙用的夹板。筑：捣土用的杵。雉堞：城墙长三丈高一丈为一雉；城上端凹凸的墙为堞，即女墙。殷：盛。井幹(hán)：建造高大建筑物用的栏架。烽橹：城上瞭望烽火的望楼。以上二句是说，为了长远统治，大规模地营建广陵这座城池。

② 格高五岳：格局高于五岳。五岳：东岳泰山、西岳华山、南岳衡山、北岳恒山、中岳嵩山。袤(mào)广三坟：幅员辽阔，与三坟相接。三坟：说法不一。一般指《尚书·禹贡》所说的兖州土黑坟，青州土白坟，徐州土赤埴坟，以上三州与广陵相接。

③ 峻(zú)：高峻。断岸：绝壁。

④ "制磁石"二句：相传秦代阿房宫以磁石做门，磁石吸铁，可防御怀刃者的袭击。糊：粘。赪壤：红色的泥土。飞文：飞动光彩。文：指墙上的图案。

⑤ 基扃(jiōng)：指城阙。基：城基。扃：门上的关键。固护：牢固。祀：年。一君：指一姓的统治。

⑥ 出入：经过。三代：指汉、魏、晋。瓜剖豆分：如瓜被剖开，如豆被分割。比喻广陵城的毁坏。

⑦ 泽葵：莓苔一类植物。葛：一种蔓生的野草。罥(juàn)：缠绕。涂：通"途"，道路。

⑧ 坛：堂。罗：遍布。虺(huǐ)：毒蛇。蜮(yù)：传说中的短狐，亦称射工，能含沙射人为灾。麕(jūn)：麇，形似鹿而小。鼯(wú)：鼠类动物，亦称大飞鼠。

⑨ 魅(mèi)：鬼怪。嗥：嚎叫。见：同"现"。

⑩ 砺：同"厉"，磨砺。吻：嘴。鸱(chī)：鹞鹰。吓(hè)：恐吓。雏：小鸟。

⑪ 暴：此指猛虎。乳血：饮血。飡肤：食肉。飡：同"餐"。

⑫ 榛：丛生的树木。峥嵘：阴森的样子。馗(kuí)：大道。

⑬ 棱棱：霜气劲锐的样子。蓰蓰：风声劲疾貌的样子。

⑭ 孤蓬：蓬草，其花如球，随风旋转。振：飞动。坐飞：无故而飞。

⑮ 灌莽：丛生的草木。杳：深远。丛薄：草木丛杂。

⑯ 通池：城壕。夷：平。峻隅：高城。颓：倾塌。

⑰ 藻扃：彩绘的门户。扃：泛指门户。黼(fǔ)帐：绣有花纹之帐。

⑱ 璇渊：玉池。碧树：玉树。弋：带有绳子的箭，用来射鸟。

⑲ 吴、蔡、齐、秦之声：泛指各地区的音乐。鱼龙爵马：泛指各种杂技。爵：同"雀"。

⑳ 薰：香气。烬：物经火烧的残余部分。光沉响绝：光彩和音响消失绝灭。

㉑ 东都妙姬、南国佳人：泛指各地美女。东都：洛阳。蕙心纨质：比喻美好芳洁。蕙：香草名。纨：丝绢。绛唇：朱唇。

㉒ 委：弃。

㉓ 同辇：妃嫔与君王同车，指得宠。辇(niǎn)：古代帝王等坐的车子。离宫：皇帝的行宫，这里指妃嫔失宠后居住的冷宫。

㉔ 吞恨：抱恨。

㉕ 抽琴命操：取出琴作歌曲。操：琴曲名。命操：作曲、谱曲。

"边风急兮城上寒，井径灭兮丘陇残①。千龄兮万代，共尽兮何言②！"

【简析】《芜城赋》通过对广陵形胜和昔日繁华景象的竭力渲染和当前衰败气象的夸张描绘，突出地表现了今昔兴亡之感。所用语言奇警有力，形象鲜明生动，是骈体抒情小赋中的名作。

这篇赋突出的艺术特点是巧妙地运用盛衰并置的对比和高度的夸张以渲染气氛。从赋题看，本文的中心点是写"芜"，但为了加强艺术感染力，作者却从广陵昔日之盛写起，有意为后文的写"芜"张本蓄势，在强烈的对比中造成鲜明的印象。赋文虽借鉴了汉代京殿苑猎赋善铺张、重夸饰的特色，但由于作者是用粗线条的笔法勾画相反的事物，避免了汉赋堆砌板滞的流弊，收到了震撼人心的艺术效果。另外，赋最后的"芜城之歌"安排得颇具匠心，既揭示了主题，又具"妙声绝而复寻"(向秀《思旧赋》)的艺术魅力。

【思考与练习】

1. 朗读并背诵此赋。
2. 《芜城赋》是登临吊古作品中的名篇，请列举一两篇同类作品与之进行对比赏析。

---

① 井径：田间小路。丘垅：指坟墓。
② 共尽：同归于尽。

临江仙

杨慎

杨慎（1488—1559），字用修，号升庵。明代文学家。新都（今属四川）人。少年时聪颖，11岁能诗，12岁拟作《古战场文》《过秦论》，人皆惊叹不已。入京作《黄叶》诗，为李东阳所赞赏。正德六年（1511），殿试第一，授翰林院修撰。豫修"武宗实录"，禀性刚直，每事必直书。武宗微行出居庸关，上疏抗谏。世宗继位，任经筵讲官。嘉靖三年（1524），众臣因"议大礼"，违背世宗意愿受廷杖，杨慎谪戍云南永昌卫，居云南30余年，死于戍地。

杨慎存诗约2300首，所写的内容极为广泛，其在前七子倡导"文必秦汉、诗必盛唐"，复古风气较为流行的时候，能别张垒壁。他广泛吸收六朝、初唐诗歌的一些长处，形成他"浓丽婉至"的诗歌风格。他的词和散曲，写得清新绮丽，意境深远。杨慎一生著述颇丰，除诗文外，杂著多至100余种。四川省图书馆所编《杨升庵著述目录》达298种。他的主要作品收入《升庵集》（81卷，又称《升庵全集》）。

滚滚长江东逝水，浪花淘尽①英雄。是非成败转头空。青山依旧在，几度夕阳红。
白发渔樵②江渚③上，惯看秋月春风。一壶浊酒喜相逢。古今多少事，都付笑谈中。

【简析】词的开首两句令人想到杜甫的"无边落木萧萧下，不尽长江滚滚来"和苏轼的"大江东去，浪淘尽，千古风流人物"，以一去不返的江水比喻历史的进程，用后浪推前浪来比喻英雄叱咤风云的丰功伟绩。然而这一切终将被历史的长河带走。"是非成败转头空"是对上两句历史现象的总结，从中也可看出作者旷达超脱的人生观。"青山依旧在，几度夕阳红"，青山和夕阳象征着自然界和宇宙的亘古悠长，尽管历代兴亡盛衰、循环往复，但青山和夕阳都不会随之改变，一种人生易逝的悲伤悄然而生。下片为我们展现了一个白发渔樵的形象，任它惊涛骇浪、是非成败，他只着意于春风秋月，在握杯把酒的谈笑间，固守一份宁静与淡泊。而这位老者不是一般的渔樵，而是通晓古今的高士，就更见他淡泊超脱的襟怀，这正是作者所追求的理想人格。

全词开篇从大处落笔，切入历史的洪流，四、五句在景语中富含哲理、意境深邃。下片则具体刻画了老翁形象，在其生活环境、生活情趣中寄托自己的人生理想，从而表现出一种大彻大悟的历史观和人生观。

【思考与练习】

一、这首词后来被作为《三国演义》的开篇词，试分析其中原因。

二、透过这首词，你眼前呈现出了怎样的画面？请描绘出来。

---

① 淘尽：荡涤一空。
② 渔樵：渔父和樵夫。
③ 渚：水中的小块陆地。

游黄山后记①

徐弘祖

徐弘祖(1586—1641)，字振之，别号霞客，江苏江阴人。明代伟大的地理学家、旅行家和探险家。他幼年喜读历史、地理和探险、游记之类的书籍。及壮，无意于仕进，遂漫游各地，探访奇山异水。自二十二岁至逝世前，三十余年间，足迹遍历今华北、华东及西南等地。并将其经历一一记述，后编为《徐霞客游记》。

《徐霞客游记》有十卷、十二卷、二十卷本数种，为作者按日记述三十年间旅途观察所得。文笔生动，记载精详，在攀奇涉胜的叙写中，反映了祖国河山的壮丽和作者对大自然的热爱。它不仅是一部著名的地理著作，而且是一部文字简洁活泼、内容丰富的文学作品。

本文选自《徐霞客游记》。

戊午②九月初三日　出白岳③榔梅庵，至桃源桥，从小桥右下，陡甚，即旧向黄山路也④。七十里，宿江村⑤。

初四日　十五里，至汤口⑥。五里，至汤寺⑦，浴于汤池⑧。扶杖望朱砂庵⑨而登。十里，上黄泥冈，向时云里诸峰，渐渐透出，亦渐渐落吾杖底。转入石门⑩，越天都之胁而下⑪，则天都、莲花⑫二顶，俱秀出天半⑬。路旁一岐东上，乃昔所未至者，遂前趋直上，几达天都侧。复北上，行石罅⑭中，石峰片片夹起，路宛转石间，塞者凿之，陡者级之⑮，断者架木通之，悬者植梯接之⑯。下瞰峭壑阴森，枫松相间，五色纷披，烂若图绣。因念黄山当生平奇览，而有奇若此，前未一探，兹游快且愧矣。时夫仆俱阻险行后，余亦停弗上。乃一路奇景，不觉引余独往。既登峰头，一庵翼然⑰，为文殊院⑱，亦余昔年欲登未登者。左天都，右莲花，背倚

---

① 黄山在安徽歙(shè)县境内，是我国著名的风景胜地之一。徐霞客曾两次游历黄山，都写有日记。本文是他第二次游黄山时所作。

② 戊午：明万历四十六年(1618)，时作者三十二岁。

③ 白岳：白岳山，位于黄山西南休宁县境。

④ 旧向黄山路：指万历四十四年(1616)作者初游黄山时所走之路。

⑤ 江村：镇名，位于黄山东北。

⑥ 汤口：汤口镇，在黄山脚下，为上山必经之处。

⑦ 汤寺：原名祥符寺，创建于唐开元十八年(730)，因靠近汤泉，故又称为汤寺。

⑧ 汤池：即汤泉，为温泉，时有水泡喷出，蒸气大发，故名。

⑨ 朱砂庵：又名慈光寺，创建于明嘉靖年间，位于朱砂峰下，右为天都诸峰，左为莲花诸峰。

⑩ 石门：峰名。两面山岩壁立如门，故名。

⑪ 天都：黄山的主峰名。胁：山侧。

⑫ 莲花：莲花峰，与天都并为黄山两大峰，因山岩形如莲花，故名。

⑬ 秀出天半：神奇地挺立于半空中。秀，特异、突出。

⑭ 石罅(xià)：石头的裂缝。

⑮ "塞者"二句：阻塞不通处就凿通，陡峭处就凿出石阶。级，此处用作动词，意为凿出石级。

⑯ "悬者"句：悬空的地方树立木梯接通。植，树起。

⑰ 翼然：形容寺宇房檐的姿态。

⑱ 文殊院：寺名，明代普门大师建立。在天都、莲花两峰间，背倚玉屏峰。

玉屏风①。两峰秀色，俱可手揽。四顾奇峰错列，众壑纵横，真黄山绝胜处！非再至，焉知其奇若此？遇游僧②澄源至，兴甚勇。时已过午，奴辈适至。立庵前，指点两峰，庵僧谓："天都虽近而无路，莲花可登而路遥，只宜近盼天都，明日登莲顶。"余不从，决意游天都。挟澄源、奴子③，仍下峡路。至天都侧，从流石蛇行而上④，攀草牵棘，石块丛起则历⑤块，石崖侧削则援崖，每至手足无可着处，澄源必先登垂接⑥。每念上既如此，下何以堪？终亦不顾。历险数次，遂达峰顶，惟一石顶，壁起⑦犹数十丈。澄源寻视其侧，得级，挟予以登。万峰无不下伏，独莲花与抗耳。时浓雾半作半止，每一阵至，则对面不见。眺莲花诸峰，多在雾中。独上天都，予至其前，则雾徙于后；予越其右，则雾出于左。其松犹有曲挺纵横者，柏虽大干如臂，无不平贴石上如苔藓然。山高风巨，雾气去来无定，下盼诸峰，时出为碧峤⑧，时没为银海。再眺山下，则日光晶晶，别一区宇也。日渐暮，遂前其足，手向后据地，坐而下脱⑨，至险绝处，澄源并肩手相接⑩。度险下至山坳⑪，暝色已合，复从峡度栈⑫以上，止文殊院。

初五日　平明⑬，从天都峰坳中北下二里，石壁岈然⑭，其下莲花洞⑮，正与前坑石笋⑯对峙，一坞⑰幽然。别澄源下山，至前歧路侧，向莲花峰而趋。一路沿危壁西行，凡再降升，将下百步云梯，有路可直跻⑱莲花峰，既陟而磴绝⑲，疑而复下。隔峰一僧高呼曰："此正莲花道也！"乃从石坡侧度石隙，径小而峻，峰顶皆巨石鼎峙⑳，中空如室，从其中迭级直上，级穷洞转，屈曲奇诡，如下上楼阁中，忘其峻出天表㉑也。一里，得茅庐，倚石罅中，方俳徊欲升，则前呼道之僧至矣。僧号凌虚，结茅于此者，遂与把臂㉒陟顶。顶上一石，悬隔二丈，僧取梯以度，其巅廓然㉓。四望空碧，即天都亦俯首矣。盖是峰居黄山之中，独出诸峰上，四面岩壁环耸，遇朝阳雾色，鲜映层发，令人狂叫欲舞。久之，返茅庵，凌虚出粥相饷㉔，啜一盂㉕，乃

---

① 玉屏风：即玉屏峰。
② 游僧：游历各方的和尚，也叫云游僧。
③ 奴子：奴仆。
④ 流石：滑溜的石头。蛇行：伏地爬行。
⑤ 历：越过。
⑥ 垂接：探身垂臂来接引。
⑦ 壁起：耸立如壁。
⑧ 碧峤（qiáo）：碧绿色的山峦。峤，高而尖的山。
⑨ 下脱：下滑。
⑩ 并肩手相接：同时用肩和手接应。
⑪ 山坳（ào）：山间的低洼处。
⑫ 栈：栈道。指山中用木头架成的通道。
⑬ 平明：天亮时。
⑭ 岈（yá）然：山谷深邃的样子。
⑮ 莲花洞：在莲花峰下。
⑯ 石笋：山峰名，形状似笋。
⑰ 坞：四面高、中间低的谷地。
⑱ 跻（jī）：登、升。
⑲ 陟（zhì）：登上。磴绝：石级没有了。
⑳ 鼎峙：形容巨石凑集，直立对峙。
㉑ 天表：天外、高空。
㉒ 把臂：抓住对方的手臂，表示亲密。这里是携手挽臂的意思。
㉓ 廓然：宽阔貌。
㉔ 相饷：指用饮食款待。
㉕ 啜（chuò）：喝、吃。盂：盛食物的器皿。

下。至歧路侧，过大悲顶①，上天门②，三里，至炼丹台③，循台嘴④而下。观玉屏风、三海门⑤诸峰，悉从深坞中壁立起。其丹台一冈中垂，颇无奇峻，惟瞰翠微⑥之背，坞中峰峦错耸，上下周映，非此不尽瞻眺之奇耳。还过平天矼⑦，下后海⑧，入智空庵，别焉⑨三里，下狮子林⑩，趋石笋矼⑪，至向年所登尖峰上，倚松而坐。瞰坞中峰石回攒⑫，藻缋满眼⑬，始觉匡庐、石门⑭，或具一体，或缺一面，不若此之闳博富丽也。久之，上接引崖⑮，下眺坞中，阴阴觉有异。复至冈上尖峰侧，践流石，援棘草，随坑而下，愈下愈深，诸峰自相掩蔽，不能一目尽也。日暮，返狮子林。

初六日　别霞光⑯，从山坑向丞相原⑰。下七里，至白沙岭⑱，霞光复至。因余欲观牌楼石⑲，恐白沙庵无指者⑳，追来为导。遂同上岭，指岭右隔坡，有石丛立，下分上并，即牌楼石也。余欲逾坑溯涧，直造其下。僧谓："棘迷路绝，必不能行。若从坑直下丞相原，不必复上此岭；若欲从仙灯而往㉑，不若即由此岭东向。"余从之，循岭脊行。岭横亘天都、莲花之北，狭甚，旁不容足。南北皆崇峰夹映。岭尽北下，仰瞻右峰罗汉石㉒，圆头秃顶，俨然二僧也。下至坑中，逾涧以上。共四里，登仙灯洞。洞南向，正对天都之阴，僧架阁连板于外㉓，而内犹穹然㉔，天趣未尽刊也㉕。复南下三里，过丞相原，山间一夹地耳。其庵颇整，四顾无奇，竟不入。复南向循山腰行五里，渐下，涧中泉声沸然，从石间九级下泻，每级一下，有潭渊碧，所谓九龙潭也㉖。黄山无悬流飞瀑，惟此耳。又下五里，过苦竹滩㉗，转循太平县路㉘，

---

① 大悲顶：山峰名。
② 天门：在天都峰下。
③ 炼丹台：在炼丹峰上。相传容成子与浮丘公在此炼丹，黄帝服用七粒，升空而去。
④ 台嘴：炼丹台缺口处。
⑤ 三海门：峰名，在石门峰和炼丹台之间。
⑥ 翠微：峰名。
⑦ 平天矼(gōng)：在炼丹峰侧，状如石桥。矼，石桥。
⑧ 后海：地名。
⑨ 别焉：谓与凌虚作别。
⑩ 狮子林：在炼丹峰左，形如狮子。
⑪ 石笋矼：在始信峰上。
⑫ 回攒(cuán)：环绕簇集。
⑬ 藻缋(huì)：即藻绘，形容色彩绚烂。
⑭ 匡庐：即庐山，在江西。石门：石门山，在浙江青田县。都是我国风景名山。
⑮ 接引崖：山崖名。
⑯ 霞光：僧名。
⑰ 丞相原：在石门峰与钵盂峰之间。相传宋理宗时丞相程元凤曾在此读书。
⑱ 白沙岭：在皮篷岭和丞相原之间。
⑲ 牌楼石：即天牌石，在散花坞。乱石中矗立一石，俗称"仙人榜"。
⑳ 白沙庵：在白沙岭下。无指者：没有指引导游者。
㉑ 仙灯：仙灯洞，在钵盂峰下。
㉒ 罗汉石：山石名，因其形似僧人，故称。
㉓ "僧架阁"句：说僧人在仙灯洞架起木楼并将板子延伸到洞外，供游人眺望。
㉔ 穹然：大而幽深的样子。
㉕ 天趣：自然的趣味。刊：削，失掉。
㉖ 九龙潭：在丞相原附近。
㉗ 苦竹滩：即苦竹溪，在九龙潭下。
㉘ 太平县：位于黄山东北。

向东北行。

【简析】《游黄山后记》是徐霞客第二次游览黄山时的旅途记录，主要记叙了作者登天都峰、莲花峰的经历和所见景致。与第一次游览记录不同，此文不但细致地叙述了作者爬山历险的具体过程，而且满怀激情地描绘了山顶所见奇景，不仅峰奇石奇，松奇云奇，就连那石级岩洞，也"屈曲奇诡"，不同寻常。作品语言精练而又恣肆自如，整篇文章神采飞扬，引人入胜，实为游记佳作。

据清闵麟嗣所编的《黄山志》记载，有人问徐霞客："先生游迹遍及四海，以为何处景物最奇?"徐霞客答道："溥海内外无如徽之黄山，登黄山天下无山，观止矣!"重游黄山，徐霞客获得审美、求知、探险三方面的满足，读者也看到了关于黄山最富于激情又最忠实于自然的描写。

【思考与练习】

一、黄山以"奇"享誉天下。徐霞客对黄山最深刻的印象也是"奇"，在《游黄山后记》一文中，"奇"字更是屡见不鲜。试分析作者在本文中是如何表现黄山之"奇"的。

二、根据自己的旅游经历，写一篇不少于800字的游记。

鸭窠围①的夜

沈从文

沈从文（1902—1988），著名作家、文物学家。原名沈岳焕，湖南凤凰人，苗族。出身行伍家庭，14 岁在湘西土著军队当兵，20 岁时只身到北京，以自修获得创作能力。于 20 世纪 20 年代至 40 年代发表了大量文学作品：代表作有中篇小说《边城》，长篇小说《长河》，散文长卷《湘行散记》《湘西》《从文自传》，以及众多短篇小说及文学评论等。其作品以湘西题材为主，文体多样，风格独具，蕴涵深刻，影响广远。

　　天快黄昏时落了一阵雪子，不久就停了。天气真冷，在寒气中一切都仿佛结了冰。便是空气，也像快要冻结的样子。我包定的那一只小船，在天空大把撒着雪子时已泊了岸，从桃源县沿河而上这已是第五个夜晚。看情形晚上还会有风有雪，故船泊岸边时便从各处挑选好地方。沿岸除了某一处有片沙咀宜于泊船以外，其余地方皆黛色如屋的大石头。石头既然那么大，船又那么小，我们皆希望寻觅得到一个能作小船风雪屏障，同时要上岸又还方便的处所。凡可以泊船的地方早已被当地渔船占去了。小船上的水手，把船上下各处撑去，钢钻头敲打着沿岸大石头，发出好听的声音，结果这只小船，还是不能不同许多大小船只一样，在正当泊船处插了篙子，把当作锚头用的石碇抛到沙上去，尽那行将来到的风雪，摊派到这只船上。

　　这地方是个长潭的转折处，两岸是高大壁立千丈的山，山头上长着小小竹子，长年翠色逼人。这时节两山只剩余一抹深黑，赖天空微明为画出一个轮廓。但在黄昏里看来如一种奇迹的，却是两岸高处去水已三十丈上下的吊脚楼。这些房子莫不俨然悬挂在半空中，藉着黄昏的余光，还可以把这些稀奇的楼房形体，看得出个大略。这些房子同沿河一切房子有个共通相似处，便是从结构上说来，处处显出对于木材的浪费。房屋既在半山上，不用那么多木料，便不能成为房子吗？半山上也用吊脚楼形式，这形式是必须的吗？然而这条河水的大宗出口是木料，木材比石块还不值价。因此，即或是河水永远涨不到处，吊脚楼房子依然存在，似乎也不应当有何惹眼惊奇了。但沿河因为有了这些楼房，长年与流水斗争的水手，寄身船中枯闷成疾的旅行者，以及其他过路人，却有了落脚处了。这些人的疲劳与寂寞是从这些房子中可以一律解除的。地方既好看，也好玩。

　　河面大小船只泊定后，莫不点了小小的油灯，拉了篷。各个船上皆在后舱烧了火，用铁鼎罐煮饭。饭焖熟后，又换锅子熬油，哗地把菜蔬倒进热锅里去。一切齐全了，各人蹲在舱板上三碗五碗把腹中填满后，天已夜了。水手们怕冷怕冻的，收拾碗盏后，就莫不在舱板上摊开了被盖，把身体钻进那个预先卷成一筒又冷又湿的硬棉被里去休息。至于那些想喝一杯的，发了烟瘾得靠着灯，船上烟灰又翻尽了的，或一无所为，只是不甘寂寞，好事好玩想到岸上去烤烤火谈谈天的，但莫不提了桅灯，或燃一段废缆子，摇着晃着从船头跳上了岸，从一堆石头间的小路径，爬到半山上吊脚楼房子那边去，找寻自己的熟人，找寻自己的熟地。陌生人自然也有来到这条河中，来到这种吊脚楼房子里的时节，但一到地，在火堆旁小板凳上

---

　　① 沅水流域的一个地名。

114

一坐，便是陌生人，即刻也就可以称为熟人了。

这河边两岸除了停泊有上下行的大小船只三十左右以外，还有无数在日前趁融雪涨水放下形体大小不一的木筏。较小的木筏，上面供给人住宿过夜的棚子也不见，一到了码头，便各自上岸找住处去了。大一些的木筏呢，则有房屋，有船只，有小小菜园与养猪养鸡栅栏，有女眷，有孩子。

黑夜占领了全个河面时，还可以看到木筏上的火光，吊脚楼窗口的灯光，以及上岸下船在河岸大石间飘忽动人的火炬红光。这时节岸上船上皆有人说话，吊脚楼上且有妇人在黯淡灯光下唱小曲的声音，每次唱完一支小曲时，就有人笑嚷。甚么人家吊脚楼下有匹小羊叫，固执而且柔和的声音，使人听来觉得忧郁。我心中想着，"这一定是从别一处牵来的，另外一个地方，那小畜生的母亲，一定也那么固执的鸣着吧"。算算日子，再过十一天便过年了。"小畜生明不明白只能在这个世界上活过十天八天？"明白也罢，不明白也罢，这小畜生是为了过年而赶来，应在这个地方死去的。此后固执而又柔和的声音，将在我耳边永远不会消失。我觉得忧郁起来了。我仿佛触着了这世界上一点东西，看明白了这世界上一点东西，心里软和得很。

但我不能这样子打发这个长夜。我把我的想象，追随了一个唱曲时清中夹沙的妇女声音到她的身边去了。于是仿佛看到了一个床铺，下面是草荐，上面摊了一床用旧了的帆布或别的旧货做成的脏而又硬的棉被，搁在被盖上面的是一个木托盘，盘中有一把小茶盏，一个小烟盒，一块小石头，一盏灯。盘边躺着一个人一支烟枪在烧烟。唱曲子的妇人，或是袖了手捏着自己的膀子站在吃烟者的面前，或是靠在男子对面的床头，为客人烧烟。房子分两进，前面临街，后面临河，便是所谓吊脚楼了。这些人房子窗口既一面临河，可以凭窗口呼喊河下船中人，当船上人过了瘾，胡闹已够，下船时，或者尚有些事情嘱托，或有其他原因，一个晃着火炬停顿在大石间，一个便凭立在窗口，"大老你记着，船下行时又来！""好，我来的，我记着的。""你见了顺顺就说：'会呢，完了。孩子大牛呢，脚膝骨好了。细粉捎三斤，冰糖捎三斤。'""记得到，记得到，大娘你放心，我见了顺顺大爷就说：'会呢，完了。大牛呢，好了。细粉来三斤，冰糖来三斤。'杨氏，杨氏，一共四吊七，莫错账！""是的，放心呵，你说四吊七就四吊七，年三十夜莫会要你多的！你自己记着就是了！"这样那样地说着，我一一皆可听到，而且一面还可以听着在黑暗中某一处咩咩的羊鸣。我明白这些回船的人是上岸吃过"荤烟"了的。

我还估计得出，这些人不吃"荤烟"，上岸时只去烤烤火的，到了那些屋子里时，便多数只在临街那一面铺子里。这时节天气太冷，大门必已上好了，屋里一隅或点了小小油灯，屋中土地上必就地掘了浅凹，烧了些树根柴块。火光煜煜，且时时刻刻爆炸着一种难以形容的声音。火旁矮板凳上坐有船上人，木筏上人，有对河住家的熟人。且有虽为天所厌弃还不自弃的老妇人，闭着眼睛蜷成一团蹲在火边，悄悄地从大袖筒里取出一片薯干，一枚红枣，塞到嘴里去咀嚼。有穿着肮脏、身体瘦弱的孩子，手擦着眼睛傍着火旁的母亲打盹。屋主人有退伍的老军人，有翻船背运的老水手，有单身寡妇。藉着火光灯光，可以看得出这屋中的大略情形，三堵木板壁上，一面必有个供奉祖宗的神龛，神龛下空处或另一面，必贴了一些大小不一的红白名片。这些名片倘若有那些好事者加以注意，用小油灯照着，去仔细检查检查，便可以发现许多动人的名衔，军队上的连副，上士，一等兵，商号中的管事，当地的团总，保正，催租吏，以及照例姓滕的船主，洪江的木簰①商人，与其他人物，无所不有。这是近二十年来经过此地若干人中一小部分的题名录。这些人各用一种不同的生活，来到这个地方，且同样地来到这些屋子里，坐在火边或靠近床边，逗留过若干时间。这些人离开了此地后，在另一世界里还是继续活下去，但除了同自己的生活圈子中人发生关系以外，与一同在这个世界上其他的人，却仿佛便毫无关系可言了。他们如今也许早已死掉了，水淹死的，枪打死的，被外妻用砒霜谋杀的，然而这些名片却依然将好好地保留下去。也许有些人已成了富人名人，成了当地的小军阀，这些名片却仍然写着催租人、上士等等的衔头……除了这些名片，那屋子里是不是还有比它更引人注意的东西呢？锯子，小捞兜，香烟大画片，装干栗子的口袋……

提起这些问题时使人心中很激动。我到船头上去眺望了一阵。河面静静的，木筏上火光小了，船上的灯光已很少了，远近一切只能借着水面微光看出个大略情形。另外一处的吊脚楼上，又有了妇人唱小曲的声音，灯光摇摇不定，且有猜拳声音。我估计那些灯光同声音所在处，不是木筏上的簰头在取乐，就是水手们小商人在喝酒。妇人手指上说不定还戴了水手特别从常德府捎带来的镀金戒指，一面唱曲一面把那只手理着鬓角，多动人的一幅画图！我认识他们的哀乐，这一切我也有份。看他们在那里把每个日子打发下去，也是眼泪也是笑，离我虽那么远，同时又与我那么相近。这正同读一篇描写西伯利亚方面的农人生活动人作品一样，使人掩卷引起无言的哀戚。我如今只用想象去领味这些人生活的表面姿态，却用过去一分经验，接触着了这种人的灵魂。

羊还固执地鸣着。远处不知什么地方有锣鼓声音，那一定是某个人家禳土酬神还愿巫师的锣鼓。声音所在处必有火燎与九品蜡照耀争辉。眩目火光下必有头包红布的老巫独立作旋风舞，门上架上有黄钱，平地有装满了谷米的平斗。有新宰的猪羊伏在木架上，头上插着小小五色纸旗。有行将为巫师用口把头咬下的活生公鸡，缚了双脚与翼翅，在土坛边无可奈何的躺卧。主人锅灶边则热了猪血稀粥，灶中正火光熊熊。

邻近一只大船上，水手们已静静地睡下了，只剩余一个人吸着烟，且时时刻刻把烟管敲着船舷。也像听着吊脚楼的声音，为那点声音所激动，引起种种联想忽然按捺自己不住了，只听到他轻轻的骂着野话，擦了支自来火，点上一段废缆，跳上岸往吊脚楼那里去了。他在岸上大石间走动时，火光便从船篷空处漏进我的船中。也是同样的情形吧，在一只装载棉军服向上行驶的船上，泊到同样的岸边，躺在成束成捆的军服上面，夜既太长，水手们爱玩牌的皆蹲坐在舱板上小油灯光下玩天九，睡既不成，便胡乱穿了两套棉军服，空手上岸，藉着石块间还未融尽残雪返照的微光，一直向高岸上有灯光处走去。到了街上，除了从人家门罅里露出的灯光成一条长线横卧着，此外一无所有。在计算中以为应可见到的小摊上成堆的花生，用哈德门长方纸烟匣装着干瘪瘪的小橘子，切成小方块的片糖，以及在灯光下看守摊子把眉毛扯得极细的妇人（这些妇人无事可作时还会在灯光下做点针线的），如今甚么也没有。既不敢冒昧闯进一个人家里面去，便只好又回转河边船上了。但上山时向灯光凝聚处走去，方向不会错误。下河时可弄糟了。糊糊涂涂在大石小石间走了许久，且大声喊着才走近自己所坐的一只船。上船时，两脚全是泥，刚攀上船舷还不及脱鞋落舱，就有人在棉被中大喊："伙计哥子们，脱鞋呀！"把鞋脱了还不即睡，便镶到水手身旁去看牌，一直看到半夜，——十

---

① 簰（pái）：同"排"，大的木筏或竹筏。

五年前自已的事，在这样地方温习起来，使人对于命运感到十分惊异。我懂得那个忽然独自跑上岸去的人，为什么上去的理由！

等了一会，邻船上那人还不回到他自己的船上来，我明白他所得的必比我多了一些。我想听听他回来时，是不是也像别的船上人，有一个妇人在吊脚楼窗口喊叫他。许多人都陆续回到船上了，这人却没有下船。我记起"柏子"①。但是，同样是水上人，一个那么快乐地赶到岸上去，一个却是那么寂寞的跟着别人后面走上岸去，到了那些地方，情形不会同柏子一样，也是很显然的事了。

为了我想听听那个人上船时那点推篷声音，我打算着。在一切声音全已安静时，我仍然不能睡觉。我等待那点声音。大约到午夜十二点，水面上却起了另外一种声音。仿佛鼓声，也仿佛汽油船马达转动声，声音慢慢地近了，可是慢慢地又远了。这是一个有魔力的歌唱，单纯到不可比方，也便是那种固执的单调，以及单调的延长，使一个身临其境的人，想用一组文字去捕捉那点声音，以及捕捉在那长潭深夜一个人为那声音所迷惑时节的心情，实近于一种徒劳无功的努力。那点声音使我不得不再从那个业已用被单塞好空罅的舱门，到船头去搜索它的来源。河面一片红光，古怪声音也就从红光一面掠水而来。原来日里隐藏在大岩下的一些小渔船，在半夜前早已静悄悄地下了拦江网。到了半夜，把一个从船头伸出水面的铁兜，盛上燃着熊熊烈火的油柴，一面用木棒槌有节奏的敲着船舷各处漂去。身在水中见了火光而来与受了析声吃惊四窜的鱼类，便在这种情形中触了网，成为渔人的俘虏②。

一切光，一切声音，到这时节已为黑夜所抚慰而安静了，只有水面上那一分红光与那一派声音。那种声音与光明，正为着水中的鱼和水面的渔人生存的搏战，已在这河面上存在了若干年，且将在接连而来的每个夜晚依然继续存在。我弄明白了，回到舱中以后，依然默听着那个单调的声音。我所看到的仿佛是一种原始人与自然战争的情景。那声音，那火光，皆近于原始人类的战争，把我带回到四五千年那个"过去"时间里去。

不知在甚么时候开始落了很大的雪，听船上人细语着，我心想，第二天我一定可以看到邻船上那个人上船时节，在岸边雪地上留下那一行足迹。那寂寞的足迹，事实上我却不曾见到，因为第二天到我醒来时，小船已离开那个泊船处很远了。

【简析】《鸭窠围的夜》是《湘行散记》中的一个名篇，是沈从文散文代表作。1934年沈从文回乡看望病重的母亲。他和张兆和商定写信报告旅途的情况，这些书信后来结集为《湘行书简》，沈从文的《湘行散记》正是根据这些书简写成的。

《湘行散记》表面看来是回乡的游记，但作家着重表现了湘西的历史与未来，以及当前现实的湘西与作家创作中构筑的审美理想的湘西的碰撞，已经带上文化反思的意味。沈从文藉散文自由灵活地抒发心曲，而在《鸭窠围的夜》中作家把心曲吐露得更为真挚、优美、感人。

沈从文《鸭窠围的夜》通过对水手和吊脚楼妓女人性美的描写，使这个夜晚更加美丽迷人。一个漫长、寂寥、寒冷的夜，经沈从文的描绘、渲染、想象、点化，火光与杂声综合，"交织了庄严与流动，一切真是个圣境"，成为一首优美的小夜曲。"人性"之光的点点灯火永远

---

① "柏子"：作者著名短篇小说代表作《柏子》中的主人公，也是作者《湘行散记》等作品中多次写到的"无数水手柏子"的"共名"。小说《柏子》描写了柏子与吊脚楼妓女炽热、泼辣而真挚的露水恩情和悲惨生活中的"快乐"。

② 在本文的初版中，接着有一句解释："当地人把这种捕鱼方法叫'赶白'。"

闪烁，温暖着寒夜中人们的心房。《鸭窠围的夜》是人类永恒的夜，它以不可言说的魅力将人们带入一个神圣而高远的境界。

【思考与练习】

一、如何理解本文所写的旧时湘西水手的生活情状？

二、作者在本文中寄寓了哪些人生感喟？其意义何在？

三、本文的表现手法和美学追求有何独特之处？

西湖的雪景
——献给许多不能与我共同欣赏的朋友

钟敬文

钟敬文（1903—2002），原名钟谭宗，广东海丰人。毕生致力于教育事业和民间文学、民俗学的研究和创作工作，并作出了很大的贡献。是我国现代著名民俗学家、民间文艺学家、诗人、散文家。

从来谈论西湖之胜景的，大抵注目于春夏两季；而各地游客，也多于此时翩然来临。——秋季游人已暂少，入冬后，则更形疏落了。这当中自然有以所以然的道理。春夏之间，气温和暖，湖上风物，应时佳胜，或"杂花生树，群莺乱飞"，或"浴晴鸥鹭争飞，拂袂荷风荐爽"，都是要教人眷眷不易忘情的。于此时节，往来湖上，陶醉于柔婉芳馨的情趣中，谁说不应该呢？但是春花固可爱，秋月不是也要使人喜欢么？四时的烟景不同，而真赏者各能得其佳趣；不过，这未易泛求于一般人罢了。高深父先生曾告诉过我们："若能高朗其怀，旷达其意，超尘脱俗，别具天眼，揽景会心，便得真趣。"这是前人深于体验的话。

自宋朝以来，平章西湖风景的，有所谓"西湖十景""钱塘十景"之说，虽里面也曾列入"断桥残雪""孤山霁雪"两个名目，但实际上，真的会去赏玩这种清寒的景致的，怕没有很多人吧。《四时幽赏录》的著者，在"冬时幽赏"门中，言及雪景的，几占十分的七八，其名目有"雪霁策蹇寻梅""三茅山顶望江天雪霁""西溪道中玩雪""扫雪烹茶玩画""山窗听雪敲竹""雪后镇海楼观晚炊"等。其中大半所述景色，读了不禁移人神思，固不徒文字粹美而已。

西湖的雪景，我共玩了两次。第一次是在此间初下雪的第三天。我于午前十点钟时才出去。一个人从校门乘黄包车到湖滨，下车，徒步走出钱塘门，经白堤，旋转入孤山路，沿孤山西行，到西泠桥，折由大道回来。此次雪本不大，加以出去时间太迟，山野上盖着的，大都已消去，所以没有什么动人之处。现在我要细述的，是第二次的重游。

那天是一月廿四日。因为在床上感到意外冰冷之故，清晨初醒来时，我便推知昨宵是下了雪。果然，当我打开房门一看时，对面房屋的瓦上全变成白色了，天井中一株木樨花的枝叶上，也黏缀着一小堆一小堆的白粉。详细的看去，觉得比日前两三回所下的都来得大些，因为以前虽然也铺盖了屋顶，但有些瓦沟上却仍然是黑色。这天却一色地白着，绝少铺不匀的地方了。并且都厚厚的，约摸有一两寸高的程度。日前的雪，虽然铺满了屋顶，但于木樨花树，却好像全无关系似的，这回它可不免受影响了，这也是雪落得比较大些的明证。

老李照例是起得很迟的。有时我上了两课下来，才看见他在房里穿衣服，预备上办公厅去。这天，我起来跑到他的房里，把他叫醒之后，他犹带着几分睡意的问我道："老钟，今天外面有没有下雪？"我回答他说："不但有呢，并且很大。"他起初怀疑着，直待我把窗内的白布幔拉开，让他望见了屋顶才肯相信。"老钟，我们今天到灵隐去耍子吧？"他很高兴的说。我"哼"的应了一声，便回到自己的房里来了。

我们在校门上车时，大约已九点钟左右了。时小雨霏霏，冷风拂人如泼水。从车帘两旁缺处望出去，路旁高起之地，和所有一切高低不平的屋顶，都撒着白面粉似的，又如铺陈着新打好的棉被一般。街上的已经大半变成雪泥，车子在上面碾过，不绝的发生唧唧的声音，与车轮转动时摩擦着中间横木的音响相杂。

我们到了湖滨，便换登汽车。往时这条路线的搭客是相当热闹的，现在却很零落了。同车的不到十个人，为遨游而来的客人还怕没有一半。当车驶过白堤时，我们向车外眺望内外湖风景，但见一片迷蒙的水气弥漫着，对面的山峰，只有一个几乎辨不清楚的薄影。葛岭、宝石山这边，因为距离比较密迩的缘故，山上的积雪和树木，大略可以看得出来；但地位较高的保俶塔，便陷于朦胧中了。到西泠桥前近时，再回望湖中，见湖心亭四围枯秃的树干，好似怯寒般的在那里呆立着，我不禁联想起《陶庵梦忆》中一段情词俱幽逸的文字来：

崇祯五年十二月，余住西湖。大雪三日，湖中人鸟声俱绝。是日更定矣，余拿一小舟，拥毳衣炉火，独往湖心亭，看雪雾凇沆砀，天与云与山与水上下一白，湖上影子，惟长堤一痕，湖心亭一点，与余舟一芥，舟中人两三粒而已。到亭上有两人铺毡对坐，一童子烧酒，炉正沸，见余大喜，曰："湖中焉得更有此人！"拉余同饮，余强饮三大白而别。问其姓氏，是金陵人，客此。及下船，舟子喃喃曰："莫说相公痴，更有痴似相公者！"（《湖心亭看雪》）

心想这时不知湖心亭上，尚有此种痴人否？车过西泠桥以后，渐渐驶行于两边山岭林木连接着的野道中。所有的山上，都堆积着很厚的雪块，虽然不能如瓦屋上那样铺填得均匀普遍，那一片片清白的光彩，却尽够使我感到宇宙的清寒、壮旷与纯洁！常绿树的枝叶上所堆着的雪，和枯树上的很有差别。前者因为有叶子衬托着之故，雪片特别堆积得大块点，远远望去，如开满了白的山茶花，或吾乡的水锦花。后者，则只有一小小块的雪片能够在上面粘着不堕落下去，与刚著花的梅李树绝地相似。实在，我初头几乎把那些近在路旁的几株错认了。田野上半黄或全赤了的枯草，多压在两三寸厚的雪褥下面；有些枝条软弱的树，也被压抑得欹欹倒倒的。路上行人很稀少。道旁野人①的屋里，时见有衣着破旧而笨重的老人、童子，在围着火炉取暖。看了那种古朴清贫的情况，仿佛令我暂时忘怀了我们所处时代的纷扰、繁遽了。

到了灵隐山门，我们便下车了。一走进去，空气怪清冷的，不但没有游客，往时那些卖念珠、古钱、天竺筷子的小贩子也不见了。石道上铺积着颇深的雪泥。飞来峰疏疏落落的著了许多雪块，清冷亭及其他建筑物的顶面，一例的密盖着纯白色的毡毯。一个拍照的，当我们刚进门时，便紧紧的跟在后面，因为老李的高兴，我们便在清冷亭旁照了两个影。

好奇心打动着我，使我感觉到眼前所看到的之不满足，而更向处境较幽深的韬光庵去。我悄悄地尽移着步向前走，老李也不声张的跟着我。从灵隐寺到韬光庵的这条山径，实际上虽不见怎样的长；但颇深曲而饶于风致。这里的雪，要比城中和湖上各处都大些，在径上的雪，大约有半尺来厚，两旁树上的积雪，也比来路上所见的浓重。曾来游玩过的人，该不会忘记的吧，这条路上两旁是怎样的繁植着高高的绿竹。这时，竹枝和竹叶上，大都著满了雪，向下低低地垂着。《四时幽赏录》"山窗听雪敲竹"条云："飞雪有声，惟在竹间最雅。山窗寒夜，时听雪洒竹林，淅沥萧萧，连翻瑟瑟，声韵悠然，逸我清听。忽尔回风交急，折竹一声，使我寒毡增冷。"这种风味，可惜我们是没有福分消受的。

在冬天，本来是游客冷落的时候，何况这样雨雪清冷的日子呢？所以当我们跑到庵里时，别的游客一个都没有，——这在我们上山时看山径上的足迹便可以晓得的——而僧人的眼色里，并且也有一种觉得怪异的表示。我们一直跑上最后的观海亭。那里石阶上下都厚厚

---

① 野人：称住在田野小邑的人

地堆满了水沫似的雪，亭前的树上，雪著得很重，在雪的下层并结了冰块。旁边有几株山茶花，正在艳开着粉红色的花朵。那花朵有些堕下来的，半掩在雪花里，红白相映，色彩灿然，使我们感到华而不俗，清而不寒；因而联忆起那"天寒翠袖薄，日暮倚修竹"的佳人来。

登上这亭，在平日是可以近瞰西湖，远望浙江，甚而至于那渺溟的沧海的；可是此刻却不能了。离庵不远的山岭、僧房、竹树，尚勉强可见，稍远则封锁在茫漠的烟雾里了。

空斋踏壁卧，忽梦溪山好。朝骑秃尾驴，来寻雪中道。石壁引孤松，长空没飞鸟。不见远山横，寒烟起林杪。（《雪中登黄山》）
我倚着亭柱，默默地在咀嚼着渔洋这首五言诗的清妙；尤其是结尾两句，更道破了雪景的三昧。但说不定许多没有经验的人，要笑它是无味的诗句呢。文艺的真赏鉴，确实是件不容易的事！自己解说了一番，心里也就释然了。

本来拟在僧房里吃素面的，不知为什么，竟跑到山门前的酒楼喝酒了。老李不能多喝，我一个人也就无多兴致干杯了。在那里，我把在山径上带下来的一团冷雪，放进在酒杯里混着喝。堂倌看了说："这是上顶的冰淇淋呢。"

半因为等不到汽车，半因为想多玩一点雪景，我们决意步行到岳坟才叫划子去游湖。一路上，虽然走的是来时汽车经过的故道，但在徒步观赏中，不免觉得更有意味了。我们的革履，踏着一两寸厚的雪泥前进，频频地发出一种清脆的声音。有时路旁树枝上的雪块，忽然丢了下来，落在我们的外套上，正前人所谓"玉堕冰柯，沾衣生湿"的情景。我迟回着我的步履，旷展着我的视域，油然有一脉浓重而灵秘的诗情，浮上我的心头来，使我幽然意远，漠然神凝。郑綮对人说他的诗思，在灞桥雪中，驴背上，真是懂得冷趣的说法！

当我们在岳王庙前登舟时，雪又纷纷地下起来了。湖里除了我们的一只小划子以外，再看不到别的舟楫。平湖漠漠，一切都沉默无哗。舟穿过西泠桥，缓泛里西湖中，孤山和对面诸山及上下的楼亭房屋，都白了头，在风雪中兀立着。山径上，望不见一个人影；湖面连水鸟都没有踪迹，只有乱飘的雪花堕下时，微起些涟漪而已。柳宗元诗云："千山鸟飞绝，万径人踪灭。孤舟蓑笠翁，独钓寒江雪。"我想这时如果有一个渔翁在垂钓，它很可以借来说明眼前的景物。

舟将驶近断桥的时候，雪花飞飘得更其凌乱，我们向北一面的外套，差不多大半白而且湿了。风也似乎吹得格外紧劲些，我的脸不能向它吹来的方向望去。因为革履渗进了雪水的缘故，双足尤冰冻得难忍。这时，本来不多开过口的舟子，忽然问我们道："你们觉得此处比较寒冷么？"我们问他什么缘故，据说是宝石山一带的雪山风吹过来的原因。我于是默默的联想到智识的范围和它的获得等问题上去了。

我们到湖滨登岸时，已是下午三点多钟了。公园中各处都堆满了雪，有些已经变成泥泞。除了极少数在等生意的舟子和别的苦力之外，平日朝夕在此间舒舒地往来着的少男少女，老爷太太，此时大都密藏在"销金帐中，低斟浅酌，饮羊羔美酒"，——至少也靠在腾着红焰的火炉旁，陪伴家人或挚友，无忧虑地在大谈其闲天。——以享受着他们"幸福"的时光，再不愿来这风狂雪乱的水涯，消受贫穷人所惯受的寒冷了！

1929 年 1 月末日写成

【简析】这篇文章通过雪天的西湖赏玩，描绘了清寒寂寥的西湖雪景，展示了雪中西湖独特的清幽与纯美，营造出一片超逸尘俗的净空天地，情感丰富而深刻，情致幽雅而独特，表现出了作者对西湖的熟悉以及对西湖的热爱之情。同时，在看似有限的情思中，暗含对时

121

代纷乱的深切忧思。作者在观赏雪景、把玩雪景的同时，感受到在同一景致下不同境遇的人世辛酸，流露出作者对生活在社会底层的人们的关怀和同情，使得文章对雪的玩赏增加了一份沉重与叹息，具有升华主题的意义。

【思考与练习】

一、本文作者另辟蹊径，独写冬天的西湖美景，从写作技法角度来说有何借鉴之处？

二、文章中大量引用了古诗文，阅读后品评其精妙处。

江南小镇

余秋雨

余秋雨（1946—），浙江余姚人，毕业于上海戏剧学院戏剧文学系。历任上海戏剧学院院长、教授，上海戏剧家协会副主席。1962年开始发表作品，代表作有：《笛声何处》《行者无疆》《千年一叹》《山居笔记》《文化苦旅》《霜冷长河》等。其中散文集《文化苦旅》先后获上海市文学艺术优秀成果奖、台湾联合报读书最佳书奖、上海市出版一等奖等。2002年，余秋雨因《行者无疆》获得台湾白金作家奖。

一

我一直想写写"江南小镇"这个题目，但又难于下笔。江南小镇太多了，真正值得写的是哪几个呢？——拆散了看，哪一个都构不成一种独立的历史名胜，能说的话并不太多；然而如果把它们全都躲开了，那就是躲开了一种再亲昵不过的人文文化，躲开了一种把自然与人情搭建得无比巧妙的生态环境，躲开了无数中国文人心底的思念与企盼，躲开了人生苦旅的起点和终点，实在是不应该的。

我到过的江南小镇很多，闭眼就能想见，穿镇而过的狭窄河道，一座座雕刻精致的石桥，傍河而筑的民居，民居楼板底下就是水，石阶的埠头从楼板下一级级伸出来，女人正在埠头上浣洗，而离她们只有几尺远的乌篷船上正升起一缕白白的炊烟，炊烟穿过桥洞飘到对岸，对岸河边有又低又宽的石栏，可坐可躺，几位老人满脸宁静地坐在那里看着过往船只。比之于沈从文笔下的湘西河边由吊脚楼组成的小镇，江南小镇少了那种浑朴奇险，多了一点畅达平稳。它们的前边没有险滩，后边没有荒漠，因此虽然幽僻却谈不上什么气势；它们大多很有一些年代了，但始终比较滋润的生活方式并没有让它们保留下多少废墟和遗迹，因此也听不出多少历史的浩叹；它们当然有过升沉荣辱，但实在也未曾摆出过太堂皇的场面，因此也不容易产生类似于朱雀桥、乌衣巷的沧桑之慨。总之，它们的历史路程和现实风貌都显得平实而耐久，狭窄而悠长，就像经纬着它们的条条石板街道。

堂皇转眼凋零，喧腾是短命的别名。想来想去，没有比江南小镇更足以成为一种淡泊而安定的生活表征的了。中国文人中很有一批人在入世受挫之后逃于佛、道，但真正投身寺庙道观的并不太多，而结庐荒山、独钓寒江毕竟会带来基本生活上的一系列麻烦。"大隐隐于市"，最佳的隐潜方式莫过于躲在江南小镇之中了。与显赫对峙的是常态，与官场对峙的是平民，比山林间的衰草茂树更有隐蔽力的是消失在某个小镇的平民百姓的常态生活中。山林间的隐蔽还保留和标榜着一种孤傲，而孤傲的隐蔽终究是不诚恳的；小镇街市间的隐蔽不仅不必故意地折磨和摧残生命，反而可以把日子过得十分舒适，让生命熨帖在既清静又方便的角落，几乎能够把自身由外到里溶化掉，因此也就成了隐蔽的最高形态。说隐蔽也许过于狭隘了，反正在我心目中，小桥流水人家，莼鲈之思，都是一种宗教性的人生哲学的生态意象。

在庸常的忙碌中很容易把这种人生哲学淡忘，但在某种特殊情况下，它就会产生一种莫名的诱惑而让人渴念。记得在文化大革命的高潮期，我父亲被无由关押，尚未结婚的叔叔在安徽含冤自尽，我作为长子，20来岁，如何撑持这个八口之家呢？我所在的大学也是日夜风起云涌，既不得安生又逃避不开，只得让刚刚初中毕业的大弟弟出海捕鱼，贴补家用。大弟弟每隔多少天后上岸总是先与我联系，怯生生地询问家里情况有无继续恶化，然后才回家。家，家人还在，家的四壁还在，但在那年月好像是完全暴露在露天中，时时准备遭受风雨的袭击和路人的轰逐。在这种情况下，我们这些大学毕业生又接到指令必须到军垦农场继续改造，去时先在吴江县松陵镇整训一段时间。那些天，天天排队出操点名，接受长篇训话，一律睡地铺而伙食又极其恶劣，大家内心明白，整训完以后就会立即把我们抛向一个污泥、沼泽和汗臭相拌和的天地，而且绝无回归的时日。我们的地铺打在一个废弃的仓库里，从西边墙板的夹缝中偷眼望去，那里有一个安静的院落，小小一间屋子面对着河流，屋里进出的显然是一对新婚夫妻，与我们差不多年龄。他们是这个镇上最普通的居民，大概是哪家小店的营业员或会计吧，清闲得很，只要你望过去，他们总在，不紧不慢地做着一天生活所必需、却又纯然属于自己的事情，时不时有几句不冷也不热的对话，莞尔一笑。夫妻俩都头面干净，意态安详。当时，我和我的同伴实在被这种最正常的小镇生活震动了。这里当然也碰到了文化大革命，但毕竟是小镇，又兼民风柔婉，闹不出多大的事，折腾了一两下也就烟消云散，恢复成寻常生态。也许这个镇里也有个把"李国香"之类，反正这对新婚夫妻不是，也不是受李国香们注意的人物。唉，这样活着真好！这批筋疲力尽又不知前途的大学毕业生们向壁缝投之以最殷切的艳羡。我当时曾警觉，自己的壮志和锐气都到哪儿去了，何以20来岁便产生如此暮气的归隐之想？是的，那年在恶风狂浪中偷看一眼江南小镇的生活，我在人生憬悟上一步走向了成年。

我躺在垫着稻草的地铺上，默想着100多年前英国学者托马斯·德·昆西（T. De Quincey）写的一篇著名论文：《论〈麦克白〉中的敲门声》。昆西说，在莎士比亚笔下，麦克白及其夫人借助于黑夜在城堡中杀人篡权，突然，城堡中响起了敲门声。这敲门声使麦克白夫妇惊恐万状，也历来使所有的观众感到惊心动魄。原因何在？昆西思考了很多年，结论是：清晨敲门，是正常生活的象征，它足以反衬出黑夜中魔性和兽性的可怖，它又宣告着一种合乎人性的日常生活正有待于重建，而正是这种反差让人由衷震撼。在那些黑夜里，我躺在地铺上，听到了江南小镇的敲门声，笃笃笃，轻轻的，隐隐的，却声声入耳，灌注全身。

好多年过去了，生活应该说已经发生了很大的变化，但这种敲门声还时不时地响起于心扉间。为此我常常喜欢找个江南小镇走走，但一走，这种敲门声就响得更加清晰而催人了。

当代大都市的忙人们在假日或某个其他机会偶尔来到江南小镇，会使平日的行政烦嚣、人事喧嚷、滔滔名利、尔虞我诈立时净化，在自己的鞋踏在街石上的清空声音中听到自己的心跳，不久，就会走进一种清空的启悟之中，流连忘返。可惜终究要返回，返回那种烦嚣和喧嚷。

如眼前一亮，我猛然看到了著名旅美画家陈逸飞先生所画的那幅名扬海外的《故乡的回忆》。斑剥的青灰色像清晨的残梦，交错的双桥坚致而又苍老，没有比这个图像更能概括江南小镇的了，而又没有比这样的江南小镇更能象征故乡的了。我打听到，陈逸飞取像的原型是江苏昆山县的周庄。陈逸飞与我同龄而不同籍，但与我同籍的台湾作家三毛到周庄后据说也热泪滚滚，说小时候到过很多这样的地方。看来，我也必须去一下这个地方。

二

像多数江南小镇一样，周庄得坐船去才有味道。我约了两个朋友从青浦淀山湖的东南岸雇船出发，向西横插过去，走完了湖，就进入了纵横交错的河网地区。在别的地方，河流虽

124

然也可以成为运输的通道，但对普通老百姓的日常行旅来说大多是障碍，在这里则完全不同，河流成了人们随脚徜徉的大街小巷。一条船一家人家，悠悠走着，不紧不慢，丈夫在摇船，妻子在做饭，女儿在看书，大家对周围的一切都熟悉，已不愿东张西望，只听任清亮亮的河水把他们浮载到要去的地方。我们身边擦过一条船，船头坐了两位服饰齐整的老太，看来是走亲戚去的，我们的船驶得太快，把水沫溅到老太的新衣服上了，老太撩了撩衣服下摆，嗔色地指了指我们，我们连忙拱手道歉，老太立即和善地笑了。这情景就像街市间不小心碰到了别人随口说声"对不起"那样自然。

两岸的屋舍越来越密，河道越来越窄，从头顶掠过去的桥越来越短，这就意味着一座小镇的来临。中国很多地方都长久地时行这样一首儿歌："摇摇摇，摇到外婆桥"，不知多少人是在这首儿歌中摇摇摆摆走进世界的。人生的开始总是在摇篮中，摇篮就是一条船，它的首次航行目标必定是那座神秘的桥，慈祥的外婆就住在桥边。早在躺在摇篮里的年月，我们构想中的这座桥好像也是在一个小镇里。因此，不管你现在多大，每次坐船进入江南小镇的时候，心头总会渗透出几缕奇异的记忆，陌生的观望中潜伏着某种熟识的意绪。周庄到了，谁也没有告诉我们，但我们知道。这里街市很安静，而河道却很热闹，很多很多的船来往交错，也有不少船驳在岸边装卸货物，更有一些人从这条船跳到那条船，连跳几条到一个地方去，就像市井间借别人家的过道穿行。我们的船挤入这种热闹中，舒舒缓缓地在前走。与城市里让人沮丧的"塞车"完全不同，在河道上发觉前面停着的一条船阻碍了我们，只须在靠近时伸出手来，把那条船的船帮撑持一下，这条船就会荡开去一点，好让我们走路。那条船很可能在装货，别的船来来往往你撑一下我推一把，使它的船身不停地晃晃悠悠，但船头系结在岸桩上，不会产生任何麻烦，装货的船工一径乐呵呵地忙碌着，什么也不理会。

小镇上已有不少像我们一样的旅游者，他们大多是走陆路来的，一进镇就立即领悟了水的魅力，都想站在某条船上拍张照，他们蹲在河岸上恳求船民，没想到这里的船民爽快极了，想坐坐船还不容易？不仅拍了照，还让坐着行驶一阵，分文不取。他们靠水吃饭，比较有钱，经济实力远超这些旅游者。近几年，电影厂常来小镇拍一些历史题材的片子，小镇古色古香，后来干脆避开一切现代建筑方式，很使电影导演们称心，但哪来那么多群众角色呢？小镇的居民和船民非常帮衬，一人拿了套戏装往身上一披，照样干活，你们拍去吧。我去那天，不知哪家电影厂正在桥头拍一部清朝末年的电影，桥边的镇民、桥下的船民很多都穿上了清朝农民的服装在干自己的事，没有任何不自然的感觉，倒是我们这条船靠近前去，成了擅闯大清村邑的番邦夷人。

从船上向河岸一溜看去，好像凡是比较像样的居舍门口都有自用码头。这是不奇怪的，河道就是通衢，码头便是大门，一个大户人家哪有借别人的门户迎来送往的道理？遥想当年，一家人家有事，最明显的标志是他家码头口停满了大大小小的船只，主人便站在码头上频频迎接。我们的船在一个不小的私家码头停下了，这个码头属于一所挺有名的宅第，现在叫做"沈厅"，原是明代初年江南首富沈万山的居所。

江南小镇历来有藏龙卧虎的本事，你看就这么些小河小桥竟安顿过一个富可敌国的财神！沈万山的致富门径是值得经济史家们再仔细研究一阵的，不管怎么说，他算得上那个时代既精于田产管理，又善于开发商业资本的经贸实践家。有人说他主要得力于贸易，包括与海外的贸易，虽还没有极为充分的材料佐证，我却是比较相信的。周庄虽小，却是贴近运河、长江和黄浦江，从这里出发的船只可以毫无阻碍地借运河而通南北，借长江而通东西，就近又可席卷富庶的杭嘉湖地区和苏锡一带，然后从长江口或杭州湾直通东南亚或更远的地方，后来郑和下西洋的出发地浏河口就与它十分靠近。处在这样一个优越的地理位置，出现个把沈万山是合乎情理的。这大体也就是江南小镇的秉性所在了，它的厉害不在于它的排场，而在于充分利用它的便利而悄然自重，自重了还不露声色，使得我们今天还闹不清沈万山的底细。

系好船缆，拾级上岸，才抬头，却已进了沈厅大门。一层层走去，600多年前居家礼仪如在目前。这儿是门厅，这儿是宾客随从人员伫留地，这儿是会客厅，这儿是内宅，这儿是私家膳室……全部建筑呈纵深型推进状，结果，一个相当狭小的市井门洞竟衍生出长长一串景深，既显现出江南商人藏愚守拙般的谨慎，又铺张了家庭礼仪的空间规程。但是，就整体宅院论，还是算敛缩俭朴的，我想一个资产只及沈万山一个零头的朝廷退职官员的宅第也许会比它神气一些。商人的盘算和官僚的想法判然有别，尤其是在封建官僚机器的缝隙中求发展的元明之际的商人更是如此，躲在江南小镇的一个小门庭里做着纵横四海的大生意，正是他们的"大门槛"。可以想见，当年沈宅门前大小船只的往来是极其频繁的，各种信息、报告、决断、指令、契约、银票都从这里大进大出，但往来人丁大多神色隐秘、缄口不言、行色匆匆。这里也许是见不到贸易货物的，真正的大贸易家不会把宅院当作仓库和转运站，货物的贮存地和交割地很难打听得到，再有钱也是一介商人而已，没有兵丁卫护，没有官府庇荫，哪能大大咧咧地去张扬？

我没有认真研究过沈万山的心理历程，只知道这位在江南小镇如鱼得水的大商贾后来在京都南京栽了大跟斗，他如此精明的思维能力毕竟只归属于经济人格而与封建朝廷的官场人格处处牴牾，一撞上去就全盘散架。能不撞上去吗？又不能，一个在没有正常商业环境的情况下惨淡经营的商人总想与朝廷建立某种亲善关系，但他不懂，建立这种关系要靠钱，又不能全靠钱，事情还有远比他的商人头脑想象得更复杂更险恶的一面。话说明太祖朱元璋定都南京(即应天府)后要像模像样地修筑城墙，在筹募资金中被舆论公认为江南首富的沈万山自然首当其冲。沈万山满腹心事地走出宅院大门上船了，船只穿出周庄的小桥小河向南京驶去。在南京，他爽快地应承了筑造京城城墙三分之一(从洪武门到水西门)的全部费用，这当然是一笔惊人的巨款，一时朝野震动。事情到此已有点危险，因为他面对的是朱元璋，但他未曾自觉到，只懂得像在商业经营中那样趁热打铁，晕乎乎、乐颠颠地又拿出一笔巨款要犒赏军队。这下朱元璋勃然大怒了，你算个什么东西，凭着有钱到朕的京城里摆威风来了？军队是你犒赏得了的吗？于是下令杀头，后来不知什么原因又改旨为流放云南。

江南小镇的宅院慌乱了一阵之后陷入了长久的寂寞。中国14世纪杰出的理财大师沈万山没有能够回来，他长枷铁镣南行万里，最终客死戍所。他当然会在陌生的烟瘴之地夜夜梦到周庄的流水和石桥，但他的伤痕累累的人生孤舟却搁浅在如此边远的地方，怎么也驶不进熟悉的港湾了。

沈万山也许至死都搞不大清究竟是什么逻辑让他受罪。周庄的百姓也搞不清，反而觉得沈万山怪，编一些更稀奇的故事流传百年。是的，一种对中国来说实在有点超前的商业心态在当时是难于见容于朝野两端的，结果倒是以其惨败为代价留下了一些纯属老庄哲学的教训在小镇，于是人们更加宁静无为了，不要大富，不要大红，不要一时为某种异己的责任感和荣誉感而产生焦灼的冲动，只让河水慢慢流，船橹慢慢摇，也不想摇到太远的地方去。在沈万山的凄楚教训面前，江南小镇愈加明白了自己应该珍惜和恪守的生态。

三

　　上午看完了周庄，下午就滑脚去了同里镇。同里离周庄不远，却已归属于江苏省的另一个县——吴江县，也就是我在20多年前听到麦克白式的敲门声的那个县。因此，当我走近前去的时候，心情是颇有些紧张的，但我很明白，要找江南小镇的风韵，同里不会使我失望，为那20多年前的启悟，为它所躲藏的闹中取静的地理位置，也为我平日听到过的有关它的传闻。

　　就整体气魄论，同里比周庄大。也许是因为周庄讲究原封不动地保持苍老的原貌吧，在现代人的脚下总未免显得有点局促。同里亮堂和挺展得多了，对古建筑的保护和修缮似乎也更花力气。因此，周庄对于我，是乐于参观而不会想到要长久驻足的，而同里却一见面就产生一种要在这里觅房安居的奇怪心愿。

　　同里的桥，不比周庄少。其中紧紧汇聚在一处的"三桥"则更让人赞叹。三桥都小巧玲珑，构筑典雅，每桥都有花岗石凿刻的楹联，其中一桥的楹联为：

> 浅渚波光云影，
> 小桥流水江村。

淡淡地道尽了此地的魅力所在。据老者说，过去镇上居民婚娶，花轿乐队要热热闹闹地把这三座小桥都走一遍，算是大吉大利。老人66岁生日那天也须在午餐后走一趟三桥，算是走通了人生的一个关口。你看，这么一个小小的江镇，竟然自立名胜、自建礼仪，怡然自得中构建了一个与外界无所争持的小世界。在离镇中心稍远处，还有稍大一点的桥，建造也比较考究，如思本桥、富观桥、普安桥等，是小镇的远近门户。

　　在同里镇随脚走走，很容易见到一些气象有点特别的建筑，仔细一看，墙上嵌有牌子，标明这是崇本堂，这是嘉荫堂，这是耕乐堂，这是陈去病故居，探头进去，有的被保护着专供参观，有的有住家，有的在修理，都不妨轻步踏入，没有人会阻碍你。特别是那些有住家的宅院，你正有点踟蹰呢，住家一眼看出你是来访古的，已是满面笑容。钱氏崇本堂和柳氏嘉荫堂占地都不大，一亩上下而已，却筑得紧凑舒适。两堂均以梁棹窗楼间的精细雕刻著称，除了吉祥花卉图案外，还有传说故事、戏曲小说中的人物和场面的雕刻，据我所知已引起了国内古典艺术研究者们的重视。耕乐堂年岁较老，有宅有园，占地也较大，整体结构匠心独具，精巧宜人，最早的主人是明代的朱祥（耕乐），据说他曾协助巡抚修建了著名的苏州宝带桥，本应论功授官，但他坚辞不就，请求在同里镇造一处宅园过太平日子。看看耕乐堂，谁都会由衷地赞同朱祥的选择。

　　但是，也不能因此判定像同里这样的江南小镇只是无条件的消极退避之所。你看，让朱祥督造宝带桥工程他不是欣然前往了吗？他要躲避的是做官，并不躲避国计民生方面的正常选择。我们走进近代革命者、诗人学者陈去病（巢南）的居宅，更明确地感受到了这一点。我由于关注过南社的史料，对陈去病的事迹还算是有点熟悉。见到了他编《百尺楼丛书》的百尺楼，却未能找到他自撰的两副有名楹联：

> 平生服膺明季三儒之论，沧海归来，信手钞成正气集；
> 中年有契香山一老所作，白头老去，新居营就浩歌堂。
> 其人以骠姚将军为名，垂虹亭长为号；
> 所居有绿玉青瑶之馆，澹泊宁静之庐。

这两副楹联表明，在同里镇三元街的这所宁静住宅里，也曾有热血涌动、浩气充溢的年月。我知道就在这里，陈去病组织过雪耻学会，推行过梁启超的《新民丛报》，还开展过同盟会同里支部的活动。秋瑾烈士在绍兴遇难后，她的密友徐自华女士曾特地赶到这里来与陈去病商量如何处置后事。至少在当时，江浙一带的小镇中每每隐潜着许多这样的决心以热血和生命换来民族生机的慷慨男女，他们的往来和聚会构成了一系列中国近代史中的著名事件，一艘艘小船的解缆系缆，缆索一抖，牵动着整个中国的生命线。

比陈去病小十几岁的柳亚子是更被人们熟知的人物，他当时的活动据点是家乡黎里镇，与同里同属吴江县。陈去病坐船去黎里镇访问了柳亚子后感慨万千，写诗道：

> 梨花村里叩重门，
> 握手相看泪满痕。
> 故国崎岖多碧血，
> 美人幽咽碎芳魂。
> 茫茫宙合将安适，
> 耿耿心期祇尔论。
> 此去壮图如可展，
> 一鞭晴旭返中原！

这种气概与人们平素印象中的江南小镇风韵很不一样，但它实实在在是属于江南小镇的，应该说是江南小镇的另一面。在我看来，江南小镇是既疏淡官场名利又深明人世大义的，平日只是按兵不动罢了，其实就连在石桥边栏上闲坐着的老汉都对社会时事具有洞幽悉微的评判能力，真是遇到了历史的紧要关头，江南小镇历来都不木然。我想，像我这样的人也愿意卜居于这些小镇中而预料不会使自己全然枯竭，这也是原因之一吧。

四

同里最吸引人的去处无疑是著名的退思园了。我可以毫不夸张地说，这是我见过的中国古典园林中特别让我称心满意的几个中的一个。我相信，如果同里镇稍稍靠近一点铁路或公路干道，退思园必将塞满旅游的人群。但从上海到这里毕竟很不方便，从苏州过来近一些，然而苏州自己已有太多的园林，柔雅的苏州人也就不高兴去坐长途车了。于是，一座大好的园林静悄悄地呆着，而我特别看中的正是这一点。中国古典园林不管依傍何种建筑流派，都要以静作为自己的韵律。有了静，全部构建会组合成一种古筝独奏般的淡雅清丽，而失去了静，它内在的整体风致也就不可寻找。在摩肩接踵的拥挤中游古典园林是很叫人伤心的事，如有一个偶然的机会，或许是大雨刚歇，游客未至，或许是时值黄昏。庭院冷落，你有幸走在这样的园林中就会觉得走进了一种境界，虚虚浮浮而又满目生气，几乎不相信自己往常曾多次来过。在人口越来越多，一切私家的古典园林都一一变成公众游观处的现代，我的这种审美嗜好无疑是一种不切实际的奢侈愿望了，但竟然有时也能满足。去年冬天曾在上海远郊嘉定县小住了十几天，每天早晨和傍晚，当上海旅游者的班车尚未到达或已经离开的时候，我会急急赶到秋霞圃去，舒舒坦坦地享受一番园林间物我交融的本味。退思园根本没有上海的旅游班车抵达，能够遇到的游客大多是一些镇上的退休老人，安静地在回廊低栏上坐着，看到我们面对某处景点有所迟疑时，他们会用自我陶醉的缓慢语调来解释几句，然后又安静地坐下去。就这样，我们从西首的大门进入，向着东面一个层次一个层次地观赏过来。总以为看完这一进就差不多了，没想到一个月洞门又引出一个新的空间，而且一进比一进美，一层比一层奇。心中早已绷着悬念，却又时时为意外发现而一次次惊叹，这让我想到中国古典园林和古典戏曲在结构上的近似。难怪中国古代曲论家王骥德和李渔都把编剧与工师营建宅院苑树相提并论。

退思园已有100多年历史，园主任兰生便是同里人，做官做得不小，授资政大夫，赐内阁学士，任凤颍六泗兵备道，兼淮北牙厘局及凤阳钞关之职，有权有势地管过现今安徽省的很大一块地方。后来他就像许多朝廷命官一样遭到了弹劾，落职了，于是回到家乡同里，请本镇一位叫袁龙的杰出艺术家建造此园。园名"退思"，立即使人想起《左传》中的那句话："林父之事君也，进思尽忠，退思补过。"但我漫步在如此精美的园林中，很难相信任兰生动用"退思补过"这一命题的诚恳。"退"是事实，"思"也是免不了的，至于是不是在思"补过"和"事君"则不宜轻信。眼前的水阁亭榭、假山荷池、曲径回廊根本容不下一丝愧赧。好在京城很远，也管不到什么了。

任兰生是聪明的。"退思"云云就像找一个官场烂熟的题目招贴一下，赶紧把安徽官任上搜括来的钱财幻化成一个偷不去抢不走、又无法用数字估价的居住地，也不向外展示，只是一家子安安静静地住着。即使朝廷中还有觊觎者，一见他完全是一派定居的样子，没有再到官场争逐的念头了，也就放下了心，以求彼此两忘。我不知道任兰生在这个园子里是如何度过晚年的，是否再遇到过什么凶险，却总觉得在这样一个地方哪怕住下几年也是令人羡慕的，更何况对园主来说这又是祖辈生息的家乡。任兰生没有料到，这件看来纯然利己的事情实际上竟成了他毕生最大的功业，历史因这座园林把他的名字记下了，而那些凌驾在他之上，或弹劾他而获胜的衮衮诸公们却早就像尘埃一样飘散在时间的流水之中。

就这样，江南小镇款款地接待着一个个早年离它远去的游子，安慰他们，劝他们好生休息，又尽力鼓励他们把休息地搞好。这几乎已成为一种人生范式，在无形之中悄悄控制着遍及九州的志士仁人，使他们常常登高回眸、月夜苦思、梦中轻笑。江南小镇的美色远不仅仅在于它们自身，而更在于无数行旅者心中的毕生描绘。

在踏出退思园大门时我想，现今的中国文人几乎都没有能力靠一人之力建造这样的归息之地了，但是哪怕在这样的小镇中觅得一个较简单的住所也好啊，为什么非要挤在大都市里不可呢？我一直相信从事文化艺术与从事经济贸易、机械施工不同，特别需要有一个真正安宁的环境深入运思、专注体悟，要不然很难成为名副其实的大家。在逼仄的城市空间里写什么都不妨，就是不宜进行宏篇巨著式的艺术创造。日本有位艺术家每年要在太平洋的一个小岛上隐居很长时间，只留出一小部分时间在全世界转悠，手上夹着从小岛带出来的一大叠乐谱和文稿。江南小镇很可以成为我们的作家艺术家的小岛，有了这么一个个宁静的家院在身后，作家艺术家们走在都市街道间的步子也会踏实一点，文坛中的烦心事也会减少大半。而且，由于作家艺术家驻足其间，许多小镇的文化品位和文化声望也会大大提高。如果说我们今天的江南小镇比过去缺了点什么，在我看来，缺了一点真正的文化智者，缺了一点隐潜在河边小巷间的安适书斋，缺了一点足以使这些小镇产生超越时空的吸引力的艺术灵魂。而这些智者，这些灵魂，现正在大都市的人海中领受真正的自然意义上的"倾轧"。

"日暮乡关何处是，烟波江上使人愁。"但愿有一天，能让飘荡在都市喧嚣间的惆怅乡愁收伏在无数清雅的镇邑间，而一座座江南小镇又重新在文化意义上走向充实。只有这样，中国文化才能在人格方位和地理方位上实现双相自立。

到那时，风景旅游和人物访谒会溶为一体，"梨花村里叩重门，握手相看泪满痕"的动人景象又会经常出现，整个华夏大地也就会铺展出文化坐标上的重峦叠嶂。

也许，我想得太多了。

【简析】余秋雨的散文大多以景物为题名，但是他不同于以往散文只关注景物的自然现象，多以个人的感情抒发和自我表现为主，而是用他深邃的目光，透过这些现象，把关注的焦点定位在这些自然景观背后所沉淀的文化内涵上。《江南小镇》只是余秋雨系列文化散文中一篇很普通的文章，但足以体现余秋雨文化散文的众多特点。他以柔丽凄迷的小桥流水为背景，表现清新婉约的江阴文化和世态人情。

文章主要写了周庄和同里镇两地的小镇风景、人物故事、历史文化。在作者心中，淡泊静定的江南小镇生活、古老自然的寻常生态，都会让像作者这样的都市忙人产生无限的向往。在这里它可以使人们平日的行政烦嚣、人事喧嚷、滔滔名利、尔虞我诈立时得到净化，让人不知不觉中走进一种清空的启悟中。

从全篇文章看来它无不透露作者对江南小镇悠闲平静的生活、柔和友善的人情的向往。同时，也表达了作者"有一天能让飘荡在都市喧嚣间的惆怅乡愁收伏在无数清雅的镇邑间，使风景旅游和人物访谒溶为一体，使整个华夏大地铺展出文化坐标上的重恋叠嶂"的愿望。

【思考与练习】

一、试找出文中对江南小镇的具体描述，并分析余秋雨笔下的江南小镇有什么特色？

二、通过对本文的学习，你能从中找出作者思考生活和表达生活的方式是什么吗？对你有什么启发？

这就是张家界

银云

银云(1956—),本名银祥云,湖南邵阳人,散文作品有《张家界的山》《天子山的云》《夕阳的诱惑》等,获得过湖南省青年文学奖。

这就是湘西的张家界了。

千百座耸立挺拔的砂岩岩峰组成的峰林排闼而来,倾投而来,奔拥呼啸而来,突兀地陡立在我面前,以静静的思考和久久的凝望,面对这大自然创造的如童话如仙境如悠悠思绪如漫漫历史的艺术天地和美学世界,我不得不感叹人类世世代代积聚起来的艺术手段和千锤百炼地折射着钻石光芒的美丽语言显得无能为力;埃及金字塔、世界屋脊上的布达拉宫、雅典巴特农神庙、墨西哥石垒的古天文台、英国南部的圆形巨石阵、科洛西姆角斗场、复活节岛石像群和柬埔寨吴哥塔群等等一切人造的巨型艺术品也显得相形见绌。那些使冰冷的大理石、青铜和铁有了生命的艺术大师如米开朗琪罗、罗丹、毕加索,或者拥有北欧海洋景色的透纳、拥有俄罗斯原野风光的列维坦、拥有塔希提岛原始情趣的高更,如果在张家界的黄狮寨凌空突出的岩石上,站成一尊尊思想者的石像,会不会也只能和我一样长叹一声呢?

天文学和地质学一直使我敬畏不已,这两门科学最能开阔人的视野,拓展人的胸怀,使人的思考产生深度,产生透视星空、俯瞰地球、超越历史的喜悦。区区一体积为一万零八百亿立方公里的地球,在以光年计算空间距离的天文学眼光中,只是一粒芥子,一星尘埃;而"生年不满百"的人类个体和秦汉隋唐宋元明清的朝代更迭,在历史以岩层纪年、生命以化石为证的地质学眼光中也只是一缕青烟,一丝云雾。我穿行在张家界裸露着银灰色岩壁的砂岩峰林之间,沿着石级攀援,一岩层一岩层地在心里默默往前跨向地质年代,跨向这一带曾是一片汪洋大海的三亿八千万年以前。那时,正值晚古生代泥盆纪末期,地球的陆地还是死寂荒凉的,没有鸟类伸开羽翼的影子掠过,没有独角犀牛、东方剑齿象和狮群的角的拼斗、牙齿的撕咬,甚至连闹得沸沸扬扬以庞大的恐龙为代表的爬行动物横行的时代都还没来临。生命刚刚完成了单细胞、藻类、鱼类的进化,这时,某些原始的有肺鱼类从海里爬了出来,开始用四条粗短的从鳍进化来的脚支撑着摇摇晃晃的身体,出现在陆地上,成为最早的两栖类动物。我们人类最远古的祖先也肯定加入了这向陆地生活进发的行列。从无机物进化到单细胞生命,然后出现了藻类鱼类两栖类爬行类哺乳类,最后出现了人类——能思考自身来历和能用各种各样的文字记载文明史的人类,这就是天体演化变幻和地球旋转的目的吗?我凝望张家界砂岩峰林的一层又一层海水沉积线和一道道浪蚀波痕,从心底升腾起作为生命体,特别是作为人类一员的豪迈情绪。

三亿八千万年前的海浪,曾在这里摇撼着地球这颗古老而又青春常在的宇宙间的小星星,拍抚着从云雾溟濛的大海深处长出来的珊瑚礁,淘洗着满海滩的石英砂粒和海藻、贝类、鱼类。然后,便沉积、黏结、挤压成厚达五百米的石英砂岩盆地;然后,大地又隆动、抬起,上升成坦坦荡荡的砂岩高原。大自然把握砂岩高原,远比人类的艺术大师把握大理石,把握青铜和铁有着更奇妙的技巧、目的和审美意识。在慢慢悠悠的时间里,大自然用涓涓细流冲刷,用山洪切割,用飘垂的瀑布陷落,用地震撕开,用膨胀的冰把锲进岩缝的树根挤裂,用雷霆的刀，闪电的刀，风霜雨雪的刀挥洒自如地砍削呀，精精细细地雕刻呀，切切磋磋地琢磨呀，才有了今天这拥有千百座砂岩岩峰的空前绝后的、独一无二的、不可模仿的大创造。这样的大创造打破了我们长久以来形成的关于山的审美意趣：山在我们心目中是起伏的，有坡度的，是可以攀援的，是下面总比上面宽大厚实的金字塔形，绿色也总是呈弧形自山脚漫向峰顶。张家界的一座座砂岩岩峰却是怪诞粗放的有棱有角的陡直壁立，是垂直着线条袒露着银灰色岩壁的多角的柱状体。孤傲兀立的岩峰和岩峰之间自由自在，互不依存，有着各自的潇洒风度、独特造型和不同高度，有的岩峰下面反而比上面小，呈倒金字塔根部。它们如此死死生生、枯枯荣荣、旧旧新新地一代又一代在岩峰顶承继、延续，有着傲视人和一切哺乳类爬行类脊椎动物的优越感，有着尘世不可触及的超脱感，有着使中国历史上那一次遗恨千古的大砍伐显得无可奈何的自豪感。树种，也许是风吹送去的，是飘飘洒洒纷纷扬扬的雨珠携带去的，是纤纤细细轻轻巧巧的白云舒卷去的，是拍打着翅膀的鸟雀一边欢啭一边啄落翎羽时抖落去的。也许那些树自砂岩高原时代就生长在那里，有的树和倒塌的岩层一齐倒塌了，没有倒下的树便世世代代站立在没有倒下的岩峰顶。不管怎样，树种都不可能让挪动着笨重躯体、背负沉沉甸甸的器官的人和四脚动物带上去。通往那些峰顶的路是没有的——没有求温饱的生存之路，没有宗教之路，没有艺术之路，也没有互相仇视互相残杀的战争之路。那些原始意味十足的倒映雪峰的高原湖湖畔可能会被践踏，那些奇妙的溶洞风光中的钟乳石可能会被拍打、敲击、损断。张家界峰林的岩峰顶和顶上的绿色却谁也无法亵渎，那里只有云可以去抚摸，雨滴、冰粒、雪花可以去跳舞，鸟雀岩鹰可以去栖息，轻灵的思想和飞翔的幻想可以去缭绕。

在中华大地数不清的自然景观中，张家界砂岩峰林风光没有任何传统的文化负担。张家界是真正的现代风景线！它以朝晖夕照中砂岩岩峰的银灰、金红、淡紫、深褐、米黄的色彩变幻和云雾缭绕中砂岩岩峰若隐若现、若远若近、若倒悬、若浮动、若飘飞的景观变幻；以它的夸张、变形、扭曲、倾斜、吊挂、悬浮、裂变和线条抽象，铮铮有声地拓展了我们的美学领域。

我把头枕在横卧于金鞭溪的巨大的岩石上，张家界的千百座砂岩岩峰四合拢来，把我包围在悠悠远远的地质历史之海，生命之海，哲理之海和美学之海。我想起了三亿八千万年前匍匐在陆地，回望大海的我们最远古的祖先，它们挤压进了哪一块岩层呢？如果再过那么三亿八千万年，金鞭溪会不会重又泛滥成汪洋大海？今天的太平洋或大西洋或印度洋会崛起新的大陆，新的张家界吗？我身上所有的骨头会有一块成为化石嵌进岩层吗？人类和人类的文明又将进化到怎样的地步呢？

这，已经超出我的想象了，超出张家界美学了。

【简析】这是一篇独特的游记。为了表现张家界山的独特性，作者极尽手法，通过白描、对比等手段，让张家界的山区别于世界各地的山。然而通读全文后，我们会发现，作者的着眼点和重心不是描绘景物，而是抒发面对这"千百座耸立挺拔的砂岩岩峰"，作者心灵上产生的强烈震撼和探寻它的由来的不能释怀的渴望。赞颂了张家界是大自然独一无二的、不可模仿的大创造。这样的写法，使作者摆脱了就景写景的传统写景散文的写法，自然也就赋予了更多的意味。

【思考与练习】

一、文中多处使用了"反复"修辞格，试找出一些并进行分析。

二、本文写出了张家界山的独特之美，结合文章分析作者是如何达到这种效果的。

茵纳斯弗利岛①

叶芝

威廉·巴特勒·叶芝(1865—1939)，亦译"叶慈""耶茨"，爱尔兰诗人、剧作家、著名的神秘主义者。叶芝是"爱尔兰文艺复兴运动"的领袖，也是艾比剧院(Abbey Theatre)的创建者之一。

叶芝早年的创作仍然具有浪漫主义的华丽风格，善于营造梦幻般的氛围，他在1893年出版的散文集《凯尔特曙光》便属于这种风格。进入不惑之年后，在现代主义诗人伊兹拉·庞德等人的影响下，尤其是在其本人参与的爱尔兰民族主义政治运动的影响下，叶芝的创作风格发生了较大的变化，那就是更加趋近现代主义了。叶芝曾于1923年获得诺贝尔文学奖，获奖的理由是"以其高度艺术化且洋溢着灵感的诗作表达了整个民族的灵魂"。1934年，他和拉迪亚德·吉卜林共同获得古腾堡诗歌奖。大诗人奥登在叶芝逝世后写下《悼念叶芝》，其中有这样一句话："辛勤耕耘着诗歌，把诅咒变成了葡萄园。"

> 我就要动身走了，去茵纳斯弗利岛。
> 搭起一个小屋宇，筑起泥巴房；
> 支起九行云豆架，一排蜜蜂巢。
> 独个儿住着，荫阴下听蜂群歌唱。
>
> 我就会得到安宁，它徐徐下降，
> 从朝雾落到蟋蟀歌唱的地方；
> 午夜是一片闪亮，正午是一片紫光，
> 傍晚到处飞舞着红雀的翅膀。
>
> 我就要动身走了，因为我听到
> 那水声日日夜夜轻拍着湖滨；
> 不管我站在车行道或灰暗的人行道，
> 都在我心灵的深处听见这声音。

【简析】"多少人爱你青春欢畅的时辰/爱慕你的美丽/假意或真心/只有一个人爱你那朝圣者的灵魂/爱你衰老了的脸上痛苦的皱纹"。这是叶芝的《当你老了》一诗中最为有名的诗句，也是他流传最广的诗歌。叶芝一年只写十几首诗歌，保持优质低产，这首《茵纳斯弗利岛》是其早期著名的抒情诗。全诗内容上具有躲避现实、美化退隐生活的消极倾向，在艺术上，把退隐的幻想与小岛上的具体形象相结合，具有吸引人的艺术力量。其中"我就会得到安宁，它徐徐下降，从朝雾落到蟋蟀歌唱的地方；午夜是一片闪亮，正午是一片紫光，傍晚到处飞舞着红雀的翅膀"，虽然描述的是逃避现实的桃花源，但声音、色彩搭配和谐，引人赞叹。

---

① 茵纳斯弗利岛是爱尔兰民间传说里的一个湖中的小岛。

【思考与练习】

一、诗人为什么要去茵纳斯弗利岛？茵纳斯弗利岛具有怎样的吸引力？

二、茵纳斯弗利岛之于叶芝，就如同桃花源之于陶渊明，试分析二者的异同。

榕 树

泰戈尔

拉宾德拉纳特·泰戈尔(1861—1941),印度诗人、作家、艺术家、思想家和社会活动家。1913 年他获得诺贝尔文学奖,是第一位获得诺贝尔文学奖的亚洲人。

泰戈尔生于加尔各答市的一个富有哲学和文学艺术修养的家庭,13 岁即能创作长诗和颂歌体诗集。一生著述丰富,共创作了 50 多部诗集,12 部中长篇小说,100 多篇短篇小说,20 多部剧本及大量文学、哲学、政治论著。其重要作品有:诗集《故事诗集》《吉檀迦利》《新月集》《飞鸟集》《边缘集》《生辰集》;小说《还债》《弃绝》《四个人》《沉船》;剧作《顽固堡垒》《摩克多塔拉》《人红夹竹桃》;散文《死亡的贸易》《中国的谈话》《俄罗斯书简》等。他的作品早在 1915 年时介绍到中国,现已出版了 10 卷本的中文《泰戈尔作品》。

喂,你站在池边的蓬头的榕树,你可会忘记那小小的孩子,
就像那在你的枝上筑巢又离开了你的鸟儿似的孩子?
你不记得是他怎样坐在窗内,
诧异地望着你深入地下的纠缠的树根么?

妇人们常到池边,汲了满罐的水去,
你的大黑影便在水面上摇动,好像睡着的人挣扎着要醒来似的。
日光在微波上跳舞,好像不停不息的小梭在织着金色的花毡。
两只鸭子挨着芦苇,在芦苇影子上游来游去,

孩子静静地坐在那里想着。
他想做风,吹过你的萧萧的枝杈;
想做你的影子,在水面上,随了日光而俱长;
想做一只鸟儿,栖息在你的最高枝上;
还想做那两只鸭,在芦苇与阴影中间游来游去。

【简析】 在这首诗中,榕树成了那"孩子"的朋友。诗人运用第二人称,生动描写那"孩子"对一棵高大的榕树的沉思和幻想。

榕树,常绿乔木,树干分枝多,有气根,树冠大。它生长在热带地方,在印度是一种常见乔木。在文学作品中,榕树往往是故乡的象征。诗人把榕树想像成孩子的朋友,便于抒发思乡怀母的感情。"就像那在你的枝上的鸟儿似的孩子",诗人在这里把那孩子比作小鸟,以引起"榕树"的回忆。

"地下的纠缠的树根"本是看不见的,但从儿童的眼光来看,它是看得见的。"树根"在这里语带双关,含有"寻根不忘本"的意思。接着描写了三个日常生活画面:妇人汲水,日光跳舞,鸭子游来游去。这些生活画面都能勾起"榕树"对孩子的回忆。最后,诗人把孩子想象成"风""影子""鸭",与榕树须臾不离。

榕树是故乡的化身，是妈妈的化身。那孩子面对榕树的沉思与幻想，是思念故乡、思念母亲的表现。

【思考与练习】

一、在这首诗中，榕树代表了什么？作者这样写的好处是什么？

二、阅读泰戈尔的其他诗作，试分析泰戈尔诗歌的语言特色。

树林和草原①

屠格涅夫

伊凡·谢尔盖耶维奇·屠格涅夫(1818—1883年)，出身于奥廖尔省的一个贵族家庭。1833年秋考入莫斯科大学语文系，一年后转入彼得堡大学哲学系语文专业，1837年毕业，1838年进入柏林大学。1841年5月回国，与别林斯基交往，从事文学活动。1852年因《猎人笔记》的出版，被沙皇政府放逐。1853年获释后回彼得堡，参加编辑《现代人》杂志，并开始小说创作。1871年普法战争后移居巴黎，直至逝世。

屠格涅夫是19世纪俄国杰出的现实主义作家。他与列夫·托尔斯泰、陀思妥耶夫斯基被世界文坛誉为"俄国文学三杰"。其创作的特点是，能从民主主义立场出发，密切关注时代动向，敏锐把握社会重大现象，并迅速地给予艺术地描绘，且具有朴素简洁、清新明丽的风格。重要作品有特写集《猎人笔记》，长篇小说《罗亭》《贵族之家》《前夜》《父与子》《烟》《处女地》，以及《散文诗》等。

> ……渐渐地牵引他向后方：
> 回到幽暗的花园里，回到村子上，
> 那里的菩提树高大而阴凉，
> 铃兰花发出贞洁的芬芳，
> 那里有团团的杨柳成行，
> 从堤畔垂垂地挂在水上，
> 那里有繁茂的橡树生长在膏腴的田地上，
> 那里的大麻和荨麻发出馨香……
> 到那地方，到那地方，到那辽阔的原野上，
> 那里的土地黑沉沉的像天鹅绒一样，
> 那里的黑麦到处在望，
> 静静地泛着柔软的波浪。
> 从一团团明净的白云中央，
> 照射出沉重的、金黄色的阳光。
> 那是个好地方……

——节选自待焚的诗篇

读者对于我的笔记也许已经感到厌倦了；我赶快安慰他：约定限于已经发表的几篇为止；但是在向他告别的时候，不能不略谈几句关于打猎的话。

带了枪和狗去打猎，就本身而论是一件绝妙的事；纵然你并不生来就是猎人，但你总是爱好自然和自由的，因此你也就不能不羡慕我们猎人……请听我讲吧。

例如，春天黎明以前乘车出游时的快感，你知道吗？你走到台阶上。……深灰色的天空中有几处闪耀着星星，滋润的风时时像微波一般飘过来；听得见夜的隐秘而模糊的私语声；

---

① 本篇选自《猎人笔记》，人民文学出版社1979年版，丰子恺译。

阴暗的树木发出微弱的喧噪声。仆人把地毯铺在马车上了，把装茶炊的箱子放在踏脚的地方了。两匹副马畏缩着身子，打着响鼻，优雅地替换着蹄子站在那里；一对刚才睡醒的白鹅静悄悄、慢吞吞地穿过道路去。在篱笆后面的花园里，看守人安闲地在那里打鼾；每一个声音都仿佛停滞在凝结的空气中，停滞不动。于是你坐上车；马儿一齐举步，马车发出隆隆的声音。……你乘着马车，经过教堂，下山向右转，开过堤坝。……池塘上刚开始升起烟雾。你觉得有点儿冷，就用大衣领子遮住了脸；你打瞌睡了。马蹄踏在水洼里发出很响的声音；马车夫吹着口哨。但是这时候你已经走了约摸四俄里……天边发红了；寒鸦在白桦树丛中醒过来，笨拙地飞来飞去；麻雀在暗沉沉的禾堆周围吱吱喳喳地叫。空气清朗了，道路更加看得清楚，天色明净起来，云发白了，田野显出绿色。农舍里点着松明，发出红色的火光，大门里面传出瞌睡朦胧的说话声。这期间朝霞发红了；已经有金黄色的光带扩展在天空中，山谷里缭绕地升起一团团烟雾来，云雀嘹亮地歌唱着，黎明前的风吹出了——于是徐徐地浮出深红色的太阳来。阳光像流水一般进出；你的心像鸟儿一般振奋起来。一切都新鲜、愉快而可爱！四周远处都看得清楚了。小树林后面有一个村庄；再过去些还有一个村庄，村里有一所白色的礼拜堂；山上有一个白桦树林；这树林后面是一片沼地，就是你要去的地方。……快跑，马儿，快跑！跨着大步向前进！……一共只有三俄里了。太阳很快地升起来；天空明净。……今天天气一定很出色。一群家畜从村子里向我们迎面而来。你的车子登上山顶。……风景多么好！河流蜿蜒十俄里光景，在雾色中隐隐地发蓝；河那边是大片的水汪汪的青草地；草地那边有几个平坦的丘陵；远处有几只田凫在沼地上空飞鸣；通过了散布在空气中的滋润的阳光，远处的景物显得很清楚……不像夏天那样。呼吸多么自由，四肢动作多么爽快，全身被春天的清新气息笼罩着，感到多么壮健……

夏天七月里的早晨！除了猎人之外，有谁曾经体会到黎明时候在灌木丛中散步的乐趣呢？你的脚印在白露沾湿的草上留下绿色的痕迹。你用手拨开濡湿的树枝，夜里蕴蓄着的一股暖气立刻向你袭来；空气中到处充满着苦艾的新鲜苦味、荞麦和三叶草的甘香；远处有一片茂密的橡树林，在阳光底下发出闪闪的红光；天气还凉爽，但是已经觉得炎热逼近了。过多的芬芳之气使得你头晕目眩。灌木丛没有尽头。……只是远处某些地方有一片黄澄澄的成熟了的黑麦，一条条狭长的粉红色的荞麦田。这时候一辆马车轧轧地响出；一个农人缓步走来，把他的马预先牵到荫凉的地方去。……你同他打个招呼，就走开了；你后面传来镰刀的响亮的铿锵声。太阳越升越高。草立刻干燥了。天气炎热起来。过了一个钟头，又一个钟头……天边上黑暗起来；静止的空气中发散出火辣辣的热气。

"老兄，这里什么地方可以弄点水喝？"你问一个割草的人。

"那边山谷里有一口井。"

你穿过缠着蔓草的茂密的榛树丛，走到山谷底上。果然，断崖的下面隐藏着泉水；橡树的掌形枝叶贪婪地铺张在水面上；银色的大水泡摇摇摆摆地从长满细致柔滑的青苔的水底上升起来。你投身到地上，喝饱了水，但是懒得再动了。你现在正在荫凉的地方，呼吸着芬芳的湿气；你觉得很舒服，可是你对面的丛林晒得火辣辣的，在阳光底下仿佛颜色发黄了。然而这是什么呀？风突然吹来，又疾驰而去；四周的空气颤动了一下：这不是雷声吗？你从山谷里走出来……天边的一片铅色是什么？是不是暑气浓密起来了？是不是乌云涌过来了？……但是这时候电光微微地一闪。……啊，原来是暴风雨要来了！四周还照着明亮的阳光，还可以打猎。但是乌云增长起来了：它前面的一边像衣袖一般伸展开来，像穹窿似的笼罩着。顷刻之间，草木全部黑暗了。……赶快跑！那边好像有一间干草棚……赶快跑！……你跑到那里，走了进去。……雨多么大！闪电多么亮啊！有些地方，水通过了草屋顶滴在芳香的干草上。……但是，瞧，太阳又出来了。暴风雨过去了，你走出来。我的天啊，四周一切多么愉快地发出光辉，空气多么清新澄彻，草莓和蘑菇多么芬芳！……

但是现在黄昏来临了。晚霞像火焰一般燃烧，遮掩了半个天空。太阳就要落山了。附近的空气似乎特别清澈，像玻璃一样；远处笼罩着一片柔和的雾气，样子很温暖；鲜红的光辉随着露水落在不久以前还充满金色光线的林中旷地上；树木、丛林和高高的干草垛上都投射出长长的影子来。……太阳落山了；一颗星在落日的火海里发出颤抖的闪光来。……这火海渐渐泛白了；天空发青了；一个个的影子逐渐消失，空气中充满了烟雾。现在该回去了，回到你过夜的村中的农舍里去了。你背上枪，不顾疲倦，迅速地走着。……这期间黑夜来临了；二十步之外已经看不见了；狗在黑暗中微微地显出白色。在那边黑压压的丛林上，天际模糊地发亮。……这是什么？火灾吗？……不是，这是月亮升起来了。下面靠右边，村子里的灯火已经在闪耀了。……终于到达了你的屋子。你从窗子里可以看到铺着白桌布的食桌、焰焰的蜡烛、晚餐……

有时你吩咐套上竞走马车，到树林里去猎松鸡。车子在两旁长着又高又密的黑麦的狭路上经过，是很愉快的事。麦穗轻轻地打你的脸，矢车菊绊住你的脚，四周有鹌鹑叫着，马儿跑着懒洋洋的大步子。树林到了。阴暗而寂静。体态匀称的白杨树高高地在你上面簌簌作响；白桦树的下垂的长枝微微颤动；一棵强大的橡树像战士一般站在一棵优雅的菩提树旁边。你的车子在长满绿草的、阴影斑驳的小路上行驶着；黄色的大苍蝇，一动不动地在金黄色的空气中逗留了一会，突然飞去；小蚊蚋成群地盘旋着，在阴暗的地方发亮，在太阳光里发黑；鸟儿安闲地歌唱着。知更鸟的金嗓子欢愉地发出天真烂漫的絮絮叨叨声，这声音同铃兰的香气很调和。再走远去，再走远去，去到树林的深处。……树林丛密起来。……心中感觉到说不出的沉寂；四周也都充满睡意，悄然无声。但是忽然一阵风吹来了，树梢哗哗地响起来，仿佛翻落的波浪。有些地方，从去年的褐色的落叶中间生出很高的草来；蘑菇各自戴着自己的帽子站着。雪兔突然跳出，狗高声吠叫着急起直追……

同是这座树林，当晚秋山鹬飞来的时候，显得多么美好啊！山鹬不停在树林深处，必须到树林边上去找它们。没有风，也没有太阳，没有光亮，没有阴影，没有动作，没有声音。柔和的空气中弥漫着秋天的像葡萄酒似的香气；远处黄澄澄的田野上笼罩着一层淡薄的雾。光秃秃的褐色树枝中间，露出宁静而洁白的天空；菩提树上有几处挂着最后几张金色的叶子，两脚踏在潮湿的土地上觉得有弹性；高高的干燥的草一动也不动；长长的蛛丝在苍白的草上闪闪发光。呼吸舒畅，可是心里感到一种异样的惊悸。你沿着树林边缘走去，一路照看着你的狗，这期间可爱的形象、可爱的人——死了的和活着的——都回忆起来了，久已睡着了的印象蓦地苏醒过来；想像力像鸟一般翱翔，一切都在眼前清晰地出现并活动起来了。心有时突然颤抖跳动，热情地向前突进，有时一去不回地沉没在回忆中了。全部生活就像一个手卷似的轻快迅速地展开来；人在这时候掌握了他的全部往事、全部感情、全部力量、全部灵魂。四周没有一样东西来妨碍他——既没有太阳，也没有风，又没有声音……

在秋天，早晨严寒而白天明朗微寒的日子里，那时候白桦树仿佛神话里的树木一般全部作金黄色，优美地显出在淡蓝色的天空中；那时候低斜的太阳照在身上不再感到温暖，但是比夏天的太阳更加光辉灿烂；小小的白杨树林全部光明透彻，仿佛它认为光秃秃地站着是愉快而轻松的；霜花还在山谷底上发白，清风徐徐地吹动，追赶着卷曲的落叶；那时候河里欢腾地奔流着青色的波浪，一起一伏地载送着逍遥自在的鹅和鸭；远处有一座半掩着柳树的磨坊轧轧地响着，鸽子在它的上空迅速地盘着圈子，在明亮的空气中斑斑驳驳地闪耀着。……

夏天的烟雾弥漫的日子也很美好，虽然猎人不喜欢这种日子。在这些日子里不能打枪，因为鸟儿从你的脚边拍翅飞起，立刻消失在白茫茫的凝滞的烟雾中了。然而四周多么静寂，静寂得难于形容！一切都觉醒了，然而一切都默不作声。你经过一棵树旁边，它一动也不动，正在悠然自得。通过均匀地散布在空气中的薄雾，在你前面显出一片长长的黑影。你以为这是近处的树林；你走过去，这树林就变成了长在田界上的一排高高的苦艾。在你的上空，在你的四周，到处都是雾。……可是这时候风轻轻地吹出了，一块淡蓝色的天空通过了稀薄如烟的雾气而显现出来，金黄色的阳光突然侵入，照射成一条长长的光带，落到田野上，钻进树林里，——接着，一切又都被遮蔽起来。这斗争继续了很久；但是光明终于胜利，被太阳照暖了的最后一阵阵烟雾时而凝集起来，铺展得平平的，时而盘旋缭绕，消失在发着柔和的光辉的蔚蓝色的高空中，这一天就变成壮丽无比的晴明天气了。

现在你要出发到远离庄园的草原上去行猎了。你的车子在乡间土道上行驶了大约十俄里，终于来到了大道上。你经过无数的货车旁边，经过几家大门敞开的旅店旁边，望见里面有一口井，屋檐下还有茶炊吱吱地沸腾着；你的车子从一个村庄开到另一个村庄，穿过一望无际的原野，沿着绿色的大麻田，长久地行驶着。喜鹊从一棵柳树飞到另一棵柳树；农妇们手里拿着长长的草耙，正在田野里慢慢地走；一个行路人穿着一件破旧的土布外套，肩上背着一只行囊，拖着疲劳的步子行走着；地主家的笨重的轿形马车上套着六匹高大而疲乏的马，向你迎面而来。车窗里露出垫子的角；一个穿大衣的侍仆扶着绳子，横着身子，坐在马车后面的脚镫上的一只蒲包上，泥污一直溅到眉毛上。现在你来到了一个小县城里，这里有木造的歪斜的小屋子、无穷尽的栅栏、不住人的石造商店、深谷上的古老的桥。……再走远去，再走远去！……来到了草原地带。你从山上眺望，风景多么好！一个个全部耕种过的圆圆低低的丘陵，像巨浪一般起伏着；长满灌木丛的溪谷蜿蜒在丘陵中间；一片片小小的丛林像椭圆形的岛屿一般散布着；狭窄的小径从一个村庄通到另一个村庄，各处有白色的礼拜堂；柳丛中间透出一条亮闪闪的小河，有四个地方筑着堤坝；远处原野中有一行野雁并列地站着；在一个小池塘上，有一所古老的地主邸宅，附有一些杂用房屋、一个果园和一个打谷场。然而你的车子继续向前行驶。丘陵越来越小了，树木几乎看不见了。终于，你来到了一片茫无际涯的草原上！……

在冬天的日子里，你在高高的雪堆上追逐兔子，呼吸严寒刺骨的空气，柔软的雪的耀目而细碎的闪光，使你的眼睛不由自主地要眯拢来，你欣赏着红橙橙的树林上面的青天，这一切多么可爱啊！……在早春的日子里，当四周一切都发出闪光而逐渐崩裂的时候，通过融解的雪的浓重的水气，已经闻得出温暖的土地的气息；在雪融化了的地方，在斜射的太阳光底下，云雀天真烂漫地歌唱着，急流发出愉快的喧哗声和咆哮声，从一个溪谷奔向另一个溪谷。……

但是现在应该结束了。我正好又讲到了春天：在春天容易别离，在春天，幸福的人也会被吸引到远方去。……再见了，我的读者，祝您永远如意称心。

【简析】《猎人笔记》是屠格涅夫的成名作，也是世界文学名著之一。1852 年出版时共收特写 22 篇，1880 年出版时增加 3 篇，共 25 篇。全书旨在揭露农奴制的罪恶与残酷，同情农民的屈辱地位，颂扬农民美好的情操与智慧，表现出鲜明的人道主义精神和民主主义思想。艺术上擅长刻画栩栩如生的人物形象，描绘俄国大自然迷人的风光，文笔清新流畅，感情真挚纯朴。

《树林和草原》是屠格涅夫《猎人笔记》的末篇，可称为写景抒情的美文。首先，它显示出作者是一位描写自然景色的高手，如托尔斯泰所说："两三笔一勾，大自然就发出芬芳的气息。"春天黎明时灿烂的霞光，夏日黄昏夕阳的余晖，深秋晴空下金色的大地，寒冬处耀眼的雪光，无不在作者笔下各呈异彩，充满蓬勃的生命力。同时，作者写景注重突出其形态、色调、声音、气味，造成视觉、听觉、味觉、嗅觉等各种感受相互交融的和谐美。其次，作者运用多种艺术手法绘景状物，如拟人、比喻、对比、通感等，借以抒发对生活对自然深沉诚挚的爱恋之情。再次，笔调细腻，句式多变，富有韵律美与节奏感。

【思考与练习】

一、本文在写景抒情上运用了哪些手法？
二、分析本文的语言特色。

第五章　此情可待

西 洲 曲
南朝乐府民歌

南朝乐府民歌绝大部分保存在清商曲辞中，主要有《吴声歌》《西曲歌》两大类，此外还有民间祭歌《神弦歌》。它们产生于京城建业（今南京）为中心的江南地区和荆楚（今湖北江陵）一带。这些民歌内容比较单纯，大都是描写男女爱情的恋歌，体制短小，多用双关隐语，语言清新自然，很有特色。

忆梅下西洲①，折梅寄江北②。单衫杏子红③，双鬓鸦雏色④。西洲在何处？两桨桥头渡。日暮伯劳⑤飞，风吹乌臼⑥树。树下即门前，门中露翠钿⑦。开门郎不至，出门采红莲。采莲南塘秋，莲花过人头。低头弄莲子⑧，莲子青如水⑨。置莲怀袖中，莲心彻底红⑩。忆郎郎不至，仰首望飞鸿⑪。鸿飞满西洲，望郎上青楼⑫。楼高望不见，尽日栏杆头⑬。栏杆十二曲，垂手明如玉。卷帘天自高⑭，海水摇空绿⑮。海水梦悠悠⑯，君愁我亦愁。南风知我意，吹梦到西洲⑰。

【简析】《西洲曲》是南朝乐府民歌中最长的抒情诗篇，历来被视为南朝乐府民歌的代表作。诗中描写了一位少女从初春到深秋，从现实到梦境，对钟爱之人的苦苦思念，洋溢着浓厚的生活气息和鲜明的感情色彩，体现出鲜明的民族特色和纯熟的表现技巧。诗歌用"忆"的

---

① 下：去，往。西洲：地名，未详所在，它是本诗男女共同纪念的地方。
② 江北：指男子所在的地方。
③ 红：一作"黄"。
④ 鸦雏色：像小乌鸦羽毛一样的颜色。
⑤ 伯劳：鸟名，仲夏开始啼叫，好单栖。
⑥ 乌臼：一作"乌桕"，落叶乔木，夏开小黄花，种子可榨油。
⑦ 翠钿（diàn）：用翠玉做成或镶嵌的首饰。
⑧ 莲子：双关语，隐喻"怜子"，暗指对男子的爱情。
⑨ 青如水：隐喻爱情的纯洁。
⑩ 莲心：双关语，隐喻"怜心"。彻底红：隐喻怜爱之深透。
⑪ 望飞鸿：盼望书信的意思。
⑫ 青楼：涂饰成青色的楼，为女子所居之处。汉魏六朝诗中常以青楼为女子居住的地方，和后代以青楼为妓院的意思不同。
⑬ "尽日"句：女子终日站在楼台栏杆旁，眺望远方，思念情人。
⑭ "卷帘"句：卷帘所见，天空更加高远。
⑮ 海水：指江水。摇空绿：（海水）空自摇荡。
⑯ "海水"句：海水悠悠，正如梦的悠悠。
⑰ "南风"两句：希望南风知道我的情思，把我的梦魂吹到西洲，能与所爱的人相见。

方式抒写，刻画了一个少女思念情人的炽热而微妙的心情，生动地塑造了一位美丽轻灵、纯洁多情的少女形象。全诗十分精致流丽，是代表《吴歌》《西曲》最成熟最精致阶段的作品。

【思考与练习】

一、将《西洲曲》改写为现代散文。

二、本诗中大量地使用双关语句，请找出这些句子，并分别指出其双关义。

梦李白二首(其一)

杜甫

　　杜甫(712—770),字子美,诗中常自称少陵野老。我国唐代伟大的现实主义诗人,与李白并称"李杜",人称"诗圣"。原籍湖北襄阳,生于河南巩县(现巩义市)。远祖为晋代功名显赫的杜预,祖父为初唐诗人杜审言。唐肃宗时,官左拾遗。后入蜀,友人严武推荐他做剑南节度府参谋,加检校工部员外郎。故后世又称他杜拾遗、杜工部。

　　杜甫的诗,深刻反映了唐王朝由盛转衰过程中的社会风貌和时代苦难,被后人誉为"诗史"。他的诗在艺术上卓有建树,尤以五古、七律成就最高。其五古措辞质朴厚实,格调沉郁顿挫;其七律语句精练,属对工整,且严守声律,一丝不苟。有《杜工部集》。

死别已吞声,生别常恻恻①。
江南瘴疠②地,逐客③无消息。
故人入我梦,明我长相忆。
君今在罗网,何以有羽翼。
恐非平生魂,路远不可测④。
魂来枫林青,魂返关塞黑⑤。
落月满屋梁,犹疑照颜色。
水深波浪阔,无使蛟龙得。

　　【简析】《梦李白二首》是唐肃宗乾元二年(759)秋,杜甫流寓秦州时所作。李白与杜甫于天宝四载秋,在山东兖州石门分手后,就再没见面,但彼此一直深深怀念。至德二载(757),李白因曾参与永王李璘的幕府受到牵连,下狱浔阳(今江西省九江市)。乾元元年(758)初,又被定罪流放夜郎(今贵州省桐梓县)。乾元二年(759)二月,流放途中遇赦放还。杜甫这时流寓秦州,地方僻远,消息隔绝,尚不知放还之事,仍在为李白忧虑,不时梦中思念,于是写成这两首诗。因担心李白遭遇不测,故语多凄惨,忧思深重。杜甫对李白深怀敬爱,又为他的怀才不遇而激愤不平,同时坚信他不论生前如何寂寞不幸,都会名垂千古。

　　本诗写得情深意切,真切感人,尤其善于从对方写起:"故人入我梦,明我长相忆",既表达了他为李白牵肠挂肚的情景,又很能说明李、杜之间的深厚友谊。这种手法常被后人效仿。

---

①　恻恻(cè cè):形容悲痛不已。
②　瘴疠:因江南气候潮湿、炎热而流行的一种瘟疫。
③　逐客:被朝廷放逐的人,此指李白。
④　恐非平生魂,路远不可测:怀疑李白已遭不测。当时流行李白在途中堕水而死的谣言。
⑤　魂来枫林青,魂返关塞黑:点出李白的灵魂往返的地点。枫林青,指江南夜景。《楚辞·招魂》有诗句云:"湛湛江水兮上有枫,目极千里兮伤春心,魂兮归来哀江南。"关塞黑,秦陇一带多关塞,时在夜间,故说黑。

一、背诵这首诗。

二、李白、杜甫都为唐代大诗人，他们之间的友谊同他们的诗歌一样为后人称道。在中国文学史上还有很多这样的佳话，试举例。

长恨歌

白居易

白居易(772—846)，字乐天，号香山居士，祖籍太原。中唐著名诗人。唐德宗贞元十六年(800)进士，由校书郎累官至左拾遗。在此期间，他关心朝政，屡屡上书言事，并写了不少讽喻诗，要求革除弊政，因遭权贵忌恨被贬为江州司马。此后他被迫避祸保身，历任忠州、杭州、苏州刺史等，官终刑部尚书。

白居易主张"文章合为时而著，歌诗合为事而作"(《与元九书》)，他与元稹一起，倡导旨在揭露时弊的"新乐府运动"，写下了不少感叹时世、反映人民疾苦的诗篇，对后世颇有影响，是我国文学史上相当重要的诗人。白居易的诗语言通俗易懂，被称为"老妪能解"。叙事诗中《琵琶行》《长恨歌》等极为有名。著有《白氏长庆集》七十一卷。

汉皇重色思倾国，御宇多年求不得①。杨家有女初长成②，养在深闺人未识。
天生丽质难自弃，一朝选在君王侧。回眸一笑百媚生，六宫粉黛无颜色③。
春寒赐浴华清池，温泉水滑洗凝脂④。侍儿扶起娇无力，始是新承恩泽⑤时。
云鬓花颜金步摇⑥，芙蓉帐暖度春宵。春宵苦短日高起，从此君王不早朝。
承欢侍宴无闲暇，春从春游夜专夜。后宫佳丽三千人，三千宠爱在一身。
金屋妆成娇侍夜，玉楼宴罢醉和春。姊妹弟兄皆列土，可怜光彩生门户⑦。
遂令天下父母心，不重生男重生女。骊宫⑧高处入青云，仙乐风飘处处闻。
缓歌慢舞凝丝竹，尽日君王看不足。渔阳鼙鼓动地来，惊破《霓裳羽衣曲》⑨。
九重城阙烟尘生，千乘万骑西南行⑩。翠华⑪摇摇行复止，西出都门百余里。

---

① 汉皇：中唐后诗人多好以汉武帝(刘彻)代借指唐玄宗。倾国：指美女。御宇：统治天下。

② 杨家有女：杨贵妃是蜀州司户杨玄琰的女儿，幼年养在叔父杨玄珪家，小名玉环。开元二十三年，册封为寿王(玄宗的儿子李瑁)妃。二十八年玄宗使她为道士，住太真宫，道号太真。天宝四年册封为贵妃。

③ 六宫：后妃的住处。粉黛：本是妇女的化妆品，这里用作妇女的代称。无颜色：是说六宫妃嫔和杨贵妃比较之下都显得不美了。

④ 华清池：开元十一年建温泉宫于骊山，天宝六年改名华清宫。温泉池也改名"华清池"。凝脂：形容皮肤白嫩而柔滑。

⑤ 承恩泽：指得到皇帝的宠遇。

⑥ 步摇：一种首饰的名称，用金丝制成花枝形状，上缀珠玉，插在发髻上，行走时摇动，所以叫"步摇"。

⑦ 姊妹弟兄：指杨氏一家。杨玉环受册封后，她的大姐封韩国夫人，三姐封虢国夫人，八姐封秦国夫人。伯叔兄弟杨锜官鸿胪卿，杨锜官侍御史，杨钊赐名国忠，天宝十一年(752)为右丞相，所以说"皆列土"(分封土地)。可怜：可爱。

⑧ 骊宫：即华清宫，因在骊山上，故称骊宫。唐玄宗常和杨贵妃在这里饮酒作乐。

⑨ 渔阳：天宝元年河北道的蓟州改称渔阳郡，当时所辖之地约在今北京市东面的地区。包括今蓟县、平谷等县境在内，原属平卢、范阳、河东三镇节度使安禄山管辖。鼙鼓：古代军中用的小鼓，骑鼓。《霓裳羽衣曲》：著名舞曲名。

⑩ 九重城阙：指京城。烟尘生：指发生战祸。西南行：天宝十五年(756)六月，安禄山破潼关，杨国忠主张逃向蜀中，唐玄宗命将军陈玄礼率领"六军"出发，他自己和杨贵妃等跟着出延秋门向西南而去。

⑪ 翠华：指皇帝仪仗中用翠鸟羽毛装饰的旗子。

六军不发无奈何，宛转蛾眉①马前死。花钿委地无人收，翠翘金雀玉搔头②。
君王掩面救不得，回看血泪相和流。黄埃散漫风萧索，云栈萦纡登剑阁③。
峨眉山④下少人行，旌旗无光日色薄。蜀江水碧蜀山青，圣主朝朝暮暮情。
行宫见月伤心色，夜雨闻铃肠断声⑤。天旋日转回龙驭，到此踌躇不能去⑥。
马嵬坡⑦下泥土中，不见玉颜空死处。君臣相顾尽沾衣，东望都门信马归。
归来池苑皆依旧，太液芙蓉未央柳⑧。芙蓉如面柳如眉，对此如何不泪垂！
春风桃李花开日，秋雨梧桐叶落时。西宫⑨南内多秋草，宫叶满阶红不扫。
梨园弟子白发新，椒房阿监青娥老⑩。夕殿萤飞思悄然，孤灯挑尽⑪未成眠。
迟迟钟鼓初长夜，耿耿星河欲曙天⑫。鸳鸯瓦冷霜华重，翡翠衾寒谁与共⑬？
悠悠生死别经年，魂魄⑭不曾来入梦。临邛道士鸿都客⑮，能以精诚致魂魄。
为感君王辗转思，遂教方士殷勤觅。排空驭气奔如电，升天入地求之遍。
上穷碧落下黄泉⑯，两处茫茫皆不见。忽闻海上有仙山，山在虚无缥缈间。
楼阁玲珑五云起，其中绰约多仙子⑰。中有一人字太真，雪肤花貌参差是⑱。
金阙西厢叩玉扃，转教小玉报双成⑲。闻道汉家天子使，九华帐⑳里梦魂惊。
揽衣推枕起徘徊，珠箔银屏迤逦开㉑。云鬓半偏新睡觉，花冠不整下堂来。

---

① 蛾眉：美女代称，此处指杨贵妃。

② 翠翘：翠鸟尾上的长毛叫"翘"。此处指形似"翠翘"的头饰。金雀：雀形的金钗。玉搔头：玉簪。这句说各种各样的首饰和花钿都丢在地上。

③ 云栈：高入云端的栈道。萦纡：回环曲折。剑阁：即剑门关，在今四川省剑阁县北。

④ 峨眉山：在今四川省峨嵋县境。唐玄宗到蜀中，并不经过峨眉山，这里只是泛指蜀中高山。

⑤ 《明皇杂录》："明皇既幸蜀，西南行，初入斜谷，霖雨涉旬，于栈道雨中闻铃音，与山相应。上（指玄宗）既悼念贵妃，采其声为《雨淋铃曲》以寄恨焉。"

⑥ 天旋日转：比喻国家从倾覆后得到恢复。回龙驭：指玄宗由蜀中回到长安。此：指杨贵妃自尽处。

⑦ 马嵬坡：在今陕西省兴平县西。即前"西出都门百余里"所指之地。

⑧ 太液：池名，在长安城东北面的大明宫内。未央：汉宫名，在长安县西北。两者都是汉朝就有的旧名称。此处借指唐朝的池苑和宫廷。

⑨ 西宫：《新唐书·宦官传》载：李辅国胁迫太上皇（李隆基）从兴庆宫迁"西内"（唐称太极宫曰"西内"）。

⑩ 梨园弟子：玄宗亲自调教的乐工声伎。椒房：宫殿名称，后妃所居。以椒（花椒）和泥涂壁，取其温暖而芳香。阿监：宫廷中的近侍，唐代六七品女官名。青娥：指年轻貌美的宫女。"青娥老"和上句"白发新"对举。

⑪ 孤灯挑尽：古时用灯草点油灯，过一会儿就要把灯草往前挑一挑，让它好燃烧。挑尽：是说夜已深，灯草也将挑尽。

⑫ 耿耿：微明貌。星河：银河。欲曙天：天快要亮的时候。

⑬ 鸳鸯瓦：屋瓦一俯一仰扣合在一起叫"鸳鸯瓦"。霜华：即霜花。重：指霜厚。翡翠衾：绣着翡翠鸟的被子。

⑭ 魂魄：指杨贵妃的亡魂。

⑮ 临邛（qióng）：今四川省邛崃县。鸿都：洛阳北宫门名。鸿都客：是说这位四川方士曾在洛阳住过。一说"鸿都客"是说临邛道士来京都为客。

⑯ 穷：找遍的意思。碧落：指天上。黄泉：指地下。

⑰ 五云：五色云。绰约：美好的样子。

⑱ 参差是：仿佛就是。

⑲ 叩玉扃：叩：叩击，敲。扃：本指门闩或门环，这里指门扇。小玉、双成：均古代神话传说中的女子名，此借指杨玉环所在仙府的的侍婢。

⑳ 九华帐：用九华图案绣成的彩帐。

㉑ 珠箔：珠帘。屏：屏风。迤逦：连接不断。

148

风吹仙袂飘飘举，犹似《霓裳羽衣》舞。玉容寂寞泪阑干①，梨花一枝春带雨。
含情凝睇谢君王②，一别音容两渺茫。昭阳殿里恩爱绝，蓬莱宫中日月长。
回头下望人寰处，不见长安见尘雾。唯将旧物表深情，钿合金钗寄将去③。
钗留一股合一扇，钗擘黄金合分钿④。但教心似金钿坚，天上人间会相见。
临别殷勤重寄词，词中有誓两心知。七月七日长生殿⑤，夜半无人私语时。
在天愿作比翼鸟，在地愿为连理枝⑥。天长地久有时尽，此恨绵绵无绝期。

【简析】这是一首抒情成分很浓的叙事诗，全诗形象地叙述了唐玄宗与杨贵妃的爱情悲剧。诗人借历史人物和传说，创造了一个回旋婉转的动人故事，并通过塑造的艺术形象，再现了现实生活的真实，感染了千百年来的读者。诗人在叙述故事和人物塑造上，采用了我国传统诗歌擅长的抒写手法，将叙事、写景和抒情和谐地结合在一起，形成诗歌抒情上回环往复的特点。诗人时而把人物的思想感情注入景物，用景物的折光来烘托人物的心境；时而抓住人物周围富有特征性的景物、事物，通过人物对它们的感受来表现内心的感情，层层渲染，恰如其分地表达人物蕴蓄在内心深处的难达之情。从黄埃散漫到蜀山青青，从行宫夜雨到凯旋回归，从白日到黑夜，从春天到秋天，处处触物伤情，时时睹物思人，从各个方面反复渲染诗中主人公的苦苦追求和寻觅。现实生活中找不到，到梦中去找，梦中找不到，又到仙境中去找。如此跌宕回环，层层渲染，使人物感情回旋上升，达到了高潮。诗人正是通过这样的层层渲染，反复抒情，回环往复，让人物的思想感情蕴蓄得更深邃丰富，使诗歌"肌理细腻"，更富有艺术的感染力。作为一首千古绝唱的叙事诗，《长恨歌》在艺术上有着极高的成就。

【思考与练习】

一、本篇中对唐玄宗和杨贵妃的爱情有无批判、讽刺内容？如果有，请指出，并加以评论。

二、你认为本诗中写得最精彩的句子有哪些？试说明其精彩之处。

---

① 阑干：纵横貌。

② 凝睇：凝视。

③ 昭阳殿：汉宫名，赵飞燕姊妹居住过的地方，这里代指杨贵妃旧居处。蓬莱宫：传说中的海上仙山，这里代指仙境。钿合：镶嵌金花的首饰盒。寄将去：托请捎去。

④ 擘：分开。这两句意思是：钗留一股盒留一片，钗分开了里头是黄金，盒分开了里头是金属花片。

⑤ 长生殿：在华清宫中。

⑥ 比翼鸟：本名鹣鹣，飞时雌雄相从，比翼齐飞。连理枝：两树根不同，而枝叶连生在一起。

先妣事略①

归有光

　　归有光(1506—1571)，字熙甫，号震川，昆山(今属江苏)人，明代著名散文家。35岁中举，以后屡试不中，退居嘉定(今属上海市)，教书授徒二十余年。60岁始中进士，出任长兴(今属浙江)知县，官至南京太仆寺丞。

　　归有光以散文著称。他反对以李攀龙、王世贞为首的"后七子""追章琢句，模拟剽窃"的文风，主张继承唐宋散文的优良传统。其散文长于记叙抒情，风格朴实，感情真挚，对清代桐城派影响较大。有《震川先生集》。

　　先妣周孺人②，弘治元年二月二十一日③生。年十六来归④。逾年，生女淑静。淑静者，大姊也。期⑤而生有光。又期而生女、子，殇⑥一人，期而不育者一人⑦。又逾年，生有尚，妊⑧十二月。逾年，生淑顺。一岁，又生有功。有功之生也，孺人比乳他子加健。然数颦蹙顾诸婢曰⑨："吾为多子苦。"老妪以杯水盛二螺进，曰："饮此，后妊不数矣。"孺人举之尽，喑⑩不能言。

　　正德八年五月二十三日⑪，孺人卒。诸儿见家人泣，则随之泣，然犹以为母寝也，伤哉！于是家人延⑫画工画，出二子，命之曰："鼻以上画有光，鼻以下画大姊。"以二子肖⑬母也。

　　孺人讳⑭桂。外曾祖讳明；外祖讳行，太学生⑮；母何氏。世居吴家桥，去县城东南三十里。由千墩浦而南，直桥并小港以东，居人环聚，尽周氏也。外祖与其三兄皆以资雄⑯，敦尚简实⑰，与人姁姁⑱说村中语，见子弟甥侄无不爱。

---

①　先妣：亡母。妣，母亲，只用于称亡母。
②　孺人：明清时用来封赠七品以下职官的母亲或者妻子的名号。
③　弘治元年：公元1488年。弘治：明孝宗年号。
④　来归：女子出嫁至夫家。
⑤　期(jī)：一周年。
⑥　殇：早逝，未成年而死。
⑦　不育：指流产。
⑧　妊：怀孕。
⑨　数(shuò)：屡次。颦蹙：紧皱眉头。顾：注视。
⑩　喑：哑。
⑪　正德八年：公元1513年。正德：明武宗的年号。
⑫　延：聘请。
⑬　肖：像。
⑭　讳：名。封建时代不应直称的尊长的名字称讳。
⑮　太学生：太学的学生。太学是封建时代的最高学府。在明代就是国子监。
⑯　以资雄：凭财产而在当地有势力。
⑰　敦尚：注重。简实：简单朴实。
⑱　姁(xǔ)姁：和蔼亲切。

孺人之吴家桥，则治木绵①；入城则缉绽②，灯火荧荧，每至夜分③。外祖不二日，使人问遗④，孺人不忧米盐，乃劳苦若不谋夕⑤。冬月炉火炭屑，使婢子为团，累累暴阶下。室靡弃物，家无闲人。儿女大者攀衣，小者乳抱⑥，手中纫缀不辍⑦，户内洒然⑧。遇僮奴有恩，虽至棰楚⑨，皆不忍有后言。吴家桥岁致鱼蟹饼饵，率人人得食。家中人闻吴家桥人至，皆喜。

有光七岁，与从兄有嘉入学，每阴风细雨，从兄辄留。有光意恋恋，不得留也。孺人中夜觉寝，促有光暗诵《孝经》⑩，即熟读，无一字龃龉⑪，乃喜。

孺人卒，母何孺人亦卒。周氏家有羊狗之痾⑫。舅母卒，四姨归顾氏，又卒，死三十人而定，惟外祖与二舅存。

孺人死十一年，大姊归王三接，孺人所许聘者也。十二年，有光补学官弟子⑬，十六年而有妇，孺人所聘者也。期而抱女，抚爱之，益念孺人。中夜与其妇泣，追惟⑭一二，仿佛如昨，馀则茫然矣。世乃有无母之人，天乎？痛哉！

【简析】《先妣事略》是作者追忆亡母的一篇记叙文，通过拾取母亲生前的一些日常琐事，讲述了母亲短暂而艰辛的一生，刻画出一位勤劳、俭朴、待人厚道、严以教子的母亲形象，歌颂母亲朴实而崇高的品德，蕴含着作者对母亲深沉的悼念之情。

全篇文字简洁省净，情感含蕴多藏，寄深味于平易质朴之中。刻画母亲形象，多用细节描写，于细微之处见精神，不动声色而使读者深受感动。正如明人王锡爵所评价的："所为抒写怀抱之文，温润典丽，如清庙之瑟，一唱三叹。无意于感人，而欢愉惨恻之思，溢于言表之外"，充分体现了归有光散文的写作特色。

【思考与练习】

一、本文旨在刻画母亲的形象，但作者用较多的笔墨记叙外祖父家的情况，这样写有何作用？

二、本文语言平实，作者"无意于感人"，读者读来却感人至深，说说产生这种艺术效果的原因。

---

① 木绵：这里指棉花。
② 缉绽：搓麻线。缉：析麻搓接成线;绽：麻缕。
③ 夜分：夜半。
④ 问遗(wèi)：问候和赠送物品。
⑤ 不谋夕：早晨不能谋划晚间的事，形容处境窘迫。这里说母亲虽不忧米盐，但当穷日子过，十分勤俭。
⑥ 乳抱：抱在怀里喂乳。
⑦ 纫缀：缝补。辍：停止。
⑧ 洒然：整齐清洁。
⑨ 棰楚：杖责。棰：杖。楚，荆条。
⑩ 《孝经》：书名。宣传封建孝道的儒家经典。
⑪ 龃龉(jǔ yǔ)：上下牙不相合。比喻诵读不流利。
⑫ 羊狗之痾(ē)：由家畜传染的疾病。
⑬ 学官弟子：经过本省各级考试取入府、州、县学的生员，即秀才。学官：各级地方教官的统称，府学称教授，州学称学正，县学称教谕，负责管教在学的生员。
⑭ 追惟：追思。

祭妹文

袁枚

袁枚(1716—1798年)，字子才，号简斋，钱塘(今浙江杭州)人。清代著名文学家。乾隆四年(1739年)进士，曾任溧水、江浦、沭阳、江宁等地知县。40岁时绝意仕宦，在江宁(今江苏南京)小仓山下修筑园林，名曰随园，以吟咏著作为乐。题其室为小仓山房，故又别号仓山居士、随园老人。

袁枚文以才气见长，尤以诗名天下。论诗主张书写性情，标榜"性灵说"，对当时影响很大，一时间出现了"随园弟子半天下，提笔人人讲性情"的局面，在文学批评史上也有较大影响。创作亦自有一种清新灵巧的风格。著有《小仓山房诗文集》《随园诗话》《子不语》等。

乾隆丁亥冬，葬三妹素文①于上元之羊山②，而奠以文曰：

呜呼！汝生于浙③而葬于斯④，离吾乡七百里矣。当时虽觭梦⑤幻想；宁知此为归骨所耶？

汝以一念之贞，遇人仳离⑥，致孤危托落⑦。虽命之所存，天实为之。然而累汝至此者，未尝非予之过也。予幼从先生授经，汝差肩⑧而坐，爱听古人节义事；一日长成，遽躬蹈之。呜呼！使⑨汝不识诗书，或未必艰贞若是。

余捉蟋蟀，汝奋臂出其间；岁寒虫僵，同临其穴⑩。今予殓汝、葬汝，而当日之情形憬然赴目⑪。予九岁，憩书斋，汝梳双髻，披单缣来，温《缁衣》⑫一章。适先生奓户⑬入，闻两童子音琅琅然，不觉莞尔，连呼则则⑭。此七月望日事也，汝在九原⑮，当分明记之。予弱冠粤

---

① 三妹素文：名机(1719—1759)，字素文，别号青琳居士。出生前与如皋高氏指腹为婚。后高氏子恶劣无赖，高家请解除婚约，但素文深受封建礼教的影响，不愿毁约。婚后受尽虐待，迫不得已与高氏断绝关系，回娘家居住。四十岁时逝世。乾隆三十二年丁亥(1767年)，袁枚为她营葬。

② 上元之羊山：在现在江苏南京，当时属江苏上元。

③ 浙：指杭州。

④ 斯：此，这里指羊山。

⑤ 觭梦：怪异的梦。觭，通"奇"。

⑥ 仳(pǐ)离：离弃，这里是不合。

⑦ 托落：孤独不遇。

⑧ 差肩：比肩，并肩。

⑨ 使：假使。

⑩ 同临(lìn)其穴：同到它的穴边凭吊。临：哭吊死者。

⑪ 憬然赴目：清楚地呈现在眼前。憬然：醒悟的样子。

⑫ 《缁衣》：《诗经·郑风》里的一篇。

⑬ 奓(zhà)户：开门。

⑭ 则则：赞叹的声音。

⑮ 九原：墓地，这里指地下。

行①，汝掎②裳悲恸。逾三年，予披宫锦③还家，汝从东厢扶案出，一家瞠视④而笑，不记语从何起，大概说长安登科，函使报信迟早云尔⑤。凡此琐琐，虽为陈迹，然我一日未死，则一日不能忘。旧事填膺，思之凄梗⑥，如影历历，逼取便逝。悔当时不将婴婗⑦情状，罗缕⑧纪存。然而汝已不在人间，则虽年光倒流，儿时可再，而亦无与为证印者矣。

汝之义绝高氏而归也，堂上阿奶⑨仗汝扶持；家中文墨晹汝办治。尝谓女流中最少明经义谙雅故⑩者，汝嫂非不婉嬺⑪，而于此微缺然⑫。故自汝归后，虽为汝悲，实为予喜。予又长汝四岁，或人间长者先亡，可将身后托汝，而不谓汝之先予以去也！

前年予病，汝终宵刺探，减一分则喜，增一分则忧。后虽小差⑬，犹尚殗碟⑭，无所娱遣，汝来床前，为说稗官野史可喜可愕之事，聊资一欢。呜呼！今而后吾将再病，教从何处呼汝耶！

汝之疾也，予信医言无害，远吊扬州。汝又虑戚吾心，阻人走报。及至绵惙⑮已极，阿奶问望兄归否？强应曰："诺"。已予先一日梦汝来诀，心知不祥，飞舟渡江。果予以未时还家，而汝以辰时气绝。四肢犹温，一目未瞑，盖犹忍死待予也。呜呼痛哉！早知诀汝，则予岂肯远游，即游，亦尚有几许心中言，要汝知闻，共汝筹画也。而今已矣！除吾死外，当无见期。吾又不知何日死，可以见汝，而死后之有知无知，与得见不得见，又卒难明也。然则抱此无涯之憾，天乎，人乎，而竟已乎！

汝之诗，吾已付梓⑯；汝之女，吾已代嫁；汝之生平，吾已作传；惟汝之窀穸⑰尚未谋耳。先茔在杭，江广河深⑱，势难归葬，故请母命而宁汝于斯，便祭扫也。其旁葬汝女阿印⑲。其

---

① 弱冠(guàn)粤行：刚成年时前往广西。袁枚曾于乾隆元年(1736年)到广西去看叔父袁鸿。弱冠：《礼记·曲礼上》："二十曰弱，冠。"注："二十成人初加冠，体犹未壮，故曰弱也。"粤：广西包括在古代"百粤"范围之内。

② 掎(jǐ)：牵引。

③ 披宫锦：指中进士。唐朝进士及第，披宫袍，后人就称中进士为"披宫锦"。下文"长安登科"即指考中进士这件事。

④ 瞠视：直视。

⑤ 云尔：用在说话之后，表示如此而已。

⑥ 凄梗：悲咽，哭不出来。梗：阻塞。

⑦ 婴婗(yī ní)：婴儿。这里指幼年时期。

⑧ 罗缕：详细。

⑨ 阿奶：指袁枚的母亲。下文"汝嫂"，指袁枚的妻；"阿爷"，指袁枚的父亲；"阿兄"，指袁枚自己。这些称呼都是用向袁机说话的口气。

⑩ 雅故：过去的文章典故。

⑪ 婉嬺(yì)：柔顺和静。

⑫ 微缺然：稍有点欠缺。

⑬ 小差(chài)：(病)稍减。

⑭ 殗碟(yè dié)：病不甚重，半起半卧。

⑮ 绵惙(chuò)：病势危急。

⑯ 付梓：指书稿付印。梓：梓木，书的雕版。

⑰ 窀穸(zhūn xī)：墓穴。

⑱ 江广河深：由南京到杭州，乘船要先经长江，后经运河，所以这样说。

⑲ 阿印：袁机有两个女儿，阿印是其一，早死。

下两冢，一为阿爷侍者①朱氏，一为阿兄侍者陶氏。羊山旷渺②，南望原隰③，西望栖霞④，风雨晨昏，羁魂⑤有伴，当不孤寂。所怜者，吾自戊寅年读汝哭侄诗后⑥，至今无男，两女牙牙，生汝死后，才周晬⑦耳。予虽亲在未敢言老，而齿危发秃，暗里自知，知在人间尚复几日！阿品⑧远官河南，亦无子女，九族无可继者。汝死我葬，我死谁埋？汝倘有灵，可能告我？

呜呼！身前既不可想，身后又不可知，哭汝既不闻汝言，奠汝又不见汝食。纸灰飞扬，朔风野大，阿兄归矣，犹屡屡回头望汝也，呜呼哀哉！呜呼哀哉！

【简析】这是袁枚为祭奠亡妹素文而写的一篇祭文，是我国文学史上哀祭散文的珍品。

同胞亲情是一种普遍的人性。文章书写对亡妹的深切怀念，情真意切，哀婉酸楚，震撼人心。作者的痛伤不单单是因为对胞妹的挚爱，还饱含着对她的同情和怜悯，对邪恶不公的愤懑，对自己未尽职责的无限悔恨。全文叙事、抒情、描写三者紧密结合，互为表里。描写虽不多，却很有效果。如以"掎裳悲恸"来表现素文对作者离家远行之依依不舍；以"从东厢扶案出，一家瞠视而笑"来表现兄妹重逢的欣喜；以"飞舟渡江"显示作者急于与素文晤面之心急火燎等，均简洁生动，言短情长。尤其是末段"纸灰飞扬，朔风野大"的描绘，虽仅八字，却勾画出一幅萧瑟凄凉的图景，烘托出作者与亡灵告别时频频回首、不忍离去的伤痛，感人至深。另外，文章语言质朴如随口道出，而手足深情溢于言表，读来催人泪下。

【思考与练习】

一、细读全文，试探讨作者三妹素文凄楚离世的原因。

二、本文和韩愈的《祭十二郎文》文同为祭文中的经典作品，试从写作内容、文章构思以及情感表达等方面分析两篇文章的异同。

---

① 侍者：妾。
② 旷渺：广远。
③ 原隰(xí)：平原和低下的地方。
④ 栖霞：山名，在江苏南京东北。
⑤ 羁魂：旅魂。羁：寄居在外。也写作"羇"。
⑥ 戊寅年：乾隆二十三年(1758)。哭侄诗：指素文遗稿《阿兄得子不举》诗。
⑦ 周晬(zuì)：周岁。
⑧ 阿品：袁枚弟弟袁树的小名。

教我如何不想她

刘半农

刘半农（1891—1934），字半农，号曲庵，江苏江阴人，著名的文学家、语言学家、教育家。1917年参加《新青年》编辑工作，是我国"五四"新文化运动的先驱之一。1926年出版诗集《瓦釜集》《扬鞭集》。同时，他又是我国语言及摄影理论奠基人。他的《汉语字声实验录》荣获"康士坦丁语言学专奖"，是我国第一个获此国际大奖的语言学家。

刘半农在创作上以诗歌著称，在诗歌形式上颇多探索，有质朴无华的自由诗，有形式严整的格律诗，还有用江阴方言写成的拟儿歌和民歌。其《瓦釜集》都是用江阴方言写成的"四句头山歌"。

天上飘着些微云，
地上吹着些微风。
啊！
微风吹动了我的头发，
教我如何不想她？

月光恋爱着海洋，
海洋恋爱着月光。
啊！
这般蜜也似的银夜，
教我如何不想她？

水面落花慢慢流，
水底鱼儿慢慢游。
啊！
燕子你说些什么话？
教我如何不想她？

枯树在冷风里摇，
野火在暮色中烧。
啊！
西天还有些残霞，
教我如何不想她？

一九二〇年八月六日伦敦

【简析】刘半农是最早从事新诗创作的诗人之一。本诗是诗人于1920年8月留学欧洲期间所创作，初刊于1928年版的《新诗歌集》。诗歌共分四节，通过对景致的描写，借景传情，渲染、烘托"教我如何不想她"的内涵。

诗歌每节开头的两句景语都具有中国传统诗词的比兴色彩，同时意象的象征意蕴丰厚。诗的头尾两节化用了李白的"浮云游子意，落日故人情"的意境，首尾呼应，浑然一体。第二节显然是受了外国诗歌的影响，是一段夕阳风味浓郁的月光曲。第三节则涵容了"流水落花

155

春去也""池鱼思故渊""似曾相识燕归来"等古典诗词的意味。末节的"枯树""野火"的意象也令人联想到"离离原上草"的情韵。所有这些意象均与游子情怀相关联，令人浮想联翩、玩味不尽。诗歌节奏流畅，格式整齐匀称，兼用复沓和叠句，更显余音萦绕、意味无穷。

【思考与练习】

一、诗中运用了哪些意象？试体会其象征意蕴。
二、联系诗歌创作背景，谈谈诗中"她"的意义内涵。

神女峰

舒　婷

　　舒婷(1952—)，原名龚佩瑜，朦胧诗派代表作家之一。出生于福建石码镇(漳州龙海)，生长在厦门。初中二年级遇上"文化大革命"运动，1969年到闽北山村插队，1971年开始写诗，1972年返回厦门后做过各种临时工。与北岛、顾城齐名，其诗善于采用象征的方式表达复杂心态与细腻情感，诗作内蕴丰厚，表达了一代青年在动乱及转折时期对国家命运的忧患意识，但忧伤而不绝望，充满对祖国的热爱、理想的探寻和对爱情的渴望，具有较高的美学价值。著有诗集《双桅船》《会唱歌的鸢尾花》《始祖鸟》，与人合著诗集《舒婷顾城抒情诗选》《五人诗选》。《神女峰》是舒婷的代表作之一。

在向你挥舞的各色花帕中
是谁的手突然收回
紧紧捂住了自己的眼睛
当人们四散离去，谁
还站在船尾
衣裙漫飞，如翻涌不息的云
江涛
高一声
低一声

美丽的梦留下美丽的忧伤
人间天上，代代相传
但是，心
真能变成石头吗
为眺望远天的杳鹤
而错过无数次春江月明

沿着江岸
金光菊和女贞子的洪流
正煽动着新的背叛
与其在悬崖上展览千年
不如在爱人肩头痛哭一晚

1981.6 于长江

　　【简析】在男权本位的人类社会，女性自古就处于被动和从属的地位，男性按照自己的价值体系和审美标准要求和改造着女性，派定给她们"贤妻良母孝妇"的角色，并且打造和删削出一些"永远的女性"，以此作为妇道妇德的标准和典范，使女性不但认同着这些规范和界定，而且逐渐将其内化为自我道德律令。"巫山神女峰"就是这样一个"典范"。在诗人看来，

157

在悬崖上展览千年，虽然可作为守贞的典范而为人礼赞，却不能享受生存的快乐和俗世的幸福，不能经历真实的生命过程和情感体验，只能是被风干的一个虚幻祭品。"不如在爱人肩头痛哭一晚"，这种基于生命本真的向往和呼唤，是对传统道德训诫的背叛，也是对被男权文化异化扭曲了的女性自我的背叛。

新奇的观察角度和精当的片段剪裁是这首诗歌艺术特色的一个重要表现。对于一个困扰人们几千年的老问题，诗人让一个自然奇景和文化胜迹来承载，可谓独具法眼、另辟蹊径。而问题的展现，又是凭借游船上一个刹那间的生活片段。诗人一按灵感快门，便摄取了巨大的时空，使一瞬间的情景，回荡着一串千年浩叹，映照出旧道德的黯淡与新道德的闪光。诗人还善于把具有鲜明反差的意象组合一起，如众人狂热的欢呼与一人忧伤的思索，对远天梦想的眺望与对眼前幸福的错过，悬崖上可笑的千年展览与俯在爱人肩头上痛哭的醋畅淋漓。这种组合，使形象更加鲜明，更能突出问题的悲哀与沉重。另外，诗人映衬手法与象征手法的运用也是很出色的。衣裙在风中飘动，既是以动衬静，突现思索者雕塑一般的伫立，又是以动衬动，暗示她心灵的激烈颤抖。"浪涛高一声低一声"，象征着悲剧故事的"代代相传"。而"金光菊与女贞子的洪流"既映衬贞节主义的陈陋，又象征着新道德的觉醒。这些手法的运用，增强了诗歌的艺术感染力。

【思考与练习】

一、谈谈你对"与其在悬崖上展览千年不如在爱人肩头痛哭一晚"的理解。

二、试从诗歌的主题、艺术手法等方面，将舒婷的《神女峰》与王建的《望夫石》进行比较。

望夫石

［唐］王建

望夫处，

江悠悠。

化为石，

不回头。

山头日日风和雨，

行人归来石应语。

我是怎样地爱你

勃朗宁夫人

　　伊丽莎白·巴雷特·勃朗宁（1806—1861），又称勃朗宁夫人，十九世纪英国著名女诗人。十五岁时不幸骑马跌损了脊椎，从此，下肢瘫痪达24年。在她39岁那年，结识了小她6岁的诗人罗伯特·勃朗宁，她那充满哀怨的生命从此打开了新的一章。伊丽莎白的浪漫婚姻促成了她的，也是整个维多利亚时代的，最美丽的爱情商籁体诗。更使人激动的是，两人之间那坚定、执著、一往深情的爱，竟使瘫痪多年的伊丽莎白·巴雷特奇迹般地站了起来。1861年6月29日，勃朗宁夫人偎依在勃朗宁怀中，毫无征兆地离开人世。夫妇俩留下的不朽诗集《葡萄牙人十四行诗集》是他们爱情生活的真实写照，该诗集被认为是"英国文学史上的珍品"。

　　我是怎样地爱你？诉不尽万语千言：
　　我爱你的程度是那样地高深和广远，
　　恰似我的灵魂曾飞到了九天与黄泉，
　　去探索人生的奥秘和神灵的恩典。
　　无论是白昼还是夜晚，我爱你不息，
　　像我每日必需的摄生食物不能间断。
　　我纯洁地爱你，不为奉承吹捧迷惑，
　　我勇敢地爱你，如同为正义而奋争！
　　爱你，以昔日的剧痛和童年的忠诚，
　　爱你，以眼泪、笑声及全部的生命。
　　如果没有你，我的心就失去了圣贤，
　　如果没有你，我的心就失去了激情。
　　假如上帝愿意，请为我作主和见证：
　　在我死后，我必将爱你更深，更深！

　　【简析】本诗被誉为"英语中最美的爱情诗"，作者把对丈夫的爱写得真诚、炽热，没有任何的掩饰，读来不仅有震撼人心的力量，而且有一种超越死亡的升华感觉。这首著名诗歌对爱情的描写有许多与众不同之处。王佐良在《英国诗史》中指出："'我纯洁地爱你……'这就使情诗脱出了一般卿卿我我的格局，而结尾处反顾童年的激情，前瞻死亡之并非终结，更使意境深远起来。"其实，意境深远还只是中式的评语，思辨的理性情感才是此诗的特点。

　　据说勃朗宁夫人在婚前的恋爱中写下40多首爱情十四行诗，直到婚后才悄悄放入丈夫口袋，并说如果他不喜欢就烧掉它们。勃朗宁读后说，我决不敢私藏自莎士比亚以来无论任何语言中最美的十四行诗。因此，这些诗得以印行。

一、该诗被誉为"英语中最美的爱情诗",除了内容上的真诚与炽热外,语言上有什么特点?

二、试比较分析中西爱情诗歌在爱情表达方面的差异。

我的四个假想敌

余光中

余光中（1928—），福建永春人。著名散文家、诗人。生于南京，1949 年前在内地求学。1952 年毕业于台湾大学，开始创作。后三度赴美留学、讲学，又在我国的台、港两地数所大学任教。现任台湾中山大学外文研究所讲座教授。诗、文、翻译、批评，皆有成就。著有《舟子的悲歌》《莲的联想》《白玉苦瓜》等诗集，《左手的缪思》《逍遥游》《听听那冷雨》《记忆像铁轨一样长》《青青边愁》等散文集，多收入《余光中集》。

二女幼珊在港参加侨生联考，以第一志愿分发台大外文系。听到这消息，我松了一口气，从此不必担心四个女儿通通嫁给广东男孩了。

我对广东男孩当然并无偏见，在港六年，我班上也有好些可爱的广东少年，颇讨老师的欢心，但是要我把四个女儿全都让那些"靓仔""叻仔"①掳掠了去，却舍不得。不过，女儿要嫁谁，说得洒脱些，是她们的自由意志，说得玄妙些呢，是因缘，做父亲的又何必患得患失呢？何况在这件事上，做母亲的往往位居要冲，自然而然成了女儿的亲密顾问，甚至亲密战友，作战的对象不是男友，却是父亲。等到做父亲的惊醒过来，早已腹背受敌，难挽大势了。

在父亲的眼里，女儿最可爱的时候是在十岁以前，因为那时她完全属于自己。在男友的眼里，她最可爱的时候却在十七岁以后，因为这时她正像毕业班的学生，已经一心向外了。父亲和男友，先天上就有矛盾。对父亲来说，世界上没有东西比稚龄的女儿更完美的了，唯一的缺点就是会长大，除非你用急冻术把她久藏，不过这恐怕是违法的，而且她的男友迟早会骑了骏马或摩托车来，把她吻醒。

我未用太空舱的冻眠术，一任时光催迫，日月轮转，再揉眼时，怎么四个女儿都已依次长大，昔日的童话之门砰地一关，再也回不去了。四个女儿，依次是珊珊、幼珊、佩珊、季珊。简直可以排成一条珊瑚礁。珊珊十二岁的那年，有一次，未满九岁的佩珊忽然对来访的客人说："喂，告诉你，我姐姐是一个少女了！"在座的大人全笑了起来。

曾几何时，惹笑的佩珊自己，甚至最幼稚的季珊，也都在时光的魔杖下，点化成"少女"了。冥冥之中，有四个"少男"正偷偷袭来，虽然蹑手蹑足，屏声止息，我却感到背后有四双眼睛，像所有的坏男孩那样，目光灼灼，心存不轨，只等时机一到，便会站到亮处，装出伪善的笑容，叫我岳父。我当然不会应他。哪有这么容易的事！我像一棵果树，天长地久在这里立了多年，风霜雨露，样样有份，换来果实累累，不胜负荷。而你，偶尔过路的小子，竟然一伸手就来摘果子，活该蟠地的树根绊你一跤！

而最可恼的，却是树上的果子，竟有自动落入行人手中的样子。树怪行人不该擅自来摘果子，行人却说是果子刚好掉下来，给他接着罢了。这种事，总是里应外合才成功的。当初我自己结婚，不也是有一位少女开门揖盗吗？"堡垒最容易从内部攻破"，说得真是不错。不过彼一时也，此一时也。同一个人，过街时讨厌汽车，开车时却讨厌行人。现在是轮到我来开车。

---

① 靓(liàng)仔(zǎi)：粤方言，漂亮男孩儿。叻(lè)仔：粤方言，聪明能干的男孩儿。

好多年来，我已经习于和五个女人为伍，浴室里弥漫着香皂和香水气味，沙发上散置皮包和发卷，餐桌上没有人和我争酒，都是天经地义的事。戏称吾庐为"女生宿舍"，也已经很久了。做了"女生宿舍"的舍监，自然不欢迎陌生的男客，尤其是别有用心的一类。但自己辖下的女生，尤其是前面的三位，已有"不稳"的现象，却令我想起叶慈①的一句诗：

　　　　　一切已崩溃，失去重心。

　　我的四个假想敌，不论是高是矮，是胖是瘦，是学医还是学文，迟早会从我疑惧的迷雾里显出原形，一一走上前来，或迂回曲折，嗫嚅其词，或开门见山，大言不惭，总之要把他的情人，也就是我的女儿，对不起，从此领去。无形的敌人最可怕，何况我在亮处，他在暗里，又有我家的"内奸"接应，真是防不胜防。只怪当初没有把四个女儿及时冷藏，使时间不能拐骗，社会也无由污染。现在她们都已大了，回不了头；我那四个假想敌，那四个鬼鬼祟祟的地下工作者，也都已羽毛丰满，什么力量都阻止不了他们了。先下手为强，这件事，该乘那四个假想敌还在襁褓的时候，就予以解决的。至少美国诗人纳什（Ogden Nash，1902—1971）劝我们如此。他在一首妙诗《由女婴之父来唱的歌》（Song to Be Sung by the Father of Infant Female Children）之中，说他生了女儿吉儿之后，惴惴不安，感到不知什么地方正有个男婴也在长大，现在虽然还浑浑噩噩，口吐白沫，却注定将来会抢走他的吉儿。于是做父亲的每次在公园里看见婴儿车中的男婴，都不由神色一变，暗暗想道："会不会是这家伙？"想着想着，他"杀机陡萌"（My dreams，I fear，are infanticiddle），便要解开那男婴身上的别针，朝他的爽身粉里撒胡椒粉，把盐撒进他的奶瓶，把沙撒进他的菠菜汁，再扔头优游的鳄鱼到他的婴儿车里陪他游戏，逼他在水深火热之中挣扎而去，去娶别人的女儿。足见诗人以未来的女婿为假想敌，早已有了前例。

　　不过一切都太迟了。当初没有当机立断，采取非常措施，像纳什诗中所说的那样，真是一大失策。如今的局面，套一句史书上常见的话，已经是"寇入深矣"！女儿的墙上和书桌的玻璃垫下，以前的海报和剪报之类，还是披头、拜丝、大卫·凯西第②的形象，现在纷纷都换上男友了。至少，滩头阵地已经被入侵的军队占领了去，这一仗是必败的了。记得我们小时，这一类的照片仍被列为机密要件；不是藏在枕头套里，贴着梦境，便是夹在书堆深处，偶尔翻出来神往一番，哪有这么二十四小时眼前供奉的？

　　这一批形迹可疑的假想敌，究竟是哪年哪月开始入侵厦门街余宅的，已经不可考了。只记得六年前迁港之后，攻城的军事便换了一批口操粤语的少年来接手。至于交战的细节，就得问名义上是守城的那几个女将，我这位"昏君"是再也搞不清的了。只知道敌方的炮火，起先是瞄准我家的信箱，那些歪歪斜斜的笔迹，久了也能猜个七分；继而是集中在我家的电话，"落弹点"就在我书桌的背后，我的文苑就是他们的沙场，一夜之间，总有十几次脑震荡。那些粤音平上去入，有九声之多，也令我难以研判敌情。现在我带幼珊回了厦门街，那头的广东部队轮到我太太去抵挡，我在这头，只要留意台湾健儿，任务就轻松多了。

　　信箱被袭，只如战争的默片，还不打紧。其实我宁可多情的少年勤写情书，那样至少可以练习作文，不致在视听教育的时代荒废了中文。可怕的还是电话中弹，那一串串警告的铃声，把战场从门外的信箱扩至书房的腹地，默片变成了身历声，假想敌在实弹射击了。更可

---

① 叶慈(1791—1821)：英国浪漫主义诗人。
② 披头、拜丝、大卫·凯西第：均为 20 世纪六七十年代欧美流行文化的偶像式明星。

怕的，却是假想敌真的闯进了城来，成了有血有肉的真敌人，不再是假想了好玩的了，就像军事演习到中途，忽然真的打起来了一样。真敌人是看得出来的。在某一女儿的接应之下，他占领了沙发的一角，从此两人呢喃细语，喋喋密谈，即使脉脉相对的时候，那气氛也浓得化不开，窒得全家人都透不过气来。这时几个姐妹早已回避得远远的了，任谁都看得出情况有异。万一敌人留下来吃饭，那空气就更为紧张，好像摆好姿势，面对照相机一般。平时鸭塘一般的餐桌，四姐妹这时像在演哑剧，连筷子和调羹都似乎得到了消息，忽然小心翼翼起来。明知这僭越的小子未必就是真命女婿，（谁晓得宝贝女儿现在是十八变中的第几变呢？）心里却不由自主升起一股淡淡的敌意。也明知女儿正如将熟之瓜，终有一天会蒂落而去，却希望不是随眼前这自负的小子。

当然，四个女儿也自有不乖的时候，在恼怒的心情下，我就恨不得四个假想敌赶快出现，把她们统统带走，但是那一天真要来到时，我一定又会懊悔不已。我能够想象，人生的两大寂寞，一是退休之日，一是最小的孩子终于也结婚之后。宋淇①有一天对我说："真羡慕你的女儿全在身边！"真的吗？至少目前我并不觉得，自己有什么可羡之处。也许真要等到最小的季珊也跟着假想敌度蜜月去了，才会和我存②并坐在空空的长沙发上，翻阅她们小时相簿，追忆从前，六人一车长途壮游的盛况，或是晚餐桌上，热气蒸腾，大家共享的灿烂灯光。人生有许多事情，正如船后的波纹，总要过后才觉得美的。这么一想，又希望那四个假想敌，那四个生手笨脚的小伙子，还是多吃几口闭门羹，慢一点出现吧。

袁枚写诗，把生女儿说成"情疑中副车"③，这书袋掉得很有意思，却也流露了重男轻女的封建意识。照袁枚的说法，我是连中了四次副车，命中率够高的了。余宅的四个小女孩现在变成了四个小妇人，在假想敌环伺之下，若问我择婿有何条件，一时倒恐怕答不上来。沉吟半晌，我也许会说："这件事情，上有月下老人的婚姻谱，谁也不能窜改，包括韦固④，下有两个海誓山盟的情人，'二人同心，其利断金'，我凭什么要逆天拂人，梗在中间？何况终身大事，神秘莫测，事先无法推理，事后不能悔棋，就算交给二十一世纪的电脑，恐怕也算不出什么或然率来。倒不如故示慷慨，伪作轻松，博一个开明父亲的美名，到时候带颗私章，去做主婚人就是了。"

问的人笑了起来，指着我说："什么叫做'伪作轻松'？可见你心里并不轻松。"

我当然不很轻松，否则就不是她们的父亲了。例如人种的问题，就很令人烦恼。万一女儿发痴，爱上一个耸肩摊手口香糖嚼个不停的小怪人，该怎么办呢？在理性上，我愿意"有婿无类"，做一个大大方方的世界公民。但是在感情上，还没有大方到让一个臂毛如猿的小伙子把我的女儿抱过门槛。现在当然不再是"严夷夏之防"的时代，但是一任单纯的家庭扩充成一个小型的联合国，也大可不必。问的人又笑了，问我可曾听说混血儿的聪明超乎常人。我

---

① 宋淇：林以亮(1919—1996)的原名，浙江吴兴人，作家，学者。

② 我存：作者夫人范我存。

③ 袁枚(1716—1798)：字子才，号简斋，随园主人。浙江钱塘人，清乾隆时诗人。"情疑中副车"：心理上疑惑是中了副榜贡生。副车：指清代乡试正榜录取以外另行录取的名列副榜的贡生。

④ 韦固：古小说中人物。唐李复言《续玄怪录》中《定婚店》一篇记唐人韦固于客店中遇一月下老人（即后世所称之"月老"），告其婚姻皆由天定（千里姻缘均由月下老人以赤绳系足而定），韦固企图抗拒，不意十多年后所娶正是当年月下老人指定之女子。

说："听过，但是我不稀罕抱一个天才的'混血孙'。我不要一个天才儿童叫我 Grandpa①，我要他叫我外公。"问的人不肯罢休："那么省籍呢？"

"省籍无所谓，"我说，"我就是苏闽联姻的结果，还不坏吧？当初我母亲从福建写信回武进，说当地有人向她求婚。娘家大惊小怪，说'那么远！怎么就嫁给南蛮！'后来娘家发现，除了言语不通之外，这位闽南姑爷并无可疑之处。这几年，广东男孩锲而不舍，对我家的压力很大，有一天闽粤结成了秦晋，我也不会感到意外。如果有个台湾少年特别巴结我，其志又不在跟我谈文论诗，我也不会怎么为难他的。至于其他各省，从黑龙江直到云南，口操各种方言的少年，只要我女儿不嫌他，我自然也欢迎。"

"那么学识呢？"

"学什么都可以，也不一定要是学者，学者往往不是好女婿，更不是好丈夫。只有一点：中文必须清通，中文不通，将祸延吾孙！"

客又笑了。"相貌重不重要？"他再问。

"你真是迂阔之至！"这次轮到我发笑了。"这种事，我女儿自己会注意，怎么会要我来操心？"

笨客还想问下去，忽然门铃响起。我起身去开大门，发现长发乱处，又一个假想敌来掠余宅。

1980 年 9 月于厦门街

【简析】《我的四个假想敌》写于 1980 年，原收入 1987 年出版的作者散文集《记忆像铁轨一样长》。这是一篇以机智幽默风格记述、剖析一种人生现象的精彩文章。

文章写的是作为未来岳父的"我"与作为四个未来女婿"假想敌"的"搏斗"。为什么会有这场"搏斗"呢？因为"我"太爱自己四个女儿了。生怕女儿出嫁后，晚餐桌上不再热气腾腾，大家共享灿烂灯光的日子将一去不复返。可见，作者"四"面树"敌"，一是怕老来寂寞，二是对女儿的爱使其舍不得一个个"珊瑚"之宝被人"掠走"。将一个"男大当婚，女大当嫁"的寻常题材用一个特殊的喜剧形式来处理，叙写得淋漓尽致。

【思考与练习】

一、概括与分析本文中"我"的矛盾心理。

二、举例说明本文中作者对人生况味的细致体察。

三、本文作者的幽默风趣表现在哪些地方？

四、分析本文语言上的特点。

---

① Grandpa：英语，祖父，外祖父。

164

箓竹山房

吴组缃

　　吴组缃(1908—1994)，安徽泾县人，现代著名作家、学者。毕业于清华大学中文系，历任清华大学、北京大学教授。20世纪30年代初开始文学创作。著有长篇小说《山洪》，短篇小说集《西柳集》《饭余集》，小说散文集《吴组缃小说散文集》《吴组缃选集》等。

　　吴组缃的小说多以抨击摧残人性的旧社会和当时农村破落凋败的现实生活为内容，具有强烈的批判意识，文笔细腻委婉，风格沉郁苍凉。其散文善于冷静细腻地勾勒生活场景，刻画人物性格，而很少直接流露自己的思想和情感，往往在诗情画意中表达生活的情趣。

　　阴历五月初十日和阿圆到家，正是家乡所谓"火梅"①天气：太阳和淫雨交替迫人，那苦况非身受的不能想象。母亲说，前些日子二姑姑托人传了口信来，问我们到家没有，说"我做姑姑的命不好，连侄儿侄媳也冷淡我。"意思之间，是要我和阿圆到她老人家村上去住些时候。

　　二姑姑家我只于年小时去过一次，至今十多年了。我连年羁留外乡，过的是电灯电影洋装书籍柏油马路的另一世界的生活。每当想起家乡，就如记忆一个年远的传说一样。我脑中的二姑姑家，到现在更是模糊得如云如烟。那座阴森敞大的三进大屋②，那间摊乱着雨蚀虫蛀的古书的学房，以及后园中的池塘竹木，想起来都如依稀的梦境。

　　二姑姑的故事好似一个旧传奇的仿本③。她的红颜时代我自然没有见过，但从后来我所见到的她的风度上看来：修长的身材，清癯白皙④的脸庞，狭长而凄清的眼睛，以及沉默少言笑的阴暗调子，都和她的故事十分相称。

　　故事在这里不必说得太多。其实，我所知道的也就有限，因为家人长者都讳谈它。我所知道的一点点，都是日长月远，家人谈话中偶然流露出来，由零碎摭拾⑤起来的。

　　多年以前，叔祖的学塾⑥中有个聪明年少的门生，是个三代孤子。因为看见叔祖房里的幛幔⑦，笔套，与一幅大云锦上的刺绣，绣的都是各种姿态的美丽蝴蝶，心里对这绣蝴蝶的人起了羡慕之情；而这绣蝴蝶的姑娘因为听叔祖常常夸说这人，心里自然也早就有了这人。这故事中的主人以后是乘一个怎样的机缘相见相识的，我不知道，长辈们恐怕也少知道。在我所摭拾的零碎资料中，这以后便是这悲惨故事的顶峰：一个三春天气的午间，冷清的后园的太湖石洞中，祖母因看牡丹花，拿住了一对仓皇失措的系裤带的顽皮孩子。

---

　　① 火梅：即梅雨，亦称黄梅天或黄梅雨。春末夏初，长江中下游一带连续下雨，空气潮湿，衣物等容易发霉，此时正是黄梅成熟时节，故称。

　　② 三进大屋：旧式建筑，在一个宅院内房屋分成几重，一重分为一进，三进大屋即有三重房子的大宅。

　　③ 旧传奇的仿本：仿照古老传奇编撰的故事。传奇：本为唐代出现的新小说体裁，后泛指情节曲折离奇、人物具有传奇色彩的故事。

　　④ 清癯(qú)白皙(xī)：消瘦白净。

　　⑤ 摭(zhí)拾：拾取，摘取。

　　⑥ 学塾：即私塾。

　　⑦ 幛幔：上有题字或缀字的帐幕。云锦：一种传统丝织品。

这幕才子佳人的喜剧闹了出来，人人夸说的绣蝴蝶的小姐一时连丫头也要加以鄙夷。放佚①风流的叔祖虽从中尽力撮合周旋，但当时究未成功。若干年后，扬子江中八月大潮，风浪陡作，少年赴南京应考，船翻身亡。绣蝴蝶的小姐那时才十九岁，闻耗后，在桂花树下自缢，为园丁所见，救活了，没死。少年家觉得这小姐尚有稍些可风之处，商得了女家同意，大吹大擂接小姐过去迎了灵柩；麻衣红绣鞋，抱着灵牌参拜家堂祖庙，做了新娘②。

这故事要不是二姑姑的，并不多么有趣；二姑姑要没这故事，我们这次也就不致急于要去。

母亲自然怂恿我们去。说我们是新结婚，也难得回家一次。二姑姑家孤寂了一辈子，如今如此想念我们，这点子人情是不能不尽的。但是阿圆却有点怕我们家乡的老太太。这些老太太——举个例，就如我的大伯娘，她老人家就最喜欢搂阿圆在膝上喊宝宝，亲她的脸，咬她的肉，摩挲她的臂膊；又要我和她接吻给她老人家看。一得闲空，就托支水烟袋坐到我们房里来，盯着眼看守着我们作迷迷笑脸，满口反复地说些叫人红脸不好意思的夸羡话。这种种啰唣③，我倒不大在意；可是阿圆就老被窘得脸红耳赤，不知该往那里躲。——因此，阿圆不愿去。

我知道弊病之所在，告诉阿圆：二姑姑不是这种善于表现的快乐天真的老太太。而且我会投年轻姑娘之所好，照二姑姑原来的故事又编上了许多的动人的穿插，说得阿圆感动得红了眼睛叹长气。听说二姑姑决不会给她那种啰唣，她的不愿去的心就完全消除；再听了二姑姑的故事，有趣得如从线装书中看下来的一样；又想到借此可以暂时躲避家下的老太太；而且又知道金燕村中风景好，篆竹山房的屋舍阴凉宽畅：于是阿圆不愿去的心，变成急于要去了。

我说的金燕村，就是二姑姑的村；篆竹山房就是二姑姑的家宅。沿着荆溪的古堤走，走的七八里地，回环合抱的山峦渐渐拥挤，两岸葱翠古老的槐柳渐密，溪中黯赭色的大石渐多，哗哗的水激石块声越听越近。这段溪，渐不叫荆溪，而是叫响潭。响潭的两岸，槐树柳树榆树更多更老更葱茏，两面缝合，荫罩着乱喷白色水沫的河面，一缕太阳光也晒不下来。沿着响潭两岸的树林中，疏疏落落点缀着二十多座白垩④瓦屋。西岸上，紧临着响潭，那座白屋分外大；梅花窗的围墙上面探露着一丛竹子；竹子一半是绿色的，一半已开了花，变成槁色。——这座村子便是金燕村，这座大屋便是二姑姑的家宅篆竹山房。

阿圆是外乡生长的，从前只在中国山水画上见过的景子，一朝忽然身历其境，欣跃之情自然难言。我一时回想起平日见惯的西式房子，柏油马路，烟囱，工厂，等等，也觉得是重入梦境，作了许多缥缈之想。

二姑姑多年不见，显见得老迈了。

---

① 放佚：放浪不羁，豪放洒脱。
② 可风：值得赞扬，有教育意义。麻衣红绣鞋：麻衣为丧服，红绣鞋为新娘子穿的，这里指丧事婚事同办。家堂祖庙：供奉祖宗牌位的祠堂。
③ 啰唣(luó zào)：即啰嗦。
④ 白垩(è)：即石灰，色白，可以用作粉刷房屋。

"昨天夜里结了三颗大灯花，今朝喜鹊在屋脊上叫了三四次，我知道要来人①。"

那张苍白皱褶的脸没多少表情。说话的语气，走路的步法，和她老人家的脸庞同一调子：阴暗，凄苦，迟钝。她引我们进到内屋里，自己跚跚颤颤地到房里去张罗果盘，吩咐丫头为我们打洗脸水。——这丫头叫兰花，本是我家的丫头，30多岁了。二姑姑陪嫁丫头死去后，祖父便拨了身边的这丫头来服侍姑姑，和姑姑作伴。她陪姑姑住守这所大屋子已20多年，跟姑姑念诗念经，学姑姑绣蝴蝶，她自己说不要成家的。

二姑姑说没指望我们来得如此快，房子都没打扫。领我们参观全宅，顺便叫我们自己拣一间合意的住。四个人分作三排走，姑姑在前，我俩在次，兰花在最后。阿圆蹈着姑姑的步子走，显见得拘束不自在，不时昂头顾我，作有趣的会意之笑，我们都无话说。

屋子高大，阴森，也是和姑姑的人相谐调的。石阶，地砖，柱础，甚至板壁上，都染涂着一层深深浅浅的黯绿，是苔尘②。一种与陈腐的土木之气混合的霉气扑满鼻官。每一进屋的梁上都吊有淡黄色的燕子窝，有的已剥落，只留着痕迹；有的正孵着雏儿，叫得分外响。

我们每走到一进房子，由兰花先上前开锁；因为除姑姑住的一头两间的正屋而外，其余每一间房，每一道门都是上了锁的。看完了正屋，由侧门一条巷子走到花园中。邻着花园有座雅致的房，门额上写着"邀月"两个八分字③。百叶窗，古瓶式的门，门上也有明瓦纸的册叶小窗。我爱这地方近花园，较别处明朗清新得多，和姑姑说，我们就住这间房。姑姑叫兰花开了锁，两扇门一推开，就噗噗落下三只东西来：两只是壁虎，一只是蝙蝠。我们都怔了一怔。壁虎是悠悠地爬走了；兰花拾起那只大蝙蝠，轻轻放到墙隅里，呓语着似地念了一套怪话："福公公，你让让房，有贵客要在这里住。"

阿圆惊惶不安的样子，牵一牵我的衣角，意思大约是对着这些情景，不敢在这间屋里住。二姑姑年老还不失其敏感，不知怎样她老人家就窥知了阿圆的心事：

"不要紧。——这些房子，每年你姑爹回家④时都打扫一次。停会，叫兰花再好好来收拾。福公公虎爷爷都会让出去的。"

又说："这间避月庐是你姑爹最喜欢的地方；去年你姑爹回来，叫我把它修葺⑤一下。你看看，里面全是新崭崭的。"

我探身进去张看，兜了一脸蜘蛛网。里面果然是新崭崭的。墙上字画，桌上陈设，都很整齐。只是蒙上一层薄薄的灰尘罢了。

我们看兰花扎了竹叶把，拿了扫帚来打扫。二姑姑自回前进去了。阿圆用一个小孩子的神秘惊奇的表情问我说：

"怎么说姑爹？……"

兰花放下竹叶把，睁着两只阴沉的眼睛低幽地告诉阿圆说：

"爷爷灵验得很啦！三朝两天来给奶奶托梦。我也常看见的，公子帽，宝蓝衫，常在这园

---

① 民间习俗认为油芯上结灯花或喜鹊在自家房屋上、树上鸣叫，是客人将来的预兆。
② 苔尘：绿苔及蒙在上面的灰尘。
③ 八分字：即隶书。
④ 姑爹回家：指姑丈的灵魂回来打扫房子。
⑤ 修葺(qì)：修缮，修理。

里走。"

阿圆扭着我的袖口，只是向着兰花的两只眼睛瞪看。兰花打扫好屋子，又忙着抱被褥毯子席子为我们安排床铺。里墙边原有一张檀木榻，榻儿上面摆着一套围棋子，一盘瓷制的大蟠桃。把棋子蟠桃连同榻儿拿去，铺上被席，便是我们的床了。二姑姑跚跚颤颤地走来，拿着一顶蚊帐给我们看，说这是姑爹用的帐，是玻璃纱制的；问我们怕不怕招凉。我自然愿意要这顶凉快帐子，但是阿圆却望我瞪着眼，好像连这顶美丽的帐子也有可怕之处。

这屋子的陈设是非常美致的，只看墙上的点缀就知道。东墙上挂着四幅大锦屏①，上面绣着"篆竹山房唱和诗"，边沿上密密齐齐地绣着各色的小蝴蝶，一眼看上去就觉得很灿烂。西墙上挂着一幅彩色的《钟馗捉鬼图》，两边有洪北江的"梅雪松风清儿榻，天光云影护琴书"的对子。床榻对面的南墙上有百叶窗子可以看花园，窗下一书桌，桌上一个朱砂古瓶，瓶里插着马尾云拂②。

我觉得这地方好。陈设既古色古香，而窗外一丛半绿半黄的修竹，和墙外隐约可听的响潭之水，越衬托得闲适恬静。

不久吃晚饭，我们都默然无话。我和阿圆是不知在姑姑面前该说些什么好；姑姑自己呢，是不肯多说话的。偌大屋子如一大座古墓，没一丝人声；只有堂厅里的燕子啾啾地叫。兰花向天井檐上张一张，自言自语地说：

"青姑娘还不回来呢！"

二姑姑也不答话，点点头。阿圆偷眼看看我。——其实我自己也正在纳罕③着的。吃了饭，正洗脸，一只燕子由天井飞来，在屋里绕了一道，就钻进檐下的窝里去了。兰花停了碗，把筷子放在嘴沿上，低低地说：

"青姑娘，你到这时才回来。"悠悠地长叹一口气。

我释然，向阿圆笑笑；阿圆却不曾笑，只瞪着眼看兰花。

我说邀月庐清新明朗，那是指日间而言。谁知这天晚上，大雨复作，一盏三支灯草的豆油檠摇晃不定；远远正屋里二姑姑和兰花低幽地念着晚经，听来简直是"秋坟鬼唱鲍家诗"；加以外面雨声虫声风弄竹声合奏起一支凄戾的交响曲，显得这周遭的确鬼趣殊多④。也不知是循着怎样的一个线索，很自然地便和阿圆谈起"聊斋"的故事来。谈一回，她越靠紧我一些，两眼只瞪着西墙上的"钟馗捉鬼图"，额上鼻上渐渐全渍着汗珠。钟馗手下按着的那个鬼，披着发，撕开血盆口，露出两支大獠牙，栩栩欲活。我偶然瞥一眼，也不由得一惊。这时觉得那钟馗，那恶鬼，姑姑和兰花，连同我们自己俩，都成了鬼故事中的人物了。

阿圆瑟缩地说："我想睡。"

她紧紧靠住我，我走一步，她走一步。睡到床上，自然很难睡着，不知辗转了多少时候，

---

① 四幅大锦屏：用锦缎制成的条屏、条幅，四幅一组为四条屏，亦有八条屏。唱和(hè)诗：按别人的诗作体裁和题材（一般按其原韵）所作的诗，也称"酬和诗"。钟馗(kuí)捉鬼图：钟馗是古代传说中能捉鬼的人，唐宋以来，不少画家作钟馗捉鬼图。洪北江：清代经学家、文学家洪亮吉(1746－1809)，号北江，江苏阳湖（今武进县）人。
② 朱砂古瓶：用含有朱砂成分制成的釉彩涂在表面的古式插瓶。马尾云拂：用马尾做成的一种除灰尘的掸(dǎn)帚。
③ 纳罕：惊奇，诧异。
④ 豆油檠(qíng)：豆油灯。檠：灯座。秋坟鬼唱鲍家诗：语出唐李贺《秋来》。鲍家诗：南朝宋文学家鲍照的诗。

雨声渐止，月光透过百叶窗，映照得满屋凄幽。一阵飒飒的风摇竹声后，忽然听得窗外有脚步之声。声音虽然轻微，但是入耳十分清楚。

"你……听见了……没有？"阿圆把头钻在我的腋下，喘息地低声问。

我也不禁毛骨悚然。

那声音渐听渐近，没有了；换上的是低沉的戚戚声，如鬼低诉。阿圆已浑身汗濡①。我咳了一声，那声音突然寂止；听见这突然寂止，想起兰花日间所说的话，我也不由得不怕了。

半晌没有声息，紧张的心绪稍稍平缓，但是两人的神经都过分紧张，要想到梦乡去躲身，究竟不能办到。为要解除阿圆的恐怖，我找了些快乐高兴的话和她谈说。阿圆也就渐渐敢由我的腋下伸出头来了。我说：

"你想不想你的家？"

"想。"

"怕不怕了？"

"还有点怕。"

正答着话，她突然尖起嗓子大叫一声，搂住我，嚎啕，震抖，迫不成声：

"你……看……门上！……"

我看门上——门上那个册叶小窗露着一个鬼脸，向我们张望，月光斜映，隔着玻璃纱帐看得分外明晰。说时迟，那时快。那个鬼脸一晃，就沉下去不见了。我不知从那里涌上一股勇气，推开阿圆，三步跳去，拉开门。

门外是两个女鬼！

一个由通正屋的小巷审远了；一个则因逃避不及，正在我的面前蹲着。

"是姑姑吗？"

"唔——"幽沉的一口气。

我抹着额上的冷汗，不禁轻松地笑了。我说：

"阿圆，莫怕了，是姑姑。"

1932.11.26

【简析】作品通过二姑姑年轻时期的恋爱、婚姻悲剧，深沉地控诉了封建礼教、封建婚姻制度压抑人性、摧残生命的罪恶，同时也寄寓了作者对自由的热望。

小说在叙述故事时，设置了第一人称的"我"作为叙事者，通过"我"和阿圆的眼去洞悉二姑姑的悲惨人生，这不仅具有视角上的优越，显得冷静客观，令人信服，而且使人感触到城市与乡村、现代与传统的巨大落差，由此反映出封建传统文化的腐朽将死，令人窒息以及对人性的摧残。小说结尾处用那张在惨淡月光下小窗上露着的鬼脸将阴气逼人的气氛推向极致，揭示了两个女性畸变的心理状态和对人性复归的渺茫憧憬，确为点睛之笔。

---

① 汗濡(rú)：被汗沾湿。

【思考与练习】

一、试分析《箓竹山房》中二姑姑悲剧命运的社会根源。

二、讨论结尾"窥房"在人物刻画和艺术结构上的作用。

第六章　生命之歌

苏轼词二首

苏轼（1037—1101），字子瞻，号东坡居士，四川眉山人，北宋著名文学家、书画家。宋仁宗嘉祐二年（1057）进士。神宗熙宁间任杭州通判及密州、徐州、湖州等地知州；元丰中卷入乌台诗案，贬居黄州四年许。哲宗元祐间累迁翰林学士，出任杭州、颍州等地知州。晚年又被远贬惠州、儋州，九死一生，后北返中原，病逝于常州。

苏轼在文学艺术方面堪称全才。其文汪洋恣肆，明白畅达，与欧阳修并称"欧苏"，为唐宋八大家之一；诗清新豪健，在艺术表现方面独具风格，与黄庭坚并称"苏黄"；词开豪放一派，与辛弃疾并称"苏辛"；书法擅长行书、楷书，能自创新意，与黄庭坚、米芾、蔡襄并称"宋四家"；画学文同，喜作枯木怪石，论画主张神似。著有《苏东坡全集》和《东坡乐府》等。

沁 园 春
赴密州，早行，马上寄子由①。

孤馆灯青，野店鸡号，旅枕梦残②。渐月华收练，晨霜耿耿；云山摘锦，朝露溥溥③。世路无穷，劳生④有限，似此区区长鲜欢⑤。微吟罢，凭征鞍无语，往事千端。

当时共客长安，似二陆初来俱少年⑥。有笔头千字，胸中万卷，致君尧舜⑦，此事何难？用舍由时，行藏在我⑧，袖手何妨闲处看。身长健，但优游卒岁，且斗尊前⑨。

---

① 子由：苏轼之弟苏辙，字子由。

② 孤馆灯青：孤馆，坐落于荒僻之处的旅舍。灯青，犹青灯，指油灯。野店：指乡村旅舍。唐牟融《送罗约》诗："月明野店闻鸡早，花暗关城匹马迟。"

③ 收练：指清晨月光渐渐淡去。练：白色的绢，此处形容月光。耿耿：天将明。这里意即明亮的样子。摘（chī）：铺开，舒展。锦：指云山的景色。溥溥（tuán）：露多貌。

④ 劳生：人的一生，忙忙碌碌，故称劳生。

⑤ 区区：一说，自称的谦词。一说为"辛苦之意"。鲜：少。

⑥ 长安：此指京城汴梁。二陆：晋朝陆云、陆机兄弟，此处喻指苏轼、苏辙。

⑦ 胸中万卷：喻才学丰厚。致君尧舜：谓辅佐国君，使其成为圣明之主。杜甫诗《奉赠韦丞丈二十二韵》："致君尧舜上，再使风俗淳。"

⑧ 用舍由时，行藏在我：《论语·述而》中有"用之则行，舍之则藏。"意思是：任用我就干，不用我就藏。时：时机、机缘。行藏：入世行道和出世隐居。

⑨ "优游卒岁"：《左传·襄公二十一年》中有"优哉游哉，聊以卒岁。"优游：悠闲自得。"且斗尊前"化用杜甫《漫兴》："莫思身外无穷事，且尽生前有限杯。"斗：一说"斗酒"；一说"起舞戏乐之意"。尊：同"樽"，酒具。

满庭芳

　　蜗角虚名，蝇头微利①，算来着甚干忙②。事皆前定，谁弱又谁强。且趁闲身未老，须放我、些子疏狂③。百年里，浑教是醉，三万六千场④。

　　思量、能几许？忧愁风雨，一半相妨⑤。又何须抵死⑥，说短论长。幸对清风皓月，苔茵展、云幕高张⑦。江南好，千钟美酒，一曲《满庭芳》⑧。

　　【简析】《沁园春》作于熙宁七年(1074)十月，是苏轼由杭州移知密州的早行途中寄给其弟苏辙的作品。词中主要抒写了苏轼"致君尧舜"的宏伟抱负，以及他对"用舍由时"的自信和自豪。虽也有叹息时光流逝，不被重用的感慨，但总的基调昂扬奋发，表现出词人乐观自信、豪放洒脱的性格。这是苏轼早期词作中的一首长调，词风清爽飘逸，文笔挥洒自如，叙述、描写、抒情、议论等手法交错使用，遣词造句无拘无束，经史典故信手拈来。作品呈现出回环往复、波澜起伏的艺术效果。

　　《满庭芳》大约作于苏轼谪贬黄州期间。词的上片通过引用寓言、借用佛家轮回的观点，揭示功名利禄的虚幻，劝诫世人不必计较名利。下片结合自身经历，哀叹饱经忧愁政治风雨的宦海浮沉，表达了"又何须抵死，说短论长"的生命觉醒。全词层次分明，气势充沛。议论与抒情的巧妙结合，充分表达了作者对功名利禄的蔑视，以及摆脱现实束缚的生活态度。苏轼这种齐得失、忘祸福的人生哲学，显然是受到了老庄思想的深刻影响。

【思考与练习】

一、谈谈你对"用舍由时，行藏在我"的理解。

二、你还学过苏轼的哪些作品，谈谈苏轼及其作品带给你的人生启发。

三、背诵这两首词。

---

　　① "蜗角"二句：比喻名利微不足道。《庄子·则阳》："有国于蜗之左角者，曰触氏，有国于蜗之右角者，曰蛮氏，时相与争地而战，伏尸数万，逐北，旬有五日而后反。"

　　② 着甚：为什么。干忙：白忙乎。

　　③ 些子：一点儿。疏狂：不拘礼法，潇洒自由。

　　④ "百年"句：语本李白《襄阳歌》中的"百年三万六千日，一日须倾三百杯。"

　　⑤ "思量"三句：意谓计算下来，一生中日子有一半是被忧愁风雨干扰。

　　⑥ 抵死：非要，一定要。

　　⑦ 苔茵：草地。云幕：以云为幕。

　　⑧ 满庭芳：词牌名。

字谕纪泽儿①

曾国藩

曾国藩（1811—1872），字伯涵，号涤生，谥文正，湖南湘乡人。清代著名学者、大臣，湘军的创建者和统帅者。曾任翰林院侍讲学士、内阁学士等职，擢礼部右侍郎，历署兵部、吏部侍郎，授两江总督、钦差大臣、加太子少保，又授大学士、直隶总督、两江总督等职。一生著述颇多，有《曾文正公全集》。

（一）

字谕纪泽儿：

八月一日，刘曾撰来营，接尔第二号信并薛晓帆信，得悉家中四宅平安，至以为慰。

汝读《四书》②无甚心得，由不能虚心涵泳，切己体察。朱子③教人读书之法，此二语最为精当。尔现读《离娄》④，即如《离娄》首章"上无道揆，下无法守"⑤，我往年读之，亦无甚警惕。近岁在外办事，乃知上之人必揆诸道，下之人必守乎法，若人人以道揆自许，从心而不从法，则下凌上矣。"爱人不亲"章，往年读之，不甚亲切，近岁阅历日久，乃知治人不治者，智不足也。此切己体察之一端也。

涵泳二字，最不易识，余尝以意测之。曰：涵者，如春雨之润花，如清渠之溉稻。雨之润花，过小则难透，过大则离披，适中则涵濡而滋液；清渠之溉稻，过小则枯槁，过多则伤涝，适中则涵养而浡兴⑥。泳者，如鱼之游水，如人之濯足。程子⑦谓鱼跃于渊，活泼泼地；庄子言濠梁观鱼，安知非乐？此鱼水之快也。左太冲⑧有"濯足万里流"之句，苏子瞻⑨有夜卧濯足诗，有浴罢诗，亦人性乐水者之一快也。善读书者，须视书如水，而视此心如花、如稻、如鱼、如濯足，则涵泳二字，庶可得之于意言之表。尔读书易于解说文义，却不甚能深入，可就朱子"涵泳""体察"二语悉心求之。

邹叔明新刊地图甚好。余寄书左季翁，托购致十副，尔收得后，可好藏之。薛晓帆银百两宜璧还，余有复信，可并交季翁也。此嘱。

父涤生字。八月三日。

---

① 这里所选的曾国藩给儿子曾纪泽的两封书信，均选自《曾文正公全集》。曾纪泽（1839—1890），中国清代著名外交家。曾出使英、法、俄等国，在驻俄大臣任上，收回被俄军占领的伊犁及南疆诸要塞。归国后任户部侍郎，兼署刑部、吏部侍郎。卒谥惠敏。有《曾惠敏公遗集》十七卷。

② 《四书》：指《大学》《中庸》《论语》《孟子》四部著作。

③ 朱子：指南宋朱熹。

④ 《离娄》：《孟子》中的一篇，分上下章。

⑤ 上无道揆，下无法守：语见《孟子·离娄上》，意为居上位的人不用义理来度量事物，下面的老百姓就无法依可了。道：事理。揆（kuí）：揆度，度量。

⑥ 浡（bó）兴：兴起，涌出。

⑦ 程子：指北宋程颐。程朱俱为理学大师。

⑧ 左太冲：西晋文学家左思，字太冲。

⑨ 苏子瞻：宋代文学家苏轼，字子瞻，号东波居士。

(二)

字谕纪泽儿：

十九日曾六来营，接尔初七日第五号家信并诗一首，具悉次日入闱①，考具皆齐矣，此时计已出闱还家？

……

尔七古诗②，气清而词亦稳，余阅之忻慰。凡作诗，最宜讲究声调。余所选钞五古九家、七古六家，声调皆极铿锵，耐人百读不厌。余所未钞者，如左太冲、江文通、陈子昂、柳子厚之五古③，鲍明远、高达夫、王摩诘、陆放翁之七古④，声调亦清越异常。尔欲作五古七古，须熟读五古七古各数十篇。先之以高声朗诵，以昌其气；继之以密咏恬吟，以玩其味。二者并进，使古人之声调拂拂然若与我之喉舌相习，则下笔为诗时，必有句调凑赴腕下。诗成自读之，亦自觉琅琅可诵，引出一种兴会来。古人云"新诗改罢自长吟"，又云"煅诗未就且长吟"，可见古人惨淡经营之时，亦纯在声调上下工夫。盖有字句之诗，人籁也；无字句之诗，天籁也。解此者，能使天籁人籁凑泊⑤而成，则于诗之道思过半矣。

尔好写字，是一好气习。近日墨色不甚光润，较去年春夏已稍退矣。以后作字，须讲究墨色。古来书家，无不善使墨者，能令一种神光活色浮于纸上，固由临池之勤染翰之多所致，亦缘于墨之新旧浓淡，用墨之轻重疾徐，皆有精意运乎其间，故能使光气常新也。

余生平有三耻：学问各途，皆略涉其涯涘⑥。独天文算学，毫无所知，虽恒星五纬⑦亦不识认，一耻也；每作一事，治一业，辄有始无终，二耻也；少时作字，不能临摹一家之体，遂致屡变而无所成，迟钝而不适于用，近岁在军，因作字太钝，废阁殊多，三耻也。尔若为克家之子⑧，当思雪此三耻。推步算学，纵难通晓，恒星五纬，观认尚易。家中言天文之书，有《十七史》中各天文志，及《五礼通考》中所辑《观象授时》一种。每夜认明恒星二三座，不过数月，可毕识矣。凡作一事，无论大小难易，皆宜有始有终。作字时，先求圆匀，次求敏捷。若一日能作楷书一万，少或七八千，愈多愈熟，则手腕毫不费力。将来以之为学，则手钞群书；以之从政，则案无留牍。无穷受用，皆自写字之匀而且捷生出。——三者皆足弥吾之缺憾矣。

今年初次下场⑨，或中或不中，无甚关系。榜后即当看《诗经注疏》，以后穷经读史，二者迭进。国朝大儒，如顾、阎、江、戴、段、王数先生之书⑩，亦不可不熟读而深思之。光阴难

---

① 入闱：进入科举考试的考场。
② 七古诗：七言古体诗。
③ 江文通：江淹，字子通，文学家，历仕宋、齐、梁三朝。陈子昂：初唐诗人。柳子厚：唐代文学家柳宗元，字子厚。五古：五言古体诗。
④ 鲍明远：鲍照，字明远，南朝诗人。高达夫：高适，字达夫，盛唐诗人。王摩诘：王维，字摩诘，盛唐诗人。陆放翁：陆游，字放翁，南宋诗人。
⑤ 凑泊：聚集在一起。
⑥ 涯涘(sì)：原为水流岸边，这里指边际。
⑦ 五纬：金木水火土五大行星的总称。
⑧ 克家之子：能继承父辈、祖辈事业之子。
⑨ 下场：考生应试进入科举考场。
⑩ 顾、阎、江、戴、段、王：指顾炎武、阎若璩、江永、戴震、段玉裁、王念孙，都是清代的著名学者。

得，一刻千金。

以后写安禀①来营，不妨将胸中所见、简编所得驰骋议论，俾余得以考察尔之进步，不宜太寥寥。此谕。

书于弋阳军中
咸丰八年八月二十日

【简析】曾国藩写给儿子曾纪泽的两封书信讲的都是为人治学的道理。

曾国藩一生重视读书，第一封信主要讲读书的方法。他推崇南宋朱熹教人读书的方法："虚心涵泳，切己体察。"曾国藩这样解释"涵泳"："涵者，如春雨之润花，如清渠之溉稻。""泳者，如鱼之游水，如人之濯足。"表达了他独潜书中，如乐水般而为外人所难以体会的快意与乐趣。曾国藩还以自己读孟子的《离娄》为例，说明"切己"便是读书要结合自己的阅历和现实感受与书相融相通，认真体会思考后对知识作出更理性、更深层次的探求。

"虚心涵泳，切己体察"，这样读书必然是乐趣盎然而又有所收获。

在第二封信中，曾国藩主要教导儿子如何习文作诗。他认为，写诗要讲究声调，诗歌要能够适合朗读，表现出他有很高的诗学修养。他还提到自己平生有"三耻"，以己为鉴，借自我检讨来激励儿子奋发上进，弥补自己的缺陷。这种严于律己的精神，给后代树立了榜样。

这两封书信切实中肯，挥笔自如，善于用比喻将抽象的道理讲得形象生动，极具说服力和感召力，表现了曾国藩对儿子的谆谆教导之情。

【思考与练习】

一、结合自己的读书体会，谈谈你对"虚心涵泳，切己体察"的理解。

二、作为书信，本文在内容、格式、语气等方面与一般文章的写法有何不同？

---

① 安禀：请安的书信。

赠与今年的大学毕业生

胡 适

胡适(1891—1962)，字适之，安徽绩溪人。著名文学家、学者、教育家、社会活动家。早年赴美，就读于康奈尔大学和哥伦比亚大学。1917 年回国，在新文化运动中风云一时。在教育学术方面，曾任北京大学教授、文学院院长、校长，台湾"中央研究院"院长等职。其著作辑有《胡适文集》《胡适全集》等。

这一两个星期里，各地的大学都有毕业的班次，都有很多的毕业生离开学校去开始他们的成人事业。学生的生活是一种享有特殊优待的生活，不妨幼稚一点，不妨吵吵闹闹，社会都能纵容他们，不肯严格地要他们负行为的责任。现在他们要撑起自己的肩膀来挑他们自己的担子了。在这个国难最紧急的年头，他们的担子真不轻! 我们祝他们的成功，同时也不忍不依据我们自己的经验，赠与他们几句送行的赠言，——虽未必是救命毫毛，也许作个防身的锦囊罢!

你们毕业之后，可走的路不出这几条：绝少数的人还可在国内或国外的研究院继续作学术研究；少数的人可以寻着相当的职业；此外还有做官、办党、革命三条路；此外就是在家享福或者失业闲居了。第一条继续求学之路，我们可以不讨论。走其余几条路的人，都不能没有堕落的危险。堕落的方式很多，总括起来，约有这两大类：

第一是容易抛弃学生时代的求知识的欲望。你们到了实际社会里，往往所用非所学，往往所学全无用处，往往可以完全用不着学问，而一样可以胡乱混饭吃，混官做。在这种环境里，即使向来抱有求知识学问的决心的人，也不免心灰意懒，把求知的欲望渐渐冷淡下去。况且学问是要有相当的设备的，书籍，试验室，师友的切磋指导，闲暇的工夫，都不是一个平常要糊口养家的人所能容易办到的。没有做学问的环境，又谁能怪我们抛弃学问呢？

第二是容易抛弃学生时代的理想的人生的追求。少年人初次与冷酷的社会接触，容易感觉理想与事实相去太远，容易发生悲观和失望。多年怀抱的人生理想，改造的热诚，奋斗的勇气，到此时候，好像全不是那么一回事，渺小的个人在那强烈的社会炉火里，往往经不起长时期的烤炼就熔化了，一点高尚的理想不久就幻灭了。抱着改造社会的梦想而来，往往是弃甲曳兵而走，或者做了恶势力的俘虏。你在那俘房牢狱里，回想那少年气壮时代的种种理想主义，好像都成了自误误人的迷梦! 从此以后，你就甘心放弃理想人生的追求，甘心做现成社会的顺民了。

要防御这两方面的堕落，一面要保持我们求知识的欲望，一面要保持我们对于理想人生的追求。有什么好法子呢? 依我个人的观察和经验，有三种防身的药方是值得一试的。

第一个方子只有一句话："总得时时寻一两个值得研究的问题!"问题是知识学问的老祖宗；古往今来一切知识的产生与积聚，都是因为要解答问题，——要解答实用上的困难或理论上的疑难。所谓"为知识而求知识"，其实也只是一种好奇心追求某种问题的解答，不过因为那种问题的性质不必是直接应用的，人们就觉得这是"无所为"的求知识了。我们出学校之后，离开了做学问的环境，如果没有一个两个值得解答的疑难问题在脑子里盘旋，就很难继续保持追求学问的热心。可是，如果你有了一个真有趣的问题天天逗你去想他，天天引诱你去解决他，天天对你挑衅笑你无可奈何他，——这时候，你就会同恋爱一个女子发了疯一样，坐也坐不下，睡也睡不安，没工夫也得偷出工夫去陪她，没钱也得撙衣节食去巴结她。没有书，你自会变卖家私去买书；没有仪器，你自会典押衣服去置办仪器；没有师友，你自会不远千里去寻师访友。你只要能时时有疑难问题来逼你用脑子，你自然会保持发展你对学问的兴趣，即使在最贫乏的智识环境中，你也会慢慢地聚起一个小图书馆来，或者设置起一所小试验室来。所以我说：第一要寻问题。脑子里没有问题之日，就是你的智识生活寿终正寝之时！古人说："待文王而兴者，凡民也。若夫豪杰之士，虽无文王犹兴。"试想葛理略（Galileo）和牛顿（Newton）有多少藏书？有多少仪器？他们不过是有问题而已。有了问题而后，他们自会造出仪器来解答他们的问题。没有问题的人们，关在图书馆里也不会用书，锁在试验室里也不会有什么发现。

第二个方子也只有一句话："总得多发展一点非职业的兴趣。"离开学校之后，大家总得寻个吃饭的职业。可是你寻得的职业未必就是你所学的，或者未必是你所心喜的，或者是你所学而实在和你的性情不相近的。在这种状况之下，工作就往往成了苦工，就不感兴趣了。为糊口而做那种非"性之所近而力之所能勉"的工作，就很难保持求知的兴趣和生活的理想主义。最好的救济方法只有多多发展职业以外的正当兴趣与活动。一个人应该有他的职业，又应该有他的非职业的顽艺儿，可以叫做业余活动。凡一个人用他的闲暇来做的事业，都是他的业余活动。往往他的业余活动比他的职业还更重要，因为一个人的前程往往全靠他怎样用他的闲暇时间。他用他的闲暇来打麻将，他就成了赌徒；你用你的闲暇来做社会服务，你也许成个社会改革者；或者你用你的闲暇去研究历史，你也许成个史学家。你的闲暇往往定你的终身。英国十九世纪的两个哲人，弥儿（J. S. Mill）终生做东印度公司的秘书，然而他的业余工作使他在哲学上、经济学上、政治思想史上都占一个很高的位置；斯宾塞（Spencer）是一个测量工程师，然而他的业余工作使他成为前世纪晚期世界思想界的一个重镇。古来成大学问的人，几乎没有一个不是善用他的闲暇时间的。特别在这个组织不健全的中国社会，职业不容易适合我们性情，我们要想生活不苦痛或不堕落，只有多方发展业余的兴趣，使我们的精神有所寄托，使我们的剩余精力有所施展。有了这种心爱的顽艺儿，你就做六个钟头的抹桌子工夫也不会感觉烦闷了，因为你知道，抹了六点钟的桌子之后，你可以回家去做你的化学研究，或画完你的大幅山水，或写你的小说戏曲，或继续你的历史考据，或做你的社会改革事业。你有了这种称心如意的活动，生活就不枯寂了，精神也就不会烦闷了。

第三个方子也只有一句话："你总得有一点信心。"我们生当这个不幸的时代，眼中所见，耳中所闻，无非是叫我们悲观失望的。特别是在这个年头毕业的你们，眼见自己的国家民族沉沦到这步田地，眼看世界只是强权的世界，望极天边好像看不见一线的光明，——在这个年头不发狂自杀，已算是万幸了，怎么还能够希望保持一点内心的镇定和理想的信任呢？我要对你们说：这时候正是我们要培养我们的信心的时候！只要我们有信心，我们还有救。古人说："信心（Faith）可以移山。"又说："只要工夫深，生铁磨成绣花针。"你不信吗？当拿破仑的军队征服普鲁士占据柏林的时候，有一位穷教授叫做菲希特（Fichte）的，天天在讲堂上劝他的国人要有信心，要信仰他们的民族是有世界的特殊使命的，是必定要复兴的。菲希特死的时候（1814年），谁也不能预料德意志统一帝国何时可以实现。然而不满五十年，新的统一的德意志帝国居然实现了。

一个国家的强弱盛衰，都不是偶然的，都不能逃出因果的铁律的。我们今日所受的苦痛和耻辱，都只是过去种种恶因种下的恶果。我们要收将来的善果，必须努力种现在的善因。一粒一粒地种，必有满仓满屋的收成，这是我们今日应该有的信心。

我们要深信：今日的失败，都由于过去的不努力。

我们要深信：今日的努力，必定有将来的大收成。

佛典里有一句话："福不唐捐。"唐捐就是白白地丢了。我们也应该说："功不唐捐!"没有一点努力是会白白地丢了的。在我们看不见想不到的时候，在我们看不见想不到的方向，你瞧! 你下的种子早已生根发叶开花结果了!

你不信吗? 法国被普鲁士打败之后，割了两省地，赔了五十万万法郎的赔款。这时候有一位刻苦的科学家巴斯德(Pasteur)终日埋头在他的试验室里做他的化学试验和微菌学研究。他是一个最爱国的人，然而他深信只有科学可以救国。他用一生的精力证明了三个科学问题：(1)每一种发酵作用都是由于一种微菌的发展；(2)每一种传染病都是由于一种微菌在生物体中的发展；(3)传染病的微菌，在特殊的培养之下，可以减轻毒力，使它从病菌变成防病的药苗。——这三个问题，在表面上似乎都和救国大事业没有多大的关系。然而从第一个问题的证明，巴斯德定出做醋酿酒的新法，使全国的酒醋业每年减除极大的损失。从第二个问题的证明，巴斯德教全国的蚕丝业怎样选种防病，教全国的畜牧农家怎样防止牛羊瘟疫，又教全世界的医学界怎样注重消毒以减除外科手术的死亡率。从第三个问题的证明，巴斯德发明了牲畜的脾热瘟的疗治药苗，每年替法国农家灭除了二千万法郎的大损失；又发明了疯狗咬毒的治疗法，救济了无数的生命。所以英国的科学家赫胥黎(Huxley)在皇家学会里称颂巴斯德的功绩道："法国给了德国五十万万法郎的赔款，巴斯德先生一个人研究科学的成绩足够还清这一笔赔款了。"

巴斯德对于科学有绝大的信心，所以他在国家蒙奇辱大难的时候，终不肯抛弃他的显微镜与试验室。他绝没想到他的显微镜底下能偿还五十万万法郎的赔款，然而在他看不见想不到的时候，他已收获了科学救国的奇迹了。

朋友们，在你最悲观最失望的时候，那正是你必须鼓起坚强的信心的时候。你要深信：天下没有白费的努力。成功不必在我，而功力必不唐捐。

二十一，六，二十七夜

【简析】本文是胡适于1932年6月写给即将走上社会的大学毕业生的，初载于1932年7月3日《独立评论》第7号，后收入《胡适文存四集》。

胡适与大学生是个说不完的话题，他多次向他关心的莘莘学子推荐三个"防身的锦囊"，也称"三种防身的药方""防身药方的三味药"，其中自有奥妙。本文作者通过大量典故和名言，给毕业后的大学生如何实现自身的圆满提出了很好的建议。时至今日，我们仍能从当中获取很多有益的财富。

【思考与练习】

一、你怎样理解胡适先生的"三种防身的药方"，时至今日，你认为这三个药方有无现实意义？

二、反躬自问：我们在大学求学时代，"求知识的欲望"和"理想的人生的追求"是否足够强烈？大学四年，我们应如何度过？

三、本文带有励志性，但没有特别强烈的语气，你认为这样写好吗？是否缺乏打动人心的力量？

命 运

张中行

张中行(1909—2006)，河北省香河县河北屯乡(今属天津市武清区)人，原名张璇，著名学者、散文家。著有散文集《负暄琐话》《负暄续话》《负暄三话》《禅外说禅》《说梦草》《顺生论》《流年碎影》等，另有学术著作《文言与白话》《文言津逮》《诗词读写丛话》《佛教与中国文学》等。《顺生论》是作者谈论人生哲学的著作。作者易古人的"率性"为"顺生"，阐发对"怎样活才好"的种种人生见解。他以自己厚实的人生经验和丰湛的人文知识，把人生的方方面面梳理为三个方面的六十个问题，古今沟通，中外比较，条分缕析，推本溯源，娓娓道来，使全书在理论与实际、历史与现实相结合的人生思索中，开人眼界、启人胸襟。

本文节选自《顺生论》第五章，中国社会科学出版社1993年版。

相信命运似乎对人有好处，强者可以用它欺人，弱者可以用它自慰。

现在，相信命运的人比过去少多了，因为，据不信的人说，那是迷信。——"不信"也是一种"信"，这会不会也是迷信呢？是己非人要有使人心服的理由，这就不是片言只字所能解决的了。

过去有一些人，以预言他人的未来为职业，如卜卦、算命、相面、测字之类。相信这类人的预言，是迷信，因为他们并不能知道未来。所以这样说，是因为他们据以推知未来的材料(如生辰八字、面容之类，这里称之为"甲")，与他人的未来(如腾达、贫病之类，这里称之为"乙")并没有必然的联系，说严格一些，是甲和乙并没有因果关系。假因不能推出真果，这就可以证明，他们所说能知他人未来的话是虚妄的，相信虚妄的话自然是迷信。

这个问题比较简单，容易解决。但是问题却不能到此为止，因为我们的论据只能证明，他们根据"这样"的材料以预言未来是虚妄，而不能证明，他们根据"任何"材料而预言未来都是虚妄。是不是根据任何材料都不能预知未来呢？在常识上，显然没有人这样想，因为事实证明，以某种材料为依据，我们可以确知某种情况将要出现；并且，如果事实不是这样，我们的日常生活就会变得难于想象。这样，可见我们，或有意或无意，还是相信未来是可以预知的。这在本质上同相信命运是不是没有分别呢？

"命运"这个说法，在过去有神秘色彩，容易引起误会。这里换个说法，"人一生的种种遭遇，都是前定的"，或者如有的人所说，"人一生的遭遇，种种活动，甚至极细微的末节，都是遗传加环境的必然结果"。这是不是事实呢？显然，否认这样一个说法，在理论上有不少困难，最主要的一个是，必须对因果关系有另外的看法。根据现在的科学常识，绝大多数人认为，我们所处的世界是个统一的整体，其中任何个别事物，都由因果关系的锁链维系着，就是说，它是前因之果，后果之因，无因而自生自灭的现象是没有的。如果这个认识不错，显然，人一生的种种遭遇，就其为前因所决定说，确是前定的。

因果关系，或说因果规律，使不少人相信定命论。有的人说，如果有足够的材料，他就可以根据因果规律，通过演算，预知全宇宙的无限未来。甚至有的人还设想，我们所处的宇宙，可能是一成为"有"就全部定了局的，我们觉得它是在时间顺序中发展变化，那只是主观认识的一种形式。时间，确是微妙难以理解的事物，这里只好安于常识，承认事物是在时间顺序中发展变化，问题的症结在于，在这个时间的顺序中，能不能有无因的个别事物出现。

坚信因果规律的人说，不能。有的人对这样的坚信有怀疑，因为所谓因果规律，是人试着用它"说明"存在的，现在把它高举到"统辖"存在的地位，没有危险吗？很难说。但我们似乎不得不承认，推倒它不很容易，至少是很不方便。一个像是避难就易之法是，只说生命的活动间或有例外。但是，这就等于说，这个世界忽而生出一个新系统，不那么统一了，问题实在太大，且不管它。坚信因果规律的人大概不会让步，他可能坚持，生命的活动其实也不例外，譬如说意志吧，你觉得是自发地想如何如何，其实并不是自发，因为你想这样而不想那样，还是有原因的。

这样用因果规律解释一切，甚至统辖一切，引起的问题有两个：一，对不对；二，好不好。前一个问题，或者要留给将来的哲人去解决，这里只谈后一个。好不好的问题，最显著的表现在生命的活动方面，或者更严格一些说，表现在人的生活方面。如果相信人的一切遭遇，一切细微的活动，都是前因所决定，那就：一，"自强不息"就成为无意义的了；二，道德、法律所要求的"个人负责"也就失去根据，因为，反正是已经注定了的，不能改变，被因果规律束缚着的个人又有什么办法！这种没办法的心情，如果真正成为印在心上的阴影，它就会产生破坏"理想"和"兴趣"的力量，这也是个不小的实际问题。大概就是因此，所以历史上有不少贤哲，想出种种理由证明，虽然世界是在因果规律的统辖之下，可是"人"却有意志自由。这种看法是常识上容易接受的，因为：一，根据我们的自身体验，确是有所谓"我想如何如何""我能如何如何"；二，道德、法律的要求不是毫无效果的。自然，这里又会碰到，所体验的自由是否真实的问题。上面已经说到，这很难解决，因为对于宇宙整体的性质，我们了解得还不够多；而且，意志自由之感，从一个方面看，它是实有的，我们难得不承认，从另一方面看，意志活动也是在时间顺序之中，我们很难证明它完全不受前因的影响。

关于定命和人定胜天的问题，根究孰是孰非，就会遇到左右为难的麻烦。存在的本质或者比我们所能想到的要复杂得多。既然暂不能解决，那就不如安于不知为不知；幸而这从躬行方面看，关系并不太大，因为饭是不能等到营养理论都通了之后才吃的。我们要生活，就不能不希望有个比较妥善的可行之道。我想，这可行之道就是，"假定"自强不息会产生效果，也就是姑且承认意志活动中会出现"自生因"，它不是前因所生，却能够突入时间的顺序，产生后果。这只是个假定，它有落空的可能，但也有成为现实的可能，在真相没有彻底弄清楚之前，失掉这后一种可能是不应该的。从积极方面看，有了这个假定，人人坚信炼石真可以补天，人生的"理想""兴趣"等等就都有了依靠，被命运拨弄的无可奈何的阴影就会淡薄甚至完全消失。自然，这种假定并不是放弃因果规律，而是同样要借重因果规律，因为，如果种瓜不能得瓜，自强不息也就没有意义了。我们的生命大概就是这么一回事，常常处于两歧之间：对于有些事物不能求甚解，但又必须相信自己的眼睛，选择一条路，向前走。

【简析】文章从相信命运的"好处"入手，接着展开对"不信"的质疑，引出因果律之不可不信，然后又对因果律提出质疑，发现人生观中的逻辑两难，最后以人生的睿智，跳出这一怪圈，提出实践论的积极的人生主张。这样，文章通过对命运问题的追问和探究，揭示了生命的特点和状态，提示我们应该如何对待生命，对待所谓的命运。在知和行的问题上，作者强调知行结合，不得偏废。他告诉我们：既要以逻辑的方式去思考和探究命运是什么，有没有命运；同时又不能为这种知识的追求所限制和困扰，进而丧失行动的方向和勇气。

一、作者到底信不信命运之说？他对待命运的态度是什么？

二、分析本文的行文线索，体会作者的逻辑推演过程。

女孩子的花

唐 敏

唐敏（1954—）福建福州人，当代散文家、小说家。著有散文集《女孩子的花》《纯净的落叶》《青春缘》《女孩子的地图》《美味佳肴的受害者》等。

相传水仙花是由一对夫妻变化而来的。丈夫名叫金盏，妻子名叫百叶。因此水仙花的花朵有两种，单瓣的叫金盏，重瓣的叫百叶。

"百叶"的花瓣有四重，两重白色的大花瓣中夹着两重黄色的短花瓣。看过去既单纯又复杂，象闽南善于沉默的女子，半低着头，眼睛向下看的。悲也默默，喜也默默。

"金盏"由六片白色的花瓣组成一个盘子，上面放一只黄花瓣团成的酒盏。这花看去一目了然，确有男子干脆简单的热情。特别是酒盏形的花蕊，使人想到死后还不忘饮酒的男人的豪情。

要是他们在变成花朵之前还没有结成夫妻，百叶的花一定是纯白的，金盏也不会有洁白的托盘。世间再也没有像水仙花这样体现夫妻互相渗透的花朵了吧？常常想象金盏喝醉了酒来亲昵他的妻子百叶，把酒气染在百叶身上，使她的花朵里有了黄色的短花瓣。百叶生气的时候，金盏端着酒杯，想喝而不敢，低声下气过来讨好百叶。这样的时候，水仙花散发出极其甜蜜的香味，是人间夫妻和谐的芬芳，弥漫在迎接新年的家庭里。

刚刚结婚，有没有孩子无所谓。只要有一个人出差，另一个就想方设法跟了去。炉子灭掉，大门一锁，无论到多么没意思的地方也是有趣的。到了有朋友的地方就尽兴地热闹几天，留下愉快的记忆。没有负担的生活，在大地上遛来逛去，被称作"游击队之歌"。每到一地，就去看风景，钻小巷走大街，袭击眼睛看得到的风味小吃。

可是，突然地、非常地想要得到唯一的"独生子女"。

冬天来临的时候，开始养育水仙花了。

从那一刻起，把水仙花看作是自己孩子的象征了。

像抽签那样，在一堆价格最高的花球里选了一个。

如果开"金盏"的花，我将有一个儿子；

如果开"百叶"的花，我会有一个女儿。

用小刀剖开花球，精心雕刻叶茎。一共有六个花苞。看着包在叶膜里像胖乎乎婴儿般的花蕾，心里好紧张。到底是儿子还是女儿呢？

我希望能开出"金盏"的花。

从内心深处盼望的是男孩子。

绝不是轻视女孩子，而是无法形容地疼爱女孩子。

爱到根本不忍心让她来到这个世界。

因为我不能保证她一生幸福，不能使她在短暂的人生中得到最美的爱情。尤其担心她的身段容貌不美丽而受到轻视，假如她奇丑无比却偏偏又聪明又善良，那就注定了她的一生将多么痛苦。

而男孩就不一样。男人是泥土造的，苦难使他们坚强。

"上帝"用泥土创造了男人，却用男人的肋骨造出了女人。肋骨上有新鲜的血和肉，只要轻轻一碰就会痛彻心肠。因此，女子连最微小的伤害也是不能忍受的。

从这个意义来说，女子是一种极其敏锐和精巧的昆虫。她们的触角、眼睛、柔软无骨的躯体，还有那艳丽的翅膀，仅仅是为了感受爱、接受爱和吸引爱而生成的。她们最早预感到灾难，又最早在灾难的打击下夭亡。

一天和朋友在咖啡座小饮。这位比我多了近十年阅历的朋友说：

"男人在爱他喜欢的女人的过程中感到幸福。他感到美满是因为对方接受他为她做的每件事。女人则完全相反，她只要接受爱就是幸福。如果女人去爱去追求她喜欢的男子，那是顶痛苦的事，而且被她爱的男人也就没有幸福的感觉了。这是非常奇妙的感觉。"

在茫茫的暮色中，从座位旁的窗口望下去，街上的行人如水，许多各种各样身世的男人和女人在匆匆走动。

"一般来说，男子的爱比女子长久。只要是他寄托过一段情感的女人，在许多年之后向他求助，他总是会尽心地帮助她的，男人并不太计较那女的从前对自己怎样。"

那一刹间我更加坚定了要生儿子的决心。男孩不仅仅天生比女孩能适应社会、忍受困苦，而且是女人幸福的源泉。我希望我的儿子至少能以善心厚待他生命中的女人，给她们短暂人生中永久的幸福感觉。

"做男人最大的缺点就是，没有办法珍惜他不喜欢的女人对他的爱慕。这种反感发自真心一点不虚伪，他们忍不住要流露出对那女子的轻视。轻浮的少年就更加过分，在大庭广众下伤害那样的姑娘。这是男人邪恶的一面。"

我想到我的女儿，如果她有幸免遭当众的羞辱，遇到一位完全懂得尊重她感情的男人，却把尊重当成了对她的爱，那样的悲哀不是更深吗？在男人，追求失败了并没有破坏追求时的美感；在女人则成了一生一世的耻辱。

怎么样想，还是不希望有女孩。

用来占卜的水仙花却迟迟不开放。

这棵水仙长得从未有过的结实，从来没晒过太阳也绿葱葱的，虎虎有生气。

后来，花蕾冲破包裹的叶膜，像孔雀的尾巴一样张开来，六只绿孔雀停在一块。

每一个花朵都胀得满满的，但是却一直不肯开放。

到底是"金盏"还是"百叶"呢？

弗洛伊德①的学说已经够让人害怕了，婴儿在吃奶的时期起就有了爱欲。而一生的行为都受着情欲的支配。

偶然听佛学院学生上课，讲到佛教的"缘生"说②。关于十二因缘，就是从受胎到死的生

---

① 弗洛伊德(1856—1939)：奥地利心理学家，精神分析学说的创始人。他认为存在于人的潜意识的性本能是心理发展的基本动力，它与生俱来，贯穿和影响人的一生；儿童时期的性欲发展包括"口腔期"等四个阶段，婴儿通过吮吸乳房来体验和表达自己的爱欲。

② "缘生"：佛教术语又称"缘起"，是"因缘生起"的略称。"缘"指各种事物和现象存在、演变、消失的关系和条件。"缘生"说：佛教用以解释万事万物产生根源的基本理论。下文的"十二因缘"即为最早和传播最广的一种"缘生"说，它从"无明"到"老死"的十二缘起描述人的三世轮回，解释人生痛苦之因。

命的因果律，主宰一切有形和无形的生命与精神变化的力量是情欲。不仅是活着的人对自身对事物的感觉受着情欲的支配，就连还没有获得生命形体的灵魂，也受着同样的支配。

生女儿的，是因为有一个女的灵魂爱上了做父亲的男子，投入他的怀抱，化做了他的女儿；生儿子的，是因为有一个男的灵魂爱上了做母亲的女子，投入她的怀抱，化做她的儿子。

如果我到死也没有听到这种说法，脑子里就不会烙下这么骇人的火印。如今却怎么也忘不了了。

回家，我问我的郎君："要男孩还是女孩？"

"女孩！"他毫不犹豫地回答。

"男孩！"我气极了！

"为什么？"他奇怪了。

我却无从回答。

就这样，在梦中看见我的水仙花开放了。

无比茂盛，是女孩子的花，满满地开了一盆。

我失望得无法形容。

开在最高处的两朵并在一起的花说：

"妈妈不爱我们，那就去死吧！"

她俩向下一倒，浸入一盆滚烫的开水中。

等我急急忙忙把她们捞起来，并表示愿意带她们走的时候，她们已经烫得像煮熟的白菜叶子一样了。

过了几天，果然是女孩子的花开放了。

在短短的几天内，她们拼命地开放所有的花朵。也有一枝花茎抽得最高的，在这簇花朵中，有两朵最大的花并肩开放着。和梦中不同的是，她们不是抬着头的，而是全部低着头，像受了风吹，花向一个方向倾斜。抽得最长的那根花茎突然立不直了，软软地东倒西歪。用绳子捆，用铅笔顶，都支不住。一不小心，这花茎就倒下来。

不知多么抱歉，多么伤心。终日看着这盆盛开的花。

它发出一阵阵锐利的芬芳，香气直钻心底。她们无视我的关切，完全是为了她们自己在努力地表现她们的美丽。

每朵花都白得浮悬在空中，云朵一样停着，其中黄灿灿的花朵，是云中的阳光。她们短暂的花期分秒流逝。

她们的心中鄙视我。

我的郎君每天忙着公务，从花开到花谢，他都没有关心过一次，更没有谈到过她们。他不知道我的鬼心眼。

于是这盆女孩子的花就更加显出有多么的不幸了。

她们的花开盛了，渐渐要凋谢了，但依然美丽。

有一天停电，我点了一支蜡烛放在桌上。

当我从楼下上来时，发现蜡烛灭了，屋内漆黑。

我划亮火柴。

是水仙花倒在蜡烛上，把火压灭了。是那支抽得最高的花茎倒在蜡烛上。和梦中的花一样，她们自尽了。

蜡烛把两朵水仙花烧掉了，每朵烧掉一半。剩下的一半还是那样水灵灵地开放着，在半朵花的地方有一条黑得发亮的墨线。

并非不雅观！

我吓得好久回不过神来。

这就是女孩子的花，刀一样的花。

在世上可以做许多错事，但绝不能做伤害女孩子的事。

只剩了养水仙的盆。

我既不想男孩也不想女孩，更不做可怕的占卜了。

但是我命中的女儿却永远不会来临了。

1986 年 3 月妇女节写于厦门

【简析】本文中，"女孩子的花"是一种象征：重瓣水仙的灿烂开放、芬芳散发，她的美丽而短暂的花期，她的受到冷落的不幸和"刀一样"的性格，处处都是青春女性绚烂生命、人生际遇、悲剧命运和纯真性格的写照。借助水仙花，作者深刻入微地写出了女孩子的敏感而脆弱的心灵，对爱的渴慕与无奈，受到伤害时的痛苦与刚烈。或者说，作者将年轻女子的性格情感赋予了水仙花，水仙花成了作者抒发对女性人生境遇的感喟的一个载体和触媒。这就比单纯直白的述说来得形象饱满和曲尽深致。

在新时期，唐敏与一些作家一起进行着散文创作的新探索：让散文深入到人的内心世界，展示个体对外在世界的独特感知和人的自然性灵。《女孩子的花》可以说代表了散文创作的这种新趋向。这篇作品为新时期散文建立一种真正的"美文"作出了可贵的探索。

【思考与练习】

一、本文就女性与男性的不同发表了哪些见解？你是否赞同？

二、本文的中心意象是什么？其象征意蕴如何？

无价之人

韩少功

韩少功(1953—),湖南长沙人。擅长文学创作和文学评论,当代文学"寻根派"的奠基人之一。有短篇小说《爸爸爸》、长篇小说《马桥词典》等。另有评论集和《生命不能承受之轻》等译著。

耻言赚钱,是中国文士们的遗传病。所谓君子忧道不忧贫。所谓小人重利君子重义。这些潇洒而且卫生过分的语录,多是吃朝廷俸禄或祖宗田产的旧文人茶余饭后制定出来的。我们这些君子不起来的人姑妄听之。其实君子也言利。我读李叔同先生的书信集,对先生的俊逸孤高确实景仰。先生才具超凡,终弃绝繁华遁入空门,可算现代文化史上一大豪举,非我等凡胎所能踪随。然书信集中,企盼好友施助钱财以资治经访道的话,也不少见。读后便窃以为,雅士的伟业很多时候还需要俗人掏钱赞助,若无施主们的俗钱,先生如何雅得下去?如何空得下去?这一点心得,想叔同先生也不会见责。

作家们关注赚钱,其实是个迟到的话题。不能赚钱,当儿女当父母的资格都没有,不具人籍,何言作家。以前有国产的大锅饭可吃,作家可风光得有模有样,读者围,记者追,更有旅游笔会的大宴小宴,政协人大之类会议上的阔论高谈。作家们一踏上红地毯就差不多最爱谈改革。很多人不明白,正是他们所渴望所呼吁所誓死悍卫的改革,即将砸破他们赖以风光的大锅饭,把他们抛入动荡而严峻的商品经济初级阶段,尝一尝稻粱谋的艰辛,尝一尝斯文扫地的味道。求仁得仁,好龙龙至,何怨乎哉。

中国要强民富国,至少还缺乏上亿的赚钱能手,现在不是多了,而是少了。曾经略嫌拥挤的文坛,如果有潜伏多时的实业英才,不妨扬长避短去挑战商场,实业生财也是篇难做的大文章。能养活自己便不错,至少除却了寄生者的卑琐。说不定到时候还捐出个医院或体育馆什么的,兼济天下,功德彪炳。就算不捐,一个人吃喝玩乐花光了,也能促进消费繁荣市场,我们读了点经济学对此都想得通。至于已经面临生活困难的人,更要早打主意早动手,补上谋生这一课,不可三心二意犹豫不决,不要期待救世主,不要以为改革是天上落下来的馅饼。这是好心的大实话。

当然,赚钱者或准备赚钱者,不必从此便以钱眼看人。很多人当不了实业巨子,若执著于学问或艺术,将来基本上免不了相对清贫,这也是一种选择,没什么关系。穷人也是人,无须一见到有钱人的别墅、轿车、"大哥大"之类就自惭形秽、自叹衰老,正如面对穷乡僻壤的瘦弱饥民时,不必自觉优越和自诩年轻。穷人也可以爱好文学,就像有权爱好喝酒或钓鱼。世界上从来就有人比作家阔绰,但并没有因此而消亡文学。世界上也从没有文人赚钱就必先崇拜金钱甚至不容许旁人斗胆继续淡泊金钱的规则。赚钱就赚钱,改行就改行,作家改行当老师当木匠当部长当足球中锋都正常得足以理直气壮,但改行并不是晋升提拔。离开文学或准备离开文学,不意味着从此便无端拥有更多对文学的鄙弃资格和教导权,也不意味着因此就有了富人俱乐部的优先入场券。

我们的建设还在打基础和起步的阶段,还没达到值得大惊小怪的程度,多一些灯红酒绿的歌舞厅也乏善可陈。要说折腾钱,我们在老牌欧美发达国家面前还只是低年级新生。但当年活在欧美的大多数作家，并没有什么衰老感，也没有刮青自己的脸皮往实业家堆里钻，没去工商界奉领改革文学的指示。巴尔扎克喜欢钱，宣言要赚完资本主义最后一个铜币，但他的作品是资本社会贪婪、奸诈、虚伪的揭露大全。福克纳身处赚钱高手云集的美国，但也并没有愧疚自己对故园乡土的痴迷，并没有后悔自己曾失足文学，声称自己一辈子就是写"家乡那邮票大的一块地方"，平静的目光投注于某位贫贱保姆或某位弱智少年，监测人性的荒寂和美丽。

我们的经济发展也远没有赶上亚洲"四小龙"，但金钱与文学并不绝对同步，并不是直线函数。"四小龙"的文学纪录基本上没法让人喝彩，即使在资本主义世界里，这也是羞耻而不是光荣，是外激型现代化常见的先天不足症候之一。可以谈一谈的是多年前的日本人川端康成。川端在创作后期以东方文化传统为依托，着力追求和表现静美，与东山魁夷等艺术家的画风一脉相接。甚至还有怀疑和反感现代化的诸多言词，颇有落伍时代之嫌。但正是他本身成为了日本精神现代化的一部分，成为了现代日本国民的骄傲。要是没有他的《雪国》《伊豆的舞女》《千只鹤》，我们会不会为日本感到遗憾？

有钱是好事，这句话只对不为钱累不为钱役的人才是真理。如果以为哪儿钱多哪儿才有美，才有时代特色，才有自我价值，才有文学的灵感和素材，那么鲁迅和沈从文当年就得去上海滩十里洋场办公司，那么现在所有偏远地域的作家就得统统进大都市住豪华宾馆，否则就别活了。这当然是拜金者的无知。文学从来不是富豪的支票。相反，在很多时候，文学恰恰需要作家的自甘清贫，自甘寂寞——如果这是超越功利审视社会人生的必要代价的话，如果这是作家维护心灵自由和人格独立的必要代价的话。优秀的文学，从来就是一些不曾富贵或不恋富贵的忘（亡）命之徒们干出来的。轻度贫困是盛产精神的沃土。

商品化的文学正在滚滚而来，甜腻的贺卡式诗歌热潮行将过去，宾馆加美女加改革者深刻面孔的影视风尚也行将过去，可能老板文学的呼声又将饰以"改革""时代感"之类的油彩而登场。这种呼声貌似洋货，其实并非法国技术丹麦设备美国口味。这种呼声常常在有了些钱的地方（比方深圳、海口等）不绝于耳，常常在以前很穷而现在稍微有了些钱的地方（比方说不是纽约也不是巴黎甚至香港）不绝于耳，当然也很正常，不是坏事。我们并不会因为历史上没有好的老板文学就说现在也行不通，我们也不会因为过去反对粉饰官场而现在就必定反对粉饰商场。我们拥护一切创新的人，等待他们或迟或早地下笔，写出新作。

其实，我们最反对的只是光说不干。

金钱也能生成一种专制主义，决不会比政治专制主义宽厚和温柔。这种专制主义可以轻而易举地统制舆论和习俗，给不太贫困者强加贫困感，给不太迷财者强加发财欲，使一切有头脑的人放弃自己的思想去大街上瞎起哄，使一切有尊严的人贱卖自己的人格去摧眉折腰。中国文人曾经在政治专制面前纷纷趴下，但愿今后能稳稳地站住。

站立才是改革的姿态，才是现代人的姿态。站立者才能理解人的价值，包括对一切物质世界创造者保持真正的敬重。卓越的实业家们，以其勃勃生力和独特风采，给作家们的创作输入新的变因。他们的荣辱苦乐，必然受到作家的关注。够格的实业家们也必然与够格的作家们一样，对历史有冷静的远瞩，对人生有清明的内省。因为他们知道，世界上最灿烂的光辉，能够燃烧起情感和生命的光辉，不是来自金币而是源自人心。不管身居朱户还是柴门，人是最可宝贵的。人是我们的朋友和邻居，是我们的情侣，是我们的兄弟姐妹，是我们垂垂老迈的父母和嗷嗷待哺的儿女。人无论有多少缺陷，仍是我们这颗星球无价的尊严和慰藉。

这是一个永远不会陈旧的话题，而且卑之无甚高论。

【简析】这篇文章表面上谈论的是选择文学为职业的依据，其实也适合于作为其他人生选择的参考。市场经济正在成为我们的基本环境，耻于言利成了过时的保守观念。但是，这并不意味着拜金主义的胜利。金钱不是衡量一切的首要尺度，尽管金钱常常会成为一个重要的尺度。作者认为，人是最可宝贵的。虽然"无价之人"不难理解，可是，稍微复杂的环境就会使许多人忘掉这个主题。这篇文章希望人们今后不论遭遇哪一方面的压力都能够稳稳地站立。

【思考与练习】

一、你同意"轻度贫困是盛产精神的沃土"的观点吗？

二、韩少功被称为"寻根源"作家，阅读他的其他作品，谈谈韩少功"文化寻根"的创作特征。

美之歌

纪伯伦

　　纪伯伦（1883—1931），是近代黎巴嫩的一位杰出诗人、散文家、画家，也是阿拉伯现代文学和东方现代文学史上的杰出代表。他出生于黎巴嫩北部山乡卜舍里。早年因发表小说《叛逆的灵魂》激怒当局，作品遭到查禁焚毁，被政府驱逐，前往美国。后留居法国，在巴黎艺术学院学习绘画和雕塑，曾得到艺术大师罗丹的提携。1911年重返美国从事文学艺术创作活动，直至逝世。

　　纪伯伦虽然只活了48个春秋，但他一生著述甚丰，总计有20多部著作问世。他的前期作品多以阿拉伯文小说为主，定居美国后转为英文散文诗创作。作品深受尼采哲学的影响，善于揭示一系列的人生和社会问题，讴歌爱与美，充满象征、比喻以及东方式的哲理。代表作有长篇小说《折断的翅膀》、散文诗集《先知》《泪与笑》等。他还创立了阿拉伯海外文学团体"笔会"，为阿拉伯新文学事业作出了杰出贡献。

　　我为爱情指出了方向，我是灵魂的佳酿，是心田的食粮。

　　我像早晨开放的玫瑰花。摘下我的是一位姑娘，她吻了吻我，然后把我紧贴在她的胸口上。

　　我是幸福的宫殿，我是欢快的源泉，我是宁静的开端。

　　我是那温柔的一笑，浮现在姑娘的唇边；年轻人看见，就会忘掉自己沉重的负担，他们的生活就会变成甜蜜的、梦一般的草原。

　　我为诗人唤起灵感，我是艺术家的旅途良伴，是音乐家忠实的教员。

　　我是婴儿的一双慧眼，温存的母亲看见了，她就会跪下祈祷，歌唱赞美安拉的诗篇；我在亚当面前变成了夏娃，并且征服了他；我以女友的身份去见所罗门，把他变成了智者和诗人。

　　我向海伦嫣然一笑，特洛伊城就宣告失陷；我为克利奥佩屈拉女皇戴上王冠，欢乐就笼罩了尼罗河畔。

　　我像命运之神：今天创造，明日就毁掉；我是安拉，让万物生长，也让万物遭到灭亡。

　　我比紫罗兰的呼吸还要温柔，我比暴风雨还要凶猛。

　　世人啊，我是真理，我是真理！也是你们所能理解的最美好的事物！

　　【简析】《美之歌》选自纪伯伦1913年出版的散文诗集《泪与笑》。本集中有一组散文诗总题为《组歌》，如《浪之歌》《雨之歌》《幸福之歌》等，共5首，《美之歌》是其中的第4首。

　　在《美之歌》里，诗人把美当成上帝、真理。她无所不包、无处不在，其力量也非常神奇，可以主宰生死存亡，可以令你获得爱情、灵感，可以使人变得聪明、美丽，净化人的心灵，使社会变得崇高起来。同时，她也可以"赛过狂风暴雨"，摧毁一切。诗人在这里不是在演绎哲理命题，而是用艺术的散文诗形式和优美语言，形象地阐述美的作用与意义。

　　《美之歌》这首散文诗的最大特色是，诗人以充沛的激情，运用众多生动的比喻，并把许多经典典故通俗化、故事化，把十分抽象的理念（美）演绎得具体形象，令人神往并引发人们哲理性的深沉思考。再加上新颖的意象和象征，以及运用一连串的排比句，有如一气呵成，行文华丽、流畅而富有音乐性，表现出强烈的主观色彩。这不仅是《美之歌》这首散文诗的艺术特色，也是纪伯伦所有散文诗的艺术特色，被称之为"纪伯伦风格"。

【思考与练习】

一、散文的特点是形散神不散，这篇文章是如何做到的，并找出该文的"神"。

二、学完本文后，你觉得"美"是什么？

生活是美好的！
——写给企图自杀的人
契诃夫

　　安东·巴甫洛维奇·契诃夫（1860—1904），俄国作家。1860 年 1 月 29 日生于罗斯托夫省塔甘罗格市。祖父是赎身农奴，父亲曾经营杂货铺，1876 年破产后给人当伙计，契诃夫自幼备尝人间艰辛。1879 年，契诃夫凭助学金考进莫斯科大学攻读医学。1880 年开始发表作品。代表作品有《小公务员之死》《变色龙》等。

　　生活是极不愉快的事，然而要使生活美好，却也不算太难。要做到这一点，光是中二十万卢布的彩票，获得"白鹰"勋章①，娶个俊俏的女人，以安分守己闻名，那是不够的，因为这些福分都不能长久存在，迟早会使人觉得平淡无奇。为了让内心不断感到幸福，甚至在忧伤悲愁的时候也不变，那就需要：（一）善于满足现状，（二）高兴地体会到："本来事情可能更糟"。这并不困难：

　　你衣袋里的火柴燃起来，那你该高兴，感谢上苍，幸好你衣袋里没有藏着火药库。

　　穷亲戚来到你别墅里，你不要脸色煞白，而要得意洋洋地高声叫道："幸好来的不是警察！"

　　你手指上扎了一根刺，你应该高兴地喊一声："幸亏不是扎在眼睛里！"

　　如果你的妻子或小姨练琴，那你不要发脾气，而要高兴得忘乎所以，因为你听见的是音乐，而不是胡狼的嗥叫声或猫的音乐会。

　　你该快活，因为你不是拉公共马车的马，不是科赫的"小点"②，不是旋毛虫，不是猪，不是驴，不是茨冈③拉着的熊，不是臭虫……你该高兴，因为你腿不瘸，眼不瞎，耳不聋，口不哑，也没感染霍乱。……你该高兴，因为目前你没有坐在法庭的被告席上，没有看见面前站着一个债主，没有同图尔巴④谈稿费问题。

　　如果你住在不那么远的地方，那么，你一想到总算没发配到极远的地方去，岂不感到幸运？

　　如果你有一颗牙痛起来，那你就要欢欢喜喜，因为你不是满口牙都痛。

　　你该高兴，因为你无须乎读《公民报》，也无须乎坐在垃圾桶上，更不必同时娶三个老婆。……

　　人家把你押送到警察分局去，你就该快活得跳起来，因为人家不是把你押到地狱的熊熊大火中去。

　　如果人家用桦树条抽你，你就该乐得踢蹬两条腿，高声叫道："我多么幸运啊，人家总算没有用荨麻抽我！"

　　如果你妻子对你变了心，那你就该高兴，因为她是背叛你，而不是背叛祖国。

---

　　① 帝俄时代八种高级勋章之一。——俄文本编者注
　　② 指霍乱病菌。科赫（1843—1910），德国科学家，微生物学的创始人之一，曾发现霍乱的病因。——俄文本编者注
　　③ 俄国一个流浪的少数民族。此处指以卖艺为生的茨冈。
　　④ 1879 年至 1896 年在彼得堡印行的周刊《图画世界》的主编和发行人。——俄文本编者注

诸如此类，不胜枚举。……人啊，假如你听从我的忠告，那么你的生活就会成为源源不断的欢乐了。

【简析】幽默和讽刺，是契诃夫作品的艺术特点。契诃夫天生具有强烈的幽默感，这种天赋的幽默感只有在同生活现象相碰撞并展示其本质时，才能够产生具有审美价值的笑。契诃夫的笑的艺术是随着他的思想和创作不断成熟而发展并完美起来的。

本文是一篇幽默小品。作者以轻松俏皮的文字概括了生活中的种种琐屑的现象，从而向读者推荐一种善于满足现状和"退后一步天地宽"的人生哲学。虽然只是游戏文字，但也不无启示：遇到不幸的事不要过于计较，应放宽心。只是不要走向另一个极端，否则，便近于"奴才主义"，带有阿Q相了。幽默小品既要诙谐有趣，又不能流于浅薄和低级趣味，在这方面，本文颇可借鉴。

【思考与练习】

一、读完本文，你得到了哪些有益的启示？

二、结合契诃夫的其他作品，谈谈你对作者幽默、讽刺艺术手法的理解。

人性的掌声

塞林

本文作者名不见经传，然而这篇文章却感动了无数读者。这篇短文被《读者》《青年文摘》《创作》《中学生百科》《爱情婚姻家庭》等报刊转载，收录于《心灵鸡汤·小故事珍藏版——折枝成林》《为你点亮一盏灯（感动中学生的 90 个成长故事）》《向着太阳歌唱——青少年美德天地》《震撼心灵的感悟》《爱从不卑微》《名刊卷首语精选》等书籍。

这是一个著名的颁奖典礼，美国演员工会的大牌演员们济济一堂。灯光把大厅装饰得富丽堂皇，一切显得那么优雅。此时此刻，通过摄像机和卫星，这里成了世界上许多双眼睛关注的中心。

第一位获奖的女配角上台了。在如此高密度的关注之下，她有些激动，一开始还找不准自己的语调，但很快平静下来，展开了对自己演艺生涯的简短回顾。她说，她多年来一直默默无闻，有过怀疑，想到过放弃，但出于对演员这一行的热爱，她坚持了下来。她说她为自己是一名演员而骄傲。这番话说得相当动人，说完后掌声响成一片。

又一位获奖的男演员走上领奖台。这是一位老演员，看起来有五六十岁了。他在美国收视率甚高的《西厅》一剧中扮演重要角色。掌声平息后，所有的人都期待地看着他，等着他说些什么。令人吃惊的是，他却紧张得几乎说不出话。他想进行一番例行的感谢，可是居然想不起他们的名字。他不断地重复着"oh，my…"不断地扯着自己脖子前的领结，似乎想把它揪下来，因为他一定有窒息之感。这真是令人揪心的时刻。幸亏他还想起了一句话，并且毫不犹豫地说了出来："猴子爬得越高，它的红屁股就越显眼……"他的自我解嘲得到了很多理解的掌声。他又说，他现在正在把自己最糟糕的一面赤裸裸地呈现在人们面前。掌声更热烈了……

获得最佳女演员奖的是朱莉娅·罗伯茨。看到她款款走向领奖台，我心里想，这位早已经历过奥斯卡颁奖典礼等无数大场面的世界级影星该会有一番非常得体的说辞吧。可是不，在目光和镜头的烤炙之下，我们的"大嘴美人"几乎没有说出一个完整的句子。这个时候我才感受到什么叫"语无伦次"，因为我们的"大嘴美人"只是在痛苦地挣扎着发出一些声音而已。没有逻辑，没有语法，没有修辞，也没有仪态。她其实早已经成百上千次地面对镜头，面对人群，可是，她依然紧张得一塌糊涂。伴随着杂乱无章的手势和支离破碎的语音，意味复杂的泪水涌上了朱莉娅·罗伯茨的眼睛。

此刻，温暖的，善解人意的，给人无限宽慰和鼓励的掌声依然响起，甚至更为热烈，更为持久。掌声减弱了台上那个人的孤立无援感，掌声淹没了她发出的各种杂音，掌声填补了她失语后留下的可怕的寂静，掌声使她获得了喘息和找回自我的时间。这片善意的人性化的掌声，仿佛在告诉那个处于被关注中心、正在经受着煎熬的人：亲爱的，我们理解你，在你的境地，我们不会表现得比你更好，我们愿意用掌声来感谢你的勇敢，同时一起分担你独自承受的压力。

【简析】《人性的掌声》是一篇情文并茂的散文，有许多方面值得称道。首先，巧用对比，引人入胜；其次，描写生动，语言优美；再次，善解人意，其情感人。

男演员和最佳女演员的演讲都糟糕得一塌糊涂，然而，人们没有起哄，没有嘲笑，没有喝倒彩，而是给予"温暖的，善解人意的，给人无限宽慰和鼓励的掌声"。这掌声，充满了理解，充满了深情，充满了善意，充满了人性，是对每一个个体的尊重。在生活中，这种善解人意的掌声，充满感情的掌声，是非常需要的。

【思考与练习】

一、请仔细体会文中写到的三次掌声，说一说它给你怎样的启示？

二、阅读本文，联系自己的生活体验，以《掌声》为题写一篇文章，要求：角度自选，立意自定，文体不限。

给青年的忠告

马克·吐温

马克·吐温(1835—1910)，美国著名作家。本名萨缪尔·兰亨·克莱门斯，马克·吐温是其笔名。出生于密西西比河畔小城汉尼拔一个乡村贫穷律师家庭，12岁父亲死后即出外谋生，拜师学徒。当过排字工人，密西西比河水手、南军士兵，经营过木材业、矿业和出版业，业余写作短篇幽默故事。1865年以短篇小说《跳蛙》成名，不久被报馆聘为旅欧记者，归来后写成《海外愚夫》，名声更著。1873—1888年发表《镀金时代》(1874)、《汤姆·索亚历险记》(1876)、《密西西比河上》(1883)、《哈克贝利·费恩历险记》(1884)等小说名著，后期著有长篇《傻瓜威尔逊》(1894)、中篇《败坏了赫德莱堡的人》(1900)等。一生游踪极广，了解社会各阶层情状，作品反映生活既深且广。其散文亦独树一帜，幽默讽刺，尖锐而富哲理，是小说家中的佼佼者。

听说期望我来谈谈，我便询问应该发表什么样的谈话。他们说应当宜于青年的话题——教诲性的、启发性的话题，或者实质上是良言忠告之类的话题。好吧。关于开导青年人，我心里倒是有几件事时常想说的，因为正是在人幼小时，这些事最适合扎根，而且最持久、最有价值。那么，首先呢，我要对你们、我的年轻朋友们说的是——我恳切地、迫切地要说的是——

永远服从你们的父母，只要他们在堂的时候。长远看来这是上策，因为你们要是不服从的话，他们也非要你们服从。大多数家长认为比你们懂得多，一般说来你们迁就那种迷信的话，比起你们根据自以为是的判断行事，你们会建树大些。

对待上司要尊重，要是你们有了上司；对待陌生人，有时还有别人，也要尊重。如果有人得罪了你们，你们要犹豫一番，看看是存心的还是无意的，不要采取极端的做法；只要看好机会用砖块打他一下，那就足够了。如果你们发现他并非故意冒犯，那就坦然走出来，承认自己打他不对；像个男子汉认个错，说声不是故意的。况且，永远要避免动武；处于这个仁慈和睦的时代，此类举动的年代已经过去了。"炸药"留给卑下而无教养的人吧。

早睡早起——这是聪明的。有的权威讲，跟着太阳起床；还有的讲，跟着这样东西起床，又有的讲，跟着那样东西起床。其实跟着云雀起床才是再好不过的。这样你就落个好名声，人人都知道你跟着云雀起床；如果弄到一只那种适当的云雀，在它身上花些功夫，你就很容易把它调教到九点半起来，每次都是——这可决不是欺人之谈。

接着来谈谈说谎的问题。你们可要非常谨慎地对待说谎，否则十有八九会被揭穿。一旦揭穿，在善良和纯洁的眼光看来，你就再也不可能是过去的你了。多少年轻人，因为一次拙劣难圆的谎言，那是由于不完整的教育而导致的轻率的结果，使得自己永远蒙受损害。有些权威认为，年轻人根本不该说谎。当然，这种说法言之过甚，其实未必如此；不过，虽然我可不能把话讲得太过分，我却认定而且相信自己看法正确，那就是，在实践和经验使人获得信心、文雅、严谨之前，年轻人运用这门了不起的艺术时要有分寸，只有这三点才能使得说谎的本领无伤大雅，带来好处。耐性、勤奋、细致入微——这些是必要素质；这些素质日久天长便会使学生变得完善起来；凭借这些，只有凭借这些，他才可能为将来的出类拔萃打下稳固的基础。试想一下，要付出多么漫长的岁月，通过学习、思考、实践、经验，那位盖世无双的前辈大师才具有如此的素养，他迫使全世界接受了"真理是强大的而且终将取胜"这句崇高而掷地有声的格言——这是关于事实的复杂层面道出的最豪迈的话，迄今任何出自娘胎的人都未获得。因为我们人类的历史，还有每个个人的经验，都深深地埋下了这样的证据：一个真理不难扼杀，一个说得巧妙的谎言则历久不衰。波士顿有座发现麻醉法的人的纪念碑；许多人到后来才明白，那个人根本没有发现麻醉法，而是剽窃了另一个人的发现。这个真理强大吗？它终将取胜吗？唉，错哉，听众们，纪念碑是用坚硬材料建造的，而它所晓示的谎言却将比它持久百万年。一个笨拙脆弱而有破绽的谎言是你们应该不断学会避免的东西，诸如此类的谎言比起一个普通事实来，决不具有更加真实的永恒性。嗨，你们倒不如既讲真话又和真理打交道。一个脆弱愚蠢而又荒谬的谎言持续不了两年——除非是对什么人物的诽谤。当然，那种谎言是牢不可破的，不过那可不是你们的光彩。最后说一句：早些开始实践这门优雅美妙的艺术——从现在做起。要是我早些做起，我就能学会门道了。

切莫随便摆弄枪支。年轻人无知而又冒失地摆弄枪支，造成了多少悲伤痛苦。就在四天前，就在我度夏的农庄住家的隔壁人家，一位祖母，年老花发一团和气，当地最可爱的一个人物，坐着在干活，这时她的小孙儿悄悄进屋，取下一把破烂生锈的旧枪，多年无人碰过，以为没装子弹，把枪对准了她，哈哈笑了吓唬着要开枪。她惊骇得边跑边叫边求饶，朝屋子对面的门口过去；可是经过身边的时候，小孙儿几乎把枪贴在她的胸口上，扣动了扳机！他以为枪里没有子弹。他猜对了——没装子弹。所以没有造成什么伤害。这是我听到的同类情况中绝无仅有的。因此呢，同样的，你们可不要乱动没装子弹的旧枪支，它们是人所创造的最致命的每发必中的家伙。你们不必在这些东西上花什么功夫，你们不必搞个枪架，你们不必在枪上装什么准星，你们连瞄准都没有必要。算了，你们就挑个相似的东西，砰砰打个几枪，你肯定能打中。三刻钟内用加特林机枪在三十码处不能击中一个教堂的年轻人，却可以站在百码开外，举起一把空膛的旧火枪，趔趔把祖母当靶子击倒。再试想一下，倘若有一支旧火枪武装起来的童子军，大概没有装上子弹，而另一支部队是由他们的女亲戚组成的，那么滑铁卢战役会是什么结局。只要一想到此，就会令人不寒而栗。

图书有许多种类，但好书才是年轻人该读的一类。记住这一点。好书是一种伟大、无价、无言的完善自我的工具。因此，要小心选择，年轻的朋友们，罗伯逊的《布道书》，巴克斯特的《圣者的安息》《去国外的傻瓜》，以及这一类的作品，你们应该只读这些书。

我可是说得不少了。我希望大家会铭记我给你们的言教，让它成为你们脚下的指南和悟性的明灯。用心刻苦地根据这些规矩培养自己的品格，天长日久，培养好了品格，你们将会惊喜地看到，这种品格多么准确而鲜明地类似其他每个人的品格。

【简析】开篇，作者说他这篇演讲已经被邀请者规定好了题目：对青年进行教诲，要有启发意义，最好是金玉良言之类。那么，他只有不拂主人的美意了。于是，他"恳切地、迫切地"说出了他的"忠告"，一共六条。名为"忠告"，实乃"反话正说"，淋漓尽致地体现出马克·吐温招牌式的幽默风格，即将那些批评性的、讽刺性的反向话语、意思，用一种一本正经、堂而皇之的方式说出来。这是本文基本的修辞手法，是其写作上的最大特点。显而易见，马克·吐温无心借发布"忠告"来成为青年的所谓"导师"。他讨厌假正经，更讨厌以势压人，所以用这种调侃戏谑的方式，故作惊人之言，通过反语，一声棒喝，既是讽刺社会恶相，也来警醒青年：要洞察世事真相，保持自己的主见，人生之路须由自己来走，无需听"青年导师"的所谓"忠告"。因为他们的"忠告"往往置社会恶俗乱象于不顾，把自己打扮成布道者，一味指指点点、说三道四，让青年这样那样。他们本身也未必做出什么好样子，却来言不及义地教训他人，耳提面命，口若悬河，大唱道德高调，恰足以显示其虚伪，而令真正的智者深恶而痛绝之。真正明了世事的人，对那些不可言说的事物，知道保持沉默，其实老实却是一种真诚的态度。而如果真的青年人都铭记那些"忠告"并实行之，结果则会是每个人都丧失了个性，千人一腔、千人一面。

【思考与练习】

一、本文有一个潜在的批判对象，是什么？

二、本文基本的修辞手法是什么？试举例说明。

三、本文显示了作者怎样的人生态度？

第七章　青春年华

硕人

《诗经》

《硕人》选自《诗经》。《诗经》是我国第一部诗歌总集，共收入自西周初年至春秋中叶约五百年的诗歌三百零五篇。最初称《诗》，被汉代儒者奉为经典，乃称《诗经》，亦称《诗三百》。《诗经》共分风（160 篇）、雅（105 篇）、颂（40 篇）三大部分。《诗》有"六义"，指的是风、雅、颂、赋、比、兴，前三者是就诗歌内容而言，后三者说的是艺术表现手法。《诗经》是我国文学光辉的起点，它所表现的"饥者歌其食，劳者歌其事"的现实主义精神开创了我国古代诗歌创作的现实主义的优秀传统，对后世文学影响巨大。《诗经》在我国乃至世界文化史上都占有极高的地位，成为我国古代文艺宝库中璀璨的明珠。

硕人其颀，衣锦褧衣[1]。
齐侯之子，卫侯之妻，东宫之妹，邢侯之姨，谭公维私[2]。

手如柔荑，肤如凝脂，领如蝤蛴，齿如瓠犀[3]。
螓首蛾眉，巧笑倩兮，美目盼兮[4]。

硕人敖敖，说于农郊[5]。
四牡有骄，朱幩镳镳，翟茀以朝[6]。
大夫夙退[7]，无使君劳。

河水洋洋，北流活活[8]。

---

[1]　硕人：高大白胖的人，美人。当时以身材高大为美，此指卫庄公夫人庄姜。颀(qí)：修长貌。衣锦：穿着锦衣，翟衣。"衣"为动词。褧(jiǒng)：妇女出嫁时御风尘用的麻布罩衣，即披风。
[2]　齐侯：指齐庄公。子：这里指女儿。卫侯：指卫庄公。东宫：太子居处，这里指齐太子得臣。邢：春秋国名，在今山东邢台。姨：这里指妻子的姐妹。谭公维私：意谓谭公是庄姜的姐夫。谭：春秋国名，在今山东历城。维：其。私：女子称其姊妹之夫。
[3]　荑(tí)：白茅之芽。领：颈。蝤蛴(qiúqí)：天牛的幼虫，色白身长。
[4]　螓(qín)：似蝉而小，头宽广方正。螓首：形容前额丰满开阔。蛾眉：蚕蛾触角，细长而曲。这里形容眉毛细长弯曲。倩：嘴角间好看的样子。盼：眼珠转动，一说眼儿黑白分明。
[5]　敖敖：修长高大貌。说(shuì)：通"税"，停车。农郊：近郊，一说东郊。
[6]　四牡：驾车的四匹雄马。有骄：骄骄，强壮的样子。"有"是虚字，无义。镳镳(biāo)：盛美的样子。
[7]　夙退：早早退朝。
[8]　河水：特指黄河。洋洋：水流浩荡的样子。北流：指黄河在齐、卫间北流入海。活活(guō)：水流声。

199

施罛濊濊，鱣鲔发发，葭菼揭揭①。
庶姜孽孽，庶士有朅②。

【简析】这首诗写齐庄公的女儿庄姜嫁卫庄公，赞美她的美丽、尊贵和幸福。庄姜是大国之女，美丽漂亮，她的出嫁尤为引人注目，这首诗详尽叙述了庄姜嫁到卫国的情形。一章写出身高贵；二章写容貌体态之艳丽；三章写成婚之礼；四章写随从之盛。此诗立意于讴歌庄姜的高贵和美丽，并祝贺其婚姻美满。诗人用大量贴切而形象的比喻，塑造了一位千古美人的形象。清人姚际恒评论说："千古颂美人者无出其右，是为绝唱。"诗人还善于描写有特征的景物，用以渲染气氛、烘托人物的思想感情，增强了诗的文采。该诗语言华美，语汇丰富，又善于运用叠字，增强了诗的韵律之美。

【思考与练习】

一、用白话文描绘庄姜夫人之美（允许合理的想象和适当的扩充）。
二、你还能举出古代诗歌中描写美丽女性的其他作品吗？

---

① 施：张，设。罛(gǔ)：大的渔网。濊濊(huò)：撒网入水声。鱣(zhān)：鳇鱼，一说赤鲤。鲔(wěi)：鲟鱼，一说鲤属。发发(bō)：鱼尾击水之声，一说盛貌。葭(jiā)：初生的芦苇。菼(tǎn)：初生的荻。揭揭：长貌。
② 庶姜：指随嫁的姜姓众女。孽孽：高大的样子，或曰盛饰貌。士：从嫁的媵臣。有朅(qiè)：朅朅，勇武貌。

点绛唇^①

李清照

李清照(1084—约1151)，号易安居士，齐州章丘(今属山东济南)人，其父李格非为当时著名学者兼散文家，母亲出身于官宦人家，也有文学才能。18岁适金石家赵明诚，夫妇感情甚笃。南渡后，赵明诚病故，她颠沛流离于江浙皖赣一带，在孤寂中度过晚年。

李清照工诗能文，词尤为宋代大家，前期词多写闺情相思，后期词融入家国之恨与身世之感，风格顿变。她兼擅令慢，每能创意出奇，以经过提炼的口语表达其独特真切的感受，有"易安体"之称。后人有《漱玉词》辑本，今人有《李清照集校注》。

蹴罢秋千^②，起来慵整纤纤手^③。露浓花瘦，薄汗轻衣透。
见客入来，袜划金钗溜^④。和羞走^⑤。倚门回首，却把青梅嗅^⑥。

【简析】这首词生动形象地写出了一位妙龄少女既好奇又羞涩的神态及其微妙的心理变化，风格简洁明快。此词属存疑之作，若确为易安作品，当是她早期词作。

在选材上，词作抓住少女荡完秋千后一刹那的镜头来刻画少女的神情状态，妙在静中见动，给人以丰富的遐想，描绘出一个天真活泼、憨态可掬的少女形象。

在人物心理刻画上，词人善于通过动作和细节加以摹写和表达。少女本来玩得好好的，但一发现来客，竟顾不上穿鞋就害羞地朝屋里跑，连头上的金钗也在匆忙中滑落了。这一细节把封建社会深闺少女在封建礼教束缚下遵守"礼"的心理和行动逼真地摹写出来。按常规她应立即躲进屋里去，但她却"倚门回首，却把青梅嗅"。词作以极精湛的笔墨描绘了这位少女怕见又想见、想见又不敢见的微妙而又细致的矛盾心理。下阕的几个动作层次分明，曲折多变，把一个少女的惊诧、含羞、好奇的心理活动栩栩如生地刻画出来。

本词上"静"下"动"，形成鲜明对比，互相映衬。整首词语言质朴，形象生动逼真，风格活泼明快，寥寥四十一个字就刻画了一个天真纯洁、感情丰富却又带着几分矜持的少女形象。

【思考与练习】

一、请分别以散文和小说的形式，在保留原词人物基本特征的基础上，充分发挥想象，结合自己的理解改编这首词。

二、课外阅读李清照的词作，体会其艺术风格。

---

① 《点绛唇》：词牌，首见于五代冯延巳词。词名来源，杨慎《词品》卷一谓"取江淹'明珠点绛唇'"。
② 蹴罢秋千：荡秋千。蹴(cù)，踏、踢。
③ 慵整：懒整。纤纤手：形容手的细嫩柔滑。
④ 袜划(chǎn)：指只穿着袜子，没有穿鞋。划，光着。金钗溜：指头发松散，金钗下滑坠地。
⑤ 和：带着。走：急走。
⑥ 嗅：闻。

浣溪沙
纳兰性德

纳兰性德(1655—1685)，原名成德，字容若，号楞伽山人。满洲正黄旗人。康熙十五年进士，曾任侍卫。性德自幼聪慧好学，长而博通经史，尤好填词，并以填词名世。他主张作诗须有才学，填词须有比兴，反对模仿。其词长于小令，清淡朴素，不善雕饰。内容则多写离情别绪及个人的闲愁哀怨。著有《通志堂集》《纳兰词》等。

残雪凝辉冷画屏①。落梅横笛已三更②。更无人处月胧明③。
我是人间惆怅客，知君何事泪纵横。断肠声里忆平生。

【简析】纳兰性德怀经世之才，有"堂构之志"，渴望得到朝廷重用，奋志骋才，有所建树，但上层政治党争的倾轧，使得他无法实现"立功""立德"的理想。诗人的禀赋和生活处境的矛盾，使他憔悴忧伤、哀苦无端。于是，便把无尽凄苦倾诉于笔端。而他这种有志不骋的苦闷在其作品中也时有流露。本篇就是他的这种身世之感的词作之一。词中明确自称"我是人间惆怅客"，实则伤感之至。此篇采用的是上片写景、下片抒情的常见写法，虽是直抒胸臆，但情真意深，故能生动感人，颇有感发的力量。

【思考与练习】

一、背诵这首词。

二、结合作者的生平与作品，分析作者"惆怅"的原因。

三、纳兰词曾是"传写遍于村校邮壁"(徐乾学《神道碑》)，又是"家家争唱《饮水词》"(曹寅《题楝亭夜话咏》)，"《侧帽》《饮水》之篇，在当时已有'井水吃处，无不争唱'"(邵亭眠书《通志堂集》后)，甚至远播朝鲜，连朝鲜诗人也称赞道："谁料晓风残月后，而今重现柳屯田。"(徐釚《词苑丛谈》)从这些记载里，可想见出纳兰词在当时产生轰动效应的情景。试举例说明纳兰词的艺术成就。

---

① 画屏：绘有彩画的屏风。
② 落梅横笛：落梅，古笛曲名。《乐府杂录》："笛，杂曲也，有《落梅花》曲。"李白《司马将军歌》："向月楼中吹落梅。"
③ 更：犹云"绝"。李商隐《王十二兄与畏之员外相访见招小饮》诗："更无人处帘垂地。"月胧明：指月色朦胧，不甚分明。

葬花吟

曹雪芹

　　曹雪芹（1715—1763），名霑，字梦阮，号雪芹，又号芹圃、芹溪。祖籍辽阳，先世原为汉人，后入旗籍，为正白旗。自曹雪芹的曾祖曹玺起，曹家祖孙三代四人担任"江宁织造"达60年之久。雍正五年，曹家被抄，从南京迁回北京，家道从此衰落。曹雪芹晚年移居北京西郊，过着"茅椽蓬牖，瓦灶绳床""举家食粥酒常赊"的日子。但曹雪芹性格豪放，喜欢饮酒，多才多艺，工诗善画。在穷困艰难的环境里，坚持写作长篇小说名著《红楼梦》。

花谢花飞花满天，红消香断有谁怜？
游丝软系飘春榭，落絮轻沾扑绣帘。
闺中女儿惜春暮，愁绪满怀无释处，
手把花锄出绣闺，忍踏落花来复去。
柳丝榆荚自芳菲，不管桃飘与李飞。
桃李明年能再发，明年闺中知有谁？
三月香巢已垒成，梁间燕子太无情！
明年花发虽可啄，却不道人去梁空巢也倾。
一年三百六十日，风刀霜剑严相逼，
明媚鲜妍能几时，一朝飘泊难寻觅。
花开易见落难寻，阶前闷杀葬花人，
独倚花锄泪暗洒，洒上空枝见血痕。
杜鹃无语正黄昏，荷锄归去掩重门。
青灯照壁人初睡，冷雨敲窗被未温。
怪奴底事①倍伤神，半为怜春半恼春：
怜春忽至恼忽去，至又无言去不闻。
昨宵庭外悲歌发，知是花魂与鸟魂？
花魂鸟魂总难留，鸟自无言花自羞。
愿奴胁下生双翼，随花飞到天尽头。
天尽头，何处有香丘？
未若锦囊收艳骨，一抔净土②掩风流。
质本洁来还洁去，强于污淖陷渠沟。
尔今死去侬③收葬，未卜侬身何日丧？
侬今葬花人笑痴，他年葬侬知是谁？

---

　　① 底事：甚么事。底，何。
　　② 一抔（póu）净土：抔，掬。一抔，一捧，双手捧物。《史记·张释之列传》："取长陵一抔土"，比喻盗开坟墓。后人就以"一抔土"代指坟墓。这里"一抔净土"指花冢。
　　③ 侬：我。

试看春残花渐落，便是红颜老死时。

一朝春尽红颜老，花落人亡两不知！

【简析】《红楼梦》内容丰富，思想深刻，艺术精湛，在文学发展史上占有十分重要的地位。小说以贾宝玉和林黛玉的爱情故事为中心，描述了一个封建大家庭贾府的内外矛盾和衰败过程，一方面展现了广阔的社会生活画面，揭示了封建主义必然灭亡的历史趋势；一方面塑造了两个要求个性解放的青年男女，以及一大批美好的女子形象，表现了时代的希望、人性中的真善美以及作者进步的社会理想。

林黛玉是作者精心塑造的人物形象，《葬花吟》是表现黛玉性格特征的重要作品。在作品中，我们看到，黛玉热烈而执著地追求自己的幸福和爱情，希望能挣脱封建枷锁的禁锢。"未若锦囊收艳骨，一抔净土掩风流。质本洁来还洁去，强于污淖陷渠沟"正是她在幻想自由幸福而不可得时，那种不愿受辱被污、不甘低头屈服的孤傲性格的具体表现。同时，《葬花吟》也反映了黛玉多愁善感的个性。全诗充满了一种生命的悲哀，既有感时惜春的叹惋，也有对自己青春年少、红颜薄命的哀悼，以及对世事无常的迷惘与困惑。

《葬花吟》不仅全面地展示了林黛玉的思想性格，表现了作者对其高洁品格的由衷赞赏，而且在全书的结构上有不可忽视的预示作用。

【思考与练习】

一、《葬花吟》表现出林黛玉怎样的性格特征？

二、你喜欢林黛玉这个人物吗？请说出你的理由。

现象七十二变

罗大佑

　　罗大佑(1954—)，台湾台北人，著名歌曲作家、歌手。自 20 世纪 70 年代中期成名以来，在中国内地和台湾、香港地区及世界其他地区的华人群体中，一直拥有广泛影响。

黄花岗有七十二个烈士，
孔老夫子有七十二个徒弟，
孙悟空的魔法七十二变，
我们又等到民国七十二年。

岁岁年年风水都在改变，
有多少沧海一夜变成桑田。
在这个五千年的悠久历史里面，
成功与失败多少都有一点。

清清楚楚写在你的脸上，
你是个道道地地的聪明人，
慌慌张张迈开你的脚步，
你是个匆匆忙忙的现代人。

有人默默耕耘默默种植，
有人在过着他的太平日子。
有人在大白天里彼此明争暗斗，
有人在黑夜之中枪杀歌手。

随着都市现代化的程度，
每个人多少追求一点幸福，
是个什么样的心理因素，
每年要吃掉一条高速公路。

在西门町的天桥上面闲逛，
有多少文明人在人行道上。
就像我看到文明车辆横冲直撞，
我不懂大家心里作何感想。

一年过了又是新的一年，
每一年现代都在传统边缘，

在每个新的一年三百六十五天，
我们都每天进步一点点。

眼看着高楼盖得越来越高，
我们的人情味却越来越薄，
朋友之间越来越有礼貌，
只因为大家见面越来越少。

苹果价钱卖得没以前高，
或许现在味道变得不好，
就像彩色的电视变得更加花哨，
能辨别黑白的人越来越少。

一年过了又是新的一年，
每一年都曾经是新的一年，
在每个新的一年三百六十五天，
我们都每天进步一点点。

现实生活不能等待奇迹，
这是个非常简单的道理，
如果只要生存非常容易，
只要你对人保持一点距离。

但是生活不能像在演戏，
你戴着面具如何面对自己？

或许你将会真的发现一些奇迹，
只要你抛开一些面子问题。
或许你将会发现人生还算美丽，
只要你抛开一些面子问题。

【简析】罗大佑的歌曲在表达自己生活感受的同时，包含了丰富的民族情绪、人文关怀和社会批判内容。与一般的流行歌曲不同，他的歌曲较少个人化的简单抒情，而是在流行歌曲文化里渗透着社会化的"宏大叙事"。歌词通俗明白，同时又具有诗性的敏锐感觉。早期作品体现了当时青年人的惶惑、焦虑和伤感，同时也具有鲜明的批判精神。

本首歌词集中体现了罗大佑歌曲的特点。歌词第一节在内在的调侃性情绪催动下，巧妙地利用文字"七十二"这个数字的偶合，将早期国民党的历史、传统儒家文化、孙悟空的魔法和当时的时代处境等宏观社会场景联系在一起，制造了强烈的讽刺效果，暗示了创作者当时所面对的社会生活的急剧变化，体现了歌者的讽刺、怀疑、失望和无奈。第二节对"成功与失败"交织的历史风雨沧桑变幻给予了真实的概括。随后连续用较多的篇幅简略地勾画了所处社会的种种世相，内里具有作者对时代丑恶现象的批评，寄寓了对人文情怀和保存传统文明的渴盼。歌词最后发出了创造真实、美丽生活的呼吁。

【思考与练习】

一、谈谈你对罗大佑歌词创作特色的理解。

二、你认为流行歌曲能否成为经典？理由是什么？

年 轻

乌尔曼

塞缪尔·乌尔曼(1840—1920),犹太人,生于德国,童年时移居美国,参加过南北战争,后来定居于拉巴马州的伯明翰市,是一位热心公益的五金制品商。以教育家和社会活动家身份而闻名于世,在文学创作方面也很有才华,他的《年轻》因为麦克阿瑟将军的推崇而广为传颂。

年轻,并非人生旅途中一段时光,也并非粉颊红唇和体魄的矫健,它是心灵中的一种状态,是头脑中的一个意念,是理性思维中的创造潜力,是情感活动中一股勃勃朝气,是人生春色深处的一缕清新。

年轻,意味着甘愿放弃温馨浪漫的爱情去闯荡生活,意味着超越羞涩、怯懦和欲望的胆识与气质。而60岁的男人可能比20岁的小伙子更多地拥有这种胆识与气质。没有人仅仅因为时光的流逝变得衰老,只是随着理想的毁灭,人类才出现了老人。

岁月可以在皮肤上留下皱纹,却无法为灵魂刻上一丝痕迹。忧虑、恐惧、缺乏自信才使人佝偻于时间的尘埃之中。

无论是60岁还是16岁,每个人都会被未来所吸引,都会对人生竞争中的欢乐怀着孩子般无穷无尽的渴望。在你我心灵的深处,同样有一个无线电台,只要它不停地从人群中、无限的时空中接受美好、希望、欢欣、勇气和力量的信息,你我就永远年轻。

一旦这无线电台坍塌,你的心便会被玩世不恭和悲观绝望的寒冰酷雪所覆盖,你便衰老了——即使你只有20岁;但如果这无线电台始终矗立在你的心中,捕捉着每一个乐观向上的电波,你便有希望成为年轻的80岁了。

【简析】乌尔曼这篇短文发表后在读者中引起了极大反响,成千上万的读者把它抄下来当作座右铭,许多中老年人将它作为后半生的精神支柱。文章一直在世界各地广为流传,甚至成为日本人生活哲学基础。松下公司的创始人松下幸之助说:"多年来,《年轻》始终是我的座右铭。"

乌尔曼用短短的四百多字给我们揭示了一个意味隽永的人生哲理:年轻与年老并不能用年龄来判断,年轻"是心灵中的一种状态,是头脑中的一个意念,是理性思维中的创造潜力,是情感活动中一股勃勃朝气……没有人仅仅因为时光的流逝变得衰老,只是随着理想的毁灭,人类才出现了老人"。

【思考与练习】

一、作者是怎样定义"年轻"的? 你是否同意他的观点? 谈谈你的看法。

二、本文对你还有怎样的启示?

天才梦

张爱玲

张爱玲(1921—1995)，河北丰润人，生于上海，20世纪中国最优秀的女性作家之一。其祖父张佩纶为清末清流派名臣，至其父一代，家道即败落。8岁随家人从天津移居到上海。父母失和离异使她童年生活并不愉快。7岁即开始尝试写作，于上海圣玛利亚女校就读时开始发表小说。1939年考入香港大学。1942年回上海，以写作为生。1952年再赴香港，1956年移居美国。主要作品有：小说《传奇》，散文集《流言》《张看》，长篇小说《秧歌》《赤地之恋》，文学评论《红楼梦魇》等。

我是一个古怪的女孩，从小被目为天才，除了发展我的天才外别无生存的目标。然而，当童年的狂想逐渐褪色的时候，我发现我除了天才的梦之外一无所有——所有的只是天才的乖僻缺点。世人原谅瓦格涅①的疏狂，可是他们不会原谅我。

加上一点美国式的宣传，也许我会被誉为神童。我三岁时能背诵唐诗。我还记得摇摇摆摆地立在一个满清遗老的藤椅前朗吟"商女不知亡国恨，隔江犹唱后庭花"，眼看着他的泪珠滚下来。七岁时我写了第一部小说，一个家庭悲剧。遇到笔画复杂的字，我常常跑去问厨子怎样写。第二部小说是关于一个失恋自杀的女郎。我母亲批评说：如果她要自杀，她决不会从上海乘火车到西湖去自溺。可是我因为西湖诗意的背景，终于固执地保存了这一点。

我仅有的课外读物是《西游记》与少量的童话，但我的思想并不为它们所束缚。八岁那年，我尝试过一篇类似乌托邦的小说，题名《快乐村》。快乐村人是一好战的高原民族，因克服苗人有功，蒙中国皇帝特许，免征赋税，并予自治权。所以快乐村是一个与外界隔绝的大家庭，自耕自织，保存着部落时代的活泼文化。

我特地将半打练习簿缝在一起，预期一本洋洋大作，然而不久我就对这伟大的题材失去了兴趣。现在我仍旧保存着我所绘的插画多帧，介绍这种理想社会的服务、建筑、室内装修，包括图书馆、"演武厅"、巧克力店、屋顶花园。公共餐室是荷花池里的一座凉亭。我不记得那里有没有电影院与社会主义——虽然缺少这两样文明产物，他们似乎也过得很好。

九岁时，我踌躇着不知道应当选择音乐或美术做我终身的事业。看了一张描写穷困的画家的影片后，我哭了一场，决定做一个钢琴家，在富丽堂皇的音乐厅里演奏。

对于色彩、音符、字眼，我极为敏感。当我弹奏钢琴时，我想象那八个音符有不同的个性，穿戴了鲜艳的衣帽携手舞蹈。我学写文章，爱用色彩浓厚、音韵铿锵的字眼，如"珠灰""黄昏""婉妙""splendour②""melancholy③"，因此常犯了堆砌的毛病。直到现在，我仍然爱看《聊斋志异》与俗气的巴黎时装报告，便是为了这种有吸引力的字眼。

在学校里我得到自由发展。我的自信心日益坚强，直到我十六岁时，我母亲从法国回来，将她睽隔多年的女儿研究了一下。

---

① 瓦格涅：通译瓦格纳，德国作曲家。

② splendour：光辉，壮观，光彩。

③ melancholy：忧郁。

"我懊悔从前小心看护你的伤寒症,"她告诉我,"我宁愿看你死,不愿看你活着使你自己处处受痛苦。"

我发现我不会削苹果,经过艰苦的努力我才学会补袜子。我怕上理发店,怕见客,怕给裁缝试衣裳。许多人尝试过教我织绒线,可是没有一个成功。在一间房里住了两年,问我电铃在哪儿我还茫然。我天天乘黄包车上医院去打针,接连三个月,仍然不认识那条路。总而言之,在现实的社会里,我等于一个废物。

我母亲给我两年的时间学习适应环境。她教我煮饭;用肥皂粉洗衣;练习行路的姿势;看人的眼色;点灯后记得拉上窗帘;照镜子研究面部神态;如果没有幽默天才,千万别说笑话。

在待人接物的常识方面,我显露惊人的愚笨。我的两年计划是一个失败的试验。除了使我的思想失去均衡外,我母亲的沉痛警告没有给我任何的影响。

生活的艺术,有一部分我不是不能领略。我懂得怎么看"七月巧云",听苏格兰兵吹 bagpipe①,享受微风中的藤椅,吃盐水花生,欣赏雨夜的霓虹灯,从双层公共汽车上伸出手摘树巅的绿叶。在没有人与人交接的场合,我充满了生命的欢悦。可是我一天不能克服这种咬啮性的小烦恼,生命是一袭华美的袍,爬满了蚤子。

【简析】《天才梦》是张爱玲 19 岁时在当时上海《西风》杂志的征文赛中所创作的一篇散文,因其卓尔不群的文笔,使她在文坛崭露头角,该文后来编入 1976 年的散文集《张看》。在本文中,张爱玲对自己的才华出众、卓尔不群并没有显示出骄傲与虚荣,作者以与当时年龄似不相称的冷静,用平实的语言叙述了自己童年时期的天才表现和种种"乖僻",没有张扬,没有炫耀,也没有隐瞒,品味着生活的乐趣,同时也咀嚼人生的无奈,展现出一个平凡的、琐屑的、真实的张爱玲。

作者的笔调轻缓、平淡,语言质朴、干脆,具有高度概括性与感染力,巧妙的比喻、形象的描绘、鲜明的对比、随意的嘲弄,活泼多姿。"生命是一袭华美的袍,爬满了蚤子"的独特生命比喻,是对人生深刻的体会,反映了作者心中的悲凉,体现出对人生、对生命的理解——悲喜苦乐错综交织,最辉煌的生命往往暗藏着最悲凉的底色,因而成为经典。描绘三岁诵诗的"摇摇摆摆",满清遗老"滚下来的泪珠",简笔勾勒,不事雕琢,人物形象已是栩栩如生,跃然纸上。在写到弹奏钢琴时,将音符比拟为穿戴着鲜艳衣服跳舞,展现出孩子世界里童话般丰富的想象力。

【思考与练习】

一、你认为什么样的人可以称作"天才"?你是否认同"天才出于勤奋"的观点?

二、本文算得上是张爱玲早年的自传,试选择一个角度写一篇自传。

---

① bagpipe:苏格兰风笛。

十八岁那一年

龙应台

龙应台(1952—),当代作家、社会批评家、祖籍湖南衡山,1952年生于台湾高雄。曾任教于纽约市立大学及梅西大学外文系,并任台湾中央大学外文系副教授、台北市文化局长等职。现任香港大学传媒及新闻研究中心客座教授。作品有《龙应台评小说》《野火集》等。

安德烈:

你在电话上喘气,刚刚赛完足球进门,晚上要和朋友去村子里的酒吧聊天,明天要考驾照。秋假会去意大利,暑假来亚洲学中文,你已经开始浏览美国大学的入学资料。

"可是,我完全不知道将来要做什么,"你说,"M,你18岁的时候知道什么?"

安德烈,记得去年夏天我们在西安一家回民饭馆里见到的那个女孩?她从甘肃的山沟小村里来到西安打工,一天工作十几个小时,一个月赚200多块,寄回去养她的父母。那个女孩衣衫褴褛,神情疲惫,可是从她的眼睛,你看得出,她很稚幼,才16岁。她,知道些什么,不知道些什么?你能想象吗?

18岁的我知道些什么?不知道些什么?

我住在一个海边的渔村里,渔村只有一条窄窄马路;上班或上课的时候,客运巴士、摩托车、脚踏车、卖菜的手推车横七竖八地把马路塞得水泄不通,之后就安静下来,老黄狗睡在路中间,巷子里的母猪也挨挨挤挤带着一串小猪出来溜达。海风挟着咸腥味,吹得椰子树的阔叶刷刷作响。

我不知道什么叫高速公路。五年后到了洛杉矶,在驶出机场的高速公路上,我发现,对面驶来的车辆一溜地全是明晃晃的白灯,而从自己这条线道上看出去,全是车的尾灯,一溜红灿。怎么会这样整齐?我大大地吃惊。那时,已经23岁,还习惯人车杂沓、鸡鸭争道的马路概念。

我不知道什么叫下水道。台风往往在黑夜袭来,海啸同时发作,海水像一锅突然打翻了的汤,滚滚向村落卷来。天亮时,一片汪洋,人家的锅碗瓢盆、竹凳竹床漂浮到大庙前,鱼塘里的鱼虾也成群结队地游上了大街。过几天水退了,人们撩起裤脚清理门前的阴沟。自沟里挖出油黑粘腻的烂泥,烂泥里拌着死鸡死狗的尸体。整条街充斥着刺鼻的腐臭腥味。炎热的阳光照在开肠破肚的阴沟上,很难说是自然的消毒还是加速着尸体的腐化。

我没有进过音乐厅或美术馆。惟一与"表演"有关的经验就是庙前酬神的歌仔戏。老人家带着凳子和扇子去广场上看戏,年轻人却在家里背书,准备永无歇止的考试;歌声从劣质的扩音器传来,日日夜夜像轰炸般无从躲藏。

要不然就是在渔村惟一的电影院里,偶尔有一场歌星演唱。电影院里飘着一股尿臊,糅着人体酸酸的汗味,电风扇嘎嘎地响着,孩子踢着椅背,歌星大声地说笑话,卖力地唱。下面的群众时不时就喊,扭啊扭啊。

游泳池?没有。你说,我们有了大海,何必要游泳池。可是,安德烈,大海不是拿来游泳的。你知道,我们的海岸线是军事防线,不是玩耍的地方。再说,沙滩上是一座又一座的垃圾山。渔村没有垃圾处理场,所以人们就把垃圾堆到空旷的海滩上去。风刮起来了,七零八落的东西满天飞。

我不知道，垃圾是要科学处理的。

离渔村不远的地方有条河，我每天上学经过都闻到令人头晕的怪味，不知是什么。多年以后，才知道那是人们在河岸上烧废弃的电缆；那个村子，生出很多无脑的婴儿。

我不知道什么叫环境污染生态破坏。

我们每天穿着白衣黑裙，而上学的时间那样长，从清晨六点出门候车到晚上七八点回家，礼拜六都要上课，我们就等于永远穿着白衣黑裙，留着齐耳的直发。我不知道什么叫时尚，化妆，发型，因此也不知道什么叫消费。是的，我没有逛过百货公司。村子里只有渔民开的小店，玻璃柜里塞得满满的，满到你根本看不出里头有什么。小孩的袜子、学生的书包、老婆婆的内裤、女人的奶罩和男人的汗衫，可能还附带卖斗笠和塑料雨鞋。

我的 18 岁，安德烈，是 1969、1970 年的台湾。你或许大吃一惊，说，M，那一年，阿波罗都上了月球了，你怎么可能这样完整地什么都"不知道"？

不要忘记一个东西，叫城乡差距，安德烈。愈是贫穷落后的国家，城乡差距愈大。我的经验是一个南部乡下渔村的经验，和当时的台北是很不一样的。更何况，当时的台北也是一个闭塞的小城啊。全台湾的人口 1400 万，国民平均所得只有 258 美元。台湾，还属于所谓"第三世界"。

我要满 18 岁了，阿波罗登上月球，美国和越南的军队侵入高棉，全美爆发激烈的反越战示威，我后来去留学的俄亥俄州有大学生因为示威而被枪杀；德国的勃兰特总理上台，到华沙屈膝下跪，求历史的宽赦；日本赤军劫机到了朝鲜而三岛由纪夫自杀。还有，大陆的"文革"正处在一个高潮。这些，我都一知半解，因为，安德烈，我们家，连电视都没有啊。即使有，也不见得会看，因为，那一年，我考大学；升学就是一切，世界是不存在的。

我要满 18 岁了，台湾第一段高速公路开始动工。"台独联盟"在美国成立，蒋经国被刺，被关了近 10 年的雷震出狱，台南的美国新闻处被炸，我即将考上的大学爆发了"共产党案"，很多学生因为偷偷读马克思的《资本论》被逮捕下狱。保钓运动在美国开始风起云涌。

我，知道的很少。安德烈，那一年，台湾的"内政部"公布说，他们查扣了 423 万件出版品。

你在描绘一个黯淡压抑的社会，一个愚昧无知的乡村，一段浪费的青春吗，M？

不那么简单，安德烈。

对那里头的许多人，尤其是有个性有思想的个人，譬如雷震，譬如殷海光——你以后会知道他们是谁，生活是抑郁的，人生是浪费的。可是整个社会，如果把历史拉长来看，却是在抑郁中逐渐成熟，在浪费中逐渐累积能量。因为，经历过压迫的人更认识自由的脆弱，更珍惜自由的难得。你没发现，经过纳粹历史的德国人，就比一向和平的瑞士人深沉一点吗？

那个"愚昧无知"的乡村对于我，是剥夺还是给予？安德烈，18 岁离开了渔村，30 年之后我才忽然明白了一件事，明白了我和这个渔村的关系。

离开了渔村，走到世界的天涯海角，在往后的悠悠岁月里，我面对黑白价值的颠倒，观看权力的更迭，目睹帝国的瓦解、围墙的崩塌，更参与决定城邦的兴衰。当事情被颠覆、被渗透、被"现代化"、被"后现代化"、被复杂或操弄到真假不辨、是非难分的地步时，我会想到渔村里的人：在后台把婴儿搂在怀里偷偷喂奶的歌仔戏花旦，把女儿卖到"菜店"的阿婆，隔壁那死在海上不见尸骨的渔民，老是多给一块糖的杂货店老板，骑车出去为孩子借学费而被火车撞死的乡下警察，每天黄昏到海滩上去看一眼大陆的老兵，笑得特别开怀却又哭得特别伤心的阿美族女人……这些人，以最原始最真实的面貌存在我心里，使我清醒，仿佛是锚，牢牢定住我的价值。

是的，安德烈，那"愚昧无知"的渔村，确实没有给我知识，但是给了我一种能力，悲悯的能力，同情的能力，使得我在日后面对权力的傲慢、欲望的伪装和种种时代的虚假时，虽然艰难却仍旧得以穿透，看见文明的核心关怀所在。你懂的，是吧？

同时我也看见了自己的缺陷。18岁时所不知道的高速公路、下水道、环境保护、政府责任、政治自由等等，都不难补课。但是生活的艺术，这其中包括品味，是补不来的。音乐、美术，在我身上仍旧属于知识范围，不属于内在涵养。生活的美，在我身上是个要时时提醒自己去保持的东西，就像一串不能遗忘的钥匙，一盆必须每天浇水的心爱植物，但是生活艺术，应该是一种内化的气质，像呼吸，像不自觉的举手投足。我强烈地感觉自己对生活艺术的笨拙；渔村的贫乏，使我有美的贫乏，而有知识没有美，犹如大海里没有热带鱼。

而你们这一代，安德烈，知道什么、不知道什么？网络让你们拥有广泛的知识；社会富裕使你们习惯物质的追求和享受，艺术和美的熏陶，如果你们要的话，垂手可得。18岁的你们会讨论美国入侵伊拉克的正义问题，你们熟悉每一种时尚品牌和汽车款式，你们可能听过莫扎特的《魔笛》，看过莎士比亚的《李尔王》，去过纽约的百老汇，欣赏过台北的"水月"，也去过大英博物馆和梵蒂冈教堂。你们生活的城市里，大多有自己的音乐厅、图书馆、美术馆、画廊、报纸、游泳池，自己的艺术节、音乐节、电影节……

你们简直就是大海里鲜艳多姿的热带鱼啊。但是我思索的是：在你们这样的环境中成长——你知道，台湾的年轻人所票选出来的羡慕效法对象大多是有钱的企业家和有权的政治人物，你们这一代"定锚"的价值会是什么？终极的关怀会是什么？你，和那个甘肃来的疲惫的少女之间，有没有一种关连？我的安德烈，你认为美丽的热带鱼游泳也要有方向吗，或者，你要挑衅地说，这是一个无谓的问题，因为热带鱼为自己而活？

MM

2004年5月12日

【简析】本文是一封普通书信，同时也是一个寄寓着时代风云变化的历史故事。文中没有华丽的词藻，却包括丰富的历史内容。文章结构巧妙，开篇紧扣收信人的话题，拉近距离，激发接受兴趣，结尾又以一连串的疑问引发思考，读来既亲切又有余味。文章非常成功地运用了对比手法，作者将自己十八岁的生活经历和对话人十八岁的现实状况、将对话人的生活与同龄少女的生活等构成系列对比，娓娓道来，能够激起强烈的情感。全文语言通俗，语气亲切，没有一般家长的刻板说教，却能够引人深思。

【思考与练习】

一、对比作者和他儿子的十八岁生活状况，分析这两代人生活时代的特点。

二、给自己的父母写一封信，陈述十八岁的自己当下的感受，并请父母谈谈他们十八岁的生活。

一只特立独行的猪

王小波

王小波(1952—1997)，北京人。当代著名作家，"文革"中在云南农场、山东农村从事农业劳动，后在北京当工人。1982 年大学毕业。1988 年获美国匹兹堡大学硕士学位。回国后先在高校任教，1992 年起为自由撰稿人。有《黄金时代》《白银时代》《青铜时代》三部中长篇小说集(合称《时代三部曲》)等。20 世纪 90 年代开始写作思想随笔，出版有《思维的乐趣》《我的精神家园》《沉默的大多数》等。1997 年 4 月 10 日因心脏病猝发去世。

　　插队的时候，我喂过猪，也放过牛。假如没有人来管，这两种动物也完全知道该怎样生活。它们会自由自在地闲逛，饥则食渴则饮，春天来临时还要谈谈爱情；这样一来，它们的生活层次很低，完全乏善可陈。人来了以后，给它们的生活做出了安排：每一头牛和每一口猪的生活都有了主题。就它们中的大多数而言，这种生活主题是很悲惨的：前者的主题是干活，后者的主题是长肉。我不认为这有什么可抱怨的，因为我当时的生活也不见得丰富了多少，除了八个样板戏，没有什么消遣。有极少数的猪和牛，它们的生活另有安排。以猪为例，种猪和母猪除了吃，还有别的事可干。就我所见，它们对这些安排也不大喜欢。种猪的任务是交配，换言之，我们的政策准许它当个花花公子。但是疲惫的种猪往往摆出一种肉猪(肉猪是阉过的)才有的正人君子架势，死活不肯跳到母猪背上去。母猪的任务是生崽儿，但有些母猪却要把猪崽儿吃掉。总的来说，人的安排使猪痛苦不堪。但它们还是接受了：猪总是猪啊。

　　对生活做种种设置是人特有的品性。不光是设置动物，也设置自己。我们知道，在古希腊有个斯巴达，那里的生活被设置得了无生趣，其目的就是要使男人成为亡命战士，使女人成为生育机器，前者像些斗鸡，后者像些母猪。这两类动物是很特别的，但我以为，它们肯定不喜欢自己的生活。但不喜欢又能怎么样？人也好，动物也罢，都很难改变自己的命运。

　　以下谈到的一只猪有些与众不同。我喂猪时，它已经有四五岁了，从名分上说，它是肉猪，但长得又黑又瘦，两眼炯炯有光。这家伙像山羊一样敏捷，一米高的猪栏一跳就过；它还能跳上猪圈的房顶，这一点又像是猫——所以它总是到处游逛，根本就不在圈里呆着。所有喂过猪的知青都把它当宠儿来对待，它也是我的宠儿——因为它只对知青好，容许他们走到三米之内，要是别的人，它早就跑了。它是公的，原本该劁掉①，不过你去试试看，哪怕你把劁猪刀藏在身后，它也能嗅出来，朝你瞪大眼睛，噢噢地吼起来。我总是用细米糠熬的粥喂它，等它吃够了以后，才把糠对到野草里喂别的猪。其他猪看了嫉妒，一起嚷起来。这时候整个猪场一片鬼哭狼嚎，但我和它都不在乎。吃饱了以后，它就跳上房顶去晒太阳，或者模仿各种声音。它会学汽车响、拖拉机响，学得都很像；有时整天不见踪影，我估计它到附近的村寨里找母猪去了。我们这里也有母猪，都关在圈里，被过度的生育搞得走了形，又脏又臭，它对它们不感兴趣；村寨里的母猪好看一些。它有很多精彩的事迹，但我喂猪的时间短，知道得有限，索性就不写了。总而言之，所有喂过猪的知青都喜欢它，喜欢它特立独行的派头儿，还说它活得潇洒。但老乡们就不这么浪漫，人们说，这猪不正经。领导则痛恨它，

---

　　① 劁(qiāo)：阉割。

214

这一点以后还要谈到。我对它则不止是喜欢——我尊敬它，常常不顾自己虚长十几岁这一现实，把它叫做"猪兄"。如前所述，这位猪兄会模仿各种声音。我想它也学过人说话，但没有学会——假如学会了，我们就可做倾心之谈。但这不能怪它。人和猪的音色差得太远了。

后来，猪兄学会了汽笛叫，这个本领给它招来了麻烦。我们那里有座糖厂，中午要鸣一次汽笛，让工人换班。我们队下地干活时，听见这次汽笛响就收工回来。我的猪兄每天上午十点钟总要跳到房上学汽笛，地里的人听见它叫就回来——这可比糖厂鸣笛早了一个半小时。坦白地说，这不能全怪猪兄，它毕竟不是锅炉，叫起来和汽笛还有些区别，但老乡们却硬说听不出来。领导因此开了一个会，把它定成了破坏春耕的坏分子，要对它采取专政手段——会议的精神我已经知道了，但我不为它担忧——因为假如专政是指绳索和杀猪刀的话，那是一点门都没有的。以前的领导也不是没试过，一百人也逮不住它。狗也没用，猪兄跑起来像颗鱼雷，能把狗撞出一丈开外。谁知这回是动了真格的，指导员带了二十几个人，手拿四五式手枪；副指导员带了十几人，手持看青的火枪，分两路在猪场外的空地上兜捕它。这就使我陷入了内心的矛盾：按我和它的交情，我该舞起两把杀猪刀冲出去，和它并肩战斗，但我又觉得这样做太过惊世骇俗——它毕竟是只猪啊；还有一个理由，我不敢对抗领导，我怀疑这才是问题之所在。总之，我在一边看着。猪兄的镇定使我佩服之极：它很冷静地躲在手枪和火枪的连线之内，任凭人喊狗咬，不离那条线。这样，拿手枪的人开火就会把拿火枪的打死，反之亦然；两头同时开火，两头都会被打死。至于它，因为目标小，多半没事。就这样兜了几个圈子，它找到了一个空子，一头撞出去了；跑得潇洒之极。以后我在甘蔗地里还见过它一次，它长出了獠牙，还认识我，但已不容我走近了。这种冷淡使我痛心，但我也赞成它对心怀叵测的人保持距离。

我已经四十岁了，除了这只猪，还没见过谁敢于如此无视对生活的设置。相反，我倒见过很多想要设置别人生活的人，还有对被设置的生活安之若素的人。因为这个原故，我一直怀念这只特立独行的猪。

【简析】这个世界上有很多设置别人生活的人。什么都安排好了，不能有越轨的行为，安安静静地跟着设置好你的人走才是一条好的道路，如果你有一点点不同于你周围人的想法，那么你就会受到周遭人的反对。而且在这个世界上还有太多的人喜欢被设置。所以王小波最后说："已经四十岁了，除了这只猪，还没见过谁敢于如此无视对生活的设置。相反，我倒见过很多想要设置别人生活的人，还有对被设置的生活安之若素的人。因为这个原故，我一直怀念这只特立独行的猪。"

本文说的是猪事、实则讲的是人世。王小波用风趣、幽默、平白易懂的语言，加上非凡的叙说能力启示我们：人们于此应有醒悟，勇于无视别人对你的生活的"正义的"却是粗暴的设置，否则，岂不愧对猪乎？

【思考与练习】

一、本文所写，你认为是实有其猪还是作者杜撰？它们影响你对文章观点的认同吗？

二、自己安排或设置自己的生活，有什么问题吗？别人想要设置我们的生活，能够一概无视吗？

雨衣（第一节）

蔡智恒

蔡智恒（1969—），网络上的昵称是痞子蔡，台湾台南成功大学水利专业博士毕业。1998年于BBS发表第一部小说《第一次亲密接触》，掀起全球华文地区的"痞子蔡热潮"。另有《雨衣》《爱尔兰咖啡》《槲寄生》《夜玫瑰》《亦恕与珂雪》《孔雀森林》等作品。

天气，是不应该如此闷热的。
这种天气让我想起七月中的台北晌午街头。
拥挤车阵排放的废气，高楼冷气机释出的热气，
在烈日的酷晒下，让温度计的水银柱不断向上攀升。
台北盆地似乎变成西游记的火焰山。
很想拜托孙悟空去向铁扇公主借芭蕉扇，扇除所有的火气。
但我并不在台北，而是在台南；
现在也不是七月中，而是五月底。
一连好几天了，天气就是这般地跟你耗着，丝毫没有妥协的迹象。
人还可以躲进冷气房避暑，但狗就没这么幸运了。
听说狗的舌头因为伸出过久，常有肌肉抽筋的现象。
我住公寓的顶楼，是最接近上帝的地方，也最容易感受到上帝的火气。
穷学生没有装冷气机的权力，只好勉强把电风扇当作芭蕉扇来用。
奈何电风扇无法降低上帝的火气，我仍然挥汗如雨。
去研究室吧！我心这么想着，因为研究室有台冷气机。
如果天气一直这么闷热，那么不得不常跑研究室的我，
大概很快就可以完成我的毕业论文。
冲个冷水澡，换掉早已被汗水濡湿的衣服。
背上书包，带着两本书充当细软，我像逃离火灾现场似地奔下楼。
跨上机车，为了贪图凉快，索性连安全帽也不戴。
虽然有个口号叫做："流汗总比流血好"，
但在这种天气下，我倒宁愿被罚500元，而使皮夹大量流血，
也不愿再多流一滴汗。
拂过脸畔的风，倒是带走了一些暑气，也减缓了汗滴滑落的速度。
停好机车，看到校园内的那只黑色秋田犬，正伸着舌头望向天空。
顺着它的视线，我也仰起头，但并不张开嘴巴。
没想到原本是"一片无云"的天空，竟然飘来了"一片乌云"。
"下场雨吧！"我开始期待着今年夏天的第一场梅雨。
像是回应我的请求般，天空轰然响起一阵雷。
接踵而来的，像是把"柏青哥"的小钢珠一股脑地倒进盆子的声音。
僵持了数日，雨神终于打败扫晴娘，下起了滂沱大雨……

216

用书包遮住头发，我又再度逃难似地冲进研究室。

这情景，好像当初认识信杰的过程。

我喘了喘气，擦拭被雨水淋湿的眼镜。

虽然没有强风的助威，但窗外的树影依然摇曳不止。

没想到雨不下则已，一下便是惊天动地。

紧闭的窗户似乎仍关不住雨的怒吼，靠窗的书桌慢慢地被雨水所溅湿。

一滴……两滴……三滴……然后一片……

最后变成一滩。

雨水虽然模糊我的书桌，却让我的记忆更加鲜明。

原来这场雨不仅洗净柏油路上的积尘，扑灭上帝的火气，

也冲掉了封印住我和她之间所有回忆的那道符咒。

符咒一揭，往事便如潮浪般澎湃地袭来。

走出研究室，站在阳台边，很想看看这场雨是如何地滂沱。

窗外是白茫茫的一片，好像是笼罩在大雾中。

连我不经意叹出的一口气，也变白了。

不过才下午三四点的光景，路上的车辆却打开了昏黄的车前灯。

而五颜六色的雨衣，在苍白的世界中，显得格外缤纷。

记得那天走出"好莱坞KTV"时，雨也是这样地下着。

"雨下这么大，你带雨衣了吗?"她关心地问着。

"我的雨衣晾在阳台时，被风吹走了。"我无奈地回答。

"被风吹走了吗? 真可惜。那你怎么回去呢?"

"反正我住这附近嘛! 待会用跑的，不会淋到太多雨。"

"那……那……那你要不要……"她竟然开始吞吞吐吐。

"要什么?"我很纳闷地问着。

"你要不要穿上我的雨衣?"

她的音量变得很小，尤其当讲到"雨衣"两字时，更几乎微细而不可闻。

"不用了。你也得回去，不是吗?"我微笑地婉拒她的提议。

雨下这么大，根本没有停歇的迹象。

我再怎么厚脸皮，也不至于穿上她的雨衣，而把她留在这吧?

她听了我的回答后，脸上却显现出非常失望的表情。

仿佛我拒绝的，不是一件雨衣，而是她的心意。

"你怎么了? 我说错话了吗?"

"没什么。你千万不要淋成落汤…A－No…落汤什么呢?"

"那叫落汤鸡。我教过你的，你忘了吗? 回去罚写落汤鸡十遍。"

我开玩笑似地交待。

"Hai! 遵命。我下次上课会交给你，蔡老师。"

她又笑了。这样才对，好不容易下场雨，她当然应该高兴。

她拿出她的紫红色雨衣，慢慢地穿上。

仿佛在穿昂贵的和服般，她的动作是如此轻柔。

这是我第一次看见她穿上那件雨衣。

戴上雨衣帽子的她，好像是童话故事的"小红帽"，轻盈又可爱。

她不是说她很喜欢穿着雨衣在雨中散步吗？

为什么我总觉得她的神情有点黯然呢？

突如其来的一阵响雷，让我的肩膀猛然颤动一下，打断了我的思绪。

也让我的魂魄从好莱坞 KTV 外的雨夜，回到研究室外的阳台边。

我依旧是独自站着。

而雨，仍然滂沱。

原来即使身边没有她，雨也还是会下的。

"学长，被雨困住了？"正好路过的学弟好心地问着。

困住倒不至于，因为她后来还是把这件紫红色的雨衣送给了我。

而我一直把这件雨衣锁在研究室的档案柜，从未穿过。

因为如果天空下着小雨，我舍不得穿；

若下起这样的大雨，我也不想让倾盆而下的雨，无情地打在这件雨衣上。

所以我还是回到研究室，煮杯咖啡，让咖啡的香气弥漫整个房间。

坐在书桌前，享受着被雨隔绝的孤独。

并让雨声引导我走进时光隧道，回到刚认识她的那段日子……

她叫板仓雨子，一个很喜欢微笑的日本女孩。

昭和四十七年(1972 年)出生于和歌山县附近的一个小山村，10 岁后移居大阪。

平成六年(1994 年)京都大学中国语言与文学系毕业后，又只身来台湾学习中文。

虽说是来学习中文，但除了有很明显的日语腔调外，

她的中文却已经说得相当流利。

认识板仓雨子算是个巧合吧！是信杰介绍我们认识的。

信杰是我的好友，那时在成大历史研究所念硕士班。

他是个怪人，大学联考时竟然选择历史系为第一志愿。

因为他说他喜欢念历史，并喜欢化身为历史人物。

所以有时他是谈笑破曹兵的周瑜；有时是牧羊北海边的苏武。

他最喜欢说的一句话就是：

"人类从历史上学到的惟一教训，就是人类无法从历史上学到教训。"

我想信杰显然没有从历史上学到教训，因为他父亲也是念历史的。

遇见板仓雨子的前一年，我跟信杰在图书馆认识。

那天午后，天空忽然下起了雨。

正在校园内闲逛的我，只好往最近的建筑物飞奔以躲雨。

很幸运的，这是学校的图书馆。

我擦了擦满脸的雨水，脱掉湿外套，并整理一下狼狈的神情。

然后在陈列历史书籍区域，随手翻书打发时间。

这阵骤雨，来得急但去得并不快，持续了几个小时。

我只好从秦始皇统一中国，看到鸦片战争。

在书柜的角落地上，我捡到一张学生证。

失主叫"谢信杰",成大历史研究所硕士班一年级。

相片中的他理个平头,戴个黑色方框眼镜,颇有学者的架势。

我把这张学生证拿到图书馆借还书的柜台,请他们代为广播。

半分钟后,信杰气喘吁吁地跑来:

"谢谢你……谢谢你……真是非常谢谢你……"

信杰的客气,令我印象深刻。也许是因为我很喜欢历史的缘故,

所以我对历史系的学生有种特殊的好感。

"不客气……不客气……你实在不必客气……"

我像只鹦鹉般,顽皮地学着他讲话的语气。

"受人点滴,小弟泉涌以报。"

果然是文学院的高材生,一出口便知有没有。

"区区小事,兄台何足挂齿。"

我们相视一笑,然后握了握手。我就往门口走去。

【简析】《雨衣》是痞子蔡的第二部网络小说。它讲述了"我"和日本女孩板仓雨子的一段爱情故事。日本女孩雨子到台湾学习中文,经朋友介绍,"我"教她中文,她教"我"日语,两人在"教学"中慢慢产生了感情,而这份感情就像雨子故乡一个古老传说中的加藤武士和雨姬一样有着重重阻隔,相爱却不能在一起。故事美丽却带着无奈。

本文具有蔡智恒网络小说的典型特征:叙事上的浪漫传奇特色,语言上具有比较浓厚的诙谐幽默色彩,时代性、知识性兼具,不时穿插对传统文化的活用和调侃,令人耳目一新。如"温度计的水银柱不断向上攀升""西游记的火焰山""很想拜托孙悟空去向铁扇公主借芭蕉扇,除所有的火气""没什么。你千万不要淋成落汤……A-No……落汤什么呢?"等语言的运用。

【思考与练习】

一、阅读《雨衣》全篇,谈谈网络小说在人物、情节、环境的写法方面与传统小说有何不同。

二、从创作方式、传播方式、阅读方式、语言表达特征等方面,试分析网络文学与传统文学的异同。

三、阅读其他网络文学作品,了解、思考网络文学的发展趋势。

第八章 语文常谈

情采
刘 勰

　　刘勰(约公元465—520)，字彦和，生活于南北朝时期，中国历史上著名的文学理论批评家。他早年丧父，笃志好学，终生未娶。曾任官，颇有清名，但其名不以官显，却以文彰。32岁时开始写《文心雕龙》，历时五年，终于完成中国文学理论批评史上第一部有严密体系的文学理论专著——《文心雕龙》，该书与唐朝刘知几的《史通》、清朝章学诚的《文史通义》，并称为中国文史批评三大名著。

　　全书共10卷，50篇，分上下两编，各25篇。上编从《原道》至《辨骚》的5篇，是全书的纲领，相当于总论。从《明诗》到《书记》的20篇，以"论文序笔"为中心，对各种文体源流及作家、作品一一进行研究和评价，相当于文体论。下编从《神思》到《物色》的20篇，以"剖情析采"为中心，重点研究有关创作过程中各个方面的问题，属于创作论。《时序》《才略》《知音》《程器》4篇，则主要是文学史论和批评鉴赏论。下编末篇是全书的后序。《文心雕龙》的创作目的是反对当时文风的"浮诡""讹滥"，纠正过去文论的狭隘偏颇。在文学批评史上具有突出的贡献。

　　本文是《文心雕龙》的第31篇。

　　圣贤书辞①，总称文章②，非采而何？夫水性虚而沦漪结③，木体实而花萼振，文附质也④。虎豹无文，则鞟同犬羊⑤；犀兕有皮，而色资丹漆⑥，质待文也。若乃综述性灵⑦，敷写器象⑧，镂心鸟迹之中⑨，织辞渔网之上⑩，其为彪炳⑪，缛采名矣⑫。故立文之道，其理有三：

---

① 书辞：指著作。
② 文章：原指错杂华美的色彩或花纹，这里指有华美而鲜明文采的文章。
③ 沦漪：水的波纹。
④ 文：指文采。质：指质地。
⑤ 鞟(kuò)：去毛的皮革。
⑥ "犀兕(sì)"二句：都是形体像牛的野兽，雄为犀，雌为兕，皮坚韧，可制兵甲。资：凭借。
⑦ 若乃：至于。综述性灵：指书写情感。性灵：性情，感情。
⑧ 敷写器象：指描绘事物的形象。敷写，即描写。敷，铺陈。
⑨ 镂心：精心刻画。鸟迹：指文字。据许慎《说文解字·序》载，仓颉因见鸟兽的足迹受到启发而创造了文字。
⑩ 织辞：组织文辞。渔网：指纸。据《后汉书·蔡伦传》称，蔡伦用树皮、渔网造纸。
⑪ 彪炳：文采焕发的样子。
⑫ 缛：繁盛。名：即"明"。

一曰形文①，五色是也②；二曰声文③，五音是也④；三曰情文⑤，五性是也⑥。五色杂而成黼黻⑦，五音比而成韶夏⑧，五情⑨发而为辞章，神理之数也⑩。《孝经》垂典⑪，丧言不文⑫；故知君子常言，未尝质也⑬。老子疾伪，故称美言不信⑭，而五千⑮精妙，则非弃美矣。庄周云"辩雕万物"⑯，谓藻饰也⑰。韩非云"艳采辩说"⑱，谓绮丽也⑲。绮丽以艳说，藻饰以辩雕⑳，文辞之变，于斯极矣。研味《李》《老》㉑，则知文质㉒附乎性情；详览《庄》《韩》，则见华实过乎淫侈㉓。若择源于泾渭之流㉔，按辔㉕于邪正之路，亦可以驭文采矣。夫铅黛㉖所以饰容，而盼倩生于淑姿㉗；文采所以饰言，而辩丽本于情性㉘。故情者，文之经，辞者，理之纬；经正而后纬成，理定而后辞畅；此立文之本源也。

昔诗人什篇㉙，为情而造文；辞人㉚赋颂，为文而造情。何以明其然？盖风雅㉛之兴，志

---

① 形文：指五色，颜色有文采。
② 五色：青、黄、赤、白、黑。
③ 声文：声中之文，音乐有文采。
④ 五音：宫、商、角、徵、羽。
⑤ 情文：情中之文，情理构成的文章。
⑥ 五性：指喜、怒、哀、乐、怨。五种性情一说为静、躁、力、坚、智，即肝性静，心性躁，脾性力，肺性坚,肾性智。
⑦ 黼(fǔ)黻(fú)：古代礼服上绣的花纹，白与黑相间为黼，黑与青相间为黻。
⑧ 比(bì)：并，指配合。韶夏：古乐名，相传"韶"为舜时乐名，"夏"为禹时乐名。
⑨ 五情：即五性。
⑩ 神理之数：自然的规律。数：指规律。
⑪ 《孝经》：儒家的"十三经"之一。垂：流传。典：法度，法则。
⑫ 丧言不文：指为父母守丧时说话不加文采。语出《孝经·亲丧》。
⑬ 质：质朴。
⑭ 美言不信：语见《老子·八十一章》之"信言不美，美言不信。"信，真实。
⑮ 五千：指老子的《道德经》。因其共五千多字，故用"五千言"代称之。
⑯ 辩雕万物：用巧妙的言辞来描绘万事万物，语见《庄子·天道》。辩，巧言。雕，雕饰，描绘。
⑰ 藻：辞藻。
⑱ 艳采辩说：议论在于华美。《韩非子·外储说左上》为"艳乎辩说"，故"采"应为"乎"。
⑲ 绮：原意为有花纹的丝织品，这里指华丽，有文采。
⑳ "绮丽"二句：意为用华丽的文辞使辩说艳丽，用辞藻的修饰使万物刻画得更巧妙。
㉑ 《李》：应作《孝》，指《孝经》。《老》：指《老子》。
㉒ 文质：指文辞的华美或质朴。
㉓ 华实：指文采(即形式)和实质(即内容)。淫侈：过分。
㉔ "若择源"二句：用选择清流和正路来比喻情与采不能偏废。泾渭：二水名，一浊一清。
㉕ 按辔：扣紧马缰。
㉖ 铅：铅粉，古人用于化妆。黛：古时女子画眉用的青黑色颜料。
㉗ 盼倩：形容女子妍媚之态。盼，动人的眼神。倩，美丽的笑貌。淑：美好。
㉘ 情性：指作品中表达的思想感情。
㉙ 诗人：指《诗经》的作者。什篇：篇什。《诗经》中的"雅"和"颂"一般以十篇为一什，如"鹿鸣之什""文王之什"等，后泛指诗篇。
㉚ 辞人：指辞赋作者。
㉛ 风雅：这里用以指代《诗经》。

思蓄愤①，而吟咏情性，以讽②其上，此为情而造文也；诸子之徒③，心非郁陶④，苟驰夸饰⑤，鬻声钓世⑥，此为文而造情也。故为情者要约⑦而写真，为文者淫丽而烦滥⑧。而后之作者，采滥忽真⑨，远弃风雅，近师辞赋；故体情之制日疏⑩，逐文⑪之篇愈盛。故有志深轩冕⑫，而泛咏皋壤⑬；心缠几务⑭，而虚述人外⑮。真宰⑯弗存，翩其反矣⑰。夫桃李不言而成蹊⑱，有实存也；男子树兰而不芳⑲，无其情也。夫以草木之微，依情待实；况乎文章，述志为本。言与志反，文岂足征⑳！

是以联辞结采，将欲明经㉑；采滥辞诡㉒，则心理愈翳㉓。固知翠纶桂饵㉔，反所以失鱼；言隐荣华㉕，殆谓此也。是以衣锦褧衣㉖，恶文太章㉗；贲象穷白㉘，贵乎反本。夫能设谟㉙以位理，拟地以置心㉚；心定而后结音㉛，理正而后摛藻㉜。使文不灭质，博不溺心㉝，正采㉞耀

---

① 志思蓄愤：《毛诗序》："诗者志之所之也，在心为志，发言为诗。"司马迁《报任安书》："诗三百篇，大抵圣贤发愤之所为作也。"

② 讽：婉言劝诫。

③ 诸子之徒：指上文所说"辞人"。

④ 郁陶：忧思郁积的样子。

⑤ 苟：勉强。夸饰：夸张修饰。

⑥ 鬻(yù)声钓世：沽名钓誉。鬻，卖。

⑦ 要约：扼要简约。

⑧ 淫丽：过分华丽。烦：多而杂。滥：失实，这里指没有真情实感。

⑨ 忽：忽略，轻视。

⑩ 体：体现。制：作品。

⑪ 逐文：追求文采。

⑫ 轩冕：指官爵。轩，古代大夫以上所乘的车。冕，古代大夫以上所戴的礼帽。

⑬ 皋壤：水边的原野，这里指代隐居。

⑭ 几务：机务，指政事。

⑮ 人外：指尘世之外。

⑯ 宰：主宰，这里指内心情感。

⑰ 翩其反矣：适得其反。翩，偏。

⑱ "夫桃李"句：语出《史记·李将军列传》之"桃李不言，下自成蹊。"蹊：小路。

⑲ "男子"句：语出《淮南子·谬称》之"男子树兰，美而不劳。"

⑳ 征：凭信。

㉑ 经：指感情。一本作"理"。

㉒ 诡：反常，怪异。

㉓ 心：思想。理：道理。翳(yì)：隐蔽。

㉔ 翠纶：用翡翠鸟毛装饰的钓鱼线。桂饵：用肉桂做的钓饵。

㉕ 言隐荣华：言语的本意被文采所掩蔽了。荣华：草木之花，这里指文采。《庄子·齐物论》说："言隐于荣华。"

㉖ 衣锦褧(jiǒng)衣：指穿着锦衣，外面再罩着一件麻布衣。褧衣，麻布单衣。语出《礼记·中庸》之"衣锦尚褧，恶其文之著也。"

㉗ 章：同"彰"，指文采鲜明。

㉘ 贲(bì)象：贲，《易经》的卦名，指文饰。象，指《易经》的象辞。穷：极。这里指最后一爻上九，象辞为"白贲无咎"。

㉙ 谟：当作"模"，规范。

㉚ 地：底子。心：指感情。

㉛ 结音：安排音律。

㉜ 摛(chī)：铺陈。

㉝ 博：广博。溺：淹没。

㉞ 正采：正色。古代以青（蓝）、黄、赤、白、黑为正色。

乎朱蓝，间色①屏于红紫，乃可谓雕琢其章②，彬彬君子矣③。

赞曰：言以文远④，诚哉斯验⑤。心术既形⑥，英华乃赡⑦。吴锦好渝⑧，舜英⑨徒艳。繁采寡情，味之必厌。

【简析】刘勰《文心雕龙》中的《情采》一篇是专论作品的审美形式的经典篇章，他在继承和融合了儒、道、佛三家思想的基础上，从自己的天道自然观出发，提出了情采并茂式的审美理想，旨在揭示情志与辞采的密切关系。刘勰在《情采》篇中的论述具有相当深刻的辩证法，其"情"和"采'是一种辩证互动、互为表里的关系，各自有着深刻的审美内涵。绝大多数学者认同《情采》篇论述的是"质"与"文"，即内容和形式的关系。对于"文"与"质"的关系，刘勰认为"文附质"和"质待文"，即：一方面"质"决定"文"，"文"附丽于"质"，作品的文采必须以情感为根基；另一方面"质"有待于"文"来显现其存在，情感必须通过文采得以外化、物化，也可以说情感需要审美形式化。刘勰认为，情感是文采的内涵与底蕴，赞赏"为情而造文"，反对"为文而造情"。刘勰将"情"和"采"融为一个概念，情采并非"情"和"采"的简单相加，而是一个完整的、独立的范畴。刘勰情采并重的"情采"观符合艺术创作的规律，具有很高的理论价值。

《情采》篇论述条理清晰，旁征博引，详略有别，譬喻得当，骈散结合，文辞精炼，含意深远。

【思考与练习】

一、讨论文章写作中"情"与"采"的关系是什么？

二、体会本文比喻和典故并用的语言特色，根据查阅和提示，翻译含有比喻和典故的语句。

三、分析本文的论述层次。

---

① 间色：杂色。
② 章：文辞。
③ 彬彬：形容文质兼美。语出《论语·雍也》之"文质彬彬，然后君子。"
④ 言以文远：语出《左传·襄公二十五年》之"言之无文，行而不远。"
⑤ 验：应验。
⑥ 心术既形：语出《礼记·乐记》之"应感起物而动，然后心术形焉。"心术：指内心情感活动。形：表现。
⑦ 英华：指文章的词藻。赡：丰富，充足。
⑧ 好渝：容易改变。
⑨ 舜英：木槿花，朝开暮落，有花无实。

论 言 谈

培根

弗郎西斯·培根（1561—1626），文艺复兴时期英国著名哲学家和作家。出身于贵族家庭，少年时期即已才华出众，12岁时入剑桥大学读书，15岁时作为英国大使的随员到法国工作。1618年任上议院议长，并被授予子爵。1621年因受贿被弹劾去职，自此，专心从事学术研究。1626年，病逝于伦敦北郊。

培根的主要成就在哲学方面，主要著作有《新工具》《学术的进展》《论说文集》等。

有些人说话，只图博得机敏的虚名，却并不关心对真理的讨论。仿佛语言形式比思想实质还有价值。有些人津津乐道于某种陈词滥调，而其意态却盛气凌人。这种人一经识破，就难免成为笑柄。真正精于谈话艺术者，是善于引导话题的人。同时又是那种善于使无意义的谈话转变方向者。这种人可算作社交谈话中的指挥师。单调无聊的谈话会令人生厌，因此，善于言谈者必善幽默。但这种幽默，并不意味着对一切事物都可以拿来打趣。例如关于宗教、政治、伟人以及别人的苦恼等等，决不应作为话题加以取笑。在有的人看来，如果说话不够刻薄，便不足以显示自己聪明，其实这种习性应该加以根绝。正如古人关于骑术所说的：

要紧掣缰绳，但少打鞭子。

那些喜欢出语伤人者，恐怕常常过低估计了被伤害者的记忆力和报复心。谈话中善于提问，必能多有受益；而所提问题，如果又恰是被问者的特长，那就比直接恭维他还有利。这不仅能使听者获得教益，也能使被请教者感到愉快。但提问应当掌握好分寸，以免使询问变成盘问，使被问者难堪。作为客厅中的主人，应当使在座的每个人都分享发表意见的机会，以免有人产生被冷落之感。遇到有人独占谈局，主人就应当设法将话题转移。还要记住，善于保持沉默也是谈话的一种艺术。因为如果你对于你有所了解的话题不动声色，那么下次遇到你所不懂得的话题，你保持沉默，人们也不会以为你无知。关于自己个人的话题应尽量少讲，至少不要讲得不得当。我有个朋友，他总用这样的话讽刺一个自吹自擂的人，他说："此公真聪明，因为他居然对自己无所不知。"人只有在这样一种形式下宣扬自己，才可能不招致反感。这就是以赞扬他人优点的形式来衬托自己的优点。谈话的范围应当广泛，好像一片原野，每个人行走其中都能左右逢源；而不要成为一条单行道，只能容纳自己一个人。谈话时切不可出口伤人。我有两位贵族朋友，其中一位豪爽好客，就是喜欢骂人。于是另一位便经常这样询问那些参加过他家宴会的人，"请说实话，这次席上难道没有人挨骂吗？"等客人谈完，这位贵族就微笑说："我早猜到他那张嘴，能使一切好菜改变味道。"关于谈话的艺术还应当了解：温和的语言其力量胜过雄辩。不善答问者是笨拙的，但没有原则的诡辩却是轻浮的。讲话绕弯子太多令人厌烦，但过于直截了当又会显得唐突。能掌握此中分寸的人，才算精通了谈话的艺术。

【简析】黑格尔在《哲学史讲演录》里提到培根，说培根拥有丰富的阅历，高度的想象，有力的机智，透彻的智慧。

本文就谈话的艺术提出自己的见解。作者从如何引导话题，如何提问，如何组织谈话及谈话内容和语言方面入手，表现出了对谈话艺术的精辟见解。今天读来仍然能给人以思考和启迪。诸如"真正精于谈话艺术者，是善于引导话题的人，同时又是那种善于使无意义的说话转变方向者""谈话中善于提问，必能多有受益""作为客厅中的主人，应当使在座的每个人都分享发表意见的机会""温和的语言其力量胜过雄辩"等，可谓深得谈话三味。文章论述缜密严谨，语言凝练，富含哲理。

【思考与练习】

　　一、培根的话常常被人们引为格言，本文给你启发最大的是哪句话，为什么？
　　二、联系实际，说说在谈话中引导话题的艺术。
　　三、谈谈本文在你的言谈实践中的指导意义。

说话

朱自清

朱自清(1898—1948),字佩弦,江苏东海人(后随父居扬州,故自称"扬州人")。1920年毕业于北京大学哲学系,后在江苏、浙江等地中学教书。1925年任清华大学教授。1931—1932年赴英国留学。回国后仍执教于清华,抗日战争期间在西南联大任教。朱自清大学时代开始创作新诗,后转向散文创作,并研究现代文学和古代文学。有诗文集《踪迹》,散文集《背影》《欧游杂记》《伦敦杂记》,文艺论著《诗言志辨》《论雅俗共赏》等。

谁能不说话,除了哑子?有人这个时候说,那个时候不说;有人这个地方说,那个地方不说;有人与这些人说,与那些人不说;有人多说,有人少说;有人爱说,有人不爱说。哑子虽然不说,却也有咿咿呀呀的声音,指指点点的手势。

说话并不是一件容易事。天天说话,不见得就会说话;许多人说了一辈子话,没有说好过几句话。所谓"辩士的舌锋","三寸不烂之舌"等赞词,正是物稀为贵的证据;文人们讲究"吐属",也是同样的道理。我们并不想做辩士,说客,文人;但是人生不外言动,除了动就只有言,所谓人情世故,一半儿是在说话里。《尚书》里说,"唯口,出好,兴戎。"一句话的影响,有时是你料不到的,历史和小说上有的是例子。

说话即使不比作文难,也决不比作文易。有些人会说话不会作文,但也有些人会作文不会说话。说话像行云流水,不能够一个字一个字推敲,因而不免有疏漏散漫的地方,不如作文的严谨。但那行云流水般的自然,却决非一般文章所及——文章有能到这样境界的,简直当以说话论,不再是文章了。但这是怎样一个不易到的境界!我们的文章哲学里虽有"用笔如舌"一个标准,古今有几个人真能"用笔如舌"呢?不过文章不甚自然,还可成为功力一派,说话是不行的;说话若也有功力派,你想,那怕真够瞧的。

说话到底有多少种,我说不上。约略分别:向大家演说,讲解,乃至说书等是一种;会议是一种;公私的谈判是一种;法庭受审是一种;向新闻记者谈话是一种——这些都可称为正式的。朋友们的闲谈,也是一种,可称为非正式的。正式的并不一定全要拉长了面孔,但拉长了的时候多。这种话都是成片段的,有时竟是先期预备好的。只有闲谈,可以上下古今,来一个杂拌儿;说是杂拌儿,自然零零碎碎,成片段的是例外。闲谈说不上预备,满是将话搭话,随机应变。说预备好了再去闲谈,岂不是个大笑话?这种种说话,大约都有一些公式,就是闲谈也有——"天气"常是闲谈的发端,便是一例。但是公式是死的,不够用的,神而明之,还在乎人。会说的教你眉飞色舞,不会说的教你昏头搭脑;即使是同一个意思,甚至同一句话。

中国人很早就讲究说话。《左传国策世说》是我们的三部说话的经典。一是外交辞令,一是纵横家言,一是清谈,你看他们的话多么宛转如意,句句字字打在人心坎里。还有一部《红楼梦》,里面的对话也极轻松,漂亮。此外汉代贾君房号为"语妙天下",可惜留给我们的只有这一句赞词;明代柳敬亭的说书极有大名,可惜我们也无从领略。近年来的新文学,将白话文欧化;从外国文中借用了许多活泼的,精细的表现,同时暗示我们将旧来有些表现重新咬嚼一番。这却给我们的语言一种新风味,新力量。加以这些年言论的不自由,使一般报纸都变乖巧了，他们知道用侧面的，反面的，夹缝里的表现了。这对于阅者是一种不容避免的好训练；他们渐渐敏感起来了，只有敏感的人，才能体会那微妙的咬嚼的味儿。这时期说话的艺术确有了相当的进步。论说话艺术的文字，从前著名的似乎只有韩非的《说难》，那是一篇剖析入微的文字。现在我们却已有了三篇：俞平伯君的《文训》、鲁迅君的《立论》和秋郎君的《骂人的艺术》，都是精警之作。这足够证明我所说的相当的进步了。

中国人对于说话的态度，最高的是忘言，但如禅宗的"教"人"将嘴挂在墙上"，也还免不了说话。其次是慎言，寡言，讷于言。这三样又有分别：慎言是小心说话，小心说话自然就少说话，少说话少出错儿。寡言是说话少，是一种深沉或贞静的性格或品德。讷于言是说不出话，是一种浑厚诚实的性格或品德。这两种多半是生成的。第三是修辞或辞令。至诚的君子，人格的力量照彻一切的阴暗；他用不着多说话，说话也无须乎修饰。只知讲究修饰，嘴边天花乱坠，腹中矛戟森然，那是所谓小人。他太会修饰了，倒教人不信了。他的戏法总有让人揭穿的一日。我们是介在两者之间的平凡的人，没有那伟大的魄力，可也不至于忘掉自己。只是不能无视世故人情，我们看时候，看地方，看人，在礼貌与趣味两个条件之下，修饰我们的说话。这儿没有力，只有机智；真正的力不是修辞可得的。我们所能希望的只是：说得少，说得好。

【简析】 传统语文教学重读写轻听说，朱自清先生在20世纪前半个世纪就提出了要"讲究说话"的主张，这是对推动中国语文教学的进步做的一大贡献。作者通过对"说话不是一件容易的事"、说话的种类、中国人说话的艺术、中国人说话的态度等几个问题的论述，得出全文的结论：作为平凡的人，我们要"看时候、看地方，看人（对象），在礼貌与趣味两个条件之下，修饰我们的说话""我们所能希望的只是：说得少，说得好"。

阅读此文，我们可以感受到作者旁征博引的学识，条分析缕的思路，平实质朴的文风，特别值得研究的是他分析问题时，那种善于从大量材料中尤其是现实涌现出的新鲜材料中抽象出科学结论的态度、眼光和才华。作者丰厚的文化底蕴、敏锐的目光、独到的见解、缜密的思维在文中也得到了充分的展现。

【思考与练习】

一、举几个关于说话艺术的例子，谈谈你的认识和理解。

二、"会写的不一定会说"，这种说法对吗？为什么？

语言的崇拜和迷信

王希杰

王希杰（1940—），江苏淮安人。1963年毕业于南京大学中文系语言学专业。1980年与吴士文等创建中国修辞学会，为第一任秘书长。著有《汉语修辞学》《修辞学新论》《修辞学通论》《语林漫步》《语法、修辞、文章》《语言随笔精品——王希杰特辑》《王希杰语言随笔集》等。

语言，这位原"披着厚面纱的女郎"确实需要我们从四面八方——物理、化学、生物、社会、系统论、资讯理论、控制论、甚至协同学（着重研究构成系统要素或子系统之间的协调同步作用的理论）等方面，来窥视她那神秘而美丽的面容。

——仲焱《语言学奇境》

（一）神秘而美丽的面纱

对语言本质的再认识，也可以从语言的崇拜开始。对语言的崇拜，这也是对语言的一种认识，也是一种语言观。

古代印度人非常崇拜语言。在婆罗门教人眼中，语言不但是神，而且是最伟大的女神。在《梨俱吠陀》（Rigveda）中，这语言女神芳名叫伐克（Vak），她曾经这样的宣称道：

我说这话时，神人皆欢喜："我心爱的人，我使他强大，我使他成为婆罗门弟子，伟大的先知，我使他聪慧，我为鲁德拉（雷神）弯弓，射死仇恨婆罗门教的敌人。我为人民作战，我渗透天地。我把父亲背上世界的顶峰；我的出处是在海水里；我从那里出来，混在众生中，身躯触及苍穹，我呼吸如风，比天还高，比地还大，我是这样伟大的。"（第十卷第125颂）

在公元前1500年，用古代梵文写成的，印度婆罗门教最古老的经典《吠陀》（Veda）（意为"智慧"）一书中，就有许多赞美诗是奉献给语言女神的，说她从一开始就同诸神在一起，完成了丰功伟绩，造就了无数奇迹。但是人所知道的只不过是其中的一部分。在其中的《奥义集》（Upanishads）中，说语言是母牛，而呼吸是公牛，正是语言和呼吸生出了人心——难怪我们今天还说，语言是一个人心灵的窗口！——在婆罗门教人的心目中，牛就是神的象征。

（二）不可思议的魔力

在阿拉伯，在《天方夜谭》（即《一千零一夜》）中，"芝麻芝麻快开门！"阿里巴巴就是这样轻松自如不费吹灰之力地打开了通向金银财宝大仓库的牢固的巨大的石头门。

在《西游记》《封神榜》中神仙或妖怪们常有什么葫芦一类的宝贝玩意儿，一叫你的名字，哪怕是假名化名笔名异名诨名也好，你一答应，便呀地一下把你吸了进去，叫你永世不得翻身。如来大佛爷只凭了几个音节，便把大魔头天不怕地不怕的孙悟空镇压在那五行山下了，而什么本事也没有的唐僧老和尚，只要一念那紧箍咒，咱们的齐天大圣便服服帖帖规规矩矩五体投地地再不敢乱动了。

佛教徒念经，道士们鬼画巫，巫师无数、巫婆们念念有词，哼哼唧唧，什么人间奇迹都可能出现的，活人死了死人活了，怪哉。

气功家凭语言治病，催眠师靠语言催你入睡，语言家靠语言预测未来。

在中国民间，吉日良辰，要讨个口彩，要忌讳一些词语，有些话是说不得，说了是后果不堪设想的。孩子病了可以去叫魂，"小三子，回家呀！"孩子夜间哭闹，办法是到岔路口贴一张告示："我家有个夜啼郎，过路君子念一遍，一觉睡到大天光！"新建筑落成，要写上几个大字："姜太公在此，百无禁忌！"在中国"泰山石敢当"也是遍布四方的。在古时候，播种的时候，还要主人去反复高声大叫大喊一些有关性的粗话脏话，这样才有丰收的希望。唐诗中有一句"胡麻好种无人种"，怪，丈夫出门当大兵了，妻子难道连胡麻也不会种了么？不怪，没有男主人种的胡麻是没有丰收的希望，这当然是"无人种"了，怎能叫葛鸦儿不呼唤"正是归时底不归"呢?!

"文革"期间，把一个人的名字倒过来写，在一个人的名字上打上一个"×"，这可是不好闹着玩的事儿呀！

现在，带8的号码身价百倍。旅游区最新式的旅游纪念品是小棺材——升官发财！

所有这一切，都是语言的崇拜，前提是：语言符号同客观事物之间有着某种神秘的联系。

现代语言学认为，语言符号的本质特点是任意的即同客观事物之间并没有什么本质的联系。这是语言科学化的一个重要标志，推动了现代语言学的长足进步。

但是，任何真理向前再走半步又便是谬误。如果把语言符号同客观事物之间的联系快刀斩乱麻，一刀而断，恐怕也就不那么妥当的了。其实，语言符号同客观事物之间还是有些儿联系的，我们应当承认它，并且研究它。这一联系是民族的历史和文化所赋予的，甚至可以说，是民族的历史和文化把语言符号同客观物理世界有条件地联系起来的，民族的历史和文化是语言符号同客观物理世界之间的中介物。这不仅同语言符号的任意性没有什么矛盾，而且是必要的补充和保证。

（本文选自《灵活的语言—王希杰语言随笔集》，台湾万卷楼出版公司，2004年版。有删节）

【简析】本文用大量生动形象的事例说明了语言的任意性和社会性之间的关系。透过语言崇拜和迷信的现象，我们看到，语言符号与客观事物之间的关系，既不是一定有直接联系，也不是完全无关。语言符号通过人类的文化世界而与客观物理世界接轨。语言崇拜的背后是一个民族的人们理解词义的特有的方式，其添加给词义的附加意义和感情色彩是民族智力独创性和理解力的体现。所以，要正确认识和运用语言，避免把语言和事物或现象简单地合而为一的错误观点，消除语言迷信。本文将抽象的道理寓于形象生动的叙述之中，语言通俗、活泼，说理透彻。

【思考与练习】

一、作者是怎样说明语言的魔力的？

二、你在生活中看到哪些语言崇拜的现象？试举例说明。

在语词的密林里

尘元

尘元，即陈原(1918—2004)，广东新会人著名出版家和语言学学者。著有《陈原出版文集》《语言与社会生活》《社会语言学》《辞书与信息》等著作。

陈原晚年先后在《读书》和《万象》杂志开设专栏，以随感的形式，谈论古往今来的语词现象和语词演变研究中的点滴体会，后来结集成《在语词的密林里》和《重返语词的密林》两本小书。

病狂

病是病，狂是狂，狂也可能是一种病，也可能不是病，只是一种癖——人们习惯使用"丧心病狂"这样的类似成语的词。这个词，《辞源》释作"丧失常心，如病疯狂"，所引书证见于《宋史》——《宋史》成书于十四世纪，可以认为这个词至少经历了六个世纪的沧桑了。欧洲文字有两个接尾词(通称"后缀")，一为 – phobia(恐惧病)，一为 – mania(狂、癖)，可用以组成各种新词，如恐核病，恐水病，杀人狂，虐待狂之类。我仿洋人构词法"创造"了两个可笑的词，即 alienlexicophobia 和 alienlexicomania，译成现代汉语可作"恐洋词病"和"嗜洋词狂"。五十年代书刊唯恐见到有洋字注释的词，人名、地名、专名都不敢或不肯注明原来的拉丁字母拼法，这是前一种病；八十年代则到处都滥加不必要的英文等义词，这是后一种狂。电视"新闻联播"，四个汉字下附汉语拼音"xinwenlianbo"，没得说；但联播中的"国际新闻"四个汉字下却赫然加上英语"world news"——破了一种病，又染了一种癖，阿弥陀佛！〔注：现已消失，可喜可贺！〕

诗的翻译

译诗，难事。译得太"直"了——等于帮读者查字典；太着重"意"——又常常走样。《阿丽思漫游镜中世界》最后的一首诗的最后两段共六句，语言学家赵元任译得既有诗味，又有诗情，瞧——

> 本来都是梦里游，
> 梦里开心梦里愁，
> 梦里岁月梦里流。
>
> 顺着流水跟着过——
> 恋得斜阳看着落——
> 人生如梦真不错。

好一个"梦里开心梦里愁"，好一个"梦里岁月梦里流"。译成七言，却又不拘于旧格律；押了韵，却又不显得勉强。请看原诗：

In a Wonderland they lie,
Dreaming as the days go by,
Dreaming as the summers die!

Ever drifting down the stream ——
Lingering in the golden gleam ——
Life, what is it but a dream?

如果照原文逐字逐字"直"译,诗味没有了,意境也没有了。那时,真如西谚所谓:a translator – traitor(翻译者是个叛徒)。

顺口溜

群众的语言常常不仅生动,而且显得富有魅力。报载(《人民日报》1988.08.2)一首顺口溜:

穿着料子,
挺着肚子,
拖着调子,
画着圈子,
出了再大的事儿也不会离开位子。

料子,肚子,调子,圈子,位子——"五子登科",一副新官僚的样子!
还有一首:

下来像个办事的样子,
进出像个贵宾的样子,
吃喝像个过年的样子,
返回像个打猎的样子。

四个"样子"!好一副"公仆"的样子!
这使我想起了《古诗源》——何不编一部《今诗源》?

尘

这个字见于简化字总表,一般释义为"尘土",等于不释,可是这个简化字已有上千年的历史,这一点恐怕很多人没有意识到。

古人造字表示尘埃这种事物时,最初用三只鹿扬起土来——那就是尘土。麤这个字见于镌刻在金属器皿上的铭文,三只鹿在土路上奔驰,必定扬起叫做"尘"的微小土粒来。那时肯定还没有高速公路,否则一百只鹿飞奔也扬不起那些微粒子来。这个字,恐怕我们的祖先在公元前(秦朝)就已觉得它难写(可不难认),太费事,后来聪明人说,用不着三只鹿,只一只鹿在土路上奔驰也能扬起这么一大把微粒的。为了方便,人们就改写作"塵"——那是简化字

231

了，真是罪该万死。一只鹿奔跑了约一千年，到宋朝时，就有人觉得连这么一只鹿写起来也费事，聪明人想，不就是土路上扬起的那些小小的土粒么？索性写作"尘"算了。这又是一个该死的简化字，所以宋朝丁度编《集韵》(公元 1039 年)时在相关的条目下注明："俗作尘，非是"。可见十世纪前后"尘"字在民间流行，故称"俗"字。被官书这么"非是"一下，即不承认它的规范性，从此"尘"字打落冷宫，直到一千年后又为人"挖"出来加以赏识。小孩最赏识，因为它易写易认；像我这种中等文化水平的人更赏识，可省几笔。这么一个字的发展史或进化史，证明了语言学大师赵元任教授说的"其实有史以来中国字是一直总在简化着呐，只是有时快有时慢就是了。碰巧现在这时候有很多的大批的简化提议就是了。"(《通字方案》)

香榭丽舍

巴黎有一条宽阔的大道，近译作"田园大街"的，从前通写作"香榭丽榭"或"香榭丽舍"——那是法文 Champs – Elysées 的音译，这四个字多美呀！一幅令人神往的街景：一幢又一幢别致的房屋(榭，舍)散发着一阵一阵香气，美丽极了。

巴黎附近有一个好去处，原称 Fontainebleu——前人译为"枫丹白露"。法文读起来有点像英语的 Fountain Blue，蓝色的喷泉。枫丹白露太有诗意了：一片红色的(丹)枫林，这里那里洒着一滴一滴的无色的(白)露珠，简直是神仙的去处！

至于诗人徐志摩给意大利的文化古城佛罗伦萨写上三个迷人的汉字——翡冷翠(从当代意大利语 Firenze 音译)，翡翠已绿得可爱，何况还加上一层寒意(冷)，那就太吸引人了。

也有难听的地名，不知是哪几位富有幽默感的先人们，给我们留下了几只牙：西班牙、葡萄牙、海牙——怎么葡萄会有牙呢？怎么海也有牙呢？怎么地中海两个早年航海发达的国家连同西欧一个"上帝造海，凡人造陆"的国家(荷兰)首都竟变成一颗牙呢？有点逗人发笑，然而约定俗成，正所谓"天长地久"，改不了了。

热

我们的祖先怎样也想不到一个"热"字有那么强的构词力——"热线"，据说两个超级大国设了一条"热线"电话，以便在紧急情况下两国领导人立即可以接触；为了保持这条线路二十四小时畅通，每隔一小时彼此要发出一些完全无关政治的话题，例如苏联连续发出托尔斯泰的小说《战争与和平》片段，借以检验线路。敏感者对此又生出种种推测，比如说，苏方放出这样的信息，其实是暗示它的对手应作出"战乎？""和乎？"的选择。

"热点"一词指世界上有争端的地方，有时往往是在进行"热战"(而不是"冷战")的地方；这个词或者泛指引起公众注视的事物。

"热门"话题是人人(或很多人)都感到兴趣的话题。

由于最近创刊了《中国热点文学》这样的杂志，于是出现了"热点文学"这样的语词。什么是"热点文学"呢？查文学概论一类书籍是不可得的，据说它以"真、新、奇、妙"这样的"独特面貌"呈现在读者面前；说是："热点人物"，"热点事件"，"热点话题"，"热点题材"。原来如此。请看例证：

《一个绝色美人的遭遇》——"全文首次详细披露了林彪一家选美的不为人知的内幕"；
《兽性与人性》——"推理严密，情节紧张，悬念重重，震撼人心"；

《风流才子》——"感情缠绵，情节曲折，引人入胜"。

啊呀，原来这便是"热点文字"！（例见《中国文化报》1989.01.25）

笨死

海外有人将西德的名牌汽车 Benz 戏译为"笨死"，幽默之至——我们这里则译为"奔驰"，真羡煞人也。以汉字来译新语词（无论专名还是非专名）都可以选用褒义的字，也可以选用贬义的字，还有虽无褒贬，但状甚滑稽的字，如"佳丽屁股"之类。

7397

海外华洋学者常常提问：要认得多少汉字才能读中国文学书？答曰：7397。这个数字是近三百万字的《鲁迅全集》输入微机后所得的用字统计，行话称为"字种"（《人民日报》1989.10.30）。1988 年国家语委公布了通用汉字（即排字字架上所必备的汉字）七千，与此数相近。要知道鲁迅有一部分早期文章是用文言写的，还有一部分文章接触到古人人名地名，因此，七千字可能是一个读文学书的平均限量。一般现代文学作品，用不了这么些汉字，例如老舍的《骆驼祥子》全文输入微机后，只有二千四百一十三个字种。二千五——七千，也许二千五百（国家语委 1988 年公布的常用字表中一级常用字为二千五百个，当然不一定与这部小说所用二千五百个字完全相同）也是一个参照量。

【简析】正如作者在《在语词的密林里》开篇所说："在密林里散步，每走一步都会踩到小草……语词的密林里最可爱的是无人知道的，却又在顽强地生长着的小草"，我们使用语词，常常并没有意识到语词本身是有生命的，是生长着的，是包含了丰富信息的。本文所选的几个例子虽然都是语词密林中的"小草"，却涉及古今中外，具有丰富的知识，读来妙趣横生。

【思考与练习】

一、你认为语词密林里的"小草"指什么？说说你在语词密林里发现的"小草"。
二、"不诗""不笑话""不成语"是"语言游戏式的构词"，想想你在生活中是否也曾遇到过"语言游戏式的构词"？如何看待"语言游戏式的构词"？

我怎样学习语言

老舍

老舍（1899—1966），满族，原名舒庆春，字舍予，生于北京。1918 年毕业于北京师范学校后，在北京第十七小学当校长。1924 年赴英国伦敦大学东方学院当中文讲师，在英期间开始文学创作。1930 年回国后，先后在齐鲁大学和山东大学任教授。新中国成立后曾担任全国文联和全国作协副主席兼北京文联主席等职。1966 年"文革"中不堪蹂躏投湖自尽。著有长篇小说《骆驼祥子》《四世同堂》《正红旗下》和话剧《茶馆》等。有《老舍全集》十九卷行世。

二十多年前，我开始学习用白话写文章的时候，我犯了两个错儿：

一、以前用惯了文言，乍一用白话，我就像小孩子刚得到一件新玩意儿那样，拼命的玩耍。那时候，我以为只要把白话中的俏皮话儿凑在一处，就可以成为好文章，并不考虑：那些俏皮话儿到底有什么作用，也不管它们是否被放在最合适的地方。

我想，在刚刚学习写作的人们里，可能有不少人也会犯我所犯过的毛病。在这儿谈一谈，也许是有好处的。

经过一个相当长的期间，我才慢慢明白过来，原来语言的运用是要看事行事的。我们用什么话语，是决定于我们写什么的。比方说：我们今天要写一篇什么报告，我们就须用简单的，明确的，清楚的语言，不慌不忙，有条有理的去写。光说俏皮话，不会写成一篇好报告。反之，我们要写一篇小说，我们就该当用更活泼，更带情感的语言了。

假若我们是写小说或剧本中的对话，我们的语言便决定于描写的那一个人。我们的人物们有不同的性格，职业，文化水平等等，那么，他们的话语必定不能像由作家包办的，都用一个口气，一个调调儿说出来。作家必须先胸有成竹的知道了人物的一切，而后设身处地地写出人物的话语来。一个作家实在就是个全能的演员，能用一支笔写出王二、张三与李四的语言，而且都写得恰如其人。对话就是人物的性格等等的自我介绍。

在小说中，除了对话，还有描写，叙述等等。这些，也要用适当的语言去配备，而不应信口开河的说下去。一篇作品须有个情调。情调是悲哀的，或是激壮的，我们的语言就须恰好足以配备这悲哀或激壮。比如说，我们若要传达悲情，我们就须选择些色彩不太强烈的字，声音不太响亮的字，造成稍长的句子，使大家读了，因语调的缓慢，文字的暗淡而感到悲哀。反之，我们若要传达慷慨激昂的情感，我们就须用明快强烈的语言。语言像一大堆砖瓦，必须由我们把它们细心地排列组织起来，才能成为一堵墙，或一间屋子。语言不可随便抓来就用上，而是经过我们的组织，使它能与思想感情发生骨肉相连的关系。

二、现在说我曾犯过的第二个错处。这个错儿恰好和第一个相反。第一个错儿，如上文所交代的，是撒开巴掌利用白话，而不知如何组织与如何控制。第二个错儿是赶到弄不转白话的时候，我就求救于文言。在二十多年前，我不单这样作了，而且给自己找出个道理来。我说：这样作，是为提高白话。好几年后，我才放弃了这个主张，因为我慢慢地明白过来：我的责任是用白话写出文艺作品，假若文言与白话搀夹在一道，忽而文，忽而白，便是我没有尽到责任。是的，有时候在白话中去找和文言中相同的字或词，是相当困难的；可是，这困难，只要不怕麻烦，并不是不能克服的。为白话服务，我们不应当怕麻烦。有了这个认识，我才尽力的避免借用文言，而积极的去运用白话。有时候，我找不到恰好相等于文言的白话，我就换一个说法，设法把事情说明白了。这样还不行，我才不得已的用一句文言——可是，在最近几年中，这个办法，在我的文字里，是越来越少了。这就是不单我的剧本和小说可以朗读，连我的报告性质的文字也都可以念出来就能被听懂的原因。

在最近的几年中，我也留神少用专名词。专名词是应该用的。可是，假若我能不用它，而还能够把事情说明白了，我就决定不用它。我是这么想：有些个专名词的含义是还不容易被广大群众完全了解的；那么，我若用了它们，而使大家只听见看见它们的声音与形象，并不明白到底它们是什么意思，岂不就耽误了事？那就不如避免它们，而另用几句普通话，人人能懂的话，说明白了事体。而且，想要这样说明事体，就必须用浅显的，生动的话，说起来自然亲切有味，使人爱听；这就增加了文艺的说服力量。有一次，我到一个中学里作报告。报告完了，学校一位先生对学生们说："他所讲的，我已经都给你们讲过了。可是，他比我讲得更透彻，更亲切，因为我给你们讲过一套文艺的术语与名词，而他却只说大白话——把术语与名词里的含蕴都很清楚地解释了的大白话！他给你们解决了许多问题，我呢，惭愧，却没能做到这样！"是的，在最近几年中，我无论是写什么，我总希望能够充分的信赖大白话；即使是去说明比较高深一点的道理，我也不接二连三的用术语与名词。名词是死的，话是活的；用活的语言说明了道理，是比死名词的堆砌更多一些文艺性的。况且，要用普通话语代替了专名词，同时还能说出专名词的含义，就必须费许多心思，去想如何把普通话调动得和专名词一样的有用，而且比专名词更活泼，亲切。这么一来，可就把运用白话的本事提高了一步，慢慢的就会明白了什么叫作"深入浅出"——用顶通俗的话语去说很深的道理。

现在，我说一说，我怎样发现了自己的错儿，和怎样慢慢的去矫正它们。还是让我分条来说吧：

一、从读文艺名著，我明白了一些运用语言的原则。头一个是：凡是有名的小说或剧本，其中的语言都是原原本本的，像清鲜的流水似的，一句连着一句，一节跟着一节，没有随便乱扯的地方。这就告诉了我：文艺作品的结构穿插是有机的，像一个美好的生物似的；思想借着语言的表达力量就像血脉似的，贯串到这活东西的全体。因此，当一个作家运用语言的时候，必定非常用心，不使这里多一块，那里缺一块，而是好像用语言画出一幅匀整调谐，处处长短相宜、远近合适的美丽的画儿。这教我学会了：语言须服从作品的结构穿插，而不能乌烟瘴气地乱写。这也使我知道了删改自己的文字是多么要紧的事。我们写作，最容易犯的毛病是写得太多。谁也不能既写得多，而又句句妥当。所以，写完了一篇必须删改。不要溺爱自己的文字！说得多而冗一定不如说得少而精。一个写家的本领就在于能把思想感情和语言结合起来，而后很精炼地说出来。我们须狠心地删，不厌烦地改！改了再改，毫不留情！对自己宽大便是对读者不负责。字要改，句要改，连标点都要改。

阅读文艺名著，也教我明白了：世界上最好的著作差不多也就是文字清浅简练的著作。初学写作的人，往往以为用上许多形容词，新名词，典故，才能成为好文章。其实，真正的好文章是不随便用，甚至于干脆不用形容词和典故的。用些陈腐的形容词和典故是最易流于庸俗的。我们要自己去深思，不要借用偷用滥用一个词汇。真正美丽的人是不多施脂粉，不乱穿衣服的。明白了这个道理以后，我不单不轻易用个形容词，就是"然而"与"所以"什么的也能少用就少用，为是教文字结实有力。

二、为练习运用语言，我不断地学习各种文艺形式的写法。我写小说，也写剧本与快板。

我不能把它们都写得很好，但是每一形式都给了我练习怎样运用语言的机会。一种形式有一种形式的语言，像话剧是以对话为主，快板是顺口溜的韵文等等。经过阅读别人的作品，和自己的练习，剧本就教给了我怎样写对话，快板教给我怎样运用口语，写成合辙押韵的通俗的诗。这样知道了不同的技巧，就增加了运用语言的知识与功力。我们写散文，最不容易把句子写得紧凑，总嫌拖泥带水。这，最好是去练习练习通俗韵文，因为通俗韵文的句子有一定的长短，句中有一定的音节，非花费许多时间不能写成个样子。这些时间，可是并不白费；它会使我们明白如何翻过来掉过去的排列文字，调换文字。有了这番经验，再去写散文，我们就知道了怎么选字炼句，和一句话怎么能有许多的说法。还有：通俗韵文既要通俗，又是韵文，有时候句子里就不能硬放上专名词，以免破坏了通俗；也不能随便用很长的名词，以免破坏了韵文的音节。因此，我们就须躲开专名词与长的名词——像美国帝国主义等——而设法把它们的意思说出来。这是很有益处的。这教给我们怎样不倚赖专名词，而还能把话说明白了。作宣传的文字，似乎须有这点本领；否则满口名词，话既不活，效力就小。思想抓得紧，而话要说得活泼亲切，才是好的宣传文字。

三、这一项虽列在最后，但却是最要紧的。我们须从生活中学习语言。很显然的，假若我要描写农人，我们就须下乡。这并不是说，到了乡村，我只去记几句农民们爱说的话。那是没有多少用处的。我的首要的任务，是去看农人的生活。没有生活，就没有语言。

有人这样问过我："我住在北京，你也住在北京，你能巧妙的运用了北京话，我怎么不行呢？"我的回答是：我能描写大杂院，因为我住过大杂院。我能描写洋车夫，因为我有许多朋友是以拉车为生的。我知道他们怎么活着，所以我会写出他们的语言。北京的一位车夫，也跟别的北京人一样，说着普通的北京话，像"您喝茶啦？""您上哪儿去？"等等。若专从语言上找他的特点，我们便会失望，因为他的"行话"并不很多。假若我们只仗着"泡蘑菇"什么的几个词汇，去支持描写一位车夫，便嫌太单薄了。

明白了车夫的生活，才能发现车夫的品质，思想，与感情。这可就找到了语言的泉源。话是表现感情与传达思想的，所以大学教授的话与洋车夫的话不一样。从生活中找语言，语言就有了根；从字面上找语言，语言便成了点缀，不能一针见血地说到根儿上。话跟生活是分不开的。因此，学习语言也和体验生活是分不开的。

一个文艺作品里面的语言的好坏，不都在乎它是否用了一大堆词汇，和是否用了某一阶级，某一行业的话语，而在乎它的词汇与话语用得是地方不是。这就是说，比如一本描写工人的小说，其中工厂的术语和工人惯说的话都应有尽有，是不是这算一本好小说呢？未必！小说并不是工厂词典与工人语法大全。语言的成功，在一本文艺作品里，是要看在什么情节、时机之下，用了什么词汇与什么言语，而且都用得正确合适。怎能把它们都用得正确合适呢？还是那句话：得明白生活。一位工人发怒的时候，就唱起"怒发冲冠"来，自然不对路了；可是，教他气冲冲的说一大串工厂术语，也不对。我们必须了解这位发怒的工人的生活，我们才会形容他怎样生气，才会写出工人的气话。生活是最伟大的一部活语汇。

上述的一点经验，总起来就是：多念有名的文艺作品，多练习多种形式的文艺的写作，和多体验生活。这三项功夫，都对语言的运用大有帮助。

【简析】老舍是我国现代知名作家，是现代白话语言大师。他作为第一代白话文学开创者，在学习和运用语言方面有着很多宝贵经验。老舍先生在本文中就为我们介绍了今天仍然有效的学习和运用语言的可贵经验，而这些经验则是他从对错误的发现和纠正中逐渐获得的，因而文章也从检讨二十多年前的两个错误开始：一是"撒开巴掌""拼命的玩耍"白话，二是习惯性地求助于文言。在交代了这两个方面的错误之后，文章从三个方面说明发现和矫正错误的办法：读名著，体会优秀的语言表述是完整的有机生命体，它应该是简练清浅、匀整调谐的；学习各种文艺形式的写法，有针对性地实践语言的各种形式技巧和表达功能；最后就是从生活中学习语言，寻找语言的源泉。——多读名著、多写、多从生活中体验语言的生动渊源，听起来稀松平常，毫无神秘之感，却是提高语言素养，训练文字表达功力的关键。

【思考与练习】

一、如何理解老舍所说的"语言的运用是要看事行事的"？

二、在一般写作中如何正确对待和使用专用名词？

我学国文的经验

周作人

周作人（1885—1967），字启明，号知堂，浙江绍兴人，现代散文家、诗人、文学翻译家。早年留学日本，"五四"前起在北京大学等学校任教多年，提倡"人的文学"，提倡"美文"，关注女性和儿童、民俗和性心理问题，发表大量文学作品，影响深远。抗日战争中，滞留沦陷后的北平，出任伪职，后被国民政府治罪系狱，1949 年出狱，后居北京，从事写作与翻译。主要著作有《自己的园地》《雨天的书》《泽泻集》《谈龙集》《谈虎集》《知堂文集》《鲁迅小说里的人物》《知堂回想录》等。

我到现在做起国文教员来，这实在在我自己也觉得有点古怪的，因为我不但不曾研究过国文，并且也没有好好地学过。平常做教员的总不外这两种办法，或者把自己的赅博的学识倾倒出来，或者把经验有得的方法传授给学生，但是我于这两者都有点够不上。我于怎样学国文的上面就压根儿没有经验，我所有的经验是如此的不规则，不足为训的，这种经验在实际上是误人不浅，不过当作故事讲也有点意思，似乎略有浪漫的趣味，所以就写它出来，送给《孔德月刊》①的编辑，聊以塞责，收稿的期限已到，只有这一天了，真正连想另找一个题目的工夫都没有了，下回要写，非得早早动手不可，要紧要紧。

乡间的规矩，小孩到了六岁要去上学，我大约也是这时候上学的。是日，上午，衣冠，提一腰鼓式的灯笼，上书"状元及第"等字样，挂生葱一根，意取"聪明"之兆，拜"孔夫子"而上课，先生必须是秀才以上，功课则口授《鉴略》②起首两句，并对一课③，曰"元"对"相"，即放学。此乃一种仪式，至于正式读书，则迟一二年不等。我自己是哪一年起头读的，已经记不清了，只记得从过师的先生都是本家，最早的一个号花塍，是老秀才，他是吸鸦片烟的，终日躺在榻上，我无论如何总记不起他的站立着的印象。第二个号子京，做的怪文章，有一句试帖诗④云，"梅开泥欲死"，很是神秘，后来终以疯狂自杀了。第三个的名字可以不说，他是以杀尽革命党为职志的，言行暴厉的人，光复的那年，他在街上走，听得人家奔走叫喊，"革命党进城了！"立刻脚软了，再也站不起来，经街坊抬他回去。以前应考，出榜时见自己的前一号（坐号）的人录取了，就大怒，回家把院子里的一株小桂花都拔了起来。但是从这三位先生我都没有学到什么东西，到了十一岁时往三味书屋⑤去附读，那才是正式读书的起头。所读的书我还清清楚楚地记得，是一本"上中"，即《中庸》的上半本，大约从"无忧者其唯文王乎"左近读起。书房里的功课是上午背书上书，读生书六十遍，写字；下午读书六十遍，傍晚不对课，讲唐诗一首。老实说，这位先生的教法倒是很宽容的，对学生也颇有理解，我在书房三年，没有被打过或罚跪。这样，我到十三岁的年底，读完了《论》《孟》《诗》《易》及《书

---

① 《孔德月刊》：文艺刊物，北京孔德学校同学会文艺部创办。1926 年 10 月创刊，1928 年 6 月停刊。
② 《鉴略》：旧时学塾所用浅近历史读本。
③ 对一课：对课，即旧时学塾教授学生练习对仗的功课，以虚实平仄之字相对。
④ 试帖诗：古代科举考试中考生限题所作的应试诗。可参读作者《瓜豆集·关于试帖》。
⑤ 三味书屋：周氏兄弟少年读书之所。可参读鲁迅《朝花夕拾·从百草园到三味书屋》、作者《鲁迅的青年时代·八三味书屋》。

经》的一部分。"经"可以算读得也不少了，虽然也不能算多，但是我总不会写，也看不懂书，至于礼教的精义尤其茫然，干脆一句话，以前所读之经于我毫无益处，后来的能够略写文字及养成一种道德观念，乃是全从别的方面来的。因此我觉得那些主张读经救国的人真是无谓极了，我自己就读过好几经，（《礼记》《春秋》《左传》是自己读的，也大略读过，虽然现在全忘了）总之就是这么一回事，毫无用处，也不见得有损，或者只耗费若干的光阴罢了。恰好十四岁时往杭州去①，不再进书房，只在祖父旁边学做八股文试帖诗，平日除规定看《纲鉴易知录》②，抄《诗韵》③以外，可以随意看闲书，因为祖父是不禁小孩看小说的。他是个翰林④，脾气又颇乖戾，但是对于教育却有特别的意见：他很奖励小孩看小说，以为这能使人思路通顺，有时高兴便同我讲起《西游记》来，孙行者怎么调皮，猪八戒怎样老实，——别的小说他也不非难，但最称赞的却是这《西游记》。晚年回到家里，还是这样，常在聚族而居的堂前坐着对人谈讲，尤其是喜欢找他的一位堂弟（年纪也将近六十了罢）特别反复地讲"猪八戒"，仿佛有什么讽刺的寓意似的，以致那位听者轻易不敢出来，要出门的时候必须先窥探一下，如没有人在那里等他去讲猪八戒，他才敢一溜烟地溜出门去。我那时便读了不少的小说，好的坏的都有，看纸上的文字而懂得文字所表现的意思，这是从此刻才起首的。由《儒林外史》《西游记》等渐至《三国演义》，转到《聊斋志异》，这是从白话转到文言的径路。教我懂文言，并略知文言的趣味者，实在是这《聊斋》，而并非什么经书或是《古文析义》⑤之流。《聊斋志异》之后，自然是那些《夜谈随录》⑥等的假《聊斋》，一变而转入《阅微草堂笔记》⑦，这样，旧派文言小说的两派都已入门，便自然而然地跑到《唐代丛书》⑧里边去了。不久而"庚子"⑨来了。到第二年，祖父觉得我的正途功名已经绝望，照例须得去学幕⑩或是经商，但是我都不愿，所以只好"投笔从戎"，去进江南水师学堂⑪。这本是养成海军士官的学校，于国文一途很少缘分，但是因为总办方硕辅观察⑫是很重国粹的，所以入学试验颇是严重，我还记得国文试题是"云从龙风从虎论"，覆试是"虽百世可知也论"。入校以后，一礼拜内五天是上洋文班，包括英文科学等，一天是汉文，一日的功课是：早上打靶，上午八时至十二时为两堂，十时后休息十分钟，午饭后体操或升桅，下午一时至四时又是一堂，下课后兵操。在上汉文班时也是如此，

---

① 往杭州去：指1896年作者应祖父之命去杭州陪伴祖父读书。作者祖父周福清，人称介孚公，翰林出身。曾外放江西金溪县任知县，因顶撞上司被参劾革职，又遵例捐升内阁中书，做了几年京官。1893年参与科场行贿作弊，败露后被判"斩监候"，在杭系狱，每年等待"秋决"。13岁的作者"身服父亲的重丧""隔日去探望在监的祖父"。可参读作者《鲁迅的青年时代·四 祖父的故事》《知堂回想录·一四 杭州》。

② 《纲鉴易知录》：编年体中国通史纲要，清乾隆时吴楚材编辑。当时被作为简明的历史教科书使用。

③ 《诗韵》：旧体诗词检选用韵的工具性书籍。种类很多。清代有据《佩文诗韵》改编而成的《诗韵集成》，为初学作诗的简易工具书。另有清人所集《诗韵合璧》。

④ 翰林：明清两代殿试选拔的新科进士入翰林院。

⑤ 《古文析义》：清代流行的文章写作的入门书籍。

⑥ 《夜谈随录》：清乾隆时和邦额著，为仿《聊斋》之作。

⑦ 《阅微草堂笔记》：笔记小说集，二十四卷，清纪昀著。

⑧ 《唐代丛书》：又名《唐人说荟》。小说丛书，收辑唐传奇、笔记164种。清人编。

⑨ "庚子"：清光绪二十六年（1900）为庚子年，八国联军侵占北京，并于次年强迫清政府签订《辛丑条约》，史称"庚子事变"。

⑩ 学幕：明清地方军政大吏之署府称幕府，初入幕府做幕僚（又称幕友、师爷）者为学幕。明清时绍兴人学幕成为一时风尚，绍兴师爷遍全国，至有"无绍不成衙"之说。

⑪ 江南水师学堂：洋务派创办的海军学校。建于光绪十六年（1890）。

⑫ 观察：清代沿用唐代用法对兼管府、州的道员的尊称。

不过不坐在洋式的而在中国式的讲堂罢了，功课是上午作论①一篇，余下来的功夫便让你自由看书，程度较低的则作论外还要读《左传》或《古文辞类纂》②。在这个状况之下，就是并非预言家也可以知道国文是不会有进益的了。不过时运真好，我们正苦枯寂，没有小说消遣的时候，翻译界正逐渐兴旺起来，严几道的《天演论》③，林琴南的《茶花女》④，梁任公的《十五小豪杰》⑤，可以说是三派的代表。我那时的国文时间实际上便都用在看这些东西上面，而三者之中尤其是以林译小说为最喜看，从《茶花女》起，至《黑太子南征录》止，这其间所出的小说几乎没有一册不买来读过。这一方面引我到西洋文学里去，一方面又使我渐渐觉到文言的趣味，虽林琴南的礼教气与反动的态度终是很可嫌恶，他的拟古的文章也时时成为恶札⑥，容易教坏青年。我在南京的五年，简直除了读新小说以外别无什么可以说是国文的修养。一九〇六年南京的督练公所派我与吴周二君往日本改习建筑，与国文更是疏远了，虽然曾经忽发奇想地到民报社去听章太炎讲过两年"小学"⑦。总结起来，我的国文的经验便只是这一点，从这里边也找不出什么学习的方法与过程，可以供别人的参考，除了这一个事实，便是我的国文都是从看小说来的，倘若看几本普通的文言书，写一点平易的文章，也可以说是有了运用国文的能力。现在轮到我教学生去理解国文，这可使我有点为难，因为我没有被教过这是怎样地理解的，怎么能去教人。如非教不可，那么我只好对他们说，请多看书。小说，曲，诗词，文，各种；新的，古的，文言，白话，本国，外国，各种；还有一层，好的，坏的，各种：都不可以不看，不然便不能知道文学与人生的全体，不能磨炼出一种精纯的趣味来。自然，这不要成为乱读，须得有人给他做指导顾问，其次要别方面的学问知识比例地增进，逐渐养成一个健全的人生观。

写了之后重看一遍，觉得上面所说的话平庸极了，真是"老生常谈"，好像是笑话里所说，卖必效的臭虫药的，一重一重的用纸封好，最后的一重里放着一张纸片，上面只有两字曰"勤捉"。但是除灭臭虫本来除了勤捉之外别无好法子，所以我这个方法或者倒真是理解文章的趣味之必效法也未可知哩。

一九二六年，九月三十日，于北京

---

① 作论：指在科举考试中写作论说文，如策论等。

② 《古文辞类纂》：古文选集，七十五卷。清人姚鼐编。

③ 严几道的《天演论》：严几道，即严复，字几道。《天演论》，严复据英国人赫胥黎著《进化论与伦理及其他论文》的前二篇论文所译述，出版于 1898 年。天演，即进化，为严复对英文 evolution 的汉译。

④ 林琴南的《茶花女》：林琴南，即林纾，字琴南。《茶花女》，指林纾据法国人小仲马著同名小说所译《巴黎茶花女遗事》，出版于 1898 年。后文《黑太子南征录》亦为林氏所译。

⑤ 梁任公的《十五小豪杰》：梁任公，即梁启超，号任公。《十五小豪杰》，梁启超与罗普合译的西方"教育小说"。

⑥ 恶札：不好的文章。札，此处泛指以信札、札记为代表的各类文章。

⑦ 民报：清末宣传革命的著名报纸，1905 创刊，为同盟会机关报。听章太炎讲过两年"小学"：指 1908 年夏天起，周氏兄弟等八人往东京小石川区新小川町民报社听章太炎讲《说文解字》。"小学"，旧称文字、音韵、训诂之学。可看作者《知堂回想录·八 民报社听讲》"实在倒还是这中国文字的知识，给予我不少的益处，是我所十分感谢的"等。章太炎，即章炳麟，号太炎。民主革命家，著名学者，时在东京主编《民报》。

【简析】本文较为详尽地叙述了作者自己学习国文的许多有趣经历和故事，用个人经历串起一条国文进步之阶：由断字而识文，从白话到文言，经读懂到知趣味。这是符合少年学习语文的规律的。他列举的那些小说，对少年的吸引力实在很大。借助读小说，可以轻松愉快地获得中国语文的基础，识得汉语文的趣味。而"从军"的故事，新的读物——严译学术著作，林译西洋小说，给了作者一片新的天地，嗜读这些书的结果是，"使我渐渐觉到文言的趣味"。结束语再次对其经验加以强调，一言以蔽之："多看书"，而读书的目的，不单是学文，还要"磨炼出一种精纯的趣味来"，更要"知道文学与人生的全体"，最终是要"逐渐养成一个健全的人生观"。

文章亲切、幽默、精炼、丰腴、深刻，诸种质素集于一身，颇能代表作者的风格。

【思考与练习】

一、"我的国文都是从看小说来的"，理解国文，只有"多看书"。你怎样看这位文章家的"经验"？作者所说的经验对你有何启发？

二、题为"经验"，作者却以大半篇幅讲了许多有趣的经历和故事，这样的写法是不经意的吗？其效果如何？

文章病院

夏丏尊　叶圣陶

夏丏尊（1886—1946），浙江上虞人，我国著名的教育家、文学家、出版家。早年留学日本，曾任开明书店总编辑。毕生从事语文知识和写作技巧的探讨，著有《文章作法》《阅读与写作》《文章讲话》等。

叶圣陶（1894—1988），原名叶绍钧，字圣陶，江苏苏州人。小说家、教育家、编辑家。曾长期任教于中小学和大学。主编过《小说月报》《中学生杂志》等著名期刊和多种中学语文课本。建国后长期担任教育和出版部门的领导工作。著有我国现代文学史上第一部童话集《稻草人》，长篇小说《倪焕之》和语文教育论著《叶圣陶语文教育论集》等。

"好新鲜的标题！"汤慧修拿着一本书走进教室来，眼睛看着书页，长长的头发披在肩头。

"什么？"几个同学正在谈论什么事情，给她的这一句引起了注意，便同声问。

乐华认清她手里拿的是《中学生杂志》，欣喜地说："是二月号吗？他们曾经登过广告，说二月号印成之后，在闸北的炮火中完全毁掉，须待重印，才可寄发。这是重印的版本了。"

几个同学便围拢去看汤慧修手中的杂志。汤慧修指着书页说："你们看，'文章病院'这标题多么新鲜！"

"是一篇什么性质的文字呢？"

"肺痨病院给人医肺痨病，外科病院给人医外科病，依此类推，文章病院该是给人医文章的毛病的。"

"我们平时作文，常常犯许多毛病。如果送到文章病院去医一医，再给先生看，一定可以得到甲等的品评了。"

"开头有'规约'在这里，我们看呀。'一、本院以维护并促进文章界的"公众卫生"为宗旨。二、根据上项宗旨，本院从出现于社会间之病患者中择尤收容，加以诊治。'——文章界的'公众卫生'，出现于社会间之病患者，看了这两句，可知我们的文字是不收的；要'出现于社会间'的妨碍'公众卫生'的文字才收。难道文字的毛病也有传染性的吗！"

"我想的确有的，"周锦华说。"文字登载在报纸上、杂志上，或再刊印在书本上，在社会间传播开去；一般人总以为这样的文字是了不起的，便有意或无意地仿效它。如果它本身有着毛病，仿效的人就倒霉，患传染病了。所以，我们编《抗日周刊》也得好好用一番心，至少要每一篇文字没有什么毛病才行。"在一年级的编辑股员里头，周锦华是最负责的一个。她不把凑满篇幅认为满意，她要周刊上的每一篇都有精义，都有力量，真能收到文字宣传的效果。她时时刻刻不忘记周刊，现在谈起文字的传染性，她又说到周刊上去了。

"不错。"几个同学点着头。

"写上《抗日周刊》，就是'出现于社会间'的文字了。"胡复初又加以说明。他继续看文章病院的"规约"，说道："这原来是替人家批改文字，同王先生给我们做的工作一样。王先生有时在我们的文稿上画一些符号，表明这地方有毛病，什么毛病要我们自己去想。这杂志上大概不只在有毛病的地方画一些符号吧。"

"你不看见'规约'上说明'将诊治方案公布'吗？犯的什么病，要吃什么药，用什么方法医治才会好，把这些都说明白，才成一个'诊治方案'呢。"

汤慧修说："把杂志摊在桌子上大家看吧。"她把《中学生杂志》摊在自己的课桌上。七八个人便伛着身躯，头凑着头围着看。外面有脚踢着皮球的蓬蓬的声音，有鼓励赛跑者的热烈的呼喊；但在这里的几个人好像全没有听见，他们的心神正在另一个世界里活动。

"第一号病患者——《辞源续编说例》。《辞源续编》是大书馆里的大工作，'一·二八'以前，报纸上登着大幅的出版广告，'说例'相当于序文，是编辑者的公开宣言，怎么会有了毛病，进了病院！"朱志青惊奇地说。

周乐华翻过几页，悄悄地说："更奇怪了，《中国国民党第四届第一次中央执行委员全体会议宣言》也在这里，成为第二号病患者！"他看着张大文说："去年我们一同看报，不是把它读过一遍的吗？"

张大文点头说："当时读下去似乎也能够明白。不知道这篇文字到底有什么毛病。"

"还有第三号病患者吗？"胡复初抢着再翻过几页。

"啊！还有，《江苏省立中等学校校长劝告全省中等学校学生复课书》。"几个人像发现了宝物一般喊起来。

"这一篇应该进病院，"周锦华掠着额发说。"我当时从报纸上看过的，糊里糊涂，不晓得说些什么。我以为我的程度不够，看了一遍再看第二篇，把它仔细地划分段落，希望捉住各段落的要旨；但结果还是糊涂。罢课不足以抗日，大家复课吧，这是很简单干脆的一句话。那些校长先生偏要东拉西扯写上这么多的文字，真是可怪的事。我倒要看病院里的'医生'怎样给它诊治呢。"

胡复初又抢着翻书页了，"看第四号病患者是谁。"翻了一下之后，他才知道没有第四号了，说道："只有三号。"

"我们写的文字如果送到文章病院里去，恐怕是百病丛生，不堪诊治的了。"张大文凝想着说。

"我想也不至于，"汤慧修说。"王先生从来没有说过我们的文字绝对不通；他只对我们说哪一句不妥当，哪一节要修改。如果送到文章病院里去，我们的文字至多是一个寻常的病患者。"

"那么，"张大文说，"大书馆里编辑先生写作的文字，国民党中央执行委员全体会议通过的文字，江苏省立中等学校校长公拟的文字，怎么会病得这样厉害，烦劳病院里的'医生'写了这么长的三篇诊治方案呢？"

"这要待看完了诊治方案才得明白。"汤慧修回答。

周锦华忽然想起了一个念头，她对大家说："现在快要上课了，这密密地用小铅字排印的十八页文字，一会儿是看不完的。我们在这几天里作一回共同研究吧，研究的材料就是这个文章病院。"

"怎样研究呢？"

"我们要把这三号病患者所患的毛病归起类来，看它们的毛病大概是哪几类。这于我们很有益处。'规约'上边不是说着吗，'知道如此如彼是病，即不如此不如彼是健康，是正常。'我们以后大家当心，不要犯那几类毛病，那么，写下来的一定是健康的正常的文字了。"

"这很有意思！"汤慧修高兴得拍着手掌。"就是我们这几个人，在自修的时候来做这研究功夫。我们还可以把研究的结果报告给全班同学知道，还可以请王先生给我们批评。"

这当儿，上课的铃声响起来了。

三天之后，他们的研究功夫做完毕了。由朱志青把研究所得记录下来，并且告诉了王先生，说要报告给全班同学知道。

这一天王先生上国文课，讲完了一篇选文，时间还有余多，他就说："有几位同学研究了最近一期《中学生杂志》的'文章病院'，要把研究的结果告诉大家，现在就听他们的报告。那'文章病院'我也看过了，比我平时给你们批改文稿来得详细；他们把它归纳一下，看文字的毛病大概有哪几类，这对于写作的练习的确是有帮助的。"

王先生说罢，用右手示意，说："谁到这里来报告？"他就坐在靠近黑板偏右的椅子上。

朱志青站起来，走到讲台上，把胸膛挺一挺，开口说："最近一期《中学生杂志》增加'文章病院'一栏，想来诸位都看过了。我们几个人看出这一栏里提及的三号病患者虽然犯了不少的毛病，但归聚起来，毛病的种类也并不多。因此我们想这几类毛病必然是最容易犯的。写文字如果能够不犯这几类毛病，即使说不上名作，至少不用进'文章病院'了。现在让我逐类逐类提出来说。"

全堂同学都轻轻地舒着气，整顿精神，预备听他的演讲。

朱志青从衣袋里取出几张稿纸来，却并不就看，又说道："那三号病患者——那三篇文字都是文言文，而我们写的是语体文；知道了文言文的毛病，对于写作语体文好像未必会有什么益处。其实不然。我们看出那三篇文字的毛病都是属于思想习惯和言语习惯上的，所以用文言写固然有病，如果用语体写，还是有同样的病。我们要知道思想习惯和言语习惯上通常有哪一些病，那就文言的材料也于我们有用处。"

他说到这里，才看一看手里的稿纸，取粉笔在黑板上写了"用词、用语不适当"几个字。

"这是一种毛病，该用这个词的，却用了那个词；该这样说的，却那样说了。那三号病患者差不多都犯这毛病。现在举几个例子来说。'目的'，不是大家用惯了的名词吗？心意所要达到的境界叫作'目的'。而第一号病患者却有'不能不变更去取之目的'的话。编辑辞典，选用条目，哪个条目要，哪个条目不要，只有依据预定的'标准'来决定，所以说'去取之目的'不适当，必须说'去取之标准'才行。又如'促进'，原是习用的一个动词。而第二号病患者说'努力促进自治制度'。因为制度只能制定、实行、修改，或者撤废，可是无法促进，所以'促进'这个动词用在这里就不适当。又如'重新'这个副词，本该用在第二回做的动作上。读过书了，再读一回，叫作重新读书；游过山了，再游一回，叫作重新游山。第三号病患者劝学生复课，单说'收拾精神，一律定期复课'，已经很觉不妥了，因为罢课为的是国难，原没有放散精神，而它又在'收拾'上面加上'重新'两字，好像学生已经把精神收拾过一回了，更属不适当之至。以上是用词不适当的例子。他如该说购买力薄弱，而说'物力维艰'，该说整齐全国的步骤，而说'整齐全国一致之步骤'，当时日本武力还只及于我国东北，而说'东北烽烟弥漫全国'，都是用语不适当的例子。这种毛病的原因在于认识词与语的意义不确切，或者因为不曾仔细思量，只顾随笔乱写，便把不适当的词与语写了上去。"

"意义的缺略和累赘，"朱志青又在黑板上写了这几个字，说道："一句话里，意义没有说完全，就不成一句话。反过来，说得太啰嗦了，把不相干的东西都装了进去，也同样地不成一句话。这种毛病的原因在于不曾把意义想得周全，便提起笔来写。如果作者的言语习惯不良，平时惯说那些支离的、累赘的话语，写起文字来也就会有这样的病象。试举几个例子。

'当《辞源》出版时，公司当局拟即着手编纂专门辞典二十种，相辅而行，'在'相辅而行'上面，怎么少得了'与《辞源》'几个字？'际此内忧外患之时'成什么话？必须说'际此内忧外患交迫之时'才行呀。不说'以……译音表为标准'或'依……译音表'，而说'均依本馆所出外国人名地名译音表为标准'，这是累赘不通的话。不说'使国民参与政治'，而说'召集国民参与政治机关'，这也是累赘不通的话。像第三号病患者因为要说青年感情丰富，关心国事，先把老年人也知爱国来作陪衬，却说什么'明知行将就木，即使死亡，为奴称仆，亦无几时。然犹攘臂切齿，慷慨陈词，鼓其余勇，义无反顾'，仿佛把老年人讥讽了一顿，这更是累赘的无用的话了。"

朱志青停顿了一下，又说："一句话里，前后不相连贯，一串话里，彼此不相照应，这也是重大的毛病。如第一号病患者说：'此十余年中，世界之演进，政局之变革。在科学上名物上自有不少之新名词发生。'这只是一句话而已，然而前后不相连贯。正如文章病院的'医生'所说，'揣摩这里的语气，'世界'与'政局'对立，'科学'与'名物'对立，而以'科学'应'世界'，'名物'应'政局'。世界演进，科学研究益精，因新发明、新发现而产生新名词那是不错的。但是'政局变革'与'名物'有什么关系呢？没有关系而牵在一起，这句话就前后不相连贯了。又如第二号病患者说：'"一致对外"为本党与全国人民共同之呼声。大会认为尚有急需注意者。国内生产日渐衰落。因生产衰落而……'这是一串的话。那前三句因为没有什么关系词把它们连起来，彼此便不相照应，好像是各各独立的。又如第三号病患者开头说'我国家民族苦东西帝国主义者之侵略压迫也久矣'，依理接下去应该说侵略压迫从什么时候起头，直到现在已历多少年，才可把怎样地'久'说明与第一句相照应。而第三号病患者不然，却说'平时则经济侵略、文化侵略在足以制我之死命；有事则政治压迫、军事压迫无所不用其极，凡有血气，畴能堪此'，好像把自己方才说的第一句话忘记了。这种毛病的原因大概在于思想不精密。犯得太多的时候，虽然说了一大堆，写了一大篇，实际全是瞎说，不是叫听者、读者上当，便是叫听者、读者莫名其妙。真是危险的毛病！"

朱志青又把稿纸上的标题抄上黑板，一壁说："这种毛病可以叫作'意义不连贯，欠照应。'"

他把稿纸纳入衣袋里，继续说道："我们摘录下来的例子还多，完全说出来，未免使诸位生厌，所以只说了一小部分。把许多例子归聚起来，就看出它们犯的不外刚才所说的三种毛病：用词、用语不适当；意义的欠缺和累赘；意义不连贯，欠照应。再加仔细分析，毛病的种类当然还可增多。但是，我们想，这三种毛病该是最普遍的了。我们写作文字，如果能够避免这三种毛病，用词、用语处处适当，每一句话意义都完全，也并不累赘，而且一直到底，互相连贯，彼此照应。这样，我们的文字不就通顺了吗？"

下课的铃声催促他赶快作结束，他简括地说道："我们以为要做到这地步，实在也并不困难，只须在思想习惯和言语习惯上留意。'文章病院'里的三号病患者的思想习惯和言语习惯太不好了，还不如我们，提起笔来又不肯先检点一下，所以犯了这许多毛病。我们从他们的失败上，正可以找到成功的路径。这是我们今天要把研究结果告诉诸位的本旨。"

朱志青说罢便走下讲台，回到自己的座位上。

王先生站起来了，露出满意的脸色，说道："志青他们的研究报告虽然简略，可是很扼要。'文章病院'里的三号病患者所患的毛病固然不尽属于这三类，然而多数属于这三类。就是一般不通的文字，你说它这里不通，那里不通，归纳起来，大致也离不了这三类毛病。志青结末说的话是不错的。一个人如果能在思想习惯和言语习惯上留意，写下文字来就不用进'文章病院'了。"

王先生又用慨叹的声调说："那第三号病患者——《劝学生复课书》最要不得，思想习惯完全是'八股'的。想不到民国二十年的中等教育界中还会出现这样的文字！它为什么要不得，下一次我要给你们仔细地讲一回呢。"

【简析】《文心》一书是夏丏尊、叶圣陶联手写作的一本语文知识读本，两位教育家轮流执笔，在共同编辑的《中学生杂志》上连载，1934 年结集在开明书店出版，之后重印再版多次，在几代人中都留下了深深的影响。本文是该书的第九章。

《文心》一书采取讲故事的方式来传授语文知识，它围绕阅读和写作这两个中心，论及修辞、语法、词汇、诗词、小说、日记、书信、工具书、文学史等诸多问题，生动有趣，深入浅出，因而具有戏剧性和情景教育的优点。《"文章病院"》一节，通过中学生和语文老师等人物之口，论及文章的各种病症，并指出注意思想和语言习惯的纠正之法。这些本来比较枯燥的文章之道，经由作者生动地叙述，变得声情并茂，趣味横生，让读者在轻松、活泼的气氛中学习较为枯燥的语文知识。

【思考与练习】

一、举例说明：本文列出了哪些通常发生的文章"病症"？除此之外，我们还经常遇到哪些"病症"？

二、作者是怎样将比较枯燥的文章之道讲得趣味横生的？

笑话里的语言学

吕叔湘

吕叔湘（1904—1998），江苏丹阳人。语言学家，语文教育家。1926年毕业于东南大学外文系后，曾在中学任教。1936年赴英留学，回国后任职于云南大学、华西协和大学、金陵大学、中央大学、开明书店、清华大学和中国社科院文学研究所。长期从事语言教学和语言研究，涉及一般语言学、汉语研究、文字改革、语文教学、写作和文风、词典编纂、古籍整理等广泛的领域。主要著作有：《文言虚字》《语法修辞讲话》《中国文法要略》《吕叔湘语文论集》等。

一般所说"笑话"，范围相当广，大体上包括讽刺和幽默两类。笑话为什么引人发笑，这是心理学的问题，我毫无研究，说不出一点所以然。柏格森有一本书，名字就叫做《笑》，我没看过。很多笑话跟语言文字有关，我就谈谈这个。我取材于三本书：周启明校订：明清笑话四种，1983年第二版；王利器辑录：历代笑话集，1956初版；任二北编著：优语集，1981年初版。附注里边分别用周、王、任代表。

先举一个有名的例子。唐朝懿宗的时候，有一个"优人"（相当于外国的 fool），名字叫李可及，最会说笑话。有一回庆祝皇帝生日，和尚道士讲经完了，李可及穿着儒士衣冠，登上讲台，自称"三教论衡"。旁边坐着一人，问："你既然博通三教，我问你，释迦如来是什么人？"李可及说："女人。"旁边那个人吃一惊，说："怎么是女人？"李可及说："金刚经里说，'敷座而坐'，要不是女人，为什么要夫坐而后儿坐呢？"又问："太上老君是什么人？"回答说："也是女人。"问的人更加不懂了。李可及说："道德经里说'吾有大患，为吾有身；及吾无身，吾复何患？'要不是女的，为什么怕有身孕呢？"又问："孔夫子是什么人？"回答说："也是女人。"问："何以见得？"回答说："论语说：'沽之哉！沽之哉！吾待贾者也。'要不是女的，为什么要等着嫁人呢？"这一个笑话包括三部分，第一部分利用"敷"和"夫"同音，"而"和"儿"同音（唐朝妇女自称为"儿"）。第二部分利用"有身"的两种解释，即歧义。第三部分利用"贾"字的两种读音，就是故意念白字，本来该念 gǔ，却把它念成 jiǎ（这是今音，但唐朝这两个音也是不同的）①。

一 谐声

很多笑话是利用同音字，也就是所谓谐声。谐声往往利用现成的文句。例如：

唐朝有个道士程子宵登华山，路上摔了跤。有一个做郎中官的宇文翰给他写信开玩笑，说："不知上得不得，且怪悬之又悬。"这里就是套用《老子》："上德不德，是以有德"和"玄之又玄，众妙之门"。《老子》是道家的经典，给道士的信里套用《老子》，妙得很②。

宋徽宗宣和年间，童贯带兵去"收复"燕京，打了败仗逃回来。有一天宫中演剧，出来三个女仆，梳的鬏儿都不一样。头一个梳的鬏儿在前面，说是蔡太师家里的。第二个梳的鬏儿

---

① 任〔54〕、王〔58〕，同引宋代高怿《群居解颐》。

② 王〔45〕引唐代朱揆编的《谐噱录》。

在旁边，说是郑太宰家里的。第三个满头都是鬏儿，说是童大王家里的。问她们为什么这么梳，蔡家的说："我们太师常常朝见皇上，我这个鬏儿叫作朝天髻。"郑家的说："我们太宰已经告老，我这个鬏儿叫做懒梳髻。"童家的说："我们大王正在用兵打仗，我这个是三十六髻。"这是用"髻"谐"计"。"三十六计，走是上计"是南朝齐就传下来的成语①。

明末清兵入关南下，当时的大名士并且在明朝做过大官的钱牧斋，穿戴清朝衣帽去迎降。路上遇到一位老者，拿拐棍儿敲他的脑袋，说："我是多愁多病身，打你个倾国倾城帽。"这两句是套用《西厢记》第一本第四折里的"小子多愁多病身，怎当他倾国倾城貌"。"帽"跟"貌"同音。把"貌"字换成"帽"字，连"倾国倾城"的含义也变了，由比喻变成实指了②。

笑话利用谐声，有时候透露出方言的字音。例如：

有一个私塾老师教学生念《大学》，先念朱熹的《大学章句序》，念了破句，把"大学之书，古之大学所以教人之法也"念成"大学之，书古之，大学所以教人之……"。让阎王知道了，叫小鬼去把他勾来，说："你这么爱'之'字，我罚你来生做个猪。"那个人临走说："您让我做猪，我不敢违抗，我有个请求：让我生在南方。"阎王问他为什么，他说："《中庸》书里说：'南方猪强于北方猪'。"（按：《中庸》原文是：子路问强，子曰："南方之强欤？北方之强欤？抑而强欤？"）这个笑话的关键在于拿"之"字谐"猪"字，这是部分吴语方言的语音，在别的地区就不会引人发笑了③。

苏州有一个王和尚，因为哥哥做了官，他就还俗娶妻，待人骄傲。有一天参加宴会，别的客人跟演戏的串通了整他。戏里边有一个起课先生穿得破破烂烂上场，别人问："你起课很灵，怎么还这么穷呢？"按剧本里的台词，起课人的回答是："黄河尚有澄清日，岂可人无得运时？"这位演员故意说道："被古人说绝了，说的是：王和尚有成亲日，起课人无得运时。"客人们大笑，王和尚赶快逃走。这也是利用苏州话里"黄"和"王"同音，"亲"和"清"同音。（改词跟原词既然同音，其区别大概在于语调上的分段，原词是2，2，3，改词是3，1，3）又，原词的上句有出处：《吴越备史》说，诗人罗隐投奔吴越，病重，吴越国王钱镠去看他，在卧室墙上题两句诗："黄河信有澄清日，后世应难继此才。"④

有时候，利用通假字的不同音义。例如"说"字本意是说话，又与"悦"字相通，古书里常常把"悦"写成"说"。明朝万历年间张居正做宰相，不让科道官提反对意见——科道指给事中和御史，都是所谓言官。有人就编个笑话来讽刺他。说是科道官出了一个缺，吏部文选司郎中向张居正请示，张居正说："科道官最难得适当的人，连孔子门下的几个大弟子也未必都合式。"郎中说："颜回德行好，可以用吧？"张居正说："论语里说，颜回听了孔子的话，没一句不说出去，不能用。"郎中说："子夏文学好，可以用吧？"张居正说："孔子说过，子夏这个人，听我讲道他也说，出去看见繁华世界他也说，不能用。"郎中说："冉求能办事，怎么样？"张居正说："孔夫子说，冉求啊，我讲的他没有不说的，不能用。"郎中说："子路这个人倒还

① 任〔145〕引宋代周密《齐东野语》。蔡太师是蔡京，郑太宰是郑居中，童大王是童贯。
② 任〔430〕引清代独逸窝退士《笑笑录》。
③ 周〔39〕引明代冯梦龙《笑府》。
④ 任〔206〕引明代冯梦龙《古今谈概》和浮白斋主人《雅谑》。

可以，就怕他太鲁莽。"张居正说："孔子去见南子夫人，子路不说，这个人可以放心用。"①

有一个私塾老师教学生念《大学》，念到"于戏前王不忘"，把"于戏"二字照常用的字音读了。学生的家长跟他说，应该读做"呜呼"。到了冬天，教学生念《论语》，注释里有一句是"傩虽古礼而近于戏"，老师把"于戏"读做"呜呼"。学生家长说，这是"于戏"。这老师很生气，在他的朋友跟前诉苦，说："这东家真难伺候，就只'于戏'两个字，从年头跟我闹别扭，一直闹到年底。"②

二 拆字

编笑话的人也常常在字形上做文章，主要是拆字。举三个例子。

宋朝国子监博士郭忠恕嘲笑国子监司业聂崇义，说："近贵全为聭，收龙只作聋，虽然三个耳，其奈不成聪。"聂崇义回答他说："莫笑有三耳，全胜畜二心。"③

明朝大学士焦芳的脸黑而长，很像驴脸。当他还没高升的时候，有一天跟他的同事李东阳说："您擅长相面，请您给我看看。"李东阳看了半天，说："您的脸，左边一半像马尚书，右边一半像卢侍郎，将来也要做到他们那么大的官。""马"左"卢"右，乃是"驴"字④。

清朝有一个平恕，做官做到侍郎。曾经做过江苏学政，大搞贪污，名声很坏。有人编了一出戏，名字叫《干如》，开场白是："忘八，丧心，下官干如是也。"看戏的都笑了。"干"是"平"字去掉"八"，"如"是"恕"字去掉"心"。这位学台后来被总督参了一本，奉旨革职充军而死⑤。

这三个笑话一个比一个尖锐，头一个还只是一般的开玩笑，第二个就有点叫人受不了了，末了一个是指着鼻子骂——大概那位学台大人不在场，要不然演员没这么大胆。

拆字以外，念白字也常常用来编笑话。举一个时代相当早——是宋朝——已经成为典故的例子。

相传有一位读书人路上经过一个私塾，听见里边的老师教学生念"都都平丈我"，进去纠正。事情传开之后，就有人编了个顺口溜："都都平丈我，学生满堂坐；郁郁乎文哉，学生都不来。"当时有一位文人曹元宠曹组，在一幅《村学堂图》上曾经题诗一首："此老方扪虱，群雏争附火。想当训诲间，都都平丈我。"⑥

三 歧义

在语义方面着眼的，首先是利用某些语词的多义性。例如：

有一个做小买卖的，儿子做了官，他成了老封翁。有一天他去见县官，县官请他上坐，他坚决不肯。县官说："我跟令郎是同年，理当坐在您下首。"这位老封翁说："你也是属狗的

---

① 任〔422〕引明代周晖《金陵琐事》。张居正引书的原文分别是"回也，非助我者也，于吾言无所不说（说＝悦，下同）"（论语·先进）；"自子夏，门人之高第也，犹云：'出见纷华盛丽而说，入闻夫子之道而乐，二者心战，未能自决'"（《史记·礼书》）；"冉求曰：'非不说子之道，力不足也'"（《论语·雍也》）；"子见南子，子路不说"（同上）。

② 周〔38〕引《笑府》。

③ 王〔84〕引宋代范正敏《遁斋闲览》。

④ 王〔367〕引《古今谈概》。

⑤ 任〔234〕引清代黄协埙《锄经书舍零墨》。

⑥ 王〔345〕引《古今谈概》。

吗?"这里就是利用"同年"的两种意义①。

有一个和尚做了几十个饼,买了一瓶蜜,在屋里吃私食。没有吃完要出去,把饼和蜜藏在床底下;交代徒弟:"给我看好饼。床底下瓶子里头是毒药,吃了就死。"和尚出去之后,徒弟把蜜涂饼,大吃一气,吃得只剩两个。和尚回来,看见蜜已经吃光,饼只剩两个,大骂徒弟:"你怎么吃我的饼和蜜?"徒弟说:"您出去之后,我闻见饼香,馋得熬不住,就拿来吃,又怕师父不肯饶我,就吃了瓶里的毒药寻死,没想到到现在还没死。"师父大骂:"你怎么就吃掉了这么多?"徒弟把剩下的两个饼塞在嘴里,说:"这么吃就吃掉了。"师父伸手要打徒弟,徒弟跑了。这里是利用"怎么"的两种意义:师父问"怎么"是"为什么"(why)的意思,徒弟故意把"怎么"理解为"怎么样"(how)的意思②。

有一个人尊奉儒释道三教,塑了三位圣人的像。一个道士来了,把老子的像安在中间。一个和尚来了,又把释迦的像挪到中间。一个书生来了,又把孔子的像挪在中间。这三位圣人相互说:"咱们本来好好儿的,被人家搬来搬去,把咱们都搬坏了。"这里是利用"搬"字的两种意义,搬动和搬弄③。

最早的笑话书相传是三国魏邯郸淳的《笑林》,里边有一条说:汉朝司徒崔烈用鲍坚做他的属下官。鲍坚第一回去见他,怕礼节搞错,向先到的人请教。那个人说"随典仪口倡",意思是赞礼官怎么说你就怎么办。鲍坚误会了,以为要他跟着赞礼官说。进见的时候,赞礼的说"拜",他也说"拜";赞礼的说"就位",他也说"就位"。坐下的时候他忘了脱鞋,临走的时候找鞋找不着,赞礼的说"鞋在脚上",他也说"鞋在脚上"④。(按:英语 Follow me 也可以有两种意思,电视节目里的"Follow me!"是"跟我说",回答问路的说"Follow me!"是"跟我走"。)

歧义的产生也可以是因为语句的结构可以有两种分析。有一个青盲(俗称睁眼瞎)跟人打官司,他说他是瞎子。问官说:"你一双青白眼,怎么说是瞎子?"回答说:"老爷看小人是青白的,小人看老爷是糊涂的。"这两句话的本意是:你看我看得清,我看你看不清。但是也可以理解为:你看,我是清白的;我看,你是糊涂的。这就变成大胆的讽刺了⑤。

有些词语,写出来,加上标点,就没有歧义了。"下雨天留客天留人不留",这是个老笑话,不用再说。还有一个也是常被人引用的。北齐优人石动筒问国学博士:"孔夫子的门下有七十二贤人,有几个是大人,有几个还没成年?"博士说:"书上没有。"石动筒说:"怎么没有?已冠者三十人,未冠者四十二人。"博士问:"何以见得?"石动筒说:"《论语》里明明说,'冠者五六人',五六得三十,'童子六七人',六七四十二,加起来是七十二。"⑥这要是写成"五、六人"和"六、七人",就不可能加以曲解了。

唐朝武则天时代有一个老粗权龙襄做瀛州刺史。过新年,有人从长安给他写信:"改年多感,敬想同之。"他拿信给衙门里别的官员看,说:"有诏书改年号为多感元年。"众人大笑,

---

② 王〔21〕引敦煌卷子本《启颜录》(相传为唐代侯白著)。
③ 周〔11〕引明代赵南星《笑赞》。
④ 王〔3〕引邯郸淳《笑林》。
⑤ 王〔206〕引浮白主人《笑林》。
⑥ 任〔19〕引《太平广记》247 卷引《启颜录》。

权龙襄还不明白①。要是当时有在专名旁边加记号的习惯，"多感"二字没有专名号，就不会误解了。

四 歇后及其他

笑话里也常常运用歇后语。先举一个《千字文》的例子。有一个县尉名叫封抱一，有一天来了一位客人，身材短小，眼睛有毛病，鼻子堵塞。封抱一用《千字文》歇后来嘲笑他："面作天地玄，鼻有雁门紫，既无左达承，何劳罔谈彼。"四句暗含着"黄、塞、明、短"四个字②。

另一个例子，有一个穷书生给朋友祝寿，买不起酒，奉上一瓶水，说："君子之交淡如。"主人应声说："醉翁之意不在。"分别隐藏"水"字和"酒"字③。

有一个用上句隐含下句的例子，也可以算是广义的歇后。梁元帝萧绎一只眼瞎，当他还是湘东王的时候，有一天登高望远，有个随从的官员说："今天可说是'帝子降于北渚'。"梁元帝说："你的意思是'目眇眇兮愁予'吧?""眇"是偏盲。这两句是《楚辞·九歌·湘夫人》里的④。

歇后是把要说的词语隐藏在别的词语背后，近似谜语。从修辞的角度看，跟歇后相对的是同义反复，笑话书里也有引用的。例如：有一个诗人作一首《宿山房即事》七绝："一个孤僧独自归，关门闭户掩柴扉。半夜三更子时分，杜鹃谢豹子规啼。"又作《咏老儒》，也是一首七绝："秀才学伯是生员，好睡贪鼾只爱眠；浅陋荒疏无学术，龙钟衰朽驻高年。"⑤

从信息的角度来看，不但是这种同义反复里边有羡余信息，一般言语里也有羡余信息。例如：有一个秀才买柴，说："荷薪者过来。"卖柴的因为"过来"二字好懂，就把柴挑到秀才跟前。秀才问："其价几何?"卖柴的听懂"价"字，说了价钱。秀才说："外实而内虚，烟多而焰少，请损之。"卖柴的不懂他说些什么，挑起柴来走了⑥。

笑话里不但可以涉及修辞学，还可以涉及逻辑学。有一个秀才很久不上县学老师那儿去了，县学老师罚他作文一篇，题目是《牛何之?》。这秀才很快把文章做完，它的结语是："按'何之'二字两见于《孟子》：一曰，'先生将何之?'一曰：'牛何之?'然则先生也，牛也，二而一，一而二者也。"这个结语的逻辑犯了中项不周延的毛病⑦。

最后说几个避讳的例子。从前有避讳尊长的名字的习俗，有时候就闹出笑话。避讳跟歇后一样，都是把要说的字眼隐藏起来，近似谜语。举两个例子。五代时冯道连着做了几个朝代的宰相，是个大贵人。有一个门客讲《老子》第一章，头一句就是"道可道，非常道"。这位不敢说"道"字，就说："不敢说，可不敢说，非常不敢说。"⑧

南宋时候有个钱良臣，官做到参加政事（副相），他的小儿子很聪明，念书遇到"良臣"就改称"爹爹"。有一天读《孟子》："今之所谓良臣，古之所谓民贼也。"他就念道："今之所谓爹

---

① 王〔346〕引《古今谈概》。案：此事见于唐代张《朝野金载》卷四。

② 王〔28〕引《太平广记》256 卷号《启颜录》。

③ 王〔264〕引明代江盈科《雪涛谐史》。

④ 王〔91〕引宋代天和子《善谑集》。

⑤ 王〔348〕引《古今谈概》。

⑥ 周〔20〕引明代赵南星《笑赞》。

⑦ 王〔201〕引明代浮白斋主人《雅谑》。按"先生将何之?"见于《孟子·告子下》，"牛何之?"见于《孟子·梁惠王上》。

⑧ 王〔109〕引宋代无名氏《籍川笑林》。

爹，古之所谓民贼也。"你说可笑不可笑①?

避讳不限于名字，也可以是不吉利的字眼。宋朝有个秀才叫柳冕，最讲究忌讳，应考的时候，特别忌讳"落"字。他的仆人不小心说了个"落"字，就得挨打。跟"落"同音的字都得忌讳，不说"安乐"，说"安康"。他考完了等发榜，听说榜已经出来，就叫仆人去看。一会儿仆人回来了，柳冕问他："我中了没有?"仆人说："秀才康了也。"②这个"康了"后来成了典故，《儿女英雄传》的作者就用上了，见第三十一回。

笑话要能达到引人笑的目的，必须听的人和说的人有共同的背景知识，如古书、成语、谚语、语音、文字等等，否则会"明珠暗投"。例如，不知道老子里有"上德不德"和"玄之又玄"，就不会懂得给道士的信里用上"上得不得"和"悬之又悬"的天然合拍;不知道有"三十六计，走是上计"的成语，也就领会不了"三十六髻"的深刻讽刺。

【简析】笑话这种具有简单故事情节的短小文体，是各民族语言普遍存在的现象，又有各民族自己的特色。笑话中有相当一部分是与不同的语言，包括语音、语义、词汇紧密结合在一起的，这种笑话往往必须对这种语言背景有所了解，才可以体会其可笑之处。吕叔湘的《笑话里的语言学》正是从语文家的立场分析这一部分笑话在语言学意义上的依据，是一篇严格意义上的学术论文。文章从谐声、拆字、歧义、歇后等四个类别，详细说明这些笑话的语言学依据。文章开头从笑话的类别入手，先就它的论述范围、所引材料和例子的出处加以限定，然后分类展开论析，列举一系列笑话实例，进行语言学的分析说明，最后结合汉语自身的特点，指出共同的语言知识背景是这些笑话令人发笑的前提。从这些简朴扼要的论述中，我们可以感受到汉语言的生动活泼，语言学的有理有趣，汉语的运用也应当是多姿多彩，洋溢着生活气息和生命活力的。

文章的论述朴实严密，有条不紊，而其论据常常令人发噱，虽是一篇学术论文，但读来倍感轻松，可见作者高超的语言驾驭能力。

【思考与练习】

一、在作者看来，与语言文字有关的笑话有几类?你能分别再举几个例子吗?

二、除了语言学之外，笑话还可能涉及哪些科学?请举例分析。

---

① 王〔136〕引元代仇远《稗史》。

② 王〔81〕引宋代范正敏《遁斋闲览》。

读书与写文章

李泽厚

李泽厚(1930—)，出生于汉口，祖籍湖南长沙。1954年北京大学哲学系毕业，进入中国社会科学院哲学所工作。1979年任研究员。1980年当选为中华全国美学会副会长。主要从事哲学、美学和中国思想史研究。主要著作有《批判哲学的批判》《中国近代思想史论》《中国古代思想史论》《中国现代思想史论》《美的历程》《美学论集》《美学四讲》《李泽厚论著集》等。

今天我和中文系七七级同学座谈，感到很亲切。首先祝大家今后取得远远超过我们这一代人的成就。

你们年轻一代人都走过一段自己的不平凡的道路。在过去的若干年中，你们耽误了不少时间，受到很大损失，付出了很大代价。但是，可以把付出的代价变为巨大的财富，把你们所体会的人生，变成人文——社会科学的新成就。要珍惜自己过去的经历，因为它能更好地帮助你们思考问题。你们这一代在自然科学方面要取得很大成就恐怕很难了，恐怕要靠更年轻的一代。但是，我希望你们在文学艺术创作方面、在哲学社会科学方面以及在未来的行政领导工作方面发挥力量。有些同学刚才跟我说，感到知识太贫乏。我觉得，知识不够，不是太大的问题。其实，一年时间就可以读很多的书。文科和理工科不同，不搞实验，主要靠大量看书。因此我以为有三个条件：一、要有时间，要尽量争取更多的自由的时间读书；二、要有书籍，要依赖图书馆，个人买书藏书毕竟有限；三、要讲究方法。我不认为导师是必要条件。有没有导师并不重要。连自然科学家像爱因斯坦都可以没有什么导师，文科便更如此。当然有导师也很好。不过我上大学的时候，就不愿意做研究生，觉得有导师反而容易受束缚。这看法不知对不对。不过，我觉得重要的是应尽早尽快培养自己独立研究和工作的能力。

学习，有两个方面。除了学习知识，更重要的是培养能力。知识不过是材料。培养能力比积累知识更重要。我讲的能力，包括判断的能力，例如：一本书，一个观点，判断它正确与否，有无价值，以定取舍；选择的能力，例如，一大堆书，选出哪些是你最需要的，哪些大致翻翻就可以了。培根的《论读书》讲得很好，有的书尝尝味就可以了，有的要细细嚼，有的要快读，有的要慢慢消化。有的书不必从头到尾地读，有的书则甚至要读十几遍。读书的方法很重要。读书也不能单凭兴趣，有些书没兴趣也得硬着头皮读。我说要争取最多的时间，不仅是指时间量上的多，而且更是指要善于最大限度地利用时间，提高单位时间的效率。有些书不值得读而去读就是浪费时间。比如看小说，我从小就喜欢看小说，但后来限制只看那些值得看的小说。读书最好是系统地读、有目的地读。比如看俄国小说，从普希金到高尔基，读那些名著，读完了，再读一两本《俄国文学史》，具体材料和史的线索结合起来就组织起你对俄国文学的知识结构。这就是说要善于把知识组织起来，纳入你的结构之内。读书的方法也是多种多样的。要善于总结自己的读书方法和学习经验，在总结中不断改进自己的方法，改进、丰富自己的知识结构，这也就算"自我意识"吧。培养快读习惯，提高阅读速度，也属于争取更多时间之内。古人说"一目十行"，我看可以做到，未尝不好，对某些书，便不必逐字逐句弄懂弄通，而是尽快抓住书里的主要东西，获得总体印象。看别人的论文也可以这样。

文科学生不要单靠教科书和课堂，教科书和课堂给我们的知识是很有限的，恐怕只能占5%到10%。我在大学里基本上没怎么上课，就是上了两年联共（布）党史课，因为你不去不行，他点名。我坐在课堂里没办法，只好自己看书，或者写信，别人还以为我在做笔记。（众笑）其实，我的笔记全是自己的读书笔记。我上大学时，好多课都没有开，中国哲学史没有开，辩证唯物主义和历史唯物主义则是我没有去听。那时候，苏联专家讲课，选派一些学生去，我没有被选上，当时我自己暗暗高兴，谢天谢地。当时苏联专家名声高，号称马列，其实水平不高。他们经常把黑格尔骂一通，又讲不出多少道理，我当时想，这和马克思列宁讲的并不一致。当时翻译了不少苏联人写的解释马克思主义的小册子，但是我翻读了几本之后就不再看了。现在看起来，我在大学占便宜的是学习了马列的原著，不是读别人转述的材料。所以还是读第一手材料，读原著好。我在解放前，偷偷读过几本马克思写的书，那时是当做禁书来读的，比如《路易·波拿巴政变记》等。我从这些书里看到一种新的研究社会历史的方法，一种新的理论，十分受启发。我们读了第一手材料以后就可以作比较判断，不必先看转述的东西。总之，我是主张依靠图书馆，依靠自己，依靠读原始材料。

下面谈谈"博"的问题。这个问题历来存在，也不容易解决好。我以为，知识博一些，知识领域宽泛一些比较好。在上大学的时候，我对文史哲三个系的弱点有个判断。我以为哲学系的缺点是"空"，不联系具体问题，抽象概念比较多，好处是站得比较高。历史系的弱点是"狭"，好处是钻得比较深，往往对某一点搞得很深，但对其他方面却总以为和自己无关，而不感兴趣，不大关心；中文系的缺点是"浅"，缺乏深度，但好处是读书比较博杂，兴趣广泛。说到贵系，大家可不要见怪呀。（众笑）我当时在哲学系，文史哲三方面的书全看。上午读柏拉图，下午读别林斯基，别人认为没有任何联系，我不管它。所以我从来不按照老师布置的参考书去看，我有自己的读书计划。其中读历史书是很重要的，我至今以为，学习历史是文科的基础，研究某一个问题，最好先读一两本历史书。历史揭示出一个事物的存在的前因后果，从而帮助你分析它的现在和将来。马克思当年是学法律的，但是他最爱哲学和历史。现在一些搞文学史的人，为什么总是跳不出作家作品的圈子？就是因为对历史的研究不够。一般搞哲学史的人不深不透，原因大半也如此。你们的前任校长侯外庐先生的思想史研究，之所以较有深度，就因为他对中国历史比较重视。研究社会现象，有一种历史的眼光，可以使你看得更深，找出规律性的东西。规律是在时间中展示的。你有历史的感受，你看到的就不只是表面的东西，而是规律性的东西。马克思主义的基本要点就是历史唯物论。对于一个事物，应该抓住它的最基本的东西，确定它的历史地位，这样也就了解了它。读历史书也是扩展知识面的一个方面。现在科学发展，一方面是分工越来越细，不再可能出现亚里士多德那样的百科全书式的学者；另一方面，又是各个学科的互相融合，出现了很多边缘科学。比如说控制论，是几个学科凑起来搞，这是从五十年代以来的科学发展的特点。做学生时知识领域面宽一些，将来可以触类旁通。学习上不要搞狭隘的功利主义。学习，要从提高整个知识结构、整个文化素养去考虑。如果自己的知识面太狭窄，分析、综合、选择、判断各种能力必然受影响受限制。

再来谈谈"专"的方面。这里只就写文章来说。读书要博、广、多，写文章我却主张先要专、细、深，从前者说是"以大观小"，这可说是"以小见大""由小而大"。你们现在搞毕业论文，我看题目越小越好。不要一开始就搞很大的题目。就我接触到的说，青年人的通病是开头就想搞很大的题目，比如说，"论艺术"、建立"新的美学体系"，等等，但一般很难弄好。你们也许会说，你一开始不也是搞体系，什么"研究题纲"之类的吗？其实那不是我的第一篇文章。我在大学里先搞的题目是近代思想史方面的一些很小的题目。着手研究，先搞大而空的题目，你无法驾驭材料，无法结构文章，往往事倍功半。开始搞的研究题目可以具体一点、小一点，取得经验再逐步扩大。所以，虽然有好些热心的同志建议，我现在仍不打算写建立哲学体系的专著。不是不能写，如果现在写出来，在目前思想界也可以出点风头，但是我觉得靠不住，我想以后更成熟时才能写吧。康德的哲学体系建立至今整整二百年了，今年在西德纪念他的主要著作出版二百周年。康德当时写书的时候，思想界充塞了多少著作啊，而惟有康德的书给予人类思想史以如此长远的影响。所以，我们要立志写出有价值的书，写出的东西能经得起时间的检验才好。写出的东西一定要对人类有所贡献，必须有这样的远大抱负。总之，如果读书多、广，又善于用这些较广泛渊博的知识处理一个小问题，那当然成功率就高了。所以可以有一个大计划，但先搞一个点或者从一个点开始比较好。此外，选择研究题目也很重要，我以为题目不应由别人出。我有某种观点、见解，才去选择题目。写文章和做诗一样，都要有感而发。有的人找不到研究题目，要别人代出题目，自己不知道搞什么，这就搞不好。应该在自己的广泛阅读中，发现问题，找到前人没有解决的问题或空白点，自己又有某些知识和看法，就可以从这个地方着手研究。选择题目，要想想这个题目有多大意义，成功的可能性有多大，要尽量减少盲目性，不能盲目选择目标。就好像石油钻井，要确实估计这个地方有油，才去打井。如果毫无估计，盲目地打，没有油，又随便挪一个地方，挪来挪去，人寿几何？

学术文章有三个因素，前人早已说过。一是"义理"，用我们的话说，就是新观点、新见解。二是"考据"，也就是材料，或者是新鲜的材料，或者是丰富的材料，或者是旧材料有了新的使用和新的解释。三是"词章"，就是文章的逻辑性强，有文采。你每写一篇文章，也应该估计一下可以在哪个方面做得比较突出，有自己的特色。总之，写文章要有新意，没有新意，最好不要写文章。

学术研究与各人的气质也有关系。有的人分析能力强，可以搞细致的精深的问题。现在国外的许多研究细极了，一个作家一部作品的细枝末节考证得十分清楚详细，这也是很有用的。不过就我个人来说，不习惯这样，不习惯一辈子只研究某一个人，考证某一件事，钻某个细节。我也是个人，他也是个人，为什么我就得陪他一辈子呢？划不来。（众笑）但是只要有人有兴致，也可以一辈子只研究一个作家、一本书、一个小问题。这也可以做出很有价值的贡献，现在似乎更应该提倡一下这种细致的专题研究。总之，研究题目、途径、方法可以百花齐放，不拘一格。既不能认为只有考据才算学问，其他都是狗屁、空谈（这其实是二流以下的学者偏见）；也不能认为考据毫无用处，一律取消，这是左的观点。

【简析】这是李泽厚先生 1979 年在西北大学中文系 77 级学生座谈会上的发言。

全文共分二个部分，分别讲述两个有着密切关联的问题：读书与写文章。在李泽厚先生看来，读书、学习的目的不仅仅在于积累知识、拥有材料，更重要的在于培养能力，培养分析、判断、选择的能力。同时读书要有效率，应当讲究学习方法。学会有目的、有选择、有系统地看书，善于把所学知识融会贯通到自己的知识结构中来。另外，还要学会积极主动地看书学习，不能被动地跟着教科书、课堂跑，要学会依靠自己、依靠图书馆，多读原始资料，强调广泛阅读。

和读书要博、广、多恰恰相反的是，李泽厚先生认为写文章则一定要专、细、深。选题应该小而具体，善于以小见大。同时所选题目最好是自己在阅读中发现的问题，应该有感而发，要有新意，要适合自己的气质。

这篇文章由于面对一群非常具体的特定处境的受众，所以目标明确，具有很强的针对性和感染力。李泽厚先生旁征博引、以身说法，既亲切生动又不乏深度，就是在今天看来，文中的许多观点仍然是充满了启发性和真理性。

【思考与练习】

一、读书与写文章之间是怎样的关系？请尝试阐述。

二、对于李泽厚先生所说的选题要"适合自己的气质"，你如何理解？

下编

应用写作

第一章 公文

第一节 公文概述

当上级需要给下级作出指示、要求或工作部署；当下级需要向上级汇报工作、反映情况，或请求指示、批准、协调、答复；当不相隶属机关之间需要商洽工作、询问和答复问题、请求批准和答复审批事项，公文都以其所具有的权威性、凭证性、便捷性、时效性等特性在各个机关之间发挥着重要的作用。公文为各机关、部门、企事业单位处理工作时实现科学化、制度化、规范化、程序化，提高工作效率提供了有效手段。一篇合格、有效的公文小则关系着所在单位的办事成效、发展步伐，大则影响到党和国家政策、路线、方针和决策的贯彻执行，甚至事关党和国家的安危存亡。因此，较好的公文写作能力理所当然地成为当代大学生应当具备的一项基本素质。

一、公文的定义与种类

（一）公文的定义

公文的历史源远流长，不同的时代有不同的种类。中共中央办公厅、国务院办公厅于2012 年 4 月 16 日联合行文，下发《党政机关公文处理工作条例》，自 2012 年 7 月 1 日起在全国推行。"党政机关公文格式"统一采用《GB/T 9704—2012》代替原来的《GB/T 9704—1999》。2013 年 2 月 22 日，中国共产党新闻网受权发布了《党政机关公文处理工作条例》（以下简称《条例》）。《条例》在全国全面推广开来。《条例》将"党的机关公文"与"行政机关公文"两大公文系列进行了整合统一，适应了中国共产党机关和国家行政机关（即党政机关）的工作需要，有利于推进"党政机关公文处理工作科学化、制度化、规范化"。公文处理工作是指"公文拟制、办理、管理等一系列相互关联、衔接有序的工作"，"应当坚持实事求是、准确规范、精简高效、安全保密的原则"。本章所述党政机关公文的写作主要涉及公文的拟制与办理，尤其是拟制部分。《条例》规定："党政机关公文是党政机关实施领导、履行职能、处理公务的具有特定效力和规范体式的文书，是传达贯彻党和国家的方针政策，公布法规和规章，指导、布置和商洽工作，请示和答复问题，报告、通报和交流情况等的重要工具。"

本章中所阐述的公文，就是指《条例》中规定的，党和国家行政机关在公务活动中，按照规定制定、具有惯用格式的，用以传达意图、沟通信息、解决问题、记载事项，从而实现"实施领导、履行职能、处理公务"功能的书面文字材料。对于个人所写的一些上报材料，如请示，即使在写作上与公文体例接近，也不归属于本章中所指的公文。《条例》规定："不得以本机关负责人名义向上级机关报送公文。"

（二）公文的种类

《党政机关公文条例》规定，党政机关公文种类主要有 15 种，即：决议、决定、命令（令）、公报、公告、通告、意见、通知、通报、报告、请示、批复、议案、函、纪要。公文新条例与旧有的办法和条例相比，原来只是党的公文的"决议"和"公报"成为党政机关统一共有的公文种类；原来属于国家行政公文的"命令(令)"、"公告"、"通告"、"议案"也成为党政机关统一共有的公文种类。新条例删除了"指示"、"条例"、"规定"三个文种。"指示"文种使用频率日渐稀少，其承担的"布置下级机关工作、提出开展工作的原则和要求"的功能，可以由决定、意见等文种承担。对于"条例"和"规定"的删除则并不代表不再使用，如《党政机关公文条例》本身就是条例，不过《党政机关公文条例》把它们作为"法规、规章方面的公文"，在"第三十九条"规定："法规、规章方面的公文，依照有关规定处理。外事方面的公文，依照外事主管部门的有关规定处理。"《条例》对党政机关公文文种的统一规范还包含电子公文，具体的种类还有待进一步提供示范和具体化。《条例》规定："党政机关公文含电子公文。电子公文处理工作的具体办法另行制定。"

公文按照不同的分类标准可以分为不同的种类。根据行文关系可以分上行文(下级机关向上级机关报送的公文，如"请示""报告""议案"等)；下行文(上级机关向所属下级机关的行文，如"命令(令)""通知""决定""批复"等)；平行文(不相隶属机关机关之间的行文，如"函")。

二、公文的特点

公文与文学性文字有明显的区别，它的基本特点主要有：

1. 法定性。首先是有法定的作者。公文的作者(制发者)必须由依法成立并能以自己名义行使权力、承担义务的机关来充当，其他单位不能随意制发公文。有些公文由特定机关或组织的领导人署名行文，如中华人民共和国主席令，这是领导人法定职权和领导人所在机关或组织领导集体意图的体现。第二，公文必须在法定的职权范围内制发，"行文关系根据隶属关系和职权范围确定"，不能越权制发。一般不得越级行文，即使有"特殊情况需要越级行文的，应当同时抄送被越过的机关"。第三，受文对象有严格的法定范围。公文有特定的受文对象(读者)，一般只限于主、抄送单位所确定的范围，公文只对特定受文对象的行为产生作用和约束力，具有普发性特点的公文，如公告、通告虽常省略受文时象，但也是公文宣告范围内的特指人群。下行文只限于该机关管辖范围以内、有隶属关系的下级机关或广大人民群众；上行文只限于有隶属关系的上一级机关；平行文用于不相隶属的机关之间。

2. 政治性。公文的基本内容是国家机关的决策意志、行动意图、公务活动的系统记录，直接反映了国家政权的施政方针和治理、管理的意图。作为传达贯彻党和国家方针、政策的重要工具，公文内容必须与党和国家的方针、政策、法律法规保持一致，以保证党和国家各项政令的统一性，保证政令畅通，而不能断章取义，任意曲解，毁损信息，更不能擅自制发与之相抵触的"土政策"。因此，公文具有鲜明的政治性。

3. 程式性。为了维护公文的权威性和严肃性，《条例》对公文的种类、适用范围、格式及公文构成各要素在公文中的表达方式、位置和顺序、行文关系、内容表述形式及技术性处理要求、制发程序、字体、字型、排版、用纸、印制质量和装订等内容作了较为统一的规定，以利于突出有关信息，提升办理事务的便捷性、有效性。不得随意更改公文格式和主观臆造新的种类。一是上行文，原则上主送一个上级机关，根据需要同时抄送相关上级机关和同级机关，不抄送下级机关；党委、政府的部门向上级主管部门请示、报告重大事项，应当经本级党委、政府同意或者授权；而属于部门职权范围内的事项则直接报送上级主管部门；公文对接的单位一般均是机关单位，除上级机关负责人直接交办事项外，不得以本机关名义向上级机关负责人报送公文，也不得以本机关负责人名义向上级机关报送公文；受双重领导的机关向一个上级机关行文，必要时抄送另一个上级机关。二是下行文，主送受理机关，根据需要抄送相关机关，若为重要行文则应当同时抄送发文机关的直接上级机关；党委、政府的办公厅（室）根据本级党委、政府授权，可以向下级党委、政府行文，其他部门和单位不得向下级党委、政府发布指令性公文或者在公文中向下级党委、政府提出指令性要求；需经政府审批的具体事项在经政府同意后可以由政府职能部门行文，此类公文中必须注明已经政府同意；党委、政府的部门在各自职权范围内可以向下级党委、政府的相关部门行文；涉及多个部门职权范围内的事务，部门之间未协商一致的，不得向下行文，对于擅自行文的必须纠正或者撤销；上级机关向受双重领导的下级机关行文，必要时抄送该下级机关的另一个上级机关。三是联合行文，同级党政机关、党政机关与其他同级机关必要时可以联合行文，若属于党委、政府各自职权范围内的工作则不得联合行文；党委、政府的部门依据职权可以相互行文；部门内设机构除办公厅（室）外不得对外正式行文。

4. 权威性。公文陈述相关内容，具有发言的权威性，一经制定发布，就成为有关机关单位办理有关事宜的法律依据和凭证，制发单位、受文单位及相关人员都必须认真遵守、执行和参照处理，不得任意违反、抵制或篡改。因此，公文的内容必须真实可靠，才具有权威性，如议案、意见等均需经过详细、周密、切实的调研、思考。

5. 实用性。公文是为指导工作，解决某些实际问题，推进工作顺利进展而制发的，"行文应当确有必要，讲求实效，注重针对性和可操作性"。需要针对具体事项、快速、真实、全面地传达信息，需要明确特定的对象、特定的地点、特定的时间和特定的问题。多数公文只在特定的时间、空间内，对特定的对象发生作用。因此，公文必须有很强的针对性，内容要具体明确，措施要具有可操作性，以便于有关方面在规定的时间内了解有关信息，并参照相关要求作出相应的行动。如，为了提高实用性，《条例》规定"下级机关的请示事项，如需以本机关名义向上级机关请示，应当提出倾向性意见后上报，不得原文转报上级机关"。

6. 时效性。公文一般都具有明确的效力时限和办理过程时限，以保证公文的效用。效力时限，是指行政公文的生效时间和效力终止时间。公文的生效时间一般从成文时间算起，一般不规定或宣布失效时间；但也有在特殊情况下规定生效和失效时间的，如修订后的法律、法规和规范性文件中同时宣布被修订的内容失效或废止情况。办理过程时限，是指公文对其起草、审核、签发、发布、办理、回复等环节所作的时间限制。

三、公文的作用

1. 规定约束作用。当公文作者是上级领导机关，需要传达政令，指导、布置工作时，此时的公文对下级具有指导作用，要求下级贯彻落实公文有关精神，进而达到预期目的。如决议、决定、命令（令）、通告、通知、通报、批复、纪要等。

2. 宣传示范作用。为了将典型的事例和一些重要精神宣传告知下级，让不相隶属的平级机关也可以得到启发，以便示范带动，这时候不便统一形成具体的规定，不是强制性命令或指示，可采用决定、意见、通报等文种。

3. 沟通协调作用。当公文写作者作为平行机关或不相隶属的机关，为了对某一事件达到行动上的协调一致，需要相互知照、商洽、沟通、协调，这时候常常运用函、转发性通知等。

4. 依据凭证作用。上下级、平行机关、下上级（含个人与单位之间）单位之间，需要凭借公文来提供一些文字依据和资料，从而便于查核或参照执行。这时常用指示性文件、知照性文件、报请性文件、函、纪要等文体。

5. 汇报请示作用。下级机关为了汇报或请求解决自身不能够确定、决定或解决的事件，同时又需要上级部门作出决定和指示时，则常常采用报告、请示、议案等文体制发公文。

第二节　公文的格式

一、公文格式

公文的格式是公文写作在文体选择、结构形式、打印要求等方面的规格、式样，它在一定形式上反映了公文写作的权威性和约束力。《党政机关公文处理工作条例》第九条规定："公文一般由份号、密级和保密期限、紧急程度、发文机关标志、发文字号、签发人、标题、主送机关、正文、附件说明、发文机关署名、成文日期、印章、附注、附件、抄送机关、印发机关和印发日期、页码等组成。"党政机关公文在具体操作中可以根据需要省略某些组成部分。

二、公文格式的主要要素

根据《党政机关公文格式》，版心内的公文格式组成要素分为版头、主体、版记三部分。置于公文首页红色分隔线（宽度同版心）以上的部分称为版头；公文首页红色分隔线（不含）以下至公文末页首条分隔线（不含）之间的部分称为主体；公文末页首条分隔线以下、末条分隔线以上的部分称为版记。

（一）公文的版头

公文的版头，有的称为"眉首"，一般由份号（公文份数序号）、密级和保密期限、紧急程度、发文机关标志、发文字号、签发人、版头中的分隔线等部分组成。根据需要，有的组成部分可以不需要，如份号（公文份数序号）、密级、签发人等。

1. 份号（公文份数序号）。份号即公文份数序号，是将同一文稿印制若干份时每份公文的顺序编号。如需标注份号，一般用6位3号阿拉伯数字，顶格编排在版心左上角第一行。涉密公文应当标明份号，以加强秘密公文的管理。

2. 密级和保密期限。公文尽管是在公务活动中采用的文体，但并不是所有的公文均需公开，涉密公文应当标明密级和保密期限。密级即秘密等级，分为"秘密""机密""绝密"三级。如需标注密级和保密期限，一般用3号黑体字，顶格编排在版心左上角第二行；保密期限中的数字用阿拉伯数字标注。密级和保密期限之间用"★"隔开。

3. 紧急程度。紧急程度是对公文送达和办理的时间要求，如需标注，一般用3号黑体字，顶格编排在版心左上角；如需同时标注份号、密级和保密期限、紧急程度，按照份号、密级和保密期限、紧急程度的顺序自上而下分行排列。紧急公文分别标明"特急""急件"。电报公文则分别以"特提""特急""加急""平急"标明。

4. 发文机关标志。发文机关标志是发文机关制作公文时使用的、规范样式的"文头"部分，它主要用以标明公文的作者，由发文机关全称或者规范化简称加"文件"二字组成，也可以使用发文机关全称或者规范化简称，同时避免歧义。发文机关标志印在公文首页上部，居中排布，上边缘至版心上边缘为 35 mm，一般使用小标宋体字，颜色为红色，以醒目、美观、庄重为原则。联合行文时，如需同时标注联署发文机关名称，一般应当将主办机关名称排列在前；如有"文件"二字，应当置于发文机关名称右侧，以联署发文机关名称为准上下居中排布。联合行文的公文有时也单独使用主办机关的名称。

5. 发文字号。发文字号简称"发文号"或"文号"，包括发文机关代字、发文年份和发文顺序号组成，编排在发文机关标志下空二行（一般为下面正文格式的二行间距）位置，一般居中排布。机关代字要简明适用；年份、发文顺序号用阿拉伯数字标注；年份应标全称，用六角括号"〔〕"括入，不能省略，如"2013"不能省略为"13"；发文顺序号要书写完整，不加"第"字，不编虚位（即1不编为0001），在阿拉伯数字后加"号"字。上行文的发文字号居左空一字编排，与最后一个签发人姓名处在同一行。联合行文，只标明主办机关发文字号。

5. 签发人。签发人一般是公文制发机关的法人代表或指定责任人，根据需要而确定是否必要。由"签发人"三字加全角冒号和签发人姓名组成，居右空一字，编排在发文机关标志下空二行（一般为下面正文格式的二行间隔）位置。"签发人"三字用3号仿宋体字，签发人姓名用3号楷体字。如有多个签发人，签发人姓名按照发文机关的排列顺序从左到右、自上而下依次均匀编排，一般每行排两个姓名，回行时与上一行第一个签发人姓名对齐。一般来说，上行文应当注明签发人姓名，最后一个签发人姓名与发文字号处在同一行。

6. 版头中的分隔线。分隔线为红色，与版心等宽，居于发文字号之下4 mm处。

另外，这里简要介绍一下首页版式的天头（上白边）、公文用纸订口及版心尺寸。天头，即版心上边缘至页面上边缘的距离，一般为37 mm ±1 mm，±1 mm是误差范围，即不能大于38 mm，且不能小于36 mm。上行文的天头留的空间大一些，便于上级机关和主管领导作批示或签署意见。公文用纸订口（左白边）为28 mm ±1 mm，版心尺寸为156 mm×225 mm。

版头主要样式如下：

　　0019（份号）

机　密★三年

特　急

　　　　　　　　　　××××文件（发文机关标识或版头）

　　×××发〔201×〕×号（发文字号）　　　　　　　　　　　　　签发人：×××

　　　　　　　　　　关于××××的通知（标题）

×××：（主送机关）

　　×××……（正文）

（二）公文的主体

公文的主体是公文的主要内容，是置于公文首页红色分隔线（不含）以下、公文末页首条分隔线（不含）以上的部分。它包括：标题、主送机关、正文、附件说明、发文机关署名、成文日期、印章、附注、附件等部分。

1. 标题。公文标题应当准确简要地概括公文的主要内容，并标明公文种类，一般由发文机关名称、公文事由和文种组成(标题"三要素")。它是对公文主要内容准确、简要的概括，字号大于正文。一般用2号小标宋体字，编排于红色分隔线下空二行位置，分一行或多行居中排布；回行时，要做到词意完整，排列对称，长短适宜，间距恰当，标题排列应当使用梯形或菱形。在具体使用过程中，标题的使用根据公文的种类和具体情况而有所不同，并非任何公文都必须具备"三要素"。公文标题中除法规、规章名称加书名号外，一般不用标点符号。"公文标题"部分需要防止拟写出的标题不规范、不明确、不简练，如将"请示"写成"关于……的请示报告"，将"关于延长图书馆开放时间的请示"写成"开放图书馆的请示"等。

标题要做到简明、准确、美观。简明是为了突出文章的主要信息。准确才能避免错误、歧义。在美观方面，一行标题居中排列；标题过长可以根据"词意完整，排列对称，长短适宜，间距恰当"等要求合理地分为多行排列，使用上下等长、上短下长、上长下短、上中下等长、上下短中间长、上短中下等长等多种美观的梯形或菱形样式。

2. 主送机关。是指要求公文予以办理或答复的主要受理机关，应当用全称，或规范化简称，或同类型机关的统称(如"各区县人民政府"、"各高校")。编排于标题下空一行位置，居左顶格，回行时仍顶格，最后一个机关名称后标全角冒号。如主送机关名称过多导致公文首页不能显示正文时，可将主送机关名称移至版记。在多个机关排列时要注意排位次序和正确运用顿号和逗号排列不同的单位，在同类型、相互并列的机关之间用顿号，在不同类型、非并列关系的机关之间用逗号分开。有些向全体对象发放的公文，有时可以省略主送机关，如(命)令和一些公告、通告、纪要等。

3. 正文。公文正文是公文的主体和核心部分，用以表述公文的缘由、目的、具体情况和要求等具体内容，通常由导语、主体、结语三部分组成。公文首页必须显示正文，不能有"此页无正文"的标注。一般用3号仿宋体字，编排于主送机关名称下一行(没有主送机关名称时则在标题下方)，每个自然段左空二字，回行顶格，数字、年份不回行。文中结构层次序数依次可以用"一、""(一)""1.""(1)"标注；一般第一层用黑体字、第二层用楷体字、第三层和第四层用仿宋体字标注。不同的文种正文，开头与主体的详略也有所区别，都需要简明、清楚、真实。对于比较长的主体最好采用小标题，合理分类、分段，段落首句使用主旨句引领。公文的结语一般都有较为固定的语句，应根据不同的类别选用，合乎郑重、规范的要求。

4. 附件说明。公文如有附件，在正文下空一行左空二字编排"附件"二字，后标全角冒号和附件名称。如有多个附件，使用阿拉伯数字标注附件顺序号(如"附件:1.××××××")，注明附件的具体名称和顺序号，不能笼统写成"附件如下"或"附件×件"的文字；附件名称后不加标点符号。附件名称较长需回行时，应当与上一行附件名称冒号后的首字对齐。

5. 发文机关署名、成文日期和印章。

根据公文是否加盖印章或签发人签名章分为三种情况，并注重美观，实效原则。

(1)加盖印章的公文。成文日期一般右空四字编排，印章用红色，盖印要端正、清晰，不得出现空白印章。单一机关行文时，一般在成文日期之上、以成文日期为准居中编排发文机关署名、印章端正、居中下压发文机关署名和成文日期，使发文机关署名和成文日期居印章中心偏下位置，印章顶端应当上距正文(或附件说明)一行之内。联合行文时，一般将各发文机关署名按照发文机关顺序整齐排列在相应位置，并将印章一一对应、端正、居中下压发文机关署名，最后一个印章端正、居中下压发文机关署名和成文日期，印章之间排列整齐、互不相交或相切，每排印章两端不得超出版心，首排印章顶端应当上距正文(或附件说明)一行之内。

（2）不加盖印章的公文。单一机关行文时，在正文（或附件说明）下空一行右空二字编排发文机关署名，在发文机关署名下一行编排成文日期，首字比发文机关署名首字右移二字，如成文日期长于发文机关署名，应当使成文日期右空二字编排，并相应增加发文机关署名右空字数。联合行文时，应当先编排主办机关署名，其余发文机关署名依次向下编排。

（3）加盖签发人签名章的公文。单一机关制发的公文加盖签发人签名章时，在正文（或附件说明）下空二行右空四字加盖签发人签名章，签名章左空二字标注签发人职务，以签名章为准上下居中排布。在签发人签名章下空一行右空四字编排成文日期。联合行文时，应当先编排主办机关签发人职务、签名章，其余机关签发人职务、签名章依次向下编排，与主办机关签发人职务、签名章上下对齐；每行只编排一个机关的签发人职务、签名章；签发人职务应当标注全称。签名章一般用红色。

发文机关署名，一般在正文下面的右下侧出现，是公文生效的标志。除特定的普发性公文（如"令"）外，一般以文字书写兼用加盖印章的形式具署，也就是说，新发布的公文格式增加了发文机关署名的要求。发文机关处具署个人名字的时候，这里的个人署名是法定代表，而不代表个人。成文日期书写要规范、完整，成文日期中的数字，要用阿拉伯数字将年、月、日标全，年份应标全称，月、日不编虚位（即1不编为01），不能用"·"代替"年""月""日"，或者省略部分数字，如"12年"或"2012·9·28"或"2012年09月28日"都是错误写法。

特殊情况也需适当调整，当公文排版后所剩空白处不能容下印章或签发人签名章、成文日期时，可以采取调整行距、字距的措施解决。务使印章与正文的一部分内容同处一面，不得采取标志"此页无正文"的方法解决。

6. 附注与附件。（1）附注是需要说明的其他事项，如公文的印发传达范围、注意事项、联系人及联系方式等。如有附注，用3号仿宋体字，居左空二字加圆括号编排在成文日期下一行。请示类均需加注联系人和电话。（2）附件是公文正文的说明、补充或者参考资料。是对附件名单的具体说明。需要另起一面开始编排，并放在版记之前，与公文正文一起装订。"附件"二字及附件顺序号用3号黑体字顶格编排在版心左上角第一行。附件标题居中编排在版心第三行。附件顺序号和附件标题应当与附件说明的表述一致。附件格式要求同正文。如附件因为较多或其他原因而不能与正文一起装订，应当在附件左上角第一行顶格编排公文的发文字号并在其后标注"附件"二字及附件顺序号。

公文主体样式如下：

关于××××的通知（标题，一般为2号小标宋）

×××：（主送机关）

　　×××。

（正文）

　　附件：1. ×××××××××××××××××××××××××××××

　　　　　2. ×××

×××××××××（发文机关署名）

（附件下居成文日期中，空行根据需要，可右空 2 字）

201×年×月××日（成文日期）

（发文机关署名下一行，一般右空 4 字或根据需要空 2 字）

（此件发至××级）（附注）

附件 1

××××××××××

××××××××××××××××××××××××××××××××××××

××××××××

（三）公文的版记

公文末页首条分隔线以下、末条分隔线以上的部分称为版记，它包括：抄送机关、印发机关、印发时间、印发日期。需要注意的是新的党政公文格式删除了"主题词"格式要素。

1. 版记中的分隔线。版记中的分隔线可根据需要设置多条，均与版心等宽，首条分隔线和末条分隔线用粗线（一般宜为 0.35 mm），中间的分隔线用细线（一般宜为 0.25 mm）。首条分隔线位于版记中第一个要素之上，末条分隔线与公交最后一面的版心下边缘重合。

2. 抄送机关。是除主送机关外，其他需要执行或知晓公文内容的其他机关。如有抄送机关，一般用 4 号仿宋体字，在印发机关和印发日期之上一行、左右各空一字编排。"抄送"二字后加全角冒号和抄送机关名称，回行时与冒号后的首字对齐，最后一个抄送机关名称后标句号。如需把主送机关移至版记，除将"抄送"二字改为"主送"外，编排方法同抄送机关。既有主送机关又有抄送机关时，应当将主送机关置于抄送机关之上一行，之间不加分隔线。

3. 印发机关和印发日期。印发机关和印发日期一般用 4 号仿宋体字，编排在末条分隔线之上，印发机关左空一字，印发日期右空一字，用阿拉伯数字将年、月、日标全，年份应标全称，月、日不编虚位（即 1 不编为 01），后加"印发"二字。版记中如有其他要素，应当将其与印发机关和印发日期用一条细分隔线隔开。在这里要注意"印发机关"与落款处的"发文机关"的区别，印发日期与公文成文日期的区别。印发机关是发文机关的一个办事机构，小于发文机关；印发日期是公文实际印制的时间，可以与成文日期相同，也可能在成文日期之后。印发机关后无印发份数，密级文件由份号规范。

抄送：×××、×××。（抄送机关）

××办公室（印发机关）   20××年×月×日印发（印发时间）

（四）公文页码

页码即公文页数顺序号。根据中共中央办公厅、国务院办公厅印发的《党政机关公文处理工作条例》制定的《党政机关公文格式》标准，增加了公文"页码"要素，页码位于版心外，并对页码添加格式进行了规范。要求一般用 4 号半角宋体阿拉伯数字，编排在公文版心下边缘之下，数字左右各放一条一字线；一字线上距版心下边缘 7 mm。单页码居右空一字，双页码居左空一字。公文的版记页前有空白页的，空白页和版记页均不编排页码。公文的附件与正文一起装订时，页码应当连续编排。页码的增设有助于公文的阅读、查询。

（五）公文格式

公文的版式按照《党政机关公文格式》国家标准执行。为了处理方便，公文具有特定的格式要求，一般需要采用准确的格式，在规范体式下有时也有一定的灵活性。

《党政机关公文格式》对字和行、用纸、版面、印制装订等也有规范。一字是指一个汉字宽度的距离。一行则指一个汉字的高度加 3 号汉字高度的 7/8 的距离。

公文用纸幅面尺寸采用 GB/T 148 中规定的 A4 型纸（成品幅面尺寸为：210 mm × 297 mm），一般使用纸张定量范围内的胶版印刷纸或复印纸，并对纸张白度、横向耐折度、不透明度、PH 值均有要求。特殊形式的公文用纸幅面，如粘贴式"通告"等则需要根据实际需要确定。

版面规范上，页边与版心尺寸方面，纸的天头（上白边）为 37 mm ± 1 mm，订口（左白边）为 28mm ± 1mm，版心尺寸为 156 mm × 225 mm。字体和字号方面，除特殊说明外，公文正文格式各要素一般用 3 号仿宋体字，如遇页面需要有正文内容等特定情况可以作适当调整。行数和字数方面，一般每面排 22 行，每行排 28 个字，并撑满版心。特定情况可以作适当调整。文字的颜色方面，除特殊说明外，文字的颜色均为黑色。

印制装订要求方面，制版的版面要干净无底灰，字迹清楚无断划，尺寸标准，版心不斜，误差不超过 1 mm；印刷要求双面印刷，页码套正，两面误差不超过 2 mm，并对黑色油墨、红色油墨应当达到色谱有固定要求。对于印刷出的成品要求着墨实、均匀，字面不花、不白、无断划。装订在左侧装订，不掉页，两页页码之间误差不超过 4 mm，裁切后的成品尺寸允许误差 ±2mm，四角成 90°，无毛茬或缺损。格式对骑马订或平订的公文的订位作了规定，总体需要做到无坏钉、漏钉、重钉、钉脚平伏牢固，并要求包本装订公文的封皮（封面、书脊、封底）与书芯做到"吻合、包紧、包平、不脱落"。

三、公文写作的主要要求

公文的写作要根据各自的隶属关系和职权范围确定，同时需要考虑行文的必要性、内容的可行性、文种的正确性。否则行文泛滥成灾，文件徒费工夫，行文毫无结果。

公文的写作特点及要求：

（1）格式符合规范。不规范的公文会被拒绝处理。行文关系不正确、文种选择错误都可能导致公文的发而无用。公文的格式要符合公文的文种、具体写作结构及用纸格式和印装格式等相关规范。

（2）内容准确切实。公文作为一种法规性文件，用以沟通和传达信息，也是一种凭证，不能任意捏造内容。

（3）思想正确合理。公文的写作需要把握正确的时代政策信息，公文作为一种机关的公务活动，所传递的都是与社会政治、经济、文化、社会生活紧密关联的内容，具有一定的向导性，必须正确把握好大方向。

（4）时效把握有度。公文的行文需要把握时间和形势发展的机会，不及时的公文产生不了应有的作用，公文写作时机不成熟也影响公文的效果。

（5）语言精练明白。公文的语言在表达上要做到准确、朴实、庄重、清楚。

第三节　常用公文的写作

一、通知与通报

（一）通知

1. 通知的文种特征

通知适用于发布、传达要求下级机关执行和有关单位周知或者执行的事项，批转、转发公文。主要包括发布、传达事项，批转、转发公文。发布、传达事项又包括要求下级机关执行的事项、有关单位周知的事项、有关单位执行的事项等。通知是适用范围较为广泛、使用最多的一种公文，写法较为简便、灵活，在党政机关、企事业单位、社会团体中普遍使用，种类多样。为了便于使用，新条例在描述"通知"文种时候，对其中的限定性内容有所删除和简化，以便于党政公文共同使用，而并不代表相应功能作用的完全丧失。

通知具有适应范围的多样性、一定的指导性、较强的时效性、作者的普适性等特点。通知使用范围广泛，写作也没有命令（令）那样的严格；具有一定的指导功能，通知发出后，相应的工作应当根据通知的精神开展；通知具有较强的时效性，总是在事件发生之前作出指导性要求；通知不受机关性质和级别层次的限制，可以在各级机关之间使用。

在拟写中要注意公文式通知与日常通知的区别，不要将日常通知公文化，造成公文通知泛滥。

2. 通知的类别常识

根据通知的内容、性质和作用，通知可分为五种：发布性通知、批转性通知、指导性通知、会议通知、一般性通知。

（1）发布性通知。用于发布法规或制度，具有较强的指导性和政策性。如《中共中央办公厅　国务院办公厅关于印发＜党政机关公文处理工作条例＞的通知》（中办发〔2012〕14号）。发布性通知通常在文件的开头交待发布本法规或制度的重要性、必要性及贯彻执行时的注意事项等，这类通知常有附件用以对有关内容进行阐释、解说，或者在通知后直接接排发布内容。

（2）批转性通知。用于批转或转发各类公文。包含批转式通知、转发式通知两种，前者如《国务院批转发展改革委等部门关于深化收入分配制度改革若干意见的通知》（国发〔2013〕6号），后者如《国务院办公厅转发安全监管总局等部门关于依法做好金属非金属矿山整顿工作意见的通知》（国办发〔2012〕54号）、《转发中共中央组织部办公厅＜关于2013年"千人计划"部分项目申报工作的通知＞的通知》（×组〔2013〕6号）。这类通知中需要陈述批转的要求，常带有附件用以作为有关单位行动的参考依据，或者在通知后直接排版批转的"意见"等内容。

（3）指导性通知。也称指挥性通知。用于上级机关对下级机关，单位就某项或某方面工作作出部署、提出要求，又不宜采用命令（令）行文时，此类通知主要包含执行的内容、必要性及具体步骤。如《国务院办公厅关于2013年部分节假日安排的通知》、《关于印发＜关于总署机关和直属单位贯彻落实2013年反腐倡廉工作的分工意见＞的通知》（新出联〔2013〕3号）。

（4）会议通知。形成文件的会议通知适合于比较重大的并且涉及到自己单位以外的较多人员联合举行的会议，会议的规格高、规模大、筹备时间长，召开要花费较大的精力，如《中共××省委高校工委关于召开 2013 年度全省高校组织部长会议的通知》（×委高〔2013〕19号）。再如后面列举的《关于中国独立学院 2008 年年会暨第五次独立学院峰会的通知》，该通知需要介绍会议的名称、召开的缘由，会议召开及报到的时间、地点，与会人员经费、会议议程事项及要求等内容。

（5）一般性通知。用于上级机关的有关事项需要下级机关照办或知晓时的通知，如机构设置、人事任免、公章启用类通知等，此类通知交代一些具体的要素即可。如《国务院关于机构设置的通知》（国发〔2013〕14 号）。新条例删除了"任免人员"的表述，但是通知还是可以承担此项功能，如《杭州市人民政府关于免去×××等同志职务的通知（杭政干〔2013〕×号）。再如某市安全局的公章启用类通知《关于启用×××××印章的通知》（×安监〔2012〕35 号）。

3. 通知的主要结构及写作指要

（1）标题相对完整。结构要素：发文机关名称＋事由＋文种；事由＋文种。与日常通知只用"通知"二字不同，公文的通知属于一种正式的书面文体，日常通知比较灵活，但是作为党政公文中的文字性通知都带有较大的约束力，格式也需要比较规范，标题主要由发文机关名称、事由、文种，或由事由、文种构成。如《教育部关于在高等学校开展反对餐桌浪费专项行动的通知》（教发函〔2013〕29 号）、《长沙市人民政府关于发布 2012 年至 2013 年度最低工资标准的通知》（长政函〔2013〕3 号）。

（2）主送机关。通知的主送机关可以有一个或多个，有多个时要防止遗漏，并注意按照有关的规定正确排列顺序。如《国务院关于印发＜国务院工作规则＞的通知》（国发〔2013〕16号）中的主送机关为"各省、自治区、直辖市人民政府，国务院各部委、各直属机构"。

（3）正文。发文缘由（目的、意义）＋主要事项＋具体要求。

（4）结语。通知的结尾常用"特此通知"等结束语作结。

4. 通知写作的注意事项

（1）防止滥发通知。能够用日常通知，或在平行单位之间用函达到告知目的的事项，不要用公文式通知发文。

（2）交代特殊情形。对于特殊的通知，在标题中需要加上文字说明，如"关于……的紧急（补充、联合、重要）通知"等。有作参照执行的附件时，要规范地进行标注。

（3）细化通知环节。通知具有指导性，要认真地从措施、时间、步骤等方面作出具体、明确、细致、周密的说明，避免通知归于笼统、事项无法落实。

（4）讲求事前时效。通知是事前撰写的公文，需要在事项结束以前就得到办理、尽快执行或知晓等，时间过期则没有意义。

（5）规范标题标点。批转式通知制定标题时要确定"批转"或"转发"类别，不要轻易使用书名号。当被批转（转发）的公文是法规或规章类时一般用书名号，如《中共中央关于印发＜党政领导干部选拔任用工作条例＞的通知》；转发层次较多的公文可采用"直接转发"的方法简洁化处理，避免多次出现"通知"二字，如《××市人事局转发人事部关于变更国家公务员行政处分后有关问题的通知》，其中就略去省人事厅的转发通知；被批转（转发）的公文属于联合行文时，在主发机关后加"等部门"对发文机关进行简洁化处理，如《国务院办公厅转发民政部等部门关于加强见义勇为人员权益保护意见的通知(国办发〔2012〕39 号)》、《国务院办公厅转发教育部等部门关于进一步加强学校体育工作若干意见的通知》(国办发〔2012〕53 号)。

[例文]

教育部办公厅 文化部办公厅 财政部办公厅
关于开展 2013 年高雅艺术进校园活动的通知
教体艺厅函〔2013〕10 号

各省、自治区、直辖市教育厅(教委)、文化厅(局)、财政厅(局):

为贯彻党的十八大精神和教育规划纲要,落实立德树人根本任务,提高学生艺术修养和文化素质,经研究决定,2013 年继续开展以"走近大师,感受经典,陶冶情操,提高修养"为主题的高雅艺术进校园活动。现就有关事项通知如下:

一、活动内容

1. 组织国家级艺术院团和优秀地方艺术院团赴 30 个省(区、市)的高校演出京剧、昆曲、话剧、交响乐、歌剧、芭蕾舞、民族民间音乐歌舞、地方戏曲等经典作品,计划安排 290 场左右。

2. 组织全国高等学校艺术教育专家讲学团赴中西部地区高校举办音乐、舞蹈、戏剧(戏曲)、美术、书法(篆刻)、影视等艺术教育专题讲座,计划安排 150 场左右。

3. 组织北京高校学生走进国家大剧院参加周末音乐会、经典艺术讲堂、艺术院校舞台艺术精品展、重点剧目演出等活动,计划安排 100 场左右。

4. 组织各省(区、市)开展"普通高校和中学普及高雅艺术活动"。组织高校学生艺术团赴高校和社区演出,组织地方艺术院团赴高校和中学演出交响乐、民族音乐和地方戏曲等,计划安排 400 场左右。

二、活动要求

各地要充分认识活动的重要意义,高度重视,切实加强领导,制订活动实施方案和安全工作预案,认真组织实施。各有关单位要各司其职,确保各项工作落实到位;要加大宣传力度,利用广播、电视、网络、报纸等多形式、多途径宣传,为活动的深入健康发展营造良好的舆论氛围;要厉行勤俭节约,按照朴素、实用、适用的原则组织开展活动,提高活动效益,营造良好的育人环境。

三、活动经费

中央财政安排专项经费,专项支付国家级艺术院团和优秀地方艺术院团赴各地高校演出的食宿交通费及相关费用,补贴各省(区、市)和高校承接演出的相关费用;支付北京高校学生参加国家大剧院活动的费用;支付专家讲学团赴各地的交通费、讲课费等;补贴各省(区、市)组织的学生艺术团和地方艺术院团的演出费用。各有关单位必须按照国家经费管理使用规定,专款专用,严格开支标准,提高资金使用效益。

四、材料报送

1. 宣传材料

为加强对活动的宣传,请各地、各高校和各演出院团制作本单位开展高雅艺术进校园活动的专题(宣传)片,要求:数字视频为 mpeg2(DVD)格式,分辨率 PAL 制 720×576,25 帧/秒,时长不超过 10 分钟,内容突出本地(本单位)高雅艺术进校园活动的亮点、特色和学生参与活动的感受与建议。专题(宣传)片于 2013 年 12 月 30 日前寄至教育部体育卫生与艺术教育司全国高雅艺术进校园活动组委会办公室,地址:北京西单大木仓胡同 37 号,邮编:100816,电话:010－×××××××。

各地、各高校和各演出院团要开设高雅艺术进校园活动专题网页。在演出、讲学等活动结束后 10 日内,将网页链接地址连同简报、现场照片和节目单电子版本报组委会邮箱:×××××××。

2. 调查问卷

组织观看国家级和优秀地方艺术院团演出及参与国家大剧院活动的学生现场填写高校学生调查问卷(见附件 1),每场演出回收问卷不少于 200 份。省级教育行政部门工作人员和承接演出的高校有关部门工作人员填写教育行政部门和高校调查问卷(见附件 2)。国家级艺术院团和优秀地方艺术院团负责人员填写演出院团调查问卷(见附件 3)。各有关单位在活动结束后 10 日内,将上述问卷寄至教育部体育卫生与艺术教育司全国高雅艺术进校园活动组委会办公室,地址:北京西单大木仓胡同××号,邮编:×××××,电话:010－×××××××。

五、联系人及联系方式

教育部体育卫生与艺术教育司××,电话:010－×××××××。
文化部艺术司××,电话:010－×××××××。
附件:1.2013 年高雅艺术进校园活动高校学生调查问卷
　　　2.2013 年高雅艺术进校园活动教育行政部门和高校调查问卷
　　　3.2013 年高雅艺术进校园活动演出院团调查问卷

教育部办公厅 文化部办公厅 财政部办公厅

2013 年 4 月 23 日

附件

(略)

(例文摘自:http://www.gov.cn/zwgk)

【简析】这是一份结构较为完整的指导性通知,有标题、发文字号、正文、附件、发文机关署名等,公文要素完整,发出的通知内容对有关工作起指导性作用,对有关部门具有约束力。标题完整,包含发文机关名称、事由、文种,排列为上下等长式;发文字号规范准确,联合行文,只标明主办机关发文字号;多个主送机关排位时,次序正确、合理;正文由缘由、事项组成,缘由交代了制发本通知的目的、事项,事项部分的内容就活动开展的活动内容、活动要求、活动经费、材料报送、联系人及联系方式等作了详细的安排与说明;附件标注规范。

（二）通报

1. 通报的文种特征

通报是用于表彰先进、批评错误、传达重要精神、告知重要情况，进而推动或改进工作的公文文种。

通报具有明确的教育性、题材的典型性、较强的时效性、内容的具体性等特点。通报通过对较为重大的、具有倾向性的事例进行表扬和批评，以提醒人们学习先进、警戒错误，具有明显的教育作用；通报的事件要典型，要能够深入人心、能够震撼人心；通报的事件应当是新近发生的，与人们的生活、工作、学习密切相关的事实，能够引起人们的关注；通报的内容要真实、具体，这样才能打动人。

2. 通报的类别常识

（1）表彰性通报。主要是用来表彰先进个人或单位，介绍先进经验或事迹，分析可贵精神，指出主要经验、具体要求，树立典型，号召学习，促进进步，推广典型形象和经验。表彰通报要以具体事实为依据介绍先进事迹，点明先进事迹的性质和意义，交代表彰决定，发出向先进事迹和人物学习的希望和号召。表彰性通报在规格上不如嘉奖令和表彰决定。如《××市关于表彰 2012 年度工作先进单位和个人的通报》。

（2）批评性通报。主要是用来批评错误，要求被通报批评或处分者和传达范围内的人员吸取教训，引以为戒，以防止类似事件的发生。批评性通报要陈述清楚错误的事实或现象，分析错误的性质及危害的严重后果、原因，交代惩罚的缘由、决定和治理措施，总结教训，提出要求，如《××关于"汉芯"系列芯片涉嫌造假的调查结论与处理意见的通报》、《关于××干部工作时间参与打牌赌博问题的处分情况通报》。

（3）告知性通报。主要是在一定范围内及时告知重要工作信息与情况，提供给有关方面参考，所以写作中一般要交代通报的缘由与目的，具体的情况、信息。如《市政府网站 2013 年第一季度留言办理情况通报》。

3. 通报的主要结构及写作指要

（1）标题。结构要素：发文机关+事由+文种；事由+文种；发文机关名称+文种；也可只写"通报"二字，省略发文机关或事由。如《××县政务通报》、《关于对××建筑安装集团有限公司管理失控问题的通报》。

（2）主送（受文）机关。署名规范，可以有一个或多个主送单位，有的通报属于让全社会共同了解的，有时可不写。如《国家卫生部关于强生婴儿化妆品有关问题的通报》。

（3）正文。由三部分构成：发文缘由、根据+通报的事件、人物、具体事项+评述+采取的决定、措施、要求。通报比之嘉奖性命令，可以更加详细、生动一些。

（4）发文机关标志。按照要求在正文后的右下角具署发文机关全名，并按照公文要求和标准加盖公章。

4. 通报写作的注意事项

（1）时机要适当。撰写通报要把握时机才能事半功倍，并非所有的通报都是越快越好。要对事情有深入的了解，例如有的"面子事迹"一出现就发出表彰通报，事情水落石出时就会贻笑大方。

（2）事例要典型。通报需要表扬或批评的事件或人物都需具有代表性，能够起到典型示范、以点带面、震惊告诫、榜样示范、启发诱导等类似作用。

（3）内容要真实。事例真实是通报的生命。撰写通报要抓住主要的情节、经典的细节进行合理分析，阐明道理，以事实服人。

（4）褒贬要适度。通报的内容陈述、用词造句必须客观严谨，讲究分寸。

（5）结构要到位。一般为：介绍事实＋分析情况（性质和意义）＋阐明决定＋提出要求。

［例文］

××县人民政府办公室关于表彰2012年度行政审批绩效考核
先进部门和优秀便民服务中心的通报

×政办发〔2013〕17号

各镇人民政府，各街道办事处，县政府各部门、直属各单位：

2012年，我县行政审批和便民服务工作紧紧围绕县委、县政府工作部署，坚持以"高效、便民、优质"为目标，创新行政审批服务方式，规范便民服务中心建设，为提高我县审批服务效能、优化政务服务环境作出了贡献。根据《××县行政审批服务管理办法》（×政发〔2011〕63号）和《关于加强镇（街道）便民服务中心建设的意见》（×政发〔2011〕32号）等有关规定，经研究，决定对××××等3个行政审批绩效考核先进部门、××等3个优秀便民服务中心予以通报表彰。

希望受表彰的单位珍惜荣誉、再接再厉，各镇（街道）、各部门（单位）要以先进为榜样，求真务实，开拓创新，为促进我县经济社会发展作出更大的成绩。

附件：2012年度行政审批绩效考核先进部门和优秀便民服务中心名单

××县人民政府办公室

2013年2月19日

附件：

2012年度行政审批绩效考核先进部门和优秀便民服务中心名单

一、行政审批绩效考核先进部门

（具体内容略）

二、优秀便民服务中心

（具体内容略）

（例文摘自 http://www.haiyan.gov.cn）

【简析】这是一则表彰性通报。标题由"事由＋文种"组成；按要求排列多个主送机关；正文简要概述了通报背景、缘由、依据、希望等，有表彰对象附件，概述精当，要素全面；落款规范。

二、报告与请示

（一）报告

1. 报告的文种特征

报告是下级向上级机关汇报工作、反映情况、提出意见、答复上级机关询问时使用的重要公文。属于陈述性上行文。主要用于让上级机关了解本单位的工作进展(成绩和经验)、存在的困难和问题及后期工作计划等情况，为上级机关制定决策和指导工作提供依据。

报告具有行文的单向性、陈述性、事后性等特点。报告用于向上级反映情况，不需要上级机关给予对应的回复；报告需要直接陈述情况，不要含蓄曲折；均用于事件开展之后，针对具体进展进行汇报，有的报告中还有一定的情况分析和意见反映。

2. 报告的类别常识

报告按内容的性质可以分为综合报告和专题报告，综合报告是下级在一定时期内对工作整体情况或对某项重大活动整体情况的报告；专题报告与综合报告相对应，是阐述单位工作的某一方面或反映本单位某部门的工作情况的报告。

根据需要上级批转的情况，报告可以分为呈转性报告和呈报性报告；根据递交时间期限的不同，可分为定期报告和不定期报告等；根据内容反映的具体情况又可以分为工作报告、情况报告、答复报告、递送报告等类别。

(1)工作报告。是在正常事务活动中向上级或一定群体汇报、告知本机关工作有关内容的报告，主要是根据既定工作安排，常规性地向上级汇报，便于上级领导了解工作状况。

(2)情况报告。用于除正常事务外，向上级反映在工作推进进程中的突发性重大情况和出现的新事物、新动态、新风气等。及时上报情况报告，可以让上级对下级部门的工作进展状况了如指掌，对于改进工作安排、预防小问题发展为大事故发挥积极作用。也有的在对本职责范围内的工作情况和存在的问题进行思考的基础上，提出改进意见，提供给上级审定。

(3)答复报告。答复报告是下级机关针对上级机关提出的询问或要求，经过深入调查研究和切实采取措施开展工作后而呈送的报告。答复报告要针对问题，有的放矢，不能答非所问，回避问题。

(4)递送报告。递送报告是向上级呈报文件、物件的说明性报告文种，正文主体一般比较简短。正文主要交代报送缘由、报送文件或物件的名称、数量等，以"现将××报上，请查收"等惯用语作结。

需要说明的是，事务性的调查报告、日常应用性的读书报告、专用性业务非常强的审计报告及立案报告等，虽然标题中有"报告"二字，但不属于公文"报告"的范畴，不能相互混淆、等同。

3. 报告的主要结构及写作指要

报告通常由标题、主送机关、正文、落款等部分组成。

(1)标题。结构要素：发文机关 + 事由 + 文种，如《××大学关于2010—2012年度检查中存在问题整改情况的报告》；事由 + 文种，如《关于当前文字改革工作和汉语拼音方案的报告》。

(2)主送机关。只有一个上级机关或专业部门，如需其他相关的上级机关阅知，以抄送的形式呈送。

(3)正文。导语 + 主体 + 结尾。导语简要交代报告的写作依据、起因，概述工作所取得的成绩等，可以采用根据式、背景式、目的式、叙事式等方式开头；主体部分详细汇报工作主要措施及进展，如工作情况、措施、成效、今后打算等，可以采用"情况、缘由、教训、措施"式、总结式、小标题列项式、总分总式等方式陈述；结尾单独成段，选用"特此报告"、"以上报告，请审阅"、"以上报告如无不妥，请批转各地参照执行"、"请收阅"(送文件)、"请核收"（送物件）等惯用语结束。

（4）落款。在正文后右下角签署发文机关单位或主要负责人、发文日期。如有附件，在落款前、正文后左下角标注。

4.报告写作的注意事项

（1）"报告"中夹带"请示"内容。正确的应当是报告文种中不带"请示"事项。

（2）主送机关只有一个。其他需同时报送的上级机关以抄送方式处理。

（3）重点不突出。报告有多种类别，需要根据具体的类别进行写作。综合报告切忌面面俱到；专题报告一事一报；答复报告直面问题；递送报告报明文件或物件的名称、数量等。各类报告需要突出重点、详略得当。

（5）实事求是。要全面而不是片面陈述工作的情况。要根据事实分析、判断工作中所取得的成绩与存在的问题。

（5）条理清晰。分项、分类陈述报告内容（如按照情况、问题、经验、意见等几个方面），避免杂乱无章、交叉重复。

（6）用语得当。语气要委婉、谦和，不用指令性语言，根据不同的类别采用相应的惯用语作为结语。

［例文］

××市局2012年政府信息公开工作情况报告

2012年以来，我局深入贯彻实施《政府信息公开条例》，进一步完善相关制度，规范公开内容，拓展公开形式，强化公开监督，从推进依法行政、完善管理制度入手，以提高服务质量、增强税收执法的透明度和办事效率为着力点，形成了规范化、制度化、信息化的政府信息公开格局，实现了与企业、公众的良性互动，有效推进了政府信息公开工作的顺利开展。截至年底，共计在××市政府信息公开平台发布信息××条，累计在××国税网站发布信息××条。

一、2012年政府信息公开情况

（一）健全管理体系，完善信息公开的领导机制。把信息公开作为推进"阳光政务"的一项核心工作来抓，切实强化全年工作部署。一是强化组织领导……。二是认真学习贯彻……。三是完善年度方案……。

（二）优化公开平台，完善信息公开的发布机制。一是以信息化手段推进信息公开……。二是借国税子网站深化信息公开……。三是突出窗口作用推行阳光办税……。

（三）强化日常监督，完善信息公开的考核机制。积极采取有效措施，加大对执法与行政的群众监督，确保信息公开工作得到落实。一是公开监督渠道……。二是推行领导接待日制度……。三是组织新闻通告……。

（四）注重工作实效，完善信息公开的结合机制。抓好信息公开与各项工作的结合，进一步增强我市国税系统干部职工素质，树立了国税良好的形象。一是与规范执法相结合……。二是与作风建设相结合……。三是与纳税服务相结合……。

二、存在的不足及下一步工作安排

（一）问题和不足。主要表现为以下几个方面：(1)公开信息时效性有待进一步提高，各单位对该项工作重要性的认识还需增强；(2)部门协同仍需进一步强化，公开信息的分工落实机制有待进一步健全；(3)信息公开工作的规范化程度还需提升，公开信息的栏目分类、格式等还需进一步统一。

（二）下一步工作安排。(1)提升工作时效。进一步加大对该项工作的考核力度，进一步完善工作分工，加强日常工作督促，努力提高信息公开的时效性；(2)完善工作制度。紧紧围绕"以公开为原则，不公开为例外"的工作要求，对各栏目内容进行科学分类，规范信息公开中的工作细节；(3)加强人员培训。在组织好各单位责任人员的培训的同时，加强工作分工配合，提高责任意识和效率意识。

××市国家税务局
2013 年××月××日

（例文摘自 http：//zfxxgk．jiaxing．cn）

【简析】从标题上看，本文属汇报类情况报告。文章围绕"政府信息公开工作"分为"2012年政府信息公开情况"和"存在的不足及下一步工作安排"两大部分陈述。对于从"2012 年政府信息公开情况"，从"健全管理体系，完善信息公开的领导机制""优化公开平台，完善信息公开的发布机制""强化日常监督，完善信息公开的考核机制""注重工作实效，完善信息公开的结合机制"四个方面分别陈述了有关的情况。"存在的不足及下一步工作安排"也分开两个部分对相关内容给予了简练分析。全文采用总分条文式结构，层次清楚，结构严谨，成绩与问题并述，过去的做法与未来改进意见兼具，内容较为全面，结构比较完整，各要点标题基本对称，语言较为协调、准确、得体。

（二）请示

1.请示的文种特征

请示是下级向上级机关请求指示、审核、批准时使用的公文。请示应当一文一事，不得在报告等非请示性公文中夹带请示事项。请示类的公文主要适用于：上级机关明确规定经批准才能处理的事项；本单位职权范围内不能解决而需要上级机关协调解决的问题；因为形势的变化而难以准确把握工作的具体方针政策时；单位内分歧严重，无法统一意见的重大事项；需要上级机关或部门解决本机关、本单位的人力、财力、物力等问题。总之，凡是本单位无权、无力、无法解决的事项，需要请求上级机关给予支持或答复的时候都要用请示。

请示具有呈批性、期复性、单一性、针对性等特征。请示是具有双向对应性的文体之一，上级机关不管是否同意请示的事项，都必须在一定时期内给予答复；请示者在呈递请示后具有很强的期盼答复的心理；请示必须遵循"一事一请"的原则，不能在同一请示中涉及多项请示；请示需要针对本单位确实无力解决的事情进行请示，不是凡事必请。

2.请示的类别常识

(1)请求核准型。需要上级核实、批准、帮助解决遇到的财力、物力、人事等事项而递交的请示，此类请示中，下级需要预先就有关的数目、措施等作一定的测算，并注意数据的合理性。

(2)请示指导型。用于请求上级机关或领导作政策等方面的指导性说明，或作工作方式方法的指导。

（3）请求批转型。用于本单位所进行的工作需要平级或不相隶属的单位办理执行，而需请求上级机关认定后批转的请示。

3. 请示的主要结构及写作指要

（1）标题。结构要素：发文机关＋事由＋文种，如《××市审计局关于××市2013年审计项目计划的请示》；事由＋文种，如《关于××组织申报2013年农业综合开发建设项目的请示》。

（2）主送机关。标题下第二行顶格处写清收文单位的规范性名称。

（3）正文。请示事由＋请示事项＋结语。介绍事由要简明、充分、合理（必要时适当引用法规或文件作为依据）；请示事项要具体、明确，可以自己找到依据或理由的不要以探询的语气询问上级机关。下级机关的请示事项，如需以本机关名义向上级机关请示，应当提出倾向性意见后上报，不得原文转报上级机关。

请示结语一般另起一行。结语需规范，如使用"请予批准""请审核批示""以上请示当（或妥）否，请批复（或批准、批示）"等，要平和中见呼声，不要出现"如若不答应，坚决不服"之类的语句。

（4）发文机关标志。在正文后右下方按照要求签署请示单位、具体的日期。

（5）附注。请示需要在成文日期和印章之下的左下方，版记之上，用括号标注"附注"，注明联系人的姓名及联系方式。

4. 请示写作的注意事项

（1）请示一文一事，便于上级批复。

（2）文种使用正确。要区分请示和报告，请示不写成报告，也不放在报告中；不生造"关于……的请示报告"文体。注意请示与报告二者的结语不要错用。

（3）主送机关只写一个。太多则没有明确目标和责任。

（4）理由充分。请示的理由不充分，难以得到上级的肯定答复。

（5）请示事项具体可行。具体才便于上级作出判断、决策，可行才有利于得到支持。

（6）一般不得越级请示。因特殊情况必须越级请示时，应抄送越级机关，并说明理由。

（7）不抄送下级。请示是上行公文，行文时不得同时抄送给下级部门。

5. 请示和报告的区别

（1）行文时间不同。请示在事前行文，报告一般在事后或事情发展进程中行文。

（2）文体性质不同。《条例》明确规定了报告与请示的定义与用途。报告用于汇报工作、反映情况、提出意见；请示用于向上级机关请求指示、批准。

（3）事项数目不同。请示的内容要求一文一事；报告的内容可一文一事，也可一文数事。

（4）内容重点不同。请示侧重于提出问题和请求指示、批准；报告侧重于汇报工作，陈述意见或者建议。

（5）结束语不同。请示结束语常用"妥否，请批示"或"特此请示，请予批准"等，以表明需要上级机关回复；报告结束语多用"特此报告"等形式，一般不写需要上级必须予以答复的词语。

（6）报送要求不同。请示只写一个主送机关；报告可以根据需要报送一个或多个上级机关。

（7）处理结果不同。请示属于"办件"，上级是否同意或如何同意所请示的事项都要对请示类公文及时予以批复；报告属于"阅件"，上级机关对报告类公文一般不批复，有时以批转形式予以答复。

（8）文面结构不同。请示一般都比较简短，多采用三段式、篇段合一式（正文只有一段）；报告内容涉及面较为广泛，篇幅一般较长，常用总分条文式、分部式或多段式结构。

［例文］

关于申报 2013 年国家级循环化改造试点园区的请示

泰经管〔2013〕001 号

市发展改革委、财政局：

为贯彻落实《循环经济促进法》、国家"十二五"规划《纲要》，推进园区循环经济发展，提高园区综合竞争力，根据《循环经济发展专项资金管理暂行办法》（财建〔2012〕616 号）和《江苏省发展改革委省财政部关于组织推荐 2013 年园区循环化改造示范试点备选园区的通知》（苏发改资环发〔2012〕××号）文件精神，我委拟申报 2013 年国家级循环化改造示范园区，现将有关情况汇报如下：

一、泰兴经济开发区基本情况

泰兴经济开发区始建于 1991 年 9 月，是全国最早的专业性精细化工园区之一，先后获评为"省级经济开发区""中国精细化工开发园区""全球精细化工产业集群合作基地""省级现代服务业集聚区""省重点物流基地"和"江苏泰兴新材料产业园"。开发区现入驻 20 多个国家和地区近 100 家企业，其中世界 500 强企业 8 家，形成了氯碱、染料颜料、医药农药、油脂化工及精细化学品等产业链明晰的产业集群，呈现出"规模企业集聚、优势产品集中、主导产业集群"的发展格局，其中，氯碱产业在全国化工园区中最具特色，上下游配套齐全，产业链较为充分，其下游产品已延伸至医药、农药、化学助剂、工程塑料等多个领域，目前集聚了××等 20 多家企业，经济规模占全区经济总量的 50% 以上。2012 年化工园区实现地区生产总值 134.7 亿元，同比增长 26%，国税开票销售收入 370 亿元，同比增长 31.67%，财政收入 14.6 亿元，同比增长 37.67%，完成协议利用外资 30433.5 万美元，实际利用外资 11256.28 万美元。目前区内拥有超亿元企业 50 家，其中，超 50 亿元企业 2 家，超 10 亿元企业 9 家，超 5 亿元企业 9 家。

二、开发区循环经济发展情况

近年来，园区借鉴国外先进化工园区发展模式，通过物质循环集成、能量利用集成和技术创新集成，企业之间形成了产业共生组合，产业集群之间形成了物料、能量和资源的循环组合和利用的产业布局，企业市场竞争力和园区的综合竞争力得到了极大提高，发展循环经济已初见成效：

一是生态环境明显改观。（具体内容略）

二是企业经济效益显著提升。（具体内容略）

三是产品链、产业链、增值链拉长接粗，产品加速黏合。（具体内容略）

目前，园区循环经济方面还存在不足，主要是：（1）园区水循环系统中水资源的利用效率尚不高，同时由于部分小化工企业的突发事故引起的化学品泄漏及排放，造成园区部分河道污染，需要进一步加强治理。(2)园区的一体化公用辅助平台还有待加强建设……(3)受资金、土地、拆迁、审批等诸多因素的制约，重大项目的推进速度还不够快；(4)化工园区转型发展空间严重不足，面临着"无地招商""有项目不能落户"的困境。为此，我们将高度重视，紧抓此次循环化改造创建契机，不断创新工作思路，采取针对性措施，提高循环经济水平。

三、开发区循环化改造内容及目标

园区近期目标(至2013年)：建立循环经济模式的企业群，通过物质循环集成、能量利用集成和技术创新集成，企业之间形成了产业共生组合，建立并完善精细化工产业区、新材料产业区、港口仓储区、氯碱化工区、煤化工区等产业集聚区；积极上争资金重点建设安全卫生防护工程、风险监控及防范工程园区环境风险监控预警体系工程、泰兴经济开发区应急救援中心、危险废物安全填埋场工程、园区污水收集管网改造工程、中水回用工程、泰兴市滨江污水处理厂二期工程第二阶段工程等。

至2015年，园区将通过资源整合、新技术引进等手段，重点发展高附加值的高新技术产业，进一步完善园区内的循环产业链，建成经济繁荣、技术先进、社会文明、环境优美的国家级循环工业园。

通过上述循环化改造，发挥产业集聚带来的各种优势，把循环经济减量化、再利用、资源化贯穿于循环经济的全过程；通过上述循环化改造，解决园区发展中面临的突出问题和薄弱环节，明确阶段性的改造方向、重点和目标，提高园区资源产出率，力争短期内取得明显成效最终达到空间布局优化、产业结构调整、企业清洁生产、公共基础设施建设、环境保护、组织管理创新。目前，我区已具备申报条件，现特具请示，请求同意申报2013年国家级循环化改造试点园区。

当否，请批示。

泰兴经济开发区
2013年1月4日

(例文摘自 http://zfxxgk.taixing.gov.cn)

【简析】本文属请求核准的请示。结构规范完整，请示理由充分，内容条理清晰。承接标题点明请示依据和事项后，概述了泰兴经济开发区的基本情况，结合该地的历史发展，陈述了取得的成绩，以及与申请目标密切相关的当前的产业发展状况和特点。详细阐述了"开发区循环经济发展情况"和"开发区循环化改造内容及目标"，详略得当，重点突出。陈述实事求是，说服力强，令人信服；提出改造内容及目标，具体明确，针对性强，切合实际。"当否，请批示"的结语庄重恰当。请示只就"泰兴经济开发申报2013年国家级循环化改造试点园区"一事进行行文，做到一事一请。

三、函

1.函的文种特征

函是不相隶属机关之间相互商洽工作、通知事项、询问和答复问题、向无隶属关系的有关主管部门请求批准、答复、审批等情况时使用的公文。函具有平等沟通、灵活简便、应用广泛、单纯实用等特点。

2. 函的类别常识

按在公务活动中的作用，函可分为商洽函、告知函、回复函、请示函四种；按行文的方向可分为来函、去函和复函；按函件的格式可分为便函和公函两种，便函多用于一般答复、询问、介绍、联系事务性工作等，无完整格式，写作较为随意。公函作为正式公文，其格式较完整固定，常规的函件一般没有函件标题，对于特殊的专项事宜才有标题，如第29届奥林匹克运动会组织委员会发出的《北京2008年奥运会火炬设计邀请函》。

（1）商洽函。用于平级机关或不相隶属机关或其他机关之间商洽事宜或征求对方意见的函件。如商洽人事调动、请求协助、联系参观、访问等。

（2）告知函。用于告知某一事项，让对方了解制文机关的意图、要求和针对某一事件的情况，期望相关方参与、配合的函。如《关于征集国家科技支撑计划备选项目建议的函》、《关于征集……论文的函》。

（3）回复函。回复函是针对来函单位提出的问询、请求等给予答复的函件。《中华人民共和国卫生部办公厅、中华人民共和国农业部办公厅关于绿色食品标签标志有关问题的复函》(卫办监督函〔2013〕140号)。

（4）请示函。用于请求有决定权和批准权的相关业务主管部门或归口管理部门（如国土局、工商局等）批准、同意发函单位有关工作事项的函件，此类单位之间处于平级或不相隶属，所以不能用请示。如《关于请协助调查国际营销网络建设情况的函》(冀商外贸函〔2012〕14号)

3. 函的主要结构及写作指要

（1）发文机关标志使用发文机关全称或者规范化简称，居中排布，上边缘至上页边为30 mm，一般使用红色小标宋体字。联合行文时，则使用主办机关标志。发文机关标志下4 mm处的红色双线为上粗下细，距下页边的红色双线为上细下粗，线长均为170 mm，居中排布。如需标注份号、密级和保密期限、紧急程度，应当顶格居版心左边缘编排在第一条红色双线下，按照份号、密级和保密期限、紧急程度的顺序自上而下分行排列。

（2）标题。结构要素：由发函机关、发函事由、文种三部分构成，居中编排。若属于复函则用"复函"或"函复"代替"函"字，如《××省人民政府关于……有关问题的复函》。首页不显示页码。

（3）主送机关。也称"抬头"，在标题下面一行顶格处书写。

（4）正文。函的正文较简短，但是结构比较完整，通常由缘由、事项、表态(说明希望和要求)、结束语等部分组成，以清晰地说明问题。函件的内容要具体；表态要明确；复函中需要准确引用对方来函的标题及发文字号等内容作为依据，用惯用语"经研究，答复如下""现予答复(函复)如下"等作为过渡语转入复函事项；函件结尾诚恳提出希望和请求，使用"特此函商"(商洽函)、"此复"(回复函)、"即请函复"(询问函)、"敬请函复"(请示函)、"为盼"、"为荷"等结束语。

（5）落款。在正文的右下方签署发文机关名称及时间，加盖公章。作为信函的公文，版记无需印发机关和印发日期、分隔线。

4. 写作函的注意事项

（1）一事一函。便于突出信息，及时沟通和知晓。

（2）态度诚恳。函主要使用于平级或不相隶属的机关之间，用语需平和、礼貌、诚恳、友好、感人，避免姿态高昂或阿谀逢迎。

（3）直奔主题。函件本身简短，写作需要单刀直入，开门见山，简洁交代清楚事项。

（4）讲究时效。函件所处理的事件要注意相应的时间要求。

[例文]

关于请协助做好第八届中华宝钢环境奖推荐和宣传工作的函

环办函〔2013〕455 号

国务院各有关部门办公厅(室)，各省、自治区、直辖市和计划单列市环境保护厅(局)：

为贯彻落实党的十八大精神，大力推动生态文明建设，我部联合全国人大环资委、全国政协人资环委、民政部等 11 家部委和单位共同开展第八届中华宝钢环境奖评选表彰活动。

第八届中华宝钢环境奖主题为"推动绿色发展，建设美丽中国"，将对在环境管理、城镇环境、企业环保、生态保护和环保宣教等领域做出突出贡献的先进典型进行评选表彰。评选工作将于 2013 年 5 月 3 日正式启动，中华宝钢环境奖组委会秘书处从即日起受理第八届中华宝钢环境奖候选人推荐材料，推荐截至日期为 2013 年 7 月 31 日。

前七届中华宝钢环境奖的评选表彰工作得到了各部门、单位的大力支持和配合。为做好第八届中华宝钢环境奖的评选表彰工作，请你部门、单位继续协助做好本届候选者的推荐工作，并对该活动宣传工作给予支持。

联 系 人：略

联系电话：略

传　　真：略

E-mail：略

附件：1. 中华宝钢环境奖简介

2. 中华宝钢环境奖评选与奖励办法

3. 第八届中华宝钢环境奖组委会公告

环境保护部办公厅

2013 年 4 月 25 日

抄送机关：全国人大环境与资源保护委员会、全国政协人口资源环境委员会、民政部、教育部、新闻出版广电总局、中华全国总工会、共青团中央、全国妇联办公厅，宝山钢铁股份有限公司、中华环境保护基金会。

附件

（略）

（例文摘自 http://www.zhb.gov.cn）

【简析】本案例为请示函。函件简明交代了发函的目的、事项及有关细节。用语得体，事件明晰，要素较为完备。作为请示函，为了更好地增加发函对象单位的亲和力和支持力度，对以前的协助在肯定中寄予了感谢之情。标注了发文字号，显得庄重、重要。

四、纪要

1. 纪要的文种特征

纪要是根据会议的宗旨、议程、会议文件、会议记录、与会人员的有关资料进行整理，用于记载会议议程、会议事项、会议情况的一种公文。目前来说主要还是会议纪要。纪要主要包括会议举行的时间、地点、主持人、参加人、会议进程、会议决议等内容。纪要具有纪实性、概括性和指导性。会议纪要根据会议实况进行整理，具有凭证和资料文献作用，不能随意更改会议形成的决议和达成的共识；纪要是对会议记录的整理，要有所概括、提炼、选择和突出；会议纪要中所形成的决定对本机关的工作具有参照、指导作用。新条例删除了纪要前面的"会议"二字，主要是更为简明，避免会议本身的词语与"会议纪要"中的"会议"有重叠累赘之嫌。

2. 纪要的类别常识

纪要根据会议是作出决定、交流或研讨等，可以分为决策型会议纪要、交流型会议纪要、研讨型会议纪要；按会议的性质不同，可分为办公会议纪要、座谈会纪要和大型会议纪要。

（1）办公会议纪要。它包括各单位的主要负责人主持召开的办公会、单位全局性例会。作为处理和部署日常行政事务的会议办公会和例会，具有一定的权威性，有固定的时间。办公会议纪要主要是整理有关会议决定，指导有关工作的贯彻执行。

（2）座谈会纪要。座谈会主要是专门为研究、解决某一个重要问题召集相关人员举行的会议。座谈会纪要可以汇集、归纳与会人员的建议和看法，为单位有关工作的决策提供参考。

（3）大型会议纪要。这类会议纪要内容杂多，需要综合、全面反映会议的宗旨、决议和有关资料。大型会议议程较多，有时有多个分会场，需要收集所有信息才能更好地整理，可以先用一些设备对整个会议的进程进行现场录音录像，然后在会后综合整理。

3. 会议纪要的主要结构及写作指要

会议纪要的结构要素主要有：标题、会议概况、基本精神、结尾、发文机关标志等。纪要格式可以根据实际制定。

（1）标题。由"×××××纪要"组成，居中排布，上边缘至版心上边缘为 35 mm，文件标题一般使用红色小标宋体字。多由会议名称＋纪要构成，如《全国商标工作会议纪要》；或由主办单位、会议名称和文种构成，如《××县人民政府常务会纪要》等；也有比较灵活自由的双标题结构，如《抓住机遇，扩大开放——沿长江五市对外开放研讨会纪要》等；也可以由标题＋事由组成，如《关于反腐倡廉座谈会纪要》等；还有由开会地点、文种构成，如《北戴河会议纪要》等，适用于重大的、保密性的会议。

（2）开会概况。会议纪要一般在开头交代会议的时间、地点、会议议题、议程等。简要概述采取了什么开会方式，如听取了什么报告、讨论了什么问题、作了什么决议、有什么效果等情况。并用"会议认为""会议强调""会议最后决定"等惯用语连接、过渡到具体内容的陈述。

（3）基本精神。要准确反映会议讨论研究的问题、论述的情况、形成的具体意见、作出的具体决定、达成的共识、提出的工作要求等内容。一般用归类式进行分项归纳、提炼和整理，可以用按会议进程概述、分类归纳、发言摘要记录等三种方式来撰写。

(4)结尾。一般的办公会议纪要多是将问题表达清楚即结尾;大型会议纪要结尾一般都提出希望,发出号召,阐述与会人员共同认真贯彻会议精神、为实现会议的目标而奋斗的决心。

(5)署名。日常会议纪要通常都有比较固定的格式,随内容概述完结而结束全文。大型会议一般在纪要正文的右下方,签署会议主办单位名称。会议纪要的成文日期主要是标注会议通过决议的时间或领导人的签发日期,而不是整理日期。大型会议纪要的日期一般加括号置于标题下的居中位置。

(6)与会人员。会议纪要一般均标注与会人员,包括主持单位、主持人、出席人、参会单位及人员等。标注出席人员名单,一般用3号黑体字,在正文或附件说明下空一行左空二字编排"出席"二字,后标全角冒号,冒号后用3号仿宋体字标注出席人单位、姓名,回行时与冒号后的首字对齐。标注请假和列席人员名单,除依次另起一行并将"出席"二字改为"请假"或"列席"外,编排方法同出席人员名单。与会人员可以在会议纪要标题之下标注,也可在会议情况陈述完毕后再标注。

4.会议纪要写作的注意事项

(1)主次详略得当。会议纪要不需要面面俱到地记流水账,而要归纳、提炼出会议纪要的"要"——即中心和要点。

(2)善于概括归纳。会议纪要传达的要点常常不是会议进程本身具备的内容,也不是各类细节和零碎发言的堆砌,而需要概括和归纳。

(3)内容条理化。会议纪要需根据有关内容和写作的结构安排进行整理,可以按照会议内容或部门所辖事务等分类,做到条理清楚。

(4)语言专业化。使用与会议相关的专业术语进行整理,并恰当运用"会议指出""会议决定""会议认为""会议号召""部分代表认为"等会议纪要的惯用语。

(5)注意会议纪要与会议记录的联系与区别。会议记录是写会议纪要的基础,会议纪要是会议记录的提炼和深化。

二者写法不同。会议纪要按照公文的格式撰写,力求反映会议的主要内容,但不一定是原本的整理;会议记录不需要按照公文格式撰写,而是记录会议的有关要素和会议召开的实际情况。

形成时间不同。会议纪要在会议结束后根据会议的所有材料整理形成;会议记录是对会议进程的实录,随会议结束而结束,一般不再另外整理。

作用不同。会议纪要是会议记录的进一步高度集中,除具有凭证作用外,还作为法定性公文,通常会在一定范围内告知,具有指导作用;会议记录对会议的情况一般只起凭证作用。

篇幅容量不同。会议纪要的特点在"要",只记重点内容,通过归纳和概括,一般少于会议记录的内容;会议记录特点在"全",讲求实录性、时效性,常常包含一些比较零碎的发言,篇幅比会议纪要要长一些。

[例文]

中国独立学院协作会
2008 年年会暨第五届独立学院峰会会议纪要

2008 年 5 月 17 日 – 18 日,由中国独立学院协作会主办、湖南农业大学东方科技学院承办、湖南省独立学院联席会协办的中国独立学院协作会 2008 年年会暨第五届独立学院峰会在湖南长沙举行。来自全国 230 多家独立学院的 480 多名代表聚首浏阳河畔,共同探讨《独立学院设置与管理办法》（以下简称 26 号令）颁发与实施后的独立学院发展大计。湖南省人大党组成员、湖南省人民政府顾问、原湖南省人民政府副省长唐之享，中国高等教育评估学会会长、高校专业设置委员会主任、教育部高等教育教学评估中心原主任刘凤泰，湖南省教育厅副厅长申纪云，中国独立学院协作会第一届理事长、浙江大学城市学院原院长王立人教授，湖南农业大学校长、湖南农业大学东方科技学院董事长周清明教授等出席大会开幕式并作重要讲话。全国人大代表、中国科协常委、中国工程院院士、江南大学太湖学院院长樊明武教授，教育部高等教育教学评估中心专业与专项评估处处长周爱军，湖南省教育厅副厅级助理巡视员杨定忠，湖南农业大学党委书记刘强教授等出席会议。

本次大会是 26 号令于 2008 年 2 月颁发后召开的中国独立学院协作会峰会，本次峰会的主题是："深入贯彻落实科学发展观，实现独立学院又好又快发展"。华中科技大学武昌分校校长周进、东北农业大学成栋学院院长高群分别主持了大会主题发言。浙江大学城市学院院长吴健、江南大学太湖学院院长樊明武、厦门大学嘉庚学院常务副院长戴一峰、武汉大学东湖分校校长彭宇文、大连理工大学城市学院院长唐志宏、河南大学民生学院院长施昌海、电子科技大学中山学院学业办公室主任王军、贵州大学科技学院院长张寒松、浙江大学宁波理工学院院长许为民、西安交通大学城市学院党委书记兼常务副院长陈光德、广西大学行健文理学院常务副院长陈炮祥、西南大学育才学院党委书记韩仁友、湖南农业大学东方科技学院院长邹冬生、河南理工大学万方科技学院院长王裕清等分别作了大会主题发言。会议全体代表分成为七个小组，围绕 26 号令的实施，结合独立学院的现状、远景规划及发展措施等问题进行了热烈、深入的讨论。同时，会议还完成了中国独立学院协作会常务理事会的换届工作，选举产生了中国独立学院协作会第二届常务理事会。

会议充分肯定中国独立学院在推动中国高等教育从精英化走向大众化过程中，为中国高等教育改革和发展所作出的巨大贡献；积极评价了 26 号令的颁布实施对中国独立学院进一步又好又快发展的促进作用。在此基础上，会议就以下重大问题进行了讨论，主要观点如下：

一、关于贯彻与实施 26 号令方面的问题

（具体内容略）

二、关于独立学院发展问题

（具体内容略）

三、关于中国独立学院协作会常务理事会换届与 2009 年独立学院峰会事宜

1. 会议选举产生了第二届正副理事长单位。理事长单位：江南大学太湖学院。副理事长单位：浙江大学城市学院、燕山大学里仁学院、厦门大学嘉庚学院、华中科技大学武昌分校、东北农业大学成栋学院、西南大学育才学院、大连理工大学城市学院、四川外国语学院成都学院、电子科技大学中山学院、西安交通大学城市学院、华东交通大学理工学院、湖南农业大学东方科技学院。

2. 会议认为，中国独立学院协作会作为一个成员广泛的群众性组织，需要积极通过有关渠道，向教育部传递独立学院成员单位的心声，反映独立学院的真实情况，促进独立学院科学、快速、可持续发展。

3. 独立学院协作会的会议形式需进一步完善，可以分层次、多形式展开，年会应在各片区独立学院协作会的基础上，有重点地对热点问题进行深入的专题讨论，通过相互交流，切

实解决独立学院发展中的实际问题。

4. 增加常务理事单位，单位分布要考虑类型、地域、强弱，进行有机搭配。常务理事单位应先由各地区的独立学院协作会报名、推荐，再按照程序，根据不同地域、不同模式，由中国独立学院协作会常务理事会集体讨论通过，再予以公布。

5. 协作会年会要邀请教育部领导参加，以便教育部主管部门和有关职能部门更有针对性地指导全国独立学院发展，同时，也有利于教育部主管部门直接、集中地了解独立学院的意见和建议。

6. 每次年会必须形成会议纪要，并向国家教育部汇报本次会议的内容，以便国家教育部更加了解独立学院的情况，有利于教育部在进一步的调研中修改 26 号令，使其更贴近独立学院的实际情况。

7. 会议决定，2009 年独立学院峰会在辽宁省举行——由沈阳理工大学应用技术学院承办，辽宁独立学院协作会协办。

8. 会议高度评价中国独立学院协作会第一届理事长鲁世杰、王立人院长及理事长单位——浙江大学城市学院对中国独立学院的成长和中国独立学院协作会的创立、建设与发展所作出的重要贡献。

9. 会议充分肯定本次会议的承办者——湖南农业大学东方科技学院和湖南省独立学院联席会为本次会议在会务方面所做的大量工作。

本次会议得到了新华通讯社湖南分社、《中国教育报》、中国教育电视台、《湖南日报》、湖南卫视、湖南教育电视台、湖南经济电视台、《人民政协报教育周刊》《中国青年报》《潇湘晨报》《长沙晚报》《农民日报》、红网、中国独立学院在线、湖南教育在线、中南大学出版社等媒体积极关注和支持。本次会议参会单位 250 多家、人员 480 多名，会议规模史无前例，收到论文近 400 篇，会务组从中精选 185 篇编成论文集——《中国高等教育发展新思路探索——茁壮成长的独立学院》，由中南大学出版社正式出版。

中国独立学院协作会
2008 年 5 月 25 日

【简析】该纪要内容概括，条理清楚，重点突出，要素全面，语言简明。标题由会议主办单位、会议名称、文种组成。会议概况清楚、扼要。主体根据会议的主要议程和发言资料分类概述，详略得当，要点突出。"一致认为""会议决定""会议充分肯定""会议高度评价"等会议纪要的惯用语体现了概括性、纪要性。

五、公告与通告

（一）公告

1. 公告的文种特征

公告是向国内外宣布重要事项或法定事项时所使用的知照性公文文种。

公告的特征主要表现在：①发文权力的制约性。公告所宣布的事项是关系到国家政治、经济、军事以及党和国家领导人行动等方面的大事，公告的发文权力有更大的制约性，公告的制发者多是国家最高权力机关及行政机关，各省市、自治区、直辖市行政领导机关，某些法定机关。其他机关一般不能发布公告。②告知对象的广泛性。公告可以面向国内外发布重要事项，告知范围最为广泛。③发布内容的重要性。公告发布的事项是在国内外能产生重大影响的事项，或依法批准、确定的重大事项，公告所包含的信息具有重大的政治、经济、军事、社会意义，行文需要极为慎重、庄重、严肃、严谨。代表人民意志的法律法规的公布都多用公告。④传播形式的新闻性。公告常通过报刊、广播、电视、网络等新闻媒介向国内外公开发布需要告知的内容，一般不需要例行公文的发送程序。

2.公告的类别常识

公告根据内容、性质、作用和发布机关的不同可以分为重大事项公告和法定事项公告。

（1）重大事项公告。主要是事关国内外政治、经济、文化、军事等方面的重大事项的公告，如《公安部消防局关于公布打击假冒伪劣消防产品举报方式的公告》。

（2）法定事项公告。法定事项是指按法律程序批准确定的及有关法律、法令和行政法规的重大事项。如《国家环境保护总局关于发布＜水质生化需氧量（BOD）的测定微生物传感器快速测定法＞的公告》。

3.公告的主要结构及写作指要

（1）标题。由发文机关名称＋公告内容＋文种三部分组成，如《中华人民共和国进一步改革外汇管理体制的公告》；由发文机关＋文种两个要素组成，如《中华人民共和国全国人民代表大会公告》等；由公告内容＋文种组成，如《2013年××省公务员考试录用公告》；只注明"公告"。公告多在标题下标注编号。

（2）主送机关。公告在选择了发布媒介后，通常是在相应范围内的所有人都需要知晓和遵照执行的，一般省略主送机关。

（3）正文。正文一般由公告的开头＋主体＋结尾三部分组成。公告的开头需要用简要的语言写出公告的依据、原因、目的、意义等；公告的主体，要明确写出公告的决定和要求，注意用语准确、简明庄重、条理清楚；结尾一般用"现予公告"或"特此公告"等习惯用语作结语，或以提出要求作结语，或不写结语。

（4）落款。公告正文结束的右下处写明发布公告的机关或会议全称及时间，并加盖印章，重要的公告有的还注明发布地点；在公告标题中出现了发文机关名称的，在落款处可省略发文机关；有的公告日期可标注在标题之下、正文之上的居中位置。

4.公告写作的注意事项

（1）避免滥用、混用。把公告与"通知""启事""声明""广告"等混合使用，就忽略了公告的重大事项或法定事项特征的要求，是对公告的滥用，这种公告是不合格、不规范的。

（2）公告内容的专项性。公告的内容要讲究单一性，单一、专项才能突出事项的重大，深入人心。

（3）语言的庄重性。发布的公告涉及到公告内容的权威性、约束力，要站在维护国家形象、社会稳定的高度上去看待其语言的运用，公告的语言要庄重得体。

环境保护部公告
关于执行大气污染物特别排放限值的公告

为进一步加强大气污染防治工作,根据国务院批复实施的《重点区域大气污染防治"十二五"规划》(以下简称《规划》)的相关规定,在重点控制区的火电、钢铁、石化、水泥、有色、化工等六大行业以及燃煤锅炉项目执行大气污染物特别排放限值。现将有关事项公告如下:

一、执行地区

执行大气污染物特别排放限值的地区为纳入《规划》的重点控制区,共涉及京津冀、长三角、珠三角等"三区十群"19个省(区、市)47个地级及以上城市(详见附件)。

二、执行时间

(一)新建项目

位于重点控制区的六大行业以及燃煤锅炉新建项目执行大气污染物特别排放限值,具体要求如下:

……(具体内容略)

(二)现有企业

"十二五"期间,位于重点控制区47个城市主城区的火电、钢铁、石化行业现有企业以及燃煤锅炉项目执行大气污染物特别排放限值;"十三五"期间将特别排放限值的要求扩展到重点控制区的市域范围,具体要求如下:

……(具体内容略)

三、有关要求

(一)重点控制区内各级环保部门要严格按照大气污染物特别排放限值要求,审批所有新建项目,按照"三同时"制度进行管理,确保满足特别排放限值要求。

(二)现有火电、钢铁企业不能达到大气污染物特别排放限值要求的,应根据超标情况制订限期治理措施,确保在规定时间内达到特别排放限值要求。限期治理后仍不能达标的,应限产限排或关停,并按相关规定进行处罚。

附件:重点控制区范围

环境保护部
2013年2月27日

发送:各省、自治区、直辖市环境保护厅(局),新疆生产建设兵团环境保护局,解放军环境保护局,各副省级城市环境保护局,五大电力集团公司,中国石油天然气集团公司,中国石油化工集团公司,中国钢铁工业协会,中国水泥协会,部机关相关部门,各派出机构、直属单位。

附件:

重点控制区范围

（例文摘自 http://www.njhb.gov.cn）

【简析】本案例作为环境保护部发布的公告，发布作者是国家法定机构。标题由发文内容、文种构成。正文首先交代了公告发布的依据、要求，详细陈述了执行地区、执行时间、有关要求等有关事项。对于"重点控制区范围"，考虑到在正文中出现会冲击强调的有关事项，因此用表格式附件形式清晰地予以告知。公告内容简明，条理清晰。

（二）通告

1.通告的文种特征

通告是在一定范围内，宣告有关方面应当遵守或周知的事项时所使用的公文文种。可以通过行文发布，也可以通过新闻媒体传达或张贴公布，传达方式比较灵活，是工作中使用频率较高的一种告知性公文。

通告具有周知性、法规性、行业性等特点。通告要求一定范围内的人们知晓通告的内容，遵守通告发布的规定；通告常常用以发布地方性的法规，要求通告发布对象范围内的人员执行有关规定，具有一定的法规制约力；通告常常是某些机关就本行业职能范围内的有关事项进行告晓，以形成一致的标准，因而许多通告具有较为鲜明的行业特色。

2.通告的类别常识

根据内容及用途不同，通告可以分成晓谕性通告、法规性通告两种：

（1）晓谕性通告。是在一定的范围内要求有关单位和人员需要了解、注意的事项的通告，多带有通知的性质。如因为区域性停电，或一些特殊原因实施交通管制的通告（如《关于第29届北京奥运会火炬长沙站传递期间对岳麓山实施临时性封山管理的通告》）等。

（2）法规性通告。是指在一定范围内需要有关人员普遍遵守、执行的事项，这类通告多涉及一些局域性法规，在特定对象内具有较强的约束力。如办理年检、税务登记等通告。

3.通告的主要结构及写作指要

通告一般由标题、正文、发文机关标志组成。

（1）标题。通告的标题形式视告知方式或途径不同而有所区别。对外张贴或采用新闻媒介刊载、播发的，或对外张贴且行文下发的通告，用完全式标题，由发文机关＋发文事由＋文种组成，如《北京市人大常委会关于对＜北京市信访条例（修订草案）＞征求意见的通告》；机关单位内部张贴的通告，可使用简略式标题，直接署名"通告"（省略事由），或由事由＋文种组成，如《关于开展全民节约用电创造文明生活活动的通告》，或由发文机关＋文种组成，如《中华人民共和国公安部通告》。规范的完全式标题，有时还在标题下标明发文字号或顺序编号。

（2）正文。通告的正文一般由开头＋主体＋结尾三部分组成。通告的开头主要说明发布通告的背景、法规或政策根据、行文目的和意义。常用"为……，现（特）通告如下"等惯用语引入后面内容；通告的主体主要交代需要遵照执行的事项、规则和要求等，应简洁明确、条理清晰、具体准确，对于内容较多的采用分条列项式，对于内容单一的采用纵贯式；结束语一般是提出希望和要求，以惯用语"本通告自发布之日起实施""特此通告""此告"等结尾。

（3）发文机关标志。写清发文机关名称和具体的发文日期，如文件执行日期与发文日期不同的要在文件中单独说明。

4.通告写作的注意事项

（1）具有发文权力。通告发文机关必须是在法律赋予了有关的决定权或执行权力的单位，否则无权发布通告。

（2）符合国家政策。通告的内容必须符合国家的法律法规和上级机关的有关方针和政策。

（3）语言缜密、明确。通告发布的是人们遵守的规定，文字表达要力求准确、明了，要格外注意语句的周密性和严肃性，防止破绽百出，让人产生歧义，有漏洞可钻。

（4）内容单一肯定。通告要"一文一事"，态度明朗，是非分明，便于通告对象明确通告中所发布的内容。

5．通告与公告的主要区别

（1）传达范围不同。公告可以面向国内外发布，通告面向一定范围，公告传达范围大于通告。

（2）事项重要性不同。公告的事项涉及到法律法规等国家重大事项，比通告的事项意义更为重大。

（3）公告的内容量小于通告。公告的内容是关系到国家政治、经济、军事及党和国家领导人行动等方面的大事；通告的内容大到国家法令，小到社会某些需要周知或遵守的具体事项都可以用通告发布。通告所涉及的内容量比公告要大。

（4）发布机关权限不同。公告的发布机关级别一般较高，多为党政领导机关，或一些依法允许的职能部门；各类机关、基层单位、社会团体，都可以根据需要发布通告。

（5）发布目的不同。公告侧重于让人知晓；通告不仅需要让人知晓，更侧重于强调知晓内容的人员在行动上共同遵守。

（6）发布方式不同。公告可以通过各类媒体刊登发布，一般不用红头文件形式下发，也不以文字形式公开张贴；通告既可以通过新闻媒体刊登，也可以形成红头文件下发或公开张贴。

［例文］

关于加强春分、清明期间森林防火工作的通告

为有效预防森林火灾的发生，切实保护森林资源和生态安全，根据《中华人民共和国森林法》和《森林防火条例》等有关规定，现就春分、清明期间森林防火工作有关事项通告如下：

一、自 2013 年 3 月 9 日起至 2013 年 4 月 20 日为全市森林防火戒严期。在此期间，严禁一切野外用火，所有林区、国有林场全面实施封山防火，禁止一切无关车辆、人员进入林区。因生产、工程施工等特殊情况需要生产性用火的，必须经县级人民政府或其授权的单位批准，领取生产用火许可证。严格按照批准的时间、地点、范围活动，并接受县级以上地方人民政府林业主管部门的监督管理。

二、森林防火戒严期内，禁止焚烧田埂、荒草；禁止在林区内和周边烧土火灰积肥；禁止在林区内吸烟、野炊、点香烛、烧钱纸、燃放鞭炮、烧火取暖；禁止炼山等野外用火。

三、各级森林防火指挥机构、各乡镇政府、各绿化单位要广泛深入地宣传教育群众安全用火，按政府要求到指定地点集中祭祀，大力倡导清明期间上山植树祭祖、献花祭祖等文明新风。

四、各区县、乡镇人民政府森林防火指挥机构，实行森林防火分片包干负责制，并组织有关部门和专门力量，对森林防火区进行督导检查，划定责任区，落实责任人员，严加防守。

五、各级森林防火机构实行 24 小时值班制度，确保信息畅通。一旦发生森林火灾，凡接到扑火命令的各专业、半专业和应急扑火队及区县、乡镇人民政府领导必须迅速赶到指定地点组织扑救，确保早发现、早扑灭。同时注意扑火安全。

六、各级森林防火部门、有林单位及其工作人员必须严格履行森林防火职责，拒不履行职责或未按要求履行应尽的职责，按相关法律予以处罚。违反规定造成森林火灾、构成犯罪的，依法追究刑事责任。

市森林防火指挥部办公室电话：×××××××；
城东区森林防火值班电话：××××××；
城中区森林防火值班电话：××××××；
城西区森林防火值班电话：××××××；
城北区森林防火值班电话：××××××；
东川工业园区森林防火值班电话：××××××
大通县森林防火值班电话：××××××；
湟中县森林防火值班电话：××××××；
湟源县森林防火值班电话：××××××

西宁市人民政府
2013 年 3 月 9 日

（例文摘自 http://www.qh.gov.cn）

【简析】例文明确阐述了"加强春分、清明期间森林防火工作"的强制性要求和措施，法规性特征大于知晓性，是一份法规性通告。标题采用发文事由＋文种的方式，通告事项对象明确。通告开头交代了通告发布的有关法规文件依据，主体分类陈述了森林防火戒严期、禁止的典型行为方式、有关领导和责任单位的工作内容和方式方法等方面的内容，措施具体，规章严格，用语规范，具有极大的约束力。公文结尾强调，对于责任人不履职则"按相关法律予以处罚"，对于"违反规定造成森林火灾、构成犯罪的"则"依法追究刑事责任"，突出了通告的极大强制性。为了确保通告执行便利，通告结尾标注了指挥部办公室和值班电话。

六、命令（令）与决定

（一）命令（令）

1. 命令（令）的文种特征

命令（令）是适用于公布行政法规和规章、宣布施行重大强制性措施、批准授予和晋升衔级、嘉奖有关单位和人员时使用的公文文种。

命令与令是一种文体的两个名称，它们在性质、功能、写法上没有什么差别。在使用中，主要依据标题而定，一般来说，标题中有要发布的主要内容一项的用"命令"，如《中国人民解放军驻香港部队进驻香港特别行政区的命令》；标题中没有主要内容，一般直接用"令"，如《中华人民共和国主席令》。

命令（令）具有高度的强制性、高度的权威性、高度的专用性。

（1）高度的强制性。表现在其内容的执行上具有不可动摇性，受令方面必须无条件遵照执行，不得有任何违抗或抵制，做到"令行禁止""军令如山"。

（2）高度的权威性。体现在两个方面：一是发布的机关级别高、权力大，命令（令）有法定的发令机关，根据《中华人民共和国宪法》《中华人民共和国地方各级人民代表大会和地方各级人民政府组织法》的规定，国家主席、全国人大常委会委员长、国务院总理及国家部委各部部长、各委员会主任及国家领导机关和领导人、县级以上地方各级人民政府才可使用命令，在其本身权限之内，根据法律规定可以发布命令(令)；二是少数的内容发布可使用命令(令)，一般是国家的各种法律、法令和行政法规通过命令的形式加以颁发、公布，一经公布就按照公布的内容执行。

(3)高度的专用性。体现在严格的使用权限，命令(令)的发布是权力的象征，只有国家权力机关才能发布。作为指挥性的下行公文，命令(令)是公文中权威性、强制性最大的下行公文。因为命令(令)的极端严肃性，一般不能随意发布。

2.命令(令)的类别常识

根据命令(令)的内容和作用不同，可以分为公布令、奖惩令、任免令以及特赦令、通缉令、动员令等。

3.命令(令)的主要结构及写作指要

(1)标题。发文机关标志由发文机关全称加"命令"或"令"字组成，居中排布，上边缘至版心上边缘为 20 mm，一般使用红色小标宋体字可以让标志明显、严整、庄重。由发文机关名称(或领导人职务名称)+发文内容+公文文种名称，或发文内容+公文文种名称构成。标题中有要发布的主要内容一项的用"命令"，在标题中形成"的"字词语组合"——的命令"，如《中国人民解放军驻澳门部队进驻澳门特别行政区的命令》；标题中没有主要内容，则由发文机关、文种"令"构成，如《中华人民共和国国务院令》。命令(令)号位于发文机关标志下空二行居中编排，多从领导人任职开始按序编号，直至任职期满为止；也可由发令机关以年为单位按序编号。令号下空二行编排正文。

(2)正文。正文简短。命令(令)一般由公布对象、公布依据或缘由、公布决定、执行要求等部分组成。公布对象是用来说明公布的重要内容全称的部分，一般位于文首；公布依据在公布对象之后，用"已由""已经""业经""现……通令"等惯用语衔接过渡；公布决定主要包含决定内容、实施日期。对于法规性命令，发令之日即是开始施行之日时一般用"现公布试行"等惯用语，当发令时间与开始施行时间不一致时，一般写成"现予公布，自×××× 年×月×日起施行"。单体命令(令)不带附件，复体命令(令)带有附件，用于公布法律、法规、规章时使用。

(3)发文标志。(命)令的发文标志通常包括发令机关名称及其主要领导人职务和姓名，注明发令时间。如果采用的是加盖签发人签名章，则在正文(或附件说明)下空二行右空四字加盖签发人签名章，签名章左空二字标注签发人职务，以签名章为准上下居中排布。在签发人签名章下空一行右空四字编排成文日期。签名签章一般使用红色。

4.命令(令)写作的注意事项

(1)注意机关身份与文种的需要。命令(令)一般只由国家领导机关和国家领导人使用。

(2)法规性公布令中多带有"附件"，篇幅短，文字精练、鲜明、庄重。

[例文]

中华人民共和国主席令

第三号

《中华人民共和国旅游法》已由中华人民共和国第十二届全国人民代表大会常务委员会第二次会议于 2013 年 4 月 25 日通过，现予公布，自 2013 年 10 月 1 日起施行。

中华人民共和国主席　习近平

2013 年 4 月 25 日

中华人民共和国旅游法

（2013 年 4 月 25 日第十二届全国人民代表大会常务委员会第二次会议通过）

具体内容（略）

【简析】案例为法规性命令，篇段合一，篇幅简短。标题由发文机关加"令"组成，主体包含发布法律的依据、缘由，命令的决定，实施日期。由于《中华人民共和国旅游法》的实施日期与发文日期有别，所以单独标注。本文是复体命令，法律内容以完整的形式紧随命令之后，不以附件标注，以示法律的高度严肃性。

（二）决定

1.决定的文种特征

决定适用于各级党政机关对重要事项作出决策和部署、奖惩有关单位和人员、变更或者撤销下级机关不适当的决定事项而制定的一种下行的指挥性公文。上至党和国家的重大决策和战略部署，下至基层单位的奖惩事宜，变更或者撤销下级机关不适当的决定事项等均可使用决定。决定在加强领导、统一行动、提高经济效益上发挥重要作用。

决定具有较强的纲领性、权威性、全局性等特点。决定对受文对象的某些事项进行统一部署和指导，指导共同行动；决定对所辖范围内的受文对象具有较大的约束力，决定的内容是硬性规定，不带有协商性，不过没有命令、决议的强制性大；决定所发布的工作措施、实施方案对所辖的受文对象具有全局性影响。

2.决定的类别常识

（1）重要事项决定。包括建立、修改法规的决定，贯彻、落实法律的决定，进行专项法律治理的决定等涉及法律法规的贯彻实施，审批文件、设置机构、人事安排、接受辞职和召开会议等重要事项的决定，对一些影响重大或事关全局的行动作出安排，提出指导思想和措施，要求受文对象遵照施行，具有决策性。如《全国人民代表大会常务委员会关于加强网络信息保护的决定》（2012 年 12 月 28 日第十一届全国人民代表大会常务委员会第三十次会议通过）《山东省人民政府关于修改〈山东省契税征收规定〉的决定》。

（2）奖惩决定。用于对下级机关或个人进行奖励或处罚的决定，通常适用于下级机关有特殊贡献或犯重大错误时。如《国务院关于 2012 年度国家科学技术奖励的决定》《关于表彰人力资源和社会保障系统抗震救灾英雄的决定》。

（3）撤销决定。上级机关依法变更重要事项或撤销下级机关不适当做法的决定。如《关于变更××省十届人大一次会议召开时间的决定》《关于撤销××政协××委员会委员资格的决定》。

3.决定的主要结构及写作指要

(1)标题。决定的标题一般由发文机关、事由加文种组成，如《国务院关于……的决定》；也可省略发文机关，由事由和文种构成，如《关于加快××基础设施建设若干措施的决定》。会议通过的决定常在标题下写上会议通过的日期、名称等，此时可以不写发文字号。

(2)主送机关。根据文件的发文情况确定，如果受文对象广泛，可以不写主送机关；如果发文范围小，要写清楚具体的机关名称。

(3)正文。正文一般由开头、主体、结尾等部分组成。开头写明决定的背景、实施和理论根据、目的、意义；主体部分主要写决定的事项内容，包括决定的措施、要求，要求明确清晰、层次清楚、便于把握；结尾提出希望、要求或执行决定的补充说明。决定如有附件，需要在正文之后、发文机关署名之前注明附件的名称，并将附件附在正文之后。

主体部分可以采用篇段合一式、分条列项式、条类结合式、分段叙述式等安排结构，可以或详写缘由，略写事项，有结尾；或略写缘由，详写事项，没有结尾；或只简明写清事项。

(4)发文机关标志。有两种写法：一是直接写在文尾正文右下方；二是写在标题之下用括号注明成文的年、月、日期。若属于会议决定则在日期后加上"会议通过"字样，此时文尾的成文日期可以写或不写。

4.决定写作的注意事项

(1)文种选择正确。避免与"决议"或"通知"等文种混淆。

(2)正确运用多种结构形式。如普发性决定不写受文单位，根据文字详略，进行合理的篇段结构选择。

(3)内容准确可行。决定的事项、任务、目的、要求、措施等要准确，切合实际，政策界定要清楚。

5.决定与命令、决议的区别

(1)决定与命令的区别。决定的发文机关级别没有限制，命令的使用者有严格规定；决定相对而言比较具体，要交代事项的背景、目的、意义、执行要求等，命令概括简明，主要体现发文者的意志。

(2)决定和决议的区别。决议"适用于会议讨论通过的重大决策事项"，而决定"适用于对重要事项作出决策和部署、奖惩有关单位和人员、变更或者撤销下级机关不适当的决定事项"。产生过程不同，决定经机关领导或会议研究后可以作出，而决议一定要经会议表决通过。履行职能的程度不同。同样是涉及会议，有具体措施和要求、并要求强制贯彻执行的会议一致性意见，用决定；而提出原则性指导方针、并要求遵循程序办理的会议方案用决议。涉及的内容不同，决定是领导机关在职权范围内对工作作出的决策与安排，重在具体行动，而决议是经过会议讨论通过并要求贯彻的事项，强调"会议"的议定，偏重会议形成的会议文件及指导精神。

［例文］

共青团中央文件

中青发〔2013〕8 号

共青团中央关于表彰 2012 年度"全国优秀共青团员"、
"全国优秀共青团干部"、"全国五四红旗团委（团支部）"的决定

2012 年以来，全国各级团组织深入学习宣传贯彻党的十八大精神，认真贯彻落实党中央对共青团工作的重要指示和团十六大以来的重要部署，扎实推进团的基层组织建设和基层工作，全面履行团的各项职能，各项工作都取得了新的成绩，涌现出一大批先进典型。

为表彰先进，激励广大团员、团干部和基层团组织更加奋发有为、再创佳绩，共青团中央决定，授予×××等 171 名同志 2012 年度"全国优秀共青团员"称号，授予×××等 130 名同志 2012 年度"全国优秀共青团干部"称号，授予××××团委等 346 个基层团组织 2012 年度"全国五四红旗团委（团支部）"称号。

这次表彰的全国优秀共青团员是广大团员中的优秀分子。他们信念坚定，自觉用中国特色社会主义理论体系武装头脑，积极追求政治进步；他们热爱祖国、热爱人民，具有良好的意志品质和道德修养；他们刻苦学习，练就过硬本领，提高综合素质；他们爱岗敬业，勤奋工作，开拓进取，争创佳绩；他们牢固树立团员意识，积极发挥模范带头作用，为广大团员青年树立了榜样。

这次表彰的全国优秀共青团干部是广大团干部的优秀代表。他们团结带领广大团员青年积极投身中国特色社会主义的伟大实践，牢记宗旨使命，忠诚党的事业，认真履职尽责，竭诚服务青年，在团的岗位上付出了辛勤努力，在各自的工作领域中发挥了骨干带头作用，树立了共青团干部的良好形象。

这次表彰的全国五四红旗团委（团支部）是全国基层团组织的优秀典型。他们紧紧围绕党政中心工作，团结带领广大团员青年立足岗位努力工作，充分发挥了生力军和突击队作用；他们认真落实全团重点工作部署，扎实履行团的基本职能，积极创新工作方式，探索激发基层组织活力的新途径，不断增强团组织的吸引力和凝聚力；他们严格执行团的制度，实现了团的基层工作的规范化、经常化。他们的工作集中反映了全团狠抓基层组织建设和基层工作取得的新成绩。

希望全国广大团员青年、团干部和基层团组织以受到表彰的先进个人和先进组织为榜样，紧密团结在以习近平同志为总书记的党中央周围，高举中国特色社会主义伟大旗帜，坚持以邓小平理论、"三个代表"重要思想、科学发展观为指导，深入学习宣传贯彻党的十八大精神，锐意进取，扎实工作，为实现中华民族伟大复兴的中国梦贡献智慧和力量。

附件：1. 2012 年度"全国优秀共青团员"名单
2. 2012 年度"全国优秀共青团干部"名单
3. 2012 年度"全国五四红旗团委（团支部）"名单

共青团中央
2013 年 4 月 28 日

附件

（附件具体内容略）

（例文摘自 http://www.ccyl.org.cn）

【简析】案例是一则嘉奖性决定。标题由发文机关、事由、文种三要素组成。正文简要交代了决定的背景、根据，分条列项，分别概述"全国优秀共青团员""全国优秀共青团干部""全国五四红旗团委(团支部)"的优秀、先进事迹。结尾结合事实发出号召，提出要求。发文机关标志和成文日期俱备。附件单列了优秀个人和集体的名称。结构完整、严谨、周密。

七、公文处理的其他注意事项

《党政机关公文处理工作条例》中除了对公文的写作进行了详细说明，还对公文的拟制、办理、管理等内容给予了规范。

公文拟制方面，要扎实做好公文的起草、审核、签发等拟制程序。要求公文起草，需要符合国家法律法规和党的路线方针政策，完整准确体现发文机关意图，并同现行有关公文相衔接；一切从实际出发，分析问题实事求是，所提政策措施和办法切实可行；内容简洁，主题突出，观点鲜明，结构严谨，表述准确，文字精练；文种正确，格式规范；深入调查研究，充分进行论证，广泛听取意见；在涉及其他地区或者部门职权范围内的事项，起草单位必须征求相关地区或者部门意见，力求达成一致；机关负责人应当主持、指导重要公文起草工作。公文审核由发文机关办公厅(室)进行，重在审核行文理由是否充分，行文依据是否准确；内容是否符合国家法律法规和党的路线方针政策，是否完整准确体现发文机关意图，是否同现行有关公文相衔接，所提政策措施和办法是否切实可行；涉及有关地区或者部门职权范围内的事项是否经过充分协商并达成一致意见；文种是否正确，格式是否规范；人名、地名、时间、数字、段落顺序、引文等是否准确；文字、数字、计量单位和标点符号等用法是否规范；其他内容是否符合公文起草的有关要求；如果是需要发文机关审议的重要公文文稿，审议前由发文机关办公厅(室)进行初核。经审核不宜发文的公文文稿，应当退回起草单位并说明理由；符合发文条件但内容需作进一步研究和修改的，由起草单位修改后重新报送。公文文稿签发由本机关负责人审批签发，重要公文和上行文由机关主要负责人签发；党委、政府的办公厅(室)根据党委、政府授权制发的公文，由受权机关主要负责人签发或者按照有关规定签发；签发人签发公文，应当签署意见、姓名和完整日期；圈阅或者签名的，视为同意；联合发文由所有联署机关的负责人会签。

公文办理方面，包括收文办理、发文办理和整理归档。收文办理要完善签收、登记、初审、承办、传阅、催办、答复七道主要程序，一是签收时，要对收到的公文应当逐件清点，核对无误后签字或者盖章，并注明签收时间。二是登记时，要对公文的主要信息和办理情况应当详细记载。三是初审时，要对收到的公文应当进行初审，明确是否应当由本机关办理，是否符合行文规则，文种、格式是否符合要求，涉及其他地区或者部门职权范围内的事项是否已经协商、会签，是否符合公文起草的其他要求，如果在初审时候发现公文不符合规定，应当及时退回来文单位并说明理由。四是承办时，要分类进行，阅知性公文在根据公文内容、要求和工作需要确定范围后分送，批办性公文应提出拟办意见报本机关负责人批示或者转有关部门办理，需要两个以上部门办理的公文需要明确主办部门。对于紧急公文应当明确办理时限，及时催促承办部门及时办理，有明确办理时限要求的应当在规定时限内办理完毕。五是传阅时，要根据领导批示和工作需要将公文及时送传阅对象阅知或者批示。办理公文传阅中，经手人应当随时掌握公文去向，不得漏传、误传、延误。六是催办时，要及时了解掌握公文的办理进展情况，督促承办部门按期办结。紧急公文或者重要公文应当由专人负责催办。七是答复时，公文的办理结果应当及时答复来文单位，并根据需要告知相关单位。

发文办理要做好答复、登记、印制、核发四项主要程序。一是答复。已经发文机关负责人签批的公文，印发前还应当对公文的审批手续、内容、文种、格式等进行复核；需作实质性修改的，报原签批人复审。二是登记，对复核后的公文确定发文字号、分送范围和印制份数并详细记载。三是印制。公文印制必须确保质量和时效，根据数量提早准备，避免机器印制中发现问题影响有关事项进程。涉密公文应当在符合保密要求的场所印制。四是核发。公文印制完毕，应当对公文的文字、格式和印刷质量进行检查后分发，避免颠倒位置或者内容漏、错。同时，对于涉密公文，应当根据要求通过机要交通、邮政机要通信、城市机要文件交换站或者收发件机关机要收发人员进行传递，信息传输则必须通过密码电报或者符合国家保密规定的计算机信息系统进行。

公文的整理归档，需要归档的公文及有关材料，应当根据有关档案法律法规以及机关档案管理规定，及时收集齐全、整理归档。两个以上机关联合办理的公文，原件由主办机关归档，相关机关保存复制件。机关负责人兼任其他机关职务的，在履行所兼职务过程中形成的公文，由其兼职机关归档。

公文管理方面，要建立健全公文管理制度，确保管理严格规范，充分发挥公文效用。在人力、物力上，党政机关公文由文秘部门或者专人统一管理；设立党委（党组）的县级以上单位应当建立机要保密室和机要阅文室，并按照有关保密规定配备工作人员和必要的安全保密设施设备。在密级公文管理上，密级公文在确定密级前就需要按照拟定的密级先行采取保密措施；确定密级后则按照所定密级严格管理；绝密级公文应当由专人管理；公文的密级需要变更或者解除的，由原确定密级的机关或者其上级机关决定。在印发传达范围上，公文的印发传达范围应当按照发文机关的要求执行；需要变更的，应当经发文机关批准；涉密公文公开发布前应当履行解密程序，公开发布的时间、形式和渠道，由发文机关确定；经批准公开发布的公文，同发文机关正式印发的公文具有同等效力。在印制、汇编上，复制、汇编机密级、秘密级公文，要符合有关规定并经本机关负责人批准；绝密级公文一般不得复制、汇编，确有工作需要的要经发文机关或者其上级机关批准；复制、汇编的公文视同原件管理；复制件应当加盖复制机关戳记；翻印件应当注明翻印的机关名称、日期；汇编本的密级按照编入公文的最高密级标注。公文的撤销和废止，由发文机关、上级机关或者权力机关根据职权范围和有关法律法规决定；公文被撤销的，视为自始无效；公文被废止的，视为自废止之日起失效。公文的清理和销毁，涉密公文应当按照发文机关的要求和有关规定进行清退或者销毁；不具备归档和保存价值的公文，经批准后可以销毁；销毁涉密公文必须严格按照有关规定履行审批登记手续，确保不丢失、不漏销；个人不得私自销毁、留存涉密公文。

另外，机关和人员异动时的公文管理需要主要以下几个方面，机关合并时，全部公文应当随之合并管理；机关撤销时，需要归档的公文经整理后按照有关规定移交档案管理部门。新设立的机关应当向本级党委、政府的办公厅（室）提出发文立户申请。经审查符合条件的，列为发文单位，机关合并或者撤销时，相应进行调整。工作人员离岗离职时，所在机关应当督促其将暂存、借用的公文按照有关规定移交、清退。

【思考与练习】

一、对比公文类通知与日常性通知的异同，讨论公文类通知滥发造成的后果。

二、通报主要有哪几大类别？根据身边发生的事件或最近报刊上的模范事迹报道，写一份表彰性通报。

三、报告与请示的区别有哪些？根据学习和工作的需要给相应的部门写一份请示，注意请示作为上行文的格式要求，并标注请示"附注"部分的内容。

四、为自己所在的集体设计一场有针对性的重要会议，以会议组织单位的名义给有关单位发出邀请函。

五、分组将同一会议记录整理成会议纪要，并相互指正，讨论会议纪要与会议记录的关系。

六、公告与通告的适用范围有何异同？根据自己当下的学习和工作中所发生的事件，写一篇通告。

七、命令与决定、决议有哪些差别？写一篇向先进人物学习的决定，注意先进事迹的概述要条理清晰，诚恳动人。

第二章　计划与总结

　　"凡事预则立，不预则废""前事之不忘，后事之师"经典地概括了计划与总结的重要意义。良好的计划可以帮助团体和个人明确目标、鼓舞斗志，循序渐进、提高效率，驾驭生活、增强能力，养成良好习惯、迈进成功门槛。完整的总结可以让人从中获得信息，汲取经验、总结教训，实现对工作的"知己知彼，百战不殆"。

　　计划与总结都属于事务文书，它们是党政机关、社会团体、企事业单位处理日常事务时撰写的，用来沟通信息、总结经验、探索问题、指导工作。计划和总结应用范围很广，种类很多，使用频率高，其制作不像公文有那样严格的法定限制，行文比较灵活，在公务活动中运用较多。

第一节　计划

一、计划的概念

　　计划是一个单位或个人根据上级有关方针、政策、指示和具体实际，为完成某项学习、工作、生产、科研等预定任务而事前制定的预想或安排的书面材料。"多算胜，少算不胜"，计划具有预见性，计划周密，条件充分，工作成功的可能性就大。制定计划要以调查实际，收集信息，制定行动方案，明确实施措施，合理配置资源，符合实际，调动全体人员为目标而努力。

　　计划因为具体的表现内容不同而被称为规划、纲要、工作要点、实施方案、实施意见、打算、安排、设想等，要根据具体情况进行选择。规划和纲要是指跨越年度较长、涉及范围较广、内容比较完整、任务比较重大的计划，如《国民经济和社会发展第十一个五年规划纲要》；"安排""打算"通常是时间较短、范围较窄、内容较具体的计划，如《内地与香港关于建立更紧密经贸关系的安排》、《××省道路运输协会 2012 年工作总结及 2013 年度工作打算》；"设想"是非正式的，为完成未来工作或任务的粗略计划，如《全国花卉标准体系研究与构建设想》；"实施方案"是为完成某项工作或任务而制定的包含行动目的、进程、步骤和方法等比较全面、具体内容的计划，如《2013 年大学生志愿服务西部计划实施方案》；"工作要点"是为了实现工作目标和任务而确定的粗线条、原则性要求，如《2013 年环境法制宣传教育工作要点》；"意见"是上级对下级提出的实现某个目标的指导性、原则性计划，如《关于推进节约集约用地的实施意见》。

二、计划的特点

　　1. 预见性。计划需要对所要完成的任务，就目标、方法、步骤、措施、时限等作出超前的预见性认定，对未来的工作具有指导作用。

　　2. 可行性。计划的制定要科学合理，这是任务如期完成的关键。计划的制定既不要太高，脱离实际；也不要太低，没有实现价值。

3.约束性。计划的制定一旦经过确定,单位或个人就应当根据计划行事,如果确实有需要调整的地方,也需在进行细节调整的同时,继续推进计划,不能违背和随意拖延。

4.目的性。计划要有明确的目的,对于在一定时间内,完成什么任务,获得什么效益,都有所说明。没有目的就没有行动的动力,没有行动的方向。

5.针对性。计划的制定要根据上级的指示精神,同时结合本单位或个人的主客观实际条件和相应的能力,有针对性才有可行性。

三、计划的作用

1.明确行动目标。计划提供了行动的指针,指引了前进的方向,能够让团体或个人具有明确的奋斗目标,工作井然有序,避免行动的盲目性。

2.调动行动积极性。具体可行的计划能够有效激发工作的主动性和积极性,提高工作效率,提升成功进度。

3.合理配置资源。计划确定的具体措施方法得当,能够主动、合理地安排人力、物力和财力,减少不必要的消耗。

4.适时监督行动成效。计划对未来目标的设想,是检查各项工作完成情况的重要依据。制定计划有利于及时有效地监督、检查与控制自己的行为,不断检查行动与计划之间的差距,总结工作经验,吸取教训,促进、保证计划的顺利完成。

5.提供总结依据。计划能够检测行动措施的效果和整体行动的成效,为一定时期内的工作经验提供了依据,便于进一步制定计划时更加深谋远虑。

四、计划的种类

计划的种类繁多,可以从不同角度分类:

1.按计划的对象领域不同,可分为工作计划、学习计划、教学计划、科研计划、生产经营计划、劳动计划、科技发展计划、产品开发计划等。

2.按计划的内容涉及面范围,可分为综合计划、专项计划等。

3.按计划写作主体的身份,可以划分为国家(或中央)计划、地区计划、部门计划、单位计划、班组计划、个人计划等。

4.按计划的时间长短,可分为长远规划、中期计划、短期计划、年度计划、季度计划、月计划、学期计划、周计划等。

5.按计划的写作方式划分,有文字式计划、表格式计划、条文式计划、图画式计划、混合式计划等。

6.按照指挥性强弱划分,有指令性计划、指导性计划。

五、计划的主要结构及写作指要

(一)标题

计划的标题即计划的名称,有全称标题、简称标题、新闻式标题三种。一般用醒目的大字书写于首行正中。只在本单位内部使用的计划,标题中可以不写单位名称;个人计划不在标题中署名,而应在正文后右下角日期之上注明;提供讨论、决定的计划在标题后面加括号,注明"讨论稿""征求意见稿""草案"等字样。

1. 全称标题。由制定计划的单位名称＋适用期限＋内容范围＋文体种类构成。如《××省人事厅2013年度专业技术人员资格考试工作计划》。

2. 简称标题。一般都有计划文体种类，可以在全称标题中，或省略"单位名称"，或省略"适用期限"，或省略"内容范围"，或者省略其中的几项。如只保留计划文体种类的《学习计划》；省略"单位名称"的《2007年财政工作计划》；省略"单位名称"和"适用期限"的《团队工作计划》；省略"适用期限"的《××省公务员工资制度改革实施意见》等。

3. 新闻式标题。可以采用双标题，即主标题加副标题，如《认真做好党代会工作，推进又好又快发展——××计划》；或以文章标题形式出现，如《为实现集团2013年创利1亿元而努力奋斗》。

（二）正文

正文是计划的核心部分，主要包括前言、主体、结尾三个部分。

1. 前言

前言在计划的开头，是计划的导语，是对计划依据、基本出发点、计划事项的精要概括，通常包括制定计划的简要依据、指导思想、目的、意义等。主要说明"为什么要制定计划"。

（1）制定计划的简要依据，主要是写明制定计划所遵循的上级部门制定的方针、政策和指导思想。

（2）计划的简要目标与意义。要简明交代计划的总体任务、简明要求、重要意义。

2. 主体

主体是计划的关键部分，要写清"计划的三要素"：目标（做什么）、措施（怎样做）、步骤（分几个部分完成）。

（1）计划的详细目标和任务。计划的目标需要写明总体目标和分目标，总体目标的具体情况，分目标的几个部分及其具体达标的指标（包含数量与质量标准、时间进程等方面的具体情况）。目标的写作既要着眼长远，又要切实可行；既要把握重点，又要抓住必要的组成部分。要说明计划期限内"做什么"及"做到什么程度"。

（2）实现计划的措施和要求。措施是推进计划的具体办法，是实现计划的切实保障，主要包括承担工作任务的各方职责，针对具体工作的利弊所运用的力量、工作方法、人力、物力、财力的分配，工作成效的考核办法等。措施需要明确具体，切合实际，还要明确责任部门或责任人的职责。

（3）计划操作的步骤。它是对执行计划的工作程序和时间安排，主要涉及到具体实施办法运行的先后顺序、主次安排，人力、物力、财力的安排和适时调配。计划的步骤要做到环环相扣，步步推进。要说清先做什么、后做什么、主要抓什么、其次抓什么等。

3. 结尾

计划的结尾一般以提出希望和要求、发出号召、展望前景的方式结束全文，也可以根据实际情况决定是否需要。但是，对于请求上级批转的计划，最后需要以"以上意见如无不妥，请批转各地参照执行"等征询用语结束，而不能省略此结尾。

（三）落款

落款要在正文结束后的右下方写清制定计划的单位名称（或个人姓名），另起一行标注成文日期。单位计划需要加盖公章。

(四)附注

计划的附注包括计划需要交待的其他事项(例如上级的具体指标或通知、有关的文件依据等),或者是计划中需要详细阐述但是又过于繁杂的条目等内容,如计划中的具体指标、数字、图表等。

六、计划写作的注意事项

1.明确具体

无论是计划的"前言"还是"正文",写作时都要写得具体明确,科学合理,可操作性强。计划的目的、任务、指标、措施、办法、步骤和完成人及时间都要具体、合理、职责分明、落到实处,便于执行和检查。不能含混不清,模棱两可,导致计划无法执行。如使用"进一步建立各项制度"或"创建一批优质工程"之类的含糊语言,就无法落到实处。

2.实事求是

制定工作的"蓝图"——计划时要实事求是。从本部门、本单位的实际出发,既不能思想保守,因循守旧,满足于完成常规性的工作和任务;也不能好大喜功,主观片面,脱离实际,盲目冒进,仅凭个人的主观愿望说大话、说空话。还要正确处理好长远与目前、全局与局部、地区与地区、部门与部门之间的关系,以免目标、措施、步骤偏离实际。计划要留有余地,以便在具体的执行过程中根据新的形势进行必要的修改和补充。在制定计划的过程中,要走群众路线,经过调查和研究,集思广益。

3.点面兼顾

计划不要面面俱到,流于空泛,而要突出中心和重点,注意将中心工作与一般工作有机结合。既要有重点和中心工作的部署,又要有一般工作的计划内容,要防止因为偏颇而造成整体工作的贻误。

4.贯彻指示

单位计划的制定要根据党和国家的方针、政策以及上级的有关指示精神,同时要结合本地区、本单位的实际情况,提出明确的任务指标,制定相应的措施方法。部门的计划服从全体的计划,个人的计划服从单位的计划。

[例文]

××××年中国茶叶流通协会工作计划要点

根据中国茶叶流通协会第四届会员代表大会通过的协会工作报告的总体精神,结合行业实际和目前协会所具备的主要条件,我们拟定了2008年中国茶叶流通协会工作计划要点。

一、继续强化组织建设,提高服务水平。(具体内容略)

二、争取国家委托职能,进一步发挥桥梁作用。(具体内容略)

三、做好茶叶行业的标准化工作,为品牌建设奠定基础。(具体内容略)

四、继续做好信息服务工作,促进茶叶贸易的发展。(具体内容略)

五、加大会展整合力度,为会员搭建高效的贸易平台。(具体内容略)

六、继续加强培训工作,提高从业人员的素质。(具体内容略)

七、做好分支机构工作,构建专业的服务机构。(具体内容略)

中国茶叶流通协会

××××年××月××日

（例文摘自 http：//www.changzhou.gov.cn/）

【简析】这是中国茶叶流通协会的工作计划要点。标题包含计划适用期限、制定计划的单位名称、计划文体种类。正文比较全面、简要；前言部分简明扼要；主体部分全面到位，条例清晰，主要任务和措施具体明确，可操作性强，能够起到指导性作用。作为计划要点，本文没有充分展开。本案例没有专门的结尾。主体部分的各部分段落主旨句概况精炼，讲究运用对仗，具有节奏感和形式美。

【思考与练习】

一、计划的特点是什么？有什么作用？

二、计划有计划、规划、纲要、设想、意见、方案、工作要点、安排、打算等不同的名称，思考它们使用上的差别并举例说明。

三、搜集计划类的一些优秀例文，从标题、正文、结尾等方面进行学习和模仿。

四、以下是某单位"××××年科技工作计划"的一部分，其中第五部分的内容删除了段落主旨句，请根据各段的内容提炼归纳中心词语，组成完整的段首主旨句。

××××年，我县科技局将通过"实现一个目标，建设两个基地，做好三个提升，完善四大机制，抓好五项工程"，加快创新型屯留建设，全面推动经济社会持续协调发展。

……

5. 抓好以下五项工程

（1）实施（   ）工程。要加大技术开发经费投入，鼓励创办行业技术研究中心和企业技术中心，加强与大学和科研机构的合作，提高自主创新能力。从科技三项费中拿出40%的资金，重点培育和扶持20家技术含量高、市场前景好的科技企业。加强技术创新中介服务体系建设。围绕技术创新体系建设，按照"组织网络化、功能社会化、服务产业化"的发展思路，努力构建生产力促进中心、创新企业孵化器、科技中介服务三大服务体系。

（2）实施（   ）工程。集中精力上一批能够起到示范带动效应、创新性强、技术含量高的科技项目。

（3）实施（   ）工程。以建设高标准全国科技进步示范县为目标，将科技110网络建设、科技图书屋建设、科技专家大院建设和科技特派员制度建设作为科技示范县建设的一项重点工作抓紧抓好。

（4）实施（   ）工程。社会主义新农村建设是当前的重大问题，我们要以"一县一业、一乡一品、一民一技"为方向，以延长产业链和价值链为重点，支持新兴产业和优势产业的发展。确定推广指南。完善农业技术推广体系，形成以农村专业技术协会、农技站、行政村技术服务组、科技示范户为网络的农业科技推广服务体系。

（5）实施（   ）工程。在农业上，通过聘请教授讲技术、组织专家送技术、利用系统传技术，年教育培养200—300名专业技术人才，培训农民1.5万人（次）。在工业上，要抓好鼓励企业岗位培训和职业技术培训，采取请进来的办法为企业吸引更多的人才，逐步在每个企业培养起一支技术骨干队伍。

五、任选一题，制定一份通过努力能够完成的个人计划（注意做到：格式完整——标题、正文、署名、日期要素都要具备；内容具体——做什么、做到什么程度、怎么做、采取什么措施等分条列出）。

（1）学期工作或学习计划。

（2）电脑操作技能提高计划。

（3）锻炼身体计划。

（4）利用假期进行社会调查的计划

（5）课外阅读计划。

第二节　总结

一、总结的概念

总结是对前一阶段的社会实践活动作系统的回顾、分析、研究与评价，从中找出规律性认识，得出经验教训，用以指导实践的一种事务性文体。它是机关、团体、企业和个人经常运用的一种文体。通过总结，能够把感性的认识上升为理性认识，肯定和发扬成绩，发现问题，吸取经验教训，减少以后的工作失误。还有利于各单位、部门交流经验，相互促进，从而推动后期工作的顺利开展。

二、总结的特点

1. 回顾性。总结与计划正好相反，计划是对将要开展的工作进行的统筹安排，是总结的依据和考核评价标准；总结指向过去，是对过去工作的回顾，最终是为做好后期工作提供借鉴。总结是制定未来工作计划的重要参考标准。

2. 经验性。总结已经发生的实践，又指导和推动未来更进一步的实践。总结是人们进行社会实践产生的精神成果，比之物质性成果具有更长远、更宝贵的意义。通过实践可以发现事物发展的本质和规律，总结、积累一些经验和教训，用以指导更长远、更广泛的工作，催生更丰富的成果。

3. 客观性。总结来源于前一阶段的社会实践活动，并用来指导今后的实践。它以自身的实践活动作为依据，必须按照实践是检验真理的惟一标准的原则，去正确地反映客观事物的本来面目。总结中所列举的事例和数据都必须完全可靠、确凿无误，夸大、缩小、随意杜撰、歪曲事实的做法都会经不起实践的检验，从而会使总结失去应有的价值。

4. 概括性。总结是对过去工作得失的回顾与反思，需要从感性认识上升为理性认识，把实践中富有规律性的东西条理化、系统化、理论化，这样才有推广的价值。总结的写作不能脱离事实，但也不是现象层面的事实的简单罗列和堆砌。

三、总结的作用

1. 汇集前期实践事实。总结是对前一时期有关实践活动的汇集，通过整理，可以全面反映工作状况，既可以作为制定下一阶段计划和政策的基础和依据，也是对工作考核、奖惩、反思、发现和培养各种人才的依据。

2. 指导未来工作决策。"吃一堑，长一智"。通过调查研究和认真总结，对过去成功的经验和失败的教训进行细致梳理，可以为今后的工作进行科学决策提供参考，减少失误，少走弯路。

3. 提高人们认识水平。通过总结，可以把零散、肤浅、表面的感性认识上升为全面、系统、本质的理性认识，进而把握事物的规律，帮助人们完成从实践到理论的认识过程，提高认识水平，避免工作的随意性、盲目性。

4. 调动工作积极性。总结可以通过表扬和批评，鼓励先进，发扬成绩，鼓足干劲，克服不足，调动人们工作的积极性。

5. 相互交流信息。总结作为比较灵活的日常事务性文体，可以在上下级、平行单位之间运用，让上级及时了解下级的工作状况；让下级及时总结经验教训，发扬成绩，推进工作；让平级单位之间互相沟通，取长补短，共同前进。

四、总结的分类

1. 按总结的对象性质不同，可分工作总结、学习总结、思想总结、教学工作总结、科研总结、劳动总结、会议总结、生产经营总结、科技发展总结、产品开发总结等。

2. 按总结写作主体的身份不同，可以划分为国家总结、地区总结、系统总结、单位总结、部门总结、科室总结、班组总结、个人总结等。

3. 按时间划分，可分阶段总结、年度总结、季度总结、月份总结等。

4. 按总结的写作方式划分，有描述性总结、概括性总结、论述性总结、图表式总结等。

5. 按总结的内容涉及面范围划分，可以分为综合总结与专项总结。

（1）综合总结。也称全面工作总结，是单位或个人对一定时期内整体工作情况的综合性回顾。综合总结涉及的内容比较广泛，材料较多。在写作上既要注重全面，又要突出重点。

（2）专题总结。也叫单项工作总结，是单位或个人对一定时期的某一项工作或某一方面任务、某一问题所作的专门性总结。与综合总结相比，专题总结偏重于总结经验、介绍做法，它的针对性更强，要把实践中最有体会并值得借鉴和推广的部分概括、总结出来。写作内容比较单纯，也更具体、集中、细致、深入。

五、总结的结构要素及写作要点

总结一般由标题、正文、落款三部分组成。

（一）标题

1. 公文式标题

（1）由单位名称＋时限＋内容＋文种组成。如《××市20××年扶贫开发工作总结》、《××大学20××年党建工作总结》。

（2）由单位名称＋内容＋文种组成，如《财政部关于会计干部技术职称评定工作的检查总结》。

（3）由内容＋文种组成，如《关于开展科技活动节的工作总结》。

2. 文章式标题

（1）单标题。用一句切实有力的话，概括反映总结的主要内容、基本规律或基本经验。如《"三气"建设旺福州》、《层层抵押承包，人人共担风险》、《我们是怎样打开市场销路的》等。

（2）新闻式双标题。正副标题配合使用，正标题概括总结的主要内容或主旨；副标题说明总结的对象、时限、内容、文种，如《发展特色农业 壮大县域经济——××县发展胡柚生产的实践与思考》、《从改革中寻出路，不拘一格选人才——西安人民广播电台公开招聘采编人员的总结》、《薄利多销，保质保量——××市为民饮食店先进经验介绍》、《知名教授上讲台 教书育人放异彩——××大学德育工作总结》等。

（二）正文

总结的正文由导语、主体、结尾三部分组成，导语概括基本情况；主体介绍成绩、经验及教训；结尾指出不足及今后努力方向。三个部分可以根据总结的要求和中心思想来灵活安排，不一定三个方面面面俱到，根据不同需要侧重点也有所不同，或陈述做法和成绩，再写经验教训；或将行动的过程、成绩、经验教训有机糅合；或单述成果，不提存在的问题。

1. 导语

导语，也称开头、前言，写法灵活多样，或开门见山地用简短、明了的语句概括基本情况；或高屋建瓴地回顾业绩，表明目的；或夹叙夹议，以对比、判断的方式交代背景、提示下文。导语的写作要注意对主体的纲要性作用。

导语的主要内容包括：①总结所涉及的时间、单位、背景、工作任务、工作关键步骤等；②主要成绩、经验等，常常运用数据来说明。如一篇名为《加强建设保质量 积极发展树品牌——××大学201×年工作总结》的文章中就用"201×年，在上级领导的亲切关怀下，在学校董事会的正确领导下，××大学进一步规范办学，加强建设，强化管理，不断创新，各项工作有序推进。学校现设有23个学院，开设本科专业43个，201×年招生5700人，在籍学生15289人。学校实现了快速、健康、可持续发展。现将我校201×年工作情况汇报如下"。作为导语，其中包含了时间、单位、工作任务、关键步骤、主要成绩及过渡语，给读者留下了总体印象。又如："为了探索……课的教学规律，不断提高教学质量，使……教学日臻完善，现将一年来的教学工作实践总结如下"，则是交代工作任务及目的。

2. 主体

它是正文的主要部分，主要包括主要做法、主要效果与成绩、经验与存在的问题。

（1）基本做法、成绩与经验。要写明做了什么事情，如何做的，取得哪些成绩。通过摆事实、述过程、列成绩，运用典型事例和具体数字或对比的方法来介绍，将成绩和做法紧密结合，相得益彰。要有相应的分析，把感性认识上升到理性认识，形成规律性的东西。由于总结的内容一般较多，因此需要条理分明，通常将成绩分项陈述，加小标题。在这里，做法是基础，经验体会是重点，成绩是标志。这部分内容是重点和难点，需要注意材料取舍，分清详略，突出重点，点面结合，数据具体，说服力强。

（2）主要教训与问题。在总结工作进展和分析成绩的基础上，陈述工作中存在的不足之处和尚未解决的问题。这部分根据总结的具体类别又有所区别，有的属于介绍、推广经验的总结则主要介绍成功的做法，可以说明要防范的问题，但是不必要写存在的问题。

（3）今后努力方向。正文的结尾主要是简短地说明今后的打算和努力方向，打算要切合实际，方向要具体明确。要根据单位长期规划和现实状况，简要表明努力的方向。

（三）落款

在正文结束后的右下方签署单位名称及成文日期。如果单位的名称在标题中或标题下面已经写明，落款可以只写时间。成文日期要用全称。

六、总结的正文常用结构方式

1. 总分式结构。先精炼地概述基本情况及主要成绩、经验，然后分成几个部分阐述事实，分析做法与成效，最后指出存在的问题或提出要求。综合性总结常用此法。

2. 纵式结构。按时间或工作进程组织材料，介绍具体做法、经验或体会。纵式结构的线索清楚，层次分明。专题性总结常用此法。

3. 横式结构。按照事物的性质和内在的逻辑联系，将材料分成相应的类别，然后组织材料，分别介绍有关经验。各部分或按并列关系，或按照主次、由内到外、由外到内、因果关系等结构，多采用小标题提纲挈领分述各个层面，或在每一段落的段首用主题句概括段落主旨。一般，综合性总结在前言中进行总述之后，再用横式结构，分几个部分阐述。

4. 纵横交错式结构。总结内容较多时，往往交叉使用各种结构方式，形成纵横交错式结构。该结构既按照事物的发展过程，又根据内容的性质和逻辑关系来安排文章段落的关系。比如，对横式结构中的某一方面工作按事物发展的进程，用纵式结构进行总结；或在纵式结构中某一阶段的几项工作分别展开总结。使用纵横交错式这种复杂结构方式要注意陈述内容的起止，过渡要清晰，防止混乱、重复。

七、总结写作的注意事项

1. 具有规律性结论。写总结，不仅要写出"做了什么，做到了什么程度"，更重要的是要写出"怎么做的"，从而导致怎样的结果，要寻找出事物发展的规律，达到借鉴者能利用规律，在实践活动中取得预期的效果。总结的写作不能只是对所做的事件进行罗列、汇集，而需要对事实进行分析综合，在庞杂的材料中去粗存精、去伪存真、由表及里地发现、提炼出规律性的结论，将感性的内容概括、提升为可以推介的理论性结论。

2. 突出中心和重点。总结需要对工作进展、成绩和经验进行有主有次的说明，分清主流和支流、经验和教训，而不是泛泛而谈地总结中心思想或中心内容，各个部分面面俱到，平分秋色，以至于没有中心和重点，没有主要成就和主要经验。

因此，在动笔之前要明确中心、重点，围绕中心、重点拟写提纲，一方面要根据工作的实际情况和下一步工作的需要；另一方面要看总结出的经验是否具有普遍指导意义和具有本单位的特色。突出中心和重点的方法可以为：①在正文的前言部分，在概括基本情况后，揭示出工作中心和重点；②正文的主体部分围绕中心、重点恰当安排内容，重点内容详写，其他略写；③围绕重点选用具体的典型事例，主要讲述中心工作的主要成绩和教训等。

3. 运用事例要典型。单位或部门的总结总是来自更小的基层组织的总结材料，不可能对所有的事例都一一列举。总结需要精简事例，根据工作的重点和取得成绩的大小选取有代表性的事例，增强事例的说服力。

4. 走群众路线。总结的写作，无论是对事实的收集，还是对主要经验的归纳和提炼都要采取自上而下或自下而上的方式给予考证，而不可想当然，闭门造车。走群众路线进行工作总结，可使集体提高认识，统一思想，增强责任感，调动积极性，为总结提供丰富的第一手材料和具体的意见，提高总结的质量。

5. 详尽收集材料。巧妇难为无米之炊，写作总结需要大量的第一手材料，只有详尽占有材料，才能了解实践活动过程中的具体问题和解决措施，发现和掌握工作中的典型事例、必要的数据、必要的背景材料，也才能深入分析材料，综合比较，提炼出中心和重点。

6. 要实事求是。实事求是就是用事实和数据说话，分析问题要一分为二，不能肯定一切，弄虚作假，文过饰非，把成绩夸大，言过其实，也不要否定一切，把存在的问题夸大。科学合理才能可信，才能具备指导和借鉴作用。

7. 注意新颖独特。尽管经验性、规律性的东西并非瞬息万变，但是实践活动日新月异。总结需要从出现的新情况和新问题中去钻研、探求、总结，归纳新经验，发现新规律。具有特色的规律性经验才更具有典型意义与推介意义。

8. 观点材料要统一。总结既要有面上的正确的、较为宏观的概括性观点，用以揭示整体面貌，又要有点上的生动的材料，用来充实、印证观点。观点代表结论性思想，统帅材料；材料作为基础性材料，支撑观点。

9. 语言要准确、朴实、简明、生动。准确，就是用词恰当，合乎事理，如实地反映实际情况，不任意夸张或缩小；朴实，是指语言朴素实在，干净利落，词藻不求华丽，但是可读性要较强，奇特的比喻、夸张手法在总结中尽量不用；简明，就是要简洁、明白；总结的语言倾向于理论化，但是也可以运用群众中生动活泼的语言来进行生动的说明，使总结变得鲜明、富有活力。

八、总结与调查报告的主要区别

总结与调查报告的文字虽然反映的都是过去既成的事实，在行文上也往往都要归纳出一些带规律性的认识，但是他们有着很大的不同。在实际应用中要防止互相混淆。总结与调查报告的区别主要有：

1. 行文时间不同。总结的写作多为定期进行的，是一种事后的行为，如年末、月末，或某一阶段工作结束后的常规总结；调查报告的写作是不定期的，可以是事后，也可以是事件进行中根据工作的进展和出现的新问题、新现象及时进行调查，写出调查报告。

2. 行文目的不同。总结是对计划实施情况的检查，侧重于针对自己所做的事总结经验教训，以利于推动下一步工作；调查报告侧重于对事物情况的观察、发现、了解、研究，摸清事情真相，认识事物发展的客观规律。

3. 行文所用人称不同。总结是对作者本单位、本部门、本职责范围内或本人的工作回顾与分析，作者的主要角色是以当事人身份出现，常常或明或暗地运用第一人称，如"县政府……"，通常就是县政府自己做什么事情的表述；调查报告通常是对作者所辖、所涉及的部门、单位、个人等的情况进行了解、分析，调查认识、分析的对象是作者认识的客体，多用第三人称，即"该公司""他（他们）"或"它"等。

4. 所了解、反映的对象范围不同。总结只局限于对本单位、本部门、本人、本职责范围内的人和事作总结、分析，对外单位和本职责范围外的其他事情则不作评价；调查报告多是对本单位外的事件和个人进行调查、了解，对本单位的调查常常是因为指示形成的专项调查。

5. 对所涉及事物的熟悉程度不同。总结主要是作者本单位、本部门、本人对有关情况的分析综合，所以对事件的熟悉程度要深入、全面一些；调查报告中，调查者对被调查的事件或人物多为不太熟悉的，甚至是很陌生的，需要花费较大精力展开调查，了解真相，获得认识。

[例文]

××市20××年财政工作总结

20××年，财政部门坚持以"三个代表"重要思想为指导，深入贯彻党的十六大和十六届三中全会精神，牢固树立和认真落实科学发展观，突出支持经济建设和社会发展，保持了财政收入的持续快速增长；按照建立公共财政的要求，积极调整和优化财政支出结构，继续深化各项财政改革，进一步规范财政管理；切实加强机关自身建设，文明单位创建活动取得了阶段性成效，"为民、务实、高效、廉洁"的机关形象进一步形成，圆满完成了市十三届人大二次会议确定的各项财政工作目标任务。

我市全年实现财政收入150192万元，完成变更预算的116.7%，同比增长33.5%。其中：一般预算收入55020万元，同比增长33.5%。财政总收入较2001年翻了一番多，在××各县（市、区）位居第一，继2002年之后，我市再次被省政府表彰为财政收入上台阶先进单位。全年实现一般预算支出55500万元，完成变更预算的105%，同比增长21.8%，财政保障能力进一步增强。

一、主动服务经济建设，推动经济平稳较快发展

（一）支持构筑全市经济发展平台，优化发展环境。加大基础设施建设投入力度，积极筹措拨付包括国土出让金在内的各种资金22838万元，支持农村通村公路、火车站站前路、沿江高等级公路、城河南岸及"两园一区"基础设施建设；拨付866万元，用于城市污水处理等经费支出；筹措安排600多万元，专项用于全市创模、创卫、创安工作。严格按照省政府关于优化企业发展环境"十不准"规定，规范行政行为。积极开展行政许可事项及行政许可实施主体清理工作。取消收费项目28项，降低收费标准6项。全市招商引资环境进一步优化。

（二）支持经济增长方式转变，提升发展质量。有效整合财政性资金，充分利用财政贴息资金、科技创新基金、中小企业担保基金等间接支持手段，将社会资金引导到科技含量高、发展前景好、带动力强的领域。本级财政安排400万元用于企业技改、科技创新；还争取到上级技改贴息、创新基金及科技费用550万元，支持培育工业经济新的增长点，促进全市工业经济实现速度、结构、质量、效益协调发展。

（三）充分落实财政政策，体现政策推动效应。围绕地方特色，积极筛选、论证、包装、申报项目，累计争取各类项目资金4286.21万元，占全年任务的142.9%，为我市经济发展引来外力。认真落实发展非公有制经济要求，清理并取消各种不适应民营经济发展的歧视性、限制性和不合理规定，落实国民待遇。建立小额贷款担保基金，对个体工商户等给予必要支持，鼓励支持全民创业。

（四）制定新一轮财政体制，发挥体制拉动作用。合理调节市与乡镇、乡镇与乡镇之间的财力分配，制定了新一轮市乡（镇）分税制财政管理体制，调动了乡镇发展经济、培植财源、强化管理的积极性。全年乡镇国地税收入实现20941万元，同比增加5197万元，增长33.1%。落实省市关于沿江开发各项优惠政策，制定汽车园、开发区财政结算办法，地方财政留成部分向园区倾斜。支持加快园区招商引资步伐，真正把沿江和园区的区位优势、资源优势转化为财源优势，不断提高"两园一区"收入占全市财政收入的比重。

（五）深入开展调研，促进财源建设。加强对全市经济工作的研究，分析宏观调控对财政经济的影响。主动研究财税政策调整对地方财力的影响及应对办法。选择市贝得电机有限公

308

司等9家企业进行所得税税源调查，组织开展重点企业重点产品国际市场竞争力调查。多次组织相关人员深入乡镇开展调研，并赴靖江等地考察学习，重点调研了乡镇财源建设情况，提出发展经济对策建议，推动地方财源建设。

二、完善收入征管措施，保证财政收入的稳定增长

（一）切实加强税收征管。（具体内容略）

（二）严格执行农业税征管要求。（具体内容略）

（三）加大了非税收入征管力度。（具体内容略）

三、加大"三农"投入力度，农民得到较多实惠

（一）支持农村社会公益事业发展，不断改善农村的生产条件。（具体内容略）

（二）办好惠及农民的实事，改善农民生活条件。（具体内容略）

（三）促进农业结构调整，推动传统农业向现代农业转变。（具体内容略）

（四）吸引三资投向农业，为农村经济发展注入动力。（具体内容略）

（五）减负与增收并举，增加农民收入。（具体内容略）

（六）落实村级三项资金，保证了村级组织的正常运转。（具体内容略）

四、体现财政保障职能，促进社会和谐发展

（一）优先保证公教人员工资。（具体内容略）

（二）支持社会保障体系建设。（具体内容略）

（三）实施积极的再就业政策。（具体内容略）

（四）统筹发展社会公共事业。（具体内容略）

五、继续深化财政改革，不断完善公共财政管理框架

（一）深化部门预算改革。（具体内容略）

（二）全面实施会计代理。（具体内容略）

（三）认真执行《政府采购法》。（具体内容略）

（四）健全专项资金管理制度。（具体内容略）

六、强化财政监督管理，构建健康协调的经济发展环境

（一）强化国有资产管理。（具体内容略）

（二）进一步完善会计管理办法。（具体内容略）

（三）积极开展各类专项检查。（具体内容略）

七、加强机关自身建设，营造人心思进、人心思干的发展氛围

（一）以文明创建为平台，凝聚人心。（具体内容略）

（二）以作风建设为抓手，强化管理。（具体内容略）

（三）以队伍建设为根本，提高整体水平。（具体内容略）

（四）以办理建议提案为着力点，优化服务。（具体内容略）

201×年××月××日

（例文摘自 http：//www.yizheng.gov.cn，有改动）

【简析】本文是一篇年度财政工作总结。标题采用了"单位名称＋时间＋内容＋文种"的结构形式。前言部分简要概括了年度工作的指导思想、总体做法，用数据说明了本年度所取得的成绩。正文部分围绕财政工作的主要内容，从"主动服务经济建设，推动经济平稳较快发展""完善收入征管措施，保证财政收入的稳定增长""加大'三农'投入力度，农民得到较

多实惠""体现财政保障职能，促进社会和谐发展""继续深化财政改革，不断完善公共财政管理框架""强化财政监督管理，构建健康协调的经济发展环境""加强机关自身建设，营造人心思进、人心思干的发展氛围"等七个方面分项介绍，分别采用了小标题，每一方面又进行细化，各段采用了段首主旨句概述段落中心。小标题与段落主旨句注意运用不严格的对仗形式，较为简练，具有一定的节奏感和气势。本总结的写作注重了点面结合，观点与支撑材料紧密结合，语言有必要进一步精炼。

【思考与练习】

一、什么是总结？其特点和作用有哪些？

二、总结的标题结构模式有哪几类？采用不同的标题结构模式，为同一专题的总结拟写标题。

三、总结与调查报告的主要区别有哪些？

四、想想自己进入学校后，在学习上、思想上、工作上哪一方面收获较大，选择自己感兴趣的专题写一篇个人总结(注意分项概述，运用小标题和段首主旨句)。

五、修改以下总结性文章中的病句。

(1)我们在工作中出现了以下一些问题，提请上级部门帮助解决。

(2)截止12月31日，我公司各项任务指标已经基本上差不多完成了。

(3)职工们参与企业建设的热情是空前少有的，共提出合理化建议三十条左右。

第三章　调查报告

第一节　调查报告概述

一、调查报告的定义、作用与特点

（一）调查报告的定义

调查报告是作者根据某种特定需要有计划地对某一问题进行调查研究，把调查得到的资料进行整理、研究以后写出来的反映事物情况的书面报告。

调查报告也叫调查研究报告，包括调查、研究和报告三个方面，它不仅是调查的结果，更是研究的产物。它是根据某一特定的目的，运用辩证唯物论的观点，对某一事物或者某一问题进行深入、细致、周密地调查研究和综合分析后，把这些调查和分析的结果系统地、如实地整理成书面文字的一种文体。

（二）调查报告的作用

调查报告是人们对客观实际情况了解与认识的反映，是感性到理性的升华，能揭示出客观事物的规律，其作用主要体现在以下几个方面：

1. 提供决策依据。调查研究是党的优良传统，它能真实地反应社会实际情况和问题，使政府部门制定的方针政策更符合实际；同时，也为领导正确决策和执行政策提供参考和依据。

2. 扶植新生事物。在改革开放的时代，新生事物层出不穷，但是由于处于新生甚至萌芽的状态，所以比较弱小，需要人们发现它、扶植它，才不至于自生自灭。调查研究是发现新生事物的重要途径；通过调查报告这种形式，实事求是地介绍新生事物，宣传新生事物，这是扶植新生事物发展壮大的一种有效手段。

3. 推广典型经验。典型经验是人们做好工作的参考和借鉴。推广典型经验，是指导和推动工作的有效方法。推广典型经验的手段很多，而调查报告由于是经过深入细致的调查研究写成的，所以比较客观、准确，是"传经送宝"的好工具。

4. 揭露社会问题。调查报告通过典型调查，揭露社会问题，鞭挞不良倾向，改正工作中的失误，从而引起有关部门的注意和重视，起到解决问题、教育广大干部群众的作用。

（三）调查报告的特点

1. 针对性。这是调查报告的一个显著的特点。调查不是随意进行的，而是针对一些比较迫切的实际情况，解决某些实际问题而进行的。调查研究大多是针对某一具体的事务或者社会现象进行某项调查研究工作，特别是大型调查研究，要花费很多的时间、人力、物力和财力，因此调查研究就具有很强的针对性。调查报告的写作，必须中心突出，明确提出针对的问题，明确交代这一问题获得的事实材料，分析出问题的症结所在，但是调查报告又不直接解决具体问题，而是侧重真实地反映情况。

2．客观性。严格地遵循客观性原则是调查报告首要的、最大的特点。客观性，具体地说就是要求真实性，就是尊重客观事实，靠事实说话。客观真实是调查报告的生命，因为调查报告属于实用性文体，注重实用价值。这一特点要求我们在进行调查报告写作时一定要紧持求真务实的原则，彻底抛弃一切弄虚作假的写作作风。面对调查对象，要报告它好的方面，也要客观地报告它的缺点和不足。不仅要充分肯定工作成绩，还要准确反映工作中存在的问题。只有本着严谨的科学态度，才能写出真实可靠，对工作、科学研究等具有指导意义的调查报告。

3．研究性。调查还只是写作调查报告的基础，获取客观真实的材料是调查报告的第一步，只有调查实践却没有对调查对象进行很好的研究，这种调查报告是不会给决策者提供任何帮助的，也是没有任何使用和借鉴价值的，所以我们在调查到第一手的真实材料之后，还应该在真实材料的基础上做进一步的研究，这才是调查研究的目的。

4．典型性。典型性是指在调查报告的写作过程中采用的事实材料要具有代表性以及揭示的问题要带有普遍性。它主要是通过调查为行政部门或者科学研究了解实际情况提供真实而丰富的材料，也可以作为政策部门制订政策、方案的依据。调查报告虽然也要介绍具体做法、总结经验教训、提出希望和建议，从而作为开展工作的借鉴，但是它不像公文那样具有很强的法规性和权威性，一旦发布，必须遵照执行。调查报告主要是为研究等工作提供真实、典型的材料，所以它所搜集到的事例和材料一定要具有典型性。

5．系统性。系统性也可以称为调查报告的完整性。它是指由调查材料得出的结论必须是具有说服力的，要把被调查对象的情况完整地、系统地交代清楚。不能只摆出结论而疏忽交代事实过程和必须的环节。只有结论而没有事实论证过程的调查研究势必会造成逻辑推理不严密、主观和客观背离、证据材料不足等毛病，这样写作出来的调查报告不能令人信服。调查报告的系统性和完整性，并不是要求在调查报告的写作过程中面面俱到，而是要求抓住事物的本质和主要方面，写出结论的推理过程。

总的来说，调查报告要求具有针对性、真实性、研究性、典型性、系统性等方面的特点，它讲究的是论证的系统性、逻辑的严密性，要求摆事实、讲道理，研究结果具有强烈的说服力，调查报告的最终目的是成为科学决策的可靠依据。

二、调查报告的分类

调查报告的应用范围十分广泛，涉及的对象和写作目的千差万别，很难用一个统一的标准来进行分类。根据调查报告的用途，我们可以把调查报告分成：社会情况的调查报告、新生事物的调查报告、典型经验的调查报告、揭露问题的调查报告等。按照调查报告内容所涉及的范围也可以把调查报告分成专题调查报告、综合调查报告。

（一）按照调查报告的用途分类

1．社会情况的调查报告。这类调查报告是在深入、系统地调查研究社会基本情况后写成的，其内容比较全面广泛，篇幅也比较长。它反映的是社会的政治、经济、军事、文化、教育和生活等方面的基本情况，其作用是为党和国家制定路线、方针、政策提供参考。

2．新生事物的调查报告。新生事物是社会发展方向的代表，是时代精神的体现，是推动社会前进的力量，具有强大的生命力。通过调查报告描述新生事物产生的背景、发展过程，阐明它的特点，揭示它的规律和本质，说明它的意义和作用，具有示范和推广的意义。

3. 典型经验的调查报告。这是一种总结先进经验和宣传典型事物的调查报告。无论是社会生活还是各项活动中，总会有一些成熟的经验和典型的事物。它们对于社会生活和工作具有启发、指导、鼓舞作用。尤其是在社会转型和变革的时候，先进的经验和典型的事物具有普遍的指导意义。利用先进经验和典型事物推进生活和工作具体、形象、生动，便于为群众接受，可能收到事半功倍的效果。所以，人们习惯运用先进经验和典型事物作示范的方法推动工作。

4. 揭露问题的调查报告。揭露问题的调查报告是以批评和揭露社会生活中的落后、腐朽、丑恶现象和工作中的不良作风、重大失误为主要内容。目的是要揭示事实真相，把丑恶现象和严重问题暴露出来，并且对它进行批评或者鞭挞，让人民群众看清本质及其严重的危害性，从而提高人们的警觉性，与不良的现象和行为进行斗争。从某种意义上讲，这是利用反面典型、利用反面教材推进社会生活和工作，因为反面典型可以起到振聋发聩的作用。

（二）按照调查报告内容所涉及的范围分类

1. 专题型调查报告。专题型调查报告就是侧重某个问题进行比较深入的调查以后形成的报告，这类报告一般常常在标题上反映出来。它能及时揭露现实生活中的矛盾，反映群众的意见和要求，研究急需解决的具体的实际问题，并且根据调查的结果提出处理意见或者对策、建议。

2. 综合型调查报告。它是以综合调查众多的对象及其基本情况为内容、作全面系统的调查和反映的报告。具有全面、系统、深入和篇幅较长的特点。它与专题调查报告的主要区别就在于它的综合性上，它使读者可以从报告中看到事物的相对完整的"鸟瞰图"。

第二节 调查报告的写作

一、调查报告写作前的准备

（一）选好课题

选好调查课题是写作调查报告的前提，所选课题应该是具有价值和作用的。选择调查课题的途径有二：一是根据本部门工作或社会要求确定；二是深入现实生活发现有价值的重大情况和问题作为调查课题。

（二）拟定提纲

拟定调查提纲，确定调查研究的具体方法，对调查对象、内容、项目、要求、方法、时间等先作好安排，科学地设计好调查方案。

（三）实施调查

1. 调查方法

调查的方法有很多，从调查范围来看，可分为普遍调查和非普遍调查。

（1）普遍调查。即对调查对象总体内所有单位无一例外进行调查。这是了解某一个问题全面情况的最可靠的方式，可以获得系统、完整、多项目的数据和资料，获得的信息最准确、最权威。但工作量大，难度高，一般多用于重大项目，如工业普查、国有资产普查等。

（2）非普遍调查。即对调查对象总体中一部分单位所进行的调查。根据选择"一部分单位"的标准、方法、和数量的不同，非普遍调查又可分为四种，即典型调查、重点调查、个别调查和抽样调查。

2. 调查方式

随着科学技术的进步，调查研究的方法和技术有了一些新的发展，当前常用的方式有下面几种：

（1）召开调查会。这是调查研究的基本方式之一。为了做好会议调查，一要确定好人选，参加人数不宜过多，但是要有代表性，并且是能正确地反映情况的人；二要有调查提纲，并且事先把调查研究的内容通知与会者，请他们做好准备；三是要注意调查的方式，要和与会者平等地交谈，虚心听取他们的发言，也可以与他们就某些问题进行讨论，要避免居高临下的一问一答，对于某些不便在会上讲的事情不要追问，对个别问题可以在会下交谈。

（2）个别访问。这是一种自由灵活的调查方式。访问之前要有明确的目的，并且要选好访问的对象。访问最好采用促膝谈心的方式，双方要相互尊重，交谈要在自然融洽的气氛中进行。对于重点问题可以采用讨论的方式来获得更深入、更丰富的材料。个别访问可以是面对面的，也可以通过电话的方式进行。

（3）问卷调查。这是现代常用的一种调查方式，简便易行。根据调查的内容列出具体、简明的问题，请有关人士回答。这种调查方式涉及面广泛，灵活自由，限制较少，得到材料的真实性比较大。为了获得较好的调查效果应该正确地选择调查的群体，问题的设计要科学，要方便回答。问卷调查可以采用抽样式，也可以采用普遍式。

（4）实际考察。为了掌握第一手材料，可以对某些事物进行实际考察。通过自己的耳闻目睹和亲身感受，可以获得其他调查方式难以得到的材料。因为有亲身的感受，所以更有利于调查报告的写作。旅游资源的调查多采用这种方式。

（5）网上调查。这是最现代化、最快捷的一种调查方式。利用计算机联网的便利，把调查提交上网，在较短的时间内便可以获得需要的材料。

（6）查阅资料。这是向书本进行的调查。查阅资料的范围广泛，包括历史材料、现实材料、各种图书、报刊，凡是与调查内容相关的都可以查阅。把这些书面资料与其他方式调查获得的材料相互印证，相互补充，通过比较分析，才能更准确地了解真实情况。

（7）听取汇报。这也是调查中常用的一种方式。掌管某一部门工作的人员不仅了解一般性的情况，而且了解一些关键性的问题。在调查研究中如果能听取主管人员的汇报，可以获得更多的材料。

二、调查报告的结构和写法

一般来讲，调查报告的结构包括四部分：标题、前言、主体、结语。

（一）标题

调查报告的标题，或标明调查的对象、内容范围，或概括主旨、标明观点。常见标题的写法有公文式、文章式、提问式和正副标题式。

1. 公文式标题。公文式标题的构成形式是"事由＋文种"。"事由"，即调查对象或课题。"文种"，即公文的种类，通常用"调查报告""调查与思考""考察报告""调查"等。如：《关于农民负担过重的调查》《关于中学生进网吧的调查》《台山市招商引资的调查报告》。

2. 文章式标题。这类标题主要是归纳全文主要内容或直述主旨。如:《城乡居民收入差距加大》《彩电降价,谁受益?》。

3. 提问式标题。这类标题是将调查报告的主要内容及调查的结论概括为一个问题,使之醒目突出并具有较强的吸引力。如:《他们为什么会在智力竞赛中得奖》《社会需要什么样的大学生》。

4. 正副式标题。这种形式的标题在调查报告中也很常见。正标题揭示调查报告的主旨或事项,副标题标明调查的对象、范围及文种。从形式上看,正标题常采用文章式标题或提问式标题,副标题常用公文式标题。如:《百姓与"家轿"——关于考虑买家庭轿车主要因素的调查》《饭堂需要完善自己——关于学校学生饭堂情况的调查》。

(二)前言

前言又称"导语"或"开头"。一般来说,调查报告常常在正文的前面写一段不加任何小标题的文字作为开头,类似消息中的导语。前言一般概括说明以下几点内容:

1.有关调查本身的概况,如调查的起因或目的、时间、地点、对象或范围、经过与方法等。

2.有关调查对象的概况,如组织规模、有关背景、历史与状况、主要成绩或问题以及事件形成的简单过程等。

3.有关研究结果的概说,如肯定意义、指出影响、指出结论意见或点出报告的主要内容等。

开头起"提示"全文的作用,必须简明概括,以帮助读者正确、深刻地理解全文。

(三)主体

主体,是调查报告的核心内容。它是前言的引申,也是结论的根据所在。能否写好这部分,是调查报告写作成败的关键。为此,主体部分要用典型的事例和确凿的数据,介绍调查对象的情况、经验、问题,以及问题产生的原因和解决的对策。在写作上要条理清楚,结构合理,材料安排要合乎逻辑,以便于陈述和分析。

主体部分的结构形式大致有三种:

1.纵式结构。是指按照事物发展的一般顺序来组织安排材料,即按照时间先后顺序或工作开展的程序或事物矛盾的发展过程来进行写作。这种写法符合人们的认识规律,水到渠成,易被接受,但平铺直叙,易使读者产生平淡无味之感。

2.横式结构。它打破事物在时间、空间或内部联系的固有顺序,按照调查中获得材料的性质来分类,把不同类型的材料并列叙述,以论证调查报告结果的正确性。这样可以使调查报告显得观点明确,条理清晰,论据充分。但这种写法易产生的问题是,作者把收集到的材料,一二三四、甲乙丙丁全部列出,易给读者一种堆砌材料之感。

3.纵横结合式。这是对以上两种写作方法的综合运用,即在写作过程中既要考虑事物在时间、空间和内部关系上的联系,又要注意区分不同性质的问题,使二者有机地结合起来,纵横交错,事理结合。

(四)结尾

结尾部分要求简洁干脆,意尽即止,写法不拘一格。可对调查情况作总的评价,深化主旨;可指出问题,引人思考;可针对问题提出改进的意见和措施。当然,有的调查报告没有结尾,主体部分写完,全文就自然收束。

三、调查报告的写作要求

（一）掌握调查研究的材料

材料是调查报告写作的基础。没有大量的、丰富真实的材料，调查报告的写作就无从着手。调查报告不能杜撰，不能"闭门造车"，必须以客观的实际材料为依据，这是由调查报告的性质和写作目的决定的。调查报告的材料来源于一般文章，尤其是与文学创作材料的来源不同。这不是日常积累和搜集的，也不是望风捕影、艺术想象加工出来的，它是通过调查研究获取的。所以，调查研究是调查报告写作获得材料的唯一方法。

（二）仔细分析和深入研究

通过深入的调查，获得大量的材料为撰写调查报告提供素材，这是写作的基础。但是要写好调查报告还要在动笔之前对掌握的材料运用正确的思想方法进行科学的分析和综合的研究。只有这样，才能鉴别材料的真假，才能选取典型的材料，才能发掘出材料深刻的蕴涵，从而概括、提炼出材料固有的本质，说明调查对象的真实面貌。

（三）从客观材料中发现事物规律

调查报告与文学作品不同。它不是生活暗示给作家的一种思想，而是从实际调查的具体材料中引申出来的一种看法。这种看法是客观事物固有规律的体现，是从调查的材料中分析、概括出来的，因而调查报告的主题具有客观性，它不以调查者的主观意志为转移。调查报告主题确定的唯一条件是客观材料。调查人不能屈从某人的旨意或者迎合形势而歪曲主题。调查报告主题的形成有一个过程，它是在整个调查活动中逐步形成的，是在对调查材料的深入研究中进一步明确的。

调查报告的主题一旦确立，在写作过程中它又具有核心和统率作用。要根据主题的需要选材和安排结构，达到观点和材料的统一、内容和形式的统一。

（四）精心地构思写作框架

调查报告的结构不像文学作品那样灵活自由，它有一个大体的模式。根据主题的需要精心地布局谋篇，可以很好地反映客观事物。

[例文]

构建社会主义和谐社会的初步实践
——"和谐廊坊"建设调查报告

王彦坤　梁跃民

公元前1世纪，出生于河北的一代儒学大师董仲舒提出"德莫大于和"，体现燕赵先哲对和谐社会理想的深深向往。时光老人在走过20个世纪后，还是这片燕赵大地上，河北省廊坊市勇于探索、积极推进，率先进行了社会主义和谐社会的构建实践，正在走出一条实现和谐社会理想目标的成功之路，初步探索出一种具有廊坊特色又具有普遍借鉴意义的和谐社会模式。

和谐之城的"和谐乐章"：一种正在实践中的和谐模式

廊坊市地处河北中部，位于京津之间和首都经济圈腹地。走进这个新兴的城市，一股风清气正、惠民亲商、亲水亲绿的浓浓和风就会扑面而来。在这里，你会体验到那自然环境的清新和市容环境的洁净，感受到经济发展的强劲势头、干部队伍的团结进取、干群关系的亲密融洽和社会环境的安定祥和。你会看到这里：

316

——形成了以加快发展为主旋律的和谐经济环境。（具体内容略）

——形成了以积极进取为主基调的和谐政治环境。（具体内容略）

——形成了以平安稳定为目标的和谐社会环境。（具体内容略）

——形成了以繁荣和发展为主题的和谐文化环境。（具体内容略）

——形成了以适宜人居为特色的和谐市容环境。（具体内容略）

纵观今日的廊坊，不难得出这样的结论：廊坊的和谐，是全方位的和谐，又是不断成长的和谐，廊坊人秉持"把现在的事情做好，把长远的事情做对"的理念，既实现了现在的初步和谐，又为将来更高层次的和谐奠定了基础，形成独具特色的"和谐廊坊"现象，正在谱写一曲社会主义和谐社会的优美篇章。

和谐从哪里而来：从自发到自觉的初步实践

上世纪80年代，廊坊还是一个名不见经传的小城。是什么原因使这样一个既没有悠久历史文化积淀，又没有得天独厚的自然条件的新兴城市走在了构建和谐社会的前头？通过调查，我们发现，从建设的起步阶段开始，廊坊就自觉地确立了科学发展的理念，坚持经济社会全面、协调和可持续发展，优化发展的政治、经济、社会和自然环境；自觉地坚持以人为本，充分考虑群众各方面的生活需要，并为此进行了不懈的探索和努力。学习党的十六届四中全会《决定》和胡锦涛同志关于建设社会主义和谐社会的重要讲话以后，廊坊市委、市政府意识到，自己以往的努力是与党中央构建社会主义和谐社会的战略决策是一致的。于是，他们把构建和谐社会的自发行动升华为自觉实践，推动和谐廊坊建设不断走向深入。

——以发展促进和谐。（具体内容略）

——以人才实现和谐。（具体内容略）

——以基层支撑和谐。（具体内容略）

——以机制成就和谐。（具体内容略）

——以稳定保障和谐。（具体内容略）

——以精细提升和谐。（具体内容略）

"和谐廊坊"建设对构建社会主义和谐社会的深刻启示

通过深入全面的调查，我们看到，"和谐廊坊"建设在经历了一个从自发到自觉的过程后，在构建社会主义和谐社会的实践方面走在了前头，形成独具特色的"和谐廊坊"现象。尽管廊坊具有自己的市情特色，但"和谐廊坊"现象的出现不是偶然的，他们的经验也内在地体现了构建社会主义和谐社会的一般规律，对于构建社会主义和谐社会提供了深刻的启示。

——构建社会主义和谐社会，必须牢固树立和全面落实科学发展观和正确的政绩观。（具体内容略）

——构建社会主义和谐社会，必须切实提高党的执政能力。（具体内容略）

——构建社会主义和谐社会，必须坚持以人为本，为了群众，相信群众，依靠群众。（具体内容略）

——构建社会主义和谐社会，必须坚持大处着眼，小处着手，一点一滴，做实做细。（具体内容略）

——构建社会主义和谐社会，必须善于协调利益关系，化解利益矛盾。（具体内容略）

——构建社会主义和谐社会，必须统筹兼顾，全面推进，长期努力。（具体内容略）

构建社会主义和谐社会，是一项长期的伟大事业。廊坊的实践表明，构建社会主义和谐社会，我们还仅仅处于起步阶段；我们的实践还仅仅是初步的，我们积累的经验也是不成熟的和不丰富的。构建社会主义和谐社会的使命神圣、任重道远。经过长期不懈的努力，不断解决遇到的新情况、新问题和新矛盾，继续探索掌握和运用客观规律，不断积累丰富的实践经验，社会主义和谐社会这个中国共产党孜孜追求的美好社会理想就会变成中国最广大人民生活的幸福现实。

（作者单位：河北省社会科学院邓研中心）

【简析】这是一篇典型经验的调查报告。调查报告紧跟时代形势，从河北省廊坊市构建社会主义和谐社会的实践，探索实现和谐社会理想目标的成功之路，提出了一种具有普遍借鉴意义的和谐社会模式。该调查报告的发表，对全国各地的和谐社会建设都具有指导意义。

【思考与练习】

一、什么是调查报告？调查报告有什么作用？

二、调查报告如何分类？其主要类别有哪些？

三、调查报告的主要特点是什么？

四、调查报告一般由哪几部分构成？主体部分常用的结构形式有哪些？

五、根据当前形势的需要，做一次调查，写一篇调查报告。

第四章　求职信与个人简历

求职是大学生毕业之后面临的现实问题。求职信与个人简历的写作是现代大学生必备的写作能力之一。如何在激烈的竞争中脱颖而出？如何通过一份完美的求职信使你获得机遇的青睐？如何通过一封真诚而有说服力的个人简历使你获得成功？掌握求职信与个人简历的写作技巧和方法将有助于大学生成功求职。

第一节　求职信

一、求职信的含义

求职信是求职者向招聘方自荐，以谋求某个职位的专用信函，是全面展示自我才能、把握就业机会、谋求发展机遇的专用书函。求职信的主要目的和作用是向对方介绍和推荐自己，使对方了解和信任自己，乐于给予面试机会，并且最终录用自己。求职信通常与个人简历配合使用，往往针对特定的单位和职位而写，主要目的是说明自己是该职位的最佳人选。

求职信在中国历史悠久，西汉东方朔的《上书自荐》可称得上是最早的求职信，唐代诗人李白的《与韩荆州书》也是古代求职信的典范。在当今时代，不懂得推销自己或不重视推销自己的人，则可能影响和限制自身发展。能否在第一时间吸引到招聘方的关注并顺利地获得面试机会，较完美的求职信是至关重要的。

二、求职信的写作格式与内容

求职信在结构上，一般分为标题、称呼、正文、结束语、落款、附件等六部分。

（一）标题
在第一页首行正当中写上"求职信"，清晰明了。

（二）称谓
在第二行的左边顶格写上称谓，一般是称呼招聘方部门负责人，可以在称呼前冠上敬语，以示礼貌。如尊敬的某某部门主管等。求职信的称谓要恰当、庄重得体。

（三）正文
作为求职信的主体部分，为了使招聘方负责人更好地了解自己，求职信的正文应该层次清晰，语言明白晓畅。正文写作主要包含以下几个方面的内容：

首先，开篇就应该说明写求职信的原因和目的，了解职位信息的来源和途径及本人的反应。介绍情况要简明扼要，对于所应聘的岗位表现出积极明朗的求职态度，语句要有吸引力。

其次，阐述求职者本人的主要资历，简单说明求职者的姓名、性别、年龄、学历等基本情况，使阅信者对于求职者有一个直观、全面的了解。

接下来要充分体现出求职者已经具备的相关条件和专业特长，真实地说明求职者对相关专业知识的掌握程度和相应的技能水平，这是求职信的关键。求职者应具体介绍自己的专业、学习成绩、工作能力、社交能力、业余爱好和特长等等。最好是通过具体事例或数字加以说明，如自己的主要社会工作经历及工作成绩。招聘方很重视求职者的实际工作能力，所以在求职信中应该具体说明之前有过的实践或实习经历，所从事过的工作情况以及专业技能的熟练程度如何，对自己的工作能力作出积极肯定的评价。要着重介绍有利于自己应聘的条件，特别突出自己的优势和闪光点，力求写出特色，使对方信服。写作时，态度要谦虚谨慎、不卑不亢，语言要中肯、恰到好处，给用人方留下深刻的印象。

然后写明求职的岗位意向。前面写明自己的专业和优势正是为求职岗位这部分服务的，这里可以水到渠成地提出自己的岗位意向，使用人单位根据实际情况决定是否录用。所以这部分写作要求求职岗位和目标要明确，不能说自己适合所有的岗位，不然给人一种专业不精的印象，影响求职结果。另外，也要注意岗位目标与前面所提到的才能与特长是密切相关的，内容上要能相互呼应。

适当地简要地积极评价招聘方领导的用人胆识、工作风格和创新精神等也能达到锦上添花的效果。如果事先有意识地了解了招聘方的背景资料，适当地予以赞赏，可以较好地表现出求职者对于招聘方的关注与向往，充分地表达个人的诚意，为面试打下情感基础。但是，如果事先并不是很清楚求职公司的具体情况，就不要勉强行文，以免画蛇添足。

最后明确地提出自己的期望和要求。如"渴望领导能给我一个在贵单位发展的机会"或者"希望您能为我提供一个与您见面的机会"或者"盼望您的答复"之类的话语。不要提出过分的要求，不能苛求对方。

（四）结束语

求职信的结尾可以写上一些恭敬的话语作为结束语，如恭候回音等，并写上"此致敬礼"之类的致敬语，但不必过于客套。

（五）落款

落款写明写信人的姓名和成文日期，以及详细的通信地址、联系电话、电子邮箱等。姓名、成文日期一段写在信函的右下方，姓名写上面，日期写下面。姓名前不要加缀任何谦称的限定语，日期要求写清楚年月日。联系方式一般写在信函的左下方。联系方式等内容一定要准确细致，比如联系电话，如果是外地座机电话，应该在前面用括号加注区号，如果是外地手机，则在号码前面加注0，以方便招聘单位与求职者取得联系。

（六）附件

附件是信后附上有关资料，如简历表、学历证书、技术等级证、获奖证书、发表的论文或者出版的著作、获取的职业技能资格证书复印件、专家的推荐信以及针对所应聘岗位写的工作设想等等能够证明自己优势的有关材料。附件要有较强的说服力和凭证性。附件材料要注明材料名称与页码，方便核对。

三、求职信的写作要求

（一）目的明确，准备充分

求职信有明确的目的性，要取得被录用的资格，首先必须有针对性地根据自身实际情况收集招聘信息，要充分了解招聘方的情况、竞争对手的实力，确定应聘岗位的工作范畴，最好是能够与该单位的员工交流，切实了解招聘方的要求和期待是什么，是否符合自己的实际情况，以求在将来的工作岗位上能发挥自己的专业特长。在求职信中应该有的放矢地推销自己，根据招聘方提出的要求有针对性地突出自己的能力或已取得的业绩或者是该项岗位的职业技能认证，等等。目的明确，准备充分，针对性强，成功几率就大大提高了。

(二) 实事求是，突出特长

真实是求职信写作中的一个基本要素。写作求职信既不能夸大其词，也不要刻意谦虚，大方地陈述自己的优点，展现自身的魅力，使招聘方了解真实的自己。求职信是与招聘方的书面交流，对方通过求职信获取对于求职者的第一印象，所以一定要态度诚恳，实事求是，所介绍的情况务必做到完全真实，不能有半点弄虚作假，不能为了达到目的而凭空捏造、欺骗隐瞒，或者夸大其词。从实际出发，真诚坦率才能赢得招聘方的信赖。

在真实的前提下，求职信也是展示自己特长的机会，要针对应聘岗位的要求着力突出自己不同寻常之处，充分地展现出自己的优势所在，吸引招聘方的注意，给招聘方留下良好的印象，便于对方作出抉择。

(三) 语言简洁，文从字顺

招聘方有时会在一段时间内收到大量的求职信，如果求职信写得冗长含糊，则可能使人厌烦而被束之高阁。所以求职信的语言应该简洁、客观、准确，遣词造句做到朴实无华，直陈其事，在有限的篇幅内条理清楚地传达出大量的有效信息，节省阅读时间，给招聘方留下精练的印象，为自己争取良机；相反，啰嗦拖沓的语言，使人抓不住重点，耗费大量的阅读时间，会令自己错失良机。

(四) 措辞得当，清晰美观

讲究礼貌，热情诚恳是最基本的为人处世之道，作为求职信函，自然不能例外。在这种特殊要求的文体写作实践中，用语不当、简单生硬、令人费解、限定对方答复时间、带有命令或要挟口气嫌疑等问题，还是并不少见。求职信应该注意采用请求和征询的口气，努力做到"自信而不狂妄，自谦而不自卑"。相同的意思，不同的表达，效果是大有不同的。针对应聘岗位的要求，语言风格上应该是有区别的。需要创意精神的岗位，语言上应该可以生动活泼一些；要求严谨务实的岗位，则在语言上更要斟词酌句，平淡之中见真功。

求职材料中应该慎重使用夸张华丽的辞藻，尽量体现出客观真实性，个人情感色彩不能过于浓郁，抒情过分就会弄巧成拙、适得其反了。在表达程度、范围等概念或意思时，慎重使用诸如"一定""肯定""绝对""完全""保证""第一"等等过于绝对化的字眼。求职信的措辞应该给人一种自信而不浮躁、谦虚而不妄自菲薄的实力感和稳重感。

求职信的段落要清晰分明，最好是一段表达一个相对完整的意思，而且段落不能太长，也不要在一个段落中表达多层意思，切忌一段到底。句式上尽量选择简洁明快的短句，少用修饰限制语较丰富的长句。如果有一笔漂亮的书法，手写也是很好的选择，可以体现个人独特气质。现在普遍采用打印稿，要注意排版的美观和适当性，字体不能太小，选择稍好的纸质，不要出现破损、涂改和折痕。出色的求职信手感要舒适，卷面要美观，使人产生阅读的兴趣。

(五) 表达规范，完美呈现

为了避免招聘单位的误解，求职信应该用规范的表达方式，尽量不要使用简称和缩写，比如所毕业学校、所学专业、所学课程、所掌握的技术种类等。作为一封表达个人文化素质修养的求职信，用语一定要严谨规范，尽量使用书面语，遣词造句准确，避免出现语法上的错误。语言表达上尽量简洁朴实，不要使用太过华丽的辞藻、夸张的表达。认真细致，坚决杜绝语言的不规范和错别字。如果必须使用某些外语表达，则应该尽可能地在后面附上中文说明。复印件不仅让人感觉不真实，也有一种敷衍感，所以也要尽量避免使用复印件，求职信应该亲笔撰写或者使用打印稿原件并亲笔签名，以示规范和尊重。有些招聘单位对于外语有较高的要求，如果能写出一封漂亮出彩的外语求职信，可以在众多求职信中脱颖而出。当然，要视招聘单位而定，不要刻意为之。

【例文】

求 职 信

××日报×社长先生：

刚从贵报×月×日招聘广告中，得悉贵社征聘全职外语翻译员。我向来对新闻翻译工作很感兴趣，又具备了合适资历，所以特地写信来应征。

我××年××中学毕业后，考进了××大学××系，今年夏天将会毕业，并应该获得××文凭。这四年来，我一直修习英文和翻译课程，在理论、实践方面都受过相当严格的训练，考试测验成绩都颇理想。

去年暑假期间，我有机会在××报做见习译员，获得不少实际经验。最近几个月，亦曾替两份杂志编译一些特约稿件，日后面试时，会呈上请您审阅。

我相信自己只需很短时期熟悉环境，就能在贵报国际新闻编辑部胜任工作。贵社若能赐予面试机会，将不胜感激。

此致

敬礼

求职人：××× 谨上

××××年××月××日

通信地址：××市××路××号

邮政编码：××××××

手　　机：(0)13××××××××

电子邮箱：××××@163.com

附　　件：（略）

【简析】这则求职信结构完整，格式正确，文字简洁。正文开头介绍了自己了解招聘信息的途径和写求职信的目的，接下来，简要说明自己的基本情况，重点介绍自己的专业特长，内容非常有针对性，能与求职目标联系起来，做到有的放矢。另外，在表述工作实践能力上，用事实说话，显得有说服力。紧接着，巧妙提出对于自己工作能力的自信，表达如果被录用后的决心，显得非常诚恳，能给用人单位很好的印象。最后点明自己求职的目标和愿望。附件与联系方式齐全，利于招聘单位与自己取得联系。

第二节　个人简历

个人简历是一个人的简要经历，主要包括个人的有关资料、学习经历、工作经历等，是一种实用性的说明文，通常用于求职、求学、加入某一组织或其他需要介绍自己过去经历的场合。本节内容主要是用于求职的个人简历，它既是努力展示自我工作技能和经验的一扇"橱窗"，也是个人事业发展旅程上的一张"名片"。

一、个人简历的含义

个人简历通常是作为求职信的附件，是向他人推销自己的文本，用以说明求职者的个人情况、工作经历等。通过个人简历突出表现出自己的优势、成就和经验，清晰地展示出自己是最适合应聘岗位的人选。

二、个人简历的内容

个人简历的内容一般包括个人基本情况、学历、求职意向、个人经历、特长、能力、兴趣爱好等。

1. 个人基本情况：包括姓名、性别、出生年月、政治面貌、婚姻状况、身体健康状况、兴趣、爱好、性格等。

2. 学历：包括毕业学校、所学专业、所获学位、外语水平、计算机水平及其专业研究情况等。

3. 求职意向：写清楚求职、应聘的职位和目标。

4. 个人经历：根据个人学习、工作情况不同而重点突出说明学习、工作具体内容与经历，尤其是与求职目标相关的个人经历；一定要标出最主要、最有说服力的个人经历和最具证明性的曾经在相同或类似工作实践中取得的相关成绩。一般先写近期的，然后按照年代顺序依次写出。在每一项经历中先写日期，接着写所在的单位和相应的职务。

作为应届毕业生，在相似的教育背景下要突出个人工作能力，展示出自己相关的实践、实习类工作经历。如兼职或假期工、相关培训、社会公益活动、课外活动、义务工作、参加各种各样的团体组织、实习经历和实习单位的评价、相关项目的课程设计和毕业专题以及其他能够展示自己所拥有的技术能力的经历，等等。这部分内容要写得详细些，指明自己在社团中、在活动中做了哪些工作，取得了什么样的成绩，也可以巧妙利用培训课程来展示自己与该领域的相关性，或者通过兴趣爱好来展示自己的聪明才智，以弥补工作经验上的不足，从而脱颖而出。

5. 个人特长、兴趣爱好：写这部分内容时，不可泛泛而谈，应针对求职意向有重点地的介绍，主要便于他人了解自己的性格以及生活态度等，要注意选择健康、高雅的兴趣。一般情况下不宜过于渲染。

三、个人简历的写作要求

（一）别具一格，突出优势

招聘单位在公开招聘阶段几乎每天都要阅读大量的简历材料，只有特色鲜明、内容充实、材料丰富的简历才能引起人们的兴趣和重视。过多的借鉴甚至抄袭他人的简历，很快就被忽略，只有别具一格的简历才能使招聘者关注到自己。这里的别具一格，不是指材料外观，而是简历的内容。将自己的个人简历当作一幅自画像，色彩鲜明、生动丰富、立体感人，不仅能使招聘者准确而清楚地了解到自己不同于他人的地方，也能从中预见到充满潜力和希望的未来。

要写出富有特色的简历，需要深入地调查和了解，对自己应聘的职位量体裁衣才能有的放矢。对于应聘单位的调查和了解应该做到尽量的详尽，除单位基本情况、应聘职位要求等基本信息以外，单位文化氛围、在职人员的成功经验等也是值得关注的内容。只有在充分了解应聘单位的基础上，才能明确自己的应聘优势所在，力求在简历中有针对性地满足其应聘的要求，使简历内容对自己的求职目标形成强有力的支持。这种一一对应的简历使招聘者从中感受到自己一种特别的诚意，甚至是一种惊喜，成功率自然高。

撰写别具一格的个人简历需要认真反省自己独有的东西，不仅要挖掘生长环境、生活经历、教育、专业特长等方面，还应该特别注意发现自己品德、精神、性格、兴趣等方面的优势。现在越来越多的招聘者很重视求职者的人格魅力、个性品质。

每个人都是与众不同的，只要用心琢磨、认真准备，都能制作出有个人风格的简历。比如有的学生喜爱写作，多篇稿件被媒体采用；有的组织活动能力强，曾担任学生会干部，将这些作为个人简历中的闪光点，匠心独具，给人留下良好的印象。

（二）明确具体，客观真实

要追求语言的最佳表达效果，固然要讲究语言技巧，但简历内容的客观真实、明确具体显得尤其重要。在个人简历写作中突出自己过去已取得的成绩时，事实是最具有说服力的证据，用事实说话可以大大提高个人简历的可信度，相反，含糊不清、令人费解的简历难免令人反感、厌倦。

个人简历写作中应力求有效表达最有价值的个人信息，拿出具体的事例来说明自己的实力，切忌过于煽情的语言。取得的成绩、获得的成果、掌握的技能等尽量用具体数字说话，如多少次、多少数量、占多少百分比等，应该陈述事实的用具体事实说话。一些空泛笼统的语言，如"成绩优秀、遵守纪律、积极上进、兴趣广泛"等，除了凑字数以外，不会产生任何积极效果。如"积极上进"应该可以换成获得过什么荣誉和奖励；"组织能力强"应该可以具体写担任过哪些职务，组织过哪些活动，效果怎样，或参加过哪些活动，成绩如何，等等。有具体事例的简历，才能给别人留下具体清晰的印象，更容易使人产生信任感。

（三）语言简洁，篇幅简短

个人简历作为实用性的说明文，语言要简洁精炼，力求篇幅简短而富有感召力。简洁的语言和简短的篇幅是个人简历最显著的特点，只有"简"文才能使招聘者很快抓住个人简历中最有价值的信息。因为招聘者需要在成堆的简历中选取最合适的人选，不可能在每一份简历上都花费大量的时间。内行而精明的招聘者，可以从个人简历表现出的语言风格和技巧方面掂量出求职者的"分量"。

个人简历的语言表达以叙述和说明为主，不能抒情和议论，句式上尽量用简洁明快的短句，段落不能过长，每一段表达一个相对完整的意思，写作时要有层次感，项目与项目之间要保留一定的间隔。繁琐冗长的简历，不仅使人厌烦，原本有价值的闪光点也会被淹没。

个人简历如同一幅简笔自画像，简洁而特色鲜明。选择简历内容时，可以反问自己：这是应聘的这个职位需要的吗？如果需要，则保留，否则，就该删除。空泛而主观色彩浓郁的词句不仅没有积极作用，反而显得狂妄，令人反感。

（四）朴素大方，包装得体

为了引人注目，个人简历的外观设计五花八门，甚至花费不菲。其实完全没必要，也不应该如此。个人简历的外在装饰应该适可而止，力求体现个人风格，必须坚持以内容为主，大方得体就好。个人简历包装得过于完美，难免使人对内容的真实性存疑，甚至认为是缺少真才实学，才只好在外表下功夫，以掩饰不足。

【例文】

个 人 简 历

个人概况：

姓　　名：赵礼

出生年月：1995 年 7 月

毕业院校：××大学经济技术学院

专　　业：自动化

联系电话：010 - ××××××××

联系地址：××省××大学南区×栋 123 号

邮　　编：××××××

求职意向：

从事生产过程自动化的控制、运行、维护、研发以及计算机网络硬件、软件系统的应用、维护、开发等方面的工作。

教育背景：

2009 年 9 月 – 2013 年 6 月　　××大学经济技术学院

专业能力：

主要专业课程有自动控制原理、现代控制理论、过程控制、拖动自动控制、微机原理、单片机原理、可编程控制器、计算机仿真技术、数字通信技术、信息论基础、现代控制技术。通过专业课程的学习，有了很高的过程控制及检测的理论基础，掌握生产过程自动化装置和系统的运行、开发、设计技术。

英语水平：

具有较高的英语会话、阅读、写作能力。通过国家英语六级考试。

计算机水平：

对计算机硬件有较高的理论基础，并积累了丰富的实践经验。

能熟练运用多种基础编程语言，如 C、True Basic、Foxbase +、汇编。对于办公软件，如 Office 组件、WPS 能够熟练操作。

对于图像处理，可以熟练应用 Photoshop、COOL3D、CoreDraw。

精通 Frontpage、Dreamweaver、fireworks、flash 等制作网页的软件，完成了个人主页的制作并参与班级主页的建设。

对网络的基础知识和应用技术有很深的掌握，并有一定的组网能力，特别是 Windows NT 的网络实现有较深的了解。

实践经历：

2011 年 5 月在×××卷烟厂生产实习

2012 年 8 月在××有限公司实践

获奖情况：

2011 – 2012 年校级"三好学生"、省优秀共产党员

个性特长：

生活中的我待人诚恳、乐于助人，乐观、重信誉，能和周围的人融洽相处。敢于创新，不循规蹈矩，思维敏捷，头脑灵活，有一定的应变能力，能很快地适应新事物。自信，有责任心，有竞争意识，敢于向自我挑战。

本人爱好广泛，喜欢篮球、擅长吉他演奏，并有一定的文学功底。在德智体各方面做到均衡发展。

【简析】这是一篇基本符合要求的个人简历。首先，根据自己的求职意向，有针对性地介绍本人掌握的专业技能、现有的计算机水平、在校期间参加的实践活动以及个性特长。其次，语言简练，不虚夸、不自谦。个人简历的主要项目齐全而且安排得当。

【思考与练习】

一、求职信有哪些基本要求？

二、如何在求职信中体现出诚恳、谦虚的求职态度？

三、某公司需要招聘一名市场部经理、一名公关部文员、一名营销部干事、一名企划室文员。请任意选择一个职位，有针对性地写一封求职信。

四、目前个人简历形式多种多样，请制作一封具有实用价值和个人风格的电子简历。

第五章 学术论文

第一节 学术论文概述

一、学术论文的含义

学术论文是对科学领域中的现象、问题、观念进行系统地研究，以探讨其本质特征及发展规律的理论性文章。这种文章可以是推翻某一学科领域中的某些旧观点，提出新的见解；也可以是把一些分散的材料系统化，用新的观点或新的方法加以论证得出新的结论；还可以是在某个科学领域中，经过自己的观察、实践，有新的发现、发明和创造，陈述新的见解和主张。

二、学术论文的特点

学术论文属于议论文体，它具有一般议论文的特点，如主要运用概念、判断、推理进行论证，有鲜明的论点和确凿的论据等。但它又不同于一般的议论文，独特的研究对象和表述对象使得它还具有学术论文显著的特征。学术论文的特征主要表现在以下四个方面：

（一）创新性

创新性是学术论文价值的核心，学术论文的创新性可以从四个方面体现：一是在自己研究的课题范围内，发现前人未曾发现的问题，经过研究探索，提出新的看法、观点，创立自己的观点；二是在论文中针对前人的观点，发现问题，进行分析，指出错误，提出己说，在否定前人说法的基础上创新；三是针对某个领域的传统观点，选择其中的一个角度，对它进行分析、证明，既丰富了传统观点的内涵，也蕴涵自己的创见；四是在充分吸收前人成果的基础上，发现和占有新的材料，从新的角度进行探索，以新的成果发展前人的观点。

（二）学术性

学术性是学术论文的基本特征，也是它与一般议论文的区别。一般议论文是针对议题，围绕中心论点展开论证，从而阐明观点，有较强的思想性。科学研究的本质则要求学术论文突出其学术意义，不能以思想性代替其学术性，不能混淆学术问题和政治问题的界限；一般议论文有感而发，不求系统性和专门性。学术论文则属于某个专业学科领域，是在进行了系统的学术研究的基础上写作的，着重探讨事物的内在联系和客观规律，反映作者对所研究课题的了解、把握程度及专业上的素养、功力，具有一定的深度。学术论文的学术性特征要求写作者运用科学的原理和方法，对实践中提出的实际问题进行抽象的、概括的论述和严谨、科学的论证分析，从而提出新见解，得出新结论，总结出新方法。

（三）科学性

学术论文的科学性特点由它的文体性质决定，与科学研究的特点相联系。学术论文的任

327

务与科学研究的任务是一致的，要正确地反映自然和社会现象及其客观规律，探求客观真理，作为人们改造客观世界的指南。学术论文的科学性特征，要求写作者在立论上不得带有个人偏见，不得主观臆造，必须从客观实际出发，从中引出符合实际的结论；在论据上要下一番苦功，通过周密的观察、调查、实验，尽可能多地占有资料，用确凿可靠、充分有力的论据作为立论的依据；在论证上要经过周密的思考，严谨而富有逻辑地论证。

（四）理论性

学术论文所能达到的理论高度，是衡量其价值的重要标志之一。学术论文必须自成一个理论认识体系，从提出问题到解决问题，从论述的展开到观点的明确，都要围绕中心，一环紧扣一环。写入论文的所有内容都应纳入严密的推理过程之中，不能随意搬用公式定理描述现象，而要运用理论观点阐明各种现象的发展规律，以得出科学的结论。学术论文的理论性特征要求我们在写作中，不能停留在罗列现象、就事论事上，而是要运用科学的原理和方法，分析材料，寻找规律，侧重理论论述，把自己的发现和认识提升到理论的高度，即从表面认识上升到理性认识。

创新性、学术性、科学性和理论性是一篇合格的学术论文所应具有的基本特征，也是一篇合格的学术论文的必备条件。

三、学术论文的分类

学术论文的种类很多。根据不同的分类标准，学术论文划分出的种类也就不同。

（一）按研究内容的学科性质分类

按研究内容的学科性质不同，学术论文可以分为自然科学论文和社会科学论文。

1. 自然科学论文

根据研究方法的差异，自然科学论文可分为理论型论文、实验型论文、观测型论文等类型。

（1）理论型论文

理论型论文就是作者在论文中，通过严密的理论推导和理论分析，对研究成果进行理论概括，提出自己的观点和见解。内容上的根据性和说理性是理论型论文最本质的特点。

（2）实验型论文

实验型论文就是有计划、有目的地进行科学实验，以出现的现象或结果进行观察、分析、综合、判断，得出科学的结论，再将实验过程和创造性成果归纳总结而成的论文。实验型论文必须具有创见性，表达的是作者通过实验研究所获得的有学术价值的创新性成果。

（3）观测型论文

观测型论文就是对自然界各种现象、事物观察和测量的结果进行准确、具体的描述，因此也被称为描述型论文。观测型论文有突出的直观性，一般不作大量的逻辑论证和推理。

2. 社会科学论文

根据研究角度、研究方式和论文写作方法上的差异，社会科学论文可分为论证型论文、考证型论文、诠释型论文、调研型论文等多种类型。

（1）论证型论文

论证型论文是对社会科学领域的基本理论问题或某些社会现象和问题进行探讨、分析、论证，提示其本质和规律，表达自己的观点、主张、见解的论说型论文。论证型论文是运用最多、最广的一种论文类型。有理有据，以理服人，是论证型论文最重要的特征。

（2）考证型论文

考证型论文是针对某一专业的某一问题，运用考证的方法，研究、判断事物的真伪，考定事实异同的论文。考证型论文以"证"为主，考而有证，证必有据。

（3）诠释型论文

诠释型论文是针对某学科、专业的概念、理论、原理、定律或事物的属性、特征、形态、功用以及史实、事实、事件的面貌、发生发展等作解释、说明的论文。诠释型论文不但要求对论文中的概念、术语作解释和界定，也要对论文内容作阐释和解说。解说性是诠释型论文的突出特点。

（4）调研型论文

调研型论文即作者在对现实生活现象、问题进行调查研究后，介绍和分析事实、揭示事物本质、提出对策和建议的论文，是调查研究结果的书面表达形式。调研型论文突出专业性、学术性特征。

（二）按照研究对象的范围大小分类

根据研究对象的范围大小不同，学术论文可以分为宏观论文和微观论文。

宏观论文研究探讨的对象是带有全局性、整体性，或是基础性的理论；微观论文是以各领域中局部的具体细微的问题作为研究对象的学术论文。

（三）按照写作目的分类

按照写作目的的不同，学术论文可以分为会议论文、报刊论文和学业论文。

在各类学术研讨会上宣读和评议的论文是会议论文；在内部或公开报纸刊物上发表的论文是报刊论文；高等院校学生为达到一定阶段教育目标而创作的论文是学业论文，学业论文又分为学年论文、毕业论文和学位论文。

学年论文是高等学校针对学生所学专业知识的运用而在某一学年（通常是在大学三年级）设置的一项独立作业，目的在于锻炼学生运用专业知识和科学的思维方法写作学术论文的能力，为撰写毕业论文打下基础；毕业论文指的是高等学校毕业生在毕业前，按照教学计划的要求，在指导老师指导下，独立撰写的学术论文，是大学阶段全部学习成果的总结，是对学生掌握本专业基础理论、专门知识的深广度和运用所学理论和知识分析解决问题能力的检验；学位论文是高校本科生、研究生或具有同等学历的人员为获取学士、硕士和博士学位，提交给培养单位及其相应的学位审定委员会的论文。学位论文分学士论文、硕士论文和博士论文三种。

第二节　学术论文的写作

一、学术论文的结构

学术论文的结构包括前置部分、主体部分和附属部分三大部分。

（一）前置部分

前置部分包括标题、署名、摘要、关键词和目录。

1. 标题

学术论文的标题是学术论文整体内容的精炼概括，它能够准确、生动地展示论文主旨。学术论文的标题要求简短、明了、有概括性，字数一般要求不超过20个字。在学术论文的标题中，不能够使用非规范的缩略语、符号、代号和公式，通常也不采取问话的方式。同时，标题中所用的每一个词语必须考虑到有助于选定关键词和编制题录、索引等二次文献可以提供检索的特定实用信息。当标题不足以表达论文内容时可以增加副标题，副标题的作用在于解释、补充或限制正标题。

2. 署名

学术论文的署名表明作者是学术论文的法定主权人，对其所写学术论文内容负责；同时也是方便学术论文发表以后与他人进行联系、商讨。署名包括作者姓名、作者所在单位、单位所在地址和邮编。

3. 摘要

学术论文的摘要应该包括以下四个方面：①目的，包括研究、研制、调查等工作的前提、目的和任务，所涉及的主题范围，说明为什么要做此课题；②方法，包括所用的原理、理论、条件、对象、材料、工艺、结构、手段、装备、程序等，说明如何做；③结果，包括实验、研究的结果、数据，被确定的关系，观察的结果，得到的效果性能等，说明做的结果如何；④结论，包括结果的分析、研究、比较、评价、应用，提出的问题，今后的课题、假设、启发、建议、预测等，说明由此得出的结论。

4. 关键词

关键词是从学术论文中选取出来的用以表达学术论文中心内容或主题的语言，它可以是词，也可以是词组或者术语。一篇学术论文可选择3-8个关键词。关键词的排序，通常应该按照研究的对象、性质（问题）和采取的手段排序，而不是任意地排列顺序。关键词不考虑文法结构，一篇学术论文中的关键词不一定能够表达一个完整的意思，但一篇学术论文中的关键词不能有同义词。关键词与关键词之间用分号"；"隔开。

5. 目录

目录是对学术论文进行阅读的导读图。目录的内容和结构设置应该与学术论文的全文表达相一致，必须做到准确无误。同时，整个学术论文的各项内容，都应该在目录中有完整的体现，不得有任何的疏忽和遗漏。

（二）主体部分

主体部分包括前言、正文和结论。

1. 前言

前言又称引言、绪论、导入语或者序言。学术论文前言的内容包括综合评述他人在相关领域的研究概况；本论文的研究目的、范围和背景；本论文的研究过程、方法以及其理论基础与实验依据；本论文的研究结果及其研究意义。

2. 正文

学术论文的正文部分是学术论文的主要部分，也是学术论文的核心部分，在整个学术论文结构中占有主要篇幅。正文部分要求结构合理，层次清楚；论点准确，论据有力，论证充分；文字简练，通顺。

3. 结论

结论也称之为结束语，它是正文最后的部分。结论对全文起到概括、总结、强调和提高的作用。结论往往强调学术论文的重点或者对全文的分论点进行扼要综述，对学术论文的主要成果进行归纳，对学术论文的主要工作进行评价。

（三）附属部分

附属部分包括致谢、参考文献、附录、结尾部分。

1. 致谢

致谢是在学术论文结尾部分对本论文的写作给予过帮助的组织和个人的感谢。

2. 参考文献

参考文献是学术论文写作过程中所引用、参考的正式、公开的专著、论文等文献资料，一般出现在论文末尾。参考文献一般要包括作者、书名或篇名、出版者、出版年份。

3. 附录

附录不是学术论文必备的结构，视学术论文内容的具体情况确定。附录可以包括有：与学术论文联系紧密，为保持正文的条理性没有写入正文的资料；对于与本论文有关的有参考价值的资料，例如：公式的推演、编写的算法、语言程序等。

4. 结尾

结尾不是学术论文结构的必备部分，可以视学术论文内容的具体情况确定。结尾部分内容主要是：提供有关计算机输入数据；编排分类索引、著作索引、关键词索引等。

二、学术论文的写作

学术论文的写作是一个系统而复杂的过程，概括起来可以分为四个步骤，即选题、搜集与整理资料、撰写论文、修改与定稿。

（一）选题

选题是指写作者在对已获取的大量资料、信息进行分析研究的基础上所确立的科学的研究方向和目标，是研究中力求获得结果的具体问题。

1. 选题的类型

学术研究课题有两大类：一是开创性课题，即对别人没有研究或较少研究过的问题进行研究；二是发展性课题，即在已有研究成果的基础上，对学界曾经研究过的问题做拓展研究。

2. 选题的原则

学术论文的选题，既要考虑客观的要求，选择有科学价值、实践意义的课题，又要考虑作者的主观条件，选择有利于展开、易于驾驭和完成的课题。把客观需要和主观条件相结合是选题的基本原则，一般来说，选择学术论文的题目要遵循以下几条原则：

（1）现实原则。科学研究的目的是为了认识世界、改造世界、推动社会和时代的前进，而不是脱离实际为研究而研究的经院理论。一般来说，在各个学科领域中，总有一些亟待解决的问题，这样的问题，有的是关系国计民生的重大问题，有的是该科学发展中迫切需要解决的关键问题，我们应该首要注重这些亟待解决的问题的研究探讨。

（2）价值原则。课题要有价值，指的是学术论文要有理论价值和实践价值。理论价值是指对现有的学科或学说的建设与发展有所完善、深化与突破，通过补充、修正使某些理论更系统、更全面、更适应发展中的实践；实践价值是指对现实社会政治、经济、文化生活中迫切需要解决的实际问题有直接的指导与推动作用。一篇论文不可能满足社会的各种需要，但只要能从某一侧面、某一角度满足了社会的某一需要，应该说这篇论文就是有价值的。

（3）可行原则。选题既要考虑价值原则，满足社会现实和学术研究的需要，也要考虑可行原则，即研究者的主客观条件。既重视课题研究的必要性，又考虑完成研究工作的可能性，才可能保证课题研究的顺利进行和论文的圆满成功。每个研究者的主、客观条件是各不相同的，无论是研究兴趣、学术志向、专业水平、写作能力，还是所处的环境，能提供的资料条件、经费、指导力量以及进行某项研究所能利用的时间、发表论文限定的篇幅等都是不等同的。如果不考虑这些情况，就不可能选出恰当的论题。

（二）搜集与整理资料

在学术论文的题目确定以后，应该根据确立的选题尽可能搜集可供论证的资料，写作学术论文的资料搜集可以从以下几个途径来展开：

1. 通过观察、统计获取资料

观察统计法是指带着学术论文写作的课题，有计划、有目的地进行系统和连续的观察，了解研究对象的一切形态及其活动变化，并运用事先设计好的统计表记录各种现象资料，整理后获取的相关的研究数据和写作素材与数据。

2. 通过社会调查获取资料

社会调查是通过各种方式，有计划、有目的、系统地、严密地向社会了解搜集反映研究对象的资料。进行社会调查首先要根据写作学术论文的需要选定调查对象、确定调查范围、了解调查对象的基本情况，研究有关的理论和资料，拟定调查计划、表格、问卷和谈话提纲以及调查的程序和方法等；然后按计划开展调查活动，最后整理资料。

3. 通过科学实验获取资料

实验法是经过特别设计，适当控制研究现象，在最有利的条件下进行研究的方法。实验法的主要目的在于查明研究对象发生的原因或者检验某个理论或假设的实验效果。

4. 通过文献查询获取资料

文献资料按其所包含的知识和结构，可划分为原始文献、二次文献和三次文献。文献资料我们可以通过图书馆资源和网络资源等途径获取。

在搜集材料的过程中，我们要根据课题研究和学术论文写作的需要，对所占有的材料进行归纳、整理。资料的整理过程实质上是资料的辨析过程，对资料的整理和辨析具体指：

一是辨析资料的适用性。选择资料的依据，只能是学术论文所要阐明的中心论点。什么资料可用，什么资料不能用，都要根据这个中心论点决定。

二是辨析资料的全面性。如果材料不全面，缺少了某一方面的材料，论文的论述也往往不圆满、不全面，会出现偏颇、漏洞，或由于证据不足难以自圆其说。

三是辨析资料的真实性。资料真实与否直接关系着论文的成败，只有从真实可靠的资料中才能引出科学的结论，在这方面要注意：其一，要尊重客观实际，避免先入为主的思想，选择资料不能夹杂个人的好恶与偏见，不能歪曲资料本来的客观性；其二，选择资料要有根有据，采用的第一手资料要有来历，选取的第二手资料一定要与原始文献认真核对，以求得最大的准确性；其三，对资料来源要加以辨别，弄清原作者的政治态度、生活背景、写作意图，并加以客观的分析评价，社会科学方面的资料更应该注意这一点。

四是辨析资料是否新颖。所谓新颖的资料包括两方面的含义：一方面是指前所未有，近

332

期才出现的新事物、新思想、新发现、新方向；另一方面是要从普遍常见的资料中发掘别人尚未利用的东西。

五是辨析资料的典型性。所谓资料的典型性就是指这种材料对于它所证实的理性认识来说具有充分的代表性。我们运用到学术论文中的资料，对于论证学术论文的观点必须具有一定的典型代表性，具有较强的说服力。

（三）撰写论文

撰写论文是学术研究的最后一个环节，是把研究成果通过一定文章载体表现出来。学术论文的写作程序包括编写提纲、撰写初稿和修改定稿三个方面。

1. 编写提纲

编写学术论文提纲的方法可以简单地概括为以下几个方面：①先拟标题；②写出总论点；③考虑全篇总的安排：从几个方面，以什么顺序来论述总论点，这是学术论文结构的骨架；④总论点安排妥当之后，再逐个考虑每个项目的分论点，直到每个段落的安排，写出每段的中心句，也就是每一段的主旨；⑤依次考虑各个段落的安排，把准备使用的材料按顺序编码，以便写作时使用；⑥全面检查，作必要的增删。

2. 撰写初稿

作者在学术论文构思基本完成以后，运用书面语言，把思考的成果转化为文章的这一过程，我们称之为起草，也叫做打草稿、写初稿。初稿撰写的方法，可以按照提纲顺序来写，也可以打破提纲顺序按照自己所掌握的资料的成熟度或熟悉度来写。

（1）按照提纲顺序来写作。按照事先拟好的提纲顺序进行写作，先提出问题，再分析问题，最后解决问题，顺理成章，逻辑连贯，符合一般人的写作习惯，也可以避免在写作中出现前后颠倒、逻辑混乱、杂乱无章等问题。

（2）打破提纲顺序进行写作。作者选择自己比较熟悉，资料准备较为充分，思路较为清晰的部分先写，每个部分单独完成以后再统一整理成一篇完整的学术论文。根据实际情况，学术论文写作者可以制定出分阶段的写作计划，既要保持各部分内容的相对独立性，又要保证全文的完整统一性。选择这种写作方式，要注意把握写作的进度，防止在某一部分花费时间过多而影响了整个学术论文写作的任务完成。

学术论文的初稿写作要着重完成主体部分的工作，学术论文的主体包括绪论（提出问题）、本论（分析问题）、结论（解决问题）三个部分。

（1）绪论，也叫前言、引言、导论或绪论，它是学术论文的开头部分。学术论文绪论的内容，一般包括选题背景、缘由、意义和目的，或研究的目的、范围、方法及所取得的成果，也可以对本文的基本观点、本论部分的基本内容作一个扼要的介绍。绪论的写法主要有以下几种：

①交代式

开头交代学术论文的写作背景、缘由和目的、意义。

②提问式

一开头就提出问题，或在简要交代写作背景之后随即提出本文所要解决的问题。

③出示观点式

绪论开宗明义，将本文的基本观点或主要内容揭示出来。

④阐释概念式

绪论先释题，阐释题目中和文中出现的基本概念。

（2）本论，也就是正文。学术论文本论部分的内容，是学术论文的核心内容。我们在本论部分应该做到结构严谨、条理清楚、论点明确、论证有力、观点和材料统一一致。

常用的本论部分结构形式有如下几种：

①并列式结构。这种结构方式又称平行式结构方式。它将整个文章内容围绕中心论点分为几个分论点，每个分论点平行排列，分论点之间是并列关系，几个分论点分别从不同的角度和层面来论证中心论点。整个文章结构呈现出一种总分式的结构形式，多个分论点多管齐下，集中对中心论点进行论证。

②递进式结构。这种结构方式又称推进式结构或者纵式结构。它是将整个文章内容围绕中心论点采取一层深于一层的形式来安排结构，每层之间呈现出一种层层展开、步步深入的逻辑关系，中心论点在每个分论点的层层深入的论证中得到深刻透彻的论证。

③混合式结构。这种结构方式又称并列递进式或纵横交叉式结构。就是在一篇文章中同时使用并列式和递进式的结构方式，形成一种混合的结构方式。这种混合式的结构方式又可以采取在每一个并列的分论点上展开递进式的论述，也可以采用在每一个递进的分论点上展开并列式的论述，整齐有序而又完整地阐述文章中心论点。

（3）结论。学术论文的结论方法主要有以下几种：

①总结全文，点明主题。

②提出论证结果。

③指出进一步研究的方向。

在学术论文结论部分，我们不仅要概括自己的研究成果，而且还要指出学术论文中存在的不足，为进一步研究指明方向。

（四）修改与定稿

初稿的完成只是学术论文写作工作的初级阶段，而修改与定稿则是学术论文成型的重要阶段，是保证学术论文质量的重要环节，同时，学术论文的修改也是作者完善自我对事物的认识过程的一个必然途径。初稿完成之后，学术论文修改可以从以下几个方面展开：

1. 整体审视和论题修订

学术论文初稿写作完毕，首先要对全篇进行整体的检查。检查学术论文结构是否完整，检查文章的主题、标题、关键词、主要内容是否全面。要仔细推敲文章的标题是否符合文章的主题；各小标题的设定是否合理；文章的标题与各个小标题是否构成结构严谨、逻辑性强的整体体系；大标题和各小分标题的层次和格式安排是否合理、清晰；同一层次的标题表达上是否一致。如果出现文章整体结构缺乏逻辑性，大小分标题表述不当、结构混乱，各小标题设置之间不具有统一性，上下文连接不连贯，文章内容之间互相矛盾等方面的问题，都要对学术论文进行全面的再修改。

同时，学术论文的内容是充分反映学术论文本身所研究的课题。如果学术论文表达的内容与学术论文的主题不相一致，这就必须对学术论文进行修改，避免学术论文出现主题与内容大相径庭的现象。

2. 观点与材料是否一致

一篇学术论文阐述一个或者几个明确的观点，学术论文写作完毕，我们要全面检查全文的观点是否明确，是否表述合理，是否前后矛盾，对别人的观点引用是否正确、恰当。而观点的阐明又需要充分的材料论证，有些学术论文只有观点没有材料，或只是大量的罗列材料，平铺直叙，材料与论点之间没有直接紧密的联系，材料不能充分地证明学术论文的观点，学术论文的观点不能从材料中得到论证，或者材料和观点有一定联系，但是从材料出发证明论点的推理不够合情合理，不具有学术说服力，或者是材料不够充分，没有足够的说服力，或者是所选材料缺乏权威性和客观性，难以令人信服，甚至所选材料不可靠，不真实，只能让人在阅读过程中产生迷惑。对于以上材料和观点不一致的问题，我们必须进行修改。

在对学术论文进行修改时，还要检查所选材料是否真实，核对所引用材料的出处，有无缺失或者遗漏；要仔细思考所引用的材料是否与学术论文表达观点一致，是否能够证明所阐述的论点，论证是否充分和有说服力。对于缺失的材料，要进行第二次资料搜集，为学术论文论点的表达找到最为充实最有力度的材料支撑。对学术论文引用的材料进行增加、删减和调整，做到材料和论点高度的一致。

3. 文字语句修改

学术论文写毕，我们还要逐字逐句检查所有文字，看有无错别字，有无表达不妥当的文字，要做到学术论文语言科学严谨，避免口语和不恰当语言的出现。每个专业都有本专业的术语，我们在学术论文写作中要尽量使用专业术语。

4. 规范化修改

在修改学术论文的时候，要注意学术论文规范化的要求。学术论文要符合规范化要求，包括有学术论文整体的编排结构和格式、文后参考文献的编排规则以及文中标点符号以及数字和计量单位的标准使用，等等。对其进行严格的修改，做到学术论文写作的规范化。

［例文］

广告标题的创作原则及语言艺术

沈国清

（湘潭大学中文系，湖南 湘潭 411105）

摘要： 广告标题必须承担起引人注目的职责。为吸引受众对广告文案的注意，文案作者在设计标题时，必须遵循"扣、新、短、奇、利、美"的原则，在此基础上，选择性地运用语言艺术技巧，创作出引人注目的广告标题。

关键词： 广告文案；广告标题；创作原则

广告标题是刺激人们读广告文案的第一"兴奋点"，每一则成功的广告文案，都毫无例外地有一个脍炙人口的广告标题。无论是平面广告文案还是影视广告文案都必须借助一定的语言符号才能得以体现。正因为任何媒介的广告文案都离不开语言，人们习惯上把语言视为"广告的第一媒介"。广告标题作为广告文案的有机组成部分，它的成功，完全仰赖于语言。要创作令人瞩目的广告标题，必须熟悉制作标题的各种语言艺术形式。标题语言艺术的确立，必须遵循标题的创作原则，而任何艺术的创作原则，皆源于该艺术本身的特殊功用。

一、广告标题的特殊功用

广告的主要载体是大众传播媒介。众所周知，新闻是大众传播媒介的主角，人们读报刊、看电视、听广播主要是满足其求知心理，对新闻信息的接受，表现出较强的主动性和开放性。而在人们的心中，广告是依附于大众传播媒介中的次要信息，甚至被人们视为对主信息（新闻）的一种"干扰"，对广告信息的接受，表现为较明显的被动性和闭合性。广告要想与更容易被人注意和更具亲和力的新闻"争宠"，就必须设计出引人注目的标题，否则，就会淹没在新闻的海洋之中。

人们常说，看书先看皮，看文先看题。阅读广告文案也不例外。今天，五花八门的广告比比皆是，人们不可能一一浏览，只有借助广告文案标题的引导，才能注意到自己所需要的商品或劳务信息，而只有引人注目的标题，才能左右受众的视听选择。因此，要使一则广告文案收到良好的效果，首先就应该在营造标题的吸引力上下功夫。有许多正文写得很精彩的广告文案，就是因为标题平平，而与消费者失之交臂。可以打这样一个比方：行路人若向前方的人喊一声"喂"，前方的人就会不由自主地转过身来——广告的标题就如同这一声"喂"。

"捉老鼠与投篮"——爱迪达运动鞋这一饶有趣味、独具匠心的广告标题便起到了这声"喂"的作用。"捉老鼠"与"投篮"本是风马牛不相及的事，但这貌似反常的搭配却刺激了人们的无意注意，调动了人们的阅读兴趣，抓住了人们的猎奇心理，促使人们去弄个水落石出，于是自觉不自觉地要接受广告文案正文所诉求的内容。

从一般意义上讲，广告标题只要引起了消费者的注意，起到了诱导消费者阅读广告文案正文的作用，广告标题便完成了其"历史使命"。但事实上，那些经典的广告标题，往往超越了标题的作用——它能激发消费者的购买欲望，促成消费者的购买行为。这就要求广告文案作者不仅应掌握语言技巧，而且要了解自身产品特点，熟谙消费心理。广告大师奥格威为一种适合于中老年妇女使用的化妆品所设计的广告标题"怎样使35岁以上的妇女看上去更年轻呢?"就抓住了特定消费者的心使她们不由自主地要付诸行动。

二、广告标题的创作原则

广告标题的创作原则是广告文案设计者在标题的宏观决策过程中必须遵循的战略思想和基本准则。广告标题的功用，是我们确立广告标题创作原则的重要依据。广告标题必须符合扣、新、短、美、奇、利等原则。

1. 扣 即紧扣主旨。标题是对广告文案内容(尤其是正文内容)的高度概括，广告文案应该使人们一看到标题，就能理解该广告的主旨是什么(主旨通常是广告文案的诉求点)，因此，广告标题不能故作离奇之笔而与广告正文所表达的主旨毫无关联。

2. 短 即简短扼要。对广告文案的标题的字数虽不必作硬性规定，但标题必须简洁明了。一张报纸不管有多少版面，一本杂志不管有多少页码，在手中翻阅时间往往是极为有限的，而花在一条广告上的停留时间就更短了，通常只有几秒钟，读者无暇阅读冗长的广告文字。另外，从记忆的规律看，超过12个字的广告标题会造成记忆上的困难，所以应尽可能使广告标题短小精悍。

3. 新 即新颖独特。广告标题的创作是一种艺术创作，应有自己的特色，不宜袭用他人惯用的标题，不要陈词滥调，人云亦云。平中见奇，新颖独特的广告标题是天才式的创造，东施效颦则是庸才式的模仿。缺乏创新的广告标题既使消费者怀疑厂家的实力，又容易引起消费者的逆反心理。

4. 奇 即奇特。猎奇是人的本性。写作标题时，若有意提出与广告文案主旨有关联的问题或设置悬念，就能把受众的胃口吊起来，引导受众关注广告的诉求目标。

5. 利 即告之利益。一个广告若能在标题中告之受众能得到什么利益，不仅能吸引受众阅读广告，而且能刺激其购买行为。不管是对产品本身所固有的价值(如性能的优越、价格的低廉)的利益诉求，还是对产品的附加价值(如使用某产品能获得他人尊重、认同)的利益诉求，都由于直接针对受众的需求心理，容易促成购买行为的实现。

6. 美 即具有审美价值。广告标题艺术与一般艺术所体现的审美价值存在着质的差异。它以实现一定的功利目标为前提。虽然，一般艺术也追求其功利性，但其功利的诉求必须服从于审美的需要。就表现功利的风格技巧或手段而言，广告标题艺术因为以市场或商品为基础，以消费者为中心，故功利意图无疑是直接的、外露的；而一般艺术以作者个人感受为基础，以艺术形式为中心，因而对功利目的追求则显得间接而隐蔽。所以，广告的标题艺术，就其传播商品信息的功能而言，它要求审美服务于功利，或者说，是功利前提下所体现的审美价值。如果达不到功利这一前提，即使艺术性再高，审美价值再大，作为广告标题的艺术仍然是失败的。

三、广告标题的语言艺术

语言艺术纷繁复杂，博大精深，若把所有的语言艺术不加选择一股脑儿地运用到广告标题的创作之中，不仅不能使广告标题艺术趋于艺术，相反，它将导致对广告标题艺术的莫大伤害和严重侵蚀。本文所列举的广告标题的6种语言艺术，既以成功广告文案标题为范本，又以广告标题的创作原则为观照。

1. 暗中有明，露中有隐

这是广告标题最普遍使用的一种语言艺术。这类标题的语言，紧扣广告主旨，动机明确且语意含蓄，既具有强烈的鼓动性又具有深厚的回味性。其具体表现形式有：

（1）假设语＋极端语 这类形式的广告标题，渲染效果十分强烈。如"你读《青年报》如果没有味道，请扔掉！""如果有人发现'奔驰'牌汽车突发故障，被迫抛锚，本公司将赠10000元。"

（2）否定语＋说明语 这类形式的广告标题，是形式上的否定，内容上的肯定，是一种非常引人注目的"反效果式"。如日本一钟表商为一种新品牌手表设计的广告标题："这种手表走得不太准确，24小时慢24秒钟，请君购买时三思！"又如"公共场所禁止吸烟，555香烟也不例外！"

（3）反问语＋？ 这类形式的广告标题所提出的问题往往表面上淡化广告的商业意图，而让广告受众急迫地读广告，去深思，然后得出十分肯定的结论。这比直接劝告更富有说服力。如"有比脸面更重要的吗？"（痤疮平广告标题）

2. 一语双关，意在其中

"双关"这一修辞手法，可以增加广告的注意价值和记忆价值。如"丰华正茂"（丰华圆珠笔广告标题）"'面'目一新的大成面。"（台湾大成方便面广告标题）

3. 幽默诙谐，意寓言外

这是一种使人在轻松愉悦中接受劝说的广告语言艺术。交通广告常用此法，旨在改变交通事故的恐怖色彩。如"请司机注意您的方向盘——本城一无医生，二无医院，三无药品！""如果您的汽车会游泳的话，请照直开，不必刹车。"

4. 巧设悬念，引人注意

引人注意，是成功广告标题所必须具备的首要条件。巧设悬念，最能引起人们注意，启发人们思考。"自12月23日起，大西洋将缩短20%"，某航空公司设计的这一非常精彩的悬念式标题，使人无法不产生阅读广告文案、了解广告正文内容的兴趣，而广告文案所告知的是，由于使用新购先进飞机，飞航时间比普通客机要少20%，看似荒诞不经的广告标题，却没有任何言过其实之处，且使人回味无穷。

5.亲切感人，富于人情

广告是一种单向性的公众交际，交际的一方是未知的公众。广告语言若无亲和力，若无吸引人的地方，那么，就不会引起公众的注意。以"情感"与公众沟通，自然是一种有效的方法。如"输入千言万语，打出一片深情。"(四通打字机广告标题)

6.数字对比，体现真实

广告中"×××之最""誉满全球""省优部优国优"等陈词滥调已令人生厌，为消除此类广告标题对消费者逆反心理的影响，可借用实在而精确的数字宣传产品。这种方法滤去了介绍过程中的主体情态，是一种纯客观的价值表述，令人信服。如"走过了55年的历程，拥有了3500多万用户，夺得了5个全国一等奖"。(金星电视机广告)

广告标题的语言艺术是无止境的。广告文案作者只有在明确广告标题的功用和遵循广告标题的创作原则的基础上，才能掌握广告标题的语言艺术，才能创作出对消费者具有强烈的诱导力，激起消费者巨大心理反应的广告标题。

【简析】本文的标题属于揭示课题型，读者从标题只能看出文章的研究对象，而看不出作者的观点。"摘要"交代了研究的对象及结论，做到了要言不烦。全文的结构是"先总后分"式。提出中心论点以后，分别从"广告标题的特殊功能""广告标题的创作原则""广告标题的语言艺术"三个方面进行论述。文章观点新颖独特，富有创见性。结构眉清目楚，内容详实具体，论证严谨充分，语言明白晓畅，堪称理论型论文的典范。

【思考与练习】

一、学术论文具有哪些特点，试举例说明。

二、举例说明学术论文的不同类型。

三、区别学年论文、毕业论文、学位论文和学术论文的异同。

四、结合本专业内容，写作一篇3000字左右的论文。

338

第六章 演讲词

第一节 演讲词概述

一、演讲词的含义

演讲词又称演讲稿，是演讲者在演讲前事先准备，供演讲时使用的，用来交流思想、发表意见和主张，提出号召和倡议，把自己的主张、观点、见解及思想传达给听众，从而产生一定作用和影响，达到宣传和教育作用的一种文稿。演讲词是演讲内容的主要依据，是使演讲获得成功的重要前提。

演讲稿的含义包括广义和狭义两种。广义上的演讲稿，是演讲者为准备在听众面前发表意见、抒发情感而写成的文稿。它的外延很宽，许多讲话稿也算演讲稿，如学术专题演讲、会议报告演讲、法庭演讲、各种礼仪演讲等供口头发表演说的文稿。狭义上的演讲稿，专指各种主题演讲稿，即参加各种演讲赛、演讲会使用的文稿。

二、演讲词的特点

演讲稿属于演讲学研究的范畴，又是写作学的一部分。它与其他文章相比，既有相同的规律，又有它自己的独特要求。

（一）针对性

所谓针对性，首先是演讲者提出的问题是听众所关心的问题，评论和论辩要有雄辩的逻辑力量，要能为听众所接受并心悦诚服；其次是要懂得听众有不同的对象和不同的层次，写作时要根据不同场合和不同对象，为听众设计不同的演讲内容，所讲内容的深浅应符合听众的接受水平，同时，演讲词还要注意环境气氛，既要注意当时的时代气氛，又要了解演讲的具体场合。

（二）鲜明性

一篇好的演讲词，必须要将演讲者的观点、主张和见解以及思想感情传达给听众，做到立场鲜明、态度明确。演讲词包含的内容不能只是客观地叙述事情，还必须表明自己的主张，阐明自己的见解。演讲者赞成什么，反对什么，表扬什么，批评什么，均应做到立场鲜明、态度明确，不能含糊不清。

（三）通俗性

通俗性，指的是演讲者的演讲要使听众能够听懂，演讲稿必须讲究"上口"和"入耳"。所谓上口，就是讲起来通达流利；所谓入耳，就是听起来非常顺畅，没有什么语言障碍，不会发生曲解。要做到演讲词的通俗性，可以把长句改成适当的短句，把倒装句改为常规句，把听不明白的文言词语、成语加以改换或删去，把单音节词换成双音节词，把生僻的词换成常用的词，把容易误听的词换成不易误听的词。这样，才能保证讲起来朗朗上口，听起来清楚明白。同时，在注重通俗性的同时也应该讲究文采，以便雅俗共赏。

（四）现场性

演讲活动是演讲者与听众面对面的一种交流和沟通，听众会对演讲内容及时做出反应：或表示赞同，或表示反对，或饶有兴趣，或无动于衷。演讲者对听众的各种反应不能置之不顾，因此，写演讲稿时，要充分考虑它的现场性，在保证内容完整的前提下，要注意留有伸缩的余地，要充分考虑到演讲时可能出现的种种问题，以及应付各种情况的对策。

三、演讲词的作用

（一）检验演讲词选材和提纲的可行性，保证演讲词内容的整体性

演讲者在对演讲主题把握的基础上，完成了对演讲材料的收集、整理和演讲提纲的编列后，对演讲内容已经有了大体轮廓，但是这些还只是一个框架，不是完整的文稿。如果仅仅根据提纲去讲，就有可能因为选材、组材和提纲的疏漏而出现演讲的不完整或无法继续的局面；也可能由于认识原因而出现临时性更改，打乱事先安排的结构而使演讲逻辑混乱；还可能出现对于判断的程度、范围等的表述失当等失误。

按照提纲写出完整的演讲词，实际上就是对提纲进行补充、完善的过程。提纲转化为演讲词的过程，演讲者有充裕的时间对自己的演讲词进行修改，使它完整而完美。因此，这个过程实质上也就是对最初的选材、组材和提纲编列是否恰当和可行的一次实践性检验，也是认识进一步深化，思想进一步明朗化、条理化的过程。撰写演讲词的过程，演讲者可以根据表达需要进一步修改、完善、充实演讲内容，保证演讲内容的完整，保证演讲的整体质量，使演讲词的观点和材料得到高度的统一。

（二）避免临场斟酌词句，增强语言的感染力

演讲主要是以有声语言和相关的态势语言来表达思想。有声语言不仅具有传声性，而且具有表情性。演讲者不仅可以通过声调的高低强弱、语气的轻重缓急生动具体地反映客观事物，而且可以通过声调、语气或动作、表情等把"只可意会，难以言传"的东西表达出来，使听众心领神会。然而，在没有演讲稿的情况下，演讲者在演讲现场临时把思想转变为有声语言的过程很短，没有足够的时间来斟酌词句，必然会出现一些凌乱、啰嗦、模糊的习惯性口语，导致一些语言在表达上不必要的重复。为了防止临时性口头语表达过程中可能出现的各种偏差，演讲者必须避免现场临时斟酌演讲词，要预先写好演讲文稿。

（三）保证思路畅通，消除怯场心理

演讲者在演讲词写成后，应该反复默记，熟悉演讲内容，将演讲词的内容牢记心中，同时在练习过程中还可以进行进一步的琢磨、补充，完善演讲词的结构。在熟悉和完善演讲词的基础上理清自己的演讲思路，避免在实际演讲过程中因为思维混乱而出现表达模糊的局面。同时，由于演讲者预先设计好了演讲思路，熟悉了演讲内容，就能做到在演讲过程中思路清晰、畅通无阻，这种胸有成竹的演讲可以消除演讲者演讲时的种种顾虑和恐惧心理。轻松自如，有利于专心一意加强态势技巧，全力发挥主动性和灵活性，使演讲声情并茂，圆满成功。

（四）根据讲稿限定时速，避免时间松紧失当

演讲通常有时间限制，总是要求演讲者在一定的时间范围内完成演讲活动。如果事先没

有准备好演讲词，时间往往难以掌握得当。要么前松后紧，开头大肆发挥，扩展内容，到后来就大删大砍，虎头蛇尾；要么前紧后松，开头讲得太简略，到后来拖拖拉拉，画蛇添足，令人生厌。演讲词写作完毕后，演讲者就可以根据演讲词的内容多少来计算演讲的时间，演讲者在自己的思维中加进文字之外的语言成分，便可以计算演讲的速度，有计划、从容不迫地在限定的时间里完成演讲。

（五）有利于演讲学的发展，促进演讲规律的研究

演讲学是一门独立的学科，演讲过程中写成的演讲稿，是进行演讲学的学术研究极有参考价值的现实资料。演讲稿虽然是书面表达的形式，却要特别考虑口头表达的需要和临场的需要；它虽然最终用口语表达，但却又具有规范、严谨的特点，有更为明确的目的性和清楚的条理性。无论是从发表形式还是从内容构成上看，演讲稿的撰写都有其个性特征，这种特征是受演讲的特点影响和制约造成的。因此，通过对演讲稿的撰写和研究，还可以促进和加深我们对演讲的各种技能技巧和演讲规律的研究。

第二节　演讲词的写作

一、演讲词的结构

演讲词结构的一般模式就是古希腊亚里士多德所认定的"三一律"，它由意义各不相同的三个部分即开头、正文、结尾所组成。"三一律"概括了任何演讲稿结构的形式特点。从形式上看，这三个部分各自独立，各有各的意义和作用；从内容上看，则是统一的，是同一个主题、题材和材料在不同部位的表现，要达到的是同一个目的。

（一）开头

演讲的开头，在通篇演讲中处于领先的特殊位置，在演讲者和听众之间架起一座沟通思想情感的桥梁，为演讲的成功开辟道路。那么怎样设计和安排演讲词的开头呢？这主要取决于演讲的内容、环境和听众的情况。内容和时空环境的多样性决定了演讲开头的多样性。常见的有下列几种：

1. 提问式开头

演讲者在演讲一开始就提出一个或几个出乎意料或发人深省的问题，或者是从一个人们普遍关注的急切需要解决但是一时难以解答的问题开始，紧接着予以回答，这就是"提问式"开头。这样的开头方式能够迅速地吸引听众的兴趣和注意力，自然地激发听众的参与意识，缩短演讲者与听众的距离，使两者的思想感情得以迅速沟通，同时提问能加深听众对问题的记忆和理解，加强听众对演讲主题的印象。如妇女运动的先驱蔡畅在一次演讲的时候，曾经直截了当地以设问开始她的演讲：

"今天讲一个问题，就是一个女人能干什么？"

采用设问式开头的方式，关键在于问题要提得好，提得恰当。所提问题要使听众感到新鲜、出乎意外，能激起听众积极思考，而且与后面阐述的问题联系紧密，能巧妙而自然地引发出演讲的主体内容。否则，泛泛地为提问而提问，问题设计不当，或者故弄玄虚，反会弄巧成拙，不仅不能使人感到新颖别致，反而让人觉得浅陋俗套。

2. 叙事式开头

演讲者一开始就讲述新近发生的奇闻怪事、令人震惊的重大事件或生动感人的故事，这种开头，由于故事具有情节生动、内容新奇等特征，容易赢得听众的关注，并能造成悬念，激起听众的兴趣。白岩松在以《人格是最高的学位》为题目的演讲中，就是以讲故事的形式开头的：

很多很多年以前，有一位学大提琴的年轻人去向本世纪最伟大的大提琴家卡萨尔斯讨教："我怎样才能成为一名优秀的大提琴家?"卡萨尔斯面对雄心勃勃的年轻人，意味深长地回答："先成为优秀而大写的人，然后成为一名优秀和大写的音乐人，再然后就会成为一名优秀的大提琴家。"

这种用故事触发听众兴趣的开头，要求做到：第一，叙事简明扼要，短小精悍，不可啰嗦拖沓；第二，事情本身要有针对性，耐人寻味，能触发听众的兴趣；第三，所叙事情要与中心论题密切相关。

3. 揭题式开头

这种开头只扼要地解释、说明演讲题目的含义，然后自然顺畅地转入正文的论述。

解题式的开头，要避免冗长啰嗦，同义反复，同时，在承接前面演讲内容时，要力求出新，不落俗套，不要矫揉造作，故弄玄虚，也不要巧涂脂粉，自吹自擂。

4. 明旨式开头

这种方式开宗明义，开门见山，概括主要内容，直接揭示主题，说明意图。如毛泽东的演讲报告《改造我们的学习》开头：

我主张将我们全党的学习方法和学习制度改造一下。其理由如次。

明旨式的开头，要尽量做到集中突出，语言准确凝练，不宜转弯抹角，过多渲染铺垫，否则就容易造成开头臃肿而与主体比例失调。这种开头方式往往在比较庄重严肃的演讲中使用。

5. 抒情式开头

这种开头意在渲染气氛，以情感人，使听众迅速受到情绪感染，注意聆听演讲内容。它多采用排比、比喻、比拟等修辞手法；多用诗化的语言，有的干脆直接引用诗歌，因而自然优美，形象生动，引人入胜。如美国国务卿埃弗雷特在死难烈士公墓和纪念碑建成的纪念仪式大会上发表演讲开头：

站在这明镜的长天之下，极目眺望经过无数人长年耕作而已安静憩息的广阔田野，那雄伟的阿勒格尼尔山脉隐约耸立在我们的前方，兄弟们的坟墓就在我们脚下，我真不敢用我这微不足道的声音来打破上帝和大自然安排的这意味无穷的寂静。但我必须履行你们交给我的任务，因此，请求你们施予我宽容和同情……

抒情式开头的文学色彩颇浓，但是一定要有真挚的情感，不可矫揉造作，无病呻吟。

6. 悬念式开头

在演讲稿的开头设置一种使听众关注的情境和氛围，造成悬念，构成"悬念式"开头。

如一篇歌颂军人妻子的演讲词开头就采用这种开头方式：

我今天的演讲题目是："应该感谢她们！"感谢她们？她们是谁呢？她们，不是驰骋疆场的勇士，可驰骋疆场的勇士不能没有她们；她们，不是胸佩勋章的英雄，然而，又有多少英雄把勋章佩戴在她们的胸前；她们的名字不曾写在国防建设的功劳簿上，但是，她们的生活却熔铸在保卫祖国、保卫四化这一伟大事业中！她们究竟是谁呢？她们就是：军人妻子！

演讲开头对于演讲要歌颂的对象并没有直接说出，而是采用疑问语句设置疑问，布设悬念，激起听众进一步听下去的兴趣。

（二）主体

主体，又称为正文，是演讲词的主要部分，主体部分主要是对开头提出的问题展开论证分析，要围绕中心论点处理好论点和论据之间的关系，合乎逻辑地逐层展开论述，做到结构有力，层次清晰，逻辑严密，过渡自然，张弛有致，变化有序，引人入胜，生动感人。在演讲词的主体部分，还要注意组织好演讲高潮，使演讲者和听众在情感上产生共鸣，达到掀起演讲现场高潮的效果。

1. 常见的演讲主体部分布局方式有：

（1）直序式

即以时间先后为序，或以事情的发生、发展或变化过程为序。这种主体布局形式结构层次比较单一，事情的来龙去脉非常清楚。但是在运用这种布局方式的时候，要注意突出重点，兼顾一般，切忌将主体部分内容平铺直叙，平均用力。

（2）并列式

这种主体布局方式又称平行式。演讲词中阐释若干个问题，这几个问题之间的关系是平行的、并列的，甚至是相互独立的，这些问题以并列的方式在演讲词中出现，阐述的问题往往是一个大问题的几个侧面，彼此之间没有严格的轻重之分，在主体部分并列存在。

（3）递进式

这种主体布局方式又称深入式。演讲词中阐释若干个问题，这几个问题之间的关系是递进的、步步深入的，甚至是一环套一环，由一个结论推出下一个结论。主体部分按照问题本身的逻辑关系安排结构，逐层深入地阐述主题。

（4）因果式

演讲词的主体部分围绕中心论点先阐明原因再揭示结果，或者先揭示结果再阐明原因，主体部分内容按照因果的逻辑关系来安排。因果式主体布局方式可以看作是递进式布局方式的一种。

（5）对比式

演讲词的主体部分采取对比方式展开，这个对比可以是正面与反面的对比、好与坏的对比、新与旧的对比、古与今的对比，等等，在对比中揭示演讲的主旨。

（6）总分式

演讲词的主体部分先明确提出演讲的主旨，也就是总论点，然后围绕总论点分层分段展开论述，分层分段展开的论述都紧紧围绕演讲中心论点展开。

（7）综合式

综合式指的是在一篇演讲词中不拘泥于使用某种布局方式，而是综合运用以上几种布局方式，使得演讲词的布局逻辑严密、错落有致，更为清晰、完整地表达演讲主旨。

2. 组织和安排演讲高潮

演讲高潮指的是演讲过程中演讲者和听众感情最激昂、精神最振奋的状态。演讲本身具有的鼓动性特征最忌讳演讲过程平铺直叙，而是要求演讲过程波澜起伏，演讲者在感情上要紧紧抓住听众，在理论上要能够说服听众，在内容上要能够吸引听众，这就要求演讲者在演讲词的主体部分安排一个或几个演讲高潮，形成强烈的演讲者和听众"共振效应"。

演讲高潮是运用典型的事例，准确的、阐释精当的议论，深刻的哲理，恰当的修辞，生动的语言，真挚的感情，得体的动作所组成的强烈的兴奋点。这就要求演讲高潮的安排组织要做到语言简洁明快，切忌语言冗长拖沓、拖泥带水，体现高潮的名言警句要从真实可靠的事实和事理中自然发出，切忌牵强附会。

（三）结尾

结尾是演讲内容的自然结束，它收束全文，使演说者的意图最后得到体现，又要使听众有回味、思考的余地。美国作家约翰·沃尔夫说："演讲最好是在听众兴趣到高潮时果断收束，未尽时戛然而止。"这是演讲稿结尾最为有效的方法。为了达到这种效果，演讲词的结尾就要精心设计。常见的演讲词结尾类型和方式有以下几种：

1.总结式结尾

这种结尾，简单、扼要地归纳和总结演讲的内容，或者是将演讲主体内容进行浓缩，以精炼明快的语言说出结束语的结尾方式，这种结尾对整个演讲起到警醒、强调的作用，给听众留下完整的总体印象。如法国大革命时期，资产阶级革命领袖罗伯斯庇尔作的一篇《关于对路易判刑的意见》的演讲的结尾：

国家要生存，路易就必须死。在内外都平静无事、我们获得自由和受人尊敬的时候，也许可以考虑宽大的处理办法。但是，在还没有获得自由的今天，在我们作了那么多的牺牲和战斗以后严刑峻法还只适用于不幸者的今天，在暴君的罪行还成为争论题目的今天——在这样的时刻，不能有慈悲的想法；在这样的时刻，人民要求的是报复！

2.感召式结尾

这种结尾多是提希望，发号召，表决心，立誓言，祝喜庆，贺成就，以激起听众感情的波涛，给人以心志的激励。丘吉尔在他的第一次首相就职演讲《我奉献的只是热血、辛劳、眼泪和汗水》就是以激昂的呼吁来结束自己的演讲的。

摆在我们面前的，是一场极为痛苦的严峻的考验。在我们面前，有许多漫长的斗争和苦难的岁月。因为没有胜利，就不能生存。大家必须认识到这一点：没有胜利，就没有英帝国的存在，就没有英帝国所代表的一切，就没有促使人类朝着自己目标奋勇前进这一世代相因的强烈欲望和动力。但是当我挑起这个担子的时候，我是心情愉快的，满怀希望的。我深信，人们不会听任我们的事业遭受失败。此时此刻，我觉得我有权力要求大家的支持，我要说："来吧，让我们同心协力，一道前进。"

3.抒情式结尾

这种结尾常常是演讲者在叙述典型事例或生动事例后油然而生的激情，以抒情方式结尾，言尽而意未尽，留有余韵，给人启迪。如林肯在赞美尼亚加拉瀑布的演讲结尾，就是使用排比的句式、抒情的语调把演讲推向情感的高峰的。

很古以前，当哥伦布最初发现这一块大陆，当耶稣基督被钉在十字架上，当摩西率领以色列人渡过红海时，甚至当亚当从创世主的手里出来，一直到现在，那尼亚加拉瀑布一直在这里发着怒吼。古代的伟人，像我们现代人一样，他们曾经见到过那尼亚加拉瀑布。那时的尼亚加拉瀑布和现在的瀑布同样的新鲜有力，前世纪的庞大的巨象和爬虫，也曾见到过那尼亚加拉瀑布。从那永久的年代，一直到现在，那尼亚加拉瀑布从未有过一刻钟的静止，从不干涸，从不冰冻，从不睡去，从不休息。

344

4.警言式结尾

即通过引用谚语、成语、格言、警句、诗词等方式结尾。这种结尾言简意明,多有韵律,使内容显得充实丰满,具有哲理性和启发性。富兰克林国际有限公司总经理威廉·E·富兰克林在哥伦比亚大学的日本商业协会和国际商业协会所作的演讲《国际贸易中的职业:五条理念或原则》,就是在总结演讲内容的基础上引用和阐释孟德斯鸠的名言来结尾的,这种引用名言警句的结尾方式激励了听众,升华了主旨。

总结一下:

第一条理念:从其他文化中学习有益的东西。

第二条理念:忠实于你的个人价值观。你将明白,从总体而言,成功更多地取决于品质而不是智力或运气。

第三条理念:抓住任何担任领导职务的机会。领导才能必须通过亲自经历才能学来。

第四条理念:在思想的王国中,一切都取决于热情;在现实世界中,一切都依赖于坚忍不拔。

最后一条理念:关系网、关系网、关系网。

200年前巴伦·查尔斯说:"商务是治疗偏见的良药,和平是贸易的自然结果。"如果在18世纪那是正确的,那么在21世纪它会是更正确。贸易与投资带来的不仅仅是金钱与商品,它们更带来了思想。作为21世纪的领导者,你们有很多机会帮助我们所有人克服偏见,为全人类带来理解和和平。我坚信那正是你们所要做的。

5.呼应式结尾

这种结尾与开头相呼应,使整篇演讲首尾圆合,结构完整。但是,呼应式结尾要避免与开头简单地重复,而应该加深主旨,耐人寻味。如1964年新上任的非洲加纳共和国总统兼总理恩克鲁玛,向被邀请前来访问的周恩来总理所作的热情洋溢的演讲致辞结尾:

尊敬的周恩来总理,让我们再一次对你和你的随行人员来到加纳,表示十分热烈的欢迎。我希望你们在这里的逗留期间感到高兴和愉快。现在,诸位阁下,亲爱的朋友们,请大家同我一道站起来,为中国领导人和人民,为毛泽东主席,也为你——周恩来总理在贵国革命中所发挥的作用干杯!中国和加纳的友谊万岁!非洲统一万岁!和平和各国的友谊万岁!

恩克鲁玛在演讲的开头已经回顾了自己1961年对中国的访问,高度赞扬了中国人民、毛泽东主席及其战友们的丰功伟绩和两国之间建立的友谊,表明了他反帝、反殖、建立永久和平以及坚决拥护"五项基本原则"的态度,结尾再次强调,呼应开头,起到很好的演讲效果。

二、演讲词的写作

在明确演讲词的特点、作用和结构的基础上,怎样才能真正写好一篇演讲词呢?具体而言,应该做好以下几步:

(一)选好主题,明确中心

所谓主题,就是演讲的中心话题。主题是演讲的灵魂,没有明确的主题,演讲的目的就难以达到。所以,要写好一篇演讲词,首先必须选好主题。演讲者可以根据演讲的性质、目的、听众对象、演讲场合等来确定演讲的主题,无论从哪个角度选择主题,都要实现以下几点要求:

1.演讲词的主题要求集中。一篇演讲词只能有一个主题,演讲内容必须围绕这个主题展开阐述。主题不集中或者主题不明确，都会让演讲感觉松散、零乱。

2.演讲词的主题要求正确。演讲词的观点见解应该具有积极意义，能使听众从演讲中受到教益，通过演讲主题的表达，能够使演讲取得良好的社会效应。

3.演讲词的主题要求鲜明。演讲主题的鲜明要求是指演讲词的主题要贯穿演讲的全篇，能够给听众留下深刻的印象，能够通过演讲主题的表达引起强烈的反响。

4.演讲词的主题要求新颖。所谓新颖是指见解独特，能够给人以醒目之感，对听众具有诱惑力和吸引力，而不是老生常谈的话题，让人一听就生厌恶之感。

5.演讲词的主题要求深刻。深刻是指演讲提出的主张和见解能够揭示事物的本质，能使听众受到启迪，能使听众对于演讲内容的认识从感性认识上升到理性认识。这就要求演讲主题挖掘深刻，立意深远。

（二）收集材料，精选素材

演讲主题确定后，下一步就是收集材料论证主题。从材料和主题的关系来看，材料是主题形成的基础，主题来源于材料当中。演讲词的材料收集要注意以下几点。

1.收集材料要把握方向。材料的收集要围绕主题进行，根据表达主题的需要划定材料收集范围，按计划、有重点地展开收集。

2.收集材料要充分。演讲要求大量地详尽地收集和占有材料，既要纵向地了解事物发生、发展的经历，又要横向了解事物各方面的联系；不仅要了解事物的正面材料，而且还要了解事物的反面材料，以便多方面、多角度进行分析、比较，这样可以避免演讲在认识上的主观性和片面性。

3.收集材料要真实。真实指的是材料的客观性，所选材料必须是客观世界确实存在的、符合历史实际的材料。

4.收集材料要新鲜。演讲材料新鲜，就能激起听众的新奇感，吸引听众的注意，引起听众的共鸣；重复使用别人滥用的材料，只会让人感觉乏味，甚至反感。

5.收集材料要典型。演讲的目的在于说服人、鼓动人，所以在收集材料的过程中要尽量收集那些最能说明主旨，最具有代表性的事实材料和事理材料，防止和避免材料的平淡化。

6.收集材料要具体。具体是相对抽象而言的，有些材料尽管表达清楚了事情的来龙去脉，但是叙述过于简略、笼统，不能很好地达到表达主题的目的，主要原因在于材料过于抽象，对于材料缺乏必要的交代和渲染。

当然，收集材料的过程本身就是一个对于材料的鉴别和筛选过程，我们在广泛收集材料基础上要精选素材，为主题的表达选择最恰当、最有力的材料。

（三）写作提纲，确定结构

所谓提纲写作，实际上就是确定框架，以提要或者图表的方式列出演讲词的观点、材料以及观点和材料的组合方式。演讲词的提纲写作主要包括以下几个方面：

1.演讲的标题。演讲词的标题一般以概括、揭示演讲词的内容为主，从这类演讲词的标题可以把握演讲的大致内容，标题要求简洁、醒目、富有吸引力。有些演讲词除了主标题外还有副标题，这在提纲的写作当中都应该列举出来。

2.演讲的论点。提纲中必须明确列出演讲词的中心论点，以及中心论点所包含的分论点和分论点下属的小论点。论点表达应该明确清晰，应该根据事理的内在逻辑关系来依次排列。

3.演讲的材料依据。在演讲材料的收集和整理工作之后，揭示演讲主旨的事实材料和事理材料，也应该用简明的语言或恰当的符号在提纲中相应的部位列出。这些材料是论证主题的最充分和最有说服力的依据，提纲中要逐一列出，不可忽视，以免遗漏。

4.演讲的整体结构。演讲的结构主要是指演讲如何开头、如何论证、如何结尾、重点如何突出、如何过渡、如何安排层次结构，等等，演讲的提纲中要依据演讲的内在逻辑关系体现对这些内容的层次、结构安排。

(四)恰当使用语言

演讲要求感情充沛，有较强的艺术感染力和逻辑说服力，这就要求演讲语言力求情理交融、语言生动。同时演讲词在用语上要注意富有文采、富有气势、富有逻辑性。这就要讲究语句的锤炼，做到长短句结合、整句与散句结合，适当运用对偶、排比、比喻、夸张等修辞手法。这样的语言表达方式能够使演讲者演讲起来朗朗上口、铿锵有力，使听众听起来催人振奋、感人肺腑。当然，演讲通俗性的特点要求演讲词用语力求浅白、形象生动，少用生硬的话、生僻的词汇、强硬的语句，使演讲语言给人以亲切感，更好地达到演讲的目的。

第三节 演讲词的修改

演讲词的修改是写作演讲词的最后环节，也是提高演讲词质量的重要途径。演讲稿的修改主要从两方面来进行：一是对所讲内容进行修改；二是对演讲稿的表现形式进行修改。演讲稿的修改遵循"先整体，后局部""先观点，后材料"的原则，按照"观点－材料－语言"的顺序进行。具体来说，主要从以下几个方面进行：

一、校正观点

演讲词写作完毕首先要通读全文，看演讲意图是否表述清楚。每篇演讲词，必然有一个统帅全篇的基本观点，有时还可能有几个与之相应的小观点。这些观点都应该正确、鲜明、新颖，而且具有普通的指导意义。检查和修改演讲词，第一要修改的就是校正、提炼和深化演讲的主旨。如果发现主题涣散、观点模糊、立意不高，必须立即进行修改，因为观点不明确、主题不明朗、立意不新颖的演讲词必然导致演讲的失败。

二、增减材料

材料是用来论证主题的主要要素，演讲词的材料选择要求充分、典型、新鲜、真实。演讲词中所使用的材料不充分，不能够充分有力地论证主题，在修改的过程中就需要增加和补充部分事实材料或事理材料，丰富演讲词的内容；如果演讲词中所使用的材料过多，导致整个演讲词臃肿、拖沓，给人以堆砌之感，甚至冲淡或淹没主题，这就需要我们在修改过程中保留最能论证演讲主题的材料，删除部分多余的材料，让整个演讲词观点论证清晰、明了、有力度；演讲词中的某些材料过于陈旧，不够新颖，在修改过程中都需要断然采取措施，加以修改；演讲词中使用的有些材料未经验证，缺乏真实性，这部分材料在修改过程中必须要删除，重新精选真实可靠的材料进行论证。对于演讲词材料修改的最终目的，是要实现材料和观点的高度统一。

三、调整结构

结构是一篇演讲词的骨架，是根据演讲主题的要求，将收集的材料整理、精选后组织成的有机整体形式。结构安排是否合理直接关系到一篇演讲词的成败。演讲词的结构安排包括层次的安排、段落的划分、过渡的衔接等等方面，在对于演讲词进行修改的过程中，我们要认真检查层次、段落、过渡等各方面是否都围绕演讲词主题表达的需要进行，是否都能够合理、有力地表达演讲主题。修改过程中如果发现结构松散、残缺不全，或者轻重倒置、前后脱节等现象，必须及时进行修改调整，力求演讲词做到结构严谨，合乎逻辑，详略得当，过渡自然。

四、变化手法

演讲虽然以说理论证表情达意为主，但其表现手法也应是多种多样的。千篇一律的表现手法只会让听众对于演讲者的演讲感觉枯燥无味，毫无兴致。任何一篇演讲词的写作都要力求表现出与众不同的表现手法。演讲词根据演讲的主题、演讲面对的不同听众、演讲时间的长短、演讲所处的不同环境状况等情况，可以考虑采取不同的构思策略，采用多样的表现手法，力求演讲词新颖生动，丰富多变，给听众耳目一新的感觉，迅速地吸引听众的视觉和听觉。变化表现手法，克服表现手法程序化和单一性，也是在演讲词的修改过程中必不可少的一个重要环节。

五、修饰语言

演讲词的语言要求准确、鲜明、生动，演讲者主要通过语言的传达方式表现演讲的主题，表达演讲者的观点和情绪。演讲词初稿的完成往往比较粗糙，缺乏对演讲词语言的认真思考，对演讲词语言的推敲润色成为演讲词修改过程中的重要任务。演讲词语言的修饰要从演讲词的整体需要出发，把语言放到整篇文章中去衡量，尽量改掉那些含混不清、生僻拗口、紊乱花哨、晦涩简古、平板乏味的语句，让演讲语言清晰、明了、通俗、易懂。同时，还要注意演讲词标点符号的正确运用，利用标点符号准确无误地表达演讲者的思想感情。

【例文一】

葛底斯堡演说

亚伯拉罕·林肯[美国]

87 年前，我们的先辈们在这个大陆上创立了一个新国家，它孕育于自由之中，奉行一切人生来平等的原则。现在我们正从事一场伟大的内战，以考验这个国家，或者任何一个孕育于自由和奉行上述原则的国家是否能够长久存在下去。我们在这场战争中的一个伟大战场上集会。烈士们为使这个国家能够生存下去而献出了自己的生命，我们来到这里，是要把这个战场的一部分奉献给他们作为最后安息之所。我们这样做是完全应该而且是非常恰当的。

但是，从更广泛的意义上来说，这块土地我们不能够奉献，不能够圣化，不能够神化。那些曾在这里战斗过的勇士们，活着的和去世的，已经把这块土地圣化了，这远不是我们微薄的力量所能增减的。我们今天在这里所说的话，全世界不大会注意，也不会长久地记住，

348

但勇士们在这里所做过的事，全世界却永远不会忘记。毋宁说，倒是我们这些还活着的人，应该在这里把自己奉献于勇士们已经如此崇高地向前推进但尚未完成的事业。倒是我们应该在这里把自己奉献于仍然留在我们面前的伟大任务——我们要从这些光荣的死者身上汲取更多的献身精神，来完成他们已经完全彻底为之献身的事业；我们要在这里下定最大的决心，不让这些死者白白牺牲；我们要使国家在上帝福佑下得到自由的新生，要使这个民有、民治、民享的政府永世长存。

1863 年 11 月 19 日

【简析】1863 年 11 月 19 日，美国联邦政府隆重地举行了葛底斯堡国家公墓落成典礼仪式，纪念在葛底斯堡战役中为国捐躯的烈士。林肯在此发表了这篇演讲，这是历史上最伟大的演讲之一。在短短不足 3 分钟的时间里，先后 5 次被热烈的掌声打断，后人评论它"像一首凝练的史诗，真挚，深沉，意蕴无穷；它又像一篇庄严的宣言，深刻，厚实，力量无边"。

【例文二】

我与奥运

佚 名

在 1908 年，我国的《天兵青年》杂志曾向所有的中国人提出过三个问题：一，中国何时能派一名选手参加奥运会？二，中国何时能派一支队伍参加奥运会？三，中国何时能举办奥运会？对于今日的中国人而言，前两者我们早已实现，但，究竟何时，我们才能圆了举办奥运的梦呢？我相信，2008。

尽管我不擅长绘画。但，我仍希望用语言为大家描绘出一幅属于 2008 的画面。在我心中，2008 是三色的：红，黄，绿。

红色，是跳动的火焰，它代表了奥运圣火。这圣火，自公元前在古希腊神殿前燃起后，就从不曾熄灭。人们常说："民族的也是世界的。"前美国总统克林顿访华时曾经说："我们的国家深深地仰慕贵国有悠久的历史和丰富的人文，它们同时也是全人类的财富。"同样，奥运圣火虽燃起于欧洲大陆，却属于全人类，属于我们的地球村。特别是自 1896 年第一届现代奥林匹克运动会起，它更成为人类现代文明的见证；就是这圣火，经历了战争与黑暗，依然纯洁；就是这圣火，每每燃起，让人久久不能自己，喜泪盈眶；就是这圣火，让多少人，上下求索，梦寐以求。

百年奥运，风云变化，不变的是始终如一的人文精神。在奥林匹克精神中，人文内涵是不朽的底蕴。它作为一种特殊的精神动力凝聚着全人类向往前进的心声。在"Higher, Faster, Stronger"的口号下，奥林匹克运动所真正倡导的是"团结，友谊，进步"。

黄色，代表了我们，黄皮肤黑眼睛的炎黄子孙。北京，作为中国的首都，长期以来都是奥林匹克运动最积极的支持者和参与者。早在 1991 年我们就首次提出了申奥的请求，作为一个中国人，我永远不会忘记八年前在蒙特卡罗，2000 年奥运会主办城的投票现场，投票前，由 12 名与我年龄相近的女孩演唱了《茉莉花》，那歌声很美，很动人。然而，我永远难忘的却是在落选时，她们放声大哭的情景。那一次，我们输了。但，我们从不曾放弃。有 1500 万市民，民意调查表明：支持申奥的占了 94.9%。这个数字是惊人的，北京人申奥的热情，更是巴黎，大阪，多伦多或是伊斯坦布尔所望尘莫及。歌德曾经说过："光有意志是不够的，我们必须见诸于行动。"作为一个发展中国家的首都，北京申奥的科技实力是引人关注的。那么，就让我们到北京城里看一看吧！磁卡电话遍布全市；高速公路四通八达；体育场馆引入纳米技术；交通管理实现电子监控。经过近10年的建设和发展，北京已经比首次申奥具备了更强的科技实力。

绿色，代表了环境，是地球村的色彩。科技一日千里的今天，人们并没有忽视对环境的爱护。在地球村的理念中，绿色是永恒的主题。近20年来，奥运也顺应时代，强调奥运与环境相结合。因此，要办的奥运是绿色的奥运。一方面，市民们自愿出力建设奥运林，为古长城增添新景；另一方面，政府投资修建"五河十路"绿色通道，又添绿衣，到2000年为止，全市绿色覆盖率已达36%，人均公共绿地达9平方米。我们用双手建造了一个绿色的家园，更期盼一个绿色的奥运。

选择了色彩，或许有人会问我画面的内容。是这样的：2008，绿色的地球村将迎来又一个全人类的体育盛典，火红的圣火走进了一个古老的东方国度，届时，我们，所有的炎黄子孙将高唱同一首歌《NEW BEIJING, GREAT OLYMPIC》。

（摘自中国论文资源网）

【简析】2008年是中国的奥运年，这是以"青春·奥运·行动——我与奥运"为主题写作的一篇演讲词，写作者以三个问题的设问开始自己的演讲，这是一种典型的设问式开头方式，随着问题的回答直接切入演讲的主题，主体部分写作者采取并列式的布局方式，采用红、黄、绿三种颜色来形象描述作者心中的奥运，形象生动，结尾总结、概括，再次采用主体部分的三种颜色强调奥运主题。整个演讲词构思巧妙，层次分明，布局合理，表达清晰，恰当地宣扬了奥运这一主题。

【思考与练习】

一、一篇完整的演讲词，应该包括哪些内容？
二、演讲词的写作，应该按照怎样的演讲步骤进行？
三、选择一篇演讲词，对该演讲词的写作进行点评。
四、选择当今社会的一个要点或热点问题，写作一篇演讲词。

第七章　对　联

对联作为独特的文学艺术形式，是中华传统文化的一朵奇葩，在世界文学艺术之林中独一无二。楹联习俗已于 2006 年被列入由国务院公布的国家非物质文化遗产名录并准备申报世界非物质文化遗产。在辞赋、律诗、词曲等各种中国古典文学体裁中，对联是一种在现代生活条件下依然保持旺盛活力并且发展势头十分强劲的文体，学习对联的写作并把它运用于工作和生活，具有重要意义。

第一节　对联的含义与分类

一、对联的含义

对联又称楹联、联语、楹帖，俗称对子。对联，是由蕴涵浓厚的文学色彩、讲究严谨的语言形式、表现独立的主旨意义、具有鲜明的个性特点的两个句子构成的对偶性文体，是运用"对"这种特殊的艺术手法来反映现实生活，表达作者思想情感的一种更具实用性的文学样式。它主要由两个部分构成：前一部分叫上联，也称出句；后一部分叫下联，也称对句。有的对联还有横批，又称横幅，横批在整体意义上有总括、概括和点化的作用。

对联起源于唐代，但真正意义上的对联，则诞生于上一个千年之交。据《宋史·蜀世家》记载，公元 964 年除夕，五代后蜀国君孟昶在寝门的桃符上题词云"新年纳余庆；佳节号长春。"这两句仅寥寥 10 字，但它却是见于史载的我国第一副春联。又据清代联学大师梁章钜于道光年间撰写的《楹联丛话》记载，北宋太平兴国二年，即公元 977 年，龙华寺僧人有题浙江杭州碧波亭联云"三千里外一条水；十二时中两度潮"。这是我国最早的一副风景名胜联。此后，寿联、挽联、集联等相继出现。从此，对联在诗、词、曲外另起一家，成为中国文学中不可忽视的一支轻骑兵。

对联发展大致经历了四个阶段。唐代及唐以前为对联的萌芽、产生阶段。五代、两宋至元明，是其初步发展阶段。主要对联大家有苏轼、朱熹、赵孟頫、解缙、朱元璋、徐渭等。清初至清中叶是对联的兴盛繁荣阶段。出现了李渔、郑板桥、邓石如、纪昀、阮元等一代名家。光耀千古的孙髯的"昆明大观楼长联"和中国对联史上第一部联话著作——梁章钜《楹联丛话》也产生于这一时期。第四阶段是清末民初。随着社会空前变革，中西文化碰撞，英雄辈出，对联艺术"与世推移"，达到了登峰造极的巅峰阶段。以人而论，从洪秀全、康有为到孙中山，从林则徐、曾国藩到张之洞，都有惊世之作。其他社会名流和文人墨客也莫不精于此道，俞樾、杨度、王闿运等"大手笔"，举不胜举。特别是"长联圣手"钟云舫的创作，更是把对联推向一个前所未有的高峰。"五四"运动以后，对联并未因"文学革命"而断了血脉，而是继续成为文化话语并得到进一步发展和运用。如现代学者端木蕻良在《论艾青》一文中说："对'对子'是中国语言最高的表现，是我们民族的最特色部分，它从公共厕所一直到宫殿庙堂都存在着，它的潜在势力极大。而这种东西经过了曾国藩、王士祯、王闿运、张之洞、刘墉等人的提倡，使清朝成了对'对子'朝代，比任何时代都流行。对得好'对子'可以娶得标致的女子，对得好'对子'可以做官，可以犯罪而不受惩罚。"放眼当代联坛，楹联组织普及城乡，征联活动此起彼伏，对联书刊畅行于市，楹联队伍日益壮大。最可喜的是，对联作为一门学问，一种学科已在建立之中。常江、余德泉、谷向阳等筚路蓝缕，初步构筑了中国楹联学体系，关于对联发展史的研究也开始起步。

对联的产生与发展，有着强大的民族心理基础，契合着本民族重才尚智的文化传统。我们相信，在新的千年和世纪，作为"中华一绝"的对联，仍将具有属于自己的蓬勃生命力。

二、对联的分类

对联的分类是对联学体系中的一个重要问题，由于探索的角度不同，至今对联著述中尚无统一的分类标准，呈现百花齐放的状态。

清代梁章钜在《楹联丛话》中，将楹联分为十大类：故事、应制、庙祀、廨宇、胜迹、格言、佳话、挽词、集句、杂缀。这种分法侧重于内容和用途，也是当时对联创作实际的反映。

近代吴恭亨的《楹联话》分为五类：道署、庆贺、哀挽、谐谑、杂缀。

民国初年胡君复所编《古今联语汇选》，是明、清、民国三个时期规模最大的对联作品集，当代联家常江教授对此书进行了校勘和重新编排。重编的分类目录是：名胜、园林、祠庙、刹宇、庆贺、哀挽、廨宇、学校、会馆、戏台、杂题、投赠、谐谑、杂缀、谚语、诗钟、集句、集字共十八类。

民国年间出版的《楹联集成》将对联分成二十个类别，即庆贺、哀挽、廨宇、学校、商业、会馆、祠庙、寺院、剧场、第宅、园墅、岁时、名胜、投赠、香艳、集字、集句、滑稽、白话、杂俎。这种分类方法也是以实用范围来划分的。

近二十多年来，对联工作者对于传世的对联作品进行了细致的梳理工作，对于对联的分类做出了许多有益的探讨。

当代学者之中，有人认为应从"内容、用途、创作方式、联文长短和对仗形式五个方面进行分类"[①]，如按联文长短分类，可将对联分为超短联、短联、中联、长联、超长联。也有学者认为对联可分为"实用性对联和装饰性对联两大类"，实用性对联"大体上包括寿联、喜联、挽联和春联这四类"，而装饰性对联则包括"名胜古迹联、行业联、室内外装饰联等"[②]。

中南大学楹联研究所余德泉先生认为"对联按照不同的标准，可以作不同的划分……根据功用，现在最常见的是将对联分为春联、喜联、寿联、挽联、胜迹联和普通联等。"[③]每年除夕前后，为庆祝新春的到来而作的对联，叫春联，如："美酒千盅辞旧岁；梅花万树迎新春"。为贺婚嫁、乔迁以及其他喜庆之事而作的对联，叫喜联，如："贤婿作儿福中福；淑女为媳亲上亲"。为贺生日而作的对联，叫寿联，如："福如东海长流水；寿比南山不老松"。为悼念死者而作的对联，叫挽联，如："空梁月冷人千古；华苑魂归鹤一声"。题在名胜古迹地方建筑物上的对联，叫胜迹联，如："洞庭天下水；岳阳天下楼。"在春联、喜联、寿联、挽联和胜迹

---

①　季世昌、朱净之编著《中国楹联学》，第150页，中国广播电视出版社1993年出版。

②　白化文著《学习写对联》，第87页，89页，上海辞书出版社1998年出版。

③　余德泉著《对联通》，第241页，湖南大学出版社1998年出版。

联之外，为平常各种需要而作的对联，叫普通联。

第二节　对联的特点

没有哪一种文学样式或应用文书的特点能有对联那样鲜明、那样独特，这些特点是：字数相等，词性相当，句式相同，平仄相谐，文字相别，内容相关。

一、字数相等

一副对联，字数不限，短可二三字，长可至百千字，但上下联的字数必须相等，不能多一字，也不能少一字。

例如：

三言联：孙行者；

　　　　胡适之。

五言联：海为龙世界；

　　　　天是鹤家乡。

七言联：删繁就简三秋树；

　　　　领异标新二月花。

还有偶数四言联、六言联、八言联等，奇数九言联、十一言联等不一而足，字数没有具体限制，长短应需而定。迄今为止，公认佳联中最早的长联，当属昆明大观楼的 180 字长联。另外，还有清光绪年间钟云舫撰写的《江津临江楼联》，长达 1612 字，被誉为"天下第一长联"。

但对联史上也有例外，上下联字数不相等，却被人们称为绝妙好联。

特例：袁世凯千古；

　　　中国人民万岁！

这是窃国大盗袁世凯死后，一位名望很高的学者为他写的一副挽联。这副挽联不仅词语不对仗，就连字数都不相等。看者觉得奇怪，平时治学严谨的老学究怎么写出如此不合规则的对联来，百思不得其解。面对众人的疑惑，老学者大笑，道出原委：袁世凯盗取辛亥革命的胜利果实，自命总统，恢复帝制，是历史的罪人，他对得起中国人民吗？原来如此，上联五字，下联六字，上联对不齐（对不起）下联，寓意袁世凯对不起中国人民，名为悼念，实为痛击，此时此事此创意，实为绝妙！好在意义而不在形式。

二、词性相当

对联上下联中处于相同位置的字词，必须具有相同的词性。如上联的词性有名词、代词、形容词、动词，下联的词性也必须有名词、代词、形容词、动词。上下联同位字词的词性相同，能给人一种严谨、对称、呼应的感觉，这是中国文字独特的艺术性所赋予的。

例如，明代"才子型"楹联大师解缙的自题联：

　　　　墙上芦苇，头重脚轻根底浅；

　　　　山间竹笋，嘴尖皮厚腹中空。

"墙"对"山","芦苇"对"竹笋","头"对"嘴","脚"对"皮","根"对"腹",是名词对名词；"重"对"尖","轻"对"厚","浅"对"空",是形容词对形容词；"上"对"间","底"对"中",是方位词对方位词,对得非常好。

有一副对联很特别,上下联同位词性皆不相对,但其中蕴藏的奥妙颇能令人玩味。

特例:

一二三四五六七；

孝悌忠信礼义廉。

这是辛亥革命失败后,有人送给卖国贼袁世凯的,上联与下联无论怎么看词性都不相对,但听过解释后谁都会拍案叫绝——上联如数数,数完"七"却"忘"了"八",谐音就是"王八"；下联应该是四个双音节词语,是古时国人做人应该恪守的基本信条——孝悌、忠信、礼义、廉耻,但读到第七字后给人的感觉是少了一个"耻"字,藏在对联中的意思就是"无耻",这是巧妙地骂袁世凯是王八,而且极其无耻,把不便直表的意思通过藏字对联来表达。

这副对联是用藏字法创作的,把要表达的意思藏在对联里,不假思索是很难领会其中的奥妙的。上下联相同位置上的字词在词性上都不相对,但我们不能不承认这是一副佳联,因为其内容和意义实在太好。

三、句式相同

句式相同,有以下三个含义:

一是语法结构相同,即两联具有相同的语法结构。仍以解缙的自题联"墙上芦苇,头重脚轻根底浅；山间竹笋,嘴尖皮厚腹中空"来说,上联是个主谓结构,下联也是个主谓结构。上联的主语部分是个偏正结构,下联的主语部分也是个偏正结构。上联的谓语部分是个联合结构,下联的谓语部分也是个联合结构。

二是句子分断相同。如八言联句的上联为前四(字)后四(字),下联也必须是这样分断。如,林则徐自题厅事联:

海纳百川,有容乃大；

壁立千仞,无欲则刚。

三是节奏相同。节奏相同,就是说上下两联停顿的地方一致。仍以解缙的"墙上"联为例,上联从大的停顿来说,节奏是四—七,从小的停顿来说,节奏是二—二—二—二—三,下联在节奏上完全同乎上联。

四、平仄相谐

汉字的读音分为四个声调,古代分为"平""上""去""入"或"阴""阳""上""去",现代分为"1""2""3""4"四个声调；古代音韵学又把四个声调分为两大类,即"平声"和"仄声"。这里用现代汉语通俗简单但又不尽准确地解释:古汉语的"平声"相当于现代汉语的"1""2"声,"仄声"相当于"3""4"声。

所谓平仄相谐,有三层意思:一是指句中平仄必须按规定交替,如"平平仄仄平平仄"；二是上联与下联相应词语的平仄必须相反,如上联是"仄仄平平仄",按规律下联就应是"平平仄仄平"；三是上下联落底字按正格应是仄起平落,多句联相应的各分句落底字的平仄也必须相反。对联讲究平仄相谐,是寻求汉语诵读时音韵和谐、节奏分明、抑扬顿挫的音乐效果，也是中国语言文字所独有的艺术元素。

例如七言联：

$$— — | | — —|$$
春 风 放 胆 来 梳 柳；
夜 雨 瞒 人 去 润 花。
$$| | — — | | —$$

如上所示，"—"代指平声，"|"代指仄声。现将郑板桥的这副对联作同位比较会发现：上下联均用"—""|"相间开来，两个字为一组，末尾成单；凡上联用"—"声的位置，下联就用"|"声，凡上联用"|"声的位置，下联就用"—"声；上联落底字"|"起，下联落底字"—"收。如此平仄相间，创造出抑扬顿挫的音韵美，同时又有音节鲜明的节奏感。郑板桥这副对联的平仄非常工整、严谨、标准，挑不出一点毛病，是七言联写作的好范本。

也有特例：

$$— — | | | — — — | | |$$
天 心 阁，阁 落 鸽，鸽 飞 阁 未 飞；
水 陆 洲，洲 停 舟，舟 行 洲 不 行。
$$| | — — — — — — | | —$$

此联出自古城长沙。这副对联有点文字游戏的意味，别有情趣。但细考起来，此联的平仄是不谐的，尤其是下联，中间一连七个平声，如果撇开对联的表意不看，这七个平声读起来无起伏无变化，不具音乐美感。但这无伤大雅，一字不谐，不伤其意，在平仄不过分混乱的情况下，对联以意为上，这叫宽对。

必须强调的是，由于古代方言和现代普通话之间存在的差别，"入声"字和"去声"字在现代汉语普通话中很难辨别和掌握，常常会出现一些不尽准确的现象，这也就是旧体诗词和对联难写的原因之一。所以，今人撰联时关于平仄的运用，以不伤文害意为原则，从宽不从严。

五、文字相别

所谓文字相别，就是上下联不得有异位重复的字词。但上下联同位可以重复；一句之中也可重复，但要求在另一联中相同的位置也有重复，而重复的字可以相同，也可相别。

例如：

四面荷花三面柳；
一城山色半城湖。

此联描写的是济南大明湖。上联中有两个位置出现同一个"面"字，而在下联与之相对的两个位置也出现了同一个"城"字。这在对联写作中是允许的，有这种专门设计的重复，读来又别有一番情趣。假如上联出现重复字而下联不与之相匹配，那就是失败之作。

另如：

在天愿做比翼鸟；
在地愿为连理枝。

这是白居易《长恨歌》中的诗句，常被人用作恋情男女的盟誓语和婚喜联。此联的重复字"在"和"愿"出现在上下联相同的位置上，读来有一种上下呼应、有意复述以表强调的作用。

病例：

澳陆风光，物阜民康，邦交友善；

中原气象，德门义路，揖让仁风。

此联悬挂于澳大利亚唐人街的北牌楼上，立意非常好，把中国文化推向国外，弘扬国粹。但遗憾的是上下联出现了异位重复字，上联第三位用了一"风"字，下联又在末位重复用"风"，读起来不顺。如果避免了这一重复，这应是一副上佳之作。

六、内容相关

对联虽由上下两句构成，但两句之间要有必然的联系，即围绕相同或相近的主题遣词造句。所谓内容相关，指的是上下联的内容和情调都必须一致与互相关联，务求上下联构成一个整体。

例如明代金声的自题联：

有志者事竟成，破釜沉舟，百二秦关终属楚；

苦心人天不负，卧薪尝胆，三千越甲定吞吴。

金声的这副励志联曾被附会成蒲松龄的作品而广泛流传，近代也曾有章太炎等人的仿作。对联以越王勾践及西楚霸王项羽的两则典故相对应，语气斩钉截铁，掷地有声，表现了作者在抗清斗争中坚忍不拔的意志以及对最后胜利的信心。此联以典故对照现实，命意含蓄，富有哲理。上下联内容相关，呼应自然，一气贯下，如行云流水。

有一副对联不能不说，它别具一格。

三星白兰地；

五月黄梅天。

这是白兰地制造商用重金征集的一副对联。从对仗角度看，这副对联无懈可击：上五字，下五字，字数相等；数词对数词，名词对名词；色彩"白"对"黄"；鲜花"兰"对"梅"；末字"地"对"天"，平仄绝对相谐。但从字面上看，上下联似乎关系不大，内容无关。但下联隐含了时令特点，天气潮湿；上联说明了白兰地酒的质量，结合下联来说明该酒具有驱湿的功能，上下联的内容相得益彰。对联中的"梅"与"兰"是极具中国韵味的文化符号，说明法国白兰地酒打入中国市场，不忘将中国的传统文化结合起来，使之为消费者所接受。这则对联实在是太妙了，堪称绝对。

第三节 对联的学习和写作

一、对联的创作方式

对联的创作方式有四：

（一）集句

集句就是把有关诗词、文章和其他方面可以形成对仗、意思又连贯的现成句子摘下来组成一副对联。这种创作方式产生于宋代，自宋代以后，集句联比比皆是，而以集诗句最为普遍。如清代楹联大师纪晓岚的嘲讽庸医联云：

新鬼烦冤旧鬼哭；

他生未卜此生休。

此联上联出自唐代著名诗人杜甫的《兵车行》，下联出自晚唐诗人李商隐的《马嵬驿》。两诗句移植组合成联，顿生新意，讽刺庸医，入木三分。

（二）脱化

所谓脱化，就是将有关诗文原句（包括旧联）略加变化、改造，点铁成金，再作对联。

唐代诗人王维《九月九日忆山东兄弟》一诗中有"独在异乡为异客，每逢佳节倍思亲"两句，后人为题某同乡会馆，将其略加改造成为这样一副对联：

身在异乡为异客；

每逢相识倍相亲。

"独"改成了"身"，"佳节"改成了"相识"，"思"改成了"相"，这么一改，于同乡会馆就很切题。

脱化也可以通过增减字的笔画来实现。例如：

父进士，子进士，父子皆进士；

婆夫人，媳夫人，婆媳皆夫人。

这副对联传为一官宦人家为炫耀自己的权势而题。因这家人平日无恶不作，有人晚上偷偷地给添改了几笔，于是就变成了这个样子：

父进土，子进土，父子皆进土；

婆失夫，媳失夫，婆媳皆失夫。

炫耀之意被死亡之意所取代，内容与原联就完全两样了。

（三）新拟

所谓新拟，就是完全用自己的话写成对联。这是对联最通常的写作方式，无须举例。

（四）单题与合题

单题谓一个人单独创作，合题谓两人合作创作。两人合题一般情况是一人出上联，另一人对下联。据梁章钜编《巧对录》载："程敏政以神童至京，宰相李贤欲以女妻之，因指席上果品出对云：'因荷（何）而得藕（偶）？'程对云：'有杏（幸）不须梅（媒）。'"①程敏政为明朝进士。这是一副谐音联，宰相李贤出上联，程敏政对下联。

二、对联的学习与写作

学习写作对联，从步骤上说，大致要在读、练、创、改四个方面下功夫。

（一）读

首先要多读多看古今佳联名联。逐步学会欣赏，把自己的思想情感溶入作品之中，领会作者的内心世界，与之形成心灵交流和情感共鸣；同时，能加以鉴别，在思想内容和艺术上，知其优缺得失。选择一部分佳联熟读，要达到能背诵的程度。前人说，"熟读唐诗三百首，不会作诗也会吟。"同理，也可以说：熟读佳联三百副，不会作联也会对。

在初学阶段，要读一点与对联有关的基础读物，如《声律启蒙》《笠翁对韵》等。另外，要读一些联话、对联知识之类的书籍报刊。

---

① 梁章钜等编著，白化文、李鼎霞点校《楹联丛话全编》，第 419 页，北京出版社 1996 年出版。

诗、词、曲必读。可以从唐诗、宋词入门。诗，尤其要熟读绝句和律诗。上溯汉魏六朝和先秦，下及元、明、清及近现代。

骈文，包括赋和带骈偶的散文，也必须读。可选读六朝有代表性的小赋，如谢庄《月赋》、江淹《别赋》等，和《古文观止》上某些名篇，如陶潜《归去来辞》、王勃《滕王阁序》、韩愈《进学解》、苏轼《前赤壁赋》《后赤壁赋》等。

逐步扩大阅读范围。凡中国文学史上有代表性的作品以及文史哲名著，近现代和当前的政治、社会、经济、文化各方面的著作和文章，都可以读，也需要读。以正确的世界观为指导，博观约取，写作对联时，自可思路开阔，左右逢源。

当然，读书不能代替一切。古人尚且主张"读万卷书，行万里路"，决不能忽视社会实践、体验生活的重要性。

（二）练

在读的同时，可以进行对仗练习，由简到繁，由浅入深。在民国以前，蒙学有对课，由先生出句，学生对句。开始练习一字对，然后二字对，三字对……对课，既讲究词性和语法结构，又讲究平仄。如一字对，出句"雨"，对句"雪"，错了，词性虽同，但平仄不对；应该对"风"或"云""霜"才好。鲁迅童年在三味书屋读书时，先生出句"独角兽"，鲁迅对以"比目鱼"，先生赞扬对得很工整（只是第二字仄对仄，略有欠缺，首字平仄可不论）。如今作对仗练习，不妨也从一字对开始，逐步加多。如：

一字对：风—雨 霜—雪 春—夏 年—岁 桥—路 草—花 杏—桃 身—体 目—眉 富—穷 智—愚

二字对：春风—夏雨 白日—青天 西江—北海 蜀道—秦关 红玉—绿珠 三江—五岭 狩猎—耕耘 吴牛—蜀犬 鹦鹉—鹧鸪

三字对：风吹花—日照树 烟初散—露未干 山有色—水无声 水如烟—涛似雪 杏花村—桃叶渡 云外雁—水中鸥 交响乐—自鸣钟 看电视—听新闻

四字对：风映槛外—日照山前 晓风残月—微雨淡云 万顷波光—千山雨意 绕城水绿—排闼山青 白手起家—丹心报国 跃马横戈—闻鸡起舞 中华美德—先烈英名

五字对、六字对、七字对不再举例。

从一字对到多字对，可参看《声律启蒙》《笠翁对韵》。

除了对词句以外，写作对联也是一种练，是更重要的一种练。在练的过程中，要常查字典、韵书、《辞源》《辞海》等工具书，避免发生用词用典和格律上的失误。

（三）创

一切文艺作品贵创新。对联合乎格律规范，那是习作阶段的要求。进入创作阶段，从立意到语言，都要有所创新，而不是随大流，人云亦云，陈陈相因。

在梁章钜看来，所谓"创新"，就是要"出乎肺腑""自出新制""不落窠臼""不屑拾人牙慧"。在《楹联丛话》中，梁章钜对因袭前人而没有新意的楹联作品，进行了批判。而对那些不落俗套、不涉腐气的楹联作品，则给予充分肯定和赞赏。在梁章钜的直接影响下，吴恭亨在楹联创作领域又一次树起了创新的大旗。在他看来，楹联创作应该"工于翻新，力避庸熟，必如此方当一'作'字"①。"庸熟"，即庸俗，指楹联创作傍依古人、人云亦云的不良风气。特

---

① 吴恭亨撰、喻岳衡点校《对联话》，第 102 页，岳麓书社 1984 年出版。

别是在语言上应该"摆脱陈言""扫尽一切习惯语""扫尽一切门面语",而代之一种"未经人道""洗尽庸常""洗尽铅华"的理想的语言。

(四)改

古来流传许多关于修改诗文的佳话。贾岛的"推敲",不用说了。齐己的早梅诗,原是"前村深雪里,昨夜数枝开。"郑谷说:"'数枝'不算早,不如改为'一枝'。"齐己佩服,拜郑谷为"一字师"。

写作对联,要勇于修改,勤于修改,乐于修改。杜甫"为人性僻耽佳句,语不惊人死不休",追求至善至美。写作对联,有这种精神,才可以出精品。对于习作者来说,需要按照对联规范要求,从内容到语言,从结构到平仄,加以审视,发现疵病,尽可能予以改正。

另外,对联稿成后,不妨冷却处理,过一两天后重新审视,或者虚心求教别人。这样,就可发现当初没有察觉的疏漏缺失。

【对联名作欣赏】

劝 学 联

书山有路勤为径;

学海无涯苦作舟。

——佚名

【注释】无涯:无穷尽,无边际。

【内容简析】这是一副流传最广的劝学对联,语出自《增广贤文》,此联言简意赅,发人深思:读书、治学就像攀登高山、横渡大海一样,没有什么捷径可走。只有勤奋和刻苦才能把你推到成功的彼岸。

【对仗简析】"书山"与"学海"皆用比喻,系名词相对,"山"与"海"属对工整。"有"与"无"、"为"与"作",皆为动词相对;"路"与"涯"、"勤"和"苦"、"径"和"舟"都是名词相对,而且都运用比喻的修辞手法,使得对仗工而且巧。

【声调简析】"学"为古入声字,标准的"平平仄仄平平仄"对"仄仄平平仄仄平",读来音韵婉转,抑扬顿挫,极具美感。

题 居 室

室雅何须大;

花香不在多。

—— 清·郑燮

【注释】雅:美好,不俗。

【作者】郑燮(1693－1765),字克柔,号板桥,清江苏兴化人。乾隆进士。官知县,因请赈济民为上司所斥而罢归。著名书画家,善画竹,"扬州八怪"之一。有《板桥全集》。

【内容简析】全联既是写真,又揭示了一个哲理:居室再小,只要主人品德高尚,情趣自必高雅;花再少,只要能散发花香即可。既体现了作者"繁冗削尽"的艺术意趣,又体现了作者不慕荣华而淡泊名利的人生观。诗言志,联亦然,联语生动地再现了作者淡雅的审美情趣,反映了作者不同流俗的个性,历来为人所喜爱,广泛流传。此联现在悬挂于位于兴化市东城外郑家巷的郑板桥故居,故居坐北朝南,前后两进院,粉墙黛瓦,庭院清幽,简朴典雅,充分体现了此联的意境。

【对仗简析】此联对仗工整。"室""花"为名词对;"雅""香"为形容词对;"何须"与"不在"，皆为副词；"大"与"多"，又皆为形容词；"大"与"雅"修饰"室"，"多"与"香"修饰"花"，照应得当。

【声调简析】此联律为"仄仄平平仄；平平仄仄平。"与五言律诗平起式正格格律一致，是最为常见的一类平仄格式。

新婚问答

闭门推出窗前月；

投石冲开水底天。

——宋·苏小妹、秦少游

【作者】苏小妹：民间传说为苏轼之妹，未必确有其人。秦少游（1049—1100），名观，江苏扬州高邮人。曾任太学博士，兼国史院编修官。绍圣初，新党执政，连遭贬斥，死于滕州。著名词人。

【内容简析】据明代冯梦龙《醒世恒言·小妹三难新郎》记载，苏小妹欲试新郎秦少游之才，将秦拒之门外并出上联。秦少游左思右想不得其对，苏小妹之兄苏东坡见状，虽替妹夫焦急，却又不便代劳。突然，他灵机一动，拾起一块石头，投进盛满清水的花缸里，秦少游听到"扑通"一声，顿时领悟，脱口而出"投石冲开水底天"，苏小妹闻声大喜，急忙迎进新郎。

【对仗简析】前两个字是动宾结构，第三、四字是动补结构，第五个字是名词，第六个字是方位词，最后一个字是名词，对仗得非常工整。

【声调简析】"石"字和"出"字现在属于平声，古代却是入声，要当作仄声处理的。所以这副联的格律为：仄平平仄平平仄对平仄平平仄仄平，是比较典型的七言句式格律。

【思考与练习】

一、请判断：下面六个例子，哪些是对联，哪些不是对联，为什么？

1. 由他闹市千斛利
   守我寒窗一橱书

——商芝自题书房联

2. 周八士闻香下马
   汉三杰知味停车

——餐馆常用门联

3. 两家企业，同类产品，一墙之隔
   两个领导，两种作风，一盛一衰

——某报新闻标题

4. 大肚能容，容天下难容之事
   开口便笑，笑世上可笑之人

——某氏题北京潭柘寺弥勒佛联

5. 积极响应人民政府号召
   迅速开展全乡扫盲运动

——某乡"扫盲动员大会"会场联

6. 面向山区基层教育

　　培养四化建设人才

——某师范学校教师节门联

二、请于大家所熟悉的律诗和辞赋中找出五个可以称为对联的对偶句。

三、写作训练题。

请为你所在的学校或学院、寝室撰写一副对联。

第八章 申论

"申论"一词出自《论语》中的"申而论之",即申述、申辩、论述、论证的意思。申论也就是对某个问题阐述观点、论述理由,合理地交待材料与材料以及观点与材料之间的逻辑关系。申论要求准确把握一定的客观事实,对其整理、概括,作出必要的说明、申述,然后在此基础上发表中肯的见解,提出策略,进行论证。

第一节 申论概述

一、申论的内涵

现代申论来源于古代的策论。申论考试,是针对给定材料,从自身的观点立场出发进行应对表达的一种考查语言表达能力、分析问题和解决问题能力的考试。

当代的"申论"不是一种文体,而是国家机关公务员考试的科目。申论第一次进入公务员考试,是在2000年中央国家机关公务员录用考试中。当年公务员考试的笔试由《公共基础知识》《行政职业能力测验》和《申论》三部分构成。其中的《申论》部分是新增加的内容,因此也更为广大考生所关注。2001年中央国家机关公务员考试中,申论再一次出现。从2002年起,国家录用公务员考试分为A、B两类,A类公共科目考试包括《行政职业能力测验》和《申论》;B类只考《行政职业能力测验》,而2005年的中央国家机关公务员录用考试则将录用的职位分为甲、乙两类。其中甲类职位要考《行政职业能力测验》和《申论》两科,乙类职位的公共科目只考《行政职业能力测验》。

增加《申论》部分,是公务员考试所做的一种尝试。这种考试是根据目前机关工作的需要,对考生实际分析、解决问题能力的一种考查方法。在市场经济条件下,机关工作人员更需要具备搜集、分析、概括、解决问题的能力,而通常的写作考试基本上已形成固定的模式,难以真实地表现出考生的实际能力。

申论与作文有些类似,但又与传统的作文不同,从一定程度上来说,它应比作文难度更大一些。但《申论》的载体还是文字,考生在反复阅读试卷上所给出的材料和提出的有关问题后,应对此用心分析,然后根据涉及的主要线索、主要问题进行阐述和论证。相对于传统作文来说,《申论》要求考生摒弃那些套话、闲话,分析、解决问题要更加透彻、全面、清晰,因此也更利于考生发挥自己的潜能。

目前推行的申论考试,是国家为了选拔从事公务员职务的有关人才而举行的考试。它以人民和国家利益为最根本出发点,贯彻公开、公平、公正的竞争原则。申论所涉及的都是关乎国计民生的重要话题,应试者尽可各展雄才,纵论天下之事。从考试方式看,申论考试是根据材料写文章,可以考查应试者阅读材料,提取、分析、整合、利用信息,即搜集、处理信息的能力,这种综合性的现代考试方法是单纯命题作文的策论所难以并列而论的。

二、申论试卷的结构特点

申论考试的试卷有较为规范的结构，大体上分为以下三个部分：

(一) 注意事项部分

该部分内容是针对应试者的应试作答而提出的指导性建议，考生在拿到试卷后，切记要首先仔细阅读这部分内容，以便答题过程中正确分配时间，按要求依次作答。需要说明的是，该部分内容在前几年没有什么变化，但2007年的申论考试却有了非常大的变化，因此在正式考试中一定要仔细阅读这部分内容，以免因一时大意而在具体作答时出错。

(二) 资料部分

该部分给出几千字的资料，内容可能涉及政治、经济、法律、教育等社会现象的诸方面。这些资料大多是经过初步加工后的"半成品"，是带有新闻性质的现实材料，反映的多是社会现实生活中的某一热点问题，基本上不会涉及重大理论问题或专业性极强的问题。

(三) 申论要求部分

这一部分要求考生在梳理清楚给定资料的基础上完成若干题目。通常情况下，"申论要求"涉及三个方面：

(1) 对给定材料的理解、分析、整理、归纳、概括、综合。

(2) 对主要问题提出见解、对策，要有条理地说明，并体现针对性和可操作性。

(3) 对见解、方案进行论证，要求中心明确、论述深刻、有说服力。

这部分是应试者在审读完给定资料的基础上所必须完成的题目。通过上述三个题目，试卷完整地体现了申论考试的精神和考查目的。需指出的是，"申论要求"部分的题目样式和题目数量并不会一成不变。如数量上可能是三个题，也可能是四个题甚至更多；样式上，可能会要求概括主要问题，或者是要求概述事件，也可能会在不同层面上就解决问题和怎样解决问题提出不同要求。如2007年的申论试题，不但在数量上由原来的三个题拓展为七个题，在样式上也由原来对整体材料的概括理解转变为对部分材料中涉及的具体问题的概括和理解。应试者应灵活对待。

三、申论考试的形式特点

(一) 测试形式灵活多样

申论测试除了所给出的材料部分外，其答卷一般由三部分组成。一是概括部分，二是方案部分，三是议论部分。就文体而言，概括部分可能是记叙文、说明文、议论文、应用文中的某一种形式，也可能综合了多种文体形式；方案部分，则是应用文写作；第三部分自然是议论文写作了。从这个意义上来说，申论测试既考查了普通文体的写作能力，也考查了公文写作能力，测试形式非常灵活、实用。

(二) 测试背景资料涉及面广

申论测试的目的是为了选拔国家公务员，因此十分注重对考生的分析、判断、解决问题的能力等综合素质的测试。为反映这一要求，申论所给定背景资料涵盖了政治、经济、法律、教育等诸多方面的内容，涉及范围极其广泛，且表述比较准确，一般不会出现偏差。

(三) 测试目的针对性强

申论测试考查的目的明确，针对性很强，即主要考查考生阅读、分析、概括、解决问题的能力。这些能力主要通过对背景材料的分析、概括、论述体现出来，从所提出的方案对策是否具有针对性和可行性体现出来。从这一角度看，考查的目的与测试的命题是密切相关的有机整体：目的具有针对性，试题也具有针对性；试题为测试的目的服务，目的则是试题设计的指导思想。

（四）测试标准具有先进性和国际性

选拔公务员的申论测试，一开始就借鉴了一些发达国家的先进经验，不仅注重对应试人员能力和素质的考查，而且也注重对应试人员将要从事行政机关工作和岗位职责所需要的能力素质的考查。在科目设置、考试形式上都是按国际标准设计的，在内容上体现了中国特色。

（五）没有确定的标准答案

申论测试没有也不可能有一个确切、固定、惟一的标准答案。从资料背景来看，都是有关当前政治、经济、法律、教育等社会问题，有的已定论，有的尚未定论，完全要考生自己来解决。从这个角度来看，无论是提出对策或是对对策进行论证，都不会有一个确切、固定、惟一的标准答案。

正因为申论测试没有确定的答案，这给了考生以发挥的空间，不同的考生完全可以较充分地展示各自不同的能力和水平。同时也有利于选拔者挑选到满意的人才。

（六）测试具有前瞻性

申论测试注重考查考生综合运用所掌握的知识解决实际问题的能力。整个社会在不断地发展变化，公务员考试命题不仅会与这种发展趋势相适应，而且还会体现出一定的前瞻性。

四、申论考试的主要环节

申论考试的全部过程，可归纳为阅读资料、概括要点、提出对策、进行论证四个主要环节。

（一）阅读资料

申论测试，对给定资料的阅读一般会给予充分的时间。如果考试时间为 150 分钟，那么对给定资料的阅读一般不会少于 40 分钟。阅读中要不断地梳理材料，对材料进行思考、分析、概括，逐渐提炼出主旨，整理出观点，为下一步提出解决问题的对策措施奠定良好的基础。

（二）概括要点

概括要点是一个承上启下的重要环节。一方面它是阅读资料环节的小结；另一方面，它是提出对策和进行论证的基础。概括要点的目的，在于准确把握住给定资料，以便进一步着手解决问题。在概括时要注意语言的准确、精炼，应惜墨如金，简明扼要地表达出题目的要求。

（三）提出对策

提出对策的关键是给出的方案必须写得合理和切实可行，要符合我国的国情、民情、政策、法律等，措施要切合实际，应抓住要害，切忌面面俱到，舍本求末。同时要选择好恰当的应用文体写作。

（四）进行论证

进行论证是申论的最后一个环节。它是"论"的能力的充分体现。它要求考生充分利用给定资料，切中主要问题，全面阐明、论证自己的见解。前面三个环节尽管非常重要，不容任何懈怠，但相对于最后这个环节来说都还是铺垫。论证环节，需要浓墨重彩，淋漓尽致。这不仅因为它所占字数多，分值相对较高，而且一个人的知识基础、能力水准、思维品质、文字表达都将在这个环节得到更全面、更充分的展示。

五、申论考试对能力的要求

（一）阅读理解能力

阅读理解能力，是指分析事物和概括问题的敏捷性和准确度。这种能力是申论考试中对考生最基本的、首要的考核。考生首先要读懂所给材料的意思，这是解决后面题目的基础。由于试卷中提供的材料在排列顺序和内容上往往是杂乱的，没有清晰的线条，所以要求考生能够通过阅读材料，理解并概括提炼出材料背后所反映的主旨。通常在回答试卷第三部分（即作答部分）提出的第一个问题时这种能力将得到集中的体现。

（二）综合分析能力

综合分析能力，是指在正确理解给定材料的基础上，运用概念、判断、推理、分析、综合等逻辑思维的方法进行分门别类地筛选、加工，梳理出逻辑思路，提炼出材料所反映的主题思想。这种能力是公务员完成日常管理工作必备的，通过试卷第三部分设置的第二个问题可以比较成功地测试出考生的这种能力。

（三）提出和解决问题的能力

提出和解决问题的能力，是指针对问题能够提出行之有效的措施、方法和方案，这是考生能力测试的关键方面。公务员在管理活动中总会遇到各种各样的问题，而许多问题是没有现成的解决方法的，必须由管理人员针对随机出现的现实问题及时快捷地解决。因此在申论考试中测试考生提出问题与解决问题的能力就成为其核心的目标。通常在回答试卷第三部分第三个问题提出对策和进行论证的过程中这种能力将得到集中全面的体现。

（四）语言表达能力

语言表达能力，是指借助于语言文字将考生的思想、意见和看法等表达出来。语言表达能力是阅读理解能力、综合分析能力和提出问题与解决问题能力的综合表现。没有语言表达能力，即使前面三种能力再强，也无法让阅卷者了解和知晓。所以良好的语言表达能力（侧重于书面语言表达能力）能够将考生的思维活动过程再现出来，使之逻辑清楚、层次分明、用语准确、结构严谨，并能够深入浅出说明问题，及时中肯地提出问题和解决问题。这种能力始终贯穿在整个申论试卷的答卷过程中。

第二节　审读材料

审读给定材料是完成后面各环节的前提，它为全部考试奠定基础，因此需要扎实的阅读基本功。用40分钟左右的时间对所给材料进行认真的分析、研究，尽快理解和把握，要读懂、读准、读全、读透。

一、申论所给材料的特点

从历年命题的情况上来看，申论阅读材料主要呈现出以下特点：

（一）材料紧扣时政热点，贴近百姓生活

申论考试是模拟公务员在日常工作中解决实际问题的缩影，所以材料都是反映社会生活的，从中央国家机关的历年申论考试提供的材料，我们可以看出材料选择的都是政策重点、改革难点、社会热点，越来越紧密结合时政形势和发展，越来越贴近现实生活，涉及社会生活的方方面面，都是人们日常生活中关注的问题，考生都不陌生，具有很强的可谈性、可论性。这种将考点集中在社会热点上，并选取合适的切入点命题已成为了命题人的命题趋势。其目的就是为引导考生关注改革，关注国家大事，并善于运用所学知识分析、研究、解决问题，这是一个公务员应该具备的基本素质。这一思路将继续指导今后地方及中央公务员考试的命题工作。

（二）材料的阅读量越来越大，内容越来越复杂

纵观历年申论考试，时间一直没有变化，都是 150 分钟，但所给材料却越来越多。历年申论的考试题，2000 年、2001 年的给定材料是 1500 字左右，2002 年是 2000 字左右，2003 年至 2005 年升到 4000 字左右，而 2006 年则一下升至 8000 多字，2007 年也是 7000 多字。在有限的时间里，不断增加的阅读量，无疑增大了答题的难度，这说明对考生的阅读理解能力的要求进一步提高。申论考试材料的内容也越来越庞杂，包含了记者采访、网上交流、新闻发布、民意调查、领导讲话、专家观点等各种形式，有事实、有评论、有对比、有叙述、有报告，综合反映各方各面对社会现象的态度、观点、打算等。这使得材料看起来更加复杂，增加了对材料阅读、分析的难度。

（三）材料的编排形式和内容类型基本成熟

申论考试所给定的阅读材料主要有两种形式：一是单一型材料，二是汇编型材料。所谓单一型材料，是指所给定的材料主要是集中反映一个有一定影响又亟待解决的具体问题。这种资料一般是围绕一个主题客观叙述，把案例涉及的情况详细加以说明，以期让考生能"以小见大"，可以称为"一条线"。比如，2000 年申论考试所给定的材料就属于这一类。材料围绕一个印刷公司更新设备所带来的噪音污染，给出了一桩复杂的民事诉讼案例，共 12 条材料。整个材料基本上按照事件发生的顺序排列下来。但是材料所要反映的问题并不是诉讼案本身，而是我国现代城市加速发展过程中所出现的经济建设与环境保护的尖锐矛盾问题。2001 的 PPA 风波、2003 年网络给人们生活带来的种种影响也属于这种形式。所谓汇编型材料，是指所给定的材料主要是围绕某一个或某几个热点问题综合方方面面的信息组编而成，这种形式的材料往往没有什么顺序可言，上一条和下一条没有什么因果关系，以期让考生能"杂中取精"，可以称之为"一锅粥"。申论考试就是要求应试者按照特定的要求从这些杂乱无章的资料中找出其核心思想，抓住问题的实质，并就相关问题提出相应对策。2003 年以后的申论考试基本都是这种形式。

二、审读材料的步骤与方法

（一）通读——总览材料，找出要"点"

通读是第一次接触材料，要求应试者一字不落地阅读整个材料，在第一次阅读过程中，考生每阅读一个自然段，划出资料中的主要词句，这些词句都会在头脑中形成一个个的小"点"，这些"点"就是初步的文字表面的涵义，随着阅读的段落越来越多，印在头脑当中的"点"也会越来越多，当阅读完整个材料时，头脑中的"点"就会自动地串连，形成一个大致的

轮廓和总体印象：这些材料中包含有哪些印象深刻的事件，这些材料之间大概是一种什么样的关系，在整体上得出一个是有关哪方面问题的材料。

通读的方法主要有三点：

第一，适当快速阅读。申论阅读材料的速度一般应高于正常的说话速度，否则，连接性不强，而且影响后面的程序。

第二，边阅读边寻找要"点"，就是每一个自然段的主要意思，最好在阅读中经过大脑的反射能从材料中找出关键的词或句子。

第三，眼、脑、手并用。在阅读过程中，首先是眼的视觉反映，然后投射到大脑中，形成一个印记，在完成这个过程中，还应该学会利用手中的笔，不停地进行圈点，就是把留在大脑中印象较深的词语或句子用笔快速勾画出来。

以2002年的一段申论材料为例说明：

一天凌晨，王女士正在家中熟睡，突然被一串急促刺耳的电话铃声惊醒，这一突如其来的骚扰大约持续了2分钟。年前刚刚看完日本恐怖片《午夜凶铃》的王女士，直吓得心里"突突"乱跳。她壮着胆子，扭开台灯一看，只见电话传真机上传过来两页纸，仔细一看，原来是一家名叫"电子商汇网"的公司发送的一份"第十四期电子商讯"。在传真第二页的最后还写着："如欲取消订阅，可将回复传真给我们。"

这是一段非常生动的描写，通读这一段，可以找出一些涉及"社会生活安定"的关键词汇，如"惊醒""骚扰""订阅"等。

（二）复读——提炼中心，深入本质

第一遍阅读，很难完全弄清楚材料的性质，尤其是整个材料的脉络关系还不可能清晰，这就需要再次阅读，即复读。复读的过程就是趁着刚才阅读形成的对整个材料的大致轮廓，再阅读一遍，印证与自己第一次形成的印象和反映的内容是否一致，是否隐含着第一遍没有明白的材料。第二次的阅读非常重要，考生应该通过第二遍的阅读形成一个相对明确的主题。复读就要正确把握每个段落的主要关键信息，哪些段落之间存在着关联，这种关联之间是一种什么关系，从而得出所给材料是针对社会上哪种现象或问题的叙述。

复读主要有以下几种方法：

1.圈注法。就是把每个自然段的关键句或关键词在复读中直接用手中的笔给予画出，以过滤掉与关键信息无关的内容，进一步缩小材料的范围。在给出的每一个自然段中，许多段落中都有主旨句或关键词，这种主旨句或关键词就是整个段落的主要内容的概括。利用圈注法就是把主要的关键信息画出来。

如2002年的申论材料中第八段：

中关村科技园区海淀园的网上办公系统几乎完成了园区内所有企业80%以上的业务流程。它完成了5大类64个小项的政府服务，包括企业入园申报和审批、高新技术企业认证、年审、企业统计、财政月报、季报等项目。目前，中关村企业在办理这些业务时，几乎完全在网上进行了。中关村已经有6139家企业加入了网上办公系统，占园区企业总数的99%以上。网上办公系统共接受园区企业及社会各界工作查询访问40.6万人次，日均访问人数4000人次。2001年1月1日以来，网上办公系统受理各种网上审批和初始登记业务分别为3483项和5058项。数字表明，中关村园区的电子政务真正"跑"了起来。

虽然段落较长，但是在复读中，我们应该知道这是一个总分总的段落，即第一句用概括的陈述句说明了中关村科技园区海淀园的网上办公系统完成了园区主要企业的业务流程；后面的内容都是对此的充分说明和解释，采用了大量的数字；最后一句话再次回应了第一句的内容，而且突出了本段的关键词电子政务。所以该自然段的主旨句就是最后一句：中关村园区的电子政务真正"跑"了起来，再进一步浓缩就是"网络带来了电子政务"。

2.总结归纳法。就是在整个自然段中没有可以直接圈注的主旨句或关键词，需要应试者在复读过程中进行总结和归纳，与第一种方法相比，总结归纳有一定的难度，因为通过历年的考试，我们发现，一些考生由于缺乏总结和高度的概括，导致在答题中漏掉了不应该漏掉的内容，而且是一些与参考答案有关的内容。

如2006年的申论材料中，有这样一个段落：

D部长：任何一个国家、任何一个民族，它的政府就代表一种有组织的力量。而在突发事件中，有组织力量比无序的民众更能有效地抑制突发公共事件的蔓延。所以政府在突发公共事件中的作用是非常关键的，应当起到主导的作用。政府面对突发公共事件的处理能力，取决于政府常设机构官员的素质和能力。

平常有没有正常的官员晋升机制，能不能把最有能力的干部放在岗位上，在突发事件来临的时候就一目了然。如果提升没有能力的干部，政府遇到突发公共事件，肯定要遇到很大的困难。如果都是平常选出来的精兵强将，不管是自然灾害，还是社会根源的突发公共事件，这些官员都能够合情合理、冷静、科学地处理。

主持人：人的因素非常的重要。

D部长的回答中，关键的句子是存在的，即"政府在突发公共事件中的作用是非常关键的，应当起到主导的作用"。但是还有一个意思在复读中需要进行总结和归纳，就是第二段的内容，表面看，好像是说官员的晋升机制，而且主持人也随声附和，认为人的因素非常重要，实际上还包含着另外一个意思，就是为什么会发生突发公共事件，除了其他因素外，还有官员的素质和能力不足的因素。

3.段落归类法。在复读的过程中可以对属于整体的各个部分进行分类，即发现材料之间的关系。这需要打破材料的自然安排顺序，把属于同一个方面的问题进行归纳，把属于不同方面的问题进行区分，可以使用一些特殊的标记，如A代表一个方面的问题，B代表一个方面的问题，C代表一个方面的问题，依此类推，先从大类上划清楚。如2002年申论材料大致可以分为三大类：第1、2、3、6段——A类(互联网的负面影响)，第5、8、9段——B类(互联网的正面影响)，第4、7段——C类(关于互联网的其他信息)。

对段落进行分类，既要在复读中能把握大类的归属，同时，又要学会把属于同一类的材料再进行分类，这是对材料之间关系的进一步把握，如果能做到这些，就基本上做到了对材料的完全把握。如2002年关于网络弊端的问题有许多，主要有以下几个段落：

1."找到网游神，找到幸福""每月20台电脑，等你拿"。打开任何一个网站，这样的游荡式网络广告几乎随处可见。虽说广告面积有大有小，但广告总是随滚动条一起共同进退，无论是读者在阅读，还是在查找信息，它的突然出现，总是将读者连贯的思路打断。对此，不少读者表示反感。从事新闻工作的黄小姐说："每次打开网站，广告就铺天盖地向我袭来。一次，我在某网站检索一条新闻，一打开，一个大大的手提电脑广告就出现在我眼前，它还正好占据'有利地形'，将链接堵得死死的。关又关不上，打开后还是无法显示。"某大学的学生反映："每次我要从一个网站到另一个网站时，总是出现一堆堆的小型广告，它们往往没什

368

么意思，但它的危害还不小，我的机子的浏览速度减慢了，严重时还会造成死机。"

2. 一天凌晨，王女士正在家中熟睡，突然被一串急促刺耳的电话铃声惊醒，这一突如其来的骚扰大约持续了2分钟。年前刚刚看完日本恐怖片《午夜凶铃》的王女士，直吓得心里"突突"乱跳。她壮着胆子，扭开台灯一看，只见电话传真机上传过来两页纸，仔细一看，原来是一家名叫"电子商汇网"的公司发送的一份"第十四期电子商讯"。在传真第二页的最后还写着："如欲取消订阅，可将回复传真给我们。"

3. 据天津市某区检察院的一份调查资料显示，该地区未成年人因迷恋上网聊天而引发的刑事案件已达8件，有28人涉嫌犯罪。这8起案件呈现以下几个特点：一是犯罪低龄化。28名犯罪嫌疑人中未满18周岁的未成年人就有21名。二是文化水平普遍偏低，小学文化的共13人约占一半，其余的为初中和中专学历。三是均以侵犯财产为目的。侵犯的财产主要以手机、传呼机和现金为主，其中有4起案件涉案金额超过万元。四是团伙作案，在犯罪手段上，呈现出计划性和有组织性。如有的负责在网上选择目标，有的负责约见面地点，有的负责实施抢劫等。五是女性犯罪嫌疑人占一定比例，8起案件中共有6名女性参与作案，且均为未成年人。

6. 吴先生所住的小区安装有局域宽带网，为方便家人上网，他特意购买了一台电脑。但近半个月来，他发现自己的计算机在使用完毕后常有异常响动。10月9日晚，他下网后坐在桌旁整理资料时，意外发现电脑的硬盘响个不停，一直闪烁的硬盘灯引起了他的警觉，他打开电脑上安装的一个专门监视网络系统的软件，竟然发现这台电脑在收发信息。随后，他打开了"网上邻居"文件夹，屏幕上出现了30个"邻居"的电脑标志，他逐一点击，有几个"邻居"的信息可以一览无余。想到自己存在电脑里的个人信息能如此轻易地被"邻居"看到，吴先生十分苦恼："买电脑就想给生活提供方便，没想到却引来意外的麻烦！"

第一段用生动的语言描述了网络的弊端，关键的词语就是：广告大量充斥，背后涵义：干扰了人们的正常生活。

第二段用一个特定的案例说明了网络的弊端：电子商务的不当使用产生了对人们精神生活的严重影响。

第三段主要说明了网络影响最严重的问题：网络犯罪。这里又重点说了不良网络内容对青少年的负面影响和新出现的网络犯罪形式。

第四段又用一个实例说明网络对生活的影响：网络黑客的出现侵犯了个人隐私。

（三）跳读——分析比较，疏通整合

在阅读过程中，如果复读还不能弄清材料的本质涵义，那么，就有必要再读或者精读一遍，这次的阅读，称为跳读。也就是把你认为相关的材料相联起来阅读，在相联的阅读过程中找出哪些是主要的，哪些是次要的，从中筛选出具有支撑作用的重点信息，排除干扰信息，分析不同材料之间的根本区别以及在复读过程中形成的归类和总结部分各有什么特点，围绕作答要求进行细致的阅读。如2000年的申论考试材料，提供的信息还包括：噪音污染引发纠纷的问题，法院审判陷入困境的问题。对于这两个信息，有些考生就没有从整体把握进行筛选，有的将纠纷问题列为主要问题，有的将法院的司法审判列为主要问题，这就是没有正确分辨出信息的主次关系。

此外，通过分析比较，对材料有了个别性的把握，便可以进一步梳理材料之间的逻辑关系，进行有序整合。通过跳读考生可以在头脑中形成一个利用自己语言和思维能够表达清晰的概述，至此才算完成了阅读材料的全过程。

第三节　概括材料

所谓概括材料，是指根据申论要求，对给定材料的主题、内容、观点及反映的主要问题进行总结归纳的过程。概括要点的目的，在于准确地把握住给定材料，以便进一步着手解决问题。

概括材料不仅要力求全面、准确，而且还要力求深刻、到位。所谓深刻、到位，就是说在对给定材料的主要内容或主要问题进行概括时，必须要达到一定的高度，避免就事论事，缺乏应有的深度。

一、概括材料的要求

（一）思路清晰，层次清楚

申论考试中材料概括部分的行文要求一般都有"有条理"或"条理清楚"等说明，可见要较好地完成这一步的工作，首先要保证有条理。而要实现条理清楚，必须有清晰的结构思路，比如"总—分""总—分—总""起因—经过—结果""问题—表现（或原因）—对策"等。只有具备了清晰的结构思路才能实现概括的条理性和层次性。

试看中央机关2007年申论第一题（根据"给定材料1、2"的内容，整理一份有关负责同志参阅的材料）的答卷：

【答卷】

近年来，随着我国城市化进程加快，大量农民集体用地被国家征用，农民利益得不到满足，引发了农民上访，甚至对抗事件。该问题能否妥善解决直接影响到农民生活、农村发展、农业稳定。

河北北焦村土地征用基本情况为：第一，几乎所有耕地都已被占用，目前仅余30多亩耕地；第二，农民获得补偿费用过低，无法满足农民的损失。

西营村土地征用基本情况为：第一，补偿费用低。第二，目前为止职业技术学校只付给西营村补偿费用总额的1/3。第三，村委会违反《农村委员会组织法》，贱卖土地。第四，上访。

由以上两个村的土地征用情况可以看出，改革开放以来，我国农村土地征用问题虽取得了很大的进步，但仍存在很多问题。主要表现为：首先，城郊耕地被占用面积过大，造成耕地荒废。其次，政府低价征收、高价出售，从中获利。1998年修订的《土地管理法》规定，征用土地的补偿费用包括土地补偿费、安置补助费，以及地上附着物和青苗的补偿。该法还规定，以上补贴仍不能满足农民需要的，可以增加安置补助费。法律虽规定了农民的补偿制度，但补偿费用过低，失去土地的农民在得到有限的经济补偿后，缺少持续生存的出路。再次，存在拖欠农民土地补偿费问题。第四，村委会贱卖土地，农民没有权力为自己的土地定价。第五，农村的土地纠纷严重影响了社会稳定和发展，失地农民多。

有专家认为造成农村土地征用问题的原因主要是：补偿不足以农民创业、政府没有为他们建立合理的安置和社会保障制度。

我国政府已下发《关于深化改革严格土地管理的决定》，规范审批权，并对补偿作了新的承诺：补偿已达到法定上限仍不足以让农民保持原有生活水平的，政府可以用国有土地有偿使用收入予以补贴。也有专家认为将土地转让市场区分为两大类进行交易，可以让农民得到应有补偿。

【简析】这份答卷采用了总—分的结构模式，先概括说涉及的主要问题，然后再分说各个具体方面，国家对此曾出台过的相应政策，接着逐步阐述在实施过程中出现了什么偏失，在政策法规上还存在什么问题。层次清楚，思路也很明晰，但缺点在于字数偏多。

（二）全面，准确

全面，是针对材料内容而言的，就是应试者在概括材料所反映的内容时，应该特别注意对材料所反映的内容是否有遗漏，是否符合评判的要点，在评分上，这是可以量化的分值，所以，应试者在概括材料中首先要全面把握材料所反映的内容。

准确，就是对于概括的内容应符合材料的实际，不能脱离材料，不能脱离材料信马由缰的去发挥。准确既是针对内容的，也是针对语言的，针对内容就是在概括中定位要到位，针对语言就是表述要得体。

我们结合一些试题来分析。如2001年申论第一题（作答要求：有条理地概括这些材料的主要内容，字数不超过200字）：

【答卷一】

该材料反映了PPA的问题。美国联邦食品药物监督局将含PPA（苯丙醇胺的英文缩写）的药物列为禁药，世界各国对此反响强烈。许多人拒绝服用含PPA的感冒药。中国药品监督管理局也发出停止使用、销售、审批含PPA药品的工作。面对人们的恐慌，检测部门指出并未发现由于服用"康泰克"等含PPA药品导致中风与严重后果的案例，但仍要提高安全意识，加强药品的监督检测工作。

【简析】这份答卷的主要问题是对给定资料中的内容概括简单，遗漏内容较多。而且对一些方面的界定不准确，如"许多人拒绝服用含PPA的感冒药"，是哪个国家的做法，"检测部门"是指中国的还是外国的，"要提高安全意识，加强药品的监督检测工作"，又是针对哪些对象而言的等等，各国对待"PPA事件"的态度没有明确，分析概括能力很一般。

【答卷二】

根据国际上对含有PPA药品制剂反映强烈的情况，11月16日，我国国家药品监督管理局负责人宣布：立即暂停使用和销售含有PPA的药品制剂，包括"康泰克""感冒灵胶囊"等在内的15种感冒药。到底什么样的药能吃，什么样的药不能吃，厂家、消费者、专家对此众说纷纭。

【简析】这份答卷对给出材料从三个方面进行了概括：一是含有PPA的药品制剂在我国也引发了一场风波；二是我国审时度势，采取了相应措施；三是对此事，社会各界众说纷纭。概括突出了国家的应对措施，主次分明，准确而全面，是份不错的答卷。

（三）重点突出

申论考试所给材料内容丰富而复杂，考生在进行概括时，必须抓住主要内容或问题，去粗取精，去伪存真，剔除材料中对要点概括而言无关紧要的背景和干扰部分，这样作出的概括不仅能让阅卷人一目了然，同时也为考试的第二个环节的进行提供清晰明确的思路，以实现有的放矢。

2006年申论第一题：你是一位新录用的公务员，请用不超过500字的篇幅，概述D部长谈话的主要内容，以供领导审批。要求：概括全面、观点明确、条理清晰、语言流畅。试对照该题的两份答卷：

【答卷一】

D部长与网友围绕突发公共事件及相关问题进行了广泛交流。其谈话要点主要如下：

一、目前，我国处于公共事件的突发期，尤其是社会根源所引起的突发公共事件在增多。

二、危机预案对经济社会安全稳定发展的意义在于保证我们经济发展的连续性，而应急预案本身是一个工作原则、组织分工、任务分工及协调机制，需要国家投入和社会机制相结合。

三、政府在处理突发公共事件时应当起主导作用，建立常态性预警机制，提高官员解决突发公共事件的素质和能力。突发事件的应对主要应该是政府责任，突发事件后可以鼓励自愿团体或非政府组织参与。

四、商业保险等经济手段应间接介入应急预案，对未知的公共事件还应由政府作出反映。

五、突发公共事件是由突发的自然事件或者是由社会根源所导致的突发事件。对社会根源所引起的突发公共事件应采用温和的处理方式，由政府来调整不同利益群体之间的矛盾，避免过多地用法律途径解决。

六、我国民众有很强的危机意识，但需要政府通过宣传教育等方式来帮助民众建立正确合理的危机意识。

七、各种利益集团在面对突发公共事件要以大局为重，要综合协调，不能激化矛盾。

八、要尝试通过教育的方式来培养老百姓应对突发公共事件的能力。

【简析】该答卷总体上符合要求，具有一定的分析概括能力，能够基本把握文中的主要内容，但有如下缺点：内容过于泛化，详略、主次处理不太得当；没有突出主要问题，而且层次不太分明。如果考生有足够时间，可以对答案进行进一步整理，对D部长谈话的内容要突出主要问题，要有详有略，不要归纳出过多的条目，以免给人以计流水账的感觉。

【答卷二】

在我国经济的快速发展中，突发性公共事件时有发生，如何应对这一问题对我国政府行政能力是一个严峻考验。近年来，我国的自然灾害频频发生，程度重，范围广，影响大，但是突发的自然灾害假如及时采取有效防治措施，则不会危及公共安全，也就不会成为突发性公共事件，假如没有及时制止突发性的自然灾害，还可能形成由各种社会因素引发的公共事件，对国家的财产、公众的生命安全带来不可估量的损失。因此应付突发性公共事件的总体应急预案亟须建立和完善。这就要求政府部门加强调查研究，及早发现问题，防患于未然。在事故发生后，各级政府部门要建立起自己的危机处理机制，各级部门有组织地进行协调工作，建立快速反应机制，并且调动社会各界的力量。目前，对自然、人为因素造成的事故我国政府能够控制，但是最为可怕的是社会因素造成的突发性公共事件，规模大、不可顶测，情况复杂，要从根源上解决这些问题就要完善我国的社会保障制度和社会公共服务机制，完善社会主义市场经济体制建设，提高政府官员的素质和能力，调整不同利益群体之间的矛盾，建立和完善相应的法律法规。

【简析】该答卷从三个方面概括了D部长谈话的主要内容：一是突发公共事件不断发生

的严峻性；二是建立健全应对突发公共事件应急预案的必要性和重要性；三是完善我国的社会保障制度和社会公共服务机制，处理好、调整好不同利益群体之间的矛盾，防止引发社会因素造成的突发性公共事件。这个概括抓住了重点，符合题意。

（四）抓住本质

要全面准确地概括材料，还要抓住资料反映的问题或事物的本质。

这种方法主要用于那些能给读者以各种经验教训的材料。对材料中所反映的各种经验教训的总结，往往来自对事物产生或成败原因的分析。考生通过材料的提示或对材料的分析，找到了材料中有关事物产生或成败的原因、根源，也就找到了材料所表达的观点。追寻材料中有关事物的本质，也就把握了材料所表达的观点，该部分题目也就迎刃而解。

试看 2000 年申论考试第一题：请用不超过 150 字的篇幅，概括出给定资料所反映的主要问题。

【答卷一】

H 以不顾生产过程的噪声严重超标，继续进行生产，导致其突发脑溢血，虽经抢救但留下后遗症的事实状告印刷总公司。但公司以诱发脑溢血的原因众多，没有直接证据证明噪声与 H 的病有直接的原因为由不服环保局作出的赔偿决定诉诸该区法院，区法院撤销了环保局的决定，H 不服，上诉市法院，市法院由于诸多方面复杂原因至今没有开庭审理。

【简析】该答卷基本是就事论事，反映了一定的概述能力，但分析概括能力差。仅仅停留在事物的表面，对材料所表述的事实进行了概括，没有深入其内部发现问题并探讨造成资料中局面的本质原因，是一份失败的答卷。

【答卷二】

该资料反映了现代城市在加速发展过程中所经常遭遇的问题：因传统遗留和盲目建设所造成的城市工农业生产布局不合理，给居民生活带来了严重的影响。而这种影响，由于种种阻力，很难加以消除。但是，因为城市居民法律意识的增强和社会环保日趋迫切，这种城市布局不合理现象所引起的社会矛盾不断激化，成为当前城市建设的中心议题之一。

【简析】这份答卷抓住了给定资料所反映的关键问题——城市建设布局不合理、城市规划不能适应各方面发展的需要。给定资料中的基本事件是红星新村居民与印刷总公司之间令法院难以判决的官司，其中牵扯到环保部门与印刷总公司的纠葛，而根子则是城市规划与生产发展不适应。如不从这里着手，就只能治标，很难治本。这份答卷能在复杂的矛盾中发现病根所在，能透过现象抓住本质，清楚地"概括出给定资料所反映的主要问题"，因此属于优等答卷。

二、概括材料的步骤与方法

（一）概括每一个自然段的内容

前面谈到针对每一个自然段应用关键词或考生自己的语言把它概括出来，一般把字数控制在一两句。一般在"通读"的环节中完成，这个步骤随着阅读过程可以用手中的笔边阅读边画出或圈出，这是第一步。

这一步主要的问题是：有些自然段比较长，可以分段概括；在概括中，应把与材料有关的事件名称画出、事件的性质画出，至于事件发生的时间、地点、原因、经过和结果可以省略。

（二）把性质一致或特点相似的材料合并归类

这一步需要注意的问题是：注意归类的完整性，这个步骤，应尽量把属于同一类的问题归到一起，不同类的问题区别对待，同时还要剔除那些无关或与主题意思关联不大的材料，这一步与第一步相比，不是把第一步所概括出的内容进行简单的相加，而是有意识地排列组合。

（三）提炼出归类后的主题和层次

这是在完成第二步的基础上继续调动大脑的智力活动，这一步需要脑和手同时进行，头脑思考如何提炼出开头和主体及结尾，动手就是把头脑中的思考变成一个实践的过程，这需要对归类的内容进行重新排列，决不是简单地把列出的同类进行罗列，这个环节类似于把半成品一次性加工成成品，这是质的变化，不是量的积累。

（四）起草成文

在第三个环节中主要是思维的加工和动笔的开始，而第四个环节就是具体的起草和修改阶段，即成文过程，这是概括的最后一个环节。

起草时应注意作答的要求。具体来说，就是怎样开头、安排主体和结尾。概括的内容第一句话一般是主旨句，概括出材料所反映的对象和性质；主体的安排应体现层次性，常见的形式是分条式和分段式。

1. 分条式

就是把归纳成类的每一个方面作为一条，每一条又包括主要观点句和基本解释的内容，要使每一条的内容尽量完整和通顺，条列式的安排要突出主次，即不能平均用墨，无论哪一条都是相同的句式或者等同的字数，这是表述时必须注意的关键问题，否则，条列式就变成了法规的条列式，每句都是一句话，特别整齐划一，这是安排的大忌。另外，条列式的安排不是越多越好，有的考生为了体现内容的全面，列出的内容有十几条，每一条都只有一句话或两句话，这也是不符合规范要求的。一般来说，申论的概括内容一般比较适合这种条列形式的。如2002年的网络产生各种影响的内容概括；2005年我国近年来农村扶贫开发工作的基本方针政策的内容概括；2006年D部长讲话内容的概括；2008年的怒江开发水电资源问题上争议的概括等。

例如：2006年的申论试卷第一题答卷：

D部长的讲话内容涉及的问题较多，就关系经济社会稳定，安全稳定发展，突发公共事件问题，D部长有深刻而独到的见解。概括来说，主要有以下几个方面：

第一，突发公共事件，原因及应对的必要性。突发公共事件并不是一般事件，如果应对及时，一般事故就不会变成突发事件，其诱因有社会领域存在的各种矛盾，如失业、社会保障和福利问题没有很好解决；社会各阶级利益冲突及政府各部门没有明确的协调机制等等；此类事件导致巨大的人员伤亡和财产损失，积极应对十分必要。

第二，如何应对突发公共事件。首先政府要有一些应对突发事件预案，调动社会各部门应对；二是要有足够的物质储备来应对突发事件；三是提高社会各界的危机意识，加大科技力度。

第三，政府是应对突发公共事件的主导。政府注重协调社会各方的利益，减少诱因，积极行使政府公共服务职能，经济手段并不能直接用于突发公共事件中，并不是所有的政府公共服务职能都可以市场化。

374

我国现处于社会根源突发公共事件的高峰期，虽然我国快速反应机制先进，但相关体制问题仍需要改进。

2. 分段式

就是把归纳成类的内容写成一个或几个自然段，这种形式适合于所反映的材料内容是递进式的概括。对于有因果关系或者先后逻辑关系的内容，概括这种形式是比较适合的。因为条列式适合于并列的关系内容；而分段式适合于事件现象、原因和结果的关系内容。如 2001 年的有关含 PPA 药物成分的概括答卷：

2000 年美国相关部门的一个小组研究发现服用含有 PPA 药物的病人容易发生脑中风并建议列为禁药，为此引起各国的重视：英国认为证据不足，但还是把含有 PPA 的药物列为禁药；日本提醒国民注意用药安全；墨西哥宣布禁止销售含有 PPA 的药物；我国政府还没有接到因服用含有 PPA 的药物导致中风的案例，但是有关部门还是发出了紧急通知，要求各级相关部门立即暂停和销售含有 PPA 的药物，并停止审批含有此成分的药物的进口，并将着手研制不含 PPA 的新药。

第四节　提出对策

提出对策是申论考试中承上启下的关键环节，也是考查考生是否具有公务员所需要的解决实际问题的能力。提出对策的前提是准确地概括出给定材料反映的主要问题。没有对给定材料所反映问题的正确分析与概括综合，提出对策根本无从谈起。如果说概括部分是提出和分析问题，那么本部分则是解决问题。而且，准确提出对策是进行深入论证的基础。因此，广大考生要对提出对策这部分引起高度重视。

一、提出对策的要求

（一）身份的虚拟性

公务员是一种特殊的身份，是从事国家行政事务、社会事务和机关内部事物管理的高级工作人员，招考的身份没有明确的限制，但是进门后的身份就会完全一致，这样，对招录的对象提出身份要求就是要应试者能够站在国家机关的位置来分析问题，提出对策，这样提出的对策是对应试者是否适应提供职位的一个提前的检验。所以申论试题的对策要求必须给出一定的身份限制。这种身份限制相对于应试者而言，就是虚拟身份。常见的虚拟身份类型主要有：

1. 政府的一般工作人员。如 2001 年的申论考试给出的虚拟身份：你是某职能部门的工作人员；2006 年的申论考试给出的虚拟身份：你是一位新录用的公务员。

2. 政府的职能部门。这里没有给出具体的身份，只是给出了某一部门，这就要给予准确地把握，所提出的对策应该与要求的职能部门一致。如：

2002 年的申论要求给出的虚拟身份：从政府制定政策的角度，就如何克服资料所反映的种种弊端，提出对策建议。

2003 年的申论要求给出的虚拟身份：从政府职能部门制定政策的角度，就如何"减少事故，保障安全"，提出对策建议，供领导参考。

2008年的申论要求给出的虚拟身份："给定材料6"引述了某学报C主编提出的意见，请你站在水利规划部门的立场，对C主编的意见作出答复。

3. 政府某一部门的负责人或者负有领导责任的人。这种虚拟身份就是假设你就是某一单位的领导，实际上是要求你所提出的对策应该高屋建瓴，具有指导性和权威性。如：

2000年的申论要求给出得到虚拟身份是：以省政府调研员的身份，提出解决给定资料所反映问题的方案。

2003年的申论要求给出的虚拟身份有两个：①调查处理的负责人面对职工、死伤人员家属和有关干部的讲话。②作为上一级安全生产管理监督机构的主要负责人，在当地电视台专题节目中的讲话。

2004年的申论要求给出的虚拟身份：你作为市交通主管部门的负责人，请根据给定资料，写一份"关于我市交通拥堵情况的报告"。

角色的虚拟性要求应试者在考试中一定要转变角色，尤其是应试的大中专毕业生千万不要以学生的身份来作答，因为学生的身份是你的真实身份，用这种身份作答容易提出一些过激或者肤浅的对策，而且容易抒发感情，这在作答中是不允许的。从一些试卷的分析可以看出，有些应试者由于忘记了给出的虚拟角色而影响了自己的考试成绩。如：

2001年申论考试给出的虚拟身份：你是某职能部门的工作人员。

【答卷一】

关于PPA风波所引发的问题，兹提出四条善后处理意见：

(1) 立即暂停使用和销售含PPA的药品制剂，同时对含PPA的新药、仿制药、进口药的审批工作也暂停。医院及药品经销公司立即将相关药品撤下货架，允许顾客退货且全额退款，立即回收相关药品。

(2) 药品管理部门及新闻媒体应耐心解答群众的相关咨询。明确告知我国尚未发现PPA造成脑中风等严重后果的个案。

(3) 紧急生产和销售不含PPA的感冒、咳嗽及一些减肥的非处方药品，以满足市场需求。加强不含PPA的相关药品的研制和生产。

(4) 药品不良反应检测机构应进一步加强对药品不良反应的监督和检测工作。

【简析】该答卷提出了关于"PPA风波"引发后的处理意见。这份"善后意见"不妥之处过多，缺乏对材料的梳理，没有抓住主要问题，而且对策的提出太过激。如"允许顾客退货且全额退款，立即回收相关药品"，这与职能部门的工作人员身份不相符。

【答卷二】

PPA事件发生得比较突然，我国应沉着冷静、实事求是地解决问题。

首先，药品专家应及时分析PPA药物的有害程度，可以通过各种媒体，如药店门前广告、广播、电视、网络等，详情告之群众，让群众不要误传，不要造成各种谣言。

其次，药物科技人员应立即研制不含PPA的新感冒药，以便能投放市场，补充这方面需求。

再次，无论是现在还是以后，如有发现是因服用含PPA药品而产生不良反应的，国家医疗部门应给予特殊照顾治疗(强调仅限此类药品)。

另外，从这件事可以反映出，我国科技水平还有待于提高，尖端科研应积极推进，国家在这一方面也应予以高度重视。

【简析】这份答卷整体上符合命题要求。考生善于整合复杂的材料，"善后意见"眉目清晰。第一句话十分精当，"沉着冷静，实事求是"8个字为后面的具体陈述奠定了稳妥的基础。三条具体意见，涉及不同的对象（群众、专业人员和有关部门），表现政府职能部门处理问题的姿态和责任感。

（二）方案的情理性

方案的情理性就是应试者在明确了作答者的身份后，提出的对策应该合情合理。

合理就是符合国家的法律和规章制度，从道理上说得过去。2005年的试题中要求从五个选项中选出不正确的选项，其实主要是考察应试者对所给出的五个方案哪个是不合理的并解释原因，如对于"防止扶贫资金的挪用和挤占""加大财政支持力度"并不能杜绝此类问题的发生，而由"纪检部门进行集中统一管理"，也不符合纪检部门的职责，合理性是较差的。

合情就是提出的对策要从感情上得到上级的认可，得到一般人的同情，这种同情不是可怜，而是情感认同。包括提出对策应是真诚的、包含着关注的情怀，这样才能打动评分人员，为自己赢得合情分。对于虚拟身份是领导角色的，面对出现的问题更要表现出强烈的感情。

（三）操作的可行性

应试者的身份虽然是虚拟的，但是所提出的对策决不能是虚幻的、务虚的，而应该考虑对策在实际生活中是否具有可行性。可行性就是所提出的方案是政府相关部门能够做得到，是相关人员能够做到的，不仅对执行者，还包括被执行对象。这种可行性的方案应该是应试者的一种理性选择，是经过筛选和比较之后的选择，这样才能做到可行性。

如2002年的申论第2题：从政府制定政策的角度，就如何克服资料所反映的种种弊端，提出对策建议。

【答卷一】

针对网络发展所带来的用户信息安全、不良广告及因网络而诱发的社会犯罪等问题，从政府政策制定的角度出发，有如下建议：

（1）加快涉及网络安全的法规与规章的制度性建设，对可能造成和产生的网络用户信息交流与沟通方面的安全隐患，应该采用立法、建制的手段，从制度与办法上进行积极预防和全面治理。

（2）清理不健康和诱发并产生负面的恶劣社会行为的网络信息，网络所提供的公共信息应是健康、积极、向上的内容。

（3）对网上影响恶劣和干扰公民正常生产生活秩序的不良商用广告宣传进行限期整治与删除。

（4）对网络与网站建设进行监管、约束与控制，防止网络乱用、网站滥建现象的发生。对已经建立的网络机构与网站进行信息内容等方面积极、合理、有效地规范与管理，从而降低与扼制因网络使用而导致的社会违法犯罪的发生，保障网络对社会生活的有利影响。

（5）不断完善网络建设的程序与体系。

【简析】显然，本文提出解决问题的五个措施，是针对网络发展带来的一些负面影响提出来的。对问题考虑得较全面，法规建设、监督管理、技术手段、清理整顿几个方面都说到了。解决措施较为具体，也有可操作性。基本符合对策要抓主要矛盾，要有针对性、可行性的要求。

但是下面这份答卷却是不成功的：

【答卷二】

关于加强我国网络建设的问题，提出如下三个方案：

（1）建设网上的马克思主义阵地。鉴于网上是欧美的"信息霸权"，国内政治与国际政治的界线趋于模糊，国家政治安全特别是意识形态的安全在很大程度上受到西方国家敌对势力通过网络对我意识形态渗透。因此，建设马克思主义的网络阵地就很有必要了。

（2）发挥网络的舆论宣传与引导作用。政府可以利用网络对外宣传自己的意识形态，对内起社会舆论的监督和引导作用，以加大对人民群众的思想政治道德教育，提高其识辨能力，抵制西方网络对我国的消极影响。

（3）加强网络法规建设。我国是后起的网络用户大国，近几年已初步建立了我国的网络法规，但还很不完善。应加大网络立法的力度。一是应加快立法速度，以对政府、企业和个人信息数据实行保护；二是应强调采用法制手段制裁处罚网络犯罪；三是应大力培养网络执法人员，及时发现与打击网络犯罪；四是应通过技术手段提高人民群众利用信息的能力，包括技术加密防范措施，信息获取方式技术和抵御信息防御能力等。

【简析】该试卷提出的三个对策方案，只有第三个方案中提到的四个措施，比较具体，也切实可行。前两个过于抽象，没有可操作性，总体上看，该试卷得分不会高。

再看2004年的申论第2题：要求以交通主管部门的负责人的身份，向市政府提出一则关于交通拥挤情况的报告。

【答卷】

关于我市交通拥堵情况的报告

我市是一个拥有700万人口的大城市。全市车辆拥有量××万辆。城市交通流量每天××万辆。城市交通拥堵一直是困扰我们的一个老大难问题。造成我市交通拥堵的主要原因：一是历史原因造成的道路狭窄，布局不合理；二是城市交通管理手段落后，管理水平低；三是公共交通满足不了城市大众的乘车需要；四是市民自觉维护城市交通的法制意识差，违规占道、违规穿行现象较为普遍。因此，要解决我市交通拥堵现状，必须动员全市方方面面的力量，共同努力才能奏效。为尽快改进我市交通拥堵状况，特提出以下建议：

1. 提高认识、转变观念，把搞好城市交通工作提到重要日程

我市是北方的一个大城市，但市场经济的发展与南方沿海城市相比，差距仍很大。不仅经济落后，观念也落后。交通是城市的血脉，是城市经济发展重要基础的观念还未在全市完全形成。因此，建议市政府通过交通工作会议等形式，向全市党政干部讲清我市的交通状况及与经济发展的密切关系，彻底转变一些部门和单位认为交通发展和交通管理与己无关或无足轻重的观念，树立全市人民关心交通、重视交通、支持交通的新局面，为全面加强我市交通建设、改善我市交通管理，奠定坚实的思想基础。为配合这一活动，市交通管理部门拟举办一次城市交通展览会。展览会的主要内容是：展示我市改革开放以来交通建设和交通管理方面的巨大成就；揭示我市交通建设与管理方面的问题，特别是对经济发展的制约；介绍国外发达国家和我国沿海先进城市交通建设和管理的经验。展览会拟在五月份举办。

2. 举全城之力，修路架桥，彻底缓解城市交通拥堵状况

目前，我市交通拥堵的一个重要原因是历史遗留下来的城市道路狭窄，布局不合理。因此，建议市政府增加城市交通建设的财政投入，同时也可通过引进外资共建共享的办法，进行城市主干道的改建、扩建、新建。建议在三环路的基础上再建一条四环路，减缓城区车辆

378

的压力。同时在××区、××区二个城市中心区的××路××路等十条主干道建造5座高架桥。积极筹建高架轻轨,力争在3-5年建成,从而彻底缓解我市道路拥堵状况。

3. 引进先进管理模式,科学管理城市交通

目前,我市交通管理十分落后,建议市政府增加投入,扩建市交通指挥中心,配备现代化的交通监控系统,对全市交通实行微机监控。同时引进国外先进城市的交通管理办法,对市内的街路按功能划分为高速路、快速路、主干道、次干道、支路、生活区路,进行分级管理,限定不同的时速。

为解决市内乱停车问题,建议在年内制定出台"××市车辆停放管理条例"。同时建议市政府对全市新建、扩建的大型广场、商厦的停车场建设规模、功能等做出限制性规定,增加地下停车空间,缓解地面压力。

4. 强化市民素质教育,动员全市人民维护城市交通秩序

城市交通与全市人民的生活息息相关。维护城市交通秩序不仅是城市交通管理部门的事情,也是全市人民的事情。为解决目前市民交通意识薄弱,行人和自行车违章穿道等问题,建议由市政府办公厅牵头,组织全市有关部门开展一次全市人民关心交通、维护交通的宣传教育月。充分利用电台、电视台、报纸、宣传板等媒体及专题讲座、交通知识竞赛、"当一天交通警察(协勤)"等活动,对全市人民进行一次深入的城市交通管理教育。

同时,加大对交通违章违规行为的处理力度。在主要路段增加交通协勤人员,强化交通秩序管理力度。

5. 大力发展城市公共交通事业

我国的国情与国外发达国家不同,城市人口密集、国民收入低,城市交通应该以公共交通为主。鉴于我市公共交通还很落后,企业长期亏损,财政暂时拿不出更多资金的情况,建议采取与外资合作经营城市公共交通的办法,解决资本来源问题,发展城市公共交通。可先选择部分线路试点,成功后再全面铺开。另一个方案是改变目前的乘车管理办法,取消月票,采用IC卡计费的方法。缓解公共汽车公司的经营压力,使其扭亏为盈,增加再生能力。预计采取该办法后,每年可增加收入××万元,二年左右可将市内现存的陈旧车辆全部更新。但这个办法,可能要增加部分市民的生活支出,有可能引起社会反响。因此,应在广泛征求各方面意见,取得共识的情况下实施。

【简析】该文在简要介绍情况和分析城市交通拥堵原因的基础上,把重点放到了解决问题的对策上,符合试卷要求。而且解决问题的五条建议,均是针对存在的主要问题提出来的,全面、明确、可行。涉及到城市交通管理部门,还涉及到建委、城管等相关部门,及全市广大市民。对策中的一些量化表述,对什么时间做什么,由谁去做,讲得比较清楚,有较强的可操作性,不失为一篇好的报告。

(四) 形式的规范性

形式的规范性就是应试者应按照作答要求作答,表现在对策上就是采用分条的形式比较合理,而且层次上要清晰,符合评分人员审阅,这一点很重要。包括卷面的清洁。如上面列举的"关于我市交通拥堵情况的报告"试卷,应该说是一份优秀的试卷,该试卷在结构上符合公文"报告"的写作要求。开头先说明作者所在城市的交通状况,接着分析了产生拥挤的原因,所写内容简练、概括、集中,符合作答要求,使用了专门的过渡句引出主体。主体部分,每一个对策,先是鲜明提出措施,然后提出具体的工作部署和安排,段落之间的层次和段落

内的层次十分分明,主次突出。从总体上看,条理清晰,形式规范,必然分数高。

二、提出对策的步骤与方法

申论对策的提出必须符合一个解决问题、实现目标的行动准则,这种准则就是要按一定的步骤来开展。根据决策方案的设计过程,提出对策应该包括轮廓设想、细部设计、表述成文三个步骤。

(一)轮廓设想

轮廓设想就是针对存在的问题在思路上有一个大致的扩展,设想出一些与之有关的方案,这种方案还只是初步的设想,带有粗糙和不成熟的特点。

具体要求有三个方面:一是为实现问题的最终解决,思考出大致可提出多少个解决方案;二是将各种方案的轮廓大致勾画出来,方案要尽可能从多角度、多方面提出;三是尽量使各个方案之间相互排斥,因为交叉会导致思路重复。

对于提出对策的角度,可以从以下几个方面着手:

1. 由人引发的问题,可从以下几个方面提出对策:奖励、惩罚措施;职能部门决策、监管、执行;人才问题;领导人问题;加大宣传、教育。

2. 由政策、法律、法规、规章制度的原因引发的问题,可以考虑以下对策:补充和制定;进行和加大法制宣传教育;加大执法力度。

3. 因经济利益引发的问题,可从以下几方面提出对策:调整利益分配方式;发展生产,提高效益;保证生命和财产安全;加大财政投入力度。

4. 由科学技术引发的问题,可从以下方面提出对策:促进研发,拥有自主知识产权;促进和加快科技知识成果转化;提高从业人员素质;科技与伦理道德。

5. 属于宣传教育方面的问题,可从以下方面提出对策:通过媒体来扩大宣传;促进各职能部门狠抓落实;加强道德建设。

6. 思想上引发的问题可从以下几方面提出对策:加大对事物的重视程度;多角度、全方位认识事物;破除封建、腐朽思想桎梏;加强思想道德建设。

另外,还有一点需要注意,即在考试中,试题常常要对考生答题时的身份进行限定,因此,考生平时应对各机关、各部门的职责有一定的了解,以免在答题时出现越权或职能缺失的情况。

(二)细部设计

细部设计就是对准备提出的对策方案进行筛选,淘汰那些明显不可行的设想,并对合理可行的方案进行精心的细节设计。

设计对策时,为了使对策尽可能付诸实施,要考虑到以下几个因素:

一是符合国家和社会发展的总体战略;

二是最大限度地解决问题,达到目标;

三是消耗的资源包括成本尽可能少;

四是实现对策的风险低;

五是实施方案所产生的副作用小;

六是进行可行性分析。包括政治可行性、经济可行性、法律可行性、行政可行性、技术可行性。

（三）表述成文

就是对提出的对策按照作答要求表达出来，成为一篇合理、科学、独到的建议对策。对策作答要符合要求，包括结构要求，如需要简单概述，分析原因，对策有条理，有针对性，切实可行，语言简明，符合字数。如2003年的一则答卷：

【答卷】

关于"减少事故，保障安全"的建议

目前，我国伤亡事故情况严重，仍有上升趋势。其中，工矿企业的责任事故占有相当的比例，生命财产损失严重，社会影响恶劣。究其原因，则存在多个方面：安全生产方面的法律法规不够完善和健全；对于一些安全生产的法律法规没有充分贯彻和执行；生产工作中的过失甚至故意的情况时有发生；基层部门对已经发生的安全事故隐瞒不报；老百姓和行政主管部门的漠然和无知，等等。针对以上导致安全事故的原因，我国政策研究室经调查研究，现提出建议如下：

第一，国家生产安全部门应抽调生产、交通、矿业等领域的专家20至30名，组成国务院直接领导的科研小组，制定以上各个领域内的安全标准实施细则，并总结出这些事故的发生原因和教训。

第二，依据此细则，各地政府在15天至20天内开展各领域，主要是交通和各生产行业的全国性彻底检查，及时消除安全隐患。检查中实行层层领导责任制，并要求各地按实际情况实行定期彻底检查制度。

第三，建立安全法规和技术细则的实施保障机制，对违反上述法律法规的业主依法采取严厉惩罚措施，如罚款和查封等，重者追究法律责任，对玩忽职守、隐瞒事故的领导采取降职、撤职等惩罚措施，重者追究刑事责任。

第四，建立完备的监督体制，既包括国家负责生产安全的部门对各地安全状况定期考察监督制度，又包括群众和媒体对违规生产等状况以及领导者漠视、不作为行为的监督。

第五，通过电视、图片展览以及各单位安全教育等办法，对安全保障问题进行宣传教育，提高群众和干部珍视生命财产安全意识，鼓励群众和工厂员工举报有可嫌疑行为的人，同时设立举报热线，及时处理各种安全隐情。

第六，要求各地政府安排好已经发生事故的善后事宜及家属的生活。

【简析】该试卷在提出对策时，较好利用了以上谈到的三个步骤。先是对材料中存在的问题进行归纳，然后从发散的思维形式提出了与材料紧密相关的对策，尤其在整体上思路清晰，接着对每一条对策进行细化，使之成为具体可操作的方案，如"组成20至30名的科研小组，制定安全标准实施细则""在15天至20天内开展检查""通过电视、图片展览进行教育"等都是作者在提出一个轮廓后再次进行细化设计的结果，否则该试卷就只能停留在想法上，而无实施的步骤。在具体的表述上，与作答要求一致，包括开头对原因的简明分析，有利于引出要表达的主体；提出的对策内容，详略得当，重点突出，可行性强，便于操作，在提出对策方面是一篇好的范文。

第五节　进行论证

这是申论的最后阶段、最后环节。围绕主要问题，充分利用给定材料，纵横议论，详尽、具体、全面阐述自己对论证对象的态度、见解、认识、观点、意见、方法等。

论证是主要环节，因为申论重在一个"论"字。它是前面各个环节的结果，更主要的是它对考生全面素质的最终检验，是对其知识储备、实践能力、理论水平、思维能力、语言能力等等各种知识和能力的全面、真实、最具说服力的检验。

一、申论论证文的写作要求

（一）符合身份

应试者是以某一职位的公务员的身份在论证问题，论述的目的在于解决问题，而不是一般的"不平则鸣"，空发议论。

下面是2001年申论试卷第三题的一份答卷：

【答卷】

为"康泰克"鸣不平

一日我的一个朋友给我来了一个电话，电话末了补上一句："唉，可别再吃康泰克了，含PPA，有毒！"放下电话我老半天觉得别扭，心里琢磨：这康泰克怎么就成了PPA的代名词了呢？！我真是为康泰克鸣不平！

"……药力可以持续十二个小时……"这是过去康泰克的一句广告词，也正是因为这句广告词，我们中的大多数人才把康泰克作为自己感冒后的首选药。为什么？四个字，"药力持久"。这四个字意味着我们不用为忘记吃药而发愁，因为吃一次可以管"十二个小时"，简单、方便、实用，这也正是当今快节奏生活所需要的。人们天天为了各种乱七八糟的事情而烦恼，难道还要为吃药而发愁吗？

"哪些药含有PPA？哪些药不含PPA？"这成了如今我们感冒吃药最烦恼的问题。康泰克一夜之间成了PPA的代名词，"老鼠过街，人人喊打"。我不明白当初不知道的时候大家为什么不说它"有毒"呢？就是吃了康泰克过敏或引发了其他不良反应的也没见谁去向厂家索赔呀？哦！人家现在被禁了，你又是指责，又是索赔的，这难道不是乘人之危吗？有人要说了，康泰克确实含有PPA，PPA也已被证实容易引发脑中风，这是事实。对，我同意。可是，大家都知道真理有其绝对性也有其相对性。当初吃康泰克能治感冒，而且效果很明显，这也是事实，也是真理，不过也是相对当时来说。现在说康泰克成分中的PPA有不良作用却是事实。但是在发展和实践中总结出来的真理，是绝对的，也是相对的。我们猜想，如果有一天科学研究证明推翻了"服含PPA成分药品容易引起脑中风"这一结论，那我们该怎么办？再去找"康泰克"，去哪找？它早就被打入"十八层地狱了"！当我们自己做事情做错了，也是很希望别人的理解的。难道"康泰克"不希望消费者理解吗？同样希望而且需要。

我们再来看看康泰克的生产商中美史克制药有限公司。我们看到了墨西哥的药品生产商和销售商损失惨重，同样我们的中美史克也面临同样的问题。产品积压，"人人喊打"，指责声讨，企业又面临开发新产品，所以我们不应该再给他们太多的压力了。我们应该客观地看待关于 PPA 的风波，不能跟着瞎起哄，坐那儿杞人忧天。

"有其短必有其长"。我们不能死盯着康泰克含 PPA 不放，像小孩子摔倒了要报复性地狠踩地面才满意那样，把康泰克置于死地；我们应看看康泰克为我们作的贡献，毕竟我们没有出现吃了康泰克就脑中风的，而是能把我们的感冒治好。给康泰克一些理解和支持，让它能重新站起来（当然不能再含 PPA），为我们继续作贡献，再次成为我们感冒的首选药品。

【简析】如果在其他场合看了这篇文章，我们大可不必指摘，也许这"一家之言"还会得到部分读者的赞同。但是，作为"申论考试"的答卷，这篇文章就不大合适了。作者忘却了自己的身份——你是接受公务员能力测试的考生，而不是自由撰稿人。文章极力为"康泰克"鸣不平，显然是把一个社会问题过于"实际化"了，加之感情色彩过重，分析、说理便难以到位。其实作者的用心很好，如果能在正视"PPA"的不良影响的前提下就积极开发研制新型"康泰克"药品的必要性进行论述，并提出有关的建设性意见，那文章很可能因为视角独到而会出彩。但作者对自己定位不准，思路走偏，没有抓住给定资料所反映的主要问题，论证当然也就很难到位。

再看 2003 年申论第二题的一份答卷：

【答卷】

各位职工、各位家属、同志们：

今天上午，在我们万载县发生了一次惨痛的安全事故——烟花厂爆炸，造成了严重的人员伤亡和财产损失。受市委、市政府的委派，我们来到这里，和大家一起处理好这起事故。在这里，我首先代表市委、市政府，对在这次事故中去世的职工表示沉痛的哀悼，对在事故中受伤的同志们表示诚挚的慰问。同时，我们将在万载县委、县政府的配合下，把这次事故的原因、责任调查清楚，给各位家属、广大干部职工一个公正的说法和明确的交待。

下面，我代表市委、市政府讲几点意见。

一、市委、市政府对这次安全事故非常重视。（后略）

二、当前，需要尽快做好伤病员的抢救和死难者的安置工作。（后略）

三、要认真调查，弄清事故原因，分清责任，严厉查处有关责任人员。（后略）

四、要吸取教训，切实采取有效措施，坚决避免类似事故的再度发生。（后略）

【简析】这份答卷选择第一个场景（给定资料 B 中烟花厂爆炸事故发生三天后的现场。作为当地政府派出的事故调查处理的负责人，面对职工、死伤人员家属和有关干部的讲话）进行回答。从第一段开场白和后面的讲话要求来看，这位考生对政府机关领导撰写讲话稿有一定了解，其语言风格和表达方式与领导讲话的要求较为贴近。同时，所讲的几点意见基本能够切合当时、当事的氛围。此外，符合讲话人作为事故调查处理人的身份，讲话分寸把握较好，既到位又不越位。因此，该答卷是一份较为优秀的答卷。

（二）紧扣材料

做到紧扣资料答题，一般采用的方法是在文章的开头用一段或者两段的篇幅简单概括资料中的主要内容或有关事实。但是要注意的是，不要叙述太多，不要陷在资料中不能及时跳出来，要有一定的高度。比较下面两份答卷，就可以明白这一点。

2000 年申论第三题：

论发展经济与保护环境

某市发生了这样一件事：某小区居民与邻近一家工厂一直因噪声污染问题而存在矛盾。一位居民因脑溢血而住院并留下了后遗症，经查那家工厂的噪声便是罪魁祸首之一。事后该居民申请赔偿并得到批准，工厂不服，将批准方环保局送上法庭，而后该居民因不服法院作出的撤消决定又进行上诉，双方"你来我往"，公说公有理，婆说婆有理。居民认为厂方的噪声污染使其致病，赔偿理所应当；而厂方认为两事无因果关系，而且为了国家经济发展，居民也应理解支持。一时间，法院也难下结论。其实事情并不复杂，可发展经济和保护生活环境谁应该先行一步呢，这还真是个难题，合理的观点是两者应该和谐统一地共同进步、共同发展。

社会主义的主要目的是发展生产力，而发展生产力就难以离开经济的持续发展，这是大家普遍接受的观点，但发展经济就可以将生活环境、自然环境置之不理了吗？答案是否定的。先从发展经济的目的说起吧，发展经济，发展生产力，归根结底，目的是为了提高人民的生活。而人民的生活环境如果是恶劣的，人民的心情不是愉悦的，人民的生活质量、生活水平的提高又从何谈起呢？这样的教训世界上曾有过许多。60年代的日本，畸形儿的比例很高，原因就是不注意保护环境，水中含有过量的重金属元素，现在日本好多中老年人还在谈"汞"色变。我国现在正处于经济飞速发展的时期，也是经济转型的时期，完善法律法规，保障经济与环境协调发展十分重要。

环境如此重要，是否为了保护环境就一定要牺牲经济呢？那也未必。随着科学技术的飞速发展，一大批以牺牲环境为代价的产业也都找到了合理的利用资源、保护环境的新方法，就拿冬天的取暖来说吧，已经经历了从烧木头到烧煤再到烧油几个阶段，现在北方的一些城市甚至还采用了天然气、电等无公害能源。相信在不久的将来，太阳能、核能说不定也会融入我们的生活当中。

另外，从另一个角度看，优美的环境本身就是一种经济资源，古代有人"归隐山林"，现代人热衷于外出旅游，热衷于花钱买健康就充分说明了这一点。良好的环境能使人精神愉快，身体健康，会以更充沛的精力、更饱满的热情投身于经济建设中去。这样说来，清新空气、静谧的氛围、优美的环境本身就是带动经济持续稳定增长的一种保证。

那么，如何解决现实中发展经济与保护环境的矛盾，使它们和谐统一呢？首先要使保护环境的思想深入人心。一方面要加强保护环境的教育，使可持续发展的思想观念更加普及，使人人具有保护我们周围环境的意识。另一方面要加强法律法规建设，使环境保护有法可依，同时也要加大执法的力度。其次，要积极发展有利于环保的技术，加快科技成果产业化，以出现更多的环保产业、无污染产业，尽快淘汰不利于可持续发展的产业。再次，要推动环境产业化的进程，利用环境发展经济、大力发展旅游经济等无公害经济。

人类社会的发展离不开经济的发展，也离不开环境的保护，这就好像人的双腿一样，只有共同发展，共同努力，我们才会少跌跟头，少走弯路，大踏步地奔向美好的未来。

加强环保，时不我待

读罢红星新村居民被噪声污染、迟迟得不到最终的一个说法的案例，不由得对红星新村居民感到同情，同时也深刻地感受到了些许的忧虑。

联想昨日《今日说法》中的案例，与所给材料如出一辙。讲的是一居民老太太家附近新建了一幢饭店，其一面墙安装的全是玻璃，玻璃将太阳光集中反射，正好全部照进了她的卧室，打破了老太太的平静生活，整得她即使挂上厚窗帘也夜夜坐卧不宁。相比之下，这两个案例竟有多个相似之处：其一，事情的根源都是客观存在的无形污染，或光，或声，都对居民造成了事实危害；其二，肇事者对客观事实均反应冷淡，以己方的利益为出发点，没有切实的行动，居民老太太现仍生活在不该有的强烈的日照下；其三，两个案例都悬而未决，没有一个令人满意的公正答案，《今日说法》也仅是在最后做了几声呼吁，至于有没有人理会和响应，将又是一个悬而未决的问题。几多艰难，几多无奈，是该认真反思一下的时候了。

不容置疑，在建立社会主义市场经济体制的过程中，各个企业、经济实体愈加清晰其目标是追求利益的最大化。从这个角度出发，就不难理解××印刷总公司"一心一意""旁若无人"地"认真"抓效益，其用心可谓良苦。然而，规律总是无情的，不认真加以遵循必将会受到规律的惩罚。××印刷总公司的效益是上去了，但客观上却把代价转移给了附近的居民，其做法是以牺牲别人的利益为前提来实现自身的利益。其实，从本质上讲，××印刷总公司是不顾整体利益而只顾个人利益，一桩、两桩可能危害并不明显，可一旦积少成多，其后果真的是不堪设想。

事实上，人们已经在为这种短期行为而付出代价，土地沙化、洪水泛滥、地震频繁……接踵而至的一个又一个灾难在不断地向人们敲响警钟。事实一再证明，人类在发展自身的同时，如不从大局出发，不照顾到生态效益，人们将侵害同类、损坏自然，从而最终毁灭人类自己。殊不知，红星新村居民所遭受的痛苦正是这种只顾自身的短期利益的行为造成的。

人先立而后凡事举。归根结底，问题还是出在人们的思想意识上。正是因为受物质利益的利诱，人们往往难以从大局出发，真正做到先整体再局部。如果说××印刷总公司的全体职工能够认识到噪声的危害，采取一些必要的措施，相信就不会有居民H的不幸、人们的怨声载道了，但这也是一厢情愿。事实告诉我们，从人们的思想意识抓起，加强环保意识，已经时不我待。

然而，思想建设工作是一个长期、艰苦的过程，是一种"软"科学，还需要我们辅之以必要的"硬"措施。众所周知，法制建设是目前我国的主要任务之一，而类似这种环境污染的案例也是因为执法者找不到一定的法律依据、无章可循而造成的。这说明我们的法制建设还有很多不够健全的地方，需要我们采取切实的补救措施。更进一步，立法是一个环节，要想法律观念深入人心，又得需要一个较长的过程了。

综上，事实不容乐观，还有很多困难和挑战，但前途是光明的，我们应该充满信心。让我们少干点虚的，多干点实的，拿出行动来！

【简析】前一份答卷是一份优秀答卷，文章开头交代了谈这个问题的缘起，概述之后马上提出自己的论点：发展经济与保护环境应该协调发展。而答卷二没有及时"跳"出来，到第二段了，还在"几多艰难、几多无奈"，没有及时上升到一个高的层次，使得文章的格调不高。

（三）符合文体

符合文体首先是要使写作的文章是应用文中的公文，这是关键的文体。议论文的最大毛病就在于针对问题不是提出如何解决的办法和措施，而是谈这样做的重要性和意义，这样的试卷与材料中要求不相符。但是，使用公文就可以避免这个问题，因为，公文是以说明为主，辅以记叙和议论，而且议论的成分必须是在记叙的基础上生产的，不能展开单纯的议论和过多的理论说明。这些写法在单纯的议论文里是完全可以的，而申论要求的是针对材料中所反映的问题进行论述，是反映应试者解决问题能力的体现，所以符合文体就是要写作成公文而非议论文。另外，更不允许写成寓言或者虚构的记叙文。在最近两年的试卷中，就出现了这种情况，如2006年的申论论述，有些考生在文章中重点谈的是政府提高应对突发公共事件能力的重要性，这些内容占了整个文章的三分之二，只有剩下的三分之一提出了提高应对的措施，而且只是干巴巴的几条，这样的论述很难得到评分人员的认可。还有的应试者把这样一个严肃的问题写成了一个虚构的记叙文，着力描述了一个正在大海中行驶的轮船，里面的船长和乘客如何面对到来的冰山进行紧急救险，整个像是在复述泰坦尼克号这部电影；更有甚者用"中国这一家子"做标题，虚构了一个完整的大家族的故事，这样的文体写作只能使评分人员一笑而过。

（四）结构严谨

写作论述试题，必须在结构上完整，而且给人一种严谨求实的态度。结构严谨的主要表现是：开头简明扼要，不要过长或过重，主体应分成几个与反映标题有关的段落，段落之间呈现出或是递进关系，或者并列关系，层次一目了然，主次突出。结尾或是自然结束，或是照应开头，或者归纳主题，或是采用特定的结尾语，等等。这正是公文写作结构的典型体现，在评判试卷中，与结构严谨不相符的试卷很多，有的头重身子小；有的不分段；有的只有两个段落；有的没有开头，直接陈述观点；有的引用材料的内容过于直接，成了抄袭；这些写法表现在结构上就是给人一种凌乱的感觉，必然会影响试卷的评判。

（五）观点鲜明

应试者在论述中，必须提出符合材料要求的观点，而且观点成为展开论述的基础，公文写作的主体部分，每一个层次或自然段之前都有阐明该层次或该段落内容的观点句或者主旨句，这种观点句主要是提出的具体措施或办法，而观点后的内容是对这个观点的具体说明和解释。在试卷中，出现问题较多的是一些考生在段首不直接提出观点，强调问题的重要性，把要说明的观点放在段落的中间或段落的结尾，这种写法不利于评卷人员在较短时间内发现观点，影响了对试卷的了解速度；有的试卷观点不鲜明，句子过长，表述不精练；有的试卷观点过大、过虚，与后面的内容衔接不一致；有的试卷观点缺乏概括性，就事论事。所有这些，都表现了考生对于观点的把握缺少综合的概括和提炼，这对于试卷的评判必然会带来不利的影响。如2006年申论试卷中主体部分是这样表达观点的：

【答卷一】

防患于未然

首先应注意突发公共事件后的应急措施。

第二是明确责任。

第三是注重利用群众力量，争取各方的配合。

第四重视减少突发事件发生的诱因，从源头上尽量减少突发事件的发生。

第五是注意提高公众的危机意识并对公众开展公示。

【答卷二】

构建和谐社会

一、统一思想。

二、健全制度。

三、落实政策。

四、明确分工。

【简析】答卷一主体的观点长短不一，有的概括简单，有的没有概括，有的概括不准确；答卷二主体的观点过于务虚，在观点中很难发现考生所表达的内容与材料之间有何关系。所以，在试卷中，应试者一定要学会鲜明地提出观点，而且这种观点能对要陈述的内容起到浓缩或集中概括的作用，这样，才能给评卷人员留下较深的印象。

（六）表述有力

表述有力是针对论述观点的内容而言的，应试者在提出观点后，必须要对此进行充分而有力的论述，这种论述不是理论的阐述，而是具体方法和措施的提出，这些措施和方法在表示时要坚定不移，有理有据。不能是随意的、务虚的表达，在层次上要让评卷人员一阅便知，所陈述的内容与观点呈现被包含关系，语言的使用要长短句结合。措施要到位，方法要可行，整个内容呈现出一种充满智慧的气势，这样才能打动阅卷人的心，赢得高分。如2006年申论答卷：

建立健全应急机制　妥善应对突发公共事件

2003年春夏之交的非典疫情令每一位中国人记忆犹新，惊魂未定；2005年夏秋之际，全球性的禽流感又有蔓延的趋势，同重庆开县的井喷事故，一次又一次的矿难一样，这些突发公共事件的影响是巨大的，不仅有经济的，更有心理的，我国政府应对突发公共事件的关注度自非典之后有了高度的提升，而就在前几天，吉林省中石化公司的爆炸事故又让许多人感到震惊。

人们面对一次又一次灾难事故，不禁要问：为什么会这样？如何才能防治灾难的发生？对于政府而言，面对国民的责问，也在一次又一次的事故处理中不断地反思和成熟：政府如何才能提高应对突发公共事件的能力呢？

首先，增强责任意识。政府及政府每一位工作人员从思想上必须明确，积极预防和妥善处理突发公共事件是政府的主要职责之一，只有做到思想上认识明确统一，才能保证措施得力，行动迅速，效果良好。目前，我国有些地方政府过分偏好于经济利益的追逐，而在保障安全生产等方面的责任意识有所淡化，这是对突发公共事件不能做出及时正确应对的主要原因。

其次，建立不同层级的应急机制。建立健全突发公共事件应急机制，是提高政府对此类事件能力的关键。应急机制的建立应该是分层级的，即各级政府都应建立各自的突发事件应急机制，这种划分主要考虑三个方面的因素：一是事件发生后可能产生的影响力。对于全国性影响事件，从中央到地方都应建立较为具体的应急机制，明确责任分工和关系协调，对于影响一个地区的，中央级的应急机制是通用的和具体指导性的；地方机制则应该是详尽而具体的；二是方案的可操作性。地方制定的方案主要是根据本地特点有针对性地制定，而中央的应急方案具有一定的通用性和指导性；三是方案的实用性。实行分层级建立应急方案，地方的应急方案在处理事故时的针对性更强，更易于快速反映和调动各种资源。

再次，提高对民众应对突发公共事件知识的认知以及健全相应的保障体系。政府要有效应对和妥善处理突发公共事件，一是必须有民众的积极参与；二是必须有相应的保障体系。这二者构成政府处理突发公共事件的客观要求。民众的积极配合主要来源于平时对预防和处理各种突发公共事件有关知识的积累，社会保障体系的建立、健全是在事故发生时维持社会秩序稳定，有效处理事故的主要保证，所以，这两个方面也是政府应对突发公共事件的着力点。

在我国当前形势下，市场经济体制改革进入攻坚阶段，各种社会矛盾处于多发期，一起突发的公共事件有可能成为影响社会稳定的诱因，因此，加强政府应对突发公共事件能力是非常必要和重要的，而这种能力的提高，需要政府与民众的共同努力，需要社会的共同关注和参与。

【简析】这份试卷开头引用简明，表述生动，令人印象深刻，第二段采用设问的形式强调提高应对的重要性，第三段是主体，观点突出，在对观点的陈述中，语气坚定，层次分明，长短句结合，整个表述呈现出铿锵有力的气势。

二、申论论证文的结构与写作

(一)论述的标题及其拟定方法

1. 标题

论述写作的标题同公文一样，有着规范的要求。应该紧紧围绕材料所反映的主要问题来写，虽然没有明确的规定，应该怎样写是对的，但是脱离材料而自我标新立异的标题是不妥当的，因为，材料的内容性质是固定的，所反映的问题也与政府的职能有关，一般不容许出现文学形式的标题。如2006年的申论论述题的标题，作答要求是"我国政府如何提高应对突发公共事件能力"，这是一个明确的主题标题，使用这个标题完全正确。实际上，大部分应试者都使用了这个标题。作答要求应试者可以自拟标题，所以也有考生自拟标题，但标题的内容必须是紧扣住这个主题的。如：

(1)建立健全应急机制 妥善应对突发公共事件

(2)预防为主 抓住关键——切实提高政府应对突发公共事件能力

(3)未雨绸缪 防患于未然

(4)谈谈突发事件的应急

(5)提高认识政府公共服务职能 切实应对突发公共事件

2. 标题的拟定方法

标题的拟定因文而定，没有固定的格式。申论论证文中常见的标题的拟定方法主要有如下几种：

(1)直接点明主题。这种标题开门见山，一目了然，使读者一看就能把握文章的题旨。申论考试中一般用这种方法拟定标题，即把中心论点高度凝练和概括，旗帜鲜明地表明自己的立场。如："让教育乱收费搬起石头砸自己的脚""坚决打好禽流感防疫战""加快建设节约型社会"等。这种标题的好处是让人一看便知论述的内容或主题。

(2)概括文章的话题。这种标题只说明文章涉及的内容和范围，并不表明作者对这些问题的态度和观点。申论考试中若用这种方法拟定标题，就要使给定材料所反映的主要问题成为论题，并附表示议论文体裁的语词。如："论环境保护和经济发展的关系""从'民工荒'看构建和谐社会"等。

另外，也可以恰当运用设问、比喻或引用经典语录、诗句等手法，但必须谨慎使用。在标题中也可以巧用副标题。如"这事不是小事——论经济效益与社会效益"。

（二）论述的开头及其写作方法

1. 开头

论述的开头与公文的开头一样，首先是提出问题，即作者要表达或者提出什么样的观点。开头应该简明扼要，一般以一个自然段为宜，最多不能超过两个自然段，字数在200字至300字之间。

2. 开头的写作方法

开头的主要内容一般可分为两个部分或三个部分。

两个部分开头式写法：一概述所给材料的主要内容，重点强调材料中所出现的问题及所造成的危害；二用目的句提出加强或落实措施的重要性和紧迫性。

三个部分开头式写法：除了以上两部分外，还要提出所要表达的观点，这种观点的提出与前面应该是一种水到渠成的关系，不能生硬和牵强，在语言上做到干练、直接；也可以把主体部分所要提的观点直接表达出来。

如2006年的一些试卷的开头：

【答卷一】

近年来，伴随着我国经济的快速发展，一些突发公共事件时有发生，这些问题的积累已经严重影响了我国经济的健康发展，是严重并且不能忽视的。为维护社会安定团结，建立和谐社会，我国必须提高应对突发公共事件能力，消除社会隐患，增强社会主义优越性。

【简析】该试卷的开头有两层内容，第一层是提出观点的背景，该作者用一句话对材料所反映的内容进行高度地概括，既包含时代，又包含影响。第二层使用目的句提出作者想要表达的中心观点：必须提高应对突发公共事件能力。观点后面的内容又与第一句相呼应。

【答卷二】

近年来，突发性公共事件在我国时有发生，对社会的稳定和经济的发展产生了阶段性的不良影响。如何规避一般事件演变为突发性公共事件，关键在于全民的认识和社会的快速反应机制是否完备和健全，在于处理突发性事件的政府程序是否明确，在于是否存在危机意识并有相应的应对预案。中国的国体和政体特征决定了在中国，只有政府才能充当预防和处理突发性公共事件的主角，因此，要提高应对突发性公共事件的能力，就必须从政府的行政观念和行政过程出发，通过一系列的制度创新来推动。

【简析】该试卷的开头共有三句话，各表述一种意思，属于三部分写法。第一句概括问题：突发性公共事件对我国社会的稳定和经济的发展产生了阶段性的不良影响；第二句提出对策：完备和健全全民的认识和社会的快速反应机制，明确处理突发性事件的政府程序，存在危机意识并有相应的应对预案；第三句提出要表达的观点：中国要提高应对突发性公共事件的能力，就必须从政府的行政观念和行政过程出发，通过一系列的制度创新来推动。思路明晰，层次清楚，语言精炼、流畅，是个很好的开头。

（三）论述的主体

1. 主体的结构形式

论述主体常见的结构形式有两种。

一是并列式，即几个段落之间的关系是平行的，彼此之间无交叉重复，但都为了一个中心，即开头提出的中心观点。

二是递进式，即几个段落之间是不断深化的，这样的结构是从表面到本质的逐步递进关系。这种表达方式与开头的中心观点呈现出"是什么""为什么"和"怎么办"这样的结构安排。如上文例举的 2006 年申论答卷——《建立健全应急机制 妥善应对突发公共事件》，这份试卷的主体部分是针对第二段的内容如何应对而提出的对策措施，这几个措施和要求在结构安排上呈现出彼此并列的关系。首先，增强责任意识；其次，建立不同层级的应急机制；再次，提高对民众应对突发公共事件知识的认知以及健全相应的保障体系。这三者之间虽然都是提高应对突发公共事件的能力要求，但是是从不同的方面来谈的，这样就把政府应对的能力进行了分工，明确了所采取的措施和应该努力的方向，使读者和评卷人员一眼就能了解清楚。

2. 论述主体的结构要求

应试者在结构的安排上一般都能采用以上的两种形式来布局，但是，布局之后应该怎样写，尤其是观点如何提炼，观点与后面的内容如何布局成为许多应试者最大的困惑。

（1）段首要有主旨句。前面也谈到，有些考生不把主旨句放在段首，而是放在段中或者段尾，这是不妥的，为了让阅卷者一眼便知你的观点是否正确和精练，最好把所要表达的观点放在段首，这是主体结构安排段落的第一关。如 2006 年的一份答卷开头：

突发公共事件有不可预见性的一面，它是整个人类和自然界改造过程中，遇到一些原来没有遇到过或者遇到过但影响没有这样大的事件，从这层意义上讲，<u>建立国家突发的整体紧急预案有一定的必要性</u>。

【简析】该作者想要表达的观点是：建立国家紧急预案非常必要。但是在表述上，一开始没有把这句话放在段首，而是放在段尾，影响了阅卷者的阅卷速度和心理的不良反应。

（2）主旨句要尽量整齐划一。每一段之前的主旨句为了表达的美观和阅读的顺畅，尽量使用句式相同或结构相同的句子，做到整齐一致。如：

【答卷】

应对突发公共事件 考验政府能力

（主体观点）

一、俗话说得好，"有备无患"，国家建立一整套总体应急预案，这是针对突发公共事件的"体制准备"。

二、"巧妇难为无米之炊"，应结合国情、保障一定的富裕财力。

三、"众人拾柴火焰高"，应对突发公共事件，需要全社会各方面力量的齐合。

四、政府应做好善后工作。

五、不忘记宣传教育。

【简析】先不说每段采用这种古语、谚语或俗语的形式是否合适，单就几个段落的主旨句的表达就会发现，长短不一，这必然影响评分效果。

（3）主旨句要紧扣材料和中心观点。如果在开头提出了想要表达的内容，主旨句应该与此一致，如果开头没有提出，主旨句要注意避免概括过大或过虚的毛病，否则，会给阅卷者一种务虚或不真实的感觉。如 2006 年的一份答卷：

【答卷】

重视突发公共事件能力提高

（主体观点）

一、坚持"立党为公，执政为民"思想。

二、坚持政党统一体制。

三、完善应急预案。

四、提高执政能力。

【简析】从标题看，作者所反映的主旨内容是明确的，但是，从主体的观点入手，发现主旨句的观点太务虚，与标题的主题不相符。在所提的四个观点句中，只有第三个沾边，其他的观点句基本不靠谱，因为坚持政党统一体制根本就是我们要改革的目标。

（4）主旨句后要有具体的见解和措施。议论文注重自圆其说，只有后面的例子解释或说明或证明了前面的观点，那么它们之间的关系才成立。但是，公文写作则不同，后面的内容不能采用举例证明的形式来说明是正确的，而需要用一些更具体和完善的措施来充实或补充前面的主旨句，这才是提出、解决问题能力最主要的体现。如 2006 年申论答卷——《建立健全应急机制 妥善应对突发公共事件》（原文见本节"一、申论论证文的写作要求"）。

【简析】作者首先提出每一个段落的主旨句。然后提出了几个落实主旨句内容的具体要求或措施，这样，主旨句与后面的材料之间是见证关系而非证明关系。见证关系就是用符合工作实际的具体措施或要求来证实这种主旨句的内容是正确的、可行的，这与申论的第二道题的要求是一致的。

（5）防止出现过多分条主旨句的表达形式。有些试卷，考生为了表现对所给材料的理解，不是对主要的问题亮明主旨句进行具体措施的论证，而只是亮出主旨句或观点句为止，这只能说明考生提出了问题，而没有解决问题的能力。如：

【答卷】

谈政府如何应对突发公共事件

2003 年"非典"爆发、重庆开县"井喷"事故，2004 年"禽流感"事件、北京密云"虹桥"踩踏事故，2005 年江苏淮安氯气泄漏、安徽"疫苗"事件、四川"猪链球菌"事件，台风侵袭、一次又一次的矿难，这些都给政府提出了严峻的考验，如何应对突发的公共事件，下面我谈一下自己的看法：

首先，政府应该建立突发公共事件一整套完善预测机制，其中，既有科技预测，又有应对社会矛盾的预测，加大科技投入，严把预测之口。

第二，加大对公共应急突发事件的知识宣传，让老百姓遇到问题时本能地减少损失，如针对煤矿事件，老百姓应该知道如何避免损失。

第三，严格执行各项应对措施，对妨碍执行的行为予以处罚，必要时给予法律上的惩罚，加强落实。

第四，加强事故发生后的反馈，事后，要在最快的时间内向上级报告，采取防治扩大危害性手段。

第五，国家财政要留有必要的应急突发事件资金，在事故发生时，可以支援。

第六，加大政府人员的配备，做到事故发生后派出兵将上阵，提高公务员队伍素质。

第七，完善各部门协调机制，当事故发生时，各部门联合成一个有机体，减少不必要的浪费，尽早努力抢救。

第八，我们要形成官民同心的国民自救机制。

第九，完善相应法律，用法律手段制止不必要的突发事件，加强法制性。

第十，政府各部门之间要有一个有机指挥机制，遇事不乱，有序进行处理，避免不必要的损失。

第十一，我们齐心协力，共同致力于突发公共事件预防和治理，为我们现代化创造更美好和谐的明天。

【简析】该答卷就是典型的分条式写作形式，这种形式只是表明作者思维方式的发散性和观点的罗列性，而不能体现作者解决实际问题的能力。

（6）主体结构要层次清晰，突出重点。主体结构的布局在整体的表现上，不能平均用墨，要突出重点，一般来说，假如主体有三段内容，那么应该突出两段即可，假如是五段内容，应突出三段即可，否则，在层次上和段落上的字数相似，容易导致重点不突出。主题不明显，这是考生应注意的问题。

（四）论述的结尾

论述的结尾与公文的结尾形式一样，要求言尽而意止，不拖泥带水，不戴帽穿靴，更不需要文学写作的结尾形式，卒章显志，故设悬念。主要有以下几种结尾形式：

（1）无结尾形式。当把所有的内容表达完毕时，就自然结束，没有任何形式的结尾方式，只要已经无话可说，就应当戛然而止。

（2）照应标题。这种形式的结尾，在结尾处与标题所反映的主题相呼应，作者在最后更加表现了主题。如：

【答卷】

加强制度建设　应对突发公共事件

（结尾）总之，制度建设是根本，只有着重制度建设，才能从根本上提高政府应对公共事件的能力，这是一项长期工程，需要政府、专家、公众的共同努力、关注与参与。

【简析】该试卷就是在文章的结尾处照应了文章的标题，再次强调了制度在提高政府应对突发公共事件能力方面的重要性。

（3）照应文章的开头。有的文章标题中没有亮出观点或者主题，但是开头却予以明确，那么，结尾就应该与开头相照应，再综合说明或强调此观点的重要性。如：

【答卷】

未雨绸缪　提高政府应对突发公共事件能力

（结尾）各级政府都应当从落实科学发展观、建立和谐社会的高度来认识提高应对突发公共事件的重大意义，端正思想、认清形势，不断提高应对危机的能力，提高依法行政的能力。

【简析】该试卷的标题只是强调了未雨绸缪对提高政府应对突发公共事件的重要性，但是在文章的开头，还是提出了从如何落实科学发展观、建立和谐社会的高度来提高应对的意义，所以，在最后给予了深化，这是符合文章写作规律的。

【思考与练习】

1. 申论考试有什么特点？
2. 申论考试对能力有哪些要求？
3. 请从当年公务员录用考试申论试题中选择一套进行练习。

主要参考文献

[1] 徐志刚译注.论语通译[M].北京：人民文学出版社,2001 年.

[2] 孟子[M].呼和浩特：远方出版社,2004 年.

[3] 周振甫译注.文心雕龙选译[M].北京：中华书局,1980 年.

[4] 朱熹.楚辞集注[M].北京：中国人事出版社,1996 年.

[5] 袁行霈主编.中国文学史[M].北京:高等教育出版社,1999 年 8 月.

[6] 朱东润主编.中国历代文学作品选[M].上海:上海古籍出版社,1980 年.

[7] 殷涵著.中国文学名著导读[M].北京:北京燕山出版社,2002 年.

[8] 唐圭璋等.唐宋词鉴赏词典[M].上海辞书出版社,1988 年.

[9] 钱理群、温儒敏、吴福辉著.中国现代文学三十年[M].北京:北京大学出版社,1998 年.

[10] 朱栋霖主编.中国现代文学作品选[M].北京:高等教育出版社,2002 年.

[11] 陈思和主编.中国当代文学史教程[M].复旦大学出版社,1999 年.

[12] 田中阳主编.中国当代文学作品选[M].长沙:湖南师范大学出版社,1993 年.

[13] 周好兴主编.外国诗歌名篇选读[M].北京:作家出版社,1998 年.

[14] 周煦良主编.外国文学作品选[M].上海:上海译文出版社,1979 年.

[15] 徐中玉、齐华森主编.大学语文[M](第八版).上海:华东师范大学出版社,2005 年.

[16] 王步高、丁帆主编.大学语文[M].南京:南京大学出版社,1999 年.

[17] 张新颖主编.大学语文实验教程[M].上海:复旦大学出版社,2007 年.

[18] 陈洪主编.大学语文[M].北京:高等教育出版社, 2005 年.

[19] 梁爱民主编.新编大学语文[M].南京:南京师范大学出版社,2006 年.

[20] 陈果安等主编.新编大学语文教程[M].长沙：中南大学出版社, 2006 年.

[21] 中国共产党公文处理条例(中办发〔1996〕14 号)

[22] 国家行政公文处理办法(2012 年 7 月 1 日国务院办公厅修订)

[23] 裴显声、岳海翔主编.《公文写作教程》[M].北京:高等教育出版社,2005 年.

[24] 周金生主编.大学应用语文[M].北京:中国人民大学出版社,2007 年.

[25] 张秉利主编. 新编应用文写作[M].广州:中山大学出版社,2005 年.

[26] 杨金忠、郭上玲主编.应用文写作(第二版)[M].北京:中国轻工业出版社,2007 年.

[27] 邹志生主编.应用写作教程创意新编[M].武汉:华中科技大学出版社,2006 年.

[28] 高小和主编.学术论文写作[M].南京:南京大学出版社,2002 年.

[29] 李玉杰主编.实用演讲教程[M].北京:中国经济出版社,2004 年.

[30] 陈翰武主编.演讲与口才[M]. 武汉:武汉大学出版社,2005 年.

[31] 谷向阳、刘太品主编.对联入门[M].北京:中华书局,2007 年.

[32] 尹贤主编.对联写作指导[M].广州:花城出版社,2001 年.

[33] 余德泉主编.对联通[M].长沙:湖南大学出版社, 1998 年.

[34] 刘建强、朱琳主编.新编大学应用写作教程[M].北京:首都经济贸易大学出版社,2006 年.

[35] 潘桂枝、刘池清主编.现代应用文写作教程[M].长沙: 中南大学出版社, 2006.

图书在版编目（CIP）数据

大学语文／尹少荣,李应洪主编.—长沙：中南大学出版社,2013.8
湖南省独立学院教学改革专用教材
ISBN 978 - 7 - 5487 - 0567 - 3

Ⅰ.大…　Ⅱ.①尹…②李…　Ⅲ.大学语文课－高等学校－
教材　Ⅳ.H19

中国版本图书馆 CIP 数据核字(2012)第 161501 号

大 学 语 文

（第 3 版）

主编　尹少荣　李应洪

□责任编辑　孙如枫
□责任印制　易红卫
□出版发行　中南大学出版社
　　　　　　社址：长沙市麓山南路　　　　邮编：410083
　　　　　　发行科电话：0731 - 88876770　传真：0731 - 88710482
□印　　装　长沙印通印刷有限公司

□开　　本　787×1092　1/16　□印张 25.5　□字数 632 千字
□版　　次　2013 年 7 月第 3 版　□2019 年 7 月第 6 次印刷
□书　　号　ISBN 978 - 7 - 5487 - 0567 - 3
□定　　价　39.00 元